CHRONIQUES

DE

J. FROISSART

P BLIEES POUR LA SOCIETE DE L'HISTOIRE DE FRANCE

PAR SIMÉON LUCE

TOME CINQUIÈME

1356-1360

(DEPUIS LES PRELIMINAIRES DE LA BATAILLE DE POITIERS
JUSQU'A L'EXPEDITION D'EDOUARD III EN CHAMPAGNE
ET DANS L'ÎLE DE FRANCE

A PARIS

CHEZ Mme Ve JULES RENOUARD

H. LOONES, SUCCESSEUR)

LIBRAIRE DE LA SOCIETÉ DE L'HISTOIRE DE FRANCE

UE DE TOURNON, N 6

M DCC LXXIV

CHRONIQUES
DE
J. FROISSART

9924. — PARIS, TYPOGRAPHIE LAHURE
Rue de Fleurus, 9

CHRONIQUES
DE
J. FROISSART

PUBLIÉES POUR LA SOCIÉTÉ DE L'HISTOIRE DE FRANCE

PAR SIMÉON LUCE

TOME CINQUIÈME
1356-1360

(DEPUIS LES PRÉLIMINAIRES DE LA BATAILLE DE POITIERS
JUSQU'A L'EXPÉDITION D'ÉDOUARD III EN CHAMPAGNE
ET DANS L'ÎLE DE FRANCE)

A PARIS
CHEZ Mme Ve JULES RENOUARD
(H. LOONES, SUCCESSEUR)
LIBRAIRE DE LA SOCIÉTÉ DE L'HISTOIRE DE FRANCE
RUE DE TOURNON, N° 6

M DCCC LXXIV

EXTRAIT DU RÈGLEMENT.

Art. 14. Le Conseil désigne les ouvrages à publier, et choisit les personnes les plus capables d'en préparer et d'en suivre la publication.

Il nomme, pour chaque ouvrage à publier, un Commissaire responsable chargé d'en surveiller l'exécution.

Le nom de l'Éditeur sera placé en tête de chaque volume.

Aucun volume ne pourra paraître sous le nom de la Société sans l'autorisation du Conseil, et s'il n'est accompagné d'une déclaration du Commissaire responsable, portant que le travail lui a paru mériter d'être publié.

Le Commissaire responsable soussigné déclare que le tome V de l'Édition des Chroniques de J. Froissart, *préparée par* M. Siméon Luce, *lui a paru digne d'être publié par la* Société de l'Histoire de France.

Fait à Paris, le 1ᵉʳ juin 1874.

Signé L. DELISLE.

Certifié,

Le Secrétaire de la Société de l'Histoire de France,

J. DESNOYERS.

SOMMAIRE

SOMMAIRE.

CHAPITRE LXXVIII.

1356. CHEVAUCHÉE DU PRINCE DE GALLES A TRAVERS LE PÉRIGORD, LE LIMOUSIN, LE BERRY, LA TOURAINE ET LE POITOU. — BATAILLE DE POITIERS. — RETOUR DU PRINCE DE GALLES A BORDEAUX[1] (§§ 371 à 399).

Le roi Jean assemble son armée à Chartres pour marcher

1. Cf. Jean le Bel, *Chroniques*, t. II, ch. xcxiv, p. 195 à 203. Ici commence, d'après le témoignage de Froissart lui-même (t. I de cette édition, p. 210), la partie vraiment originale de son œuvre historique; notre chroniqueur cesse d'emprunter la plupart des faits qu'il raconte à Jean le Bel son devancier, il les doit désormais en grande partie à ses propres enquêtes et à ses informations personnelles. — Nous demandons la permission d'insérer ici l'analyse de trois documents qui nous paraissent offrir un intérêt capital au point de vue des conséquences sociales du désastre de Poitiers. Cette défaite, comme celle de Crécy, obligea un grand nombre de seigneurs, qui avaient été faits prisonniers, à affranchir leurs serfs pour se procurer de l'argent. Par acte daté de Paris en décembre 1357, Charles, aîné fils et lieutenant du roi, confirme gratuitement les lettres d'affranchissement accordées le vendredi 27 janv. 1357 (n. st.) par Jean de Champlay écuyer, seigneur de Charmoy, à divers hommes et femmes, y dénommés, ses serfs, demeurant à Charmoy et à Bassou (Yonne, arr. et c. Joigny) moyennant une certaine somme d'argent une fois payée et une rente annuelle de 12 deniers parisis, lesquelles lettres d'affranchissement avaient été ratifiées par messire Gui de Valery, chevalier, seigneur de Champlay, frère du dit Jean : « Comme il soit ainsi que le dit suppliant et le dit seigneur de Chanloy son frère, qui tous jours ont servi nostre dit seigneur et nous ès guerres *et derrenierement à Poitiers, où il ont touz deux esté pris et mis à très grant et excessive raençon par les ennemis*, si comme il nous a esté souffisamment relaté, ne puissent paier la ditte raençon, et aussi plusieurs creanciers a qui il est tenuz et obligiez, sanz faire vile distraccion de ses biens ; et pour ce ycellui escuier ait fait certain traittié et acort aveucques ses diz hommes et femmes de la condicion dessus ditte.... » *Arch. nat.*, sect. hist., JJ 89, n° 43. — Le 4 mars 1358 (n. st.), Ancel, sire de *Pommolain*

contre le prince de Galles[1] qui entre en Berry[2] après avoir ravagé l'Auvergne. P. 1 à 3, 237, 238.

(auj. Pont-Molin, hameau de Coulommiers, Seine-et-Marne), fait prisonnier ainsi qu'un de ses fils à la bataille de Poitiers et n'ayant pas de quoi payer sa rançon sans déshériter lui et ses dix ou onze enfants, affranchit ou *esbonna* (abonna), moyennant 120 florins d'or à l'écu du coing et aloi du roi Jean, Guiot du Vivier, dit du Bois, son serf, Marguerite, femme de Guiot, et leurs enfants. JJ 114, n° 98. — Par acte daté de Fontaine-du-Houx (auj. château de Bézu-la-Forêt, Eure, arr. les Andelys, c. Lyons-la-Forêt, en juin 1357, Charles, ainé fils du roi de France et son lieutenant, duc de Normandie, autorise Normand de Beauvilliers, écuyer, fils ainé de Jouin de Beauvilliers, à mettre en liberté moyennant finance, tant en son nom qu'au nom de ses frères et sœurs, cinq de ses serfs taillables « .... cum ipse, in ultimo exercitu domini genitoris nostri prope Pictavis existente, tanquam fidelis serviens ipsi genitori nostro per suos et nostros inimicos captus et magne pecunie summe, causa redempcionis, positus extiterit, quam quidem pecunie summam de omnibus bonis suis mobilibus solvere non posset. » JJ 85, n° 139, f° 64.

1. Le roi Jean séjourna à Chartres depuis le dimanche 28 août jusqu'aux premiers jours de septembre 1356. De Chartres sont datés divers priviléges accordés le 28 août aux habitants de Castelnaudary (JJ 89, n° 93), d'Avignonet JJ 89, n° 131), de Carbonne JJ 89, n° 94, de Fanjeaux (JJ 89, n° 95), de Montgiscard (JJ 89, n° 96), du Mas-Saintes-Puelles (JJ 89, n° 298), localités que les Anglais avaient ravagées et en partie brûlées à la fin de 1355 et au commencement de 1356. (t. IV de cette édition, sommaire, p. LIX à LXIV). D'autres actes sont datés de Chartres le mardi 30 août (JJ 84, n°s 673 et 699) et en septembre (JJ 89, n° 316).

2. Les Anglais avaient pris de nuit et par escalade la cité de Périgueux au commencement de 1356 (*Ordonn.*, t. III, p. 55). Voilà pourquoi la chronique anonyme d'un moine de Malmesbury, qui nous a conservé l'itinéraire jour par jour de l'armée anglaise, donne Brantôme comme première étape. D'après cette chronique, le prince de Galles était à Brantôme (Dordogne, arr. Périgueux le 9 août; le 12, à Rochechouart; le 13, à la Péruze (Charente, arr. Confolens, c. Chabanais); le 14 et le 15 à Lesterps (Charente, arr. et c. Confolens); le 16, à Bellac; le 19, à Lussac (Lussac-les-Églises, Haute-Vienne, arr. Bellac, c. Saint-Sulpice-les-Feuilles); le 20, à Saint-Benoit-du-Sault (Indre, arr. le Blanc); le 21, à Argenton (Argenton-sur-Creuse, Indre, arr. Châteauroux); le 21 et le 22, à Châteauroux et au Bourg-Dieu (auj. Déols, Indre, arr. et c. Châteauroux). — Le prince de Galles dit, dans une lettre adressée de Bordeaux le 20 octobre 1356 à l'évêque de Worcester (publiée par Buchon, Froissart, éd. du Panthéon, t. I, p. 354, en note, qu'il commença à chevaucher vers les parties de France « la veille de la translation saint Thomas de Canterbire », c'est-à-dire le mercredi 6 juillet 1356. D'un autre côté, Barthélemi de Burghersh, dans sa lettre à Jean Montagu, publiée par M. Coxe (*The life of black prince*, notes, p. 369 et 370), raconte que « le prince se parti de Burdeux l'endemayn de saynt Johan en auguste l'an de Nostre Seignur M.CCC.LVI. »

Les Anglais mettent le feu aux faubourgs de Bourges [1] ; ils sont repoussés devant le château d'Issoudun [2] en Berry, mais ils s'emparent de la ville, puis du château de Vierzon [3] et se dirigent vers Romorantin [4], dont le château est défendu par Boucicaut [5], le

1. Par acte daté de Paris en février 1358 (n. st.), Charles, ainé fils et lieutenant du roi de France, accorda des lettres d'amortissement pour 30 livres de rente annuelle sises à Dampierre et achetées de son amé et féal messire Philippe de Prie, ch^{er}, à ses amés et féaux les doyen et chapitre de l'église de Bourges « attentis dampnis et gravaminibus in ipsorum ecclesie terra ac eorum hominibus factis et illatis tam per exercitum principis Wallie quam per alios Anglicos, qui eciam nonnulla castra seu fortalicia in diocesi et partibus Bituricensibus et circumvicinis de facto occuparunt, attentis eciam miseriis et expensis per eosdem decanum et capitulum pro dictorum castrorum seu fortaliciorum redemptione et alias pro guerris presentibus multipliciter factis.... » JJ 89, n° 57.

2. D'après la chronique anonyme d'un moine de Malmesbury, le prince de Galles fut devant Issoudun du 24 au 26 août.

3. Cher, arr. Bourges. D'après la chronique déjà citée, le prince de Galles fut le 28 août devant le château de la Ferté appartenant au vicomte de Thouars et devant Vierzon, le jour même où Jean Chandos et James Audley mirent le feu à Aubigny (Cher, arr. Sancerre). Le samedi 19 octobre 1359, Jean Chabot, bourgeois de Vierzon, affranchit, avec l'agrément de Hutin de Vermeilles, chevalier, seigneur de Vierzon, Martin Prevostel, homme serf et de condition servile, taillable haut et bas à la volonté du dit bourgeois, qui demeurait à Vierzon « tempore quo princeps Vallie et alii inimici domini regis et regni Francie incurrerunt et invaserunt Biturriam et maxime dictam villam Virsionis, in qua quidem villa predicta et terra predictus Martinus habebat omnia bona sua et ipsa ibidem amiserit.... » JJ 90, n° 406.

4. Romorantin, aujourd'hui chef-lieu d'arrondissement du département de Loir-et-Cher, est situé sur la Saudre, affluent de la rive droite du Cher, un peu au nord-ouest de Vierzon, qui est sur le Cher. D'après la chronique du moine de Malmesbury, le siège fut mis devant Romorantin les mardi 30 et mercredi 31 août à la suite d'un combat victorieux livré le lundi 29 au sire de Craon et à Boucicaut. Le jeudi 1er septembre, trois assauts furent donnés par le comte de Suffolk, Barthélemi de Burghersh et un baron de Gascogne. Les vendredi 2 et samedi 3 septembre, le feu grégeois fut mis au donjon. Les assiégés, manquant de vin et d'eau pour éteindre l'incendie, capitulèrent. Le prince de Galles se reposa le dimanche 4 à Romorantin. Robert de Avesbury dit (éd. d'Oxford, 1720, p. 255) que la ville et le château de Romorantin furent emportés d'assaut quinze jours avant la bataille de Poitiers et qu'on fit prisonniers environ 80 gens d'armes, entre autres le sire de Craon et Boucicaut ; le chroniqueur anglais ajoute que près de 120 hommes d'armes français s'étaient fait prendre dans l'escarmouche qui avait précédé le siège de Romorantin.

5. Le 5 juillet 1356, Jean le Maingre, dit Boucicaut, était à Poitiers où il donnait quittance des gages à lui dus pour la défense du château. *Catalogue Joursanvault*, t. I, p. 5, n° 27.

sire de Craon et l'Hermite de Caumont, qui s'y sont enfermés après avoir été battus dans une escarmouche par Barthélemi de Burghersh et Eustache d'Auberchicourt. Siége et reddition du château de Romorantin. P. 3 à 11, 238 à 244.

De Chartres, le roi de France se rend à Blois, puis à Amboise, tandis que les divers corps de son armée passent la Loire à Orléans, à Meung[1], à Blois, à Tours[2], à Saumur; à Loches, où il s'arrête[3] pour concentrer ses forces, qui s'élèvent à vingt mille hommes d'armes, il apprend que les Anglais sont en Touraine et se disposent à regagner le Poitou. P. 11 à 14, 244 à 246.

De Loches, le roi de France vient à la Haye en Touraine[4] où

1. Le roi Jean était à Meung-sur-Loire (Loiret, arr. Orléans, un peu au sud-ouest de cette ville) le jeudi 8 septembre : *Datum Magduni super Ligerim octava die mensis septembris anno Domini* 1356. *Per regem*, presente domino marescallo d'Odeneham. P. Blanchet. JJ 84, n° 598. Tandis que le roi de France était encore sur la rive droite de la Loire, son adversaire le prince de Galles se tenait sur la rive gauche de ce fleuve, qu'il essayait en vain de franchir, à Chaumont-sur-Loire (Loir-et-Cher, arr. Blois, c. Montrichard, un peu en aval de Blois) où, d'après la chronique déjà citée du moine de Malmesbury, il séjourna du mercredi 7 au samedi 10 septembre. Le roi de France qui, comme nous l'avons établi plus haut, était à Meung le 9, arriva sans doute à Blois le 10 pour y passer la Loire, car le 11 le prince de Galles franchit précipitamment le Cher ainsi que l'Indre et vint coucher à Montbazon (Indre-et-Loire, arr. Tours, sur la rive gauche de l'Indre); il y reçut le 12 la visite du cardinal de Périgord, qui venait s'interposer comme médiateur entre les belligérants; il apprit en même temps que le roi de France s'avançait à marches forcées et que le dauphin était à Tours.

2. Il faut dire, à l'honneur du roi Jean, que des mesures avaient été prises, dès les premiers mois de 1356, pour mettre Tours en état de défense. En mars de cette année, Jean mandait à son bailli de Tours de nommer, après en avoir délibéré avec le conseil de la ville, 6 élus chargés de pourvoir aux travaux des fortifications, en leur donnant pouvoir de lever des tailles, impositions et collectes sur tous les habitants de la ville et de la châtellenie, *de quelque condition qu'ils soient*, et de frapper les réfractaires d'une amende qui ne dépassera pas 60 sous. JJ 118, n° 176.

3. Jean était le mardi 13 septembre à Loches sur Indre, où il rendit deux ordonnances sur les monnaies (*Ordonn.*, t. III, p. 84 et 85). Nous apprenons par la chronique du moine de Malmesbury que le même jour le prince de Galles, menacé d'être débordé par son aile gauche et enveloppé, traversa Sainte-Maure (Sainte-Maure-de-Touraine, Indre-et-Loire, arr. Chinon, à l'ouest de Loches) et vint coucher à la Haye-sur-Creuse (auj. la Haye-Descartes, Indre-et-Loire, arr. Loches, sur la rive droite de la Creuse, un peu en amont de son confluent avec la Vienne).

4. Jean, qui était à Loches le mardi 13, dut arriver le lendemain

il passe la Creuse; il arrive le jeudi soir à Chauvigny [1], pensant que les Anglais sont devant lui, tandis qu'ils sont derrière [2]. Pendant toute la journée du lendemain vendredi, son armée franchit la Vienne sur le pont de Chauvigny et se dirige vers Poitiers. — Le prince de Galles ne se remet en mouvement que le vendredi soir [3], et le samedi un détachement d'éclaireurs, où se trouvent Eustache d'Auberchicourt et Jean de Ghistelles, rencontre, en traversant la route qui va de Chauvigny à Poitiers, l'arrière-garde française et la met en déroute. P. 14 à 17, 246 à 249.

Le prince de Galles, comprenant qu'il ne peut échapper, donne tous ses soins à choisir l'emplacement le plus favorable pour livrer

soir mercredi 14 à la Haye, où le prince de Galles l'avait précédé seulement de 24 heures. La Haye est sur la Creuse, et non sur la Vienne, comme le dit par erreur Froissart (p. 246).

1. Vienne, arr. Montmorillon, sur la rive droite de la Vienne, à 10 lieues au sud de la Haye, à 7 lieues au sud de Châtellerault, à 5 lieues à l'est de Poitiers.

2. Lorsque Jean arriva à Chauvigny le jeudi soir 15 septembre, il laissait en effet les Anglais derrière lui sur sa droite, puisque nous savons par le moine de Malmesbury que le prince de Galles séjourna à Châtellerault du mercredi 14 au vendredi 16 septembre. Comment Jean, dont l'armée dut suivre la vallée de la Vienne en remontant par la rive droite le cours de cette rivière, pour se rendre de la Haye à Chauvigny, put-il passer si près de Châtellerault sans apercevoir les Anglais? Craignit-il de tenter le passage de la Vienne en présence de l'ennemi campé sur la rive gauche?

3. L'immobilité du prince de Galles à Châtellerault pendant trois jours, du mercredi 14 au vendredi soir 16 septembre, prouve qu'il se savait devancé et débordé sur sa gauche par l'armée française à laquelle il voulut laisser le temps de s'écouler avant de reprendre lui-même sa marche en avant. Le mouvement de l'armée française dans la journée du vendredi prouvait que le roi Jean, croyant Poitiers menacé par les Anglais, avait voulu le couvrir. Le prince de Galles prit aussitôt ses mesures pour mettre cette erreur à profit en essayant de s'échapper par la gauche de son adversaire. Dans la nuit du vendredi 16 au samedi 17, il fit passer tout son charroi, et le samedi 17, dès la pointe du jour, il se porta lui-même en avant dans la direction de Chauvigny en remontant la Vienne par la rive gauche. C'est alors que ses éclaireurs rencontrèrent l'arrière-garde française sur la route qui va de Chauvigny à Poitiers, en un lieu dit la Chaboterie marqué sur la carte de Cassini. Les Français eurent le dessous dans cette escarmouche où, selon Robert de Avesbury (p. 255), environ 240 hommes d'armes furent tués ou pris et où les comtes d'Auxerre, de Joigny et le maréchal de Bourgogne restèrent entre les mains des vainqueurs; mais cet engagement, en révélant au roi Jean la véritable position des Anglais, rendait la bataille inévitable. Les Grandes Chroniques disent (t. VI, p. 31) que ce fut le comte de Sancerre, et non le comte d'Auxerre, qui fut pris avec le comte de Joigny.

bataille; il établit son camp à deux petites lieues de Poitiers, en un lieu très-fort et hérissé de haies, de vignes, de buissons, qu'on appelle dans le pays *les Plains de Maupertuis*[1], en face de l'ar-

1. L'endroit, dit *Maupertuis* jusqu'à la fin du quinzième siècle, qui s'appelle aujourd'hui *la Cardinerie*, est situé dans la commune de Nouaillé (Vienne, arr. Poitiers, c. la Villedieu, à deux lieues au sud-est de Poitiers). Ce changement de nom, d'après les renseignements qu'a bien voulu nous fournir notre savant confrère M. Redet, provient de la concession faite par le commandeur de Beauvoir à Richard Delyé, dit *Cardin*, le 31 janvier 1495 (n. st.) de terres sises au lieu appelé *Maupertuis* (Archives de la Vienne, fonds de la commanderie de Beauvoir). De nombreux lieux-dits rappellent encore la bataille de 1356. Tout près de la Cardinerie (Maupertuis), un endroit dit *Champ-de-la-Bataille* fait partie de la pièce des *Grimaudières* sise sur la commune de Saint-Benoit (Vienne, arr. et c. Poitiers). Le prince de Galles campé sur des hauteurs alors couvertes de vignes et hérissées de haies épaisses, ayant derrière lui et à sa gauche le ravin assez profond du Miausson, appuyait sa droite aux bois et à l'abbaye de Nouaillé; il avait devant lui la plaine qui s'étend de la Cardinerie (Maupertuis) vers Beauvoir et que traverse une voie romaine. « Commissum est prælium, disaient en 1720 les auteurs du *Gallia Christiana* (t. II, col. 1243) in extrema parte saltus Nobiliacensis (bois de Nouaillé), *ubi etiamnum Anglorum castra fossis munita cernere est.* » V. la dissertation, accompagnée d'une carte, publiée par le capitaine F. Vinet à la suite de l'ouvrage intitulé *Bertrand du Guesclin et son époque*, de Jamison, traduit par J. Baissac, in-8º, 1866, p. 575 à 578. On peut consulter encore les ouvrages suivants:

Annales d'Aquitaine, par Jean Bouchet, Poitiers, Abraham Monnin, 1644, in-4º, p. 200.

— Essai de dissertation touchant la situation du *Campus vocladensis*, dans *Dissertations sur l'histoire ecclésiastique et civile de Paris*, par l'abbé Lebeuf, 1739-1743, 3 vol. in-12, t. I, p. 3 4 à 338.

— *Archæologia britannica*, vol. I, p. 213; mémoire lu le 24 janvier 1754 à la Société des Antiquaires de Londres, par le docteur Lyttleton, doyen d'Exeter.

— *Affiches du Poitou*, feuille hebdomadaire publiée de 1773 à 1790, in-4º, 1774, p. 187.

— *Abrégé de l'histoire du Poitou*, par Thibaudeau, Poitiers, 1783, 6 vol. in-12, t. II, p. 247.

— *Vies des grands capitaines*, par Mazas, t. III, p. 112 à 141.

— *Revue anglo-française*, publiée à Poitiers par M. de la Fontenelle de Vaudoré, de 1833 à 1841, 7 vol. in-8º; t. V, p. 99, 106, 108, 194, 204, 206.

— *Essai sur l'ancien Poitou*, par Joseph Guérinière, Poitiers, 1836, 2 vol. gr. in-8º, t. I, p. 534.

— Campagne du prince de Galles dans le Languedoc, l'Aquitaine et la France, terminée par la bataille de Poitiers; dans les *Mémoires de la Société des Antiquaires de l'Ouest*, t. VIII, 1841, p. 75.

— *Life of Edward the black prince;* chronique rimée du héraut Chandos sur les faits d'armes du prince de Galles, publiée par M. Coxe pour

mée française échelonnée entre Poitiers et les Anglais. P. 17, 18, 249, 250.

Le dimanche matin [1], le roi de France, après avoir entendu la messe dans sa tente et avoir communié ainsi que ses quatre fils, donne l'ordre de tout préparer pour le combat; il forme son armée en trois divisions ou *batailles* composées chacune de seize mille hommes d'armes, la première sous les ordres du duc d'Orléans, la seconde sous ceux du dauphin, duc de Normandie; il se réserve le commandement de la troisième [2]. Il envoie en éclaireurs Eustache de Ribemont [3], Jean de Landas, Guichard de Beaujeu et Guichard d'Angle, il charge ces quatre chevaliers de le renseigner exactement sur la situation des Anglais. P. 18 à 21, 250 à 252.

Eustache de Ribemont rend compte au roi du résultat de sa mission. Les forces ennemies peuvent être évaluées à trois mille hommes d'armes, cinq mille archers [4] et quatre mille bidauds à

---

le Roxburgh-Club; in-4º de I-XII et 1-399 pages. M. Francisque Michel a bien voulu nous communiquer un exemplaire de cette importante publication, fort rare, même en Angleterre; cet exemplaire est probablement le seul qui existe en France.

— *Bataille de Maupertuis*, par M. Saint-Hippolyte; dans les *Mémoires de la Société des Antiquaires de l'Ouest*, t. XI (1844, avec carte.

— *Bulletin de la Société d'Agriculture de Poitiers*, in-8º, t. I, p. 27 et t. II, p. 361.

— *Chroniques de Froissart* publiées par M. Kervyn de Lettenhove, t. V, p. 526.

1. Le dimanche 18 juillet, l'armée française était campée près de Poitiers, comme l'atteste la date suivante d'un acte émané du roi Jean: « Datum in exercitu nostro *prope Pictavis die decima octava septembris*, anno Domini 1356. Per regem, episcopo Lingonensi (Guillaume de Poitiers) presente. » JJ 84, nº 635.

2. Le rédacteur des *Grandes Chroniques* (t. VI, p. 32) et le héraut Chandos, dans son poëme sur la bataille de Poitiers publié par M. Coxe (p. 72 à 82, vers 1046 à 1189), indiquent aussi cet ordre de bataille.

3. Eustache de Ribemont est ce chevalier auquel Édouard III avait décerné le *chapelet* de bravoure à la suite du combat livré sous les murs de Calais, dans la nuit du 31 décembre 1349 au 1er janvier 1350. (t. IV de cette édition, sommaire, p. xxxiii et xxxiv). Il fut tué à Poitiers ainsi que Jean de Landas et Guichard de Beaujeu; Guichard d'Angle fut grièvement blessé.

4. L'incontestable supériorité militaire des Anglais au quatorzième siècle résidait surtout dans l'adresse, le bon outillage et la proportion numérique de leurs archers par rapport au reste de leurs troupes. Dès le 30 janvier 1356, Édouard III mandait à ses vicomtes de faire fabriquer 5600 arcs blancs et 11400 gerbes de flèches dont moitié devra être prête et rendue à la Tour de Londres à Pâques (24 avril) et l'autre

pied. Les Anglais occupent une très-forte position sur des hauteurs hérissées de vignes et de buissons. On ne peut aborder ces hauteurs que par un chemin où quatre hommes d'armes pourraient à peine chevaucher de front, et ce chemin est bordé des deux côtés de haies épaisses garnies d'archers anglais. Au fond de ce chemin, sur les hauteurs, derrière leurs archers disposés sur deux lignes en forme de herse, les hommes d'armes se tiennent à pied, leurs chevaux sous leur main, et leur charroi derrière eux. Eustache de Ribemont conseille au roi d'engager l'action en lançant contre les lignes des archers ennemis, pour les rompre, trois cents hommes d'armes d'élite choisis entre les plus braves et montés sur fleur de coursiers, et de faire mettre à pied le reste de l'armée tout prêt à les suivre et à les appuyer. — Noms de quelques-uns de ces trois cents hommes d'armes qui sont placés sous [les ordres de Gautier, duc d'Athènes, connétable, de Jean de Clermont et d'Arnoul d'Audrehem, maréchaux de France, et auxquels se joignent un grand nombre d'Allemands auxiliaires commandés par les comtes de Saarbruck et de Nassau. P. 21 à 23, 252 à 254.

Le roi de France fait mettre à pied tous ses hommes d'armes excepté ceux de la bataille des maréchaux, il leur fait ôter à tous leurs éperons, couper les poulaines de leurs souliers et retailler leurs lances à la longueur de cinq pieds. — Toute la journée du dimanche se passe en négociations par l'intermédiaire du cardinal de Périgord qui va et vient sans cesse d'une armée à l'autre. Le prince de Galles, qui craint par-dessus tout que l'ennemi ne se contente de le tenir bloqué sans lui livrer bataille, offre de mettre en liberté les prisonniers faits dans le cours de cette expédition, de restituer en outre les villes et les châteaux et de s'engager à ne pas prendre les armes contre le royaume de France pendant sept ans. Le roi de France, convaincu que les Anglais ne peuvent lui échapper, exige que le prince se rende, lui et ses gens, sans condition et se mette à sa merci. Les démarches, les supplications du cardinal de Périgord n'aboutissent qu'à faire accepter une trêve entre les belligérants, qui doit durer toute cette journée du dimanche et le lendemain lundi jusqu'au lever du soleil. P. 23 à 27, 254 à 257.

moitié dans la quinzaine de la Trinité (1re quinzaine de juin) 1356. Rymer, vol. III, p. 322.

Jean Chandos, l'un des principaux chevaliers anglais et Jean de Clermont, maréchal de France, qui se rencontrent en faisant des reconnaissances, échangent des invectives parce qu'ils portent tous deux la même devise[1]. P. 27 à 29, 257 à 259.

Les Français passent cette journée du dimanche dans l'abondance de toutes choses Les Anglais, au contraire, commencent à être en proie à la disette ; ils creusent des tranchées et font des retranchements en avant de leurs archers. — Le lundi matin, vers le lever du soleil, le cardinal de Périgord recommence ses voyages d'un camp à l'autre pour négocier un accord entre les belligérants, mais il n'a pas plus de succès que la veille et retourne à Poitiers ; plusieurs gens de son entourage se détachent de la suite de leur maître et vont, à l'insu du cardinal, combattre dans les rangs des Français sous les ordres du châtelain d'Amposte[2]. P. 29, 30, 259, 260.

L'ordonnance de l'armée anglaise est telle qu'Eustache de Ribemont l'a rapporté au roi de France, sauf que le prince de Galles a fait rester à cheval un certain nombre de ses gens entre chacune de ses batailles, afin de pouvoir les opposer aux soudoyers également montés de la bataille du duc de Normandie. Il a disposé en outre, sur sa droite, un détachement de trois cents hommes d'armes et de trois cents archers à cheval, qui a pour mission de contourner la hauteur où il est campé et de prendre en flanc la bataille du duc de Normandie échelonnée au bas de cette hauteur. L'armée anglaise est divisée en trois batailles, composées chacune de mille hommes d'armes, de deux mille deux cents à deux mille cinq cents archers, de quinze à seize cents brigands à pied, et commandées, la première par les comtes de Warwick et de Suffolk, maréchaux d'Angleterre, la seconde par le prince

---

[1]. Le héraut Chandos passe sous silence cet incident, mais il rapporte (p. 88, v. 1280 à 1299) l'altercation qui s'éleva entre Jean de Clermont, partisan de l'immobilité, et Arnoul d'Audrehem qui assurait que les Anglais essayaient de fuir et voulait les attaquer. « La pointe de votre lance ne viendra pas au cul de mon cheval, » avait dit Jean de Clermont impatienté. Le brave maréchal se fit tuer, en effet, au premier choc.

[2]. En février 1361, le châtelain d'*Emposte* (Amposta, Catalogne, prov. Lerida) était Jean Ferdinand de Heredia, grand prieur de Saint-Gilles, qui fut chargé par le pape Innocent VI de traiter avec les brigands des Compagnies maîtres du Pont-Saint-Esprit. Dom Vaissette, *Hist. du Languedoc*, t. IV, p. 311, 576 et 577.

en personne, assisté de Jean Chandos et de James Audley, la troisième ou arrière-garde, par les comtes de Salisbury et d'Oxford [1]. Noms des principaux chevaliers, tant anglais que gascons, qui figurent dans les rangs de cette armée. P. 31, 32, 260 à 263.

Jean Chandos se tient aux côtés du prince qu'il ne quitta pas un instant pendant toute la durée de l'action; c'est d'après ses conseils et ceux de James Audley qu'on a adopté l'ordre de bataille et les autres mesures prises le dimanche. — James Audley, qui a fait vœu d'être le premier assaillant dans toutes les batailles où sera présent le roi Édouard ou l'un de ses fils, sollicite et obtient du prince la faveur de combattre au premier rang; il en vient aux mains avec Arnoul d'Audrehem et les gens de la bataille des maréchaux de France; Arnoul d'Audrehem est blessé et fait prisonnier du côté des Français, Eustache d'Auberchicourt du côté des Anglais. La bataille du connétable et des maréchaux de France se fait écraser en voulant s'engager dans l'étroit chemin [2] qui mène à la hauteur où se tient le gros des forces enne-

---

1. Le témoignage du héraut Chandos vient confirmer celui de Froissart relativement à l'ordre de bataille de l'armée anglaise (p. 82 à 86, v. 1200 à 1259). Seulement, d'après Chandos, cette armée fut attaquée sur ses derrières au moment même où elle se mettait en mesure de passer le Miausson et où l'avant-garde, commandée par le comte de Warwick, était déjà de l'autre côté de cette rivière. Les passages suivants, qui mettent ce fait hors de doute, doivent être cités textuellement. Le prince de Galles dit au comte de Warwick :

> Primers, passerés le passage
> Et garderés nostre cariage,
> Je chevacherai après vous (v. 1222 à 1224).

Et plus loin :

> Et li prince se desloga,
> A chivacher se chimina,
> Car celui jour ne quidoit pas
> Combatre, je ne vous mente pas (v. 1268 à 1271).

Aussi, le héraut Chandos a bien soin de faire remarquer que ce fut l'arrière-garde, placée sous les ordres du comte de Salisbury, qui eut à soutenir le choc des maréchaux de France et de leurs 300 chevaliers d'élite et qui les mit en déroute. Il ajoute que cette déconfiture eut lieu

> Devant qe poist estre tournée
> L'avauntgarde et repassée,
> Car jà fuist outre la rivère (le Miausson). V. 1374 à 1376.

2. L'armée anglaise occupait le plateau de la Cardinerie (alors Mau-

mies; les archers anglais, à l'abri derrière les haies épaisses dont ce chemin est bordé des deux côtés, font pleuvoir une grêle de traits qui tuent hommes et chevaux; pas un des chevaliers français ne réussit à se frayer un passage et ne peut arriver jusqu'à la bataille du prince de Galles. P. 32 à 37, 263 à 266.

Jean de Clermont, maréchal de France, est tué sous sa bannière en combattant pour son roi. — En même temps, un détachement de trois cents hommes d'armes et de trois cents archers à cheval vient à la faveur d'un détour prendre en flanc la bataille du duc de Normandie dont les derniers rangs commencent à battre en retraite devant cette attaque imprévue. A vrai dire, les Anglais sont redevables de la victoire au tir rapide et régulier de leurs archers qui mettent les Français hors de combat avant même qu'ils aient pu joindre leurs adversaires. P. 37, 38, 266, 267.

Les Anglais, témoins de la déroute des maréchaux de France et voyant la bataille du duc de Normandie qui déjà commence à plier, jugent que le moment est venu de prendre l'offensive et de marcher à l'ennemi; ils remontent en toute hâte sur leurs chevaux et s'élancent en avant au cri de : Saint-George! Guyenne! « Sire, en avant, s'écrie Chandos, la journée est vôtre; allons droit au roi de France, il est trop brave pour reculer, et c'est autour de lui que va se décider le sort de la journée. » Le prince de Galles, apercevant sur le chemin Robert de Duras, neveu du cardinal de Périgord, tué dans la mêlée, donne l'ordre de porter à Poitiers les restes de ce chevalier, afin qu'on les présente de sa part au cardinal. Un autre personnage de la suite du cardinal de Périgord, le châtelain d'Amposte, étant tombé entre les mains des Anglais, le prince lui aurait fait trancher la tête, si Jean Chandos n'avait intercédé en sa faveur. P. 38 à 40, 267, 268.

Les Anglais culbutent la bataille des Allemands auxiliaires, et Jean de Ghistelles reprend et délivre Eustache d'Auberchicourt qui, fait prisonnier par un chevalier de la suite du comte de Nassau, avait été attaché sur un chariot de bagages. — A la vue de cette déroute de la bataille des maréchaux et des Allemands, le

---

pertuis) sur la rive droite du Miausson entre cette rivière et la voie romaine de Poitiers à Limoges. L'étroit chemin dont il s'agit ici est le chemin rural, allant du hameau des Minières à celui des Bordes, qui traverse le plateau de la Cardinerie dans sa largeur, qui par conséquent coupait en deux la position des Anglais.

duc de Normandie et ses deux frères les comtes de Poitiers et de Touraine, par ordre et de propos délibéré[1], s'éloignent du champ de bataille dans la direction de Chauvigny à la tête de huit cents lances saines et entières qui n'ont pas donné un seul instant. Toutefois deux chevaliers de la suite du comte de Poitiers, Guichard d'Angle et Jean de Saintré se détachent et vont se jeter au plus fort de la mêlée ; ainsi font deux des conseillers du duc de Normandie, Jean de Landas et Thibaud de Vaudenay, après avoir obtenu du seigneur de Saint-Venant qu'il resterait seul chargé de la direction et de la garde du dauphin. — Ces braves chevaliers rencontrent en chemin la grosse bataille du duc d'Orléans qui quitte aussi le théâtre de l'action sans avoir été engagée et va se cacher sur les derrières de la bataille du roi. P. 40 à 42, 268 à 270.

Rapprochement entre les batailles de Crécy et de Poitiers ; la bataille de Crécy avait commencé fort tard dans l'après-midi ; celle de Poitiers s'était engagée le matin, à l'heure de prime (6 heures). — Le roi de France descend de cheval ainsi que tous les siens, saisit une hache de guerre et marche au premier rang de sa bataille qui en vient aux mains avec celle des maréchaux d'Angle-

---

1. « Par conseil », dit Froissart. La version des *Grandes Chroniques* relativement à ce départ du champ de bataille du dauphin et des princes ses frères est la même que celle de notre chroniqueur (t. VI, p. 33 et 34) : « Et de la dite besoigne l'en fist retraire le duc de Normendie, ainsné fils du roy, le duc d'Anjou et le conte de Poitiers ses frères et le duc d'Orleans, frère du dit roy. » Charles, dauphin, né à Vincennes le 21 janvier 1337, n'avait pas encore 20 ans. Le comte d'Armagnac, alors lieutenant du roi en Languedoc, dans une lettre en provençal, datée de Moissac le 1er octobre 1356 et adressée aux habitants des villes de son gouvernement, que dom Vaissette (*Hist. du Languedoc*, t. IV, p. 288) a signalée le premier et dont Ménard a donné le texte d'après l'original conservé aux Archives municipales de Nîmes (*Hist. de Nismes*, t. II (1751, Preuves, p. 182), le comte d'Armagnac confirme la version des *Grandes Chroniques* : « Cars amis, ab la plus grant tristor et dolor de cor que avenir nos pogues, vos faut assaber que dilhus ac VIII jorns que lo rey Mossenhor se combatet ab lo princep de Gualas ; et aychi cum a Dio a plagut a suffrir, lo rey Mossenhor es estat desconfit e es pres cum lo melhor cavalier que fos le jorn de sa part, e es naffrat el vizatge de doas plaguas. Mossenhor Phelip son dernier filh es pres ab lhuy. *Mossenhor lo duc de Normandia et mossenhor d'Anjo et de Peito et mossenhor le duc d'Orlhes, de comandamen del rey Mossenhor, se so salvatz ;* et lo princep es o sera dins III jorns à Bordeus, e mena lo rey Mossenhor ab lhuy e son dig filh et d'autres preyos.... »

SOMMAIRE DU PREMIER LIVRE, §§ 371-399.   XIII

terre. — Énumération des seigneurs qui composent les principaux groupes de combattants de la bataille du roi de France. — Le comte de Douglas d'Écosse, après avoir fait des prodiges de valeur, s'éloigne en toute hâte du champ de bataille dans la crainte de tomber entre les mains des Anglais ses mortels ennemis. P. 42 à 45, 270 à 272.

Jean Chandos [1] et Pierre Audley, frère de James Audley, se tiennent au frein du prince de Galles. — James Audley, après avoir accompli son vœu et porté les premiers coups, reçoit tant de blessures, il perd tant de sang qu'il tombe épuisé entre les bras des quatre écuyers qui l'escortent. P. 45 à 47, 272 à 274.

Noms des grands seigneurs, tués du côté des Français [2]. — Noms des princes, des grands feudataires et des principaux chevaliers faits prisonniers [3]. P. 47, 48, 274 à 276.

1. Par acte daté de Londres le 15 novembre 1356, Édouard, prince de Galles, donna en viager à son amé et féal chevalier Jean Chandos « pro bono et gratuito servitio in partibus Vasconiæ et *præcipue in bello de Peyters* » deux parts de son manoir de *Kirketon in Lyndeseye* (auj. Kirton ou Kirktown dans le comté de Lincoln près de Lindsey) à la condition de lui apporter chaque année une rose rouge à la fête de la Nativité-Saint-Jean-Baptiste (24 juin). Rymer, vol. III, p. 343.
2. La liste des morts de Poitiers, donnée par Froissart, est à la fois très-incomplète et très-inexacte. Le défaut d'espace nous permet de citer seulement Pierre I du nom, duc de Bourbon, comte de Clermont et de la Marche, Gautier, duc d'Athènes, connétable de France, Renaud Chauveau, évêque de Châlons, André de Chauvigny, vicomte de Brosse et le vicomte de Rochechouart. V. les listes données par Robert de Avesbury (éd. de 1720, p. 252 et 253) et à la suite d'une lettre du prince de Galles à l'évêque de Worcester en date du 20 octobre 1356 ; cette dernière liste a été reproduite par Buchon Froissart, éd. du Panthéon, t. I, p. 355, en note. V. aussi la nomenclature des chevaliers et écuyers enterrés aux Frères Mineurs et aux Frères Prêcheurs de Poitiers publiée par Bouchet (*Annales d'Aquitaine*, p. 202 à 205 et reproduite ainsi que les listes précédentes dans les notes de l'édition de Buchon. V. enfin René de Belleval, *La Grande Guerre*, Paris, 1862, in-8°, p. 172 à 177.
3. La liste des prisonniers, donnée par Froissart, est comme celle des morts incomplète et inexacte. Les principaux grands feudataires, ou grands officiers, pris avec le roi Jean et Philippe son plus jeune fils, étaient : Jacques de Bourbon I du nom, comte de Ponthieu et de la Marche, prisonnier de Jean de Grailly captal de Buch (Rymer, vol. III, p. 346) ; Jean d'Artois, comte d'Eu ; Charles d'Artois, comte de Longueville ; Charles de Trie, comte de Dammartin, prisonnier du comte de Salisbury JJ 116, n° 115) ; Henri, sire de Joinville, comte de Vaudemont du chef de sa mère ; Louis II, comte d'Étampes ; Jean de Chalon, III du nom, comte d'Auxerre et de Tonnerre ; Jean III, comte

Oudart de Renty fait prisonnier un chevalier anglais qui lui donnait la chasse. — De même Thomas, seigneur de Berkeley[1], tombe entre les mains d'un écuyer picard, nommé Jean d'Allaines[2], à la poursuite duquel il s'était imprudemment élancé. P. 48 à 52, 276 à 279.

Le combat s'était livré dans les plaines de Beauvoir[3] et de Maupertuis, mais les Anglais poursuivent les fuyards jusqu'aux portes de Poitiers que les bourgeois ferment par précaution. — Le roi de France, sa hache de guerre à la main, fait merveilles d'armes; à ses côtés se font tuer Renaud, sire de Pons[4] et Geoffroi de Charny[5] qui porte l'oriflamme; Guichard d'Angle et Jean de Saintré sont blessés grièvement; Baudouin d'Annequin et le comte de Dammartin sont faits prisonniers, le premier par Barthélemi de Burghersh, le second par Renaud de Cobham. — Le roi Jean, après avoir couru ainsi que Philippe son plus jeune fils de grands dangers par la convoitise des Anglais qui se disputent sa prise, se

de Sancerre; Jean de Noyers, comte de Joigny; Robert II, comte de Roucy; Jean VI, comte de Vendôme; Bernard, comte de Ventadour. Jean II du nom, vicomte de Melun, comte de Trancarville; Jean, comte de Nassau; Jean, comte de Saarbruck; le comte de Nidau, en tout 16 comtes, 13 français, 3 allemands; Aymeri IX, vicomte de Narbonne; Guillaume de Melun, archevêque de Sens, prisonnier pour un quart de Robert de Clynton qui vendit ce quart à Édouard III 1000 livres (Rymer, vol. III, p. 399); Arnoul d'Audrehem, maréchal de France; le vicomte de Beaumont. V., outre les listes dont il a été question plus haut et qui ont été reproduites par Buchon, René de Belleval, ouvrage cité, p. 170 à 180.

1. Froissart dit (p. 51, 278) que *Bercier* est « un moult biel chastiel seant sus le rivière de Saverne, en le marce de Galles ». Berkeley est en effet situé sur la rive gauche de la Savern, près de son embouchure dans le canal de Bristol qui forme la limite sud-est du pays de Galles.

2. Nous identifions *Ellènes*, que notre chroniqueur dit être le nom d'un écuyer et par suite d'un fief picard, avec Allaines, Somme, arr. et c. Péronne.

3. Mignaloux-Beauvoir, Vienne, arr. Poitiers, c. Saint-Julien-l'Ars.

4. Renaud, sire de Pons, de Blaye et de Ribérac, est mentionné comme mort à Poitiers dans un acte de Charles, duc de Normandie, daté de Paris en avril 1357. JJ 85, n° 128.

5. Le 21 novembre 1356, à la requête de Jeanne de Vergy, dame de Montfort et de Savoisy, veuve de Geoffroi de Charny, Charles fils aîné du roi de France, confirma une donation faite par son père au dit Geoffroi au mois de juillet précédent; et cette confirmation est accordée en faveur de Geoffroi de Charny, fils mineur du dit Geoffroi « tué à la bataille livrée dernièrement près de Poitiers ». JJ 84, n° 671.

rend à un chevalier artésien nommé Denis de Morbecque[1] auquel il remet son gant dextre. P. 52 à 55, 279 à 282.

Le prince de Galles, qui voit que la journée est finie, plante sa bannière au haut d'un buisson pour rallier ses gens. En même temps, il envoie le comte de Warwick et Renaud de Cobham demander des nouvelles du roi de France, que l'arrivée de ces deux seigneurs délivre d'un péril croissant. P. 55 à 58, 282, 283.

Le prince de Galles fait venir James Audley[2] et, après l'avoir proclamé le plus brave de la journée, le retient pour son chevalier et lui assigne cinq cents marcs de revenu. — Sur ces entrefaites, le comte de Warwick et Renaud de Cobham reviennent avec le roi de France qu'ils présentent au prince. P. 58, 59, 283, 284.

Cette grande bataille se livra ès champs de Maupertuis, à deux lieues de Poitiers, le lundi 20[3] septembre 1356; commencée à l'heure de prime, elle était terminée à basse nonne (un peu après 3 heures de l'après-midi). — Dix-sept comtes y furent faits prisonniers, sans les barons, les chevaliers et les écuyers; en outre, elle coûta la vie à trente-trois bannerets, à six ou sept cents hommes d'armes, chevaliers ou écuyers, et à cinq ou six mille simples gens, du côté des Français. — Chaque Français pris est la propriété personnelle de l'Anglais qui l'a fait prisonnier[4]; mais les

---

1. Denis de Saint-Omer, sire de Morbecque, se fit délivrer des lettres patentes datées de Westminster le 20 décembre 1357 (Rymer, vol. III, p. 385) où le roi d'Angleterre constate que c'est bien à Denis que le roi de France s'est rendu et a baillé sa foi le jour de la bataille de Poitiers. Denis de Morbecque avait été secondé dans cette glorieuse capture par Enguerrand de Beaulincourt son cousin.
2. Sir James Touchet, baron Audley, descendait d'une famille normande fixée en Angleterre après la conquête.
3. La bataille de Poitiers se livra en effet un lundi, mais ce lundi tomba en 1356 le 19 septembre, non le 20, d'après la leçon la moins fautive, celle du ms. d'Amiens (p. 284), ni le 21, d'après la leçon des mss. de la première rédaction revisée (p. 60), ni le 22, d'après la leçon des mss. de la première rédaction proprement dite p. 284). Jean le Bel avait commis une erreur en sens inverse en fixant cette bataille au lendemain de la Saint-Lambert, c'est-à-dire au 18 septembre. (*Chron.*, t. II, p. 200). Entre autres documents authentiques qui nous donnent la date exacte de la défaite du roi Jean, il convient d'en citer un qui nous a été signalé par notre confrère M. Molinier : c'est une lettre datée de Paris le 27 septembre 1356 et adressée, sous forme de circulaire, par les Gens du Conseil du roi de France à l'évêque d'Alby au sujet de la bataille livrée à Poitiers huit jours auparavant, le lundi 19 septembre (Bibl. nat., dép. des mss., fonds Baluze, t. 87, f° 183).
4. Froissart dit que le prince de Galles acheta de ceux qui les avaient

vainqueurs, les Anglais aussi bien que les Gascons, traitent leurs prisonniers avec beaucoup de courtoisie et les mettent en liberté sur parole, à la condition de se retrouver à Bordeaux à la fête de Noël le 25 décembre suivant, s'ils n'ont pas payé leur rançon dans l'intervalle. — Sans parler des rançons et des armures, les Anglo-gascons trouvent dans le camp français un immense et magnifique butin[1]. P. 59 à 61, 284 à 286.

James Audley, rentré dans sa tente après son entrevue avec le prince de Galles, distribue les cinq cents marcs de revenu dont il vient d'être doté entre les quatre écuyers qui lui ont fait escorte pendant la bataille. P. 61 à 63, 286, 287.

Le soir de la bataille, le prince de Galles donne à souper[2] en sa tente au roi de France et aux principaux captifs; il sert lui-même Jean à table et refuse de s'asseoir à côté du roi, en disant qu'il n'est pas digne d'un si grand honneur; il prodigue en un mot à son prisonnier toutes les marques du respect le plus profond et le proclame le plus brave d'entre ceux de sa partie, aux applaudissements des Français comme des Anglais. P. 63, 64, 287 à 289.

Après le souper, la nuit se passe à traiter du rachat des captifs; les Anglo-gascons se montrent pleins de courtoisie, à la différence des Allemands qui taxent les gentilshommes prisonniers au delà de leurs moyens et les torturent au besoin pour leur arracher plus forte rançon. — La nuit même qui suivit la bataille,

---

capturés les prisonniers les plus notables. Nous voyons en effet que le vainqueur de Poitiers paya 25 000 écus d'or vieux au captal de Buch et à six autres Gascons en échange de Jacques de Bourbon. Rymer, vol. III, p. 346.

1. Il reste de ce butin un manuscrit de la *Bible hystoriaus* trouvé avec quelques autres ouvrages dans la tente du roi Jean et conservé aujourd'hui au *British Museum*, fonds du roi, DII, n° 19; on y lit la mention suivante : « Cest livre fut pris ove le roy de Fraunce à la bataille de Peyters; et le boun count de Saresbirs (Salisbury, William Montague, le achata pur cent marsz et le dona à sa compaigne Elizabeth la bone countesse, qe Dieux assoile! » M. Delisle a démontré (*Comptes rendus des séances de l'Académie des Inscriptions*, année 1867, in-8°, p. 262 à 266 qu'un manuscrit des *Miracles de Notre-Dame*, qui appartient aujourd'hui au séminaire de Soissons, avait été pris aussi par les Anglais sur le champ de bataille dans la tente du roi Jean.

2. Un registre de l'hôtel de ville de Poitiers mentionne ce souper, devenu historique grâce au récit de Froissart, que le vainqueur offrit à son royal prisonnier au château de Savigny-l'Évesquault appartenant à l'évêque de Poitiers (auj. Savigny, hameau de 300 h. de la commune de Saint-Julien-l'Ars, Vienne, arr. Poitiers, à une lieue à l'est de la Cardinerie Maupertuis) et de Beauvoir).

Mathieu, seigneur de Roye, était allé s'enfermer dans Poitiers à la tête de cent lances, par l'ordre du duc de Normandie qui l'avait rencontré à quelque distance de Chauvigny. — Les Anglais reprennent le chemin de Bordeaux ; ils s'avancent à petites journées, précédés des comtes de Warwick et de Suffolk qui éclairent le pays sur leur passage, à la tête de cinq cents armures de fer. — Le prince de Galles confirme le don fait par James Audley à ses écuyers[1] et gratifie de nouveau de six cents marcs de revenu ce chevalier. P. 64 à 68, 289, 291.

Les Anglais traversent le Poitou et la Saintonge, passent la Gironde à Blaye et arrivent à Bordeaux[2]. Le prince de Galles et le roi de France se logent à l'abbaye de Saint-André, et le prince achète à ses gens la plupart des comtes et grands feudataires français faits prisonniers. Il fait donner deux mille nobles à Denis de Morbecque auquel un écuyer gascon, nommé Bernard de Truttes[3], dispute la prise du roi de France. — Grâce à l'entremise des seigneurs de Caumont, de Monferrand et du captal de Buch, ses cousins, le cardinal de Périgord vient à Bordeaux et réussit à rentrer dans les bonnes grâces du prince ; le châtelain d'Amposte recouvre la liberté moyennant dix mille francs. — Le prince de Galles et les Anglo-gascons passent toute la saison en fêtes et en réjouissances jusqu'au carême (22 février — 7 avril) 1357. — A l'époque de la bataille de Poitiers, le duc de Lancastre faisait la guerre avec Philippe de Navarre et Godefroi de Harcourt dans le

---

1. Les quatre écuyers de James Audley étaient du comté de Chester. Walter Woodland avait porté la bannière du prince de Galles (Rymer, vol. III, p. 359) ; Jean, sire de Maignelay, dit Tristan, qui tenait celle du duc de Normandie, fut fait prisonnier (JJ89, n° 160 ; JJ91, n° 499).
2. Nous devons à la chronique anonyme du moine de Malmesbury l'itinéraire suivi par les Anglais à leur retour de Poitiers à Bordeaux. Le mardi 20 septembre à midi, le prince de Galles arriva à la Roche-de-Gençay (Vienne, arr. Civray) et y passa la journée du lendemain ; le jeudi 22, il logea à Couhé (Vienne, arr. Civray) ; le 23, à Ruffec ; le 24, à Champagne-Mouton (Charente, arr. Confolens) ; le dimanche 25 à la Rochefoucauld (Charente, arr. Angoulême) ; le 26, à Bors (Bors-de-Montmoreau, Charente, arr. Barbezieux, c. Montmoreau) ; le 27, à Saint-Aulaye (Dordogne, arr. Ribérac) ; le 28, à Saint-Antoine (Saint-Antoine-de-l'Isle ou du Pizon, Gironde, arr. Libourne, c. Coutras) ; le 30, sur les bords de la Dordogne. Le 2 octobre, le prince s'arrêta à Libourne, pendant qu'on préparait à Bordeaux le logement du roi de France.
3. Le procès intenté par cet écuyer, dont le nom est écrit *Bernard de Troie* dans Rymer, à Denis de Morbecque, durait encore le 13 janvier 1360. V. Rymer, vol. III, p. 467.

comté d'Évreux ainsi que sur les marches du Cotentin[1]; il avait tenté de faire sa jonction avec le prince de Galles, mais il avait trouvé les passages de la Loire trop bien gardés. A la nouvelle de la victoire de Poitiers, il s'était rendu en Angleterre en compagnie de Philippe de Navarre, laissant Godefroi de Harcourt tenir frontière à Saint-Sauveur-le-Vicomte. P. 68 à 71, 292, 293.

CHAPITRE LXXIX.

LIEUTENANCE DU DUC DE NORMANDIE ET GOUVERNEMENT DES ÉTATS GÉNÉRAUX (1356, OCTOBRE-1357, NOVEMBRE). — DÉFAITE ET MORT DE GODEFROI DE HARCOURT. — TRÊVE ENTRE LA FRANCE ET L'ANGLETERRE, ARRIVÉE DU ROI JEAN A LONDRES. — PAIX ENTRE L'ANGLETERRE ET L'ÉCOSSE. — SIÉGE DE RENNES. — OCCUPATION D'ÉVREUX PAR LES NAVARRAIS. — RAVAGES DES COMPAGNIES EN PROVENCE, DANS L'ÎLE DE FRANCE ET EN NORMANDIE[2] (§§ 400 à 409).

Le désastre de Poitiers plonge le royaume de France dans la consternation et excite le mécontentement des gens des communes contre les nobles[3]. — Les États généraux, composés des députés

---

1. Dès la fin de 1356, Henri, duc de Lancastre, s'était emparé des forteresses de Bois-de-Maine (auj. château de Rennes-en-Grenouille, Mayenne, arr. Mayenne, c. Lassay), de Domfront, de Messei (Orne, arr. Domfront), de Condé (Condé-sur-Sarthe, Orne, arr. et c. Alençon) et de la tour de Villiers. JJ85¹, n°ˢ 105, 184; JJ119, n° 84. — Les intéressés rachetèrent ces forteresses au vainqueur moyennant 20 000 florins d'or qui n'étaient pas encore entièrement payés en 1366 (Arch. nat., sect. jud., accord du 10 avril 1366 qui nous a été signalé par M. Fagniez). Le 8 août 1356, le roi d'Angleterre avait nommé Henri, duc de Lancastre, son très-cher cousin, lieutenant et capitaine au duché de Bretagne (Rymer, vol. III, p. 335), et le 30 octobre suivant Philippe de Navarre, comte de Longueville, sire de Cassel, son féal et très-cher cousin, lieutenant et capitaine au duché de Normandie. Rymer, vol. III, p. 342.
2. Cf. Jean le Bel, *Chroniques*, t. II, p. 205 à 213.
3. Ces sentiments se font jour dans une complainte en vers conservée au deuxième registre capitulaire de Notre-Dame de Paris, commençant en septembre 1356, finissant en janvier 1361 (Archives nationales, sect. hist., fonds de Notre-Dame, LL 209 A, f° 183). Entre les séances du 4 et du 7 octobre 1359 ont été transcrites plusieurs pièces plus anciennes et entre autres la complainte dont nous parlons, relative à la bataille

du clergé, de la noblesse et des bonnes villes, se réunissent à Paris et prennent en main, non-seulement le gouvernement, mais encore l'administration qu'ils confient à trente-six délégués élus, douze par le clergé, douze par la noblesse et douze par la bourgeoisie[1]. En même temps, les États prohibent l'ancienne monnaie et en font forger une nouvelle dont les pièces sont de fin or et se nomment moutons ; ils ordonnent des poursuites contre les principaux conseillers du roi Jean ; ils remplacent les receveurs des

---

de Poitiers, qui doit avoir été composée à la fin de 1356 ou au commencement de 1357 et qui paraît être l'œuvre d'un chanoine ou d'un clerc de la cathédrale (voir dans la *Bibliothèque de l'École des Chartes* 3e série, t. II, p. 257 à 263, un article de M. Charles de Beaurepaire qui le premier a publié ce curieux document). L'auteur de ce petit poëme attribue la déroute de l'armée française à la trahison de la noblesse dont il flétrit énergiquement le luxe et les vices ; il fait des vœux pour la délivrance du roi Jean dont il célèbre la vaillance, et il espère que le souverain, avec l'aide du peuple, désigné sous le sobriquet de *Jacques Bonhomme*, parviendra à triompher de ses ennemis. V. un fac-similé du document original dans le *Musée des Archives nationales*, Paris, 1872, in-4°, p. 212 et 213.

1. Dès leur première réunion à Paris le 17 octobre 1356, les États avaient demandé : 1° la délivrance du roi de Navarre ; 2° la destitution des principaux membres du conseil du roi et du dauphin ; 3° l'établissement d'un nouveau conseil entièrement pris dans le sein des États eux-mêmes. Licenciés le 2 novembre suivant par le dauphin, puis rappelés le 5 février 1357, ils réclament de nouveau, dans la séance du 3 mars, par l'organe de Robert le Coq, évêque de Laon, en même temps que la destitution de vingt-deux hauts fonctionnaires et la suspension de tous les officiers du royaume, la création d'un grand conseil de réformateurs généraux nommés par les États qui ordonneront souverainement de la guerre et des finances ; dès le vendredi 10 mars, ils organisent ce grand conseil tiré de leur sein et qui concentre en ses mains tous les pouvoirs. Ce conseil n'était pas composé de 36 membres, comme le dit Froissart, mais seulement de 34 dont 11 appartenaient au clergé, 6 à la noblesse et dont 17 représentaient la bourgeoisie. M. Douet d'Arcq a publié leurs noms (*Bibl. de l'École des Chartes*, t. II, p. 382 et 383) qui se trouvent au dos d'un rouleau conservé au dép. des mss. de la Bibliothèque nationale. Par acte daté du Louvre lez Paris le 8 mars 1357 (n. st.), Charles, lieutenant du roi, nomma réformateurs généraux par tout le royaume ses amés les évêques de Nevers (Bertrand de Fumel), de Meaux (Philippe de Vitry, le traducteur d'Ovide, mort en juin 1361), et de Thérouanne (Gilles Aycelin de Montagu), maître Jean de Gonnelieu, doyen de Cambrai, maître Robert de Corbie ; messire Mahieu, sire de Moucy, messire Jean de Conflans, maréchal de Champagne, chevaliers ; Colard le Caucheteur, bourgeois d'Abbeville, Jean Godart, bourgeois de Paris (JJ89, n° 150). Ces réformateurs se contentèrent d'imposer aux fonctionnaires convaincus de concussion des amendes pécuniaires (JJ89, n°s 150, 319).

subsides qu'ils trouvent en fonctions par d'autres qu'ils instituent; ils vont même jusqu'à faire des démarches auprès du duc de Normandie pour obtenir la mise en liberté du roi de Navarre alors détenu au château de Crèvecœur en Cambrésis, mais le dauphin oppose à leur demande un refus formel. P. 71 à 74, 293 à 296.

Sur ces entrefaites, Godefroi de Harcourt fait des incursions aux environs de Saint-Lô, de Coutances, d'Avranches et jusqu'aux faubourgs de Caen. Le duc de Normandie et les États envoient en Cotentin Raoul de Renneval à la tête de trois ou quatre cents lances et de cinq cents armures de fer. Français et Anglo-navarrais se livrent un combat acharné [1] où Godefroi de Harcourt est vaincu et tué; la mort de ce chevalier fait passer sa terre de Saint-Sauveur-le-Vicomte, dont le revenu annuel est de seize mille francs, entre les mains du roi d'Angleterre qui l'avait achetée de Godefroi [2]. P. 74 à 79, 296 à 299.

Après un hiver passé à Bordeaux en fêtes et réjouissances, des difficultés s'élèvent au retour de la belle saison entre le prince de Galles et les seigneurs gascons; ceux-ci ne veulent pas laisser emmener en Angleterre le roi Jean qu'ils prétendent être aussi bien leur prisonnier que celui des Anglais; le prince les fait taire en leur payant cent mille francs. Puis il s'embarque à Bordeaux [3]

1. Le combat où périt Godefroi de Harcourt eut lieu au mois de novembre 1356. M. Delisle a établi le premier, d'après une chronique inédite (Bibl. nat., mss., fonds français, n° 4987, f° 61), que l'action, engagée sur la chaussée qui traverse les marais de Brévands (Manche, arr. Saint-Lô, c. Carentan, entre les embouchures de la Taute et de la Vire), en un lieu dit *Cocbour*, se termina près des gués de Saint-Clément (Calvados, arr. Bayeux, c. Isigny), non loin de l'endroit où Amauri de Meulan, lieutenant du dauphin Charles en Normandie, avait été battu et fait prisonnier peu de temps auparavant (JJ84, n° 710). Le même savant a prouvé aussi que Robert de Clermont et le Baudrain de la Heuse, maréchaux de Normandie, et non Raoul de Renneval, commandaient les forces françaises. V. Delisle, *Hist. du château de Saint-Sauveur-le-Vicomte*, p. 92 à 108; *Preuves*, p. 142 et 143.

2. Godefroi de Harcourt n'avait pas vendu, il avait légué, le 18 juillet 1356, au roi d'Angleterre son immense fortune territoriale dont il avait juré de frustrer son neveu Louis de Harcourt (Rymer, vol. III, p. 332). M. Delisle n'a pas trouvé mention dans les actes de ce Jean de l'Isle, auquel Edouard aurait confié, d'après Froissart, la garde du château de Saint-Sauveur; Pierre Pigache remplissait ces fonctions dès le 7 février 1357. *Ibid.*, p. 111.

3. Le prince de Galles et le roi Jean s'embarquèrent le mardi 11 avril 1357 à Bordeaux, où une trêve avait été conclue entre la France et l'Angleterre le 23 mars précédent; cette trêve devait durer deux ans

sur une flotte dont un des vaisseaux est occupé par le roi de France et sa suite. La traversée dure onze jours, et le débarquement a lieu à Sandwich[1] où l'on se repose deux jours. On se remet en route en s'arrêtant successivement à Canterbury, à Rochester, à Dartford; et quatre jours après son départ de Sandwich, le prince de Galles fait son entrée dans Londres; il suit sur une petite haquenée noire son prisonnier qui monte un coursier blanc. On assigne pour demeure au roi de France, d'abord l'hôtel de Savoie[2], puis le château de Windsor[3], en lui laissant la faculté de chasser et de prendre toute sorte de divertissements. — Par ordre du pape Innocent VI, les cardinaux de Périgord et d'Urgel viennent en Angleterre pour s'entremettre de nouveau entre les deux rois; grâce à leur médiation, on conclut une trêve qui doit durer jusqu'à la Saint-Jean-Baptiste (24 juin) 1359; mais Philippe de Navarre, le comte de Montfort et le duché de Bretagne sont exceptés de cette trêve[4]. P. 79 à 84, 300 à 302.

(Rymer, vol. III, p. 348 à 351). Nous avons un acte du roi Jean daté de Bordeaux le 25 mars 1357 (n. st.). JJ84, n° 801.

1. Le prince et son prisonnier débarquèrent en Angleterre le jeudi 4 mai (*Grandes Chroniques*, t. VI, p. 58), probablement à Plymouth, selon la version des chroniqueurs anglais, qui pourraient bien avoir raison contre Froissart; car, dans l'ordre que le roi d'Angleterre expédia le 20 mars pour faire tout préparer sur la route de son fils et du roi son prisonnier, il est dit qu'ils devaient arriver à Plymouth (Rymer, vol. III, p. 348). Le mercredi 24 mai, ils firent leur entrée dans Londres où il était accouru une si grande foule pour les voir passer que le cortège, qui avait traversé à neuf heures du matin le pont de Londres, arriva au palais de Westminster à midi seulement.

2. Nous avons en effet plusieurs actes émanés du roi Jean pendant les quatre premiers mois de son séjour en Angleterre, qui sont datés de Londres en août (JJ86, n° 416); l'un de ces actes fut passé dans cette ville le 11 septembre 1357 (JJ89, n° 247). Un acte passé le 7 juillet 1358 en présence du roi de France est daté du *manoir de Savoie ès faubourgs de Londres* (Rymer, vol. III, p.401 et 402). L'hôtel de Savoie, résidence de Henri duc de Lancastre, était situé au sud du Strand, à côté de la rue qui a reçu dans ces derniers temps le nom de Wellington-Street. Il ne reste de ce grand palais que la chapelle, naguère reconstruite aux frais du gouvernement sur l'emplacement de l'ancienne détruite par un incendie en 1864.

3. On connaît un acte du roi Jean daté du château de Windsor en octobre 1357 (JJ89, n° 220).

4. Il y a, comme l'a fait remarquer Dacier, trois erreurs capitales dans le peu de mots que dit Froissart, concernant cette trêve : 1° elle fut conclue, non en Angleterre, mais à Bordeaux, le 23 mars 1357, dix-neuf jours avant le départ du prince de Galles et du roi Jean pour l'An-

Un traité de paix est conclu entre l'Angleterre et l'Écosse, et David Bruce[1], retenu captif depuis sa défaite à Nevill's Cross, recouvre la liberté. P. 84, 85, 302 à 304.

Le duc de Lancastre, qui soutient le parti de la comtesse de Montfort, assiége la cité de Rennes[2]. En l'absence de Charles de Blois, prisonnier du roi d'Angleterre et mis en liberté sur parole, cette ville est défendue par le vicomte de Rohan, les seigneurs de Rochefort, de Beaumanoir, et par Bertrand du Guesclin, alors jeune bachelier, qui soutient une joute brillante contre Nicolas d'Agworth, chevalier anglais. — Épisode des perdrix d'Olivier de Mauny. P. 85 à 87, 304 à 308.

---

gleterre; 2° elle devait durer depuis le jour de Pâques (9 avril 1357) jusques à deux ans (21 avril 1359), et non jusqu'à la Saint-Jean-Baptiste ; 3° Philippe de Navarre et les héritiers du comte de Montfort y étaient expressément compris ; il convient d'ajouter toutefois qu'ils ne voulurent en tenir aucun compte, et c'est ce qui a pu induire Froissart en erreur sur ce dernier point.

1. Ce traité fut signé à Berwick le 3 octobre 1357. Rymer, vol. III, p. 372 à 374.

2. Henri, duc de Lancastre, n'ayant pu parvenir au commencement de septembre 1356 à opérer sa jonction par les Ponts-de-Cé avec le prince de Galles, mit le siége devant Rennes. Ce siége, qui suivit immédiatement le désastre de Poitiers et qui dura neuf mois, du 2 octobre 1356 au 5 juillet 1357, est le pendant du siége de Calais après la défaite de Crécy; une si longue et si honorable défense releva un peu les courages du côté des vaincus. Charles de Blois, alors prisonnier sur parole du roi d'Angleterre, se tint pendant toute la durée du siége à la cour du dauphin (Morice, *Preuves*, t. I, col. 1513; JJ89, n° 276; JJ85, n° 115; JJ89, n° 312). Le duc de Normandie envoya, dès le mois de décembre 1356, Thibaud, sire de Rochefort, au secours des assiégés (Morice, *Preuves*, t. I, col. 1512 à 1514). En dépit de la trêve conclue à Bordeaux le 23 mars 1357, Lancastre ne voulait pas lever le siége de Rennes; il fallut deux lettres du roi d'Angleterre, la première en date du 28 avril, la seconde du 4 juillet 1357 (Rymer, vol. III, p. 353 et 359), pour vaincre la résistance de son lieutenant, qui n'en obligea par moins les habitants de la ville assiégée, quoi qu'en aient dit des historiens bretons plus patriotes que véridiques, à se racheter et à payer au vainqueur une contribution de guerre considérable (Morice, *Preuves*, t. I, col. 1522). — Dans les premiers mois de 1357, Charles dauphin avait chargé Guillaume de Craon, son lieutenant en Anjou, Maine, Poitou et Touraine, d'inquiéter le duc de Lancastre et d'obliger les Anglais à lever le siége de Rennes (JJ89, n°s 37 et 127). C'est alors seulement que Bertrand du Guesclin pénétra dans l'intérieur de la place, car, comme le dit Cuvelier dans son poëme (v. 1080 et 1081) :

> Mais Bertran du Guesclin se fu ès bois boutez,
> A tamps n'y pot venir qui n'i pot estre entrez.

Les habitants d'Évreux, même après la conquête de cette ville par le roi de France[1], sont restés Navarrais de cœur. Vers le temps où les trois États s'efforcent de faire mettre en liberté le roi de Navarre[2], un chevalier appelé Guillaume de Gauville vient à Évreux, et, mettant à profit les dispositions des gens de la cité et du bourg, ainsi que la passion du châtelain du roi de France pour le jeu d'échecs, s'avise d'une ruse de guerre qui livre le château et par suite la cité et le bourg aux Navarrais. P. 87 à 93, 308 à 310.

Un chevalier, nommé Arnaud de Cervole[3], vulgairement l'Archi-

---

1. Le bourg, la cité et le château d'Évreux avaient été conquis par le roi Jean au commencement de juin 1356. Voy. t. IV de cette édition, Sommaire, p. LXVIII, note 1.

2. Nous ignorons si ce fut la ruse de guerre, prêtée par Froissart à Guillaume de Gauville, qui remit les Navarrais en possession du château d'Evreux, mais la date que notre chroniqueur assigne à cet événement est certainement fausse. En février 1358 (n. st.), Évreux appartenait encore au régent, qui délivrait des lettres de rémission à Guillaume de la Goderie, demeurant à Évreux, dont le valet avait acheté pour les garnisons anglaises des forteresses voisines de cette ville « anneaux et chapeaux de bièvre et les plumes.... » JJ89, n° 83. — On lit, d'un autre côté, dans les *Grandes Chroniques* (t. VI, p. 108), qu'au mois de mai 1358 Jean de Meudon, *châtelain d'Évreux pour le roi de France*, mit le feu à la ville d'Évreux, ce dont le roi de Navarre fut très-irrité. Le château d'Évreux avait été livré par trahison aux Navarrais avant le mois de septembre 1358, date de deux donations faites par le régent à Guillaume de Tronchevillier, chevalier, et Robinet Boulart, écuyer, des biens confisqués de Pierre du Bosc-Renoult et de Guillaume Houvet, écuyers, complices *de la trahison du chastel d'Evreux à nos ennemis en ceste presente année* (JJ87, n°s 78 et 79). Froissart raconte que Guillaume de Gauville, pour apprivoiser encore plus sûrement le châtelain, lui parla d'une descente en Angleterre que devaient faire les Danois alliés de la France. Il y eut en effet, en 1358 et 1359, des négociations actives avec Valdemar III, roi de Danemark, qui aboutirent à un projet de descente des Danois en Angleterre pour la délivrance du roi Jean, dont le texte a été publié par M. Germain (*Mémoires de la Société archéologique de Montpellier*, t. IV, p. 409 à 434). Voy. aussi le rapport de M. Delisle, *Revue des Sociétés savantes*, année 1866, 4e série, IV, 33.

3. Le travail du baron de Zurlauben sur ce chef de compagnies (*Hist. de l'Académie des Inscriptions*, t. XXV, p. 153 à 168) n'est qu'un essai fort incomplet. Le savant baron répète, après Baluze, qu'Arnaud apparaît pour la première fois dans l'histoire à la bataille de Poitiers, tandis que nous avons plusieurs actes, antérieurs à cette date, qui le mentionnent : le premier, de février 1354 (n. st.), où le roi Jean assigne 200 livres de rente à Arnaud de Cervole, écuyer, en récompense de la part qu'il a prise au recouvrement des châteaux de Montravel, de

prêtre[1], à la tête d'une grande compagnie de gens d'armes licenciés depuis la trêve de Bordeaux, met la Provence au pillage; il fait trembler dans Avignon le pape Innocent VI[2], qui l'invite à dîner dans son palais, lui donne quarante mille écus et l'absolution de ses péchés par-dessus le marché, à condition qu'il videra le pays. P. 93, 94, 310, 311.

Des compagnies de gens d'armes et de brigands se répandent dans le pays situé entre Seine et Loire et y commettent toute sorte d'excès; ils infestent surtout les routes de Paris à Orléans, à Chartres, à Vendôme et à Montargis[3]. Un de leurs principaux

---

Sainte-Foy près Bergerac (auj. Sainte-Foy-des-Vignes, hameau de Gineste, Dordogne, arr. Bergerac, c. Laforce), du Fleix (Dordogne, arr. Bergerac, c. Laforce), de Guitres (Gironde, arr. Libourne), et donne en outre au dit écuyer son château de Châteauneuf-sur-Charente (Charente, arr. Cognac), JJ82, n° 93; — l'autre, du 27 août de la même année, où le roi de France accorde des lettres de rémission à Arnaud de Cervole, écuyer, qui, avec l'aide de Pierre de Cervole, chevalier, et de neuf autres complices, avait occupé après l'assassinat du connétable Charles d'Espagne les châteaux de Cognac, de Jarnac et de Merpins en Saintonge et avait fait mettre à mort vingt-sept de ses soudoyers en garnison dans lesdits châteaux, qui avaient volé blés, vins et draps aux habitants de Saint-Laurent (Saint-Laurent-de Cognac, Charente, arr. et c. Cognac). JJ82, n° 613.

1. Au moyen âge, il arriva parfois qu'un archiprêtré fut inféodé, au temporel, à un laïque. Dom Vaissete dit (*Hist. du Languedoc*, t. IV, p. 292) qu'Arnaud possédait l'archiprêtré de *Vezzins;* mais où était situé cet archiprêtré? C'est ce que personne n'a encore établi jusqu'à ce jour. On lit dans Rymer (vol. III, p. 350) que les rois de France et d'Angleterre, en concluant à Bordeaux la trêve du 23 mars 1357, établirent l'un des quatre gardiens de cette trêve dans la vicomté de Limoges et en Berry, pour la partie du roi de France, « Mgr Arnaud de Servole, *archiprestre de* VELINES. » Vélines (Dordogne, arr. Bergerac) donnait en effet jadis son nom à l'un des archiprêtrés du diocèse de Périgueux. Voy. le *Dictionnaire topographique de la Dordogne*, par le vicomte de Gourgues, Paris, 1873, in-4°, p. 335.

2. On lit dans la seconde vie d'Innocent VI : « Mense julio (1357) miles quidam gasco, dictus Archipresbyter, collecta societate, intravit Provinciam, et plurima damna fecit et strages; propter quæ, tota curia romana stupefacta, papa, data pecunia, pro qua se Provinciales obligaverunt, ipsum abire fecit, et transitum per Avinionem concessit. Sed interim papa stipendiarios multos tenuit, civitatemque muris et portis ac fossatis munivit; ad quæ omnes clerici in curia romana degentes contribuere cogebantur. » (Bal., *Vitæ pap. Aven.*, t. I, p. 350). On sait que les fortifications dont il est question dans ces dernières lignes subsistent encore. Cf. Léon Ménard, *Hist. de Nismes*, t. II, p. 182, et *Preuves*, p. 201.

3. Cf. Jean le Bel, *Chroniques*, t. II, p. 215 et 216. Froissart reproduit ici à peu près littéralement le texte du chanoine de Liége. Le roi

chefs est un Gallois nommé Ruffin[1], qui s'enrichit de ses brigandages et devient chevalier. Ces compagnies occupent ou rançonnent Saint-Arnoult[2], Gallardon[3], Bonneval[4], Cloyes[5], Étampes[6], Châtres[7], Montlhéry[8], Pithiviers en Gâtinais, Larchant[9],

de Navarre, détenu au château d'Arleux, recouvra la liberté le mercredi 8 novembre 1357, grâce aux menées de Robert le Coq qui avait fait demander à plusieurs reprises sa délivrance par les États, et à la complicité de Jean de Picquigny, gouverneur d'Artois, qui l'arracha par surprise de sa prison. La mise en liberté de Charles le Mauvais est certainement la faute la plus grave, nous dirions presque le plus grand crime qu'on puisse reprocher à Robert le Coq et à Étienne Marcel; car c'est le roi de Navarre qui, à peine délivré, fit occuper entre le 13 et le 25 décembre 1357, les environs de Paris par les compagnies anglo-navarraises cantonnées jusque-là sur les confins de la Bretagne et de la Normandie (*Gr. Chron.*, t. VI, p. 71 à 73). Ces brigands étaient si bien aux ordres du roi de Navarre qu'on s'adressait à ce dernier plutôt qu'au dauphin pour obtenir des sauf-conduits, quand on voulait voyager de Paris à un point quelconque du royaume. Nous avons un de ces sauf-conduits accordé à deux chevaliers et daté de Paris le 12 mars 1358 (n. st.). *Ibid.*, p. 96 et 97.

1. Le 25 décembre 1358, Griffith ou *Griffon* de Galles quitta Montebourg en basse Normandie, où il avait longtemps tenu garnison, et vint occuper la forteresse de Becoiseau en Brie (auj. château de Mortcerf, Seine-et-Marne, arr. Coulommiers, c. Rozoy-en-Brie). JJ90, n° 57.

2. St-Arnoult-en-Yveline, Seine-et-Oise, arr. Rambouillet, c. Dourdan.

3. Eure-et-Loir, arr. Chartres, c. Maintenon.

4. Eure-et-Loir, arr. Châteaudun. Bonneval et le pays chartrain furent ravagés dès le mois de janvier 1357 par Philippe de Navarre qui fit une chevauchée de ce côté à la tête de huit cents hommes. *Gr. Chron.*, t. VI, p. 52.

5. Cloyes-sur-le-Loir, Eure-et-Loir, arr. Châteaudun.

6. Les ennemis d'entre Paris et Chartres s'emparèrent d'Étampes, le mardi 16 janvier 1358, le jour même où se célébrait à Paris le mariage de Louis, comte d'Étampes, avec Jeanne d'Eu, veuve de Gautier duc d'Athènes tué à Poitiers, sœur du connétable Raoul d'Eu décapité à l'hôtel de Nesle (*Gr. Chron.*, t. VI, p. 81). Dans les premiers mois de 1360, le comte d'Étampes emprunta 1000 moutons d'or à Guillaume Marcel, changeur à Paris, « pour la raençon du pais d'Estampes à paier aux Anglois », à raison de 400 moutons d'intérêt pour six semaines; il donna en gage son chapeau d'or du prix de 200 moutons. JJ91, n° 399.

7. Auj. Arpajon, Seine-et-Oise, arr. Corbeil. Le lundi 12 mars 1358 (*Gr. Chron.*, t. VI, p. 95), la ville de Châtres (Arpajon) fut occupée et pillée par la garnison anglo-navarraise d'Épernon dont l'Anglais James Pipes était capitaine. James Pipes prenait le titre de lieutenant du roi de Navarre *Ibid.*, p. 108 et 109).

8. Seine-et-Oise, arr. Corbeil, c. Arpajon. C'est à Montlhéry que les Anglo-navarrais de la garnison d'Épernon emmenèrent les prisonniers faits le lundi 12 mars 1358 au sac de Châtres (Arpajon). *Gr. Chron.*, t. VI, p. 95.

9. Seine-et-Marne, arr. Fontainebleau, c. la Chapelle-la-Reine.

Milly[1], Château-Landon[2], Montargis[3], Yèvre[4]. — Pendant ce temps, Robert Knolles se met à la tête de brigands anglo-navarrais et rançonne les frontières de Normandie, où il gagne bien cent mille écus[5]. P. 94, 95, 311 à 313.

CHAPITRE LXXX.

1357, 8 NOVEMBRE-1358, 31 JUILLET. DOMINATION DE LA COMMUNE DE PARIS ET D'ÉTIENNE MARCEL, PRÉVÔT DES MARCHANDS. — DÉLIVRANCE DU ROI DE NAVARRE ET POPULARITÉ DE CE ROI A PARIS. — ASSASSINAT DES MARÉCHAUX DE CHAMPAGNE ET DE NORMANDIE PAR LES PARISIENS. — LE DAUPHIN, LIEUTENANT DU ROI, PREND LE TITRE DE RÉGENT ET S'ÉCHAPPE DE PARIS. — JACQUERIE. — ATTAQUE DU MARCHÉ DE MEAUX PAR LES JACQUES AIDÉS DES PARISIENS. — LE RÉGENT VIENT CAMPER AU PONT DE CHARENTON ET ASSIÈGE PARIS; IL TRAITE AVEC LE ROI DE NAVARRE ÉTABLI A SAINT-DENIS. — RIXES ENTRE LES PARISIENS ET LES ANGLO-NAVARRAIS; DÉFAITE DES BOURGEOIS PAR LA GARNISON ANGLAISE DE SAINT-CLOUD. — MORT D'ÉTIENNE MARCEL ET RENTRÉE DU RÉGENT A PARIS[6] (§§ 410 à 421).

Les États généraux ne dirigent que de nom l'administration; tout se fait en réalité sous l'influence d'Étienne Marcel[7], prévôt

---

1. Seine-et-Oise, arr. Étampes.
2. Seine-et-Marne, arr. Fontainebleau. Ce fut le 15 avril 1358 que les ennemis, qui étaient à Épernon, prirent et pillèrent Château-Landon. JJ90, n⁰ˢ 272, 421 et 422.
3. Louis de Beaumont était capitaine pour le roi de France de la ville de Montargis en août 1358. JJ86, n⁰ 238.
4. Yèvre-le-Châtel, Loiret, arr. et c. Pithiviers.
5. Robert de Knolles ou Knolles avait fait ses premières armes en Bretagne dans la guerre de Montfort contre Charles de Blois. Dès avant le 10 juillet 1355, le roi d'Angleterre avait donné à ce partisan le château du Fougeray (le Grand-Fougeray, Ille-et-Vilaine, arr. Redon). Voy. Rymer, vol. III, p. 307, 312, 480, 485. — Jean le Bel dit (t. II, p. 216), qu'il était de basse extraction, Allemand d'origine et « parmentier de draps » avant de se faire brigand et soudoyer à pied; il fut promu chevalier au sac d'Auxerre le dimanche 10 mars 1359.
6. Cf. Jean le Bel, *Chroniques*, t. II, chap. xcix à cii, p. 216 à 229.
7. Quoi qu'en dise Froissart, qui reproduit ici littéralement le texte de Jean le Bel, l'homme qui gouvernait alors la France n'était pas Mar-

des marchands et d'un certain nombre de bourgeois de Paris. Le prévôt fait porter à ses partisans, pour les distinguer des autres, des chaperons d'une certaine couleur [1]; un jour il envahit à la tête d'une multitude armée la chambre du duc de Normandie : Robert de Clermont, maréchal de Normandie, Jean de Conflans, maréchal de Champagne [2], et un avocat nommé Regnault

cel, mais bien Robert le Coq, évêque de Laon, l'âme damnée de Charles le Mauvais, dont ce prélat avait fait réclamer la délivrance par les États généraux, dès leur première session, en octobre 1356. Exilé dans son évêché par le dauphin qu'il trahissait, vers le 15 août 1357 (*Gr. Chron.*, t. VI, p. 60), l'évêque de Laon était parvenu à rentrer en grâce dans les premiers jours d'octobre, et il fit réunir de nouveau à Paris les États le mardi 7 novembre (*Ibid.*, p. 61 et 62). Le lendemain, le roi de Navarre était arraché par surprise de sa prison d'Arleux; et bientôt l'on forçait le dauphin à délivrer à l'ennemi mortel de son père et du royaume un sauf-conduit pour venir à Paris. L'âme de toute cette intrigue avait été Robert le Coq, qui avait pris pour instruments Jean de Picquigny et Étienne Marcel. Les Grandes Chroniques de France, écrites pour cette époque sous l'inspiration de Charles V, le disent expressément : « Et lors au conseil du dit monseigneur le duc estoit *principal et souverain maistre* le dit evesque de Laon, qui les choses dessus dites avoit toutes preparées et faites ... » Cf. *Ibid.*, p. 66. Vers la Chandeleur (2 février) 1358, Robert le Coq avait essayé de profiter de sa haute position dans les conseils du dauphin, au moment même où il trahissait le plus ce jeune prince au profit du roi de Navarre, pour obtenir le chapeau de cardinal ; et le duc de Normandie avait député à Avignon un clerc nommé Jean d'Aubeviller, dit Toussaint, né à Montdidier, compatriote et l'un des serviteurs de l'évêque de Laon, pour négocier cette affaire auprès de la cour pontificale. JJ90, n° 17.

1. Le prévôt des marchands fit prendre à ses partisans des chaperons mi-partis de rouge et de *pers* (bleu), qui étaient les couleurs de la commune de Paris, dans la première semaine de janvier 1358 (*Gr. Chron.*, t. VI, p. 73). A l'instigation de Robert le Coq, originaire de Montdidier, et de Jean de Picquigny, les bourgeois d'Amiens, de Laon et de quelques autres villes, qui prirent parti pour les Parisiens, endossèrent aussi des chaperons à ces couleurs. La livrée du roi de Navarre était de drap vert et *camelin* (couleur de chameau, gris-roux); celle du prévôt, de drap vermeil et azur. JJ86, n° 266, f° 89.

2. Robert de Clermont et le Baudrain de la Heuse, tous les deux maréchaux de Normandie, avaient livré en novembre 1356 le combat où périt Godefroi de Harcourt. Robert avait été nommé gardien des trêves en Normandie le 23 mars 1357 (Rymer, vol. III, p. 349, 350). Le 20 août 1357, le dauphin établit Robert de Clermont son capitaine ès bailliages de Caen et de Cotentin; le 11 septembre suivant, Robert était au Pont-Audemer avec le Baudrain de la Heuse (la Roque, *Hist. de la maison de Harcourt*, t. IV, p. 1882), et il prit part au siège de Honfleur sous le gouvernement de Louis de Harcourt, vicomte de Châtellerault (Anselme, t. VI, p. 54 et 55). Le 24 janvier

d'Acy [1] sont massacrés en présence du dauphin. P. 95 à 97, 313 à 314.

Jean de Picquigny enlève par surprise le roi de Navarre de sa prison d'Arleux [2] et l'amène à Paris, où ce roi fait des discours [3] en plein air aux habitants et jouit bientôt d'une grande popularité au détriment du duc de Normandie. P. 97 à 99, 314 à 317.

Les paysans [4], nommés Jacques Bonshommes, se soulèvent dans le Beauvaisis, l'Ile-de-France, la Brie et les évêchés de Laon, de Noyon et de Soissons ; ils mettent à leur tête comme roi un paysan

---

1358, Robert de Clermont avait arraché de l'église Saint-Merry, où il s'était réfugié, Perrin Marc, meurtrier de Jean Baillet trésorier du duc de Normandie (*Gr. Chron.*, t. VI, p. 82). — Jean de Conflans, maréchal de Champagne, avait quitté le parti des États généraux après avoir été un de leurs commissaires élus. Depuis le mois de septembre 1357 jusqu'au 22 février 1358, jour où il fut massacré, Jean de Conflans figure parmi les principaux conseillers du dauphin (JJ86, n° 42 ; JJ87, n°s 34, 35).

1. La substitution de Regnault d'Acy à Simon de Bucy est une heureuse correction apportée au texte primitif par les mss. A 8, 9, 15 à 17, 20 à 22, qui contiennent l'interpolation relative au rôle de Pépin des Essarts dans la révolution du 31 juillet 1358 (cf. p. 97, 314). Regnault d'Acy, qui avait passé le détroit avec maître Étienne de Paris et Jean de Champeaux à la fin d'août 1357 (Rymer, vol. III, p. 368), était sans doute un de ceux qui rapportèrent d'Angleterre, le 27 janvier 1358, les bases d'un traité de paix projeté entre Jean et Édouard.

2. Arleux ou Arleux-du-Nord, Nord, arr. Douai. Froissart a reproduit une erreur de Jean le Bel (*Chron.*, t. II, p. 217) en plaçant la délivrance du roi de Navarre après l'assassinat des maréchaux. Le roi de Navarre sortit de sa prison d'Arleux dans la nuit du mardi 7 au mercredi 8 novembre 1357 (*Gr. Chron.*, t. VI, p. 63 ; JJ86, n° 331 ; JJ89, n° 289), tandis que Regnault d'Acy et les maréchaux de Champagne et de Normandie furent massacrés trois mois plus tard, le jeudi 22 février 1358 (*Gr. Chron.*, t. VI, p. 86 à 88 ; JJ86, n° 203).

3. Le roi de Navarre avait eu soin de se préparer un auditoire favorable en arrachant à la faiblesse du dauphin, le 9 et le 15 décembre 1357, la mise en liberté de tous les criminels détenus tant au Châtelet que dans les autres prisons de Paris, y compris celles de l'abbé de Saint-Germain des Prés. JJ89, n°s 254 et 288 ; Secousse, *Preuves*, p. 64, 65, 68 à 70.

4. Froissart s'est trompé (p. 99) en plaçant la Jacquerie peu après la délivrance du roi de Navarre, qui, comme nous venons de le voir, sortit de prison dans la nuit du 8 au 9 novembre 1357, tandis que la Jacquerie éclata six mois plus tard, le lundi après la Pentecôte, 21 mai 1358, selon les Grandes Chroniques de France et la Chronique de Jean le Bel (t. II, p. 219 à 223); Froissart a emprunté à ce dernier chroniqueur presque tout ce qu'il dit de la Jacquerie. V. notre *Histoire de la Jacquerie*, Paris, 1859, 1 vol. in-8.

originaire de Clermont [1] en Beauvaisis, et commettent toute sorte d'excès contre les nobles. — Les duchesses de Normandie, d'Orléans et une foule de nobles dames se réfugient dans la forteresse du marché de Meaux pour échapper à la fureur des Jacques. P. 99 à 101, 317 à 322.

Les gentilshommes du Beauvaisis, du Vermandois et du Valois réunissent leurs forces pour tenir tête à l'ennemi commun ; ils font la chasse aux Jacques et les exterminent sans pitié ni merci ; le roi de Navarre en tue un jour plus de trois mille aux environs de Clermont [2]. — Le duc de Normandie quitte alors Paris [3] et rassemble une armée pour faire la guerre aux Parisiens et à leur allié le roi de Navarre [4]. Étienne Marcel, prévôt des marchands, se prépare à soutenir un siége et emploie trois mille ouvriers aux fortifications de Paris [5]. P. 101 à 103, 322 à 324.

Des gens d'armes parisiens, réunis aux Jacques, viennent au nombre de neuf mille attaquer la forteresse du marché de Meaux [6] où le duc d'Orléans, les duchesses de Normandie et d'Orléans

---

1. Guillaume Cale, roi des Jacques, n'était pas de Clermont, mais de Mello (Oise, arr. Senlis, c. Creil).
2. Cet engagement, qui est décrit fort au long dans une chronique que nous avons publiée (*Chronique des quatre premiers Valois*, Paris, 1862, in-8, p. 73 à 75), se livra dès la fin de mai si, comme l'affirme la chronique déjà citée (p. 76), et celle de Jean de Venette (éd. de Geraud, t. II, p. 265 et 267), il est antérieur à l'attaque de Senlis par les nobles qui eut lieu « le jour de la beneisçon derrain passée » (dimanche, fête de la Trinité, 27 mai 1358). JJ86, n° 421.
3. Le dauphin, qui prit le titre de régent le mercredi 14 mars 1358, quitta Paris deux mois avant le commencement de la Jacquerie ; le dernier acte daté de cette ville que nous connaissions, est du 21 mars (JJ86, n° 8). Le 25 (*Gr. Chron.*, t. VI, p. 99) et le 28 mars (JJ86, n° 58), il était à Senlis.
4. Il est probable, quoique les chroniqueurs du temps n'en aient rien dit, que le régent et le roi de Navarre eurent ensemble un rendez-vous en vue d'une entente commune pour combattre les Jacques, car nous avons découvert trois actes émanés du régent en personne et datés de *Clermont en Beauvaisis, en mai* 1358 (JJ86, n°s 44, 528 et 529).
5. V. sur ces travaux de fortification ce que dit Jean de Venette, éd. de Geraud, t. II, p. 257, 258.
6. L'attaque du Marché de Meaux eut lieu le samedi 9 juin (JJ86, n°s 211, 274 ; *Gr. Chron.*, t. VI, p. 113 à 115), le jour même où le régent, qui avait quitté Meaux au commencement de ce mois, arriva à Sens (*Gr. Chron.*, t. VI, p. 112 ; JJ86, n°s 264, 463), après avoir passé le 7 à Montereau-Faut-Yonne (JJ86, n° 128). Les Parisiens étaient commandés par Pierre Gilles, épicier à Paris en la grande rue Saint-Denis, mais originaire de Saint-Guilhem-le-Désert (Hérault, arr. Mont-

auraient couru un grand danger, si le comte de Foix[1] et le captal de Buch[2], de passage à Châlons au retour d'une expédition en Prusse, n'étaient accourus avec quarante lances, à la faveur de la trêve entre l'Angleterre et la France, au secours des assiégés; ces chevaliers repoussent les agresseurs dont ils font une horrible boucherie, puis ils mettent le feu aux faubourgs de Meaux. — Enguerrand, le jeune seigneur de Coucy, à la tête des gentilshommes de sa baronnie, consomme l'extermination des Jacques. P. 103 à 106, 324 à 327.

Peu après l'attaque du marché de Meaux, le régent, duc de Normandie, vient avec une armée de trois mille lances assiéger Paris du côté de la porte Saint-Antoine[3]; le duc se tient tantôt au pont de Charenton, tantôt à Saint-Maur-des-Fossés. Maître du cours de la Marne et du cours de la Seine, il empêche tous vivres d'entrer à Paris, et ses gens d'armes brûlent et saccagent tous les villages des environs. — Le prévôt des marchands s'attache de plus en plus au roi de Navarre[4] dont il a besoin et

pellier, c. Aniane) : « un trahidor que avia nom Peyre Gili, de San Guilhem del Desert, que era de la part del dich rey de Navarra, devia aver los bens dels marchans de Montpellier e dels autres de Lengua d'Oc ». *Le petit thalamus de Montpellier*, 1840, in-4°, p. 353.

1. Gaston, III du nom, comte de Foix, vicomte de Béarn, surnommé *Phœbus*, succéda à Gaston II, son père, en 1343, et mourut en octobre 1391. Anselme, t. III, p. 349.
2. Jean de Grailly, III du nom, captal de Buch, fils de Jean de Grailly, II du nom, et de Blanche de Foix, cousin germain, par sa mère, de Gaston Phœbus (Anselme, t. III, p. 370). Le comte de Foix et le captal étaient tous les deux attachés au parti de l'Angleterre (Rymer, vol. III, p. 278, 305). Le captal s'était distingué à Poitiers ; mais la trêve conclue à Bordeaux le 23 mars 1357, avait fait aux partisans ou alliés de l'Angleterre des loisirs que le comte et le captal employaient, selon la mode du temps, à guerroyer contre les païens de la Prusse.
3. Le régent, après avoir séjourné à Sens du samedi 9 au vendredi 15 juin, quitta cette ville dans la journée du 15 pour aller à Provins, d'où il se rendit à Château-Thierry, à la Ferté-Milon, à Gandelu (Aisne, arr. Château-Thierry, c. Neuilly-Saint-Front) et aux environs de Meaux, pour faire la chasse aux Jacques et les anéantir (JJ86, n° 146; *Gr. Chron.*, t. VI, p. 117, 119). Il était en marche pour venir assiéger Paris et datait un acte *en nostre ost de Chelles* (Seine-et-Marne, arr. Meaux, c. Lagny) le 23 juin (JJ86, n°ˢ 139, 140; *Gr. Chron.*, t. VI, p. 119); il arriva au pont de Charenton le jeudi 28 juin (JJ90, n° 436), et son armée, forte de trente mille chevaux, était campée le lendemain 29 entre ce pont et le bois de Vincennes (*Gr. Chron.*, p. 119; *Mém. de la Sorbonne*, 1869, p. 237).
4. Le roi de Navarre vint à Paris et fut élu capitaine de cette ville le vendredi 15 juin (*Gr. Chron.*, t. VI, p. 115 et 116).

prend à la solde de la commune des soudoyers anglo-navarrais; mais déjà il se forme secrètement dans Paris tout un parti, dont Jean et Simon Maillart sont les chefs, qui désire faire la paix avec le régent. — Le roi de Navarre, trop clairvoyant pour que les agissements et les progrès de ce parti lui échappent, quitte Paris et vient tenir garnison au bourg de Saint-Denis [1] dont ses gens d'armes pillent et ravagent les environs. P. 106 à 108, 327 à 329.

Un accord intervient entre le régent et le roi de Navarre [2]. Le régent promet de faire grâce aux Parisiens à condition qu'on lui livrera le prévôt des marchands et douze des principaux rebelles, et il va rejoindre à Meaux la duchesse sa femme. L'archevêque de Sens et l'évêque d'Auxerre le prient de venir à Paris, mais il refuse de rentrer dans cette ville tant qu'on ne lui aura pas donné satisfaction. — En dépit de l'accord conclu avec le régent, le roi de Navarre continue sous main de prêter son appui aux rebelles; un jour, il y a rixe sanglante [3] entre les soudoyers anglo-navarrais aux gages de la commune, dont beaucoup sont restés à Paris même après le départ du roi de Navarre pour Saint-Denis et son accord avec le régent, et les habitants qui massacrent un certain nombre de ces soudoyers et font enfermer les autres en prison au Louvre. Au grand mécontentement des bourgeois, Marcel met en liberté ces prisonniers [4] qui vont rejoindre à Saint-

1. Le roi de Navarre, qui était parti de Paris le vendredi 22 juin pour faire une tentative contre Senlis (*Gr. Chron.*, p. 118; JJ86, n° 460,, s'établit à Saint-Denis au retour de cette expédition dans les derniers jours de juin (*Gr. Chron.*, p. 119, 120).

2. Par l'entremise de la reine Jeanne d'Évreux, veuve de Charles IV, dit le Bel, roi de France et de Navarre, dont elle avait été la troisième femme et tante de Charles le Mauvais, des conférences se tinrent pour la paix, l'une le dimanche 8 juillet, près de Saint-Antoine; l'autre fut entamée le samedi 14 du même mois et terminée par un accord le jeudi 19, sur un pont de bateaux que le régent avait fait construire entre les Carrières près Charenton où il était logé et Vitry (*Gr. Chron.*, t. VI, p. 120 à 127; *Mém. de la Sorbonne*, 1869, p. 237 à 239). Marcel, à qui cet accord enlevait sa dernière espérance, adressa alors aux communes de Picardie et de Flandre la fameuse lettre en date du 11 juillet, que M. Kervyn de Lettenhove a publiée le premier d'après l'original conservé aux Archives d'Ypres. Voy. l'édition des Chroniques de Froissart publiée sous les auspices de l'Académie de Belgique, t. VI, p. 466 à 472.

3. Cette rixe eut lieu le samedi 21 juillet. Voy. *Gr. Chron.*, t. VI, p. 128 et 129.

4. Marcel fit mettre en liberté ces prisonniers le vendredi 27 juillet,

Denis leurs compagnons et qui, pour se venger, font à partir de ce moment une guerre incessante aux Parisiens. P. 109 à 112, 329 à 331.

Les Parisiens, au nombre de deux mille deux cents, font une expédition[1] contre la garnison anglaise[2] de Saint-Cloud ; ils se forment en deux colonnes dont la première, sous les ordres d'Étienne Marcel, rentre d'assez bonne heure à Paris par la porte Saint-Martin sans avoir rencontré l'ennemi. La seconde colonne bat la campagne jusque fort tard dans l'après-midi, et lorsqu'elle reprend dans le plus grand désordre la route de la porte Saint-Honoré, elle est surprise au fond d'un chemin creux par quatre cents Anglais qui tuent plus de sept cents bourgeois. Le lendemain encore, les Anglais massacrent plus de cent vingt Parisiens qui sont venus avec des charettes sur le théâtre du combat pour emporter les restes de leurs parents ou amis morts afin de les ensevelir. — On comprend tout ce qu'un tel échec attire d'impo-

et cette mesure acheva de le ruiner dans l'esprit des Parisiens. *Ibid.*, p. 131.

1. Cette expédition se fit dans l'après-midi du dimanche 22 juillet, le lendemain du massacre des gens d'armes anglo-navarrais ; le roi de Navarre y prit part bien à contre-cœur : il conduisait avec Marcel la colonne qui sortit par la porte Saint-Denis, et fit semblant d'opérer du côté de Montmartre.

2. « Par un raffinement de perfidie, dit M. Perrens (*Étienne Marcel*, 1860, p. 299), on affectait de nommer ces mercenaires Anglais. » — Et plus loin (p. 300) : « L'idée vint aux ennemis du prévôt d'appeler Anglais des hommes d'armes qui ne l'étaient pas. » Cette assertion est démentie, non-seulement par les chroniques contemporaines, mais encore ce qui est plus grave, par plusieurs actes du temps. Il est certain que des gens d'armes, Anglais de nation, comme leurs noms l'attestent, tenaient garnison à Creil et à Saint-Cloud dès le mois de juillet 1358. Par acte donné à Paris le 1er septembre 1358, Charles régent accorda des lettres de rémission à Jean de Lens, chirurgien clerc, qui, ayant tué à Saint-Denis un soudoyer navarrais nommé Jacquemin Vincent, aurait été mis à mort si un écuyer anglais de la garnison de Saint-Cloud, nommé Charues Sefelc, que Jean de Lens avait en cure, n'avait demandé au roi de Navarre le dit chirurgien pour en faire sa volonté, et ne l'avait emmené avec lui à Saint-Cloud, « et là trouva nostre amé et feal chevalier et mareschal Rigaut de Fontaines, qui prison estoit d'un des Anglois qui au dit lieu estoient en garnison, et lequel encharga secretement au dit cirurgien à venir par devers nous pour nous venir dire certaines nouvelles du couvine de noz ennemiz, lequel y vint et nous trouva à Meaulz, où nous estions.... » JJ86, n° 389. — Vers le 13 juillet 1358, Guillaume Chipay, Henry Houst et Jean Travers, tous Anglais de la garnison de Creil, occupèrent Poissy et prirent d'assaut la forteresse d'Argenteuil. JJ90, n° 351.

pularité sur la personne et le parti du prévôt des marchands; aussi la mésaventure des bourgeois vient-elle à point pour le régent, sans déplaire au roi de Navarre, qui a toujours sur le cœur le massacre de ses gens d'armes. A Paris, le nombre des mécontents va sans cesse croissant, et l'on commence à se plaindre tout haut de l'état des choses. P. 112 à 114, 331 à 333.

Étienne Marcel et ses principaux partisans, voyant que le régent ne veut à aucun prix leur faire grâce, trament secrètement une conspiration pour livrer Paris, à l'insu et contre la volonté de ses habitants, au roi de Navarre. — La nuit même que ce complot doit être mis à exécution, les deux frères Jean et Simon Maillart[1], à la tête d'un certain nombre de bourgeois qui étaient

---

1. La seconde rédaction, représentée par le manuscrit d'Amiens (p. 334), ne nomme que Jean Maillart, qui est aussi seul cité par Jean le Bel (*Chroniques*, t. II, p. 229). Les mss. A 8, 9, 15 à 17, 20 à 22 (p. 337, 338) substituent Pepin des Essarts et Jean de Charny comme chefs du parti du régent à Jean et à Simon Maillart, tout en faisant jouer un rôle très-notable à Jean Maillart dans le mouvement populaire qui amena la chute et la mort de Marcel. Dans un mémoire lu le 28 avril 1778, en séance publique de l'Académie des Inscriptions et Belles-Lettres, Dacier s'était efforcé de prouver que la gloire de la révolution du 31 juillet 1358 est due, non à Jean Maillart, mais aux deux chevaliers Pepin des Essarts et Jean de Charny (*Mém. de l'Académie des Inscriptions*, t. XLIII, p. 563). M. Lacabane entreprit, en 1840, de réfuter Dacier (*Bibl. de l'École des Chartes*, t. I, p. 79 à 98). La conclusion de son très-savant travail est qu'à Jean Maillart et au peuple de Paris revient la principale part dans la révolution du 31 juillet 1358, et que Pepin des Essarts n'y a joué qu'un rôle secondaire (p. 97). M. Lacabane a tout à fait raison contre Dacier en ce qui concerne Jean de Charny; mais nous croyons que Pepin des Essarts, comme chef du parti jusque-là plus ou moins occulte du régent, et Jean Maillart, en se ralliant à ce parti avec éclat et en y entraînant ses amis après avoir été l'un des principaux adhérents de Marcel, jouèrent l'un et l'autre un rôle bien distinct, mais également marquant, également actif dans la révolution du 31 juillet 1358. Sur cette question, aucun témoignage ne saurait égaler l'autorité des Grandes Chroniques de France écrites sous l'inspiration de Charles V lui-même; or, les Grandes Chroniques (t. VI, p. 132) reconnaissent l'initiative distincte de Jean Maillart et de Pepin des Essarts, et placent ces deux personnages sur la même ligne. Ainsi fait le régent au lendemain même de la révolution du 31 juillet, lorsqu'il accorde des lettres de rémission en août 1358 à Hennequin le Flamand (JJ76, n° 196), à Nicolas le Flamand (JJ86, n° 209), « present *messire Pepin des Essars, Jehan Maillart* et plusieurs autres, » à Pierre de Lagny (JJ86, n° 206), « pour contemplacion de nos amez et feaulx chevalier et conseillier *messire Pepin des Essars et Jehan Maillart* », lorsqu'il avait donné avant le 28 février 1359 (n. st.) les maisons de Robin du Castel sises à Paris « à messire Jehan de la Ri-

toujours restés fidèles au régent, entrent en lutte ouverte contre le prévôt des marchands et le tuent un peu avant minuit à la porte Saint-Antoine avec six de ses partisans dont soixante sont arrêtés et mis en prison. Le lendemain, Jean Maillart réunit les Parisiens aux halles et leur rend compte de ce qui s'est passé. Après avoir jugé sommairement et fait exécuter les rebelles les plus compromis, on députe Simon Maillart et deux maîtres du Parlement vers le duc de Normandie, qui se tient à Charenton [1].

vière, à *messire Pepin des Essars*, chevaliers, *nos chambellans*, et à Martin des Essars, escuier de cuisine du roy » (JJ90, n° 49), lorsqu'il donne en août 1358 tous les biens confisqués de Guillaume Lefèvre à son amé et féal Jacquet des Essars, son huissier d'armes, « pour contemplacion de nostre amé et feal *messire Pepin des Essars*, chevalier ». JJ86, n° 197. Que devient en présence de ces textes l'assertion suivante (p. 91) de M. Lacabane : « Si la part que Pepin des Essars prit à cette révolution était aussi grande que le prétend M. Dacier, *n'en eût-il pas été récompensé par le régent*, et ne trouverions-nous pas encore aujourd'hui dans le Trésor des Chartes ou dans les autres collections du temps quelque pièce émanée de ce prince et qui nous ferait connaître les motifs et la nature même de cette récompense ? *Or, toutes mes recherches à ce sujet ont été infructueuses, et je puis presque affirmer qu'aucun témoignage de ce genre n'a jamais existé* NI POUR LUI ni surtout pour le chevalier Jean de Charny.... » — Que dire à plus forte raison de ces phrases de M. Kervyn de Lettenhove : « Où retrouver messire Pepin des Essarts, si ce n'est dans Philippe des Essarts ? Le prénom de Pepin était-il une abréviation de celui de Philippe ? N'y a-t-il ici qu'un sobriquet que sa petite taille aurait expliqué ? Froissart parle ailleurs de messire Pepin de Werre. Ne s'appelait-il pas aussi Philippe ? » *OEuvres de Froissart, Chroniques*, Introduction, IIe et IIIe parties (1873), p. 95.

1. Froissart attribue la révolution du 31 juillet à *l'inspiration divine* (p. 115, 334, 337); le rédacteur des Grandes Chroniques (t. VI, p. 131), « à Dieu qui tout voit, qui vouloit la dite ville sauver. » Dans ce dernier ouvrage, dont le témoignage a une importance exceptionnelle, comme aussi dans une lettre confidentielle du régent au comte de Savoie, dont il sera question plus loin, on ne dit ou on ne laisse entendre nulle part que cette révolution eût été concertée à l'avance entre le régent et Jean Maillart et Pepin des Essarts qui s'en firent les chefs. Quelques jours seulement avant le 31 juillet, le duc de Normandie traitait encore Jean Maillart comme un rebelle et confisquait ses biens qu'il donnait au comte de Porcien (JJ86, n° 151). Si, comme on l'a prétendu, cet acte n'était qu'une fiction, si la révolution qui renversa Marcel avait été concertée entre ses chefs et le régent, n'est-il pas évident que celui-ci aurait dû se tenir le plus près possible du théâtre des événements pour en profiter ? Eh bien ! le duc de Normandie fit tout le contraire. Dès le vendredi 20 juillet, il leva son camp du pont de Charenton pour aller au Val-la-Comtesse ; et le lendemain de la mort de Marcel, c'est-à-dire le mercredi 1er août, il n'était pas au pont de Charenton, comme Froissart le dit par erreur, mais à Meaux d'où il a daté

Le régent, ayant à ses côtés Jean Maillart, fait son entrée dans Paris aux applaudissements du peuple et descend au Louvre, puis il se rend à l'hôtel Saint-Pol où la duchesse de Normandie, qui était à Meaux, vient bientôt le rejoindre. P. 115 à 118, 334 à 339.

CHAPITRE LXXXI.

GUERRE OUVERTE ENTRE LE RÉGENT ET LE ROI DE NAVARRE (1358, 31 JUILLET–1359, 21 AOUT). — OCCUPATION PAR LES NAVARRAIS D'UN GRAND NOMBRE DE FORTERESSES EN NORMANDIE, DANS L'ILE DE FRANCE ET EN PICARDIE. — TENTATIVE DE JEAN DE PICQUIGNY CONTRE AMIENS. — PRISE DU CHATEAU DE CLERMONT PAR LE CAPTAL DE BUCH; SIÉGE DE SAINT-VALERY PAR LES FRANÇAIS. — RAVAGES DES COMPAGNIES ANGLO-NAVARRAISES DANS L'ORLÉANAIS, L'AUXERROIS, LA CHAMPAGNE, LA BOURGOGNE, LE PERTHOIS, LE COMTÉ DE ROUCY ET LA SEIGNEURIE DE COUCY. — REDDITION DE SAINT-VALERY AUX FRANÇAIS; CHEVAUCHÉE DE ROBERT, SIRE DE FIENNES ET DU COMTE DE SAINT-POL A LA POURSUITE DE PHILIPPE DE NAVARRE. — ATTAQUE DE CHALONS-SUR-MARNE PAR PIERRE AUDLEY. — DÉFAITE DU COMTE DE ROUCY PAR LA GARNISON DE SISSONNE. — EXPLOITS D'EUSTACHE D'AUBERCHICOURT EN CHAMPAGNE. — SIÉGE DE MELUN PAR LES FRAN-

plusieurs actes (JJ86, n° 192; JJ90, n° 107). Dans la lettre qu'il adressa le vendredi 31 août 1358 à Amé VI, comte de Savoie, son beau-frère (Amé, surnommé *le Vert*, avait épousé en août 1355 Bonne de Bourbon, sœur de Jeanne de Bourbon, duchesse de Normandie), dans cette lettre, dis-je, publiée pour la première fois par M. Combes (*Mémoires lus à la Sorbonne par divers savants*, année 1869, p. 236 à 242), le régent affirme aussi qu'il était à Meaux le jour où s'accomplit la révolution qui renversa Marcel : « Et tantost après la dite delivrance (des gens d'armes anglais mis en prison par les bourgeois de Paris), *nous estans toujours à Meaulx*, fu traictié entre le dit roy (de Navarre), le dit prevost des marchans et autres traitres que, le mardi au soir dernier jour de juillet dernier passé (31 juillet), icelli roy et les dis Anglois entreroient en la dite ville par nuit.... Et, ces choses faites, le dit peuple et nos bons amis et subgiés de Paris *envoièrent par devers nous* A MEAULX ». Le régent ne fit son entrée à Paris que le jeudi 2 août (JJ86, n° 431; *Gr. Chron.*, t. VI, p. 134). V. *Bibliothèque de l'École des Chartes*, t. XVIII (1856-1857), p. 415 à 426; t. XXI (1859-1860), p. 73 à 92, 241 à 282; *Revue critique*, n° du 2 août 1873, p. 82 à 87.

ÇAIS. — TRAITÉ DE PAIX CONCLU A PONTOISE ENTRE LE RÉGENT ET LE ROI DE NAVARRE[1] (§§ 422 à 440).

A la nouvelle de la mort de Marcel, le roi de Navarre quitte Saint-Denis après avoir défié le régent[2] et vient tenir garnison à Melun[3], qui lui est livré par surprise, grâce à la connivence de

1. Cf. Jean le Bel, *Chroniques*, t. II, p. 229 à 233, 236 à 243.
2. Marcel avait été tué le mardi 31 juillet. Dès le lendemain mercredi 1er août, le roi de Navarre concluait avec les Anglais un traité d'alliance, rapporté par erreur dans Rymer (vol. III, p. 228) au 1er août 1351, mais auquel Secousse a restitué le premier avec beaucoup de sagacité sa véritable date (*Hist. de Charles le Mauvais*, p. 318, note 1). Ce traité, qui était de la part du roi d'Angleterre une violation aussi déloyale que flagrante de la trêve de Bordeaux, reconnaissait les droits d'Édouard III sur le royaume de France en même temps qu'il assurait au roi de Navarre le comté de Champagne et de Brie. Il y avait une réserve relative au duché de Normandie, au comté de Guines et au bailliage d'Amiens; les deux rois devaient décider de la possession de ces provinces à leur première entrevue. Les plénipotentiaires du roi de Navarre qui signèrent ce traité étaient Martin Henriquez, Jean et Robert de Picquigny, Pierre de Saquainville, Jean de Fricamps et Jean Ramirez. Les négociations préparatoires d'un acte aussi important purent-elles avoir lieu sans qu'il en transpirât quelque chose dans Paris, et n eurent-elles pas une certaine influence sur la révolution du 31 juillet? Quoi qu'il en soit, le contenu du traité du 1er août montre le but où le roi de Navarre voulait entraîner la France et permet de juger en parfaite connaissance de cause la politique dont Marcel se faisait l'instrument. Pour prouver que ce traité est bien daté, non du 1er août 1351, comme Rymer l'a imprimé par une faute de lecture, mais du 1er août 1358, il suffit de citer la phrase suivante : « Et ceuls qui à present tiennent places ès parties de Normandie et d'ailleurs, les tendront et garderont jusques à tant que les deux seigneurs aient ordené et acordé, *except les pons et places de* POISSY *et de* SAINT CLOU *et de toutes autres forteresces et places qui ont esté prinses et occupées* DEPUIS QUE LE DIT ROY DE NAVARRE MANDA LES GENZ D'ENGLETERRE DERREINER A VENIR DEVERS LUI.... » Le 1er août 1351, le roi de Navarre était dans les bonnes grâces du roi Jean qui lui avait fait épouser sa fille et l'avait institué son lieutenant général dans le Languedoc; de plus, les Anglais n'étaient ni à Poissy ni à Saint-Cloud, tandis qu'ils occupaient au contraire ces forteresses, comme on l'a vu plus haut (p. XXXII, note 2), le 1er août 1358.
3. Le château de Melun fut occupé par trois cents hommes d'armes navarrais le samedi 4 août 1358, le lendemain du défi porté par le roi de Navarre au régent; les Navarrais s'emparèrent le lendemain du quartier de la ville situé sur la rive gauche de la Seine, du côté du Gâtinais comprenant les paroisses de Saint-Ambroise et de Saint-Étienne; le quartier situé sur la rive droite, du côté de la Brie, où se trouve la paroisse de Saint-Aspais, resta seul français. JJ86, n°s 219, 505, 458, 469, 257, 451, 407, 475, 478, 479, 486.

la reine Blanche sa sœur; Philippe de Navarre son frère occupe Mantes [1] et Meulan [2]. — Les Anglo-navarrais s'emparent d'Eu [3], de Saint-Valery, de Creil, de la Hérelle et de Mauconseil. A Saint-Valery [4], Guillaume Bonnemare et Jean de Segur tiennent à leur discrétion tout le pays compris entre Dieppe, Abbeville, le Crotoy, Rue et Montreuil. — Jean de Fodrynghey, capitaine de la garnison de Creil [5], commande le cours de l'Oise et rançonne

1. Le roi de Navarre était à Mantes le 9 août 1358, jour où il envoya à Paris une lettre close adressée à maître Jean Danet, chanoine de la Sainte-Chapelle (JJ86, n° 595). Le samedi 11 août, il attaqua l'église fortifiée de Notre-Dame de Pontoise défendue par un bourgeois nommé Pierre Boyvin, capitaine de la garnison (JJ86, n° 228). Voyez sur l'occupation de Mantes par les Navarrais : JJ87, n° 346; JJ90, n°s 224, 432.

2. Seine-et-Oise, arr. Versailles. En octobre 1358, Charles régent accorda des lettres de rémission aux habitants d'Ableiges (Seine-et-Oise, arr. Pontoise, c. Marines), de Santeuil (Seine-et-Oise, arr. Pontoise, c. Marines), de Sagy (ibid.), de *Courtemanche* (Courdimanche, Seine-et-Oise, arr. et c. Pontoise), de Puiseux (ibid.), de Villeneuve-Saint-Martin (auj. hameau d'Ableiges), de Courcelles (Seine-et-Oise, arr. Pontoise, c. Marines), de Cergy (Seine-et-Oise, arr. et c. Pontoise), de Montgeroult (Seine-et-Oise, arr. Pontoise, c. Marines), et de Boissy (Boissy-l'Aillerie, arr. et c. Pontoise), en la prévôté de Pontoise, qui s'étaient rançonnés aux Navarrais de Meulan. JJ86, n°s 484 et 485. — JJ90, n° 161.

3. Seine-Inférieure, arr. Dieppe. Le comté d'Eu appartenait à Jean d'Artois, du chef de sa femme Isabelle de Melun, comtesse de Dreux. JJ90, n° 153.

4. Saint-Valery-sur-Somme, Somme, arr. Abbeville, sur la rive gauche et près de l'embouchure de la Somme. Saint-Valery-sur-Somme fut pris peu avant le mois d'octobre 1358, date de lettres de rémission accordées par le régent aux maire et échevins d'Abbeville qui avaient mis à mort sans jugement régulier un bourgeois de leur ville nommé Godin le Canoine, accusé d'avoir voulu livrer par trahison, moyennant 3000 écus d'or du coin du roi Jean, Abbeville aux ennemis. «.... Cum nuper, dum novissime dicti domini genitoris ac nostri inimici ad partes Picardie accessissent, ac villam et castrum Sancti Wallerici, a dicta villa Abbatisville per quatuor leucas duntaxat distantia, accepissent.... » JJ86, n° 473; JJ90, n° 386.

5. Oise, arr. Senlis, sur la rive gauche de l'Oise. Creil était occupé dès le mois de juillet 1358 par les Anglo-navarrais. Nous avons recueilli quinze pièces inédites sur l'occupation de Creil. JJ86, n° 481; JJ90, n°s 214, 127, 184, 201, 82, 385, 388, 407; JJ105, n° 362; JJ108, n° 17; JJ112, n° 155; JJ106, n° 203. — C'est pour résister aux Anglo-navarrais de Creil que les habitants de Longueil-Sainte-Marie (Oise, arr. Compiègne, c. Estrées-Saint-Denis) et des environs de Compiègne s'organisèrent sous la direction d'un simple paysan qui fut le véritable héros de ces tristes guerres. Jean de Venette a raconté en quelques

tous ceux qui vont de Paris à Compiègne, à Noyon, à Soissons ou à Laon; il y gagne cent mille francs à délivrer des sauf-conduits aux voyageurs. — A la Hérelle [1], Jean de Picquigny menace Montdidier, Amiens, Péronne, Arras et tout le cours de la Somme. — A Mauconseil [2], Rabigot de Dury, Richard Franklin et Frank Hennequin obligent les grosses villes non fermées, aussi bien que les abbayes des environs de Noyon, à se racheter toutes les semaines. Les campagnes se dépeuplent, et partout les terres restent en friche faute de bras pour les cultiver. P. 118 à 122, 339 à 343.

Par l'ordre du régent, l'évêque de Noyon [3], Raoul de Coucy, le sire de Renneval et un certain nombre de chevaliers picards viennent mettre le siége devant Mauconseil. Les assiégés appellent à leur secours Jean de Picquigny et les Anglo-navarrais de la Hérelle, qui, après avoir chevauché toute une nuit, tombent à l'improviste dès le point du jour sur les assiégeants et les taillent en pièces. Le combat se livre entre Noyon, Ourscamps [4] et Pont-

pages inspirées les exploits de ce paysan (éd. de Geraud, t. II, p. 288 à 293) qu'il appelle *Guillelmus de Alaudis*, ce que Geraud (*Ibid.*, p. XLII) et à son exemple tous nos historiens ont traduit par *Guillaume l'Alouette* ou *aux Alouettes*. Nous avons eu la bonne fortune de découvrir un document authentique qui restitue à cet obscur héros la forme exacte de son nom, en même temps qu'il confirme l'éloquent récit de Jean de Venette. Le capitaine de Longueil, celui qui le premier arma avec succès les paysans pour la défense du sol envahi s'appelait Guillaume l'Aloue. Voici, en effet, ce qu'on lit dans un des lettres de rémission accordées par Charles V en avril 1376 à Henri Stadieu de Wagicourt (auj. hameau d'Allonne, Oise, arr. et c. Beauvais): « .... Comme jà piecà au temps des grans guerres, descors et discensions qui estoient ou pais de Beauvoisin et environ, le dit suppliant *se feust mis pour nous servir soubz le gouvernement de* GUILLAUME *l'*ALOE, *faisant guerre à l'aide des bonnes genz du pais aus ennemis estanz ou dit pais, pour l'onneur et prouffit de nous lors regent le royaume; ausquelx ennemis par lui et les siens fu porté très grant dommaige en plusieurs lieux, tant à Longueil Sainte Marie comme ailleurs....* » JJ108, n° 350, f° 197.

1. Oise, arr. Clermont, c. Breteuil, un peu au sud-ouest de Montdidier. JJ90, n°s 400, 617; JJ105, n°s 226, 541; JJ114, n° 87.

2. La forteresse de Mauconseil était située dans les environs de Noyon (Oise, arr. Compiègne). JJ90, n°s 137, 159; JJ115, n° 250.

3. Gilles de Lorris, promu à l'évêché de Noyon en février 1352, mort le 27 novembre 1388 (*Gallia Christiana*, t. IX, col. 1017), était fils de Robert de Lorris favori du roi Jean; il avait fait fortifier Noyon en juin 1358 (JJ88, n° 87).

4. Ourscamps-le-Petit, auj. château de la commune de Larbroye, Oise, arr. Compiègne, c. Noyon.

l'Évêque[1]; l'évêque de Noyon[2] et cent chevaliers ou écuyers y sont faits prisonniers; quinze cents morts, dont sept cents étaient des soudoyers envoyés par la commune de Tournai, restent sur le champ de bataille[3]. On enmène la plupart des prisonniers à Creil dont la garnison s'enrichit par ses rançons et aussi par la délivrance des sauf-conduits qu'elle accorde pour le passage de toutes les marchandises autres que les chapeaux de bièvre (castor), les plumes d'autruche et les fers de glaive. — La garnison de Mauconseil pille et brûle l'abbaye d'Ourscamps[4]. — Rabigot de Dury et Robin l'Escot prennent par escalade la bonne ville de Vailly[5] et s'y fortifient. — Le jeune sire de Coucy, qui fait garder sa terre par un chevalier nommé le Chanoine de Robersart, et le seigneur de Roye parviennent seuls à se défendre contre les entreprises des Anglo-navarrais. P. 122 à 127, 343 à 346.

1. Oise, arr. Compiègne, c. Noyon.
2. Gilles de Lorris, qui avait été acheté par le roi d'Angleterre, s'engagea, par lettres datées de Boulogne le 22 octobre 1360 (Rymer, vol. III, p. 512), à payer à Édouard pour sa rançon 9000 écus d'or du coin du roi Jean, 50 marcs d'argent de Paris ouvrés et un bon coursier du prix de 100 moutons d'or. Jean, comte de Tancarville, vicomte de Melun, chambellan de France et de Normandie, et Robert de Lorris, seigneur d'Ermenonville, chevalier, se portèrent caution pour ledit évêque du payement de cette somme. Toutefois nous voyons, par un accord conclu à Noyon en mai 1360 entre l'évêque et son chapitre au sujet d'une grange sise à Ercheux (Somme, arr. Montdidier, c. Roye) près la résidence épiscopale dont le chapitre réclamait la restauration aux frais de l'évêque, que Gilles de Lorris avait été déjà mis en liberté à cette date. « Et nos episcopus dicebamus et proponebamus destructionem et granorum levationem factas fuisse *tempore quo nos detinebamur prisonarius in carceribus inimicorum....* » JJ88, n° 118.
3. Froissart commet une erreur (p. 125, 344), en rapportant, d'après Jean le Bel (t. II, p. 251), la défaite de Mauconseil au mardi après la Notre-Dame mi-août, qui, ajoute Froissart, fut un samedi. En 1358, la Notre-Dame ou l'Assomption ne tomba pas un samedi, mais un mercredi. L'affaire de Mauconseil eut lieu, non le mardi 21 août, mais le jeudi 23 août 1358. *Gr. Chron.*, t. VI, p. 138. — JJ86, n° 376; JJ97, n° 358; JJ90, n° 46.
4. Abbaye d'hommes de l'ordre de Citeaux au diocèse de Noyon. Le nom de cette abbaye est resté à la commune de Chiry-Ourscamps (Oise, arr. Compiègne, c. Ribecourt) où l'on en voit encore les ruines.
5. Vailly-sur-Aisne, Aisne, arr. Soissons. Cette forteresse, située aux environs de Soissons, un peu à l'est de cette ville, commandait le cours moyen de l'Aisne; elle fut occupée par les Anglo-navarrais de septembre 1358 à la fin de 1359. Nous avons recueilli huit pièces inédites relatives à cette occupation. JJ90, n°ˢ 111, 130, 165, 166, 174, 275, 296, 484.

Jean de Picquigny, qui tient garnison à la Hérelle, essaye de s'emparer d'Amiens par surprise, grâce à la complicité d'un certain nombre de bourgeois avec lesquels il entretient des intelligences; il est déjà maître d'un faubourg, lorsque Robert de Fiennes, connétable de France, et son neveu le comte de Saint-Pol [1] accourent en toute hâte de Corbie et repoussent les Navarrais qui se retirent après avoir mis le feu à ce faubourg [2]. Le lendemain, dix-sept des plus coupables, entre autre l'abbé du Gard [3], sont mis à mort; six bourgeois, qui avaient trempé dans le complot, sont aussi exécutés à Laon [4], dont l'évêque se réfugie à Melun auprès du roi de Navarre. — On n'est en sûreté nulle part, et l'on n'ose même plus cultiver la terre; il en résulte une famine telle qu'on vend

---

1. Le 24 août 1358, le régent avait établi son très-cher et très-amé cousin Gui de Châtillon, comte de Saint-Pol, lieutenant du roi ès parties de Picardie et de Beauvaisis (JJ90, n° 46).

2. Ce coup de main de Jean de Picquigny contre Amiens fut tenté le dimanche 16 septembre 1358. Nous avons recueilli vingt pièces, la plupart inédites, relatives aux acteurs et aux incidents de cette affaire. JJ90, n°s 99, 66, 46, 169, 167, 498, 81; JJ86, n°s 604 bis, 620; JJ90, n°s 44, 92; JJ86, n° 602; JJ90, n°s 53, 87; JJ86, n° 610; JJ90, n°s 113, 168, 170, 394, 403, 541. Cf. Gr. Chron., t. VI, p. 140.

3. Abbaye d'hommes de l'ordre de Citeaux au diocèse d'Amiens (auj. couvent et château de la commune de Crouy, Somme, arr. Amiens, c. Picquigny). Cet abbé, dont le nom ne figure pas sur la liste des abbés du Gard donnée par le Gallia Christiana (t. X, col. 1332) serait-il le même que « maistre Guillaume le Mareschal, justicié pour ses demerites » dont une maison sise à Amiens en la rue de Coquerel fut confisquée et donnée par le régent à Jean Maniart le 3 mars 1359? JJ90, n° 87.

4. Le complot de Laon, ourdi sans doute à l'instigation de Robert le Coq, alors réfugié auprès du roi de Navarre, dut coïncider avec la tentative de Jean de Picquigny contre Amiens, car une des pièces qui se rapporte à ce complot est datée du mois d'octobre 1358 (JJ86, n° 446). Les chefs du complot étaient Colard dit Boine, autrement de Coulgis (hameau de Marchais, Aisne, arr. Château-Thierry, c. Condé-en-Brie), clerc marié, qui avait été l'un des commissaires généraux élus par les États en 1357 (JJ86, n° 446), Robert de Lusaut (JJ86, n° 559), Guillaume, dit Mauvinet, clerc tonsuré (JJ90, n° 212), un chanoine de Laon nommé Oudart du Lointel (JJ90, n° 475). Ils furent exécutés, et la tête de Colard de Coulgis était encore suspendue au bout d'une lance au-dessus d'une des portes de Laon en février 1359 (JJ90, n° 14). Toutefois, le régent accorda des lettres de rémission à Gobert de Coulgis, bachelier ès lois, fils de Colard (JJ90, n° 35) et à maître Raoul d'Ailly, familier de Robert le Coq qui l'avait fait nommer conseiller du roi et maitre en la Chambre des Comptes à Paris, lequel Raoul avait été mis en prison par le sire de Coucy au château de Saint-Gobain (JJ86, n° 514).

trente écus un tonnelet de harengs. Aussi, les petites gens meurent de faim. — Pour comble de misère, le régent, qui a mis un impôt sur le sel pour payer ses soudoyers, oblige chacun à l'acheter dans ses greniers et à en prendre une certaine quantité, car la plupart des sources de ses revenus en temps ordinaire sont taries. P. 127 à 131, 346 à 349.

Le connétable Robert de Fiennes et son neveu le comte de Saint-Pol mettent le siége devant Saint-Valery à la tête de deux mille chevaliers de Picardie, de l'Artois, du Boulonnais, du Hainaut et de douze mille gens des communes. — Le captal de Buch vient en Normandie avec deux cents lances servir son cousin le roi de Navarre; il prend un matin par escalade, à l'aide d'échelles de corde et de grappins d'acier, le château de Clermont [1] en Beauvaisis; Bernard de la Salle [2], un de ses hommes d'armes, y pénètre le premier en rampant comme un chat. Dès lors, les forteresses anglo-navarraises de Clermont, de Creil, de la Hérelle, de Mauconseil se prêtent un mutuel appui pour tenir à discrétion le plat pays de Vexin et de Beauvaisis. P. 131 à 134, 349 à 351.

Pendant le siége de Saint-Valery, des capitaines de gens d'armes s'emparent au nom du roi de Navarre d'un grand nombre de châteaux en Brie, en Gâtinais, en Bourgogne et en Champagne. — Le plus riche, le plus rusé et le plus puissant de ces capitaines est Robert Knolles. Il tient garnison à Châteauneuf-sur-Loire [3] et il a bien sous ses ordres deux ou trois mille combattants; il est riche de deux cent mille florins et maître de quarante bons châteaux. Un jour, il prend la bonne cité d'Auxerre [4] et la saccage, ainsi que

---

1. Le château de Clermont fut pris le lundi 18 novembre 1359 par le captal de Buch, cousin et ami du roi de Navarre, à la faveur ou au moins pendant la durée d'un sauf-conduit que le régent, à la prière de Charles le Mauvais, avait accordé au dit captal (*Gr. Chron.*, t. VI, p. 164, 165).

2. En 1374 « *Bernard de la Salle*, à grant compagnie d'Anglois, estoit logié à Chalomo » en Bourgogne (Chalmoux, Saône-et-Loire, arr. Charolles, c. Bourbon-Lancy) JJ112, n° 263.

3. Robert Knolles s'empara de Châteauneuf-sur-Loire (Loiret, arr. Orléans, sur la rive droite de la Loire) en octobre 1358 (*Gr. Chron.*, t. VI, p. 142; JJ90, n°s 48, 380). Knolles chevaucha ensuite en Puisaye, où il occupa Malicorne (Yonne, arr. Joigny, c. Charny). On peut voir au sujet de l'occupation de cette dernière forteresse JJ90, n°s 51, 155, 566; JJ107, n° 169.

4. Auxerre, entouré de tous les côtés dès la fin de 1358 de forteresses occupées par les Anglais, telles que Ligny-le-Châtel à l'est, la Motte

le pays des environs. Il se vante de ne faire la guerre ni pour le roi d'Angleterre ni pour le roi de Navarre, mais pour lui, et il fait graver cette devise sur ses armoiries :

> Qui Robert Canolle prendera
> Cent mille moutons gagnera.

Pierre Audley se tient au château de Beaufort [1], situé entre Châlons et Troyes et appartenant au duc de Lancastre. — Un écuyer allemand nommé Albrecht s'empare de la bonne ville de Rosnay [2] et de la forteresse de Hans [3] d'où il fait des incursions jusqu'à

Joceran et Malicorne à l'ouest, Regennes, la Motte de Champlost, Champlay et Aix-en-Othe au nord, Auxerre, dis-je, fut pris et saccagé le dimanche 10 mars 1359 par Robert Knolles, qui avait concentré à Regennes (auj. commune d'Appoigny, à deux lieues au nord d'Auxerre) toutes les garnisons anglaises des environs pour opérer ce coup de main. Les vainqueurs n'évacuèrent la ville que le mardi 30 avril suivant, moyennant une rançon de 40 000 moutons et de 40 000 perles du prix de 10 000 moutons et à condition qu'on leur engagerait les joyaux de l'église Saint-Germain-d'Auxerre jusqu'au parfait payement de la dite rançon. Le 10 avril 1370, Robert Knolles, sire de Derval et de Rougé, *par remords de conscience et en considération du pape Urbain V*, fit remise aux habitants d'Auxerre des 40 000 florins d'or au mouton qu'il avait levés jadis *pour le rachat du feu, du glaive et du pillage de la d'te ville, cité et faubourgs d'Auxerre* (*Mém. pour l'Histoire d'Auxerre*, éd. Quantin et Challe, t. IV, p. 194).

1. Le château de Beaufort était situé sur le territoire de la commune actuelle de Montmorency (Aube, arr. Arcis-sur-Aube, c. Chavanges). La seigneurie de Beaufort avait passé en 1269 dans la maison de Lancastre par suite du mariage de Blanche d'Artois, veuve de Henri le Gros, dernier comte de Champagne, avec Edmond de Lancastre, frère d'Édouard Ier, roi d'Angleterre. Après que le Montmorency de l'Ile-de-France eut été érigé en duché d'Enghien au profit du prince de Condé et en souvenir de l'Enghien du Hainaut (Belgique, prov. Hainaut, à 31 kil. de Mons), Charles-François-Frédéric de Montmorency Luxembourg, prince de Tingry, qui avait acheté la terre de Beaufort, devenue un duché en 1597, du duc de Vendôme et de Beaufort, arrière-petit-fils de Gabrielle d'Estrées, fit ériger cette terre en duché-pairie sous le nom de Beaufort-Montmorency en mai 1688 et octobre 1689. C'est ainsi que le nom de Montmorency est seul resté dans l'usage moderne pour désigner le Beaufort du moyen âge (Arch. nat., t. 144, no 4 ; *Musée des Archives*, 1867, p. 535, 536).

2. Marne, arr. Reims, c. Ville-en-Tardenois. Le château de Rosnay, qui commandait la route de Soissons à Reims, était déjà occupé par les Anglo-navarrais le 11 novembre 1358 lorsque le régent nomma Jean de Fismes capitaine de la tour et de la ville de Fismes (Marne, arr. Reims). Cette forteresse était redevenue française avant le mois de mars 1360. JJ90, no 484.

3. Marne, arr. et c. Sainte-Menehould.

Sainte-Menehould [1]. — Le plus grand et le plus renommé de ces capitaines, est Eustache d'Auberchicourt; ce chevalier, originaire du Hainaut [2], fait sa résidence habituelle à Nogent-sur-Seine [3] et à Pont-sur-Seine [4], mais il occupe aussi Damery [5], Lucy [6], Saponay [7], Troissy [8], Arcis-sur-Aube, Plancy [9]. — En Perthois et sur la marche de Bourgogne, Thibaud et Jean de Chauffourt s'emparent d'un très-fort château de l'évêché de Langres nommé Montsaugeon [10] d'où ils ravagent les environs de Chaumont, les évêchés de Langres et de Verdun. P. 134 à 136, 351 à 353.

1. Sainte-Menehould (auj. chef-lieu d'arr. de la Marne), sur l'Aisne, commandait le cours supérieur de cette rivière. Dès la fin de 1356, Cibuef de Chaponnières avait voulu livrer cette forteresse aux Anglais (JJ84, n° 627). Jean de Rueil, gardien du château pour le roi de France (JJ91, n° 226), fit abattre un four situé rue de Lanche ès faubourgs de Sainte-Menehould et appartenant aux religieux bénédictins de Moiremont (Marne, arr. et c. Sainte-Menehould), dans la crainte que les ennemis ne vinssent l'occuper. JJ90, n° 553.
2. Eustache tirait son nom de la seigneurie d'Auberchicourt, aujourd'hui chef-lieu de canton du dép. du Nord, situé sur la rivière d'Escaillon, dans l'arr. et à 12 kil. de Douai.
3. JJ92, n° 255.
4. Pont-sur-Seine ou Pont-le-Roi (Aube, arr. et c. Nogent-sur-Seine), un peu à l'est de Nogent-sur-Seine près du confluent de la Seine et de l'Aube. Il est fait mention de l'occupation de Pont-sur-Seine par les Anglais dans un arrêt du 23 décembre 1359 (Arch. nat., sect. jud., $X^{2a}6$, f° 438). Jean de Segur, qui est mentionné dans plusieurs actes comme capitaine de Pont-sur-Seine (JJ90, n°s 521-630; JJ112, n° 253, occupa sans doute cette forteresse en mai 1359 après l'évacuation de Saint-Valery.
5. Marne, arr. et c. Épernay. JJ97, n° 189.
6. Marne, arr. Épernay, c. Montmort. Les Anglo-navarrais occupaient aussi la forteresse du parc de Lachy (Marne, arr. Épernay, c. Sézanne). JJ89, n° 479; JJ107, n° 104.
7. Aisne, arr. Château-Thierry, c. Fère-en-Tardenois, au sud-est de Soissons. Cette forteresse fut occupée depuis la fin de 1358; les ennemis l'avaient évacuée avant le mois de mars 1360. Nous avons recueilli six pièces inédites relatives à cette occupation (JJ90, n°s 208, 215, 216, 220, 221, 484).
8. Marne, arr. Épernay, c. Dormans. La forteresse de Troissy, située sur la rive gauche de la Marne, commandait la route de Château-Thierry à Épernay. Nous pouvons signaler cinq pièces inédites relatives à l'occupation de Troissy par les Anglo-navarrais depuis la fin de 1359 jusqu'au commencement de 1360. JJ90, n°s 286, 435; JJ97, n° 189; JJ107, n° 104; JJ109, n° 243.
9. Aube, arr. Arcis-sur-Aube, c. Méry-sur-Seine. Le seigneur de Plancy tenait alors garnison dans un autre de ses châteaux nommé Praslin (Aube, arr. Bar-sur-Seine, c. Chaource) JJ90, n° 530.
10. Haute-Marne, arr. Langres, c. Prauthoy. Le dimanche 28 juillet

Du côté de Soissons, de Laon et de Reims, dans la seigneurie de Coucy et le comté de Roucy, les brigands, sous les ordres de deux écuyers, Rabigot de Dury, anglais, et Robin l'Escot, font de Vailly[1] leur souveraine garnison. — Vers la fête de Noël (25 décembre) 1358, Robin l'Escot prend de nuit par surprise le fort château de Roucy[2] où il fait prisonnier le comte, la comtesse et leur fille qu'il rançonne à douze mille florins d'or au mouton; il détient ce château pendant tout l'hiver et l'été de 1359. Après le payement de sa rançon, le comte de Roucy va demeurer à Laon. Les environs de cette ville sont tellement désolés que la terre y reste complétement inculte. P. 136, 137, 353, 355.

Le Chanoine de Robersart, capitaine de Pierrepont[3] pour le sire de Coucy, tombe un jour à l'improviste sur les Navarrais de Vailly et de Roucy qui avaient attaqué près de Craonne[4] en Laonnois le seigneur de Pinon[5], banneret du Vermandois et les met en déroute. P. 137 à 141, 355.

Le siége de Saint-Valery dure depuis le commencement d'août 1358 jusqu'au carême de 1359[6]; les assiégés, réduits à la famine

1353, Jean de Chauffourt (Haute-Marne, arr. Langres, c. Montigny-le-Roi), chevalier, et Thibaud son frère envahirent et pillèrent Langres aux cris de : « Guyenne ! Guyenne ! Angleterre ! Ville gagnée ! » JJ82, n° 216. — Vers 1359, Guillaume de Poitiers, évêque de Langres, fit décapiter plusieurs de ses vassaux « pour ce qu'il avoient traictié avec Guillempot, capitaine d'une route de genz d'armes de compaignie, de lui bailler et faire avoir le chastel de Montsaujon qui est de l'evesque de Langres. » JJ114, n° 194.

1. Vailly-sur-Aisne, Aisne, arr. Soissons. Voy. plus haut, p. xxxix, note 5. Pont-Arcy (Aisne, arr. Soissons, c. Vailly) et Courlandon (Marne, arr. Reims, c. Fismes) étaient aussi à la même époque au pouvoir des ennemis. JJ90, n° 484 ; JJ97, n° 581.

2. Aisne, arr. Laon, c. Neufchâtel-sur-Aisne. Froissart a emprunté ce récit à Jean le Bel (*Chroniques*, t. II, p. 238). Voyez sur l'occupation de Roucy JJ88, n° 112.

3. Aisne, arr. Laon, c. Marle.

4. Aisne, arr. Laon.

5. Aisne, arr. Laon, c. Anizy-le-Château.

6. D'après Froissart, dont le récit a été adopté par tous les historiens (Secousse, *Hist. de Charles le Mauvais*, p. 361 à 367; Anselme, t. VI, p. 166; Sismondi, t. X, p. 546 et 547 ; H. Martin, t. V (1839), p. 573; Garnier, *Bibl. de l'École des Chartes*, t. XIII, p. 32 et 33), Robert, sire de Fiennes, connétable de France et le comte de Saint-Pol auraient tenu siége devant Saint-Valery depuis le mois d'août 1358 jusqu'au carême (mars-avril) 1359. Ce siége de sept mois n'est qu'une fable qui ne résiste pas à l'examen des actes du temps. Saint-Valery ne devait pas être investi par les Français dès le mois d'août

par un étroit blocus, se rendent à Robert de Fiennes, connétable de France et au comte de Saint-Pol, à la condition d'avoir la liberté et la vie sauves. Trois jours après avoir quitté Saint-Valery et rendu la place aux Français, Guillaume Bonnemare et Jean de Segur rencontrent en chemin Philippe de Navarre, le jeune comte de Harcourt et Jean de Picquigny qui accouraient à leur secours avec une armée de trois mille combattants rassemblés à Mantes et à Meulan. P. 141 à 144, 355 à 357.

Le connétable de France et le comte de Saint-Pol, apprenant que les Navarrais ne sont qu'à trois lieues de Saint-Valery, se mettent en devoir de les poursuivre. Philippe de Navarre et ses gens battent en retraite, passent la Somme et vont s'enfermer dans le château de Long[1] en Ponthieu; ils sont serrés de près par

1358, puisque, vers le 25 décembre de cette année, on faisait à Abbeville une garde très-sévère « ... pour garder le pas de la revière de Somme *au lés devers Saint Valery*.... » JJ90, n° 213. — Quant à la présence du connétable de France à ce siége, les actes établissent que Robert, sire de Fiennes, dit Moreau, était à Paris en août (JJ86, n° 334), en octobre (JJ87, n° 99), à Crécy-en-Brie en novembre (J231, n° 14), à Paris le 6 décembre (JJ90, n° 171; JJ86, n° 587), à Saint-Quentin le 22 décembre (JJ89, n° 436) 1358; à Tournay où il réprima une émeute le 4 janvier (JJ88, n°ˢ 57, 92), à Arras le 27 février (JJ90, n° 393), enfin à Saint-Omer le 15 mars (JJ90, n° 417) 1359. D'ailleurs, c'est seulement le 6 décembre 1358 que le sire de Fiennes avait été nommé lieutenant du roi et du régent en Picardie, Vermandois et Beauvaisis (JJ90, n° 171). — Quant à Gui de Châtillon, comte de Saint-Pol, nommé le 24 août 1358 lieutenant du roi et du régent ès parties de Picardie et de Beauvaisis (JJ90, n° 46), il était à Amiens le 21 septembre (JJ90, n° 99), le 2 octobre (JJ90, n° 66), le 3 octobre (JJ90, n° 46), le 10 novembre (JJ90, n° 169), à Arras le 23 novembre (JJ90, n° 167), enfin à Saint-Pol le 28 décembre (JJ90, n° 498) 1358. — Nous avons découvert trois actes, émanés de Robert, sire de Fiennes, connétable de France, lieutenant du roi et du régent ès parties de Picardie, de Vermandois et de Beauvaisis, datés « en l'ost *devant Saint-Valery* » le 1ᵉʳ (JJ88, n° 110), le 10 (JJ90, n° 179) et le 17 (JJ90, n° 311) avril 1359. Un autre acte du sire de Fiennes est daté de Ham en Vermandois le 29 avril 1359 (JJ90, n° 120). Du rapprochement de tous ces faits on peut conclure avec certitude que Saint-Valery fut assiégé par les Français et évacué par les Anglo-navarrais entre le 15 mars et le 29 avril 1359.

1. Somme, arr. Abbeville, c. Ailly-le-Haut-Clocher, sur la rive droite de la Somme, entre Abbeville et Amiens. Avant de tenir garnison à Creil, Jean de Picquigny s'était emparé du château de Long et l'avait occupé quelque temps. En mai 1360, Charles régent accorda des lettres de rémission à Thomas du Pont de Remi, curé de Rivières au diocèse d'Amiens (auj. hameau de Longpré-Les-Corps-Saints, Somme,

leurs adversaires qui viennent camper le soir même devant cette forteresse. Les Navarrais, craignant de manquer de vivres, profitent du sommeil des Français pour quitter précipitamment Long vers minuit et chevaucher dans la direction de Péronne sous la conduite de Jean de Picquigny qui connaît le pays. P. 144 à 146, 357 à 359.

Arrivés à Thorigny [1], petit village situé sur une hauteur au milieu de la plaine entre Saint-Quentin et Péronne, Philippe de Navarre et Jean de Picquigny, qui ne peuvent aller plus loin à cause de la fatigue de leurs chevaux, trouvant la position favorable pour en venir aux mains avec l'ennemi, s'y établissent et se rangent en bon ordre comme pour livrer bataille; ils ne sont rejoints qu'assez tard dans l'après-midi par les Français qui, épuisés eux-mêmes par une longue marche, n'osent attaquer des gens si bien préparés à les recevoir. P. 146 à 249, 359 à 362.

Les Navarrais décampent pendant la nuit, passent la Somme en face de Bertaucourt [2] et longent les bois de Bohain [3] pour gagner la forteresse de Vailly [4] occupée par des gens d'armes de leur parti. Les Français, qui ne s'aperçoivent de ce mouvement qu'au lever du jour, vont pour passer la Somme à deux lieues de là au pont de Saint-Quentin, afin de prendre les devants sur l'ennemi en marchant à la traverse et de l'attendre au passage du côté de Lience [5]; mais les bourgeois de Saint-Quentin refusent obstinément de leur ouvrir les portes de leur ville. Le connétable de France et le

arr. Abbeville, c. Hallencourt), qui avait servi Jean de Picquigny comme chapelain de l'hôpital de Long. JJ90, n° 554.

1. Auj. hameau de 76 hab. de la commune du Haucourt, Aisne, arr. Saint-Quentin, c. le Catelet, un peu au nord de Saint-Quentin.

2. Auj. hameau de 643 hab. de la commune de Pontru, Aisne, arr. Saint-Quentin, c. Vermand, à la source de l'Omignon, affluent de la rive droite de la Somme et un peu à l'ouest de Fonsomme où cette dernière rivière prend sa source.

3. Bohain-en-Vermandois, Aisne, arr. Saint-Quentin.

4. Vailly-sur-Aisne, Aisne, arr. Soissons.

5. Auj. Notre-Dame-de-Liesse, Aisne, arr. Laon, c. Sissonne, un peu au nord-est de Laon. *Lience*, du latin *Lientia*, est l'ancienne et bonne forme de ce nom de lieu; *Liesse* n'est qu'une corruption amenée par une certaine similitude de *Lience* avec *liesse* (*lætitia*, joie) et consacrée à la longue par la piété plus fervente que soucieuse de l'étymologie des nombreux pèlerins qui depuis le quinzième siècle ont fréquenté ce célèbre sanctuaire. La forme *Leesse*, *Liesse*, apparaît pour la première fois dans un texte de 1411. Matton, *Dictionnaire topographique de l'Aisne*, Paris, 1871, in-4°, p. 151.

comte de Saint-Pol, furieux d'avoir laissé échapper leurs adversaires et désespérant de les rejoindre, licencient leur armée, tandis que Philippe de Navarre et Jean de Picquigny, après avoir passé l'Oise à gué et s'être rafraîchis à Vailly, reprennent le chemin de la Normandie[1]. P. 149 à 152, 362, 363.

Pierre Audley, capitaine de Beaufort pour le duc de Lancastre et maître de cinq ou six forteresses des environs, essaye de s'emparer par surprise de Châlons-sur-Marne; à la faveur d'une attaque de nuit, il parvient à occuper l'abbaye de Saint-Pierre et la partie de cette ville située sur la rive gauche de la Marne; mais il est repoussé, à l'assaut du pont qui réunit les deux rives du fleuve, par les bourgeois auxquels Eudes, sire de Grancey, prévenu à temps de la chevauchée des Anglais, amène pendant le combat un renfort de soixante lances. P. 152 à 157, 363 à 366.

Les Navarrais de Vailly et de Roucy se rendent maîtres de Sissonne[2] dont la garnison, sous les ordres d'un Allemand, originaire de Cologne, nommé Frank Hennequin, se signale par ses cruautés aussi bien que par sa rapacité. Un jour, les comtes de Roucy et de Porcien, à la tête de cent lances dont quarante avaient été fournies par la cité de Laon, attaquent Frank Hennequin; ils sont défaits par la faute des bourgeois de Laon qui lâchent pied au milieu de l'action. Le comte de Porcien est grièvement blessé ainsi que le comte de Roucy, qui, fait prisonnier une seconde fois et livré à Rabigot de Dury et à Robin l'Escot, est enfermé dans son propre château[3]. P. 157, 158, 366 à 368.

1. Froissart dit (p. 144, 147) que Robert Knolles faisait partie de cette expédition; c'est une erreur que notre chroniqueur a corrigée dans le manuscrit d'Amiens ou seconde rédaction. La chevauchée de Philippe de Navarre en Picardie et en Vermandois eut lieu dans la seconde quinzaine d'avril; or, Robert Knolles, qui, comme nous l'avons vu, avait pris Auxerre le dimanche 10 mars 1359, resta dans sa nouvelle conquête tout le mois d'avril suivant (*Gr. Chron.*, t. VI, p. 150) et ne quitta l'Auxerrois pour retourner à Châteauneuf-sur-Loire que le dernier jour d'avril ou dans les deux premiers jours de mai (*Ibid.*, p. 151).
2. Aisne, arr. Laon. Jean le Bel (*Chroniques*, t. II, p. 238, 239), que suit ici Froissart, dit que Sissonne fut pris peu après Pâques (21 avril) 1359. Par acte daté du Louvre en octobre 1359, Charles, régent, accorda des lettres de rémission aux habitants *de la paroisse de Pourvais et du secours, c'est assavoir Pourvais* (Prouvais, Aisne, arr. Laon, c. Neufchâtel) *et Pourviser* (Proviseux-et-Plesnoy, Aisne, arr. Laon, c. Neufchâtel), qui s'étaient rançonnés à 6 tonneaux d'avoine et à 4 ânées de bled aux ennemis des forteresses de Sissonne et de Roucy. JJ90, n° 316.
3. Jean le Bel, à qui Froissart emprunte ces détails, ajoute : « En-

Pendant ce temps, Eustache d'Auberchicourt étend sa domination au pays de Brie et de Champagne, sur les deux rives de la Seine et de la Marne; il tient à ses gages bien mille combattants, occupe dix ou douze forteresses et rançonne tout le pays compris entre Troyes et Provins, Château-Thierry et Châlons-sur-Marne. Eustache s'est épris d'une dame de la plus haute naissance, qui devint bientôt sa femme [1], Isabelle de Juliers, nièce de la reine d'Angleterre et veuve du comte de Kent. Émerveillée des exploits de ce chevalier, cette princesse lui envoie des haquenées, des coursiers et lui adresse des lettres d'amour qui redoublent l'ardeur d'Eustache pour les belles entreprises en même temps que sa passion pour une si noble dame. P. 158 à 160, 368, 369.

Après la reddition de Saint-Valery, le régent, duc de Normandie, vient avec deux mille lances assiéger Melun [2], où trois reines

---

cores y estoit il (Robert II, comte de Roucy), *quant cil escript fut fait, l'an LIX ou moys de may.*» *Chroniques*, t. II, p. 239. — D'après la chronique inédite de Jean de Noyal (Aisne, arr. Vervins, c. Guise), abbé de Saint-Vincent de Laon (Bibl. nat, dép. des mss., fonds français, n° 10138, f° 170 v°), ce combat fut livré entre *Sevigny* (auj. Sevigny-Waleppe, Ardennes, arr. Rethel, c. Château-Porcien, au nord-est de Roucy et *la Val le Roy* (abbaye marquée sur la carte de Cassini entre Sevigny-Waleppe au nord et Saint-Quentin-le-Petit au sud).

1. Le mariage fut célébré à Wingham, dans le comté de Kent, le 29 septembre 1360.

2. Froissart dit (p. 160 et 161) que le duc de Normandie ne vint pas en personne au siége de Melun, et il ajoute que les deux capitaines du château pour le roi de Navarre étaient James Pipes et Jean Carbonnel. Ces deux erreurs ont été corrigées dans les manuscrits A 8, 9, 15 à 17, qui contiennent l'interpolation relative à Pepin des Essarts (p. 370). La présence du régent au siége de Melun est attestée par un grand nombre d'actes, datés de cette ville, qui contiennent la formule : *par monseigneur le regent*, actes rendus le 19 juin (JJ90, n° 187), le 23 juin (JJ90, n° 199), le 26 juin (JJ87, n° 351), *en nostre host de Melun* au mois de juillet (JJ90, n° 374), le 26 juillet (JJ90, n° 219) 1359. D'un autre côté, Martin Henriquez et le Bascon de Mareuil sont mentionnés comme capitaines de Melun pour le roi de Navarre dans des lettres de rémission accordées par le régent en décembre 1358 au capitaine et aux habitants de la Ferté-Alais (Seine-et-Oise, arr. Étampes), qui s'étaient rançonnés aux Navarrais de Melun moyennant 500 deniers d'or au mouton, 50 queues de vin et 50 queues d'avoine, d'orge ou de froment (JJ86, n° 505 . Le siége de Melun, qui dura depuis le 18 juin jusqu'au mercredi 31 juillet 1359, nécessita un grand déploiement d'artillerie. Dès le 17 juin, l'Hermite de Bachevilier, capitaine de Saint-Maur et de la Queue-en-Brie, donnait quittance à Jean de Lyons de 20 000 carreaux, de 10 000 viretons, de 18 falots, de 600 tourteaux et de *deux grans canons garniz de poudre et de charbon et de*

font alors leur résidence. — Noms des principaux chevaliers de l'armée du régent. — Le roi de Navarre, qui se tient à Vernon, Philippe de Navarre, qui occupe Mantes et Meulan, mandent à leur secours les garnisons navarraises de Creil, de la Hérelle, de Clermont, Eustache d'Auberchicourt et Pierre Audley, afin de forcer les Français à lever le siége de Melun. — Sur ces entrefaites, des négociations interviennent entre les deux rois, qui concluent un traité de paix[1] stipulant une amnistie complète pour trois cents chevaliers ou écuyers complices du roi de Navarre. Fidèle à l'alliance d'Édouard III, Philippe de Navarre refuse de ratifier ce traité et se retire auprès du capitaine de Saint-Sauveur-le-Vicomte[2] pour le roi d'Angleterre. — Le roi de Navarre est confirmé dans la possession de Mantes et de Meulan. — Le jeune comte de Harcourt se réconcilie avec le régent et se marie à une fille du duc de Bourbon, sœur de la duchesse de Normandie[3]. — Les Français lèvent le siége de Melun, dont le traité leur assure la possession. P. 160 à 163, 359 à 371.

plommées (Bibl. nat., Titres scellés, vol. IX, f° 483; *Bibl. de l'École des Chartes*, t. VI, p. 52). Du Guesclin était au siége de Melun (JJ87, n°s 349, 350), où il se retrouva en face du Bascon de Mareuil, qui lui avait donné une si chaude alerte en attaquant de nuit Pontorson le 17 février 1358 (JJ87, n° 90). C'est alors aussi que la dame d'Andrezel refusa de sauter par-dessus un bâton malgré l'invitation de son mari. *Ménagier de Paris*, éd. Pichon, t. I, p. 148 à 153.

1. Ce traité de paix fut conclu, non à Vernon, comme le dit Froissart par erreur (p. 162, 371), mais à Pontoise le mercredi 21 août 1358. *Grandes Chroniques*, t. VI, p. 155 à 160; Secousse, *Preuves*, p. 154 à 159.

2. Froissart commet une erreur en appelant ce capitaine Thomas d'Agworth (p. 163, 371); c'est Thomas de Holland, qui avait été nommé capitaine de Saint-Sauveur dès le 10 octobre 1358, et qui remplit ces fonctions jusqu'à la donation de cette seigneurie faite par Édouard à Jean Chandos entre le 8 mai et le 24 octobre 1360. Delisle, *Hist. de Saint-Sauveur*, p. 112, 113.

3. Le mariage de Jean, VI du nom, comte de Harcourt, auquel Froissart (p. 63) donne à tort le prénom de *Guillaume*, avec Catherine de Bourbon, sœur de Jeanne de Bourbon, duchesse de Normandie, fut célébré au Louvre le lundi 14 octobre 1359. *Grandes Chroniques*, t. VI, p. 164.

CHAPITRE LXXXII.

EXPIRATION DE LA TRÊVE DE BORDEAUX; REPRISE DES HOSTILITÉS ET DE LA GUERRE OUVERTE ENTRE LA FRANCE ET L'ANGLETERRE (1359, 21 AVRIL-OCTOBRE). PRISE DU CHATEAU DE HANS ET DÉFAITE D'EUSTACHE D'AUBERCHICOURT PRÈS DE NOGENT-SUR-SEINE. — ACHAT ET RASEMENT DU FORT DE MAUCONSEIL PAR LES BOURGEOIS DE NOYON. — ÉMEUTE A TROYES ET MASSACRE DE JEAN DE SEGUR. — RUPTURE DES NÉGOCIATIONS ENTRE LA FRANCE ET L'ANGLETERRE. — REDDITION DE ROUCY A L'ARCHEVÊQUE DE REIMS. — OCCUPATION D'ATTIGNY PAR EUSTACHE D'AUBERCHICOURT. — PRISE ET PILLAGE DE BAR-SUR-SEINE PAR BROCARD DE FÉNÉTRANGE. — CHEVAUCHÉE DE ROBERT KNOLLES EN AUVERGNE[1] (§§ 441 à 452).

Malgré la paix de Pontoise, la guerre ne cesse pas en France parce que, la trêve avec l'Angleterre venant d'expirer[2], les gens d'armes qui avant la conclusion de cette paix guerroyaient sous le couvert du roi de Navarre continuent de guerroyer au nom et pour le compte du roi d'Angleterre. — L'évêque de Troyes[3], les comtes de Vaudemont, de Joigny et Jean de Châlon rassemblent une troupe de mille lances et de quinze cents brigands. Aidés d'un chevalier lorrain nommé Brocard de Fénétrange que le régent prend à sa solde, ils assiègent et emportent au troisième assaut la forteresse de Hans[4] en Champagne, occupée depuis un an et demi et dont ils passent la garnison par les armes. P. 163 à 165, 372.

La veille de la fête Saint-Jean-Baptiste[5] 1359, l'évêque de

1. Cf. Jean le Bel, *Chroniques*, t. II, p. 239 à 246.
2. Cette trêve, conclue le 23 mars 1357, prorogée pour deux ans à partir du jour de Pâques (9 avril) suivant, expira sans doute à Pâques 21 avril 1359. Rymer, vol. III, p. 348 à 351.
3. Henri II de Poitiers (1354-25 août 1370).
4. Marne, arr., et c. Sainte-Menehould. Jean le Bel, dont la Chronique est la source où Froissart a puisé ces détails, dit que le château de Hans fut pris vers la Saint-Jean (24 juin) 1359, et que le capitaine nommé Jacques Senak offrit 16000 écus pour sa rançon. *Chron.*, t. II, p. 240.
5. La veille de la fête Saint-Jean-Baptiste tomba, en 1359, le dimanche 23 juin. Jean le Bel donne une date moins précise; il dit seu-

Troyes et ses compagnons d'armes battent Eustache d'Auberchicourt près de Nogent-sur Seine. Eustache d'Auberchicourt reste au pouvoir des vainqueurs ainsi que Jean de Paris et Martin d'Espagne faits chevaliers le matin de la bataille. Courageux de Mauny, cousin d'Eustache d'Auberchicourt, fait aussi chevalier et laissé pour mort sur le champ de bataille, se traîne jusqu'à la forteresse de Nogent dont Jean de Segur est capitaine. A la nouvelle de la défaite de leur chef, les garnisons de Pont-sur-Seine [1], de Torcy [2], de Saponay [3], d'Arcis, de Méry [4], de Plancy [5] évacuent ces places. Seuls, Pierre Audley, Jean de Segur et Albrecht se maintiennent dans les forts qu'ils occupent, le premier à Beaufort, le second à [Pont [6]], le troisième à Gyé-sur-Seine [7]. P. 165 à 175, 372 à 377.

Jean de Picquigny meurt [8] après avoir étranglé son chambellan dans un accès de rage; un chevalier de sa suite nommé Luc de Béthisy a comme son maître une fin tragique. — Autant en advient à un soudard de la bande d'Albrecht, qui, ayant un jour

lement que la défaite d'Eustache eut lieu dans la même semaine que la prise de Hans (*Ibid.*, p. 240, 241). On trouve des détails fort curieux sur le combat de Nogent-sur-Seine dans une donation, en date du 13 juin 1363, d'une maison sise à Laon, à François d'Aunoy, huissier du Parlement (JJ92, n° 255, f° 76 v°. A la suite de cette affaire, Robert, sire de Fiennes, connétable de France, qui était au siége de Melun, se rendit à Troyes, où il accorda, le 11 juillet 1359, des lettres de rémission à Pierre de la Capelle, maire de Hesdin (JJ90, n° 328).

1. Pont-sur-Seine ou Pont-le-Roi, Aube, arr. et c. Nogent-sur-Seine.
2. Torcy-le-Grand, Aube, arr. et c. Arcis-sur-Aube.
3. Aisne, arr. Château-Thierry, c. Fère-en-Tardenois.
4. Méry-sur-Seine, Aube, arr. Arcis-sur-Aube.
5. Aube, arr. Arcis-sur-Aube, c. Méry-sur-Seine.
6. Jean de Segur n'était pas capitaine de Nogent, comme Froissart le dit par erreur (p. 174), mais de Pont-sur-Seine. JJ90, n°s 521, 630.
7. Aube, arr. Bar-sur-Seine, c. Mussy-sur-Seine.
8. Jean de Picquigny mourut en mai ou juin 1359, car *à la fin d'avril* il prenait part à la chevauchée de Philippe de Navarre à travers la Picardie et le Vermandois; d'un autre côté, il est mentionné comme mort dans des lettres de rémission datées de Melun et accordées en *juillet* 1359 par le régent à messire Henri le Vasseur, curé de Fluy (Somme, arr. Amiens, c. Molliens-Vidame. JJ90, n° 214. — Froissart dit (p. 175) que Jean de Picquigny trépassa au château de la Hérelle; mais on voit par des lettres de rémission octroyées en mai 1360 à Thomas du Pont de Remi, curé de Rivières, qui avait séjourné avec le dit Jean à Long, puis à Creil, que ce seigneur mourut à Évreux « .... et depuis alla avec le dit chevalier *à Évreux où il demoura en sa compaignie jusques à tant que il trespassa....* » JJ90, n° 554.

pillé l'église de Rosnay, frappé le prêtre à l'autel et jeté par terre le vin consacré, est étranglé par son cheval pris soudain d'un accès de rage et réduit en poudre [1]. P. 175, 176, 377 à 379.

Le château de Mauconseil est racheté au prix de douze mille moutons et rasé par les bourgeois de Noyon [2]; les gens d'armes qui occupaient cette forteresse se retirent à Creil, à Clermont, à la Hérelle, à Vailly, à Pierrepont, à Roucy et à Sissonne. P. 176, 379.

Jean de Segur, étant venu un jour à Troyes traiter de la vente du château de [Pont-sur-Seine] [3], d'où il a mis à rançon pendant

---

1. Froissart a emprunté cette légende, comme celle de la mort de Jean de Picquigny, à Jean le Bel. Cf. *Chron.*, t. II, p. 241, 242.
2. Le château de Mauconseil fut racheté et rasé par les bourgeois de Noyon, dans les premiers mois de 1359. Cf. *Cont. de G. de Nangis*, éd. Geraud, t. II, p. 283.
3. Froissart répète ici (p. 177) l'erreur qu'il avait déjà commise plus haut, en disant que Jean de Segur était capitaine de Nogent-sur-Seine : il commet une seconde erreur en rapportant à l'année 1359 le massacre de ce chef de Compagnies, qui eut lieu le samedi 4 avril 1360. Par acte daté de Paris en avril 1360, Charles régent accorda des lettres de rémission à ses amés les bourgeois et habitants de Troyes en Champagne « .... Comme, le samedi veille de la Resurrection Nostre Seigneur derrain passée (samedi 4 avril 1360), Jehan de Segure, nagaires capitaine de Pons sur Saine, ennemi et malveillant du royaume, de la couronne de France, de monseigneur et de nous, feust alez emprès la ditte ville de Troies et eust fait assavoir à nostre amé et feal conseillier l'evesque de Troies (Henri de Poitiers), capitaine de la ditte ville de par monseigneur et nous, que il avoit grant volenté de parler à lui et de estre et devenir bon François et de lui exposer et dire plusieurs choses honorables et prouffitables pour monseigneur, nous et le dit pais; lequel capitaine envoya le maistre de son hostel querir aus champs le dit Segure et l'amena en son hostel où il disnoit, senz le faire assavoir au conseil de la ville ne aus diz habitanz, ne la cause pour quoy il estoit venuz. Lequel Jehan de Segure parla au dit capitaine moult longuement après disner et s'offry à estre bon François, si comme on dit, et fu veu publiquement au dit hostel. Et si tost comme il fu venu à la cognoissance du menu commun de la ditte ville, tant ceulx qui estoient venuz du plat pays comme autres, qui bien le cognoissoient et que il avoit desers, il furent moult esmeuz. Et ceulx qui avoient la garde des portes pour la journée les firent fermer par telle manière que le dit capitaine, quant il senty l'effroy, ne le pot mettre hors de la ditte ville, mais escouvint qu'il le ramenast en son hostel, où il le cuida sauver pour ce qu'il estoit là venuz à sa seurté et à son sauf conduit. Et illeuc s'asembla si grant multitude de genz armez que la ditte maison fu environnée de toutes pars. Et crioient touz à haute voys les paroles qui s'ensuivent ou semblables : « Où est li lerres, « traitres du roy nostre sire et de monseigneur le regent, qui a le pays

si longtemps le pays environnant, est massacré dans l'hôtel même de l'évêque, où il est descendu, par la population indignée. P. 177, 178, 379, 380.

A l'expiration de la trêve entre la France et l'Angleterre, le roi Jean et Jacques de Bourbon, d'une part, Édouard III et le prince de Galles, d'autre part, avaient conclu à Londres un traité de paix dont Arnoul d'Audrehem, maréchal de France, et le comte de Tancarville furent chargés de porter le texte sur le continent[1]; mais les trois États, convoqués à Paris par le régent, trouvent ce traité trop onéreux et refusent de le ratifier, au grand mécontentement des deux rois et surtout d'Édouard, qui fait dès lors de grands préparatifs pour recommencer la guerre contre la France. P. 178 à 181, 380 à 382.

Jean de Craon, archevêque de Reims, aidé du comte de Porcien et d'un certain nombre de gens d'armes tant de l'évêché de Laon que du comté de Rethel, met le siège devant le château de Roucy, dont le capitaine Frank Hennequin[2] se rend après une

« ars et gasté, ravies noz fames et filles et ycelles violées et a tant de « peuple mis à mort que ce est senz nombre? Il convient qu'il muire; « et vous mesmes morrez, se vous ne nous le rendez. » Après lesquelles paroles, pour ce que le dit capitaine ne leur vouloit rendre, il rompirent les huis du dit hostel et entrèrent dedens. Finablement, le dit Jehan de Segure, cuidant eschiver les perilz de la mort, sailly par une fenestre dehors enmy la voye, et illeuc fu tantost tuez et mis à mort par le dit commun. Et aussi fu mis à mort en l'ostel du dit capitaine, l'un des varlez du dit Segure, qui estoit portier de la ditte forteresse de Pons, si comme on dit, et avoit touz jours esté anglois et traitres de la couronne de France et nez de la ville d'Evreux. Et un autre varlet du dit Segure fu pris par ceulx qui faisoient la garde et depuis par nostre justice executez pour ses demerites.... » JJ90, n° 521. On voit par d'autres lettres de rémission, en date du 10 juillet 1360, que Jean Bonnet, de Troyes, Étienne et Thibaud de Mesnil-Lettre frères, écuyers, avaient été les principaux chefs de ce mouvement populaire (JJ90, n° 630). A la requête de l'évêque de Troyes, le régent nomma des commissaires pour juger les coupables; on imposa des amendes à ceux qui pouvaient les payer; les autres furent condamnés au dernier supplice. JJ89, n°s 413, 414.

1. M. Lecointre-Dupont a retrouvé chez un parcheminier de Poitiers et publié le projet complet de ce traité, daté de Londres, le 24 mars 1359; ce projet assurait au roi d'Angleterre la possession de la Normandie, de la Touraine, du Maine, de l'Anjou, du Ponthieu et de Boulogne, la suzeraineté de la Bretagne, sans compter une rançon de quatre millions d'écus d'or, c'est-à-dire un million de plus que ne portera le traité de Brétigny. (*Revue anglo-française*, t. I, p. 388 à 405.)

2. Jean le Bel, qui a fourni à Froissart ce récit de la reprise de

résistance de trois semaines à condition que la garnison aura la liberté et la vie sauves, ce qui n'empêche pas la plus grande partie de cette garnison d'être massacrée par les gens d'armes de Reims et des environs; Hennequin lui-même n'est arraché qu'avec peine à leur fureur. P. 181, 182, 382, 383.

Après la reddition de Roucy aux Français, Pierre Audley meurt au château de Beaufort. Restées sans chef, les garnisons anglaises de Champagne se cotisent pour payer la rançon d'Eustache d'Auberchicourt, taxée à vingt-deux mille francs, et livrent en outre le château de Conflans [1]. A peine Eustache est-il mis en liberté qu'il s'empare de la forteresse d'Attigny [2] dans le comté de Rethel d'où il fait des incursions, d'une part, jusqu'à Château-Thierry et la Ferté-Milon [3], de l'autre, jusqu'à Mézières, Donchery [4] et au Chesne-Populeux [5]; en même temps, ses gens d'armes prennent et pillent les environs de Reims, Epernay, Dammarie [6], Craonne [7] et la grosse ville de Vertus [8]. P. 182 à 184, 383, 384.

Brocard de Fénétrange, furieux contre le régent qui refuse de lui payer trente mille francs dus pour ses gages et ceux de ses gens d'armes, met à sac Bar-sur-Seine, ravage la Champagne [9] et

---

Roucy par les Français (*Chron.*, t. II, p. 242, 243), dit que Frank Hennequin était « un povre garchon d'Alemaigne ». On trouvera des détails curieux sur l'occupation de Roucy par les Compagnies dans JJ88, n° 112. D'après la chronique de Jean de Noyal, abbé de Saint-Vincent de Laon (Bibl. nat., dép. des mss., fonds français, n° 10138, f° 170), Frank Hennequin était capitaine de Sissonne.

1. Maison forte située sur le territoire de Villeseneux, Marne, arr. Châlons-sur-Marne, c. Vertus, et encore marquée sur la carte de Cassini (communication de M. Auguste Longnon).
2. Ardennes, arr. Vouziers.
3. Aisne, arr. Château-Thierry, c. Neuilly-Saint-Front.
4. Ardennes, arr. et c. Sedan.
5. Le Chesne, Ardennes, arr. Vouziers.
6. Meuse, arr. Bar-le-Duc, c. Montiers-sur-Saulx.
7. Aisne, arr. Laon.
8. Marne, arr. Châlons-sur-Marne.
9. Une charte du mois d'août 1359 mentionne les exactions de Brocard de Fénétrange et de ses gens d'armes à Vassy. Par acte daté de Paris en août 1359, en présence du seigneur de Hangest, Charles régent transporta dans le ressort de la prévôté de Bar-sur-Aube les religieux, abbé et couvent de Montiérender (Haute-Marne, arr. Vassy) au bailliage de Chaumont, auparavant placés dans le ressort des prévôtés de Vassy, de Rosnay et de Chaumont « verumptamen ad presens villa de Ronneyo (Rosnay-l'Hôpital, Aube, arr. Bar-sur-Aube, c. Brienne), per inimicos destructa, penitus inhabitabilis est effecta. *Villa vero de Waiseyo* (Vassy) *tradita est Brocardo de Fenestrangiis, militi,*

ne rentre dans son pays de Lorraine qu'après avoir obtenu satisfaction. P. 184, 185, 384 à 386.

Au mois d'août 1359[1], Robert Knolles, à la tête de trois mille combattants, remonte la Loire, entre en Berry et ravage l'Auvergne, puis il rebrousse chemin devant les seigneurs de cette province, qui ont rassemblé six mille hommes pour lui livrer bataille et se dirige vers Limoges. P. 185 à 190, 385 à 390.

CHAPITRE LXXXIII.

1359, OCTOBRE. CHEVAUCHÉE DU DUC DE LANCASTRE EN ARTOIS ET EN PICARDIE. — 1359, NOVEMBRE-1360, AVRIL. EXPÉDITION D'ÉDOUARD III EN CHAMPAGNE, EN BOURGOGNE ET DANS L'ILE-DE-FRANCE [2] (§§ 453 à 473).

Édouard III fait de grands préparatifs pour envahir la France[3]. A cette nouvelle, beaucoup de chevaliers étrangers s'assemblent

cujus gentes, pretextu dicte tradicionis, nedum superioratum vel ressortum et gardiam predictas, verum eciam juridicionem domanariam dictorum religiosorum usurpare et exercere et omnes redditus eorumdem religiosorum percipere et levare nituntur et de facto usurpant et levant, ipsosque religiosos et eorum subditos taliter oppresserunt et predati fuerunt eorum bona quod dicti religiosi dictum suum monasterium, et eorum subditi terram suam, terrore mortis reliquerunt, dampna et oppressiones hujus modi sustinere nequentes, ut dicunt.... » JJ90, n° 229.

1. Robert Knolles quitta Auxerre le dernier jour d'avril 1359 pour retourner à Châteauneuf-sur-Loire; le jeudi 2 mai il prit Châtillon-sur-Loing (*Gr. Chron.*, t. VI, p. 151). La chevauchée du célèbre partisan en Auvergne doit sans doute être placée après son retour à Châteauneuf-sur-Loire; les Anglais avaient déjà fait invasion dans cette province à la date du 29 juin (Ménard, *Hist. de Nismes*, t. II, *Preuves*, p. 190). Nous voyons, par un mandement de Jean, comte de Poitiers et de Mâcon, au bailli d'Auvergne, en date du 20 novembre 1359, que les habitants de Riom dépensèrent 736 écus d'or et mirent sur pied 30 hommes d'armes « .... en ceste presente année, quant les ennemis du royaume furent entrés *dans le pais d'Auvergne*,... chusques à tant que les dis ennemis vuydarent le dit pais.... » Bibl. nat., dép. des mss., Quittances, t. XI, n° 894.

2. Cf. Jean le Bel, *Chroniques*, t. II, chap. CIV à CVIII, p. 245 à 268.

3. La trêve conclue à Bordeaux le 23 mars 1357 entre les rois de France et d'Angleterre avait pris fin en avril 1359, et toutes les négociations entamées en vue de rétablir la paix étaient restées sans ré-

à Calais pour faire partie de l'expédition. P. 190, 191, 390, 391.

Le duc de Lancastre débarque à Calais vers la Saint-Remi (1ᵉʳ octobre); il est envoyé en avant par le roi d'Angleterre afin de donner de l'occupation aux gens d'armes étrangers rassemblés à Calais et surtout pour leur faire vider cette ville qu'ils encombrent. Le duc de Lancastre se met à la tête de ces auxiliaires et entreprend une chevauchée à travers l'Artois ; il passe devant Saint-Omer, devant Béthune et occupe l'abbaye du Mont-Saint-Éloy [1]. P. 191, 192, 391, 392.

Après une halte de quatre jours au Mont-Saint-Éloy, le duc de Lancastre se dirige vers la Picardie du côté de Bapaume et de Péronne. Il ravage toute la vallée de la Somme [2] et met le siége

---

sultat. Aussi, dès le 4 août 1359, Édouard III, par divers mandements adressés de Westminster dans les divers comtés et vicomtés de son royaume, donnait l'ordre de réunir à Sandwich avant la fête de l'Assomption (15 août 1359) 910 archers à cheval choisis en vue de son prochain passage en France (Rymer, vol. III, p. 440 et 441); le 12 août, il lançait une déclaration de guerre à son adversaire de France sous forme de lettre adressée à l'archevêque de Canterbury, primat d'Angleterre, pour lui demander des prières : de rege super tractatibus pro pace deluso inaniter, de guerra resumpta et de orando (Rymer, vol. III, p. 442). Ce fut cette rupture des négociations avec l'Angleterre qui détermina surtout le régent à traiter avec le roi de Navarre et à signer le 21 août 1359 la paix de Pontoise.

1. Pas-de-Calais, arr. Arras, c. Vimy. Abbaye de l'ordre de Saint-Augustin au diocèse d'Arras, à 9 kil. au nord de cette ville; il reste de cette abbaye, bâtie sur une colline escarpée de 120 mètres, deux tours à six étages qui dominent tout le pays environnant.

2. Le 18 octobre 1359, il y eut une panique à Amiens, où l'on disait que le duc de Lancastre n'était qu'à trois ou quatre lieues de cette ville, dont le régent avait confié la garde à Raoul de Renneval et au sire de Campremy. Par acte daté de Paris en janvier 1360 (n. st.), Charles, régent, accorda des lettres de rémission à ses bien amés Fremin Andeluye, son écuyer d'écurie, Jacques Andeluie, frère de Fremin, son panetier, Fremin Guinaut, Raoul de Fricamps, Guy Pin, Colart du Bosquel, Colart le Rat, Fremin de Prousel, Andrieu du Buscoy et à plusieurs autres, ses bons et loyaux sujets de sa bonne ville d'Amiens, qui avaient mis à mort Pierre Rousseaux soupçonné de trahison « comme nagaires, ou jour Saint Luc (vendredi 18 octobre 1359) darrain passé, eust esté ordené en la ditte ville par le maieur et eschevins d'icelle que aucune personne bourgoise, forain ne habitant, n'issist hors ne autres n'y entrast, *pour cause de ce que le duc de Lancastre et noz ennemis estoient à trois ou quatre lieues près de la ditte ville sur la rivière de Somme;* et avecques ce estoit rapporté et mandé de plusieurs nobles, tant par messire Raoul de Rainneval comme par le seigneur de

devant Bray-sur-Somme [1]. Les Anglais sont repoussés après un assaut qui dure tout un jour et où les assiégés [2] déploient un grand courage ; ils vont traverser la Somme à Cerisy [3] et passent dans ce village le jour de la Toussaint. Le duc de Lancastre reçoit, ce jour même, la nouvelle de l'arrivée à Calais d'Édouard III qui mande à son lieutenant de l'y venir rejoindre ; il reprend aussitôt le chemin de cette ville. — Noms des principaux chevaliers de Flandre,

Campremy, que les dessus diz ennemis avoient intencion d'aler assaillir la ditte ville.... » JJ90, n° 405.
1. Somme, arr. Péronne.
2. Le régent rend hommage à la belle résistance des habitants de Bray-sur-Somme dans deux chartes que nous sommes heureux de signaler et qui sont de véritables titres de gloire pour cette localité. Par acte daté de Paris en janvier 1360 (n. st.), Charles régent autorise ses bien amés les habitants de Bray sur Somme à convertir leur marais en terre *gaignable* et *havable* ou en prés : « comme après ce que le roy d'Engleterre, le prince de Gales et le duc de Lencloistre furent descendus derrain ou royaume à grant quantité de gens, ennemis de nostre dit seigneur, de nous et du dit royaume, pour ycelui grever et dommagier, en eulx traiant ès parties de Picardie, il feust venu à la cognoissance des diz maire, eschevins et communauté que le dit duc de Lencloistre et grant partie de genz du dit roi d'Engleterre en sa compaignie se ordonoient et entendoient à traire vers la ditte ville de Bray et ou pais d'environ. Et pour ce, au plus tost qu'il peurent, se mistrent en arroy et en ordenance et retindrent grant quantité de genz d'armes, arbalestriers et archiers, à leurs gaiges et despenz, pour garder et deffendre la ditte ville et pour resister de tout leur povoir contre la puissance des diz ennemis. *Lequel duc de Lencloistre et ceulx de sa compaignie, venus devant la ditte ville, firent et donnèrent à ycelle et à ceulx qui dedens estoient plusieurs grans griefs et crueulx assaus et envaissemens par plusieurs journées et intervalles. Lesquels maire, eschevins et communauté, à l'aide de Dieu et des dittes gens d'armes, arbalestriers et archiers, obvièrent et resistèrent aus diz ennemis par tele manière que il s'en departirent et alèrent.* Et fu la ditte ville et les bonnes gens qui y estoient garantis pour lors d'estre perilliés, exilliés et gastés par les diz ennemis ; mais toutevoies, pour cause des diz assaus et envaissemenz, nonobstant la deffense et resistence des dittes gens d'armes et des diz supplians, yceulx supplians ont esté grandement domagiez en leurs biens par les diz ennemis, tant en la forteresce de leur ville, en leurs molins qui ont estés ars et gastés, comme autrement. » (JJ90, n° 438). Par d'autres lettres de même date que les précédentes, Charles régent amortit en faveur de ses amés les habitants de Bray-sur-Somme 40 livres parisis de rente annuelle et perpétuelle qui doivent être affectées à la fondation d'une chapelle en l'honneur de Dieu, de sa benoite mère et du glorieux confesseur Mgr saint Nicolas, en exécution d'un vœu fait par les dits habitants, lorsque leur ville fut dernièrement assiégée par les Anglais. JJ90, n° 439.
3. Cerisy-Gailly, Somme, arr. Péronne, c. Bray-sur-Somme.

du Hainaut, du Hasbaing qui avaient pris part à cette chevauchée. P. 193, 194, 392 à 394.

Ces gens d'armes étrangers rencontrent en chemin, à quatre lieues de Calais, entre cette ville et l'abbaye de Licques [1], Édouard III et le prince de Galles qui s'avancent à la tête d'une puissante armée; ils prient le roi d'Angleterre de les prendre à sa solde. Édouard demande du temps pour réfléchir à leur demande et les invite à se rendre à Calais où il promet de leur transmettre promptement sa réponse. Deux jours après cette entrevue, il leur fait dire par trois de ses chevaliers qu'il n'a pas besoin de leurs services et que d'ailleurs il manque d'argent pour leur payer des gages. La plupart de ces seigneurs étrangers prennent alors le parti de retourner dans leur pays, et l'on prête une petite somme à chacun d'eux pour faciliter son rapatriement. P. 195 à 197, 394 à 397.

Le roi d'Angleterre avait fait pour cette expédition les plus grands préparatifs. Après avoir fait renfermer à la Tour de Londres le roi de France son prisonnier et le jeune Philippe compagnon de captivité de son père, il avait convoqué à Douvres [2] et appelé sous les armes tous les hommes valides de son royaume depuis vingt ans jusqu'à soixante; et cette immense armée avait débarqué à Calais deux jours avant la Toussaint [3] 1359. P. 197 à 199, 397, 399.

Après avoir séjourné quatre jours à Calais, Édouard se dirige vers l'Artois et la Picardie et va à la rencontre du duc de Lancastre. Voici l'ordre de marche de l'armée anglaise. Cette armée est divisée en trois corps. Le premier corps ou avant-garde est sous les ordres de Jean, comte de March, connétable d'Angleterre; le roi commande en personne le second corps. Après la

---

1. Abbaye d'hommes de l'ordre de Prémontré au diocèse de Boulogne. L'abbaye de Licques, dont une partie de l'église et des bâtiments modernes subsiste encore, était située sur le territoire de la commune de ce nom (Pas-de-Calais, arr. Boulogne, c. Guines), à la lisière d'une forêt, à 12 kil. au sud de Guines et à 25 kil. à l'est de Boulogne.

2. Édouard III ne s'embarqua pas à Dover, mais à Sandwich (petit port du comté de Kent, un peu au nord de Dover et à l'est de Canterbury) où il était dès le 14 octobre et où il resta jusqu'au 28 de ce mois. Rymer, vol. III, p. 451 à 453.

3. Édouard III débarqua à Calais le mercredi 30 octobre; et comme ce mois a 31 jours, la date donnée par Froissart est parfaitement exacte *Ibid.*, p. 453.

bataille du roi vient le train composé de six mille chariots tous attelés où sont les moulins à main, les fours à cuire le pain et tout ce qui est nécessaire à la subsistance de l'armée; il ne couvre pas moins de deux lieues de pays et il est précédé de cinq cents sapeurs, armés de pelles et de cognées, qui frayent la voie pour le passage des chariots. Le prince de Galles, qui est à la tête de l'arrière-garde, ferme la marche. Tous ces corps s'avancent en bon ordre; chaque homme d'armes est à son rang, prêt à combattre, si besoin est. L'armée ne laisse pas derrière elle un seul traînard; aussi ne fait-elle pas plus de trois lieues de chemin par jour. — Noms des principaux seigneurs qui font partie de cette expédition. — Les Anglais traversent l'Artois et trouvent ce pays en proie à la famine, car on n'y a rien labouré depuis trois ans, non plus qu'en Vermandois et dans les évêchés de Laon et de Reims; on y serait mort de faim, si l'on n'avait tiré des bleds et des avoines du Hainaut et du Cambrésis. Mais les Anglais ont apporté avec eux toutes leurs provisions, sauf les fourrages et l'avoine. En revanche, ils souffrent beaucoup de l'humidité, car l'automne fut si pluvieux cette année que les vins ne valurent rien. P. 199 à 202, 399 à 402.

L'armée d'Édouard arrive aux environs de Bapaume [1]. Aventure de Galehaut de Ribemont. P. 202 à 210, 402.

Les Anglais occupent Beaumetz [2] et pillent le Cambrésis, malgré les réclamations de Pierre [3] évêque de Cambrai; ils entrent en Thiérache et se logent à l'abbaye de Femi [4] d'où ils font des incursions aux environs de Saint-Quentin. Dans une de ces incursions, Barthélemi de Burghersh fait prisonnier Baudouin d'Annequin [5], capitaine de Saint-Quentin qui avait été déjà pris par le même Barthélemi à la bataille de Poitiers. P. 210 à 211, 402.

1. Pas-de-Calais, arr. Arras.
2. Beaumetz-lez-Cambrai, Pas-de-Calais, arr. Arras, c. Bertincourt.
3. Pierre IV d'André promu en 1347, mort le 13 septembre 1368.
4. Abbaye de Bénédictins au diocèse de Cambrai. L'emplacement qu'occupait cette abbaye est aujourd'hui compris, en partie du moins, dans le territoire de la commune d'Oisy (Aisne, arr. Vervins, c. Wassigny). Cette abbaye était placée juste au point d'intersection des routes du Nouvion au Cateau et à Cambrai et de Guise à Landrecies, au Quesnoy et à Valenciennes.
5. Baudouin de Lens, sire d'Annequin (Pas-de-Calais, arr. Béthune, c. Cambrin), institué en 1358 maître des arbalétriers, après la mort

Le roi d'Angleterre assiége Reims depuis la Saint-André environ [1] (30 novembre 1359) jusqu'à l'entrée du carême [2] (19 février 1360); Édouard est logé à Saint-Basle [3], tandis que le prince de Galles et ses frères campent à Saint-Thierry [4]. Le reste de l'armée anglaise se répand dans les villages des environs de Reims. Cette cité est défendue [5] par Jean de Craon [6] son archevêque, par le comte de Porcien [7], Hugues de Porcien, frère du

de Robert, sire de Houdetot, mena en 1359 cent hommes d'armes en Picardie où il fut établi capitaine du château de Presles avec neuf écuyers (Anselme, t. VIII, p. 28). Le 15 février 1360 (n. st.), Simon de Baigneux, vicomte de Rouen, donna quittance à Jean le Villain de 30 écus d'or pour la dépense de Baudouin d'Annequin, chevalier, maître des arbalétriers, qui était allé par l'ordre du régent abattre la forteresse de Saint-Germain-sous-Cailly (Seine-Inférieure, arr. Rouen, c. Clères . Bibl. nat., dép. des mss., Quittances, t. XI, n° 921.

1. Édouard III arriva devant Reims le mercredi 4 décembre 1359. Varin, *Archives administratives de la ville de Reims*, t. III, note 1, d'après les *Mémoires* de Rogier, f° 109.

2. Les Anglais levèrent le siége de Reims le dimanche 11 janvier à minuit. V. *Grandes Chroniques*, édit. in-12, t. VI, p. 167; *Mémoires* de Rogier, f° 109 v°.

3. Abbaye de Bénédictins au diocèse de Reims, située sur le territoire de la commune de Verzy, Marne, arr. Reims, à 16 kil. au sud-est de cette ville, sur la montagne de Reims, au-dessus de la plaine de Vesle.

4. Abbaye de Bénédictins au diocèse de Reims, qui a donné son nom à la commune de Saint-Thierry, Marne, arr. Reims, c. Bourgogne, à 8 kil. au nord de Reims. D'après les Grandes Chroniques, le prince de Galles était logé à Villedomange (Marne, arr. Reims, c. Ville-en-Tardenois), à 9 kil. au sud-ouest de Reims; c'étaient les comtes de Richmond et de Northampton qui étaient campés à Saint-Thierry. Le duc de Lancastre était établi à Brimont (Marne, arr. Reims, c. Bourgogne), à 10 kil. au nord de Reims. Enfin le maréchal d'Angleterre et Jean de Beauchamp étaient à Betheny (Marne, arr. et c. Reims), à 4 kil. au nord-est de Reims. *Grandes Chroniques*, t. VI, p. 166 et *Mémoires* de Rogier, f° 109 v°.

5. Varin a publié, d'après une pièce conservée aux archives municipales de Reims, la belle lettre adressée par le régent le 26 décembre 1359 aux Rémois, pour les engager à repousser vigoureusement les Anglais qui « se sont venuz logier plus près de la ditte ville qu'il n'ont esté et sont maintenant tous environ ycelle », et leur annoncer qu'il envoie une seconde fois à leur secours le connétable Robert de Fiennes qui était allé une première fois jusqu'à Troyes d'où le régent l'avait rappelé « pour aucunes grans besoignes touchans très grandement l'oneur et l'estat de monseigneur, de nous et du royaume. » *Arch. adm. de Reims*, t. III, p. 156 à 159.

6. Jean III de Craon, promu en décembre 1355, mort le 26 mars 1373.

7. Ce n'est pas Jean de Châtillon, comte de Porcien (voy. Anselme,

comte, les seigneurs de la Bove[1], d'Anor[2] et de Lor[3]. Les Anglais font des incursions par tout le comté de Rethel jusqu'à Warcq[4], Mézières, Donchery[5] et Mouzon[6]. P. 211, 212, 403, 404.

Vers le temps de l'arrivée d'Édouard devant Reims, Eustache d'Auberchicourt s'empare de la bonne ville d'Attigny[7] sur Aisne, où il trouve plus de mille tonneaux de vin; il fait cadeau d'une grande partie de ce vin au roi anglais et à ses enfants. P. 213, 404.

Pendant le siége de Reims, Jean Chandos et James Audley prennent le château de Cernay-en-Dormois[8]; le sire de Mussi-

---

Hist. généal., t. VI, p. 111), c'est Gaucher de Châtillon qui était capitaine de Reims dès le mois de mars 1359 (JJ90, n° 85); il occupait encore ce poste pendant le siége de cette ville par les Anglais, et son principal auxiliaire était Gaucher de Lor, comme le prouve la curieuse pièce suivante qui paraît avoir échappé aux recherches de Varin. Par acte daté de Paris en mars 1360 (n. st.) et sur le rapport de ses amés et féaux messire Gaucher de Châtillon, capitaine de la ville de Reims, de messire Gaucher de Lor et des échevins et élus sur le gouvernement de la dite ville, Charles régent accorda des lettres de rémission à Roger et Jean de Bourich, père et fils, ainsi qu'à Pierre de Bantuel, leur cousin, habitants de Reims, qui, à la suite d'une querelle au jeu de dés, avaient blessé mortellement un habitant de Reims nommé Jean de Saint-Gobain « comme les diz père et filz aient bien et loyaument servi nostre dit seigneur, nous et la ditte ville en la compaignie du dit capitaine ou de ses genz et de noz bons subgiez de Reins, *tant en la prise et aux assaus des chasteaulx de Marueil, de Sissonne et de Roucy ès quiex lieux noz ennemis estoient logiez dont eulx ont esté deboutez et mis hors par force, comme en venant pardevers nous, de par les diz capitaines, eschevins et autres habitants de la ditte ville, en message par plusieurs fois, ou temps que les ennemis estoient à siège devant ycelle, paravant et depuis,* pour nous certefier de l'estat des diz ville et ennemis : durant lequel siège les diz capitaine et habitanz ne pouvoient trouver personne convenable qui vousist entrepenre à venir devers nous adoncques, si comme eulx nous ont escript et affermé par leurs dittes lettres closes.... » JJ90, n° 495.

1. Auj. hameau de la commune de Bouconville, Aisne, arr. Laon, c. Craonne.
2. Nord, arr. Avesnes, c. Trélon. Le nom de cette seigneurie est écrit *Ennore* (p. 212, l. 16).
3. Aisne, arr. Laon, c. Neufchâtel.
4. Ardennes, arr. et c. Mézières.
5. Ardennes, arr. et c. Sedan.
6. Ardennes, arr. Sedan.
7. Ardennes, arr. Vouziers.
8. Marne, arr. Sainte-Menehould, c. Ville-sur-Tourbe. Knyghton fixe la prise de Cernay-en-Dormois au mardi 31 décembre 1359.

dan¹ est tué à l'assaut. — La guerre éclate de nouveau entre le régent et le roi de Navarre; ce dernier quitte précipitamment Paris et vient s'enfermer dans Mantes². — Un écuyer originaire de Bruxelles, nommé Gautier Strael³, prend prétexte de cette reprise des hostilités pour occuper le fort de Rolleboise⁴ situé sur

1. Auger de Montaut, sire de Mussidan, était châtelain de Blaye le 5 avril 1356. *Archives de la Gironde*, t. XII, p. 12 à 14.
2. Froissart se trompe lorsqu'il affirme que la guerre ouverte se ralluma en décembre 1359 entre le régent et le roi de Navarre, et lorsqu'il ajoute que Charles le Mauvais envoya un défi au duc de Normandie. Ce qui est vrai, c'est que le roi de Navarre qui, depuis la paix conclue à Pontoise le 21 août précédent, avait rendu plusieurs fois visite au régent, qui avait assisté notamment au mariage de Jean, comte de Harcourt, et de Catherine de Bourbon, célébré à Paris le lundi 14 octobre, n'en fit pas moins une guerre couverte au duc de Normandie à partir du mois de novembre. Le premier acte de cette guerre couverte fut la prise par escalade du château de Clermont en Beauvaisis, opérée le lundi 18 novembre par Jean de Grailly, captal de Buch, partisan dévoué du roi de Navarre aussi bien que du roi d'Angleterre. Le second fait, plus grave encore que le premier, qui amena, non, comme le dit Froissart, une déclaration de guerre, mais la rupture de toutes relations personnelles et courtoises entre les deux princes, ce fut la découverte d'un complot tramé au mois de décembre par un certain nombre de bourgeois de Paris, dont Martin Pisdoc était le chef, pour renverser le régent (JJ90, nᵒˢ 20 à 32). Martin Pisdoe fut exécuté le lundi 30 décembre (JJ90, n° 369). La déposition de Jean le Chavenacier est accablante pour le roi de Navarre. « Jehan, avait dit Martin, ces choses se pourront bien faire, *car nous aurons de nostre alience plusieurs des genz de monseigneur de Navarre.* » JJ90, n° 382. Le régent, qui avait bien assez à faire de repousser l'invasion d'Edouard, remit à une époque plus favorable la vengeance de ses griefs contre Charles le Mauvais.
3. Cet écuyer, que Froissart appelle *Wautre Obstrate*, est nommé *Gautier Strael* dans les lettres de rémission que Charles V lui octroya à Paris en octobre 1368 (JJ99, n° 416; Secousse, *Preuves*, p. 295 et 296). Les gens d'armes de la garnison de Rolleboise sont qualifiés *Anglais* dans un acte daté du mois d'août 1364. JJ96, n° 258, f° 86.
4. Seine-et-Oise, arr. Mantes, c. Bonnières. Le château ou plutôt la tour de Rolleboise, dont les murs, d'après Jean de Venette, avaient plus de neuf pieds d'épaisseur, située entre Mantes et Bonnières sur une hauteur qui domine la Seine, fut occupée par Gautier Strael depuis la fin de 1359 jusques vers Pâques (13 avril) 1365. Après l'avoir occupée au nom du roi d'Angleterre jusqu'à la conclusion du traité de Bretigny, et plus tard au nom du roi de Navarre, tant que ce dernier fut en guerre avec la France, mais en réalité pour son propre compte, Gautier consentit à l'évacuer en avril 1365 moyennant le payement d'une somme considérable, et Charles V la fit aussitôt démolir de fond en comble par les paysans des environs. Jean de Venette dit qu'il n'avait pas vu sans un certain sentiment de terreur les imposants débris

le bord de la Seine, à une lieue de Mantes. P. 213 à 215, 404 à 406.

Le sire de Gommegnies[1], qui vient rejoindre le roi d'Angleterre, est battu et fait prisonnier à Herbigny[2] par le sire de Roye[3], capitaine du Rozay[4] en Thiérache, par Flament de Roye[5] et par le Chanoine de Robersart, capitaine du château de Marle[6] pour le jeune seigneur de Coucy[7]. P. 215 à 220, 406 à 410.

A l'aide de mineurs de l'évêché de Liége, Barthélemi de Burghersh abat le beau château de Cormicy[8] appartenant à l'archevêque de Reims; la garnison dont Henri de Vaux, chevalier champenois, est capitaine, a la vie sauve. P. 220 à 223, 410 à 413.

Le roi d'Angleterre lève le siége de Reims qui dure depuis sept

---

de cette tour qui jonchaient la terre. *Chron. du contin. de G. de Nangis*, éd. Geraud, t. II, p. 357 et 358.

1. G. de Jauche, sire de Gommegnies (Nord, arr. Avesnes, c. le Quesnoy).
2. Ardennes, arr. Rethel, c. Novion-Porcien. D'après Froissart (p. 290 et 409), l'escarmouche de Herbigny eut lieu vers le 25 décembre 1359.
3. Mathieu II du nom, seigneur de Roye et de Germigny, mentionné pour la première fois sur les rôles des guerres en 1343, otage en Angleterre pour la rançon du roi Jean de 1360 à 1374, mort en 1380 et enterré dans l'église de l'abbaye de Longpont (Aisne, arr. Soissons, c. Villers-Cotterets). Anselme, t. VIII, p. 9.
4. Le *Rosoy en Triérache* de Froissart ne peut s'appliquer qu'à Rozay, aujourd'hui hameau de la commune de Barzy, Aisne, arr. Vervins, c. le Nouvion.
5. Mathieu de Roye, II du nom, dit le Flament, seigneur du Plessis-de-Roye (Oise, arr. Compiègne, c. Lassigny), cousin de Mathieu seigneur de Roye, maitre des arbalétriers de France de 1347 à 1349, mort en janvier 1381 et enterré comme son cousin à l'abbaye de Longpont. Anselme, t. VIII, p. 6.
6. Aisne, arr. Laon.
7. Enguerrand VII du nom, sire de Coucy, comte de Soissons et de Marle, seigneur de la Fère, d'Oisy et de Ham, était alors sous la tutelle de sa mère Catherine d'Autriche. Anselme, VIII, p. 542 et 545.
8. Marne, arr. Reims, c. Bourgogne, à quatre lieues au nord-ouest de Reims, à la limite des départements de l'Aisne et de la Marne. Suivant Knyghton, le siége de Cormicy commença le 20 décembre 1359 et dura jusqu'au jour de l'Épiphanie (mardi 6 janvier 1360), que la place fut emportée. Par acte daté de Paris en mars 1365 (n. st.), Charles V accorda des lettres de rémission à Ludet Guerry de *Cormissy*, accusé d'avoir volé un muid de sel. « .... environ la Purification Nostre Dame l'an LIX (dimanche 2 février 1360), après ce que le roy d'Angleterre se fu parti de environ Reins et que ses gens eurent pris le chastel et ville de Cormisy, pillé et emporté les biens qui estoient en ycelle ville.... » JJ98, n° 186, f° 56 v°.

semaines [1] et se dirige vers la Champagne du côté de Châlons et de Troyes; il campe avec son armée à Méry-sur-Seine [2] et vient rejoindre son connétable le comte de March, qui a mis le siège devant Saint-Florentin [3], place située sur la rivière d'Armançon; les Anglais sont repoussés par Oudart de Renty, capitaine de la garnison; ils viennent ensuite loger à l'abbaye de Pontigny [4] et

1. Le siège de Reims, commencé le 4 décembre 1359, levé le 11 janvier 1360, avait duré trente-neuf jours ou cinq semaines et demie environ.
2. Aube, arr. Arcis-sur-Aube, au nord-ouest de Troyes.
3. Yonne, arr. Auxerre, sur la route de Troyes à Auxerre, au confluent de l'Armançon et de l'Armance, au nord-ouest de Tonnerre. Les Anglais prirent certainement la ville de Saint-Florentin, quoi qu'en dise Froissart, puisque Charles V, confirmant en mai 1376 la donation d'une motte vague faite en janvier 1359 aux habitants de cette ville, pour y reconstruire leur église paroissiale, dit que les lettres de cette donation « furent perdues et arses *à la prinse de nostre ditte ville* qui fu arse et destruicte par noz ennemis (JJ109, n° 11, f° 10 v°). » Si quelque chose résista, ce fut le château, grâce aux travaux de fortification exécutés avec tant de prévoyance par le régent et un désintéressement si patriotique par les habitants pendant le cours de l'année 1359. Le régent accorda à Paris en janvier 1359 (n. st.) des lettres de rémission aux habitants de Saint-Florentin qui, « pour ce que la clausure de la ditte ville de Saint-Florentin, laquelle les habitanz d'icelle ont empris de cloure de foussez et de paleiz, n'est pas encore parfaite » ont obtenu, moyennant 89 florins d'or au mouton et plus, trêves jusqu'à Pâques 1359 de nos ennemis: « Comme noz ennemis aient *nagaires* pris et tiennent cinq forteresses environ noz chastel et ville de Saint Florentin en Champagne, c'est assavoir la *Moute de Chamlost* (Champlost, Yonne, arr. Joigny, c. Brienon), qui est en une lieue; *Laigni le Chastel* (Ligny-le-Châtel, Yonne, arr. Auxerre), qui est à deux lieues; *Regennes* (auj. hameau de la commune d'Appoigny, Yonne, arr. et c. Auxerre, près de la rive gauche de l'Yonne), *Chanlay* (Champlay, Yonne, arr. et c. Joigny, et *Ays en Otte* (Aix-en-Othe, Aube, arr. Troyes), qui sont chascun à cinq lieues près de la ditte ville de Saint Florentin, et courent, pillent, gastent et raençonnent chascun jour tout le païs. » JJ86, n° 553, f° 201. — Nous voyons, par une autre charte, aussi datée de Paris en janvier 1359 (n. st.), que le capitaine du château de Saint-Florentin avait fait abattre l'église paroissiale, le prieuré, l'Hôtel-Dieu et la maladrerie, situés dans les faubourgs, ainsi que l'église de Mgr saint Florentin, sise en dedans des fortifications devant le château, afin que les ennemis ne s'y pussent loger et tenir. JJ86, n° 554.
4. Yonne, arr. Auxerre, c. Ligny-le-Châtel. Autrefois siège d'une abbaye, l'une des quatre filles de Cîteaux, fondée en 1114 et placée sous la garde des comtes de Tonnerre. Ce curieux épisode du passage des Anglais à Pontigny n'est fourni que par trois manuscrits, cotés A15 à 17 dans notre classement (v. p. 414 et 415), et n'a été relevé que dans notre édition. Seulement, l'auteur de cette intercalation se

veulent enlever les restes de saint Edmond qui y sont conservés, mais un miracle les empêche de donner suite à leur projet. Édouard III prend d'assaut la ville de Tonnerre où il trouve plus de trois mille pièces de vin; le château de Tonnerre, dont Baudouin d'Annequin [1], maître des arbalétriers, est capitaine, résiste seul à tous les assauts des Anglais. P. 223 et 224, 413 à 415.

Après une halte de cinq jours à Tonnerre, le roi anglais, laissant à sa droite Auxerre où se trouve alors le sire de Fiennes [2],

trompe en plaçant l'abbaye de Pontigny sur l'Armançon; ce beau monastère était situé sur la rive gauche du Serain ou plutôt du *Senin*, ainsi qu'on a appelé jusqu'à la fin du dernier siècle cet affluent de la rive droite de l'Yonne. En quittant Saint-Florentin, le gros de l'armée anglaise suivit la vallée du Serain et remonta le cours de cette rivière, puisque Froissart mentionne plus loin le passage d'Édouard à Noyers et à Guillon; la mention d'une halte des Anglais à l'abbaye de Pontigny, donnée par les trois manuscrits cités plus haut, n'a donc rien que de très-vraisemblable.

1. Froissart a dit plus haut que ce même Baudouin d'Annequin, capitaine de Saint-Quentin, avait été fait prisonnier par Barthélemi de Burghersh, à la fin de novembre 1359; il est douteux qu'il eût déjà recouvré sa liberté et fût capitaine du château de Tonnerre à la fin de janvier ou en février 1360. D'après un titre qu'a connu le père Anselme, Baudouin fut envoyé au mois de janvier 1361 (n. st.) en Anjou, Poitou et Saintonge pour traiter de la délivrance d'un nommé *Barthelemy Bronas* (sans doute Barthélemi Burghersh, dont le nom est souvent écrit *Bruwes*), chevalier anglais (Anselme, t. VIII, p. 28). Froissart n'aurait-il pas pris le change, lorsqu'il a raconté que Baudouin d'Annequin fut pris près de Saint-Quentin par Barthélemi Burghersh? Ne serait-ce pas, au contraire, Baudouin qui aurait fait prisonnier Barthélemi?

2. Robert, sire de Fiennes, connétable de France, était à Auxerre le 1er décembre 1359, jour où il conclut une convention avec Jean de Delton et Danquin de Hatton, capitaines anglais de Regennes et de la Motte de Champlay, pour l'évacuation de ces forteresses et leur rasement moyennant le payement de 26 000 florins d'or ou moutons (Rymer, vol. III, p. 461 et 462). Le roi d'Angleterre, qui venait de recommencer les hostilités contre la France et qui assiégeait Reims, lorsque la nouvelle de cette convention dut lui parvenir, refusa sans doute de la ratifier, car nous voyons par un de ses mandements, adressé de Calais le 26 octobre 1360 à Nicol de Tamworth, que ce chevalier anglais était encore à cette date capitaine de Regennes où il détenait Jacques Wyn (*Ibid.*, p. 545). Deux jours après, le 28 octobre, Édouard donnait l'ordre d'évacuer Regennes et la Motte de Champlay (*Ibid.*, p. 546). Enfin, le 12 avril 1364, à la requête de Jean de Dalton et de Danquin de Hatton, le roi anglais visa et *exemplifia* la convention du 1er décembre 1359 (*Ibid.*, p. 729 et 730). Jean, sire de Hangest, dit Rabache, est mentionné comme capitaine d'Auxerre en 1360 dans des lettres de rémission octroyées le 14 juin 1364 à Jean,

connétable de France, à la tête d'une nombreuse garnison, prend
le chemin de la Bourgogne pour y séjourner tout le carême; il
passe à côté de Noyers [1] et défend d'y donner l'assaut, car il
tient le seigneur prisonnier depuis la bataille de Poitiers [2]; il loge
à Montréal [3] puis à Guillon [4], villages situés sur une rivière nommée *Sellètes* [5]; il reste à Guillon depuis la nuit des Cendres (mer-

sire de Maligny (JJ96, n° 359, f° 128 v°). Vers la Chandeleur (2 février) 1360, on faisait le guet et l'arrièreguet aux *eschiffles* des remparts
d'Auxerre (JJ90, n° 502). Par acte daté de Paris en décembre 1360,
Jean, roi de France, restitua au comte d'Auxerre la ville de ce nom
« comme, par la deffaute et coulpe des bourgoiz et habitanz de la
ville d'Auceurre, la ditte ville ait esté nagaires perdue et destruitte
par Robert Canole et ses complices, ennemis de nostre dit royaume,
pour ce que les diz bourgoiz et habitanz, qui par leurs grans avarices,
orgueil et malvais gouvernement, vouldrent de euls garder la ditte ville,
boutèrent et mistrent hors d'icelle partie de plusieurs gentiz hommes
qui par avant longue pièce estoient venuz en la ditte ville en la compaignie de feu Guillaume de Chalon, filz de nostre très chier et feal
cousin et conseillier le conte d'Aucerre (Jean de Chalon, III du nom)
bouteillier de France, pour la ditte ville et tout le païs garder et deffendre et resister aus diz ennemis de tout leurs povoirs; et pour ce
que, après ce que la ditte ville fu ainsi perdue, nostre cousin le sire de
Fiennes, connestable de France, entra en ycelle, la garda et empara
de rechiez, le dit connestable et plusieurs autres dient la ditte ville et
ses appartenances estre à nous acquise, nous ait fait supplier le dit conte,
comme il ait touz jours amé et servi loyalment et continuelment nous
et nos predecesseurs roys de France, et ait esté longuement prisonnier
en Engleterre où il a moult fraié et despendu du sien à cause de sa
ditte prise et li convient encore pour très grant et excessive raençon.... » JJ89, n° 429.

1. Noyers ou Noyers-sur-Serein, Yonne, arr. Tonnerre.
2. Froissart veut sans doute parler ici de Jean de Noyers, comte de
Joigny, qui avait en effet été fait prisonnier à la bataille de Poitiers
(Rymer, vol. III, p. 539). Après la mort de Miles VI du nom, seigneur
de Noyers et de Vendeuvre arrivée en septembre 1350, le comte de
Joigny, fils ainé, et Eudes de Grancey, gendre de Miles VI, s'étaient
emparés de la seigneurie de Noyers au mépris des droits de Miles VIII
du nom, sire de Noyers et de Montcornet, petit-fils de Miles VI, qui
obtint arrêt contre ses oncles en 1364. Anselme, t. VI, p. 652.
3. Yonne, arr. Avallon, c. Guillon, sur le Serain, au sud de
Noyers.
4. Yonne, arr. Avallon, sur le Serain, au sud de Montréal.
5. Noyers, Montréal et Guillon sont situés sur une rivière nommée
aujourd'hui par corruption *Serain*. La forme latine de ce nom était au
neuvième siècle *Sedena*, au douzième siècle *Saina* et *Seduna;* la forme
française a été *Senein* ou *Cenin* jusqu'à ces derniers temps. *Sellette* est
une mauvaise forme où Froissart a peut-être été induit, parce qu'une
rivière du Hainaut porte ce nom.

credi 19 février) jusqu'à la mi-carême (dimanche 15 mars 1360), et pendant ce temps Jean de Harleston, écuyer de sa suite, s'empare de Flavigny [1] où il trouve de quoi approvisionner l'armée. P. 224, 225, 415, 416,

L'armée anglaise traîne derrière elle huit mille chariots, attelés chacun de quatre forts roncins et chargés de tentes, de pavillons, de moulins, de fours pour cuire du pain et de forges pour forger les fers des chevaux. Ces chariots transportent en outre de petits bateaux que trois hommes peuvent monter et avec lesquels on peut pêcher dans les étangs, ce qui fut d'un grand secours aux Anglais en carême. Le roi d'Angleterre voyage, ainsi que plusieurs seigneurs de sa suite, avec ses oiseaux et ses chiens afin de pouvoir aller à la chasse. — L'armée se compose de trois corps distincts, qui sont sous les ordres du roi, du prince de Galles et du duc de Lancastre, et qui se tiennent toujours à une lieue de distance l'un de l'autre. Tel est l'ordre de marche qui fut invariablement suivi depuis Calais jusqu'à Chartres. P. 225, 226, 416, 417.

Édouard, pendant son séjour à Guillon, conclut un traité [2] avec Philippe, duc de Bourgogne, par lequel il s'engage à ne pas ra-

---

1. Flavigny-sur-Ozerain, Côte-d'Or, arr. Semur, à l'est de Guillon
2. Ce traité dont le texte est dans Rymer (vol. III, p. 473 et 474), fut donné à Guillon en Bourgogne sous le grand sceau du roi d'Angleterre le 10 mars 1360 (n. st.). Édouard s'engageait à rendre Flavigny et à tenir la Bourgogne en paix pendant trois ans moyennant le payement de deux cent mille deniers d'or au mouton payables, 50 000 comptant, 50 000 le 22 juin, 50 000 le 25 décembre 1360, 50 000 enfin le 28 mars 1361. Les évêques de Chalon et d'Autun, quatorze abbés, les cités et bonnes villes de Chalon, d'Autun, de Dijon, de Beaune, de Semur, de Montbar et de Châtillon-sur-Seine, quinze nobles et sept bourgeois de Bourgogne se portaient garants du payement de cette somme. L'un de ces sept bourgeois, encore obscur en 1360, allait bientôt devenir l'un des plus grands personnages du quatorzième siècle : c'était Hugues Aubriot, le futur prévôt de Paris du roi Charles V. Quatre jours seulement après la conclusion de ce traité, le 14 mars, un certain nombre de seigneurs picards et normands, conduits par Jean de Neuville, faisaient une descente en Angleterre où ils prenaient, saccageaient et brûlaient Winchelsea (JJ105, n° 535; *Contin. de Nangis*, éd. Geraud, t. II, p. 298, 299; ms. n° 4987, f° 77 v°. Voyez surtout le t. XI des Quittances conservées au dép. des mss. de la Bibl. nat. et classées chronologiquement; elles nous donnent tous les détails d'armement relatifs à cette expédition préparée au clos des galées de Rouen et à Leure par le Baudrain de la Heuse, amiral de France (n° 916) et Étienne du Moustier, capitaine de Leure).

vager le duché de Bourgogne et à le tenir en paix pendant trois ans moyennant le payement de deux cent mille francs tous appareillés. Après quoi, il repasse l'Yonne au-dessous de Clamecy[1] et de Vezelay[2], se dirige vers Paris à travers le Gâtinais et arrive à deux lieues de Bourg-la-Reine[3]. P. 226, 227, 417, 418.

Pendant qu'Édouard envahit ainsi le royaume, une foule de garnisons anglaises ravagent le Beauvaisis, la Picardie, l'Ile-de-France, la Brie et la Champagne. — Le roi de Navarre, de son côté, fait une rude guerre sur les confins de la Normandie. — La plus terrible de ces garnisons ennemies est celle d'Attigny dont Eustache d'Auberchicourt est capitaine. Les gens d'armes de cette garnison font sans cesse des incursions dans les comtés de Rethel et de Bar jusqu'à Donchery, Mézières, Stenay[4] et au Chesne-Populeux[5]; un jour, ils prennent par surprise un fort château du Laonnois voisin de Montaigu[6] et situé au milieu des marais qu'on appelle Pierrepont[7], dont ils emportent le butin à Attigny[8]. P. 227, 228, 419, 420.

En ce temps, il y avait ès parties d'Avignon un frère mineur

---

1. Le rédacteur des Grandes Chroniques (t. VI, p. 168) dit qu'Édouard passa l'Yonne à Coulanges (Yonne, arr. Auxerre). Coulanges est en effet en aval de Clamecy.
2. Yonne, arr. Avallon. Froissart parait croire que Vezelay est sur l'Yonne, tandis qu'il est sur la Cure, affluent de la rive droite de l'Yonne. *Kon dessous Vosselay* (p. 227, 418) est peut-être une mauvaise leçon pour Coulanges sous Vezelay.
3. Seine, arr. et c. Sceaux.
4. Meuse, arr. Montmédy.
5. Ardennes, arr. Vouziers. Le *Chesne Pouilleux* de Froissart est devenu dans la terminologie administrative le *Chesne Populeux*.
6. Aisne, arr. Laon, c. Sissonne.
7. Aisne, arr. Laon, c. Marle.
8. Ardennes, arr. Vouziers. La forteresse d'Attigny, située sur l'Aisne, commandait le cours moyen de cette rivière dont une autre forteresse, également occupée par Eustache, celle d'Autry (Ardennes, arr. Vouziers, c. Monthois) commandait le cours supérieur. Eustache d'Auberchicourt faisait la guerre de partisan comme on exercerait la plus lucrative des industries. Ainsi, le 19 mai 1360, Louis de Male délivra commission pour imposer sur les habitants du comté de Rethel la somme de 25 000 deniers d'or qu'ils avaient promis de donner à Eustache d'Auberchicourt pour retirer de ses mains les forteresses de Manre (Ardennes, arr. Vouziers, c. Monthois) et d'Attigny (Arch. dép. du Nord, 1er reg. des Chartes, f° 174 v°). Un mois plus tard, le 16 juin 1360, par contrat passé devant Pierre et Thomassin de Cusy, notaires jurés à Sainte-Menehould, noble homme messire Eustache d'Auberchicourt, chevalier, vendit à haut et puissant prince monsei-

ou cordelier, nommé Jean de la Roche Taillade, que le pape Innocent VI tenait enfermé au château de Bagnols [1] parce qu'il avait annoncé dans ses livres de prophétie, commencés dès 1345, tous les malheurs qui devaient fondre sur la France, notamment de 1356 à 1359, les attribuant à la vengeance de Dieu irrité de la corruption des grands seigneurs et des prélats du royaume [2]. P. 228 à 230, 420 à 423.

Le roi d'Angleterre est logé à Bourg-la-Reine à deux petites lieues de Paris, et son armée est campée depuis cet endroit jusqu'à Montlhéry [3] ; il envoie ses hérauts à Paris demander la bataille au duc de Normandie qui la refuse. Après une escarmouche

gneur Robert, duc de Bar, marquis du Pont, moyennant 7000 florins d'or au mouton et 1000 florins par-dessus le marché, qui devaient être remis à messire Courageux de Mauny et à messire Gui de Nevill, chevaliers, la forteresse d'Autry « laquelle li avoit esté donnée par haut et puissant prince son très chier seigneur le roy d'Angleterre, comme terre acquise et conquestée par armes.... » Cet acte de vente stipule que tous les approvisionnements entassés à Autry seront livrés au duc de Bar. « Et aussi seront et doient estre au dit monseigneur le duc toutes les finances et raençons que les villes et li pais ont fait par devers le dit monseigneur Eustace et ses genz, qui sont deues et à avenir, tant de vivres comme de deniers ; et li baillera et li a le dit messire Eustace promis à baillier touz les papiers, lettres et seurtés qu'il a et puet avoir sur les dittes raençons.... » Le régent ratifia cette vente à Compiègne en juillet 1360 (JJ88, n° 11). Un paladin aussi pratique qu'Eustache d'Auberchicourt était un fort beau parti. Aussi, le voyons-nous cette même année 1360, le 29 septembre, épouser à Wingham, dans le comté de Kent, la propre nièce de la reine d'Angleterre, Elisabeth de Juliers, veuve du comte de Kent. Coxe, *The Life of Black Prince*, notes, p. 367.

1. Bagnols-sur-Cèze, Gard, arr. Uzès.
2. Les premières prophéties de Jean de la Roche Taillade, qui avait étudié cinq ans à l'université de Toulouse et appartenait à l'ordre des Frères Mineurs de la province d'Aquitaine et de la maison de Rodez, sont datées de la prison du pape Clément VI, dite *du Soudan*, à Avignon, au mois de novembre 1349 (Bibl. nat., fonds latin, n° 3598). D'autres ouvrages de cet illuminé, qui s'occupait aussi de médecine et d'alchimie, sont conservés à la même bibliothèque, fonds latin, sous les n°s 7151, 7167, 7371, 11200 et 11202. M. Kervyn de Lettenhove, dans une savante note de son édition des Chroniques de Froissart (t. VI, p. 493 à 495), indique un certain nombre de manuscrits des ouvrages de Jean de la Roche Taillade conservés à Bruges, à Cambridge, à Oxford, à Mayence, à Rome et à Bâle.
3. Seine-et-Oise, arr. Corbeil, c. Arpajon, au sud de Bourg-la-Reine. D'après les Grandes Chroniques de France (t. VI, p. 169), Édouard vint loger en l'hôtel de Chanteloup (auj. château de la commune de Saint-Germain-lés-Arpajon), entre Montlhéry et Châtres

de Gautier de Mauny devant les barrières de Paris, Édouard quitte Bourg-la-Reine et prend le chemin de Montlhéry. P. 230 à 232, 423.

Des chevaliers français au nombre de cent lances s'aventurent à la poursuite des Anglais qu'ils voient opérer leur mouvement de retraite de Bourg-la-Reine sur Montlhéry, mais ils tombent dans une embuscade dressée par un certain nombre de seigneurs anglais et gascons qui avaient prévu cette sortie; neuf chevaliers français, entre autres le sire de Campremy, restent entre les mains des Anglais qui, après avoir donné la chasse jusqu'au delà de Bourg-la-Reine à ceux qui réussissent à s'échapper, emmennent leurs prisonniers à Montlhéry où campe le roi d'Angleterre [1]. P. 232 à 234, 423 à 426.

(Arpajon), le mardi 31 mars; il était encore à Chanteloup le lundi 6 avril, jour où il confia à Jean Chandos la garde de son château de la Fretty et de la Tour Saint-Christophe en Normandie (Rymer, vol. III, p. 480). Des négociations, qui furent entamées le vendredi saint 3 avril à la maladrerie de Longjumeau, restèrent sans résultat. Le mardi 7 avril, Édouard s'approcha plus près de Paris et vint loger à Châtillon près Montrouge, tandis que les autres corps de son armée s'établissaient à Issy, à Vanves, à Vaugirard, à Gentilly et à Cachan. Si l'on veut savoir comment le régent et par suite le rédacteur des Grandes Chroniques a pu être si bien renseigné jour par jour sur les mouvements de l'armée ennemie, on n'a qu'à lire la pièce suivante où l'on reconnaît l'esprit pratique et nullement chevaleresque du futur Charles V. Par acte daté de Paris le 13 avril 1360, Charles régent accorda des lettres de naturalisation et de bourgeoisie parisienne à son amé Jean Cope, originaire d'Angleterre, « et de nouvel, *pour le temps que le roy d'Angleterre a esté près de nostre bonne ville de Paris, le dit Jehan, qui bien savoit et scet parler le langaige d'Angleterre, ait exposé et mis en avanture son corps, sa vie et sa chevance pour nous faire certains services qu'il nous a faiz au grant proufit de monseigneur, de nous et du royaume, pour lesquiex nous nous reputons et devons reputer pour grandement tenuz à lui;* nous, pour les causes dessus dittes et plusieurs autres qui à ce nous ont meu et doivent mouvoir, voulans au dit Jehan Cope, comme à celui qui bien l'a desservi, faire grace especial qui soit à lui et aus siens honnorable et prouffitable, si que les autres de sa nativité et d'autres nacions estranges, qui sauront la ditte grace à lui faite, doient, à l'exemple de lui, eulx efforcier de eulx loyaument porter envers monseigneur et nous.... » JJ90, n° 510.

1. L'armée anglaise était campée entre Arpajon (Châtres) et Montlhéry. Arpajon fut alors le théâtre d'un des faits les plus atroces de cette épouvantable guerre. Jean de Venette dit (*Contin. de G. de Nangis*, éd. de Geraud, t. II, p. 304 à 306) qu'un noble, capitaine de l'église de ce village, y fit mettre le feu et y brûla environ neuf cents personnes, parce que les paysans des environs, réfugiés dans cette

église convertie en forteresse, se voyant abandonnés par la garnison chargée de les garder, et ne pouvant tenir plus longtemps, menaçaient de se rendre aux Anglais. Des lettres de rémission, que Geraud n'a pas connues, nous font connaître le nom de ce capitaine, qui est qualifié écuyer et qui s'appelait Philippe de Villebon. La conduite de ce capitaine fut d'autant plus infâme que les malheureux habitants d'Arpajon avaient résisté pendant plus d'une semaine à tous les assauts des Anglais. « .... Et quia postquam idem rex et ejus gentes steterant *per septem dies* ante fortalicium predictum, illud hostiliter et viriliter invadendo.... » Elle fut d'autant plus lâche que Philippe, avant de mettre le feu à l'église, avait séparé son sort de celui des habitants confiés à sa garde et avait mis sa personne et celle de ses compagnons en sûreté dans des guérites. « .... Dum ipse Philippus et nonnulli alii socii sui secum erant superius in dicto fortalicio *ad garitas*.... » Pendant que tous ces pauvres paysans périssaient dans les flammes allumées par Philippe de Villebon et où les Anglais repoussaient ceux qui essayaient d'y échapper, leur capitaine se tenait « subtus votas seu columpnas turris dicti monasterii.... », et il ne sortit de sa cachette que vers minuit, non sans avoir tué un de ses hommes qui se trouva sur son passage et qu'il avait pris pour un Anglais. Le régent n'en accorda pas moins à Philippe de Villebon des lettres de rémission, d'où nous avons tiré ces détails qui confirment le récit de Jean de Venette, lettres que le roi Jean renouvela et confirma en février 1361 (n. st.). JJ89, n° 458, f° 203. — Les habitants de Boissy-sous-Saint-Yon en la châtellenie de Montlhéry (Seine-et-Oise, arr. Rambouillet, c. Dourdan) et de Toury en Beauce (Eure-et-Loir, arr. Chartres, c. Janville) soutinrent aussi des siéges contre les envahisseurs dans leurs églises transformées en forteresses. JJ90, n° 637.

CHRONIQUES
DE J. FROISSART.

LIVRE PREMIER.

§ 371. Quant li rois Jehans de France eut fait ses chevaucies et ensi reconquis en le Basse Normendie les villes et les chastiaus dou roy de Navare que il faisoit tenir en prison, et il fu retrais en le cité de Paris, il n'i eut gaires sejourné quant il entendi que li princes de Galles, à tout son effort, estoit jà moult avant entrés en son pays et approçoit durement le bon pays de Berri. Ces nouvelles ne furent mies bien plaisans au dit roy; si dist et jura que il chevauceroit contre lui et le combateroit, quel part que il le trouveroit.

Adonc li rois, meus et encoragiés de deffendre et garder son royaume, fist de recief un très especial mandement et commandement à tous nobles et fievés tenans de lui, que nulz, à trop grandement fourfaire, ses lettres veues, ne s'escusast ne demorast qu'il ne venist devers lui sus les marces de Blois et de Tourainne; car il voloit combatre les Englès. Dont s'esmurent tout gentil homme qui mandé et priiet en furent; car li pluiseur avoient ossi grant desir, pour yaus contrevengier des despis et destourbiers que li Englès leur pooient avoir fais dou temps [passet[1]] d'yaus combatre.

Et meismement, li dis rois, pour haster et avancier sa besongne, se departi de Paris, car encores tenoit il grant fuison de gens d'armes sus les camps; et chevauça devers le bonne cité de Chartres, et fist tant qu'il y parvint. Si se arresta là tous quois, pour mieus entendre et aprendre dou couvenant des Englès. Et toutdis li venoient gens d'armes à effort de tous costés, d'Auvergne, de Berri, de Bourgongne, de Loeraingne, de Haynau, d'Artois, de Vermendois, de Pikardie, de Bretagne et de Normendie. Et tout ensi comme il venoient, il passoient oultre, et faisoient leur moustre; et se logoient sus le pays par l'ordenance des mareschaus, monsigneur Jehan de Clermont et monsigneur Ernoul d'Audrehen.

Et faisoit li dis rois grossement pourveir et rafreschir les forterèces et les garnisons de bonnes gens d'armes d'Angho, de Poito, du Mainne, de Tourainne, et tout sus les marces et frontières par où on esperoit que li Englès devoient passer, pour yaus clore le pas et tollir vivres et pourveances, que il n'en peuissent de nulles recouvrer pour yaus ne pour leurs chevaus.

Nonobstant tout ce, li princes de Galles et se

---

1. Mss. B 4, 3, f° 169 v°. — Ms. B 1, t. II, f° 70 (lacune).

route, où bien avoit deux mil hommes d'armes et
six mil arciers, chevauçoient à leur aise et recou-
vroient de tous vivres à grant fuison; et trouvoient
le pays d'Auvergne, où jà il estoient entré et avalé,
si gras et si raempli de tous biens, que merveilles
seroit à considerer. Mais, com plentiveus que il le
trouvaissent, il ne voloient mies entendre ne arrester à çou; ançois voloient guerriier et grever leurs
ennemis. Si ardoient et essilloient le pays tout devant yaus et environ. Et quant il estoient entré en
une ville, et il le trouvoient raemplie et pourveue
largement de tous vivres, et il s'i estoient refresci
deux jours ou trois et il s'en partoient, il essilloient
le demorant, et effondroient les tonniaus plains de
vins, et ardoient bleds et avainnes afin que leur ennemi n'en euissent aise; et puis si chevauçoient avant.
Et toutdis trouvoient il bon pays et plentiveus; car
en Berri et en Tourainne, en Ango, en Poito et [au
Maine[1]], a une des grasses marces dou monde pour
gens d'armes.

§ 372. Ensi chevauçoient li Englès, ardant et exillant tout le pays devant yaus. Et fisent tant que il
vinrent assés priès de le bonne cité de Bourges, où
li arcevesques dou dit lieu pour le temps estoit, et
doi chevalier envoiiet de par le roy de France, pour
entendre à le cité, se il besongnoit; et oil voir, car li
Englès l'approcièrent de si priès qu'il en ardirent les
fourbours. Et y eut une grande escarmuce à l'une des

---

1. Ms. B 3, f° 183 v°. — Ms. B 1, t. II, f° 70 v° et ms. B 4 : « en
Humainne. » *Mauvaise leçon.*

portes; et là furent bon chevalier de chiaus de dedens, li sires de Gousant et messires Hustins de Vremelles. Et y eut ce jour, et l'escarmuce durant, fait tamainte belle apertise d'armes.

Si s'en partirent li Englès sans aultre cose faire, et passèrent oultre et vinrent à Yzodon en Berri, un fort chastiel, et l'assallirent fortement et radement. Et là se recueilla toute li hos, mès il ne le peurent gaegnier; car li gentil homme qui dedans estoient, le gardèrent très bien. Si s'en partirent li dit Englès et prisent lor chemin devers Verson, une grosse ville et bon chastiel; mais la ditte ville estoit foiblement fremée, et peu de gens y estoient demoret pour le deffendre : si fu prise de force; et y trouvèrent li Englès tant de vins et de vivres que sans nombre. Si y sejournèrent trois jours pour yaus rafreschir.

Là vinrent les nouvelles au prince de Galles que li rois de France estoit à Chartres, à grant fuison de gens d'armes, et que toutes les villes et li passage de dessus le rivière de Loire estoient si bien gardet que nullement il ne poroient passer la ditte rivière. Si eut li dis princes conseil qu'il se metteroit au retour et passeroit parmi Tourainne et Poito, et revenroit, tout en guerriant, ardant et essillant le pays, à Bourdiaus dont il s'estoit partis. Si s'ordonnèrent pour deslogier de Vierson, quant il eurent fait leur bon et leur talent de la ville; et avoient en ce sejour pris le chastiel et occis la plus grant partie de chiaus qui dedens furent trouvet; puis chevaucièrent par devers Romorentin.

Adonc estoient envoiiet ou pays de Berri, de par le roy de France, troi grant baron et bon chevalier durement, pour garder les frontières et aviser le couvenant des Englès. Si estoient cil premierement li sires de Craam, messires Boucicaus et li Hermites de Chaumont. Et avint ensi que cil troi signeur et leurs routes, où bien avoit trois cens lances, chevauçoient sus les frontières en costiant les Englès, et les avoient poursievois jà par six jours et n'avoient pout trouver leur avantage d'entrer en yaus ne assallir; car li Englès chevauçoient et se logoient si sagement que on ne les pooit envaïr de nul costé où on peuist riens gaegnier : si se boutèrent un jour li dessus dit en embusque, assés priès de Romorentin, sus un pas qui estoit assés mervilleus et par où il couvenoit les Englès passer.

Ce jour s'estoient departi des routes dou prince et de le bataille des mareschaus, et par le congiet monsigneur Bietremieu de Bruhes, li sires de Monchident, gascon, messires Petiton de Courton, li sires de le Ware, li sires de Basset, messires Daniel Pasele, messires Richars de Pontchardon, messires Neel Lorinch, li jones sires Despensiers messires Edowars, et messires Eustasces d'Aubrecicourt. Et s'en venoient tout cil chevalier bien monté, et pooient estre parmi leurs gens environ deux cens, pour courir devant Romorentin. Si passèrent parmi l'embusce des François, que onques ne s'en donnèrent garde.

Si tretost qu'il furent oultre, li François ouvrirent leur embusque et ferirent chevaus des esporons, qui estoient ossi monté sus fleur de coursiers et de rades roncins et appers. Li Englès, qui jà estoient bien avant, sentirent l'effroi des chevaus derrière yaus : si se retournèrent et perçurent que c'estoient leur

ennemi qui les hastoient; si s'arrestèrent tout à un
fais, ensi que pour yaus attendre. Li François, qui
venoient de grant volenté et avisé de ce qu'il devoient faire, et tout serré, les lances abaissies, s'en
5 vinrent bouter en yaus de grant volenté.

A ce donc s'ouvrirent li Englès et les laissièrent
passer oultre. Et n'en y eut des leurs pas plus de
cinq ou de six de celle empainte [ruet¹] par terre; et
puis tantost se recloirent et misent ensamble et s'en
10 vinrent sus leurs ennemis. Là eut, et tout à cheval,
bon puigneis et fort estecheis des lances. Et dura li
bouteis moult longement; et y eut fait mainte belle
apertise d'armes, maint chevalier et maint escuier
d'un lés et d'aultre abatu, et puis par force relevé et
15 rescous. Et dura ceste cose une bonne espasse que on
ne seuist à dire : « cilz ne cilz en aront le milleur » :
tant estoient fort entoueilliet li un en l'autre, et tant
se combatoient vaillamment.

Entrues qu'il estoient en cel estat, li bataille des
20 mareschaus ala approcier; et le perçurent li François
comment elle lor venoit sus èle, en costiant un
bois; si se doubtèrent de tout perdre, ensi que il
euissent fait, se il fuissent demoret. Si se partirent
cescuns qui mieulz mieulz, et prisent l'adrèce devers
25 Romorentin; et li Englès apriès, ferant, batant, sans
yaus espargnier ne leurs chevaus. Là eut grant encauch et dur et maint homme mis à meschief et reversé par terre.

Toutes fois la moitié et plus s'en sauvèrent et se
30 boutèrent ou chastiel de Romorentin, qui leur fu

---

1. Mss. B 4, 3, f° 170 v°. — Ms. B 1, t. II, f° 71 v° (lacune).

moult bien appareilliés et qui trop bien leur vint à
point; car aultrement il euissent esté tout pris. Si
escapèrent, par especial, li troi baron dessus nommet et aucun aultre chevalier et escuier qui estoient
très bien monté. Et fu prise li ville de Romorentin,
de premières venues; car lors il n'i avoit gaires de
forterèce; et cescuns des François ossi entendi à lui
sauver et bouter ou chastiel.

§ 373. Ces nouvelles vinrent au prince que ses
gens avoient eu rencontre. Il demanda de qui et on
li dist, et tout ensi que la besongne avoit alé, et
comment ses gens avoient rebouté leur ennemis ou
chastiel de Romorentin : « Chevauçons ceste part,
dist li princes: je les voel aler veoir de plus priès. »
Lors s'arouta toute li hos celle part; et vinrent jusques en le ville de Romorentin, qui jà estoit tout
plainne de leurs gens, et qui estudioient comment à
leur avantage il poroient assallir le chastiel. Là vint
li princes armés de toutes pièces, montés sus un
coursier noir, monsigneur Jehan Chandos dalés lui;
et commencièrent à aviser et imaginer le forterèce,
et cogneurent assés que elle estoit bien prendable.

Adonc appela li princes monsigneur Jehan Chandos et li dist : « Jehan, Jehan, alés jusques as
barrières et parlés as chevaliers qui sont laiens, à savoir se il se vorroient rendre bellement, sans yaus
faire assallir. » Lors se parti li dis messires Jehans
Chandos dou prince et s'en vint devant les barrières,
et fist signe que il voloit parlementer d'aucune cose.
Chil qui estoient à la garde, demandèrent son nom
et de par qui il estoit là envoiiés. Il se nomma et dist

qu'il estoit là tramis de par son signeur monsigneur
le prince. Chil à qui li dis chevaliers avoit adreciet sa
parole, vinrent à leurs mestres, et leur disent tout
ce que vous avés oy.

5 Adonc avalèrent messires Boucicaus et li Hermites
de Chaumont, et vinrent as barrières. Si tretost que
messires Jehans Chandos les vey, il les salua et leur
dist : « Signeur, je sui ci envoiiés devers vous de
par monsigneur le prince, qui voelt estre moult
10 courtois à ses ennemis, si com il me samble : il dist
ensi que, se vous vous volés mettre en se prison et
rendre ceste forterèce ci qui n'est pas tenable, il vous
prendera à merci et vous fera très bonne compagnie. » — « Messire Jehan, respondi messires Bou-
15 cicaus, grant mercis à monsigneur le prince qui nous
voelt estre si courtois; mès nous ne sommes pas
avisé ne en volenté de ce faire, ne jà ne place à
Dieu qu'il nous ait si legierement. » — « Comment,
dist messires Jehans Chandos, Boucicau, vous sentés
20 vous si bons chevaliers que pour tenir ceste forterèce à assaut contre monsigneur le prince et son effort, et si ne vous est apparans confors de nul
costé ? » — « Chandos, Chandos, respondi messires
Boucicaus, je ne me tieng pas pour bon chevalier;
25 mès folie nous feroit mettre en tel parti d'armes que
vous nous offrés, et plus grant folie le nous feroit
prendre, quant il n'est encores nulz besoins. Dittes
à monsigneur le prince, se il vous plest, qu'il face ce
que bon li samble : nous sommes tout conforté de lui
30 attendre. »

Ensi se departirent li uns de l'autre; et s'en revint
li dis monsigneur Jehan Chandos devers le prince et

li compta, ensi que bien le seut faire, toutes les parolles dessus dittes. Quant li princes eut oy la response de monsigneur Boucicau, si ne l'en prisa mies
mains, et commanda toutes manières de gens à yaus
logier pour le jour et le soir ensievant; car l'endemain il voloit faire assallir à la ditte forterèce et as-
saiier se par assaut il le poroient avoir. Au commandement dou prince et à l'ordenance des mareschaus
obeirent toutes manières de gens, ce fu raisons; et se
logièrent dedens le ville de Romorentin et dehors
ossi, bien et faiticement.

§ 374. Quant ce vint à l'endemain bien matin,
toutes manières de gens d'armes s'armèrent, et arcier
ossi, et se traist cescuns à sa livrée; et commencièrent à assallir au dit chastiel de Romorentin asprement et durement. Là eut grant assaut et dur; et se
tenoient li arcier sus les fossés et traioient si ouniè-
ment que merveilles, ne à painnes osoit nulz apparoir as deffenses. Et li aucun entroient en l'aigue
jusques au col et venoient as murs, et li aultre na-
goient sus huis et sus cloies, pils et haviaus et ars et
saiettes en leurs mains, et venoient au fons dou mur
hawer et piketer.

Là estoient li chevalier amont : li sires de Cram,
messires Boucicaus et li Hermites de Chaumont, qui
trop bien s'acquittoient d'yaus deffendre; et jettoient
et faisoient jetter aval pières et cailliaus et pos plains
de cauch, dont il mehagnoient et bleçoient durement chiaus qui aconsievi en estoient. Et là fu occis
dou lés des Englès uns bons escuiers de Gascongne
et bien gentilz homs et qui eut grant plainte, qui

s'appelloit Raymons de Zedulach; si estoit de le route le captal de Beus. Si dura cilz assaus toute jour à journée, à bien petit de repos; et se retraisent toutes manières de gens à leurs logeis. Et entendirent li haitié à remettre à point les navrés et les bleciés, et passèrent ensi le nuit.

Quant solaus fu levés, li doi mareschal de l'host fisent sonner les trompètes, pour armer toutes manières de gens et traire avant à l'assaut. Si s'ordenèrent et misent en conroy tout cilz qui pour assallir estoient appellé et appareilliet. Là de rechief commença uns hustins et uns assaus plus durs et plus fors sans comparison que le jour devant; car li princes de Galles y estoit personelment, qui les amonnestoit et enjoindoit de bien faire. Et disoit à le fois : « Et comment nous durra meshui ceste forterèce ? » Les parolles de lui et la presense de lui esvertuoit grandement toutes manières de gens d'armes et d'arciers qui assalloient; et s'abandonnoient li aucun moult folement pour estre mix aloset.

Là fu occis assés priès dou prince, dou trait d'une pière, uns moult appers escuiers de Gascongne, frères germains au signeur de Labreth ; et l'appelloit on Bernardet de Labreth. Si en furent tout si proisme, dont il avoit là grant fuison, durement courouciet, et par especial li princes; et jura adonc si hault que pluiseur l'oïrent, que jamais ne partiroit de là si aroit gaegniet le dit chastiel et chiaulz de dedens ossi et mis en se volenté. Dont renforça li assaus de toutes pars par grant aïr, pour leur besongne avancier, et pour tant que li princes, si com vous avés oy, en avoit parlé si avant.

Si regardèrent et imaginèrent li soutil homme d'armes qu'il se travilloient en vain et faisoient blecier sans raison et occire leurs gens, et que par tel assaut que de traire et de lancier on ne les aroit jamais. Si ordonnèrent à aporter kanons avant et à traire quariaus et feu grigois dedens en le basse court : se cilz feus s'i voloit prendre, il poroit bien tant montepliier qu'il se bouteroit ou toit des couvretures des tours dou chastiel, qui pour le temps estoient couvertes d'estrain. Se par celle manière il ne les avoient, il ne pooient veoir voie comment il peuissent le dit chastiel gaegnier et les chevaliers qui le deffendoient.

Adonc fu li feus aportés avant et trais par bombardes et par kanons en le basse court; et si prist et monteplia telement que toutes ardirent, et entra en le couvreture d'une grosse tour, qui estoit d'estrain, où li troi chevalier estoient, qui ce jour et celi devant moult d'armes fait avoient. Quant il veirent le feu par dessus yaus, et que rendre les couvenoit ou là perir, si ne furent pas bien à leur aise, et vinrent tantost aval, et se rendirent au prince à se volenté : aultrement il ne les ewist point receus, pour tant qu'il en avoit juré et parlé si avant.

Ensi eut et prist li princes de Galles les dessus dis chevaliers que vous oés, et les fist, comme ses prisonniers, chevaucier et aler avoecques lui, et pluisieurs aultres gentilz hommes, chevaliers et escuiers, qui estoient ou chastiel de Rommorentin, qui fu laissiés tous vaghes, ars et exilliés.

§ 375. Apriès le prise dou chastiel de Rommorentin et des chevaliers dessus nommés, li princes et ses gens chevaucièrent comme en devant, ardant et exillant le pays, et en approchant durement Ango et Tourainne.

Les nouvelles vinrent au roy de France, qui se tenoit en le cité de Chartres, que li princes de Galles malmenoit trop horriblement son pays et ardoit et essilloit tout devant lui : de quoi li dis rois fu moult durement courouciés, et dist qu'il y pourveroit de remède. Si se parti de Chartres et chevauça vers Blois et commanda à ses mareschaus que il fesissent haster et avancier toutes manières de gens d'armes, et passer le rivière de Loire, car il voloit aler combatre les Englès. Li dis rois s'en vint à Blois et là s'arresta, et y fu deux jours. Ses commandemens fu fais. Dont commencièrent gens d'armes, duch, conte, baron, chevalier et leurs routes [à] avaler et à poursievir le roy, qui toutdis aloit avant. Car il se parti de Blois et vint ce jour gesir à Amboise, et l'endemain à Loces, et là se tint pour aprendre et entendre dou couvenant des Englès, dont tous les jours il ooit nouvelles ; car li Englès estoient costiiet et poursievi d'aucuns [appers[1]] chevaliers de France et de Bourgongne, qui l'en raportoient, alant et venant, le certainneté. Si entendi li dis rois qu'il estoient en Tourainne et prendoient leur chemin et leur retour devers Poito.

Lors se parti li rois de France [de Loches[2]] et vint à le Haie en Tourainne ; et ses gens avoient passet le

1. Mss. B 4, 3, f° 172. — Ms. B 1, t. II, f° 73 v° (lacune).
2. Mss. B 4, 3, f° 172. — Ms. B 1, t. II (lacune).

Loire au pont à Orliens, à Meun, à Saumur, à Blois
et à Tours, et là où il pooient. Et y avoit si grant
nombre de bonnes gens, que bien vingt mil hommes
d'armes sans les autres; si y avoit bien vingt six, que
contes, que dus, et plus de sept vingt banerès. Et
avoit là li rois ses quatre filz, qui pour le temps estoient moult jone, monsigneur Charle, duch de Normendie, monsigneur Loeis qui fu depuis dus d'Ango,
monsigneur Jehan ossi, depuis duch de Berri, et
monsigneur Phelippe le mainnet, qui fu depuis dus
de Bourgongne. Si poés bien croire et sentir que là
estoit toute li fleur de France, de chevaliers et d'escuiers, quant li rois et si quatre enfant personelment
y estoient.

En ce temps avoient esté envoiiet en France, de
par nostre Saint Père le pape Innocent VI°, messires
Talerans, cardinaus de Pieregorch, et messires Nicoles, cardinauls d'Urgel, pour trettier pais et concorde
entre le roy de France et ses malvoellans, premierement contre le roy de Navare que il faisoit tenir en
prison. Et en avoient cil esté et parlementé par pluiseurs fois au dit roy, le siège de Bretuel durant; mès
riens n'avoient pout empetrer.

Or estoit retrès li dis cardinaulz de Pieregorch,
apriès le departement dou siège et le prise de Bretuel,
en le bonne cité de Tours en Tourainne; et là li vinrent les nouvelles que li rois de France se hastoit
moult pour trouver les Englès : si ques li cardinaus,
meus et encoragiés de mettre remède à ces besongnes et de apaisier, se il peuist, par nulle voie, ces
deux signeurs, ou de mettre y moiien et attemprance
que la bataille ne s'adreçast, se departi de Tours quoi-

teusement et chevauça devers le cité de Poitiers, car il entendoit que ces deux hos y tiroient à aler, et tant s'esploita qu'il y parvint.

Nous lairons un petit à parler dou cardinal de Pieregorch et parlerons dou roy de France, qui mettoit grant entente à ce qu'il peuist trouver son adversaire le prince de Galles et combatre, pour contrevengier ses mautalens et les grans damages de son royaume.

§ 376. Nouvelles vinrent au roy de France, que li princes de Galles se hastoit durement pour retourner ens ou pays dont il estoit partis. Si se doubta li dis rois que il ne li escapast, ce que il n'euist nullement volentiers veu, tant le desiroit il à combatre. Si se departi li dis rois de France de le Haie en Tourainne, et toutes gens d'armes apriès lui, et chevaucièrent à Chauvegni; et vint là li rois le joedi au soir. Si se logièrent grant fuison des signeurs dedens le ville de Chauvegni, et dehors ossi tout contreval uns biaus prés, au lonch de le rivière de Cruese. Le venredi, apriès boire, passa li rois de France la ditte rivière au pont de Chauvegni, et cuidoit adonc que li Englès fuissent devant lui, et non estoient. Toutesfois, en lui poursievant, passèrent ce [venredi[1]] plus de soixante mil chevaus, et encores en passèrent assés à Chasteleraut; et tout ensi que il passoient, il prendoient le chemin de Poitiers.

D'autre part, li princes de Galles et ses gens ne savoient nul couvenant des François ne pooient sa-

1. Mss. B 4, 3, f° 172 v°. — Ms. B 1, t. II, f° 74 : « samedi. » *Mauvaise leçon.*

voir. Bien avoient entendu qu'il estoient sur les
camps, mais il ne savoient mies justement quel part,
fors tant que il supposoient assés que il ne pooient
estre loing; car leur coureur ne trouvoient mès
riens que fourer : de quoi il avoient grant defaute
en leur host de vivres. Et se repentoient li pluiseur
grandement de ce qu'il en avoit fait si grant essil,
entrues qu'il en estoient au large en Berri, en Ango
et en Tourainne, et qu'il ne s'en estoient aultrement
pourveu.

Or avint ensi que ce venredi que li rois de France
et son grant host passèrent le rivière au pont à Chauvegni, pour le foule et le presse qui si grans estoit et
pour estre logiet mieulz à leur aise, troi grant baron
de France, loist à savoir li sires de Cram, messires
Raoulz de Couci et li contes de Joni, demorèrent ce
venredi tout le jour en le ville de Cauvegni, et une
partie de leurs gens. Et li aultre passèrent et tous
leurs harnois, excepté ce qu'il en avoient retenu
pour leurs corps.

Le samedi au matin, il se deslogièrent et passèrent
le dit pont et poursievirent le route dou roy qui
pooit estre environ trois liewes loing, et prisent les
camps et les chemins des bruières au dehors d'un
bois pour venir à Poitiers.

Ce samedi au matin, s'estoient deslogiet d'un village assès priès de là li princes et ses gens, et avoient
envoiiet descouvrir aucuns compagnons des leurs,
pour savoir se il trouveroient nulle aventure, ne
oroient nulles nouvelles des François. Si pooient estre cil coureur environ soixante armeures de fier,
tout bien monté selonch leur afaire, car leur cheval

estoient assés lasset. Entre ces compagnons y avoit
deux chevaliers de Haynau, messires Eustasse d'Aubrecicourt et messire Jehan de Ghistellez ; si se trouvèrent d'aventure, au dehors de ce bois et en ces
bruières dont je parloie maintenant.

Cil baron de France et leurs gens où il pooit avoir
environ deux cens armeures de fier, si tretost que il
perçurent les Englès chevaucier, il cogneurent assés
que c'estoient leur ennemi. Si misent leurs bachinès
au plus tost qu'il peurent, et desvolepèrent leurs banières, et abaissièrent leurs lances, et ferirent chevaus des esporons.

Messires Eustasces d'Aubrecicourt et si compagnon,
qui estoient monté sus fleur de coursiers, veirent venant envers yaus une si grosse route de leurs ennemis,
et n'estoient que une puignie de gens ou regard d'yaus :
si n'eurent mies pourpos de l'attendre, et s'avisèrent
que il se feroient cacier, car li princes et leur host
n'estoient point trop loing de là. Si retournèrent les
frains de leurs chevaus et prisent le forrière d'un bois,
et li François apriès yaus, en escriant leurs cris et en
demenant grant hustin, et les cuidoient jà avoir tous
pris davantage. Ensi que il chevauçoient en caçant,
il s'embatirent si avant qu'il vinrent sus le bataille
dou prince, qui estoit toute arrestée au dehors d'un
bois, entre bruières et grans ronsis ; et attendoient
là à oïr nouvelles de leurs compagnons : si furent
bien esmervilliet, quant il les veirent cacier.

Messires Raoulz de Couci et se banière les sievi si
avant que il se bouta [droitement[1]] desous le banière

---

1. Mss. B 4, 3, f° 173. — Ms. B 1, t. II, f° 74 v° (lacune).

dou prince. Là eut fort hustin et dur. Et y fist li dis chevaliers assés d'armes, et s'i combati moult vassaument; mès toutesfois il fu pris et fianciés prisons des gens le prince, et ossi li contes de Joni et li viscontes de Bruese, sires de Chauvegni, et tout li aultre mort ou pris, petit s'en sauvèrent : par lesquelz prisonniers li princes de Galles et ses gens sceurent que li rois de France les avoit adevanciés à tout si grant nombre de gens d'armes que merveilles seroit à penser.

§ 377. Quant li princes de Galles et ses consaulz eurent entendu que li rois Jehans et ses batailles estoient devant yaus et avoient le venredi passet au pont à Chauvegni, et que nullement il ne se pooient partir dou pays, sans estre combatu, si se recueillièrent et rassamblèrent ce samedi sus les camps. Et fu adonc commandé de par le prince, que nuls, sus la teste, ne courust ne chevauçast sans commandement devant le banière des mareschaus. Cilz bans fu tenus, et chevaucièrent li Englès ce samedi, de l'eure de prime jusques à vespres, et tant que il vinrent à deux petites liewes de Poitiers.

Adonc furent ordonné pour courir et savoir où li François se tenoient, li captaus de Beus, messires Aymenions de Pumiers, messires Bietremieus de Brues et messires Eustasces d'Aubrecicourt. Et se departirent cil chevalier à tout deux cens armeures de fier, tout bien monté sus fleur de coursiers, et chevaucièrent si avant, d'une part et d'autre, que il veirent et cogneurent clerement le [grosse [1]] bataille dou

---

1. Ms. B 4, f° 173. — Ms. B 1, t. II, f° 75 (lacune).

roy; et estoient tout li camp couvert de gens d'armes. Et ne se peurent cil dit coureur englès abstenir que il ne venissent ferir et courir en le kewe des François, et en ruèrent par terre aucuns et fiancièrent
5 prisonniers, et tant que li hos s'en commença grandement à estourmir. Et en vinrent les nouvelles au roy de France, ensi qu'il devoit entrer en le cité de Poitiers.

Quant li rois entendi que si ennemi, que tant de-
10 siroit à trouver, estoient derrière lui et non devant, si en fu durement et grandement resjoïs; et retourna tout à un fais et fist retourner toutes manières de gens bien avant sus les camps et yaus là logier. Si fu ce samedi moult tart, ançois qu'il fuissent tout lo-
15 giet. Li coureur dou prince revinrent devers lui et li recordèrent une partie dou couvenant des François, et li disent bien que il estoient malement grant gent. De ce ne fu li princes noient affraés et dist : « Diex y ait part! Or nous faut avoir avis et conseil coment
20 nous les combaterons à nostre avantage. » Ceste nuit se logièrent li Englès assés en fort liu, entre haies et vignes et buissons; et fu leur host bien gardée et escargaitie, et ossi fu ceste des François.

§ 378. Quant ce vint le dimence au matin, li rois
25 de France, qui grant desir avoit de combatre les Englès, fist en son pavillon chanter messe moult solennelment devant lui, et se acumenia, et si quatre fil. Apriès messe, se traisent devers li li plus grant et li plus proçain de son linage, li dus d'Orliens ses
30 frères, li dus de Bourbon, messires Jakemes de Bourbon, contes de Pontieu, li dus d'Athènes, connesta-

bles de France, li contes d'Eu, li contes de Tankarville, li contes de Sallebruce, li contes de Dammartin, li contes de Mont Ventadour, et pluiseur [aultre[1]] grant baron de France et des tenures voisines, telz que messires Jehans de Clermont et messires Ernoulz d'Audrehen, mareschal de France, li sires de Saint Venant, messires Jehans de Landas, messires Eustasses de Ribeumont, li sires de Fiennes, messires Joffrois de Chargni, li sires de Chastillon, li sires de Sulli, li sires de Nielle, messires Robers de Duras et moult d'aultres qui y furent appellet. Là furent en conseil et en parlement un grant temps, à savoir comment il se maintenroient. Si fu adonc ordonné que toutes gens se traissent sus les camps, et cescuns sires desvolepast se banière et mesist avant, ou nom de Dieu et de saint Denis, et que on se mesist en ordenance de bataille, ensi que pour tantost combatre.

Cilz consaulz et avis pleut grandement au roy de France. Si sonnèrent les trompètes parmi l'ost : dont s'armèrent toutes gens et montèrent à cheval et vinrent sus les camps là où les banières dou roy venteloient et estoient arrestées, et par especial li oriflambe que messires Joffrois de Chargni portoit. Là peuist on veoir grant noblèce de belles armeures, de riches armoieries, de banières et de pennons, de belle chevalerie et escuirie, car là en estoit toute li fleur de France; ne nulz chevaliers ne escuiers n'estoit demorés à l'ostel, se il ne voloit estre deshonnourés. Là furent ordonnées, par l'avis dou connestable et

---

1. Mss. B 4, 3, f⁰ 173. — Ms. B 1, t. II, f⁰ 75 (lacune).

des mareschaus de France, troi grosses batailles; en çascune avoit seize mil hommes, dont tout estoient passet et moustret pour homme d'armes. Si gouvrenoit la première li dus d'Orliens à trente six banières et deux tans de pennons; la seconde li dus de Normendie et si doi frère, messires Loeis et messires Jehans; la tierce devoit gouvrener li rois de France. Si poés et devés bien croire que en se bataille avoit grant fuison de bonne chevalerie et de noble.

Entrues que ces batailles s'ordonnoient et mettoient en arroi, li rois de France appella monsigneur Eustasse de Ribeumont, monsigneur Jehan de Landas, monsigneur Guiçart de Biaugeu et monsigneur Guiçart d'Angle, et leur dist : « Chevauciés avant plus près dou couvenant des Englès, et avisés et regardés justement leur arroi, et comment il sont, et par quel manière nous les porons combatre, soit à piet, soit à cheval. » Et cil respondirent : « Sire, volentiers. » Adonc se departirent li quatre chevalier dessus nommet [dou roy[1]], et chevaucièrent avant et si près des Englès, qu'il conçurent et imaginèrent une partie de leur couvenant; et en raportèrent le verité au roy, qui les attendoit sus les camps, montés sus un blanch coursier, et regardoit de fois en aultre ses gens et looit Dieu de ce qu'il en veoit si grant fuison, et disoit tout en haut : « Entre vous, quant vous estes à Paris, à Chartres, à Roem ou à Orliiens, vous maneciés les Englès et vous soushediés le bacinet en le tieste devant yaus. Or y estes vous, je les vous moustre; si leur voelliés remoustrer vos mautalens et con-

1. Mss. B 4, 3, f° 173 v°. — Ms. B 1, t. II, f° 75 v° (lacune).

trevengier les anois et les despis qu'il vous ont fais ; car sans faute nous les combaterons. » Et cil qui l'avoient entendu, respondoient : « Sire, Diex y ait part ! Tout ce [ferons¹] nous volentiers. »

§ 379. En ces parolles que li rois de France disoit et moustroit à ses gens pour yaus encoragier, revinrent li quatre chevalier dessus nommet, et fendirent le presse et s'arrestèrent devant le roy. Là estoient li connestables de France et li doi marescal, et grant fuison de bonne chevalerie, tout venu et arresté pour savoir comment on se combateroit. Li rois demanda as dessus dis tout en hault : « Signeur, quèles de vos nouvelles ? » Il respondirent : « Sire, bonnes : si arés hui, se il plaist à Dieu, une belle journée sus vos ennemis. » — « Tèle l'esperons nous à avoir par le grasce de Dieu, ce respondi li rois. Or nous dittes le manière de leur couvenant et comment nous les porons combatre. »

Adonc respondi messires Eustasses de Ribeumont, si com je fui enfourmés, pour tous; car il l'en avoient priiet et cargiet, et dist ensi : « Sire, nous avons veu et considerés vos ennemis : si poeent estre par estimation doi mil hommes d'armes, quatre mil arciers et quinze cens brigans. » — « Et comment gisent il? dist li rois. » — « Sire, respondi messires Eustasses, il sont en très fort liu, et ne poons veoir ne imaginer qu'il n'aient fait que une bataille; mès trop bellement et trop sagement l'ont il ordonné. Et

1. Ms. B 4, f° 173 v° : « ferons ». — Ms. B 3, f° 187 v° : « ferons nous volentiers, au plaisir et o l'aide de Dieu ». — Ms. B 1, t. II, f° 76 : « verons. »

ont pris le lonc d'un chemin fortefiiet malement de haies et de buissons, et ont vesti celle haie, d'une part et d'autre, [de leurs archiers[1]] telement que on ne poet entrer ne chevaucier en leur chemin, fors que parmi yaus : se couvient il aler celle voie, se on les voet combatre. En celle voie n'a que une seule entrée et issue, où espoir quatre homme d'armes, ensi que ou chemin, poroient chevaucier de fronth. Au coron de celle haie, entre vignes et espinètes, où on ne poet aler ne chevaucier, sont leurs gens d'armes, tout à piet; et ont mis leurs gens d'armes tout devant yaus leurs arciers à manière d'une herce : dont c'est trop sagement ouvré, ce nous samble, car qui vodra ou pora venir par fait d'armes jusques à yaus, il n'i entera nullement, fors que parmi ces arciers, qui ne seront mies legier à desconfire. »

Adonc parla li rois et dist : Messire Eustasse, et comment y conseilleriés vous à aler et combatre? Dont respondi li chevaliers et dist : « Sire, tout à piet, excepté trois cens armeures de fier des vostres, tous des plus apers, hardis, durs, fors et entreprendans de vostre host, bien armés et bien montés sus fleurs de coursiers, pour desrompre et ouvrir ces arciers, et puis vos batailles et gens d'armes vistement sievir tout à piet et venir à ces gens d'armes, main à main, et yaus combatre de grant volenté. C'est tous li consaulz que de mon avis je y puis donner ne imaginer; et qui mieulz y scet, se le die. »

Cilz consaulz et avis pleut grandement au roy de France, et dist que ensi seroit il fait. Adonc, par le

---

1. Mss. B 4, 3, f° 474. — Ms. B 1, t. II, f° 76 (lacune).

commandement dou roy, sus cel arrest, se departirent li doi mareschal et chevaucièrent de bataille en bataille, et triièrent et eslisirent et desevrèrent à leur avis, par droite election, jusques à trois cens chevaliers et escuiers, les plus rades et les plus apers de toute l'ost, et cescun d'yaus montés sus fleur de coursier et armés de toutes pièces.

Et tantost apriès fu ordenée li bataille des Alemans, et devoient demorer à cheval pour conforter les mareschaus, dont li contes de Salebruce, li contes de Nido et li contes Jehans de Nasco estoient meneur et conduiseur. Là estoit et fu li rois Jehans de France, armés li vingtimez en ses parures, et avoit recommandé son [ainsné[1]] fil en le garde dou signeur de Saint Venant, de monsigneur Jehan de Landas, de monsigneur Thiebaut de Vodenay, et ses aultres trois filz puis nés, Loeis, Jehan et Phelippe, en le garde de bons aultres chevaliers et escuiers. Et portoit la souverainne banière dou roy, messires Joffrois de Chargni, pour le plus preudomme et le plus vaillant de tous les aultres. Et estoit messires Renaulz de Cervolles, dis Archeprestres, armés ens ès armeures plainnement dou jone conte d'Alençon.

§ 380. Quant les batailles dou roy de France furent toutes ordonnées et appareillies, et cescuns sires desous se banière et entre ses gens, et savoit ossi cescuns quel cose il devoit faire, on fist commandement, de par le roy, que cescuns alast à piet, excepté cil qui ordonné estoient avoecques les mareschaus

---

1. Ms. B (lacune).

pour ouvrir et fendre les arciers, et que tout cil qui lance avoient le retaillassent au volume de cinq piés : par quoi on s'en peuist le mieus aidier, et que tout ossi ostassent leurs esporons. Ceste ordenance fu tenue et fu à tout homme belle et bonne.

Ensi que il devoient approcier et estoient par samblant en grant volenté de requerre leurs ennemis, evous le cardinal de Pieregorch qui vient ferant batant devers le roy, et estoit partis moult matin de le cité de Poitiers, et encline le roy moult bas en cause d'umilité et li prie à mains jointes, pour si hault homme que Diex est, que il se voelle astenir et afrener un petit tant qu'il ait parlé à lui.

Li rois de France, qui estoit assés descendans à toutes voies de raison, li acorda et dist volentiers : « Que vous plaist il à dire? » — « Très chiers sires, dist li cardinaulz, vous avés ci toute le fleur de le chevalerie de vostre royaume assamblet contre une puignie de gens que li Englès sont ens ou regart de vous ; et se vous les poés avoir et qu'il se mettent en vostre merci sans bataille, il vous seroit plus honnourable et pourfitable à avoir par celle manière que de enventurer si noble chevalerie et si grant que vous avés ci. Si vous pri, ou nom de Dieu et d'umilité, que je puisse chevaucier devers le prince et li remoustrer en quel dangier vous le tenés. » Encores li acorda li rois et li dist : « Sire, il nous plaist bien ; mès retournés tantost. »

A ces parolles se parti li cardinaus dou roy de France et s'en vint moult quoiteusement devers le prince qui estoit entre ses gens, et tout à piet, ou fort d'une vigne, tout conforté par samblant d'attendre le poissance dou roy de France. Si tretost que li cardinaulz fu venus, il descendi à piet et se traist devers le prince qui moult benignement le recueilla. Et li dist li cardinaulz, quant il l'eut saluet et enclinet : « Certes, biaus filz, se vous aviés justement consideret et imaginet le poissance dou roy de France, vous me lairiés couvenir de vous acorder envers lui, se je pooie. » Dont respondi li princes, qui estoit lors uns jones homs, et dist : « Sire, l'onneur salve de moy et de mes gens, je vorroie bien encheir en toutes voies de raison. » Dont respondi li cardinaulz et dist : « Biaus filz, vous dittes bien, et je vous acorderai, se je puis; car ce seroit grans pités, se tant de bonnes gens qui ci sont et que vous estes, d'un lés et d'aultre, venoient ensamble par bataille, et trop y poroit grans meschiés avenir. »

A ces mos se departi li cardinaulz dou prince, sans plus riens dire, et s'en revint arrière devers le roy de France; et commença à entamer trettiés d'acort et à mettre pareçons avant et à dire au roy, pour li mieulz attraire à se intention : « Sire, vous ne vous avés que faire de trop haster pour yaus combatre, car il sont tout vostre sans cop ferir, ne il ne vous poeent fuir ne eslongier : si vous pri que hui tant seulment et demain jusques soleil levant vous leur acordés respit et souffrance. »

Adonc commença li rois de France à busiier un petit, et ne volt mies ce respit acorder à le première priière dou cardinal, ne à le seconde; car une partie de chiaus de son conseil ne s'i assentoit point, et par especial messires Eustasses de Ribeumont et messires Jehans de Landas, qui estoient moult secret

dou roy. Mès finablement li dis cardinaulz qui s'en
ensonnioit, en espesse de bien, pria tant et preeça le
roy de France que li rois s'i assenti et donna et
acorda le respit à durer le dimence tout le jour et
l'endemain jusques soleil levant. Et le raporta ensi li
dis cardinaulz moult vistement au prince et à ses
gens, qui n'en furent mies courouciet, pour tant
que toutdis s'efforcoient il d'avis et d'ordenance.

Adonc fist li rois de France tendre sur les camps,
ens ou propre lieu où il avoit le respit acordé, un
pavillon de vermel samis moult cointe et moult rice,
et donna congiet à toutes gens de retraire cescun à
son logeis, excepté le bataille dou connestable et des
mareschaus. Si estoient dalés le roy si enfant et li
plus grant de son linage à qui il prendoit conseil de
ses besongnes.

Ensi ce dimence toute jour chevauça et travilla li
cardinaus de l'un à l'autre et les euist volentiers
acordés, se il peuist ; mès il trouvoit le roy de France
et son conseil si froit que il ne voloient nullement
descendre à acord, se il n'avoient de cinq les quatre,
et que li princes et ses gens se rendesissent simplement, ce que il n'euissent jamais fait. Si y eut offres
et pareçons pluiseurs et de divers pourpos mises
avant.

Et me fu dit jadis des gens le dit cardinal de Pieregorch, qui là furent present et qui bien en cuidoient sçavoir aucune cose, que li princes offroit à
rendre au roy de France tout ce que conquis avoit
en ce voiage, villes et chastiaus, et quitter tous prisonniers que il ne ses gens avoient pris, et jurer à lui
non armer contre le royaume de France sept ans

tous entiers. Mès li rois de France ne ses consaulz n'en veurent riens faire, et furent longement sus cel estat que li princes et cent chevaliers des siens se venissent mettre en le prison dou roy de France. Aultrement on ne les voloit mies laissier passer : lequel trettiet li princes de Galles ne ses consaulz n'euissent jamais acordet.

§ 381. Endementrues que li cardinaus de Pieregorch portoit les parolles et chevauçoit de l'un à l'autre, en nom de bien, et que li respis duroit, estoient aucun jone chevalier, bacelereus et amoureus, tant de le partie des François comme des Englès, qui chevaucièrent ce jour en costiant les batailles, li François pour aviser et imaginer le couvenant des Englès, et li chevalier d'Engleterre celi des François, ensi que en telz besongnes telz coses aviennent.

Dont il avint que messires Jehans Chandos, qui estoit preus chevaliers, gentilz et nobles de coer, et de sens imaginatis, avoit ce jour chevauciet et costiiet sus èle le bataille dou roy de France, et avoit pris grant plaisance au regarder, pour tant que il y veoit si grant fuison de noble chevalerie frichement armet et apparilliet. Et disoit et devisoit en soi meismes : « Ne place à Dieu que nous partons sans combatre, car se nous sommes pris ne desconfi de si belle gent d'armes et si grant fuison comme j'en voi contre nous, nous n'i deverons avoir point de blame ; et se la journée est pour nous et que fortune le voelle consentir, nous serons li plus honnourée gent dou monde. »

Tout en tel manière que messires Jehans Chandos

avoit chevauciet et consideret une partie dou couvenant des François, en estoit avenu à l'un des mareschaus de France, monsigneur Jehan de Clermont. Et tant chevaucièrent cil doi chevalier qu'il se trouvèrent et encontrèrent d'aventure; et là eut grosses parolles et reproces moult felenesces entre yaus. Je vous dirai pourquoi. Cil doi chevalier, qui estoient jone et amoureus, on le doit et poet entendre ensi, portoient cescuns une meisme devise de une blewe dame, ouvrée de broudure ou ray d'un soleil, sus le senestre brach, et toutdis dessus leur deseurain vestement, en quel estat qu'il fuissent. Si ne pleut mies adonc à monsigneur Jehan de Clermont ce que il vei porter sa devise à monsigneur Jehan Chandos, et se arresta tous quois devant lui et li dist : « Chandos, ossi vous desiroi je à encontrer. Depuis quant avés vous empris à porter ma devise ? » — « Et vous la mienne, ce respondi messires Jehans Chandos, car otant bien est elle mienne comme elle est vostre. » — « Je le vous devée, dist messires Jehans de Clermont; et se ne fust la souffrance qui est entre les vostres et les nostres, je le vous moustrasse tantost que vous n'avés nulle cause dou porter. » — « Ha! ce respondi messires Jehans Chandos, demain [au matin[1]] vous me trouverés tout apareillé dou deffendre et de prouver par fait d'armes que otant bien est elle mienne comme vostre. »

A ces parolles ils passèrent oultre; et dist encores messires Jehans de Clermont, ensi en rampronnant plus avant monsigneur Jehan Chandos : « Chandos,

1. Mss. B 3, 4, f° 189. — Ms. B 1, t. II, f° 76 (lacune).

Chandos, ce sont bien des posnées de vos Englès qui ne sèvent aviser riens de nouvel; mès quanqu'il voient, leur est biel. » Il n'i eut adonc plus fait ne plus dit : cescuns s'en retourna devers ses gens, et demora la cose en cel estat.

§ 382. Vous avés bien oy compter chi dessus comment li cardinaus de Piregorch se mist en painne ce dimence, tout le jour, de chevaucier de l'un à l'autre, pour acorder ces deux signeurs, le roy de France et le prince de Galles; mès il n'en peut à cief venir, et fu tous bas vespres quant il se parti et rentra en le cité de Poitiers. Che dimence se tinrent li François tout le jour sus les camps, et au soir il se retraisent en leurs logeis et se aisièrent de ce qu'il eurent. Il avoient bien de quoi, vivres et pourveances assés et largement; et li Englès en avoient grant defaute. C'estoit la cause qui plus les esbahissoit; car il ne savoient où ne quel part aler fourer, si fort leur estoient li pas clos; ne il ne se pooient partir de là sans le dangier des François. Au voir dire, il ne ressongnoient point tant le bataille que il faisoient ce que on ne les tenist en tel estat, ensi que pour assegiés et affamés. Le dimence, tout le jour, entendirent il parfaitement à leur besongne, et le passèrent au plus biel qu'il peurent; et fisent fosser et haiier leurs arciers autour d'yaus, pour estre plus fort.

Quant ce vint le lundi au matin, li princes et ses gens furent tantost apparilliet et mis en ordenance, ensi comme devant, sans yaus desroiier ne effraer; et en tel manière fisent li François. Environ soleil levant, ce lundi au matin, revint li cardinaus de

Pieregorch arrière en l'une host et en l'autre, et les cuida par son preecement acorder, mès il ne peut; et li fu dit ireusement des François que il retournast à Poitiers ou là où il li plaisoit, et que plus il ne
5 portast nulles parolles de trettiés ne d'acort, car il l'en poroit bien mal prendre.

Li cardinaulz, qui s'en ensonnioit en espesse de bien, ne se volt mies bouter ens ou peril, et prist congiet au roy de France, car il vei bien que il tra-
10 villoit en vain; et s'en vint, au departir, vers le prince et li dist : « Biaus filz, faites ce que vous poés : il vous fault combatre; ne je ne puis nulle grasce impetrer d'acort ne de pais devers le roy de France. » Ceste daarrainne parolle enfelleni et encoraga gran-
15 dement le coer dou prince, et respondi : « C'est bien li intention de nous et des nostres; et Diex voelle aidier le droit ! » Ensi se parti li cardinaulz dou prince et retourna à Poitiers.

En se compagnie avoit aucuns appers escuiers et
20 hommez d'armes qui estoient plus favourable au roy de France que au prince. Quant il veirent que on se combateroit, il s'emblèrent de leur mestre et se bou- tèrent en le route des François; et fisent leur souve- rain dou chastellain d'Amposte, qui estoit, pour le
25 temps, de l'ostel dou dit cardinal, et vaillans homs d'armes durement. Et de ce ne se perçut point li car- dinaulz ne ne sceut riens, se fu revenus à Poitiers; car, se il l'euist sceu, il ne l'euist nullement souffert, pour tant que il avoit esté trettiières de apaisenter, se
30 il peuist, l'une partie et l'autre. Or parlerons un petit de l'ordenance des Englès, otant bien que nous avons fait de ceste des François.

§ 383. Li ordenance dou prince de Galles de ses batailles estoit auques tèle comme li quatre chevalier de France dessus nommet raportèrent en certainneté au dit roy, fors tant que depuis il avoient ordonnés aucuns appers bacelers pour demorer à cheval entre les batailles et contre le bataille des mareschaus de France. Et avoient encores, sus leur destre lés, sus une montagne qui n'estoit point trop haute ne trop roste à monter, ordonné trois cens hommes à chevaus et otant d'arciers, tout à cheval, pour costiier à le couverte ceste montagne, et venir autour sus èle ferir en le bataille le duc de Normendie qui estoit en se bataille à piet par desous celle montagne. Tout ce estoit que il avoient fait de nouviel. Et se tenoit li princes et se grosse bataille ou fons de ces vignes, tout à piet, leurs chevaus assés priès d'yaus pour tantost monter, se il leur besongnast; et estoient fortefiiet et enclos, au plus foible lés, de leur charoy et de tout leur harnas : si ne les pooit on approcier de ce costé.

Or vous voel je renommer aucuns des plus renommés chevaliers d'Engleterre et de Gascongne, qui estoient là adonc dalés [le[1]] prince de Galles : premierement le conte de Warvich, le conte de Sufforch, mareschaus de l'ost, le conte de Sallebrin et le conte d'Askesufforch, monsigneur Jehan Chandos, monsigneur Renault de Gobehen, monsigneur Richart de Stanfort, monsigneur Edowart signeur Despensier, monsigneur Jame d'Audelée et monsigneur Pière se frère, le signeur de Bercler, le signeur de Basset, mes-

---

1. Mss. B 4, 3, f° 176. — Ms. B 1, t. II, f° 79 (lacune).

sire Guillaume Fil Warin, le signeur de le Ware, le
signeur de Maune, le signeur de Willebi, monsigneur
Bietremieu de Brues, le signeur de Felleton, monseigneur Richard de Pennebruges, messire Estievene de
5 Cousenton, le signeur de Braseton, et pluiseurs aultres; Gascons : le signeur de Labreth, le signeur de
Pumiers, messire Helye et messire Aymenion de Pumiers, le signeur de Longuerem, monsigneur Jehan
de Graili, captal de Beus, monsigneur Jehan de
10 Chaumont, le signeur de l'Espare, le signeur de
Montchident, le signeur de Courton, le signeur de
Rosem, le signeur de Condon, le signeur de Montferrat, le signeur de Landuras, monsigneur le soudich
de l'Estrade, et ossi des aultres que je ne puis mies
15 tous nommer; Haynuiers : messires Eustasces d'Aubrecicourt et messires Jehans de Ghistelles; et deux
aultres [bons[1]] chevaliers estragniers : messires Daniel
Pasele et messires Denis de Morbeke. Si vous di pour
verité que li princes de Galles avoit là avoecques lui
20 droite fleur de chevalerie, comment que il ne fuissent pas grant fuison, car il n'estoient, tout compté,
non plus de huit mil hommes; et li François estoient bien cinquante mil combatans, dont il y avoit
plus de trois mil chevaliers.

25 § 384. Quant cilz jones homs li princes de Galles vei
que combatre les couvenoit, et que li cardinaulz de
Pieregorch, sans riens esploitier, s'en raloit, et que li
rois de France ses adversaires moult petit les prisoit
et amiroit, si se conforta en soi meismes, et recon-

1. Mss. B 4, 3, f° 176. — Ms. B 1, t. II, f° 79 v° (lacune).

forta moult sagement ses gens et leur dist : « Biau signeur, se nous sommes un petit contre le poissance de nos ennemis, se ne nous esbahissons mies pour ce, car la victoire ne gist mies ou grant peuple, mès là où Diex le voelt envoiier. Se il avient ensi que la journée soit pour nous, nous serons li plus honnouré dou monde ; se nous sommes mort, j'ai encores monsigneur mon père et des biaus frères, et ossi vous avés des bons amis qui nous contrevengeront : si vous pri que vous voelliés hui entendre au bien combatre ; car se il plaist à Dieu et à saint Jorge, vous me verés hui bon chevalier. »

De ces parolles et de pluiseurs aultres belles raisons que li princes remoustra ce jour à ses gens et fist remoustrer par ses mareschaus, estoient il tout reconforté. Dalés le prince, pour lui garder et consillier, estoit messires Jehans Chandos ; ne onques le jour ne s'en parti, pour cose que il li avenist. Ossi s'i estoit tenus un grant temps messires James d'Audelée, par lequel avis et conseil le dimence tout le jour li plus grant partie de l'ordenance de leurs batailles estoit faite ; car il estoit sages et vaillans homs durement, et bien le moustra ce jour que on se combati, si com je vous dirai.

Messires James d'Audelée tenoit en veu, de grant temps avoit passé, que, se il se trouvoit jamais en besongne là où li rois d'Engleterre ou li uns de ses enfans fust, et bataille s'i adreçast, que ce seroit li premiers assallans et li mieudres combatans de son costé, ou il morroit en le painne. Dont, quant il vei que on se combateroit et que li princes de Galles, li ainsnés filz dou roy son signeur, estoit là, si en fu

tous resjoïs, pour tant que il se voloit acquitter, à
son loyal pooir, de acomplir son veu. Et s'en vint
devers le prince, et li dist : « Monsigneur, j'ai servi
tousjours loyaument monsigneur vostre père et vous
5 ossi, et ferai tant com je vivrai. Chiers sires, je le
vous moustre, pour tant que jadis je voay que, à le
première besongne où li rois vos pères ou li uns de
ses filz seroit, je seroie li premiers assallans et combatans. Si vous pri chierement, en guerredon que
10 je fis onques de servicez au roy vostre père et vous
ossi, que vous me donnés congiet que de vous, à me
honneur, je me puisse partir et mettre en estat de
acomplir mon veu. »

Li princes, qui considera le bonté dou chevalier et
15 le grant volonté que il avoit de requerre ses ennemis, li acorda liement et li dist : « Messire Jame,
Diex vous doinst hui grasce et pooir de estre li mieudres des aultres ! » adonc li bailla il sa main. Et se
parti li dis chevaliers dou prince, et se mist ou pre-
20 mier fronch de toutes leurs batailles, acompagniés
tant seulement de quatre moult vaillans escuiers que
il avoit priiés et retenus pour son corps garder et
conduire. Et s'en vint tout devant li dis chevaliers
combatre et envaïr le bataille des mareschaus de
25 France, et assambla à monsigneur Ernoul d'Audrehen et à se route; et là y fist merveilles d'armes, si
com vous orés recorder en l'estat de le bataille.
D'autre part, ossi messires Eustasses d'Aubrecicourt,
qui à ce jour estoit uns jones bacelers et en grant
30 desir d'acquerre pris et grasce en armes, mist et rendi
grant painne que il fust des premiers assallans : si le
fu ou auques priès, à l'eure que messires James d'Au-

delée s'avança premiers de requerre leurs ennemis;
mès il en chei à monsigneur Eustasse, ensi que je
vous dirai.

Vous avés chi dessus oy recorder, en l'ordenance
des batailles, que li Alemant qui costioient les mareschaus, demorèrent tout à cheval. Messires Eustasses
d'Aubrecicourt, qui estoit à cheval, baissa son glave
et embraça sa targe, et feri cheval des esporons, et
vint entre les batailles. Uns chevaliers d'Alemagne,
qui s'appelloit messires Loeis de Recombes, et portoit d'argent à cinq roses de geulez, et messires Eustasses d'ermine à deux hamèdes de geulez, vei venir
messire Eustasse d'Aubrecicourt : si issi de son
conroi, de le route le conte Jehan de Nasço desous
qui il estoit, et baissa son glave et s'en vint adrecier
au dit messire Eustasse. Si se consievirent de plains
eslais et se portèrent par terre; et fu li chevaliers alemans navrés en l'espaule : si ne se releva mies sitos
que messires Eustasses fist.

Quant messires Eustasses fu relevés, il prist son
glave et s'en vint sus le chevalier qui là gisoit, en grant
volenté de lui requerre et assallir; mès il n'en eut
mies le loisir, car il vinrent sus lui jusques à cinq
hommes d'armes alemant qui l'ensonniièrent et le
portèrent par terre. Là fu telement pressés et point
aidiés des leurs, que il fu pris et menés ent prisonniers entre les gens le conte Jehan de Nasço, qui
n'en fisent adonc nul compte; et ne sçai se il li fisent
jurer prison, mais il le loiièrent sus un kar, avoecques leur harnas.

Assés tost après le prise de monsigneur Eustasse,
se commença li bataille de toutes pars, et jà estoit

approcie et commencie li bataille des marescaus.
[Et chevauchèrent avant chil qui devoient rompre
le bataille des archiers, et entrèrent tout à cheval[1]]
dedens le chemin où li grosse haie et espesse estoit
de deux costés. Sitos que ces gens d'armes furent là
embatu, arcier commencièrent à traire à esploit, et à
mettre main à oevre à deux lés de le haie, et à berser
chevaus et à enfiller tout ens de ces longes saiettes barbues. Cil cheval qui trait estoient et qui les fers de
ces longes saiettes sentoient, ressongnoient et ne voloient avant aler. Et se tournoient, li uns de travers,
li aultres de costé, ou il cheoient et trebuchoient desous leurs mestres qui ne se pooient aidier ne relever;
ne onques li ditte bataille des mareschaus ne peut
approcier le bataille dou prince. Il y eut bien aucuns
chevaliers et escuiers bien montés, qui par force de
chevaus passèrent oultre et rompirent le haie, et
cuidièrent approcier le bataille dou prince et ses banières; mès il ne peurent.

Messires James d'Audelée, en le garde de ses quatre escuiers et l'espée en le main, si com ci dessus
est dit, estoit ou premier fronch de ceste bataille, et
trop en sus de tous les aultres, et là faisoit merveillez
d'armes. Et s'en vint par grant vaillance combatre
desous le banière de monsigneur Ernoul d'Audrehen,
marescal de France, un moult hardi et vaillant chevalier; et se combatirent grant temps ensamble. Et
là fu durement navrés li di messires Ernoulz, car la
bataille des mareschaus fu tantos toute desroute et
desconfite par le trait des arciers, si com ci dessus

---

1. Mss. B 4, 3, f° 176 v°. — Ms. B 1, t. II, f° 80 v° (lacune).

est dit, avoecques l'ayde des hommes d'armes qui se
boutoient entre yaus, quant il estoient abatu, et les
prendoient et occioient à volenté. Là fu pris messires Ernoulz d'Audrehen et durement navrés, mès
ce fu d'autres gens que de monsigneur Jame d'Audelée, ne des quatre escuiers qui dalés lui estoient;
car onques li dis chevaliers ne prist prisonnier le
journée, ne n'entendi au prendre, mès tousjours au
combatre et à aler avant sus ses ennemis.

§ 385. D'autre part, messires Jehans de Clermont,
mareschaus de France et moult vaillans et gentilz
chevaliers, se combatoit desous se banière et y fist
assés d'armes, tant qu'il peut durer, mès il fu abatus; onques puis ne se peut relever ne venir à
raençon : là fu il mors et occis en servant son signeur. Et voelent bien maintenir et dire li aucun
[que[1]] ce fu pour les parolles que il avoit eu le journée devant à monsigneur Jehan Chandos. A painnes
vei on onques avenir en peu d'eure si grant meschief
sus gens d'armes et bons combatans, que il avint là
sus le bataille des mareschaus de France; car il
fondoient li un sus l'autre et ne pooient aler avant.

Cil qui derrière estoient et qui le meschief veoient
et qui avant passer ne pooient, reculoient et venoient
vers le bataille dou duch de Normendie qui estoit
grande et espesse pardevant : mès tantost fu esclarcie et [despessie[2]] par derière, quant il entendirent
que li mareschal estoient desconfi. Et montèrent à

1. Mss. B 4, 3, f° 177. — Ms. B 1, t. II, f° 81 (lacune).
2. Mss. B : « espessie. » *Mauvaise leçon.*

cheval li plus, et s'en partirent; car il descendirent
une route d'Englès de une montagne, en costiant les
batailles, tout monté à cheval, et grant fuison d'arciers ossi devant yaus, et s'en vinrent ferir sus èle
5 sus le bataille le duch de Normendie. Au voir dire, li
arcier d'Engleterre portèrent à leurs gens moult grant
avantage et trop esbahirent les François; car il
traioient si ouniement et si espessement que li François ne savoient au quel lés entendre que il ne fuis-
10 sent consievi dou tret, et toutdis s'avançoient il et
conqueroient terre.

§ 386. Quant les gens d'armes d'Engleterre veirent que ceste première bataille estoit desconfite, et
que la bataille dou duch de Normendie branloit
15 et se començoit à ouvrir, si leur vint et recroissi
force, alainne et corages trop grossement; et montèrent errant tout à cheval que il avoient de premiers
ordonnés et pourveus à demorer dalés yaus. Quant
il furent tout monté et bien en haste, il se remisent
20 tout ensamble et commencièrent à escriier à haute
vois, pour plus esbahir leurs ennemis : « Saint Jorge!
Giane! » Là dist messires Jehans Chandos au prince
un grant mot et honnourable : « Sire, sire, chevauciés avant : la journée est vostre, Diex sera hui en
25 vostre main. Adreçons nous devers vostre adversaire
le roy de France; car celle part gist tous li fors de le
besongne. Bien sçai que par vaillance il ne fuira
point : si nous demorra, s'il plaist à Dieu et à saint
Jorge, mès qu'il soit bien combatus; et vous desistes
30 orains que hui on vous veroit bon chevalier. »

Ces parolles esvertuèrent le prince si qu'il dist tout

en hault : « Jehan, alons, vous ne me verés meshui retourner, mès toutdis chevaucier avant. » Adonc dist il à sa banière : « Chevauciés avant, banière, ou nom de Dieu et de saint Jorge. » Et li chevaliers qui le portoit, fist le commandement dou prince. Là fu li presse et li enchaus grans et perilleus, et maint homme y eut reversé. Si saciés bien qui estoit cheus, il ne se pooit relever, se il n'estoit trop bien aidiés. Ensi que li princes et se banière chevauçoit en entrant en ses ennemis et que ses gens le sievoient, il regarda sus destre dalés un petit buisson : si vei monsigneur Robert de Duras, qui là gisoit mors et se banière dalés lui, qui estoit de France au sautoir de geules, et bien dix ou douze des siens à l'environ. Si commanda à deux de ses escuiers et à trois arciers : « Metés le corps de ce chevalier sus une targe, et le portés à Poitiers; et le presentés de par moy au cardinal de Pieregorc, et li dittes que je le salue à ces ensengnes. » Li dessus dit varlet fisent tantost et sans delay ce qu'il leur commanda.

Or vous dirai qui meut le prince à ce faire : li aucun poroient dire que il le fist par manière de derision. On avoit jà enfourmé le prince que les gens le cardinal de Pieregorch estoient demoret sus les camps et yaus armet contre lui, ce qui n'estoit mies apartenans ne drois fais d'armes; car gens d'eglise, qui pour bien et sus trettiés de pais vont et travellent de l'un à l'autre, ne se doient point armer ne combatre par raison pour l'un ne pour l'autre. Et pour tant que cil l'avoient fait, en estoit li princes courouciés sus le cardinal et li envoia voirement son neveu monsigneur Robert de Duras, si com ci dessus est

contenu. Et voloit au chastelain d'Amposte, qui là
fu pris, faire trenchier le teste; et l'euist fait sans
faute en son aïr, pour tant que cilz estoit de le famille le cardinal, se n'euist esté messires Jehans Can-
5 dos, qui l'en refrena par douces parolles et li dist :
« Monsigneur, souffrés vous et entendés à plus grant
cose que ceste ne soit. Espoir escusera li cardinaulz
de Pieregorch si bellement ses gens, que vous en
serés tous contens. » Ensi passa li princes oultre, et
10 commanda que li dis chastelains fust biens gardés.

§ 387. Ensi que la bataille des mareschaus fu toute
desbaretée, perdue et desconfite sans recouvrier, et
que ceste dou duc de Normendie se commença à
desrompre et à ouvrir, et li plus de chiaus qui y es-
15 toient et qui par raison combatre se devoient, à
monter à cheval et à fuir en voies, s'avancièrent li
Englès qui là estoient tout monté, et s'adrecièrent
premierement vers le bataille dou duch d'Athènes,
connestable de France. Là eut grant froisseis et grant
20 bouteis, et maint homme reversé par terre. Là es-
crioient li aucun chevalier et escuier de France, qui
par tropiaus se combatoient : « Monjoie! Saint Denis! » et li Englès : « Saint Jorge! Giane! » Là estoit
entre yaus grandement proèce remoustrée; car il n'i
25 avoit si petit qui ne vausist un bon homme d'armes.

Et eurent à ce donc li princes et ses gens d'encontre le bataille des Alemans, dou conte de Salebruce,
dou conte Jehan de Nasço et dou conte de Nido et
de leurs gens; mès il ne durèrent point gramment,
30 ançois furent il rebouté moult asprement et mis en
cace. Là estoient arcier d'Engleterre viste et legier de

traire ouniement et si espessement que nulz ne se
pooit ne osoit mettre en leur tret : si blecièrent et
occirent de ce rencontre tamaint homme qui ne
peurent venir à raençon ne à merci. Là furent pris
assés en bon couvenant li troi conte dessus nommé,
et mort et pris tamaint chevalier et escuier de leur
route.

En ce puigneis et en ce reculeis fu rescous messires Eustasses d'Aubrecicourt par ses gens qui le queroient et qui prisonnier entre les Alemans le sentoient; si y rendi messires Jehans de Ghistelles grant painne. Et fu li dis messires Eustasses remis à cheval. Depuis fist il ce jour tamainte apertise d'armes, et prist et fiança de bons prisonniers dont il eut ou temps à venir grant finance et qui moult l'aidièrent à avancier.

Quant la bataille dou duch de Normendie, si com je vous ay jà dit, veirent approcier si fortement les batailles dou prince qui jà avoient desconfit les mareschaus et les Alemans et estoient entré en cace, si en furent la plus grant partie tout esbahi. Etentendirent li aucun et priesque tout à yaus sauver, et les enfans dou roy aussi, le duc de Normendie, le conte de Poitiers et le conte de Tourainne, qui estoient en ce tempore moult jone et à petit de avis : si crurent legierement chiaus qui les gouvrenoient. Toutesfois messires Guiçars d'Angle et messires Jehans de Saintré, qui estoient dalés le conte de Poitiers, ne veurent mies retourner ne fuir, mès se boutèrent ou plus fort de le bataille. Ensi se partirent, par conseil, li troi enfant dou roy, et avoecques yaus plus de huit cens lances sainnes et entières, qui onques n'approcièrent leurs ennemis, et prisent le chemin de Chauvegni.

Quant messires Jehans de Landas et messires Thiebaus de Vodenay, qui estoient mestre et meneur dou duch Charle de Normendie, avoecques le signeur de Saint Venant, eurent chevauciet environ une grosse liewe en le compagnie dou dit duch, il prisent congiet à lui et priièrent au signeur de Saint Venant que point ne le vosist laissier, mès mener à sauveté, et que il y acquerroit otant d'onneur, en gardant son corps, que ce que il demorast en le bataille; mès li dessus dit voloient retourner et venir dalés le roy et en se bataille, et il leur respondi que ossi feroit il à son pooir. Ensi retournèrent li doi chevalier et encontrèrent le duch d'Orliiens et se grosse bataille toute sainne et toute entière, qui estoient parti et venu par derrière le bataille dou roy. Bien est verités que pluiseur bon chevalier et escuier, quoique leur signeur se partesissent, ne se voloient mies partir, mès euissent plus chier à morir que fuite leur fust reprocie.

§ 388. Vous avés ci dessus en ceste hystore bien oy parler de le bataille de Creci, et comment fortune fu moult mervilleuse pour les François : ossi à le bataille de Poitiers, elle fu moult diverse et très felenesse pour yaus, et auques parelle à ceste de Creci; car li François estoient bien gens d'armes sept contre un. Or regardés se ce ne fu mies grant infortuneté pour yaus, quant il ne peurent obtenir le place contre leurs ennemis. Mais au voir dire, la bataille de Poitiers fu trop mieulz combatue que ceste de Creci, et eurent toutes manières de gens d'armes, mieulz loisir de aviser et considerer leurs ennemis, que il n'euissent à Creci; car la ditte bataille de Creci commença au vespre tout tart, sans arroi et sans ordenance, et ceste de Poitiers matin, à heure de prime, et assés par bon couvenant, se eur y euist eu pour les François. Et y avinrent trop plus de biaus fais d'armes sans comparison que il ne fesissent à Creci, comment que tant de grans chiés de pays n'i furent mies mort, que il furent à Creci.

Et se acquittèrent si loyaument envers leur signeur tout cil qui demorèrent à Poitiers, mort ou pris, que encore en sont li hoir à honnourer, et li vaillant homme qui là se combatirent, à recommender; ne on ne poet pas dire ne presumer que li rois Jehans de France s'effreast onques pour cose que il oïst ne veist; mès demora et fu toutdis bons chevaliers et bien combatans, et ne moustra pas samblant de fuir ne de reculer, quant il dist à ses hommes : « A piet, à piet! » et fist descendre tous chiaus qui à cheval estoient. Et il meismes se mist à piet devant tous les siens, une hace de guerre en ses mains, et fist passer avant ses banières ou nom de Dieu et de saint Denis, dont messires Joffrois de Chargni portoit la souverainne; et ensi par bon couvenant la grosse bataille dou roy s'en vint assambler as Englès. Là eut grant hustin, fier et cruel, et donnet tamaint horion de haces et de espées et de aultres bastons de gerre.

Si assamblèrent li rois de France et messires Phelippes ses mainnés filz à le bataille des mareschaus d'Engleterre, le conte de Warvich et le conte de Sufforch; et ossi y avoit il là des Gascons, monsigneur le captal, le signeur de Pumiers, monsigneur

Aymeri de Tarse, le signeur de Muchident, le signeur de Longueren et le soudich de l'Estrade. Bien avoit sentement et cognissance li rois Jehans de France que ses gens estoient en peril; car il veoit ses batailles ouvrir et branler, et banières et pennons trebucier et reculer, et par le force de leur ennemis rebouter; mais par fait d'armes, il les cuida bien toutes recouvrer. Là crioient li François leur cri : « Monjoie ! Saint Denis ! » et li Englès : « Saint Jorge ! Giane ! »

Si revinrent cil doi chevalier tout à temps, qui laissiet avoient le route le duch de Normendie, messires Jehans de Landas et messires Thiebaus de Vodenay : si se misent à piet en le bataille dou roy et se combatirent depuis moult vaillamment.

D'autre part, se combatoient li dus d'Athènes, connestables de France, et ses gens; et un petit plus en sus, li dus de Bourbon, environnés des bons chevaliers de son pays de Bourbonnois et de Pikardie.

D'autre lés, sus costière, estoient li Poitevin, li sires de Pons, li sires de Partenay, li sires de Puiane, li sires de Tannay Bouton, li sires de Surgières, messires Jehans de Saintré, messires Guiçars d'Angle, li sires d'Argenton, li sires de Linières, li sires de Monttendre et pluiseurs aultres, li viscontes de Rochouwart et li viscontes d'Ausnay.

Là estoit chevalerie remoustrée et toute apertise d'armes faite; car creés fermement que toute fleur de chevalerie estoit d'une part et d'autre. Là se combatoient vaillamment messires Guichars de Biaugeu, li sires de Chastielvillain et pluiseur bon chevalier et escuier de Bourgongne.

D'autre part, estoient li contes de Ventadour et de Montpensé, messires Jakemes de Bourbon, en grant arroy, et ossi messires Jehans d'Artois et messires Charles ses frères, et messires Renaulz de Cerevole, dis Arceprestres, armés pour le jone conte d'Alen- çon.

Si y avoit ossi d'Auvergne pluiseurs grans barons et bons chevaliers, telz que le signeur de Mercueil, le signeur de la Tour, le signeur de Calençon, monsigneur Guillaume de Montagut, le signeur de Rocefort, le signeur d'Acier et le signeur d'Acon; et de Limozin : le signeur de Melval, le signeur de Moruel et le signeur de Pierebufière ; et de Pikardie : messires Guillaumez de Nielle, messires Raoulz de Rainneval, messires Joffroy de Saint Digier, le signeur de Kauni, le signeur de Helli, le signeur de Montsaut, le signeur de Hangès et pluiseurs aultres.

Encores en le bataille dou roy estoit li contes de Duglas, d'Escoce, et se combati une espasse assés vaillamment; mès quant il vei que la desconfiture se contournoit dou tout sus les François, il se parti et se sauva au mieus qu'il peut, car nullement il ne volsist estre pris ne escheus ens ès mains des Englès : il euist eu plus chier à estre occis sus le place.

§ 389. On ne vous poet mies de tous parler ne dire ne recorder : « Cilz le fist bien et cilz mieulz; » car trop y faurroit de parolles. Nonpourquant d'armes on ne se doit mies legierement partir ne passer ; mais il y eut là moult de bons chevaliers et d'escuiers, d'un costé et d'aultre. Et bien le moustrèrent, car cil qui y furent mort et pris, de le partie dou roy de

France, ne dagnièrent onques fuir ; mès demorèrent vaillamment dalés leur signeur et hardiement se combatirent. D'autre part, on veist chevaliers d'Engleterre et de Gascongne yaus enventurer si très hardie-
5 ment et si ordonneement chevaucier et requerre leurs ennemis, que merveilles seroit à penser, et leurs corps au combatre abandonner ; et ne l'eurent mies davantage, mès leur couvint moult de painne souffrir et endurer, ançois que il peuissent en le bataille
10 dou roy de France entrer.

Là estoient dalés le prince et à son frain messires Jehans Chandos et messires Pièrres d'Audelée, frères à monsigneur Jame d'Audelée, de qui nous avons parlé chi dessus, qui fu des premiers assallans, si com
15 il avoit voé, et liquels avoit jà fait tant d'armes, parmi l'ayde de ses quatre escuiers, que on le doit bien tenir et recommender pour preu ; car il, tout dis comme bons chevaliers, estoit entrés ou plus fort des batailles et combatus si vaillamment que il y fu
20 durement navrés ou corps et ou chief et ou viaire ; et tant que alainne et force li peurent durer, il se combati et ala toutdis avant, et tant que il fu moult essannés. Adonc, sus le fin de le bataille, le prisent li quatre escuier qui le gardoient, et le amenèrent
25 moult foible et fort navré au dehors des batailles, dalés une haie, pour li un petit refroidier et esventer, et le desarmèrent au plus doucement qu'il peurent, et entendirent à ses plaies bender et loiier, et rekeudre les plus perilleuses.

30 Or revenons au prince de Galles qui toutdis chevauçoit avant, en abatant et occiant ses ennemis, dalés lui monsigneur Jehan Chandos, par lequel con-

seil il ouvra et persevera le journée. Et li gentilz cheliers s'en acquitta si loyaument que onques il n'entendi ce jour à prendre prisonnier, mès disoit au prince : « Sire, chevauciés avant ; Diex est en vostre main : la journée est nostre. » Li princes, qui tendoit à toute perfection d'onneur, chevauçoit avant, se banière devant lui, et renforçoit ses gens là où il les veoit ouvrir ne branler, et y fu très bons chevaliers.

§ 390. Ce lundi, fu la bataille des François et des Englès, assés priès de la cité de Poitiers, moult dure et moult forte. Et y fu li rois Jehans de France de son costé très bons chevaliers ; et, se la quarte partie de ses gens l'euissent ressamblé, la journée euist esté pour yaus, mais il n'en avint mies ensi. Toutesfois li duch, li conte, li baron, li chevalier et li escuier qui demorèrent, se acquittèrent à leur pooir bien et loyaument, et se combatirent tant qu'il furent tout mort ou pris. Petit s'en sauvèrent de chiaus qui descendirent à piet sus le sablon, dalés le roy leur signeur.

Là furent occis, dont ce fu pités et damages, li gentilz dus de Bourbon, qui s'appelloit messires Pières, et assés priès de lui messires Guiçars de Biaugeu et messires Jehans de Landas ; et pris et durement navrés li Arceprestres, messires Thiebaus de Vodenay et messires Bauduins d'Ennekins ; mors li dus d'Athènes, connestables de France, et li evesques de Chaalons en Champagne ; et d'autre part, pris li contes de Vaudimont et de Genville, li contes de Vendome, et cilz de Ventadour et de Montpensé ; et occis un

petit ensus messires Guillaumes de Nielle et messires Eustasses de Ribeumont, et, d'Auvergne, li sires de la Tour, et messires Guillaumes de Montagut ; et pris messires Loeis de Melval, li sires de Pierebufière et
5 li sires de Seregnach. Et en celle empainte furent plus de deux cens chevaliers mors et pris.

D'autre part, se combatoient aucun bon chevalier de Normendie à une route d'Englès ; et là furent mort messires Grimoutons de Cambli et messires li
10 Baudrains de le Huese et pluiseur aultre qui estoient desfouchiet et se combatoient par tropiaus et par compagnies, ensi que il se trouvoient et recueilloient. Et toutdis chevauçoit li princes et s'adreçoit vers le bataille dou roy ; et li plus grant partie des siens
15 entendoit à faire sa besongne à son pourfit, au mieus que il pooient, car tout ne pooient mies estre [ensamble[1]]. Si y eut ce jour fait mainte belle apertise d'armes, mainte prise et mainte rescousse, qui toutes ne vinrent mies à cognissance ; car on ne poet pas
20 tout veoir ne savoir, ne les plus preus ne plus hardis aviser ne concevoir. Si en voel jou parler au plus justement que je porai, selonch ce que j'en fui depuis enfourmés par les chevaliers et escuiers qui furent d'une part et d'autre.

25 § 391. Entre ces batailles et ces rencontres et les caces et les poursieutes qui furent ce jour sus les camps, en chei à monsigneur Oudart de Renti ensi que je vous dirai. Messires Oudars estoit partis de le bataille, car il veoit bien que elle estoit perdue sans

1. Mss. B 4, 3, f° 179 v°. — Ms. B 1, t. II, f° 84 v° (lacune).

recouvrier : si ne se voloit mies mettre ou dangier des Englès, là où il le peuist amender, et estoit jà eslongiés bien une liewe. Si l'avoit uns chevaliers d'Engleterre poursievi une espasse, la lance au poing, et escrioit à le fois : « Chevaliers, retournés, car c'est grans hontes d'ensi fuir. »

Messires Oudars, qui se sentoit caciés, se virgonda et se arresta tous quois et mist l'espée en fautre, et dist en soi meismes que il attenderoit le chevalier d'Engleterre. Li chevaliers englès cuida venir et adrecier dessus messire Oudart et assir son glave sus sa targe; mès il falli, car messires Oudars se destourna contre le cop et ne falli pas au chevalier consievir, mès le feri telement de sen espée, en passant sus son bacinet, que il l'estonna tout et l'abati jus à terre de son cheval, et se tint là tous quois une espasse sans relever.

Adonc mist piet à terre messires Oudars, et vint sus le chevalier qui là gisoit, et li apoia son espée sus sa poitrine et li dist que il l'ociroit, se il ne se rendoit à lui et li fiançast prison, rescous ou non rescous. Li chevaliers ne se vei mies au dessus de sa besongne : si se rendi au dit monsigneur Oudart pour son prisonnier, et s'en ala avoecques lui; et depuis le rançonna il bien et grandement.

Encores entre les batailles et ou fort de le cace, avint une ossi belle aventure et plus grande à un escuier de Pikardie, qui s'appelloit Jehans d'Ellènes, appert homme d'armes durement. Il s'estoit ce jour combatus assés vaillamment en le bataille dou roy : si avoit veu et conceu le desconfiture et le grant pestilense qui y couroit; et li estoit si bien avenu que

v — 4

ses pages li avoit amené son coursier. Et estoit li dis escuiers montés et partis de tous perilz, car il trouva son coursier fresk et nouvel, qui li fist grant bien.

A ce donc estoit sus les camps li sires [de] Bercler, uns jones et appers chevaliers, et qui ce jour avoit levet banière : si vei le couvenant de Jehan d'Ellènes ; si issi très apertement des conrois après li, montés ossi sus fleur de coursier. Et pour faire plus grant vaillance d'armes, il s'embla de se route et volt le dit Jehan poursievir tout seul, ensi qu'il fist. Et chevaucièrent hors de toutes batailles moult loing, sans yaus approcier, Jehans d'Ellènes devant et li sires de Bercler après, qui mettoit grant painne à li raconsievir. Li intention de l'escuier franchois estoit bien tèle que il retourroit voirement, mès que il euist amenet le chevalier encores un petit plus avant ; et chevaucièrent, ensi que par alainnes de coursiers, plus de une grosse liewe, et eslongièrent bien otant et plus toutes les batailles. Li sires de Bercler escrioit à le fois à Jehan d'Ellènes : « Retournés, retournés, homs d'armes : ce n'est pas honneur ne proèce d'ensi fuir. »

Quant li dis escuiers vei son tour et que temps fu, il retourna moult aigrement sus le chevalier, tout à un fais, l'espée ou poing, et le mist desous son brach, à manière de glave, et s'en vint en cel estat sus le signeur de Bercler qui onques ne le volt refuser, mès prist sen espée de Bourdiaus, bonne et legière et roide assés, et le apoigna par les hans, en levant le main, pour jetter en passant à l'escuier, et l'escoui et laissa aler. Jehans d'Ellènes, qui vei l'espée en volant venir sur li, se destourna, et perdi par celle

voie son cop au dit escuier. Mès Jehans ne perdi point
le sien, mès consievi en passant au chevalier sus son
braeh, telement que il li fist voler l'espée ou camp.

Quant li sires de Bercler vei que il n'avoit point
d'espée, et li escuiers avoit le sienne, si salli jus de
son coursier et s'en vint tout le petit pas là où sen
espée estoit ; mais il n'i peut onques si tos venir que
Jehans d'Ellènes ne le hastast. Et jetta par avis si
roidement sen espée au dit chevalier, qui estoit à
terre ; si l'aconsievi telement hault ens ès cuissieus que
li espée, qui estoit roide et bien acerée et envoiie de
fort brach et de grant volenté, entra ens ès quissieus
et s'encousi tout parmi les quissieus jusques as hans.
De ce cop chei li chevaliers, qui fu durement navrés
et qui aidier ne se pooit.

Quant li escuiers le vei en cel estat, [si¹] descendi
moult apertement de son coursier et vint à l'espée
dou chevalier qui gisoit à terre : si le prist, et puis
tout le pas s'en vint sus le chevalier, et li demanda
se il se voloit rendre, rescous ou non rescous. Li
chevaliers li demanda son nom ; il dist : « On m'appelle Jehan d'Ellènes ; et vous, comment ? » — « Certes
compains, respondi li chevaliers, on m'appelle Thumas, et sui sires de Bercler, un moult biel chastiel
seant sus le rivière de Saverne, en le marce de Galles. »
— « Sire de Bercler [dist li escuiers²], vous serés mon
prisonnier, si com je vous ay dit ; et je vous metterai
à sauveté, et entenderai à vous garir, car il me samble
que vous soiiés durement navrés. » Li sires de Bercler

---

1. Ms. B 4, f° 180. — Mss. B 3, f° 194 : « cil ». — Ms. B 1, t. II,
f° 85 v° (lacune).
2. Ms. B 4, f° 180 et B 3. — Ms. B 1, t. II, f° 86 (lacune).

respondi : « Je le vous acorde ensi. Voirement sui je vostre prisonnier; car vous m'avés loyaument conquis. » Là li creanta il sa foy que, rescous ou non rescous, il demorroit son prisonnier.

5 Adonc traist Jehans l'espée hors des cuissieus dou chevalier : si demora la plaie toute ouverte, mais Jehans le loia et bendela bien et biel, au mieulz qu'il peut; et fist tant que il le remist sus son coursier et l'amena ce jour tout le pas jusques à Chastieleraut.
10 Et là sejourna il plus de quinze jours, pour l'amour de lui, et le fist medeciner; et quant il eut un peu mieus, il le mist en une litière et le fist amener tout souef à son hostel en Pikardie. Là fu il plus d'un an et tant qu'il fu bien garis, mès il demora afolés; et
15 quant il parti, il paia six mil nobles. Et devint li dis escuiers chevaliers, pour le grant pourfit que il eut de son prisonnier le signeur de Bercler. Or revenons à le bataille de Poitiers.

§ 392. Ensi aviennent souvent les fortunes en armes
20 et en amours, plus ewireuses et plus mervilleuses que on ne les poroit ne oseroit penser ne souhaidier, tant en batailles et en rencontres, que par trop folement cacier. Au voir dire, ceste bataille, qui fu assés près de Poitiers, ens ès camps de Biauvoir et de
25 Maupetruis, fu moult grande et moult perilleuse; et y peurent bien avenir pluiseurs grandes avenues et biaus fais d'armes qui ne vinrent mies tout à cognissance. Ceste bataille fu très bien combatue, bien poursievie et mieus achievée pour les Englès; et y
30 souffrirent li combatant, d'un lés et d'autre, moult de painne.

Là fist li rois Jehans de main merveilles d'armes, et tenoit la hace dont trop bien se combatoit. A le presse rompre et ouvrir, furent pris assés priès de li li contes de Tankarville et messires Jakemes de Bourbon, contes pour le temps de Pontieu, et messires Jehans d'Artois, contes d'Eu ; et d'autre part, un petit plus ensus, desous le pennon le captal, messires Charles d'Artois et moult d'autres chevaliers.

La cace de la desconfiture dura jusques ès portes de Poitiers ; et là eut grant occision et grant abateis de gens d'armes et de chevaus, car cil de Poitiers refremèrent leurs portes, et ne laissoient nullui ens pour le peril : pour tant y eut, sus le caucie et devant la porte, si grant horribleté de gens abatre, navrer et occire, que merveilles seroit à penser. Et se rendoient li François de si lonch que il pooient cuesir[1] un Englès ; et y eut là pluiseur Englès, arciers et aultres, qui avoient quatre, cinq ou six prisonniers, ne on n'oy onques de tel mescheance parler, comme il avint là sus yaus.

Li sires de Pons, uns grans barons de Poito, fu là occis et moult d'autres chevaliers et escuiers ; pris li viscontes de Rocewart, li sires de Puiane et li sires de Partenai ; et de Saintonge : li sires de Montendre, et pris messires Jehans de Saintré, et tant batus que onques depuis n'eut santé : si le tenoit on pour le milleur et plus vaillant chevalier de France ; et l iiés pour mors entre les mors, messires Guiçars d'Angle, qui trop vaillamment se combati ceste journée.

Là se combatoit vaillamment et assés priès dou

---

1. Mss. B 4, f° 180 v° et B 3, f° 194 : « choisir ».

roy messires Joffrois de Cargni, et estoit toute la
presse et la huée sur lui, pour tant qu'il portoit la
souveraine banière dou roy; et il meismes avoit la
sienne sus les camps, qui estoit de geules à trois
escuçons d'argent. Tant y sourvinrent Englès et Gascons, de toutes pars, que par force il ovrirent et
rompirent le priesse de le bataille le roy de France.
Et furent li François si entouelliet entre leurs ennemis
que il y avoit bien, en tel lieu estoit et telz fois fu,
cinq hommes d'armes sus un gentil homme. Là fu
pris messires Bauduins d'Anekins de messire Bietremieu de Brues. Et fu occis messires Joffrois de Chargni, la banière de France entre ses mains, et pris li
contes de Dammartin de monsigneur Renault de
Gobehen. Là eut adonc trop grant presse et trop
grant bouteis sus le roy Jehan, pour le convoitise de
li prendre; et li crioient cil qui le cognissoient et qui
le plus priès de lui estoient : « Rendés vous, rendés
vous : aultrement vous estes mors. »

Là avoit un chevalier de le nation de Saint Omer,
que on clamoit monsigneur Denis de Morbeke; et
avoit depuis cinq ans ou environ servi les Englès,
pour tant que il avoit de sa jonèce fourfait le royaume
de France par guerre d'amis et d'un hommecide que
il avoit fait à Saint Omer, et estoit retenus dou roy
d'Engleterre as saulz et as gages. Si chei adonc si
bien à point au dit chevalier que il estoit dalés le roy
de France et li plus proçains qui y fust, quant on
tiroit ensi à lui prendre : si se avança en le presse,
à le force des bras et dou corps, car il estoit grans et
fors; et dist au roy en bon françois, où li rois s'arresta
plus c'as aultres : « Sire, sire, rendés vous. »

Li rois, qui se veoit en dur parti et trop efforciés de ses ennemis et ossi que sa deffense ne li valoit mès riens, demanda en regardant le chevalier : « A cui me renderai jou? à cui? Où est mon cousin le prince de Galles? se je le veoie, je parleroie. » — « Sire, respondi messires Denis de Morbeke, il n'est pas ci; mès rendés vous à moy, je vous menrai devers lui. » — « Qui estes[1], dist li rois? » — « Sire je sui Denis de Morbeke, uns chevaliers d'Artois; mès je siers le roy d'Engleterre, pour tant que je ne puis ou royaume de France et que je y ay fourfait tout le mien. »

Adonc respondi li rois de France, si com je fui depuis enfourmés, ou deubt respondre : « Et je me rench à vous, » et li bailla son destre gant. Li chevaliers le prist, qui en eut grant joie. Là eut grant priesse et grant tirich entours le roy, car cescuns s'efforçoit de dire : « Je l'ay pris, je l'ay pris »; et ne pooit li rois aler avant, ne messires Phelippes ses mainsnés fils. Or lairons un petit à parler de ce touellement qui estoit sus le roy de France, et parlerons dou prince de Galles et dou fin de le bataille.

§ 393. Li princes de Galles, qui durement estoit hardis et corageus, et le bacinet en le tieste, estoit comme uns lyons felz et crueus, et qui ce jour avoit pris grant plaisance à combatre et à encaucier ses ennemis, sus le fin de le bataille estoit durement escaufés : si que messires Jehans Chandos, qui toutdis fu dalés lui, ne onques ce jour ne le laia, li dist :

1. Mss. B 4, f° 181 et B 3, f° 194 v° : « Qui estes vous ? »

« Sire, c'est bon que vous vos arrestés ci et metés vostre banière hault sus ce buisson : se s'i ralloieront vos gens qui sont durement espars, car, Dieu merci, la journée est vostre. Ne je ne voi mès nulles banières ne nuls pennons des François, ne conroi entre yaus qui se puist ralloiier; et si vous rafreschirés un petit, car je vous voi moult escauffé. »

A l'ordenance de monsigneur Jehan Chandos s'acorda li princes, et fist sa banière mettre sus un hault buisson, pour toutes gens ralloiier, et corner ses menestrelz, et osta son bachinet. Tantost furent si chevalier apparilliet, cil dou corps et cil de sa cambre; et tendi on illuec un petit vermeil pavillon où li princes entra, et li aporta on à boire et as signeurs qui estoient dalés lui. Et toutdis mouteplioient il, car il revenoient de le cace : si s'arrestoient là ou environ, et s'ensonnioient entours leurs prisonniers.

Sitost que li doy mareschal revinrent, li contes de Warvich et li contes de Sufforch, li princes leur demanda se il savoient nulles [nouvelles[1]] dou roy de France. Il respondirent : « Sire, nennil, bien certaines; nous creons ensi que il est mors ou pris, car point n'est partis des batailles. » Adonc li princes en grant haste dist au conte de Warvich et à monsigneur Renault de Gobehen : « Je vous pri, partés de ci et chevauciés si avant que à vostre retour vous m'en sachiés à dire le verité. »

Cil doi signeur tantost de rechief montèrent à cheval et se partirent dou prince et montèrent sus un tertre pour veoir entour yaus : si perçurent une grant

---

1. Mss. B 4, 3, f° 181. — Ms. B 1, t. II, f° 87 v° (lacune).

flote de gens d'armes tout à piet et qui venoient
moult lentement. Là estoit li rois de France en grant
peril, car Englès et Gascon en estoient mestre et l'a-
voient jà tollu à monsigneur Denis de Morbeke et
moult eslongiet de li; et disoient li plus fort : « Je
l'ay pris, je l'ay pris. » Toutesfois li rois de France,
qui sentoit l'envie que il avoient entre yaus sus lui,
pour eskiewer le peril, avoit dit : « Signeur, signeur,
menés moi courtoisement devers le prince mon cousin, et mon fil avoecques mi; et ne vous rihotés
plus ensamble de ma prise, car je sui sires et grans
assés pour cescun de vous faire riche. »

Ces parolles et aultres que li rois leur disoit, les
soela un petit, mès nonpourquant toutdis recom-
mençoit leur rihote; et n'aloient piet avant de terre
que il ne se rihotaissent. Li doi baron dessus nommet,
quant il veirent celle foule et ces gens d'armes ensi
ensamble, s'avisèrent que il se trairoient celle part;
si ferirent coursiers des esporons et vinrent jusques à
là et demandèrent : « Qu'es çou? qu'es çou? » Il leur
fu dit : « C'est li rois de France qui est pris; et le
voellent avoir et calengent plus d'yaus dix chevaliers
et escuiers. »

Adonc li doi baron, sans plus parler, rompirent, à
force de chevaus, le presse, et fisent toutes manières
de gens traire arrière; et leur commandèrent, de par
le prince et sus le teste, que tout se traissent arrière
et que nulz ne l'approçast, se il n'i estoit ordonnés
et requis. Lors se partirent toutes gens, qui n'osèrent
ce commandement brisier, et se traisent bien ensus
dou roy et des deux barons qui tantost descendirent
à terre et enclinèrent le roy tout bas, liquelz rois fu

moult liés de leur venue, car il le delivrèrent de grant dangier. Or vous parlerons encores un petit de l'ordenance dou prince, qui estoit dedens son pavillon, et quel cose il fist en attendant les chevaliers dessus nommés.

§ 394. Si tretost que li contes de Warvich et messires Renaulz de Gobehen se furent parti dou prince, si com ci dessus est contenu, li princes demanda as chevaliers qui estoient dalés lui : « De messire Jame d'Audelée est il nulz qui en sace riens ? » — « Oil, sire, ce respondirent aucun chevalier qui là estoient et qui jà veu l'avoient : il est moult durement navrés et couchiés en une litière assés priès de ci. » — « Par ma foy, dist li princes, de sa navreure sui je durement courouciés ; mès je le veroie moult volentiers. Or sachiés, je vous pri, se il poroit souffrir le aporter jusques à ci ; et se il ne poet, je l'irai veoir. »

Dont se partirent doi chevalier dou prince, et s'en vinrent devers messire Jame d'Audelée ; et li disent ensi que li princes avoit demandet de li, et comment il le desiroit à veoir. « Grans mercis, dist messires James, à monsigneur le prince, quant il li plaist à souvenir d'un si petit bacheler que je sui. » Adonc appella il de ses varlès jusques à huit, et se fist porter en se litière là où li princes estoit.

Qant li princes de Galles vei monsigneur Jame, si se abaissa sur lui, et li fist grant cière, et le rechut doucement et liement, et li dist ensi : « Messire Jame, je vous doi bien honnourer, car par vostre vaillance et proèce avés vous hui acquis le grasce et le renommée de nous tous, et y estes tenus par certainne

sieute pour le plus preu. » — « Monsigneur, respondi messires James, je vorroie bien qu'il fust ensi, et
vous poés dire ce qu'il vous plest : se je me sui hui
avanciés pour vous servir et acomplir un veu que j'a-
voie fait, on ne le me doit pas tourner à proèce, mès
à outrage. »

Adonc respondi li princes et dist : « Messire Jame,
jou et tout li nostre vous tenons à le journée d'ui
pour le milleur de nostre costé. Et pour vostre grasce
accroistre et que vous aiiés mielz pour vous estoffer
et sivir les armes, je vous retieng à tousjours mès pour
mon chevalier, à cinq cens mars de revenue par an,
dont je vous assignerai bien sus mon hiretage en Engleterre. » — « Sire, respondi messires James d'Audelée, Diex me laist desservir les grans biens que vous
me faites. »

A ces parolles prist il congiet au prince, car il estoit moult foibles ; et le raportèrent si varlet arrière
à son logeis. Il ne pooit mies encore estre gramment
eslongiés, quant li contes de Warvich et messires Renaulz de Gobehen entrèrent ou pavillon dou prince,
et li fisent ce present dou roy de France : lequel present li dis princes deubt bien rechevoir à grant et à
noble. Et ossi fist il vraiement, et s'enclina tout bas
contre le roy de France, et le reçut et conjoy bellement et sagement, ensi que bien le sceut faire ; et fist
là aporter le vin et les espisses, et l'en donna il
meismement [au roy[1]], en signe de très grant amour.

§ 395. Ensi fu ceste bataille desconfite que vous

---

1. Mss. B 4, 3, f° 182. — Ms. B 1, t. II, f° 88 v° (lacune).

avés oy, qui fu ès camps de Maupetruis, à deux liewes
de le cité de Poitiers, le vingt unième jour dou mois
de septembre, l'an de grasce Nostre Signeur mil trois
cens cinquante six. Si commença environ heure de
prime, et fu toute passée à nonne ; mès encores
n'estoient point tout li Englès qui caciet avoient, retourné de leur cace et remis ensamble. Pour ce avoit
li princes fait mettre sa banière sus un buisson,
pour ses gens recueillier et ralloiier, ensi qu'il fisent;
mès il fu tous bas vespres ançois que tout fuissent revenu de leur cace.

Et fu là morte, si com on recordoit adonc pour
le temps, toute li fleur de le chevalerie de France :
de quoi li nobles royaumes fu durement afoiblis,
et en grant misère et tribulation eschei, ensi que
vous orés recorder chi après. Avoecques le roy et
son jone fil monsigneur Phelippe, eut pris dix sept
contes, sans les barons, les chevaliers et les escuiers; et y eut mors entre cinq mil et sept cens
et six mil hommes, uns qu'autres. Quant il furent
tout ou en partie repairiet de le cace et revenu
devers le prince qui les attendoit sus les camps,
si com vous avés oy recorder, si trouvèrent que il
avoient deux tans de prisonniers qu'il ne fuissent de
gens. Si eurent conseil l'un par l'autre, pour le grant
carge qu'il en avoient, que il en rançonneroient sus
les camps le plus, ensi qu'il fisent.

Et trouvèrent li chevalier et li escuier prisonnier,
les Englès et les Gascons moult courtois ; et en y eut
ce propre jour mis à finance grant fuison, ou recreus
simplement sus leurs fois à retourner dedens le Noel
ensievant à Bourdiaus sus Geronde ou là raporter leurs

paiemens. Quant il furent ensi que tout rassamblé, si se traist çascuns en son legeis, tout joindant où la bataille avoit esté. Si se desarmèrent li aucun, et non pas tous, et fisent desarmer leurs prisonniers, et les honnourèrent tant qu'il peurent, cescuns les siens ; car cilz qui prendoit prison en bataille de leur costé, li prisonniers estoit siens, et le pooit quitter ou rançonner à sa volenté.

Si poet cescuns savoir et penser que tout cil qui là furent en ceste fortuneuse bataille avoecques le prince de Galles, furent riche d'onneur et d'avoir, tant parmi les raençons des prisons, come pour le gaaing d'or et d'argent [qui là fu trouvés, tant en vasselle d'or et d'argent[1], et] en riches jeuiaus, en malles farsies de chaintures riches et pesans et de bons mantiaus. D'armeures, de harnas de gambes et de bachinès ne faisoient il nul compte ; car li François estoient là venu très richement et si estoffeement que mieulz ne pooient, comme cil qui cuidoient bien avoir la journée pour yaus. Or vous parlerons un petit comment messires James d'Audelée ouvra des cinq cens mars d'argent que li princes de Galles li donna, si com il est contenu ci dessus.

§ 396. Quant messires James d'Audelée fu arrière raportés en le littière en son logeis, et il eut remerciiet grandement le prince dou don que donnet li avoit, il n'eut gaires reposé en sa loge, quant il manda monsigneur Pière d'Audelée son frère, messire Betremieu de Brues, messire Estievene de Gonsenton, le

---

1. Mss. B 4, 3, f° 182. — Ms. B 1, t. II, f° 89 (lacune).

signeur de Willebi et monsigneur Raoul de Ferrières : cil estoient de son sanch et de son linage. Si tretost que il furent venu et en le presense de lui, il s'avança de parler au mieus qu'il peut, car il estoit moult foibles, pour les navreures que il avoit. Et fist venir avant les quatre escuiers que il avoit eu pour son corps, le journée, et dist ensi as chevaliers qui là estoient : « Signeur, il a pleu à monsigneur le prince que il m'a donné cinq cens mars de revenue par an et en hyretage ; pour lequel don je li ay encores fait petit service, et puis faire de mon corps tant seulement. Il est verités que veci quatre escuiers qui m'ont toutdis loyaument servi. Et par especial, à le journée d'ui, ce que j'ay d'onneur, c'est par leur emprise et leur hardement. Pour quoi, en le presense de vous qui estes de mon linage, je leur voel maintenant remunerer les grans et agreables services qu'il m'ont fais. C'est me intention que je leur donne et resi-[g]ne en leurs mains le don et les cinq cens mars que messires li princes m'a donnés et acordés, en tel fourme et manière que donnés le mes a ; et m'en desherite et les en aherite purement et franchement, sans nul rappel. »

Adonc regardèrent li chevalier qui là estoient, tout l'un l'autre, et disent entre yaus : « Il vient à monsigneur Jame cilz dons à faire de grant vaillance. » Si li respondirent d'une vois : « Sire, Diex y ait part ! Ensi le tesmongnerons nous où il vorront. » Si se partirent atant de li ; et en alèrent li aucun devers le prince qui devoit donner à souper le roy de France et son fil, et le plus grant partie des contes et des barons qui prisonnier estoient, et tout de leurs pourveances; car li François en avoient fait amener apriès yaus grant fuison, et elles estoient as Englès et as Gascons fallies, et pluiseurs en y estoient entre yaus, qui n'avoient gousté de pain plus de trois jours avoit passet.

§ 397. Quant ce vint au soir, li princes de Galles donna à souper en sa loge le roy de France, monsigneur Phelippe son fil, monsigneur Jakeme de Bourbon et le plus grant partie des contes et des barons de France qui prisonnier estoient. Et assist li princes le roy Jehan, monsigneur Jakemon de Bourbon, monsigneur Jehan d'Artois, le conte de Tankarville, le conte d'Estampes, le conte de Dammartin, le conte de Genville et le signeur de Partenay, à une table moult haute et bien couverte; et tous les aultres signeurs, barons et chevaliers, as aultres tables.

Et toutdis servoit li princes audevant de la table dou roy et par toutes les aultres tables ossi, si humlement que il pooit ; ne onques ne se volt seoir à le table dou roy, pour priière que li rois en fesist, ains disoit toutdis que il n'estoit mies encores si souffissans que il apertenist à lui de seoir à le table de si grant prince et de si vaillant homme que li corps de li estoit et que moustré avoit à le journée. Et toutdis s'engenilloit par devant le roy, et disoit bien : « Chiers sires, ne voelliés mies faire simple cière, pour tant se Diex n'i a hui volu consentir vostre voloir ; car certainnement monsigneur mon père vous fera toute l'onneur et amisté qu'il pora, et se acordera à vous si raisonnablem nt que vous demorrés bon amit ensamble à tousjours. Et m'est avis que vous avés grant

raison de vous esleecier, comment que la besongne ne soit tournée à vostre gret ; car vous avés conquis au jour d'ui le haut nom de proèce, et avés passet tous les mieulz faisans de vostre costet. Je ne le di mies,
5 ce saciés, chiers sires, pour vous lober; car tout cil de nostre partie, qui ont veu les uns et les aultres, se sont, par plainne sieute, à ce acordet, et vous en donnent le pris et le chapelet, se vous le volés porter. »

A ce point commença cescuns à murmurer, et di-
10 soient, entre yaus, François et Englès, que noblement et à point li princes avoit parlet. Si le prisoient durement et disoient communalment que en lui avoit et aroit encores gentil signeur, se il pooit longement durer ne vivre, et en tel fortune perseverer.

15 § 398. Quant il eurent soupé et assés festiiet, selonch le point là où il estoient, cescuns s'en ala en son logeis avoech ses prisonniers pour reposer. Celle nuit y eut grant fuison de prisons, chevaliers et escuiers, qui se rançonnèrent envers ciaus qui pris les
20 avoient; car il les laissoient plus courtoisement rançonner et passer que onques gens feissent, ne il ne les constraindoient aultrement que il leur demandoient sus leurs fois combien il poroient paiier, sans yaus trop grever, et les creoient legierement de ce
25 qu'il en disoient. Et disoient communement ensi qu'il ne voloient mies chevalier ne escuier rançonner si estroitement qu'il ne se peuist bien chevir et gouverner dou sien, et servir ses signeurs, selonch son estat, et chevaucier par les pays, pour avancier son
30 corps et sen honneur.

La coustume des Alemans ne la courtoisie n'est

mies tèle; car il n'ont pité ne merci de nul gentil
homme, se il eschiet entre leurs mains prisonniers;
mès le rançonneront de toute sa finance et oultre, et
metteront en ceps, en buies et en fers et plus destroites prisons que il poront, pour estordre plus grant
raençon.

Quant ce vint au matin que cil signeur eurent
messe oye, et il eurent beu et mengié un petit, et les
varlet eurent [tout[1]] toursé et apparilliet, et leur charoy mis en arroy, il se deslogièrent de là et cheminèrent par devers le cité de Poitiers.

En le ditte cité de Poitiers estoit venus, le propre
nuit dont la bataille avoit esté ce lundi, messires Mahieus, sires de Roie, à bien cent lances, et n'avoit
point esté à le ditte bataille; mès il avoit encontré
le duch de Normendie sus les camps, assés près de
Chauvegni, qui s'en raloit en France, si com ci-
dessus est contenu, liquelz dus li avoit dit que il se
traisist vers Poitiers, et toute se route, et fust gardiiens et chapitainne de la ditte cité, jusques à tant
que il oroit aultres nouvelles : si ques li sires de Roie,
li venus dedens Poitiers, pour tant que il sentoit les
Englès assés priès, avoit toute celle nuit entendu as
portes, as tours et as garittes de le ville, et, au matin,
fait armer toutes manières de gens, et çascun fait aler
à sa deffense.

Li Englès passèrent oultre sans point approcier,
car il estoient si cargiet d'or, d'argent, [de joiaulx[2]] et
de bons prisonniers que il n'avoient mies loisir ne

1. Mss. B 4, 3, f° 183. — Ms. B 1, t. II, f° 90 (lacune).
2. Mss. B 4, 3, f° 183. — Ms. B 1, t. II, f° 90 v° (lacune).

v — 5

conseil de assallir à leur retour nulle forterèce; mès leur sambloit uns grans esplois pour yaus, se il pooient le roy de France et leur conquest mener à sauveté en le cité de Bourdiaus. Si aloient il à petites journées, ne il ne se pooient fort esploitier pour le cause des pesans sommiers et dou grant charoi que il menoient; et ne cheminoient tous les jours non plus de quatre ou de cinq liewes, et se logoient de haute heure. Et chevauçoient tout ensamble, sans yaus desrouter, excepté li bataille des mareschaus le conte de Warvich et le conte de Sufforch, qui aloient devant, à cinq cens armeures de fier, pour ouvrir les pas et aviser le pays. Mès il ne trouvoient point d'arrest ne nul rencontre; car tous li pays estoit si effraés, pour la grande desconfiture qui avoit esté à Poitiers et le occision et le prise des nobles dou royaume de France et le prise dou roy leur signeur, que nulz ne mettoit ordenance ne arroi en soy pour aler au devant; mès se tenoient toutes gens d'armes quoi, et gardoient leurs forterèces.

Sus ce chemin vint en cognissance au prince de Galles, comment messires James d'Audelée avoit arrière rendu et donné à quatre escuiers le revenue de cinq cens mars que il li avoit donné : si en fu durement esmervilliés, et le manda une fois, si tretost que il se fu logiés. Quant messires James se senti mandés dou prince, il cogneut assés pour quoi c'estoit, et se fist aporter en se litière par devant lui, car il ne pooit aler ne chevaucier; et enclina le prince sitost que il le vei. Li princes le reçut assés courtoisement et puis li dist : « Messire Jame, on nous a donné à entendre que la revenue que nous vous avons donnée et ottriie, vous parti de nous et revenu en vostre logeis, vous le rendesistes et donnastes tantos à quatre escuiers : si sarions volentiers pour quoi vous fesistes ce, ne se li dons vous fu point agreables. »

« Monsigneur, respondi li chevaliers, par ma foy, o il très grandement; et le raison qui me meut au faire, je le vous dirai. Cil quatre escuier qui ci sont, m'ont lonch temps servi bien et loyaument en pluiseurs grandes besongnes; et encores à ce jour que je leur fis le don, ne les avoi je de riens remuneret leurs services. Et se onques en leur vivant ne m'avoient plus servi, fors ce que il fisent à le bataille de Poitiers, si sui je tenus de tant et plus envers yaus; car, ciers sires, je ne sui c'uns seulz homs et ne puis q'un homme; et sus le confort et ayde d'yaus, je empris à acomplir le veu que de lonch temps avoie voé, et fus, par le force et le bonté d'yaus, li premiers assallans, et euisse esté mors et occis en le besongne, se il ne fuissent. Dont, quant j'ai consideré le bonté et l'amour qu'il me moustrèrent, je n'euisse pas esté bien courtois et avisés, se je ne leur euisse guerredonné; car, monsigneur, Dieu merci, tousjours ay je assés eu et arai tant com je vivrai, ne onques de chavance ne m'esbahi ne esbahirai. Et se j'ai fait oultre [vostre[1]] volenté celle fois, chiers sires, je vous pri que vous le me pardonnés, et soiiés tous confortés que ossi enterinnement comme en devant vous serés servis de moy et des escuiers à qui j'ay le don donné. »

Li princes considera les parolles dou chevalier,

---

1. Ms. B 4, f° 183 v°. — Ms. B 1, t. II, f° 91 (lacune).

et que honnourablement et raisonnablement avoit parlé; se li dist : « Messire Jame, de cose que vous aiiés fait, jà ne vous blasmerai, mès vous en sai bon gré; et pour le bonté des escuiers et que tant vous
5 vos loés d'yaus, je leur acorde vostre don, et vous rench sis cens mars, par le manière et condition que devant les teniés. » Messires James d'Audelée remercia le prince moult bellement, ce fu bien raisons; et prist congiet assés tost apriès, et fu raportés en son
10 logeis. Ensi ala dou prince, si com je fui adonc enfourmés, et de messire Jame d'Audelée et de ses quatre escuiers.

§ 399. Tant esploitièrent li princes de Galles et ses routes que il passèrent sans peril et sans damage
15 parmi Poito et Saintonge et vinrent à Blaives; et là passèrent le Geronde et arrivèrent en le bonne cité de Bourdiaus. On ne vous poroit ne saroit mies recorder le feste et le solennité que cil de Bourdiaus, bourgois et clergiéz, fisent au prince, et com honnoura-
20 blement il fu receus, et li rois de France ossi. Si amena li dis princes le roy de France et son fil en l'abbeye de Saint Andrieu, et là se logièrent tout doi, li rois de France d'un lés, et li princes d'autre. Si achata li dis princes as barons et as chevaliers et as
25 escuiers d'Engleterre et de Gascongne le plus grant partie des contes dou royaume de France qui estoient pris, si com vous avés oy, et en paia deniers tous apparilliés; et là eut pluiseurs assamblées et questions des chevaliers et escuiers de Gascongne et d'ailleurs
30 pour le prise dou roy de France.

Toutesfois, messires Denis de Morbeke, par droit

d'armes et vraies ensengnes qu'il en disoit, le calengoit; uns aultres escuiers de Gascongne, qui s'appelloit Bernars de Truttes, y disoit à avoir grant droit. Si en y eut pluiseurs parolles devant le prince et les barons qui là estoient; et pour tant que cil doi se contrarioient, li princes mist le cose en arrest jusques à tant que il fuissent revenu en Engleterre, et que nulle decleration n'en seroit faite, fors devant le roy son père. Mais pour ce que li rois de France aidoit à soustenir l'opinion de monsigneur Denis de Morbeke, et que le plus il s'enclinoit à lui que à nulz des aultres, li princes, tout quoiement, fist delivrer au dit messire Denis deux mil nobles, pour aidier à son estat.

Assés tost après le venue dou prince à Bourdiaus, vint li cardinaulz de Pieregorch, qui là estoit envoiiés en legation dou Pape, si com chi dessus est dit; et furent plus de quinze jours ançois que li princes volsist parler à lui, pour la cause dou chastelain d'Amposte et de ses gens qui avoient esté en le bataille de Poitiers, et estoit li princes enfourmés que li dis cardinaus les y avoit envoiiés. Mès li dessus dis messires Tallerans de Pieregorch, par moiiens que il acquist, le signeur de Chaumont, le signeur de Monferrant et le captal de Beus, ses cousins, fist moustrer tant de bonnes raisons au dit prince, que il eut voie et accès de parler à lui. Et quant il fu par devant lui, il s'escusa si sagement et si bellement que li princes et ses consaulz le tinrent pour bien escusé, et revint en l'amour dou prince comme en devant. Et passèrent toutes ses gens parmi raençons couvignables et raisonnables. Et fu mis li chastellains d'Amposte à finance, parmi dix mil frans qu'il paia.

Depuis commença à trettier li cardinaulz sus le delivrance dou roy et à mettre grandes pareçons avant; mès je m'en passerai briefment, pour tant que riens n'en fu fait. Ensi se tenoient et tinrent
5 toute le saison ensievant jusques au quaresme, li princes de Galles, li Gascon et li Englès en le cité de Bourdiaus, en grant solas et en grant revel; et despendoient follement et largement cel or et cel argent que il avoient gaegniet et que leurs raençons leur
10 valoient.

Or ne vous ay je pas dit les joies et les reviaus qui furent ossi en Engleterre, quant les certainnes nouvelles y vinrent de le besongne de Poitiers et de le prise dou roy de France, et de l'avenue ensi comme
15 elle y estoit avenue. Che ne fait mies à demander se li rois d'Engleterre et la royne Phelippe, sa femme, furent grandement resjoy; et en fist on les solennités par les eglises, si grandes et si nobles que merveilles seroit à penser et à considerer. Si estoient très bien
20 venu chevalier et escuier qui revenoient en Engleterre, qui à le besongne avoient esté, et honnouré plus que li aultre.

En ce temps que la besongne de Poitiers avint, estoit li dus de Lancastre en le conté d'Evrues et sus
25 les marces de Constentin, messires Phelippes de Navare et messires Godefrois de Harcourt dalés lui; et [guerrioient les Normans[1]] et avoient guerriiet toute le saison, pour le cause dou roy de Navare que li rois de France avoit emprisonnet, ensi que vous savés. Et
30 avoient tiret li dessus dit signeur et viset trop gran-

---

1. Ms. B 4, f° 184. — Ms. B 3, f° 198 : « la Normendie. »

dement comment il peuissent avoir esté en le chevaucie dou prince; mès il ne peurent parvenir, car li passage de le rivière de Loire avoient esté si bien gardé de tous costés, que onques il ne peurent passer. De quoi, quant il oïrent dire que li princes avoit pris le roy de France, et le verité de le besongne ensi que elle se porta, si en furent trop grandement resjoy; et rompirent leur chevaucie, pour tant que li dus de Lancastre et messires Phelippes de Navare veurent aler en Engleterre, ensi qu'il fisent, et envoiièrent monsigneur Godefroi de Harcourt tenir frontière à Saint Salveur le Visconte.

§ 400. Se li royaumes d'Engleterre et li Englès et leur alliiés furent resjoy de la prise dou roy Jehan de France, li royaumes de France fu durement tourblés et courouciés, il y eut bien raison; car ce fu une très grant desolation et anoiable pour toutes manières de gens. Et sortirent bien adonc li sage homme dou royaume que grans meschiés en nesteroit; car li rois leurs sires et toute la fleur de la bonne chevalerie de France estoit morte ou prise, et li troi enfant dou roy qui retourné estoient, Charles, Loeis et Jehans, estoient moult jone d'eage et de conseil; si avoit en yaus petit recouvrier, ne nulz des dis enfans ne voloit emprendre le gouvrenement dou dit royaume.

Avoech tout ce, li chevalier et li escuier qui retourné estoient de le bataille, en estoient tant hay et si blasmé des commugnes que envis il s'embatoient ens ès bonnes villes. Si parlementoient et murmuroient ensi li uns sus l'autre. Et regardèrent et avisèrent li pluiseur sage homme, que ceste cose ne pooit longement durer, ne demorer en cel estat, que on n'i mesist remède; car encores se tenoient en Constentin Englès et Navarois, desquelz messires Godefrois de Harcourt estoit chiés, qui couroient et destruisoient tout le pays.

Si avint que tout prelat de sainte Eglise, evesques et abbés, tout li noble signeur et li chevalier, et li prevos des marchans et li bourgois de Paris, et li consaulz des bonnes villes furent tout ensamble à un jour en le cité de Paris; et vorrent savoir et ordonner comment li royaumes seroit gouvrenés jusques adonc que li rois leurs sires seroit delivrés. Et veurent encores savoir plus avant que li grans tresors, que on avoit levet ou royaume dou temps passet, en disimes, en maletottes, en soussides et en forges de monnoies, et en toutes aultres extorsions, dont les gens avoient estet fourmenet et triboulet, et li saudoiiers mal paiiet, et li royaumes mal gardés, estoit devenus; mès de ce ne savoit nulz à rendre compte. Si se acordèrent entre yaus que li prelat eslisissent jusques à douze bonnes personnes et sages entre yaus, qui aroient pooir de par yaus et de tout le clergiet, de aviser et ordonner voies couvignables pour çou faire que dessus est dit; li baron et li chevalier ossi eslisissent douze autres chevaliers entre yaus, les plus sages et les plus discrès, pour entendre à ces besongnes, et li bourgois douze en otel manière. Ensi fu acordé et confremé de commun acord : lesquèles trente siis personnes devoient estre moult souvent à Paris ensamble, et là parler et ordonner des besongnes dou royaume. Et toutes manières de coses se devoient raporter par ces trois estas ; et devoient obeir tout aultre prelat, tout aultre signeur et toutes communaultés des cités et des bonnes villes à tout ce que cil troi estat feroient et ordonneroient.

Et toutesfois en ce commencement il en y eut pluiseurs en ceste election, qui ne pleurent mies au duch de Normendie et à son conseil. Ou premier chief, li troi estat deffendirent à forgier le monnoie que on forgoit, et saisirent les quins. Apriès il requisent au dit duch que il fust si saisis dou cancelier le roy son père, de monsigneur Robert de Loris, de monsigneur Symon de Bussi, de Poillevillain et des aultres mestres des comptes et consilleurs dou temps passet ledit roy, par quoi il rendesissent bon compte de tout ce que on avoit levet et pris ens ou royaume par leur conseil. Quant cil mestre consilleur entendirent ce, il ne se laissièrent mies trouver : si fisent que sage ; mès se partirent dou royaume de France, au plus tost qu'il peurent, et s'en alèrent en aultres nations demorer et faire residense, tant que ces coses fuissent revenues en aultre estat.

§ 401. Apriès, li [troi[1]] estat ordonnèrent et establirent, de par yaus et en leurs noms, receveurs pour lever et recevoir toutes maletotes, tonnieus, disimes, sousides et toutes aultres droitures apertenans au roy et au royaume, et fisent forgier nouvelle monnoie de fin or, que on clamoit moutons. Et euissent volen-

---

1. Mss. B 4, 3, f° 185. — Ms. B 1, t. II, f° 93 : « quatre. » *Mauvaise leçon.*

tiers veu que li rois de Navare fust delivrés de se prison dou chastiel de Crievecoer en Cambresis là où on le tenoit; car il sambloit à pluiseurs de chiaus des trois estas que li royaumes en seroit plus fors et mieulz deffendus, ou cas que il voroit estre bons et feables, pour tant que il y avoit petit de signeurs ou dit royaume à qui on se peuist ralloiier, que tout ne fuissent mort ou pris à le besongne de Poitiers. Si en requisent le duch de Normendie que il le volsist delivrer; car il leur sambloit que on li faisoit grant tort, ne il ne savoient pourquoi on le tenoit. Li dus de Normendie respondi adonc moult sagement que il ne l'oseroit delivrer, ne mettre conseil à se delivrance; car li rois ses pères le faisoit tenir : se ne savoit mies à quel cause. Et ne fu point adonc li rois de Navare delivrés.

En ce temps, nouvelles vinrent au duch de Normendie et as trois estas que messires Godefrois de Harcourt herioit et guerrioit malement jusques ens ès fourbours de Kem le bon pays de Normendie. Et couroient [ses gens, qui n'estoient pas grant fuisson[1]] deux ou trois fois la sepmaine jusques ès dis fourbours de Kem et jusques ès fourbours de Saint Leu le Coustentin, d'Evrues, [d'Avrences[2]], et de Coustanses, et si ne leur aloit nulz au devant.

Adonc ordonnèrent et misent sus li dus et li troi estat une chevaucie de gens d'armes de bien quatre cens lances et cinq cens autres armeures de fier, et y establirent quatre chapitainnes, le signeur de

---

1. Ms. B 4, f° 185. — Ms. B 3, f° 198 v° : « ses gens qui n'estoient pas grant nombre. » — Ms. B 1, t. II, f° 93 (lacune).
2. Mss. B 1 et 4 : « d'Evreuses. » — Ms. B 3 (lacune).

Rainneval, le signeur de Kauni, le signeur de Riville
et le signeur de Friauville. Si se partirent ces gens
d'armes de Paris et s'en vinrent à Roem, et là s'assamblèrent il de tous costés. Et y eut pluiseurs appers chevaliers et escuiers d'Artois et de Vermendois
telz que le signeur de Maunier, le signeur de Creki,
messires Loeis de Haveskierke, messires Oudars de
Renti, messires Jehans de Fiennes, messires Engherans d'Uedins et plusieurs aultres, et ossi de Normendie moult de appertes gens d'armes. Et esploitièrent
tant cil signeur et leurs routes que il vinrent en le
cité de Coustanses et en fisent leur garnison.

§ 402. Quant messires Godefrois de Harcourt, qui
estoit hardis et outrageus chevaliers durement, sceut
que li François estoient venu en le cité de Coustanses, si les desira grandement à trouver sus les
camps, et cueilla tout ce que il peut avoir de gens
d'armes, d'arciers et de compagnons; et dist que il
chevauceroit devers yaus. Si se parti de Saint Salveur le Visconte; et pooient estre environ sept cens
hommes, uns c'autres. Ce propre jour, chevauçoient
ossi li François et avoient envoiiés leurs coureurs descouvrir; si raportèrent à leurs signeurs, que il avoient
perceus bien et veus les Navarois. D'autre part ossi,
messires Godefrois de Harcourt avoit envoiiés ses
coureurs qui avoient chevauciet un aultre chemin et
consideret le couvenant des François, banières et
pennons, et quel quantité il estoient. De tout ce ne
fist messires Godefrois de Harcourt compte, et dist
franchement, puisque il veoit ses ennemis, il les combateroit. Ensi meu et encoragiet ces gens d'armes

d'encontrer l'un l'autre, s'approcièrent telement que il se trouvèrent li un devant l'autre; si se ordonnèrent li François d'un lés, et li Englès et li Navarois d'aultre. Messires Godefrois de Harcourt mist ses arciers tout devant, ce qu'il en avoit, pour traire et berser as François.

Quant messires Raoulz de Rainneval en vei le manière, il fist toutes gens d'armes descendre à piet et yaus paveschier et targier de leurs targes contre le tret, et deffendi que nulz n'alast avant sans commandement. Li arcier de monsigneur Godefroi commencièrent à approcier et à traire, ensi que commandé leur fu, et à desvoleper saiettes à force de bras. Ces gens d'armes de France, chevalier et escuier, qui estoient fort armé, paveschiet et targiet, laissoient traire sus yaus, mès cilz assaus ne leur portoit point de damage. Et tant furent en cel estat, sans yaus mouvoir ne reculer, que cil arcier eurent emploiiet [toute[1]] leur artillerie, et ne savoient mès de quoi traire. Adonc jettèrent il leurs ars jus, et se prisent à resortir vers leurs compagnons et les gens d'armes qui estoient logiet au lonch d'une haie, messires Godefrois de Harcourt tout devant, sa banière en present. Lors commencièrent li arcier françois à traire moult vistement et à recueillier saiettes de toutes pars, car grant fuison en y avoit semées sus les camps, et emploiier sus ces Englès et Navarois; et ossi gens d'armes approcièrent vistement. Là eut grant hustin et dur, quant il furent tout venu main à main; mais les gens de piet de monsigneur Go-

1. Ms. B 4, f° 185 v°. — Mss. B 1, t. II, f° 94 et B 3, f° 199 (lacune).

defroi ne tinrent point de conroi et furent tantost desconfi.

Quant messires Godefrois eu perçut l'ordenance, si se traist tout bellement et tout sagement ou fort d'un vignoble enclos de drues haies; et entrèrent toutes ses gens là dedens, cil qui y peurent venir. Quant li chevalier françois [qui là estoient[1]], en veirent le manière, il se misent tout à piet, cil qui à cheval estoient demoret, et environnèrent le fort et avisèrent comment il y poroient entrer. Si alèrent tant autour que il trouvèrent voie, et se aherdirent entre yaus pour entrer par là ens. Tout ensi comme il avoient tourniiet autour des haies, en querant voie et entrée, messires Godefrois et li sien qui ou clos estoient, avoient ossi tourniiet, et se arrestèrent à ce foible lés, sitost que li François se tinrent quoi. Là eut ferut, lanciet et estechiet et fait tamainte apertise d'armes; et cousta as François des leurs moult grandement, ançois que il peuissent avoir le voie et le passage à leur volenté. Toutes fois il enirèrent, et fu la banière au signeur de Rainneval, toute la première qui dedens entra, et il tantost appriès, et chevalier et escuier après. Lors qu'il furent ou clos, il y eut grant hustin et dur, et maint homme reversé; et ne tinrent mies les gens monsigneur Godefroi conroi, ensi qu'il cuidoit que il deuissent faire et que il li avoient prommis. Si s'enfuirent et partirent li plus grant partie, et ne peurent souffrir les François.

Quant messires Godefrois de Harcourt vit ce et que

1. Mss. B 4, 3, f° 185 v°. — Ms. B 1, t. II, f° 94 (lacune).

morir ou estre pris le couvenoit, car fuir il ne pooit, mès plus chier avoit à morir que à estre pris, il prist une hace et dist en soi meismes qu'il se venderoit; et se arresta sus son pas, piet avant aultre, pour estre
5 plus fors, car il estoit boisteus d'une jambe, mès grant force avoit en ses bras. Là se combati vaillamment, longement et hardiement, et n'osoit nulz attendre ses cops. Quant li François en veirent le manière et que il donnoit les cops si grans que il le
10 ressongnoient, si montèrent doi homme d'armes sus leurs coursiers et abaissièrent leurs glaves, et s'en vinrent tout d'un relay et d'une empointe sus le dit chevalier, et le consievirent tout ensamble d'un cop de leurs glaves, telement que il le portèrent par terre.
15 Quant il fu cheus, onques puis ne se releva, car il fu hastés; et n'avoit mies dalés lui gens qui y entendesissent et qui faire ossi le peuissent. Lors s'avancièrent aucun homme d'armes à tout espées de guerre, fortes, dures et estroites, et li enfillèrent par desous
20 ou corps, et le tuèrent là sus le place. Ensi fina messires Godefrois de Harcourt, qui jadis amena le roy d'Engleterre et son effort en Constentin, et moustra passage parmi Normendie. Si furent là tout mort et pris cil qui avoecques lui estoient; et cil qui escaper
25 peurent, retournèrent à Saint Salveur le Visconte. Ceste avenue avint environ le Saint Martin en yvier, l'an mil trois cens cinquante siis.

§ 403. Apriès le desconfiture et le mort dou dessus dit chevalier et le camp tout delivret, retournè-
30 rent li François à Coustanses, et amenèrent là leur gaaing et leurs prisonniers, puis s'en retournèrent

assés tost apriès en France devers le duch [de Normendie¹] que on clamoit regent, et devers les trois estas, qui moult honnourèrent les chevaliers et les escuiers qui en Constentin avoient esté.

Si demora ensi ceste cose, et se tint Saint Salveur le Visconte en avant pour englesce, et toute la terre de monsigneur Godefroi de Harcourt, car il l'avoit vendut après son decès au roy d'Engleterre et en avoit eslongié et deshireté monsigneur Loeis de Harcourt son neveu, pour tant que li dis messires Loeis ne s'avoit volut tourner de son costet pour aidier à contrevengier le mort dou conte de Harcourt, son frère, que li rois Jehans avoit fait morir honteusement assés priès de Roem. De quoi, sitost que li rois d'Engleterre entendi ces nouvelles de le mort monsigneur Godefroy, fu il moult courouciés et le complaindi assés. Et envoia grans gens d'armes, chevaliers, escuiers et arciers plus de quatre cens, par mer, pour prendre le saisine de la ditte terre de Saint Salveur, qui vault bien seize mil frans par an de revenue. Et fist chapitainne et gardiien pour ce temps de le terre et des chastiaus, monsigneur Jehan de Lille, un appert chevalier durement. Si demora ensi ceste cose.

Li troi estat entendirent toute celle saison as ordenances dou royaume; et estoit li dis royaumes de France tous gouvrenés par yaus.

Tout cel yvier ensievant, se tinrent li princes de Galles et li plus grant partie des signeurs d'Engleterre qui à le bataille de Poitiers avoient esté, à

---

1. Mss. B 4, 3, f⁰ 186. — Ms. B 1, t. II, f⁰ 94 v⁰ (lacune).

Bourdiaus sus Geronde, en grans reviaus et esbatemens. Et entendirent tout ce temps à pourveir navies et à ordonner leurs besongnes bien et sagement, pour emmener le roy de France et son fil et le plus grant
5 partie des signeurs qui là estoient, en Engleterre.

Quant ce vint que li saisons approça que li princes deubt partir, et que ses besongnes estoient ensi que toutes prestes, il manda tous les plus haus barons de Gascongne, le signeur de Labreth premierement, le
10 signeur de Moncident, le signeur de l'Espare, le signeur de Pumiers, le signeur de Condon, le signeur de Rosem, le signeur de Courton, le signeur de Longuerem, le signeur de Chaumont, le signeur de Montferrant, le signeur de Landuras, messire Aymeri
15 de Tarse, le captal de Beus, le soudich de l'Estrade et tous les aultres. Et leur fist et moustra à ce donc très grant signe d'amour, et lor donna et prommist grans pourfis : c'est tout ce que Gascon aiment et desirent. Et puis leur dist finablement que il s'en
20 voloit aler en Engleterre et y menroit aucuns des leurs; et les aultres il laissoit ens ou pays de Bourdelois et de Gascongne, pour garder la terre et les frontières contre les François : si leur mettoit en abandon cités, villes et chastiaus, et leur recommen-
25 doit à garder comme lor hyretage.

Quant li Gascon entendirent que li princes de Galles, ainsnés filz dou roy leur signeur, en voloit mener hors de leur poissance le roy de France que il avoient aidiet à prendre, si n'en furent mies de pre-
30 miers bien d'acort, et disent au prince : « Chiers sires, nous vous devons toute obeissance et loyal service, et nous loons de vous en quanques nous poons;

mès ce n'est pas nostre intention que le roy de
France, pour lequel nous avons eu grant traveil à
mettre ens ou point où il est, vous nous eslongiés
ensi ; car, Dieu merci, il est bien et en bonne cité, et
sommes fort et gens assés pour le garder contre les
François, se de poissance il le vous voloient oster. »

Adonc respondi li princes : « Chier signeur, je le
vous acorde moult bien ; mès monsigneur mon père
le voet avoir et veoir. Et dou bon service que fait li
avés et moy ossi, nous vous en savons gré, et vous
sera grandement remuneré. »

Nequedent, ces parolles ne pooient brisier les Gascons que li princes leur eslongast le roy de France,
jusques à tant que messires Renaulz de Gobehen et
messires Jehans Chandos y trouvèrent moiien, car il
sentoient les Gascons convoiteus ; se li disent : « Sire,
sire, offrés leur une somme de florins, et vous les
verés descendre à votre requeste. » Adonc leur offri
li princes soixante mil florins ; il n'en veurent riens
faire. Finablement, on ala et trettia tant de l'un à
l'autre que uns accors se fist parmi cent mil frans
que li princes deubt paiier et delivrer as barons de
Gascongne, pour departir entre yaus, et en fist se
debte. Et leur fu la ditte somme de florins delivrée et
paiie,ançois que li princes partesist. Après tout ce, il
institua quatre barons de Gascongne à garder [tout[1]]
le pays jusques à son retour, le signeur de Labreth,
le signeur de l'Espare, le signeur de Pumiers et le signeur de Rosem.

Tantost ces coses faites, li dis princes entra en

---

1. Mss. B 4, 3, f° 186 v°. — Ms. B 1, t. II, f° 95 v° (lacune).

mer, à belle navie et grosse de gens d'armes et d'arciers, et enmena avoecques lui grant fuison de Gascons, le captal de Beus, monsigneur Aymeri de Tarse, le signeur de Landuras, le signeur de Montcident,
5 le soudich de l'Estrade et pluiseurs aultres. Si misent en un vaissiel, tout par li, le roy de France, pour estre mieulz à sen aise. En ceste navie avoit bien cinq cens hommes d'armes et deux mil arciers, pour les perils et les rencontres de sus mer. Car il
10 estoient enfourmé, ains leur departement à Bourdiaus, que li troi estat, par lesquelz li royaumes estoit gouvrenés, avoient mis sus en Normendie et au Crotoy deux grans armées de saudoïiers, pour aler au devant des Englès et yaus tollir le roy de France;
15 mès onques il n'en veirent nul apparant. Si furent il onze jours et onze nuis sus mer, et arrivèrent au douzime ou havene de Zanduich. Puis issirent li signeur tout bellement hors des naves et des vaissiaus, et se herbergièrent en le ditte ville de Zanduich et
20 ens ès villages environ. Si se tinrent illuech deux jours, pour yaus rafreschir et leurs chevaus. Au tierch jour, il s'en partirent et s'en vinrent à Saint Thumas de Cantorbie.

Ces nouvelles vinrent jusques au roy d'Engleterre
25 et à le royne, que leurs filz li princes estoit arrivés et avoit amenet le roy de France : si en furent grandement resjoy, ce fu bien raisons; et mandèrent tantost as bourgois de Londres, que il se ordonnassent si honnourablement comme il apertenoit à tel
30 signeur recevoir que le roy de France. Chil de le cité de Londres obeirent au commandement dou roy, et se vestirent par connestablies très richement

et ordonnèrent de tous poins pour le roy recueillier; et se vestirent tout li mestier de draps different li uns l'autre.

Or vinrent li rois de France et li princes et leurs routes à Saint Thumas de Cantorbie, où il fisent leurs offrandes, et y reposèrent un jour. A l'endemain, il chevaucièrent jusques à [Rocestre¹], et puis reposèrent là. Au tierch jour, il vinrent à Dardeforde, et au quart jour à Londres, où il furent très honnourablement receu; et ossi avoient il esté partout de ville en ville où il estoient passet. Si estoit li rois de France, ensi que il chevauçoit parmi Londres, montés sus un blanc coursier, très bien arret et appareilliet de tous poins, et li princes de Galles sus une petite noire haghenée dalés lui. Ensi fu il aconvoiiés tout au lonch de le cité de Londres jusques à l'ostel de Savoie, liquelz hostelz est hyretages au duc de Lancastre. Là tint li rois de France un temps sa mantion. Et là le vinrent veoir li rois d'Engleterre et la royne, qui le reçurent et festiièrent grandement, car bien le savoient faire; et depuis moult souvent le visetoient et le consoloient ce qu'il pooient.

Assés tost apriès, vinrent en Engleterre, par le commandement dou pape Innocent VI°, li doi cardinal dessus nommet, messires Tallerans, cardinaus de Pieregorch, et messires Nicoles, cardinaus d'Urgel : si commencièrent à entamer et à proposer trettiés de pais entre l'un roy et l'autre, et moult y travillièrent; mès riens n'i peurent esploitier. Toutesfois, il procu-

---

1. Ms. B 3, f° 200 v°.—Mss. B 1, t. II, f° 96 et B 4, f° 187 : « Clocestre. » *Mauvaise leçon.*

rèrent tant, parmi aucuns bons moiiens, que unes triewes furent données entre les deux rois et leurs confortans, à durer jusques à le Saint Jehan Baptiste, l'an mil trois cens cinquante neuf. Et furent mis
5 hors le triewe messires Phelippes de Navare et tout si alloiiet, li contes de Montfort et la ducé de Bretagne. Un peu apriès, fu li rois de France [translatés[1]] de l'ostel de Savoie et remis ou chastiel de Windesore, et tous ses hostelz. Si aloit voler, cacier et deduire et prendre
10 tous ses esbatemens environ Windesore, ensi que il li plaisoit, et messires Phelippes ses filz ossi. Et tous li demorans des aultres signeurs, contes et barons, se tenoient à Londres; mais il aloient veoir le roy toutes fois quantes fois que il leur plaisoit, et
15 estoient recreu sus leurs fois tant seulement.

§ 404. Vous avés bien oy recorder ci dessus en ceste hystore comment li rois David d'Escoce fu pris par bataille assés priès de le cité de Durem en Northombrelant, dou temps que li rois d'Engleterre seoit
20 devant Calais, et fu prisonniers en Engleterre neuf ans et plus.

Or avint en celle saison, assés tost apriès que ces triewes furent données entre France et Engleterre, li doi cardinal dessus nommet et li evesque de Saint
25 Andrieu d'Escoce s'ensonnièrent et misent en painne de le delivrance le dit roy d'Escoce. Et tant se porta cilz trettiés que il se fist par manière tèle que li dis rois David ne se devoit jamais armer contre le roy d'Engleterre ne son royaume, ne consillier ne con-

---

1. Mss. B 4, 3, f° 187. — Ms. B 1, t. II, f° 96 (lacune).

sentir à son loyal pooir ses hommes à yaus armer pour grever ne guerriier Engleterre. Et devoit encores li rois d'Escoce, lui revenut en son royaulme, mettre toute le painne et diligense qu'il poroit envers ses hommes, afin que li royaumes d'Escoce fust tenus en fief et en hommage dou roy d'Engleterre; et se ce ne voloit acorder li pays, li rois d'Escoce juroit solennelment à tenir bonne pais et ferme envers le roy d'Engleterre, et obligoit et alloioit son royaume, comme drois sires rois et hiretiers, à paiier dedens dix ans cinq cens mil nobles. Et en devoit, à le semonse dou roy d'Engleterre, envoiier bons plèges et hostages telz que le conte Douglas, le conte de Moret, le conte de Mare, le conte de Surlant, le conte de Fi, le baron de Versi et messire Guillaume Camois. Et tout cil devoient demorer en Engleterre comme prisonnier et ostage pour le roy leur signeur, jusques au jour que tous cilz argens seroit paiiés. De ces ordenances et obligations furent fait instrument publique et lettres patentes seelées d'un roy et de l'autre.

Ensi fu adonc delivrés li rois d'Escoce et se parti d'Engleterre et revint arrière en son pays, et la royne Ysabiel sa femme, sereur au roy d'Engleterre. Si fu li dis rois moult conjoys de tous ses hommes et viseta son pays. Et puis vint demorer, entrues que on li rappareilla le fort chastiel de Haindebourc qui estoit tous desparés, à Saint Jehanston, une bonne ville et marcheande, seans sus une rivière que on appelle Taye.

§ 405. Environ le mi may, l'an de grasce mil trois cens cinquante sept, mist li dus de Lancastre sus une

grosse chevaucie de gens d'armes en Bretagne, tant
d'Englès que de Bretons de l'ayde le contesse de
Montfort et son jone fil qui jà s'armoit et chevauçoit;
et estoient bien mil hommes d'armes et cinq mil
d'autres gens parmi les arciers. Et se partirent ces
gens d'armes de Hainbon et s'en vinrent tout ardant
[et] exillant le pays de Bretagne, devant le cité
de Rennes. Si l'assega li dis dus tout à l'environ,
et s'i tint tout le temps ensievant à grant host et
belle. Et le fist par pluiseurs fois assallir, mès petit
y gaegna, car dedens avoit bonne chevalerie et
bacelerie qui le gardoient et deffendoient : premiers
li viscontes de Rohem, li sires de Laval, messires
Charles de Dignant et pluiseur aultre bon chevalier
et escuier. Et y estoit [adonc[1]] uns jones bacelers qui
s'appelloit messires Bertrans de Claiekin, qui depuis
fu moult renommés ens ou royaume de France et ou
royaume d'Espagne, pour ses grans proèces, si com
vous orés en avant en l'ystore. Et se combati, le
siège tenant par devant Rennes, à un chevalier d'Engleterre ossi moult renommé, qui s'appelloit messires
Nicoles d'Augourne; et fu la bataille prise par ahatie,
de trois fers de glave, de trois cops de hace et de trois
cops de daghe. Et se portèrent là cescuns des deux
chevaliers moult vaillamment, et volentiers furent veu
de chiaus dedens et de chiaus dehors ; si se partirent de
le bataille sans damage. Ensi tint li dus Henris de
Lancastre le siège devant Rennes un moult lonc temps,
et le fist par pluiseurs fois assallir, mès peu y conquist.

1. Ms. B 4, f° 187 v°. — Ms. B 3, f° 201 : « alors ». — Ms. B 1,
t. II, f° 97 (lacune).

Si estoit à ce donc messires Charles de Blois ens ou pays, mais il ne se pooit armer, et poursievoit moult tangrement le regent de France le duch de Normendie, en priant que il volsist envoiier gens d'armes en Bretagne pour lever le dit siège. Mès li dus de Normendie et les besongnes de France estoient si entouellies que il ne pooit riens esploitier. Si demora la cose en cel estat tout le temps, et se tint li sièges devant Rennes.

Or vous voel je recorder comment uns chevaliers de le conté d'Evrues, appellés messires Guillaumes de Gauville, par sa soutilleté et se hardie emprise, reconquist le cité, le bourch et le chastiel d'Evrues, qui se tenoit pour le temps dou roy de France, et l'avoit li rois conquis sus les Navarois, ensi que contenu est ci dessus en l'ystore.

§ 406. Cis messires Guillaumes de Gauville estoit chevaliers de foy et de sierement au roy de Navare; et trop li desplaisoit li prise dou dit roy, et ossi faisoit elle à pluiseurs bourgois de le cité d'Evrues, se amender le peuissent, mès il ne pooient nullement, tant que li chastiaus leur fust ennemis. Si demoroit li dessus dis chevaliers à deux petites liewes d'Evrues, et avoit son retour en le cité chiés un bourgois qui dou temps passé avoit esté grandement amis au roy de Navare, ensi que uns homs doit estre à sen signeur, et que par nature cil d'Evrues ont toutdis plus amé le roy de Navare que le roy de France. Quant li chevaliers venoit à l'ostel dou dit bourgois, il estoit li bien venus, et buvoient et mangoient ensamble en grant recreation; et parloient et devisoient

de unes coses et d'autres, et par especial dou roy de
Navare et de se prise, dont moult leur anoioit.

Avint une fois entres les autres que li chevaliers
s'ala eslargir de parler au dit bourgois et dist : « Je
ne sçai, mès se vous voliés bien acertes, je racquerroie ceste cité, le bourc et le chastiel au roy de Navare. » — « Et comment se poroit ce faire, dist li
bourgois, car li chastellains est trop fort françois ;
et sans le chastiel ne nous oserions tourner, car il est
mestres de le cité et dou bourch. » Dist li chevaliers :
« Je le vous dirai. Tout premierement, il faurroit que
vous euissiés de vostre acord trois ou quatre bourgois de ceste ville de vostre amisté, et pourveues
vos maisons de bons compagnons tous armés, hardis
et entreprendans. Tout ce fait [couvertement[1]], je par-
feroie le sourplus à mon peril. A quèle heure que ce
fust dou jour, je seroie en agait quant li chastellains
venroit à le porte ; car il y a usage de venir une fois
ou deux le jour. Je aroie tant seulement avoecques
moy mon varlet ; je venroie au chastellain et le ten-
roie de parolles, et le menroie tant par lobes que il
me lairoit [entrer[2]] en le première porte et espoir en
le seconde : par couvreture je renvoieroie mon varlet,
et vous [feroie[3]] haster et issir hors ces compagnons
pourveus et avisés de ce qu'il deveroient faire, et
approcier le chastiel. Si tretost que je oroie un petit
cor sonner de mon varlet, je m'avanceroie et occi-
roie le chastellain, de ce me fay je fors assés et à
mon peril, nostre gent saudroient tantost avant ; et

1. Mss. B 4, 3, f° 188. — Ms. B 1, t. II, f° 97 v° (lacune).
2. Mss. B 1 à 4 (lacune).
3. Mss. B 1 à 4 : « feroit. »

par ensi serions mestre dou chastiel, et puis de le cité et dou bourch, car communement li plus des cuers s'enclinent mieulz au roy nostre signeur de Navare que il ne facent au roy de France. » Quant li bourgois eut oy ensi parler messire Guillaume, se li dist : « C'est trop bien dit, et j'en cuide bien avoir cinq ou six de men amisté, qui nous aideront à parfaire ce fait. »

Depuis ne demora gaires de temps que li bourgois dessus dis acquist tant d'amis couvertement [dedens le cité d'Evrues [1]], que il furent bien un cent tout d'un acord. Messires Guillaumes de Gauville aloit et venoit en le cité sans nulle souspeçon, et ne s'estoit point armés dou temps passet avoecques messire Phelippe de Navare ne les Navarois, pour le cause de ce que sa revenue gisoit toute ou en partie assés priès de Evrues; et li rois de France, dou temps que il conquist Evrues, avoit toutes les tières d'environ fait obeir à lui : aultrement il leur euist tollues. Il en avoit eu les corps [tant seullement [2]], mès les coers non; car toutdis estoient il [demouret [3]] Navarois, et plus avoient obei au roy Jehan par cremeur que par amour. Encores, se li dis rois Jehans euist esté en France, cilz messires Guillaumes de Gauville n'euist osé emprendre ce qu'il emprist, mès il sentoit les besongnes de France moult entouellies, et que li troi estat mettoient painne à le delivrance dou roy de Navare, et ne se pooit [faire] nullement que il ne fust delivrés : si ques, pour avoir grasce envers lui, il li voloit faire ce premerain service.

1. Mss. B 4, 3, f° 188. — Ms. B 1, t. II, f° 98 (lacune).
2. Mss. B 4, 3, f° 188 v°. — Ms. B 1, t. II, f° 98 (lacune).
3. Ms. B 4, f° 188 v°. — Mss. B 1, t. II, f° 98 et B 3 (lacune).

§ 407. Quant messires Guillaumes de Gauville se senti au dessus de ses besongnes, et que li bourgois où il se confioit le plus, li [eut¹] dit: « Sire, nous sommes tout pourveu, ensi que vous avés ordonné; esploitiés de vostre afaire, quant vous volés; » il s'arma bien et faiticement, et puis vesti une houpelande par dessus, et prist son mantiel encores par dessus, et desous son brach une courte hace bien acerée, et puis dalés lui un varlet que il avoit enfourmet de son afaire; [et] commença à petiier en le place devant le porte dou chastiel, ensi que il avoit fait jadis pluiseurs fois. Tant ala et vint en petiant, que li chastellains ouvri le porte dou chastiel, voires tant seulement dou guicet, et se tint là tous drois par devant.

Quant messires Guillaumes le vei, petit à petit il s'approça de lui en lui saluant moult courtoisement. Li chastellains, qui nul mal n'i pensoit, se tint tous quois et li rendi son salu. Tant fist li chevaliers qu'il vint jusques à lui; et puis commença à parler d'aucunes huiseuses, et demanda au chastellain se il avoit point oy parler des nouvelles qui couroient en France. Li chastellains, qui desiroit à oïr nouvelles, et qui trop peu en ooit, car il estoit là tous enfremés, ouvri l'oreille et respondi et dist: « Nennil, dittes le nous, se il vous plest. » — « Volentiers, dist messires Guillaumes. On dist en France que li rois de Danemarce et li rois d'Irlande se sont alloiiet ensamble et ont juret que jamais il ne [renteront²] en leurs pays, car il sont sus mer à plus de cent mil hom-

---

1. Ms. B 4, f° 188 v°. — Ms. B 1, t. II, f° 98 v° : « ont. »
2. Ms. B 4, f° 188 v°. — Ms. B 1, t. II, f° 98 v° : « renteroit. »

mes, si aront destruit toute Engleterre et ramené le roy de France à Paris. Et sont li Englès en si grant doubte [d'iaulx¹] que il ne scèvent auquel lés aler ne entendre pour garder leur pays; car, de grant temps a, est il sorti entre yaus que li Danois les doient destruire. »

Li chastellains, qui fu tous resjoïs de ces nouvelles, et qui legierement les crut, pour tant que il estoit bons françois, respondi : « Et messires Guillaumes, comment le savés vous ces nouvelles? » — « En non Dieu, chastellains, je le vous dirai : je les sçai par un chevalier de Flandres qui m'en a escript le verité et qui m'a envoiiet le plus biel jeu de eschès que je veisse onques. » Or trouva il celle bourde, pour tant qu'il savoit bien que li chastellains amoit plus le jeu des eschès que nulle cose. Si dist li [chastellains] : « Haro, messire Guillaume, que je le veroie jà volentiers! » Messires Guillaumes se hasta de parler et dist : « Je le vous manderai par couvent que vous jeuerés à moy pour le vin. » — « Oïl, dist li chastellains, mandés le par vostre varlet, nous irons chà dedens entre ces portes dou chastiel jewer. » Adonc s'avança li chevaliers et dist à son varlet, qui estoit tous enfourmés dou fait : « Va, mon varlet, va querir ce jeu des eschès et le nous aporte à le porte. » Li varlès se parti : li chastellains et li chevaliers entrèrent en le première porte.

Quant li chevaliers fu ens, li [chastelains²] recloy le porte et bouta avant le verial, sans refremer. Adonc

---

1. Mss. B 4, 3, f° 188 v°. — Ms. B 1, t. II, f° 98 v° (lacune).
2. Ms. B 4, f° 189. — Ms. B 1, t. II, f° 98 v° : « chevaliers. »

dist messires Guillaumes : « Chastelains, ouvrés nous ceste aultre porte, vous le poés bien ouvrir sans peril. » Li chastellains ouvri tant seulement le guicet et fist le chevalier passer oultre, pour moustrer les chain-
5 gles dou chastiel ; et il meismes passa ossi. Quant il eurent là esté une espasse et que messires Guillames avoit jà oy sonner ung petit cor, si com ordonné l'avoit, si dist au chastellain : « Ralons, ralons oultre ceste porte, mon varlet revenra tantost. » Adonc
10 rapassa li chevaliers le second guicet, et se tint tous quois par devant. Li chastellains volt passer apriès, qui nul mal n'i pensoit. Ensi que il avoit mis le piet oultre et baissoit le tieste, messires Guillaumes de Gauville entoise celle hace que il portoit desous son
15 mantiel, et fiert le chastellain en le tieste telement que il le pourfent tout jusques ès dens et l'abat là dou travers dou suel : ensi fu il mourdris que je vous di, et puis vient à le première porte et le deffrume.

Li gaite dou chastiel avoit oy sonner le cornet dou
20 varlet, si com ci dessus est dit, et estoit durement esmervilliés que ce pooit estre, car on avoit fait un ban en le ville, que, sus le poing à perdre, on ne sonast nul cornet ; et encores fu il plus esmervilliés quant il vei gens tous armés acourir vers le porte dou
25 chastiel. Si corna tantost : « Trahi ! trahi ! » Adonc furent tantost tout esbahi, cil qui dedens le chastiel estoient. Si avalèrent vers le porte et le trouvèrent ouverte et le chastellain mort, couciet de travers, et messire Guillaume de Gauville, le hace ou poing
30 d'autre part, qui gardoit l'entrée. Si furent plus esbahi que devant, car ossi furent tantost venu cil qui establi estoient pour aidier à parfurnir au dit chevalier

sen emprise; et entrèrent en le porte et puis en le
seconde, et reboutèrent fierement les saudoiiers. Si
en y eut pluiseurs mors et occis, et pris desquelz c'on
volt.

Ensi fu reconquis li fors chastiaus d'Evrues par
l'emprise de monsigneur Guillaume de Gauville. Si
se rendirent tantost li chités et li ville ossi, et boutèrent hors tous les François. Et mandèrent messire
Phelippe de Navare, qui estoit assés nouvellement retournés d'Engleterre et arivés à Chierebourch, liquelz
fu tous joians de ces nouvelles et s'en vint bouter à
grant fuison de gens d'armes dedens Evrues, et en
fist sa souverainne garnison pour guerriier le bon
pays de Normendie. Et se tenoient avoecques lui messires Robers Canolles, messires Jehans de Pipes, messires Frikes de Frikans, le Bascle de Maruel, messires
Jehans Jeuiel, messires Fourdrigais et pluiseur aultre appert hommes d'armes, qui depuis fisent maint
meschief ou royaume de France, si com vous orés en
avant [recorder [1]] en l'ystore.

§ 408. En ce temps meismes prist uns chevaliers,
que on clamoit monsigneur Renault de Cervole, et
communement l'Arceprestre, une grant compagnie
de gens d'armes assamblés de tous pays, qui veirent
que leurs saudées estoient fallies, puisque li rois de
France estoit pris : si ne savoient où gaegnier en
France. Si s'en alèrent premierement vers la ducé de
Prouvence, et y prisent et eskiellèrent pluiseurs fortes
villes et fors chastiaus, et desrobèrent tout le pays

---

1. Mss. B 4, 3, f° 188. — Ms. B 1, t. II, f° 99 (lacune).

jusques en Avignon [et environ Avignon¹] ; et n'avoient aultre chief ne chapitainne que le chevalier dessus nommet. De quoi li papes Innocens VI⁰, qui adonc demoroit en Avignon, et tout si cardinal avoient tel doubte d'yaus et de leurs corps que ilz ne s'en savoient comment deduire, et faisoient jour et nuit armer leurs familles. Et quant cilz Arceprestres et ses gens eurent pilliet et robet tout le pays, li papes et li collèges, qui pas n'estoient bien à segur, fisent trettier devers l'Arceprestre ; et vint sus [bonne²] composition en Avignon, et le plus grant partie de ses gens ; et fu ossi reveramment reçus comme il euist esté filz dou roy de France, et disna par pluiseurs fois au palais dalés le pape et les cardinaulz ; et li furent pardonné tout si pechiet, et au partir on li delivra quarante mil escus, pour departir à ses compagnons. Si s'espardirent ces gens là ; mès toutdis tenoient il le route le dit Arceprestre.

§ 409. Encores en ce temps vint et se leva une aultre compagnie de gens d'armes et de brigans assamblés de tous pays, et conqueroient et roboient de jour en jour tout le pays entre le rivière de Loire et le rivière de Sainne : par quoi nulz n'osoit aler entre Paris et Vendome, ne entre Paris et Orliiens, ne entre Paris et Montargies, ne nulz dou pays n'i osoit demorer ; ains estoient toutes les gens dou plat pays afuioit à Paris ou à Orliiens. Et avoient cil dit compagnon fait un chapitainne d'un Gallois que on clamoit

---

1. Ms. B 4, f⁰ 189 v⁰. — Ms. B 1, t. II, f⁰ 99 v⁰ et B 3 (lacune).
2. Ms. B 4, f⁰ 189 v⁰. — Ms. B 1, t. II, f⁰ 99 v⁰ et B 3 (lacune).

Ruffin, et le fisent faire chevalier; et devint si riches et si poissans d'avoir que on n'en pooit savoir le nombre. Et chevauçoient souvent ces dittes compagnes priès de Paris, un aultre jour vers Orliiens, une aultre fois vers Chartres. Et ne demora place, ville ne forterèce, se elle n'estoit trop bien gardée, qui ne fust adonc toute robée et courue, à savoir : Saint Ernoul, Gallardon, Bonivaus, Cloies, Estampes, Chastres, Montleheri, Peuviers en Gastinois, Larchant, Milli, Chastiel Landon, Montargies, Yzières et tant d'aultres grosses villes que merveilles seroit à recorder. Et chevauçoient aval le pays par tropiaus, chi vingt, ci trente, ci quarante, et ne trouvoient qui les destournast ne encontrast pour yaus porter damage.

D'autre part, ou pays de Normendie, sus le marine, avoit une plus grande compagnie de pilleurs et de robeurs englès et navarois, desquelz messires Robers Caŋolles estoit chiés et mestres, qui en tel manière conqueroient villes et chastiaus, et ne leur aloit nulz au devant. Et avoit cilz messires Robers Canolles jà de lonch temps maintenu celle ruse, et finast très donc bien de cent mil escus, et tenoit grant fuison de saudoiiers à ses gages, et les paioit si bien que cescuns le sievoient volentiers.

§ 410. En ce tempore que cil troi estat regnoient, se commencièrent à lever telz manières de gens qui s'appelloient Compagnes, et avoient guerre à toutes gens qui portoient malettes. Or vous di que li noble dou royaume de France et li prelat de sainte Eglise se commencièrent à taner de l'emprise et ordenance des trois estas. Si en laissoient le prevost des marchans couvenir et aucuns des bourgois de Paris, pour ce que cil s'en entremettoient plus avant que il ne volsissent.

Si avint un jour que li dus de Normendie estoit ou palais à Paris à tout grant fuison de chevaliers, de nobles et de prelas, li prevos des marchans assambla ossi grant fuison de commugnes de Paris qui estoient de sa secte et de son acord ; et portoient cil caperons tous sannables, afin que mieulz se recogneuissent. Et s'en vint li dis prevos ou palais, environnés de ses hommes, et entra en le cambre dou duch, et li requist moult aigrement que il volsist emprendre le fais des besongnes dou royaume et mettre y conseil, par tant que li royaumes qui à lui devoit venir, fust si bien gardés que telz manières de Compagnes qui regnoient, n'alaissent mies gastant ne robant le pays. Li dus respondi que tout ce feroit il volentiers, se il avoit le mise par quoi il le peuist faire ; mès cilz qui faisoit lever les pourfis et les droitures dou royaume, le devoit faire : si le fesist.

Je ne sçai pour quoi ne comment ce fu, mès les parolles monteplièrent tant et si hault que là endroit furent, en le presense dou duch de Normendie, occis troi des plus grans de son conseil, si près de li que sa robe en fut ensanglentée. Et en fu il meismes en grant peril, mès on li donna uns des caperons à porter ; et couvint que il pardonnast là celle mort de ses trois chevaliers, les deux d'armes et le tierch de lois. Si appelloit on l'un monsigneur Robert de Clermont, gentil et noble homme grandement, et l'autre le signeur d'Esconflans, mareschaus de Campagne, et le chevalier de lois, monsigneur Symon de Bussi : de quoi ce fu grans pités, quant, pour bien dire et bien consillier [leur signeur[1]], il furent là ensi occis.

§ 411.Apriès ceste avenue, avint que aucun chevalier de France, messires Jehans de Pikegni et aultre vinrent, sus le confort dou prevost des marchans et des consaulz des aucunes bonnes villes, au fort chastiel que on dist de Alues en Pailluel, seans en Pikardie, où li rois de Navare estoit pour le temps emprisonnés et en le garde de monsigneur Tristran dou Bos. Si aportèrent li dit esploiteur telz ensengnes et si certainnes au dit chastellain, et si bien espiièrent que messires Tristrans n'i estoit point. Si fu par l'emprise dessus ditte li rois de Navare delivrés de prison et amenés à grant joie en le cité d'Amiens, où il biellement et liement fu recueilliés et conjoys; et descendi chiés un chanonne qui grandement l'amoit, que on clamoit messire Gui Kieret. Et fu li rois de Navare en l'ostel che chanonne quinze jours, tant que on li eut appareilliet tout son arroy et que il fu tous assegurés dou duch de Normendie, car li prevos des marchans, qui moult l'amoit et par quel pourcas delivrés estoit, li impetra et confrema sa pais devers le duch et chiaus de Paris.

[Si fu li dis rois de Navare amenés à Paris par monsigneur Jehan de Pinquegni et aucuns des bourgois de le cité d'Amiens, et y fu adonc recheus à grant joye. Et le veirent volentiers toutes manières de gens;

---

1. Mss. B 4, 3, f° 190. — Ms. B 1, t. II, f° 100 v° (lacune).

et meismement ly dus de Normendie le festia grandement, mais faire le couvenoit¹], car li prevos des marchans et cil de sa secte li enhortoient à faire. Se se dissimuloit li dus, au gré dou dit prevost et de aucuns de chiaus de Paris.

§ 412. Quant li rois de Navare eut esté une espasse à Paris, il fist un jour assambler toutes manières de gens, prelas, chevaliers, clers de l'université et tous chiaus qui y vorrent estre, et là preeça et remoustra premierement en latin, moult bellement et moult sagement, present le duch de Normendie, en li complaindant des griés et des villonnies que on li avoit fait à grant tort et sans raison; et dist que nuls ne se vosist de li doubter, car il voloit vivre et morir en deffendant le royaume de France. Et le devoit bien faire, car il en estoit estrais de père et de mère et de droite ancisscrie; et donna adonc assés à entendre à ses parolles que, se il voloit calengier le couronne de France, il mousteroit bien par droit que il en estoit plus proçains que li rois d'Engleterre ne fust. Et sachiés que ses sermons et ses langages fu volentiers oys et moult recommendés. Ensi petit à petit entra il en l'amour de chiaus de Paris, et tant que il avoient plus de faveur et d'amour en lui, que il n'euissent ou regent le duch de Normendie, et ossi de pluiseurs aultres bonnes villes et cités dou royaume de France. Mais quel samblant ne quèle amour que li prevos des marchans ne cil de Paris moustrassent au roy de Navare, onques messires Phelippes de

---

1. Mss. B 4, 3, f° 190. — Ms. B 1, t. II, f° 100 v° (lacune).

Navare ne s'i peut assentir ne ne volt venir à Paris ;
et disoit que en communauté n'avoit nul certain arrest, fors pour tout honnir.

§ 413. Assés tost après la delivrance dou roy de
Navare, avint une mervilleuse et grande tribulations
en pluiseurs parties dou royalme de France, si
comme en Biauvoisis, en Brie et sus le rivière de
Marne, en Laonnois, en Valois, en la terre de Couci
et entours Soissons. Car aucunes gens des villes
champestres, sans chief, s'assamblèrent en Biauvoisis. Et ne furent mies cent hommes li premier, et disent que tout li noble dou royalme de France, chevalier et escuier, trahissoient le royaume, et que ce
seroit grans biens, qui tous les destruiroit. Cescuns
d'yaus dist : « Il dist voir, il dist voir; honnis soit
[celi[1]] par qui il demorra que tout li gentil home ne
soient destruit. »

Lors se cueillièrent et s'en alèrent, sans aultre conseil et sans nulle armeure, que de bastons fierés et
de coutiaus, en le maison d'un chevalier qui priès de
là demoroit; si brisièrent le maison et tuèrent le chevalier, la dame et les enfans, petis et grans, et ardirent le maison. Secondement, il en alèrent à un aultre fort chastiel et fisent pis assés, car il prisent le
chevalier et le loiièrent à une estache bien et fort, et
violèrent se femme et se fille li pluiseur, voiant le
chevalier; puis tuèrent la dame, qui estoit enchainte,
et se fille et tous les enfans, et puis le dit chevalier à
grant martire, et ardirent et abatirent le chastiel.

1. Ms. B 4, f° 190 v°. — Ms. B 1, t. II, f° 101 : « ce. »

Ensi fisent il en pluiseurs chastiaus et bonnes maisons, et montepliièrent tant qu'il furent bien six mil. Et partout là où il venoient, leurs nombres croissoit, car cescuns de leur samblance les sievoit :
si ques cescuns chevaliers, dames, escuiers, leurs femmes et leurs enfans, les fuioient. Et enportoient les dames et les damoiselles leurs enfans dix ou vingt liewes loing, là où il se pooient garantir, et laissoient leurs maisons toutes vaghes et leur avoir dedens. Et ces mescheans gens assamblés, sans chiés et sans armeures, reuboient et ardoient tout, et occioient tous gentilz hommes que il trouvoient, et efforçoient toutes dames et pucelles, sans pité et sans merci, ensi comme chiens esragiés.

Certes, onques n'avint entre crestiiens ne Sarrasins tèle forsenerie que ces meschans gens faisoient; car qui plus faisoit de maus ou plus de villains fais, telz fais que creature humainne ne deveroit oser penser, aviser ne regarder, cilz estoit li plus prisiés entre yaus et li plus grans mestres. Je n'oseroie escrire ne raconter les horribles fais et inconvignables que il faisoient as dames. Mès, entre les aultres ordenances et villains fais, il tuèrent un chevalier et boutèrent en un hastier, et tournèrent au feu et le rostirent, voiant le dame et ses enfans. Apriès ce que dix ou douze eurent la dame efforcie et violée, il les en vorrent faire mengier par force, et puis les fisent morir de male mort. Et avoient fait un roy entre yaus, que on appelloit Jake Bonhomme, qui estoit, si com on disoit adonc, de Clermont en Biauvoisis, et le eslisirent le pieur des pieurs.

Ches meschans gens ardirent et abatirent ou pays

de Biauvoisis, et environ Corbie et Amiens et Montdidier, plus de soixante bonnes maisons et fors chastiaus. Et, se Diex n'i euist mis remède par sa grasce, li meschiés fust si montepliiés que toutes communautés euissent destruit gentilz hommes, sainte Eglise apriès, et toutes riches gens, par tous pays; car tout en otel manière si faites gens faisoient ens ou pays de Brie et de Partois. Et couvint toutes les dames et les damoiselles dou pays et les chevaliers et les escuiers qui escaper leur pooient, afuir à Miaus en Brie, l'un apriès l'autre, empurs leurs cotes, ensi que elles pooient, ossi bien la duçoise de Normendie et la duçoise d'Orliiens et fuison de hautes dames, comme aultres, se elles se voloient garder de estre violées et efforcies, et puis apriès tuées et mourdries.

Tout en samblable manière si faites gens se maintenoient entre Paris [et Noion, et entre Paris[1]] et Soissons, et entre Soissons et Hen en Vermendois, et par toute la terre de Couci. Là estoient li grant violeur et maufaiteur, et essillièrent, que en le terre de Couci, que en le conté de Valois, que en l'eveschiet [de Laon[2]], de Soissons et de Noion, plus de cent chastiaus et bonnes maisons de chevaliers et d'escuiers, et tuoient et roboient quanqu'il trouvoient. Mès Diex, par sa grasce, y mist tel remède de quoi on l'en doit bien regraciier, si com vous orés chi après.

§ 414. Quant li gentil homme de Biauvoisis, de

1. Mss. B 4, 3, f° 191. — Ms. B 1, t. II, f° 101 v° (lacune).
2. Mss. B 4, 3, f° 191. — Ms. B 1, t. II, f° 101 v° (lacune).

Corbisis et de Vermendois et de Valois et des terres où ces meschans gens conversoient et faisoient leur foursenerie, veirent ensi leurs maisons destruites et leurs amis tués, il mandèrent secours à leurs amis en
5 Flandres, en Haynau, en Braibant et en Hesbain; si en y vint tantost assés de tous costés. Si s'assamblèrent li estragnier et li gentil homme dou pays qui les menoient. Si commencièrent ossi à tuer et à decoper ces meschans gens, sans pité et sans merci, et les
10 pendoient par fous as arbres où il les trouvoient. Meismement li rois de Navare en mist un jour à fin plus de trois mil, assés priès de Clermont en Biauvoisis. Mès il estoient jà tant montepliiet que, se il fuissent tout ensamble, il euissent esté cent mil
15 hommes. Et quant on leur demandoit pourquoi il faisoient çou, il respondoient que il ne savoient, mès il le veoient les aultres faire, si le faisoient ossi; et pensoient que il deuissent en tel manière destruire tous les gentilz et nobles hommes dou monde, par
20 quoi nulz n'en peuist estre.

En ce temps, se parti li dus de Normendie de Paris sans le sceu de chiaus de Paris, et toute se route, et se doubta dou roy de Navare, dou prevost des marchans et de chiaus de sa secte, car il estoient tout
25 d'un acord. Et s'en vint au pont à Carenton sus Marne, et fist un grant mandement de gentilz hommes là où il les peut avoir, et deffia le prevost des marchans et chiaus qui le voloient aidier. Quant li prevos des marchans entendi que li dus de Normen-
30 die estoit au pont à Charenton et que il faisoit là son amas de gens d'armes, chevaliers et escuiers, et qu'il voloit heriier chiaus de Paris, si se doubta que grans

maulz ne l'en presist et que de nuit on ne venist
courir Paris, qui à ce temps n'estoit point fremée.
Si mist ouvriers en oeuvre, quanqu'il peut avoir et
recouvrer de toutes pars ; et fist faire grans fossés
autour de Paris, et puis çaingles, murs et portes, et
y ouvroit on nuit et jour. Et y eut le terme d'un an
bien troi mil ouvriers : dont ce fut uns grans fais
que de fremer, sus une anée, d'enclore et environner
de toutes deffenses une tèle cité comme Paris est et
de si grant circuité. Et vous di que ce fu li plus
grans biens que onques li prevos des marchans fesist
en toute sa vie, car aultrement elle euist esté depuis
courue, robée et essillie par trop de fois, et par pluiseurs actions, si com vous orés ci après. Or voeil
jou revenir à chiaus et à celles qui estoient afui à
Miaus en Brie à sauveté.

§ 415. En ce temps que ces meschans gens couroient, revinrent de Prusse li contes de Fois et li
captaus de Beus ses cousins. Si entendirent sus leur
chemin, si com il devoient entrer en France, le pes-
tillence et l'oribleté qui couroit sus les gentilz hommes ; si en eurent cil doi signeur grant pité. Si chevaucièrent par leurs journées tant que il vinrent à
Chaalons, en Campagne, qui riens ne se mouvoit dou
fait des villains, ne point n'i entroient. Si leur fu dit
en le ditte ville de Chaalons que la duçoise de Normendie et la duçoise d'Orliiens et bien troi cens
dames et damoiselles et li dus d'Orliiens ossi estoient
à Miaus en Brie, en grant meschief de cuer, pour celle
jakerie.

Cil doi bon chevalier s'acordèrent que il iroient

veoir les dames et les reconforteroient à leur pooir,
quoique li captaus fust englès; mais il estoit pour le
temps triewes entre le royaume de France et le
royaume d'Engleterre. Si pooit bien li dis captaus
chevaucier partout; et ossi il voloit là remoustrer sa
gentillèce en le compagnie le conte de Fois. Si
pooient estre de leur route environ quarante lances
et non plus, car il venoient d'un pelerinage, ensi
que je vous ay jà dit. Tant chevaucièrent il qu'il vinrent à Miaus en Brie; si alèrent tantost devers la duçoise et les aultres dames qui furent moult lies de
leur venue, car tous les jours elles estoient manecies
des jakes et des villains de Brie, et meismement de
chiaus de le ville, ensi qu'il fu apparant. Car encores,
pour çou que ces meschans gens entendirent que il
y avoit grant fuison de dames et de damoiselles et de
jones gentilz enfans, il se cueillièrent ensamble, et
cil de le conté de Valois ossi, et s'en vinrent devers
Miaulz.

D'autre part, cil de Paris, qui bien savoient ceste
assamblée, se partirent un jour de Paris par fous et
par tropiaus et s'en vinrent avoecques les aultres. Et
furent bien neuf mil tout ensamble, en très grant
volenté de malfaire. Et toutdis leur croissoient gens
de divers lieus et de pluiseurs chemins qui se racordoient à Miaus, et s'en vinrent jusques as portes de
le ditte ville. Et ces meschans gens de le ville ne
veurent contredire l'entrée à chiaus de Paris, mès
ouvrirent leurs portes. Si entrèrent ens ou bourch
si grant plenté que toutes les rues en estoient couvertes jusques au marchiet.

Or regardés la grant grasce que Diex fist as dames

et damoiselles, car pour voir elles euissent esté violées, efforcies et perdues, com nobles que elles fuissent, se ce n'euissent esté li gentil homme qui là estoient, et par especial li contes de Fois et messires li captaus de Beus, car cil doi chevalier donnèrent l'avis pour ces villains desconfire.

§ 416. Quant ces nobles dames, qui estoient herbergies ou marchiet de Miaus, qui est assés fors, mais que il soit gardés et deffendus, car la rivière de Marne l'environne, veirent si grant quantitet de gens acourir, si furent moult esbahies et effraées. Mès li contes de Fois et li captaus et leurs routes, qui estoient tout armet, se rengièrent sus le marchiet et vinrent à le porte dou marchié et le fisent ouvrir toute arrière; et puis se misent au devant de ces villains noirs et petis et mal armés, et le banière le conte de Fois et ceste dou duch d'Orliiens et le pennon le captal et les glaves et les espées en leurs mains, et bien apparilliés d'yaus deffendre et de garder le marciet.

Quant ces meschans gens les veirent ensi ordonnés, comment que il n'estoient point grant fuison encontre eulz, si ne furent mies si foursené que devant. Mès se commencièrent li premier à reculer, et li gentil homme à yaus poursievir, et à lancier sus yaus de leurs lances et de leurs espées et yaus abatre. Adonc cil qui estoient devant, et qui sentoient les horions ou qui les ressongnoient à avoir, reculoient de hideur tout à une fois et cheoient l'un sus l'autre.

Adonc issirent toutes maniè[res de] gens d'armes hors des barrières et gaegnièrent tantost le place et se boutèrent entre ces meschans gens; si les abatoient à fous et à mons et les tuoient ensi que bestes, et les reboutèrent tout hors de le ville que onques nulz d'yaus n'i eut ordenance ne conroi. Et en tuèrent tant qu'il en estoient tout lassé et tout tané, et les faisoient sallir à mons en le rivière de Marne. Briefment, il en tuèrent ce jour que misent à fin plus de sept mil; ne jà n'en fust nulz escapés, se il les volsissent avoir caciés plus avant.

Et quant li gentil homme retournèrent, il boutèrent le feu en le desoustrainne ville de Miaus et l'ardirent toute et tous les villains dou bourch qu'il peurent ens enclore. Depuis ceste desconfiture qui en fu faite à Miaus, ne se rassamblèrent il nulle part; car li jones sires de Couci, qui s'appelloit messires Engherans, avoit grant fuison de gentilz hommes avoech lui, qui les mettoient à fin partout où il les trouvoient, sans pité et sans merci.

§ 417. Assés tost apriès ceste avenue, li dus de Normendie assambla tous les nobles et gentilz hommes qu'il peut avoir, tant dou royaume que de l'empire, parmi leurs saudées paians, et estoient bien troi mil lances, et s'en vint assegier Paris par devers Saint Antone, contreval le rivière de Sainne. Et estoit logiés à Saint Mor, et ses gens là environ, qui couroient tous les jours jusques à Paris. Et se tenoit une fois li dus au pont à Charenton et l'autre à Saint Mor; et ne venoit riens ne entroit en Paris de ce costé, ne par terre, ne par yawe; car li dus avoit pris les deux rivières, Marne et Sainne. Et ardirent ses gens autour de Paris tous les villages qui n'estoient fremés, pour mieulz castiier chiaus de Paris; et se Paris n'euist esté adonc fortefiie, ensi que elle est, elle euist sans faute esté destruite. Et n'osoit nulz issir de Paris, pour le doubtance dou duch de Normendie et de ses gens qui couroient d'une part et d'aultre Sainne, ensi que cil voloient; ne nulz n'aloit au devant.

D'autre part, li prevos des marchans, qui se sentoit en le hayne [et indignation[1]] dou duc de Normendie, tenoit à amour le roy de Navare ce qu'il pooit et son conseil et le communaulté de Paris; et faisoit, si com chi dessus est dit, de jour et de nuit ouvrer à le frumetet de Paris, et tenoit en le ditte cité grant fuison de gens d'armes et de saudoiiers navarois et englès, arciers et aultres compagnons, pour estre plus à segur contre ceulz qui les guerrioient. Si avoit il adonc dedens Paris aucuns souffissans hommes, telz que Jehans Maillars et Symons Maillars ses frères et pluiseur de leur linage, asquelz il desplaisoit grandement le hayne dou duch, se remède y peuissent mettre. Mais nennil, car li prevos des marchans avoit si attrais à lui toutes manières de gens à se cordielle, que nulz ne l'osoit desdire de cose que il desist, se il ne voloit tantost estre occis, sans point de merci.

Li rois de Navare, come sages et soubtilz, veoit les variemens entre chiaus de Paris et le duch de Normendie, et supposoit assés que ceste cose ne se pooit longement tenir en cel estat, et n'avoit mies trop grant fiance en le communauté de Paris. [Si se parti

---

1. Mss. B 4, 3, f° 192 v°. — Ms. B 1, t. II, f° 103 v° (lacune).

de Paris, au plus courtoisement qu'il peut, et s'en
vint à Saint Denis, et là tenoit il aussi grant fuisson
de gens d'armes as saus et à gages de ciaulx de
Paris¹.] En ce point furent il bien six sepmainnes, li
5 dus de Normendie à tout grant gent d'armes, au
pont à Charenton, et li rois de Navare ou bourch
de Saint Denis. Si mengoient et pilloient le pays
de tous costés, et si ne faisoient riens l'un sus
l'autre.

10 § 418. Entre ces deux signeurs, le duch de Normendie et le roy de Navare, s'ensonniièrent bonnes
gens et bons moiiens: li archevesques de Sens, li evesques d'Auçoirre, li evesques [de²] Biauvais, li sires
de Montmorensi, li sires de Fiennes et li sires de
15 Saint Venant; et tant alèrent de l'un à l'autre, et si
bellement et si sagement esploitièrent que li rois de
Navare, de bonne volenté, sans nulle constrainte,
s'en vint à Charenton devers le duch de Normendie
son serourge. Et là eut grans approcemens d'amour,
20 car li dis rois s'escusa au duch de ce dont il estoit
amis et en le hayne de li, premierement de le mort
de ses deux mareschaus, monsigneur Robert de Clermont et le mareschal de Campagne, et de monsigneur
Symon de Bussi, et dou despit que li prevos des
25 marchans li avoit fait ens ou palais à Paris; et jura
solennelment que ce fu sans son sceu, et eut en couvent au dit duch qu'il demorroit dalés lui à bien et à
mal de celle emprise. Et fu là entre yaus la pais faite

---

1. Mss. B 4, 3, f° 192 v°. — Ms. B 1, t. II, f° 103 v° (lacune).
2. Mss. B 4, 3, f° 192 v°. — Ms. B 1, t. II, f° 104 (lacune).

et confremée. Et dist li rois de Navare qu'il feroit amender à chiaus de Paris le felonnie que il avoient fait : parmi tant li communautés de Paris demorroit à pais; mais li dus devoit avoir à sa volenté le prevost des marchans et douze bourgois lesquelz il vorroit eslire dedens Paris, et chiaus corrigier à se volenté.

Ces coses ordenées et confremées, et sus le fiance de celle pais, li rois de Navare se departi dou duch amiablement et retourna à Saint Denis. Et li dus s'en vint en le cité de Miaus en Brie, où madame sa femme estoit, fille au duch de Bourbon, et donna congiet à toutes manières de gens d'armes. Et fu adonc priiés de aucuns bourgois de Paris, qui ces trettiés avoient aidiés à entamer, et de l'arcevesque de Sens et de l'evesque d'Auçoirre, que il venist à Paris seurement, et que on li feroit toute la feste et honneur que on poroit. Li dus respondi que il tenoit bien la pais à bonne que il avoit juret; ne jà par lui, se Dieu plaisoit, ne seroit enfrainte ne brisie, mais jamais en Paris n'enteroit, si aroit eu plainne satisfation de chiaus qui courouciet l'avoient. Ensi demora la cose en cel estat un temps que point ne vint li dus en Paris.

§ 419. Li prevos des marchans et cil de sa secte, qui se sentoient en le hayne et indignation dou duch de Normendie leur signeur et qui les maneçoit de mort, n'estoient point à leur aise et visetoient souvent le roy de Navare qui se tenoit à Saint Denis, et li remoustroient bellement et doucement [le peril où il gisoient, dont il estoit cause, car il l'avoient delivré de prison et amené à Paris[1]. Et l'euissent volentiers fait leur roy et leur gouvreneur, se il peuissent; et avoient voirement consenti le mort des trois dessus dis qui furent occis ou palais à Paris, pour tant que il li estoient contraire, et que pour Dieu il ne les volsist mies fallir et ne volsist mies avoir trop grant fiance ou duch de Normendie ne en son conseil.

Li rois de Navare, qui sentoit bien que li prevos des marchans et cil de sa secte ne reposoient mies à leur aise, et que dou temps passé il li avoient fait trop grant courtoisie, osté de dangier et delivré de prison, les reconfortoit ce qu'il pooit, et leur disoit : « Certes, signeur et amit, vous n'arés jà mal sans moy; et quant vous avés maintenant le gouvrenement de Paris et que nulz ne vous y ose couroucier, je vous conseille que vous faites vostre attrait et vous pourveés d'or et d'argent telement que, se il besongne, vous le puissiés retrouver, et l'envoiiés hardiement chi à Saint Denis, sus le fiance de mi : je le vous garderai. Et en retenrai toutdis secretement gens d'armes et compagnons, dont au besoing vous guerrierés vos ennemis. » Ensi fist depuis li prevos des marchans : toutes les sepmainnes, il envoioit deux fois deux sommiers cargiés de florins à Saint Denis, devers le roy de Navare, qui les recevoit liement.

Or avint que il estoient demoret en Paris grant fuison de saudoiiers englès et navarois, ensi que vous savés, que li prevos des marchans et li communauté

---

1. Mss. B 4, 3, f° 173. — Ms. B 1, t. II, f° 104 v° (lacune).

de Paris avoient retenus à saulz et à gages, pour yaus aidier à deffendre et garder contre le duc de Normendie. Et trop bien et trop loyaument s'i estoient porté la guerre durant : si ques, quant li acors fu fais de yaus et dou dit duch, li aucun partirent et li aultre non. Cil qui partirent, s'en vinrent par devers le roy de Navare, qui tous les retint. Et encores en demora en Paris plus de trois cens qui là s'esbatoient et rafreskissoient, ensi que compagnon saudoiier font volentiers en telz villes et despendent leur argent liement. Si s'esmeut uns debas entre yaus et chiaus de Paris ; et en y eut bien mors, sus les rues que en leurs hosteulz, plus de soixante : de quoi li prevos des marchans fu durement courouciés, et en blasma et villonna moult ireusement chiaus de Paris. Et pour apaisier le communaulté, il en prist plus de cent et cinquante et les fist mettre en trois portes en prison ; et dist à chiaus de Paris, qui tout esmeu estoient de yaus occirre, que il les corrigeroit et puniroit selonc leur fourfet : parmi tant se rapaisièrent cil de Paris. Quant ce vint à le nuit, li prevos des marchans, qui volt complaire à ces englès saudoiiers, leur eslargi leurs prisons et les fist delivrer et aler leur voie : si s'en vinrent devers le roy de Navare à Saint Denis, et il les retint tous. Quant ce vint au matin que cil de Paris sçeurent l'afaire et le delivrance de ces Englès, et comment li prevos s'en estoit acquittés, si en furent durement courroucié sur lui ; ne onques depuis ne l'amèrent tant que devant. Li prevos, qui estoit uns sages homs, s'en sceut bien adonc oster et dissimuler tant que ceste cose se oublia.

Or vous dirai de ces saudoiiers englès et navarois comment il perseverèrent. Quant il furent venu à Saint Denis et remis ensamble, il se trouvèrent plus de trois cens; si se avisèrent que il contrevengeroient leurs compagnons et les despis que on leur avoit fais. Si envoiièrent tantost deffiier chiaus de Paris et commencièrent à courir aigrement et faire guerre à chiaus de Paris qui hors issoient; ne nulz n'osoit widier des portes, tant les tenoient cil Englès en grant doute. De quoi li prevos des marchans en estoit demandés et par derrière encoupés.

§ 420. Quant cil de Paris se veirent ensi heriiet et guerriiet de ces Englès, si furent tout foursenet et requisent au prevost des marchans que il volsist faire armer une partie de leur communalté et mettre hors as camps, car il les voloient combatre. Li dis prevos leur acorda et dist que il iroit avoec yaus, et fist un jour armer une partie de chiaus de Paris, et en fist partir jusques à vingt deux cens. Quant il furent as camps, il entendirent que cil Englès qui les guerrioient, se tenoient devers Saint Clo : si se avisèrent que il se partiroient en deux parties et prenderoient deux chemins, afin que il ne leur peuissent escaper. [Si se ordonnèrent ainsi[1]], et se devoient tout retrouver et rencontrer en un certain lieu assés près de Saint Clo. Si dessevrèrent li un de l'autre, et en prist li prevos des marchans la mendre partie. Si tourniièrent ces deux batailles tout le jour environ Montmartre, et riens ne trouvèrent de ce que il deman-

---

1. Mss. B 4, 3, f⁰ 193 v⁰. — Ms. B 1, t. II, f⁰ 105 (lacune).

doient. Or avint que li prevos des marchans, qui estoit nesis de estre sus les camps, et qui riens n'avoit fait encores, entours remontière rentra en Paris par le porte Saint Martin. Li aultre bataille se tint plus longement sus les camps, et riens ne savoit dou retour dou prevost des marchans, que il fust rentrés en le ville; car, se il le sceuissent, il y fuissent rentret ossi.

Quant ce vint sus le vespre, il se misent au retour, sans ordenance et arroy, comme cil qui ne cuidoient avoir point d'encontre ne d'empeecement; et s'en revenoient par tropiaus, ensi que tout lassé et tout hodé. Et portoit li uns son bacinet en sa main, li aultres en unes besaces; li tiers par tanison trainoit sen espée ou il le portoit à eskerpe : tout ensi se maintenoient il, et avoient pris le chemin pour rentrer en Paris par le porte Saint Honnouré. Si trouvèrent de rencontre ces Englès ou fons d'un chemin, qui estoient bien quatre cens tout d'une sorte, qui tantost escriièrent ces François et se ferirent entre yaus de grant volenté, et les reboutèrent trop diversement; et y en eut, de premières venues, abatus plus de deux cens. Chil François, qui furent soudainnement pris et qui nulle garde ne s'en donnoient, furent tout esbahi et ne tinrent point de conroi; mès se misent en fuites et se laissoient occirre et decoper, ensi que bestes, et rafuioient que mieulz mieulz devers Paris. Et en y eut mors en celle cace plus de sept cens, et furent poursievi jusques dedens les barrières de Paris. De ceste avenue fu trop durement blasmés li prevos des marchans, de le communauté de Paris, et disent que il les avoit trahis. Encores, à l'endemain

au matin, avint que li proçain et li amit de chiaus qui mort estoient, issirent de Paris, pour yaus aler requerre à chars et à charettes et les corps ensepelir. Mais li Englès avoient mis une embusche sus les
5 camps : si en tuèrent et mehagnièrent de rechief plus de six vingt.

En tel tourble et en tel meschief estoient echeu cil de Paris, et ne se savoient de qui garder. Si vous di que il vivoient et estoient nuit et jour en grans sous-
10 peçons, car li rois de Navare se refroidoit d'yaus aidier, pour la cause de la pais qu'il avoit juret à son serourge le duch de Normendie, et pour l'outrage ossi que il avoient fait des saudoiiers englès que il avoit envoiiés en Paris : si consentoit bien que cil de
15 Paris en fuissent castiiet, afin que il amendaissent plus grandement ce fourfet. D'autre part, li dus de Normendie ossi le souffroit assés, pour tant que li prevos des marchans avoit encores le gouvrenement d'yaus ; et leur mandoit bien et escrisoit generaument
20 que nulle pais ne leur tenroit jusques à tant que douze hommes de Paris, lesquelz que il vorroit [eslire[1]], il aroit à se volenté.

Si devés savoir que li dis prevos des marchans et cil qui se sentoient fourfait n'estoient mies bien à
25 leur aise. Si veoient il bien et consideroient, tout imaginet et consideret, que ceste cose ne pooit longement demorer en cel estat, car cil de Paris commençoient jà à refroidier de l'amour que il avoient eu à lui et à chiaus de sa secte, et les departoient vil-
30 lainnement, si com il estoient enfourmé.

1. Mss. B 4, 3, f° 194. — Ms. B 1, t. II, f° 106 (lacune).

§ 421. Li prevos des marchans de Paris et cil de sa secte avoient entre yaus souvent pluiseurs consaulz secrès pour savoir comment il se poroient par maintenir ; car il ne pooient trouver, par nul moiien, merci ne remède ou duch de Normendie : dont ce les esbahissoit plus c'autre cose. Si regardèrent finablement que il valoit mieulz que ilz demorassent en vie et en bonne prosperité dou leur et de leur amis que dont que il fuissent destruit ; car mieulz leur valoit, ce leur sambloit, à occirre que estre occis. Si se arrestèrent du tout sus cest estat, et trettiièrent secretement devers ces Englès qui guerrioient chiaus de Paris. Et se porta certains acors entre leurs parties, que li prevos des marchans et cil de sa secte devoient estre si au dessus de le porte Saint Honnouré et de le porte Saint Antonne que, à heure de mienuit, Englès et Navarois tout d'une sorte, qui y devoient venir si pourveu que pour courir et destruire Paris, les devoient trouver toutes ouvertes. Et ne devoient li dit coureur deporter homme ne femme, de quel conversation qu'il fuissent, mès tout mettre à l'espée, où uns signes, que li ennemi devoient cognoistre, ne seroit trouvés as huis ou as fenestres de chiaus de Paris.

Celle propre nuit que ce devoit avenir, espira et esvilla Diex aucuns bourgois de Paris qui estoient de l'acort et avoient toutdis esté dou duch de Normendie, desquelz Jehans Maillars et Symons ses frères se faisoient chief. Et furent cil par inspiration divine, ensi le doit on supposer, enfourmé que Paris devoit estre courue et destruite. Tantost il s'armèrent et fisent armer tous chiaus de leur costé, et revelèrent

ces nouvelles secretement en pluiseurs lieus pour avoir plus de confortans. Et s'en vinrent Jehans Maillars et si frère bien pourveu de armeures et de bons compagnons tous avisés, pour savoir quel cose
5 il devoient faire, un petit devant mienuit, à le porte Saint Antonne, et trouvèrent le dit prevost des marchans, les clés de le porte en ses mains.

Le premier parler que Jehans Maillars li dist, ce fu que il li demanda par son nom : « Estievene, Es-
10 tievene, que faites vous ci à ceste heure? » Li prevos respondi : « Jehan, à vous qu'en monte dou savoir? Je sui chi pour prendre garde à le porte et à chiaus de le ville dont j'ay le gouvrenement. » — « Par Dieu, respondi Jehans Maillars, il ne va mies ensi,
15 mès n'estes ci à ceste heure pour nul bien, et je le vous moustre, dist il à chiaus qui estoient dalés lui, comment il tient les clés des portes en ses mains pour trahir le ville. » Li prevos des marchans s'avança et dist : « Vous mentés ! » — « Par Dieu, res-
20 pondi Jehans Maillars, mès vous, trahites, vous men tés. » Et tantost feri à lui et dist à ses gens : « A le mort, à le mort, tout homme de son costé, car il sont trahitte ! »

Là y eut entre yaus grant hustin, et s'en fust vo-
25 lentiers li prevos des marchans fuis, se il peuist; mais il fu si hastés que il ne peut, car Jehans Maillars le feri d'une hace en le tieste et l'abati à terre, quoique ce fust ses compères, et ne se parti de lui jusques à tant qu'il fu occis et six de chiaus qui là
30 estoient, et li demorans pris et envoiiés en prison; et puis commencièrent à estourmir et à resvillier les gens parmi les rues de Paris. Si s'en vinrent Jehans

Maillars et cil de son acord jusques à le porte Saint
Honnouré et y trouvèrent gens de le sorte le dessus
dit prevost : si les encoupèrent de trahison; ne escu-
sance que il fesissent, ne leur valli riens. Là en y eut
pluiseur pris et en divers lieus envoiiés en prison;
et cil qui ne se laissoient prendre, estoient tué
sans merci. Celle propre nuit, on en prist plus de
soixante en leurs maisons, qui furent tout encoupet
de trahison et dou fait pour quoi li prevos estoit
mors; car cil qui pris estoient, confessèrent tout le
mesfet.

L'endemain au matin, cilz Jehans Maillars fist assambler le plus grant partie de le communauté de
Paris ou marciet as halles; et quant il furent tout
venu, il monta sus un escafaut, et puis remoustra
generaument par quel raison il avoit occis le prevost
des marchans et en quel fourfait il l'avoit trouvé. Et
recorda bellement et sagement, de point en point,
toute l'avenue dou prevost et de ses alloiiés, et comment en celle propre nuit la noble cité de Paris devoit estre courue et destruite, se Diex, par sa grasce,
n'i euist mis remède, qui les resvilla, et les avoit inspirés de cognoistre ceste trahison. Quant li peuples
qui presens estoit eut oy ces nouvelles, si furent
moult esmervilliet et esbahi dou peril où il avoient
esté; et en loèrent li pluiseur Dieu, à jointes mains,
de le grasce que fait leur avoit. Là furent jugiet à mort
par le conseil des preudommes de Paris et par certainne sieute, tout cil qui esté avoient de la secte dou
dit prevost. Si furent tout executé en divers tour-
mens de mort.

Ces coses faites et acomplies, Jehans Maillars,

qui très grandement estoit en le grace de le communauté de Paris, et aucun preudomme ahers avoecques lui, envoiièrent Symon Maillart et deux mestres de Parlement, messire Estievene Alphons et
5 mestre Jehan Pastouriel, devers le duch de Normendie qui se tenoit à Charenton. Cil recordèrent plainnement et veritablement toute l'avenue de Paris et le mort dou dit prevost et de ses alliiés, dont li dus fu moult resjoïs. Et priièrent li dessus dit au dit duch
10 que il volsist venir en Paris, pour aidier et consillier le ville en avant, car tout si adversaire estoient mort. Li dus respondi que ossi feroit il volentiers, et se parti dou pont à Charenton, monsigneur Ernoul d'Audrehen et le signeur de Roie et aucuns chevaliers
15 en se compagnie, et s'en vint dedens Paris où il fu recueilliés de toutes gens à grant joie, et descendi à ce donc au Louvre. Là estoit Jehans Maillars dalés lui, qui grandement estoit en se grasce et en sen amour; et, au voir dire, il l'avoit bien acquis, si com
20 chi dessus vous avés oy recorder.

Assés tost apriès, manda li dus de Normendie la duçoise sa femme, et les dames et damoiselles qui se tenoient et estoient tenues toute le saison à Miaus en Brie; si vinrent à Paris. Et descendi la ditte du-
25 çoise en l'ostel dou duch, que on dist Saint Pol, où il estoit retrais, et là se tint un grant temps. Or vous dirai dou roy de Navare comment il persevera, qui pour le temps se tenoit à Saint Denis, et messires Phelippes de Navare ses frères dalés lui.

30 § 422. Quant li rois de Navare sceut le verité de le mort le prevost des marchans, son grant ami, et de

chiaus de sa secte, si fu durement tourblés et courouciés en deux manières. Li première raison fu pour
tant que li dis prevos li avoist esté [très[1]] favourables
et secrès en tous ses afaires, et avoit mis grant painne
à sa delivrance. Li aultre raison estoit tèle, qui moult
li touchoit, quant il pensoit sus [ce, pour[2]] sen honneur, car fames couroit communement, parmi Paris
et le royaume de France, que il estoit chiés et cause
de le trahison que li prevos et si alloiiet, si com ci
dessus est dit, voloient faire, laquel cose li tournoit à
grant prejudisse : si ques li rois de Navare, ymagi-
nans et considerans ces besongnes, et lui bien consilliet à monsigneur Phelippe son frère, ne pooit veoir
nullement que il ne fesist guerre au royaume de
France, et par especial à chiaus de Paris qui li avoient
fait si grant despit. Si envoia tantost deffiances au
duch de Normendie et as Parisiiens et à tout le corps
dou royaume de France, et se parti de Saint Denis;
et coururent ses gens, au departement, la ditte ville
de Saint Denis, et le pillièrent et robèrent toute.

Et s'en vint li dis rois de Navare à Melun sus Sainne,
où la royne Blance sa serour estoit, qui jadis fu
femme au roy Phelippe. Si le reçut la ditte dame
liement et li mist en abandon ce que [elle] avoit. Si
fist li rois de Navare de la ditte ville et dou chastiel
de Melun sus Sainne sa garnison, et retint partout
gens d'armes et saudoiiers, Alemans, Haynuiers, Braibençons et Hasbegnons, et gens de tous pays qui à
lui venoient et le servoient volentiers, car il les paioit

---

1. Mss. B 4, 3, f° 195. — Ms. B 1, t. II, f° 107 v° (lacune).
2. Ms. B 4, f° 195, — Ms. B 1, t. II, f° 107 v° et B 3 (lacune).

largement. Et bien avoit de quoi, car il avoit assamblé si grant avoir que sans nombre, par le pourcac et ayde dou prevost des marchans, tant de chiaus de Paris comme des villes voisines. Et messires Phelippes de Navare se tray à Mantes et à Meulent sus le rivière de Sainne, et en fisent leurs garnisons ilz et ses gens; et tous les jours leur croissoient gens et venoient de tous costés, qui desiroient à pourfiter et à gaegnier.

Ensi commencièrent li rois de Navare, et ses gens que on appelloit Navarois, à guerriier fortement et durement le royaume de France, et par especial le noble cité de Paris; et estoient tout mestre de le rivière de Sainne desous et deseure, et ossi de le rivière de Marne, de Oize et de Aisne. Si montepliièrent telement cil Navarois que il prisent le forte ville et le chastiel de Cray, par quoy il estoient mestre de le rivière de Oise, et le fort chastiel de le Herielle, à trois liewes de Amiens, et depuis Mauconseil que il remparèrent et fortefiièrent telement que il ne doubtoient assaut ne siège. Ces troi forterèces fisent sans nombre tant de destourbiers au royaume de France que depuis en cent ans ne fu restoré. Et estoient en ces forterèces bien quinze cens combatans, et couroient par tout le pays ensi qu'il voloient, ne nulz n'aloit au devant, et s'espardirent tantost partout. Et prisent li dit Navarois le bonne ville d'Eu, et assés tost après le bon chastiel de Saint Waleri, dont il fisent une très belle garnison et très forte, de quoi messires Guillaumes Bonnemare et Jehans de Segure estoi[en]t chapitainne. Si avoient bien cil doy homme d'armes desous yaus cinq cens combatans, et couroient tout le pays jusques à Dièpe et environ le ville de

Abbeville, et tout selonc le marine jusques ens ès portes dou Crotoi et de Rue et de Moustruel sus mer.

Et faisoient cil Navarois si grans apertises d'armes que on se pooit esmervillier comment il les osoient entreprendre; car, quant il avoient espiiet et avisé un chastiel ou une forterèce, com forte qu'elle fust, il ne se doubtoient point de l'avoir. Et chevauçoient bien souvent sus une nuit trente liewes, et venoient sus un pays qui n'estoit en nulle doubte, et ensi escheloient il et embloient les chastiaus et les forterèces parmi le royaume de France. Et prendoient à le fois sus l'ajournement les chevaliers et les dames en leurs lis, dont il les rançonnoient; ou il prendoient tout le leur, et puis les boutoient hors de leurs maisons. De le ville de Crai sur Oise estoit souverains et chapitainne uns appers chevaliers navarois durement, qui s'appelloit messires Fourdrigais : cilz donnoit les saus conduis à toutes gens qui voloient aler de Paris à Noion, ou de Paris à Compiègne, ou de Compiègne à Soissons ou à Laon, et ensi sus les marces voisines; et li vallirent bien li sauf conduit, le terme que il se tint à Cray, cent mil frans. Ou chastiel de le Herielle se tenoit messires Jehans de Pikegni, uns chevaliers de Pikardie et bons Navarois; et constraindoient ses gens durement chiaus de Montdidier, de Amiens, de Arras, de Peronne et tout le pays de Pikardie, selonch le rivière de Somme. Ens ou chastiel de Mauconseil avoit environ trois cens combatans, desquelz Rabigos de Duri, Richars Frankelins et Hanekins François estoient chapitainne. Cil couroient tous les jours sans faute et pilloient tout le pays environ Noion; et s'estoient racatées à ces capitainnes toutes les grosses villes non fremées environ Noion, à paiier une quantité de florins [toutes] les sepmainnes, et otant bien les abbeyes : aultrement il euissent tout ars et destruit, car il estoient trop cruel sus leurs ennemis. Par tèle manière de gens demoroient les terres vaghes et à tries, ne nulz ne les labouroit ne ouvroit : dont depuis uns très chiers temps en naschi ou royaume de France.

§ 423. Quant li dus de Normendie, qui se tenoit à Paris, entendi que telz gens d'armes essilloient le pays, au title dou roy de Navare, et que il monteplioient trop grossement de jour en jour, si se avisa que il y pourveroit de remède, car par telz gens se poroit perdre li royaumes de France, dont il estoit hoirs. Si envoia par toutes les cités et les bonnes villes de Pikardie et de Vermendois, en priant que cescune, selonch se quantité, li volsist envoiier une somme de gens d'armes à piet et à cheval, pour resister à l'encontre de ces Navarois, qui essilloient ensi le royaume de France dont il avoit le gouvrenement, et que ce ne faisoit mies à souffrir. Les cités et les bonnes villes le fisent moult volentiers et se taillièrent, cescune selonch se aisement, de gens d'armes à piet et à cheval, d'arciers et d'arbalestriers, et se traisent premierement par devers le bonne cité de Noion, et droit devant le garnison de Mauconseil, pour ce que il leur sambloit que c'estoit li plus legiers des fors que li Navarois tenoient, à prendre, et qui plus herioit et constraindoit chiaus de Noion et le bon pays de Vermendois. Si furent chapitainne de toutes ces gens d'armes et commugnes li evesques de Noion, messires Raoulz de Couci, li sires de Rainneval, li sires de Kauni, li sires de Roie, messires Mahieus de Roie, ses cousins, et messires Bauduins d'Anekins, mestres des arbalestriers; et avoient cil signeur avoech yaus pluiseurs chevaliers et escuiers de Vermendois, de Pikardie et de là environ. Si assegièrent de grant volenté Mauconseil et y livrèrent pluiseurs assaus, et constraindirent durement chiaus qui le gardoient et deffendoient.

Quant li compagnon qui dedens estoient, se veirent ensi pressé de ces signeurs de France, qui malement les maneçoient, et il eurent bien consideré entre yaus que longement ne se pooient tenir qu'il ne fuissent pris et desconfi, si escrisirent leur povreté et segnefiièrent à monsigneur Jehan de Pikegni, qui pour le temps se tenoit en le Herielle, à cui toutes ces forterèces obeissoient, en priant que il fuissent conforté et secouru hasteement, ou aultrement il les couvenoit rendre à meschief. Quant messires Jehans de Pikegni entendi ces nouvelles, si ne les mist mies en oubli, mès se hasta durement de conforter ses bons amis de Mauconseil, et manda secretement à chiaus de le garnison de Cray et à toutes aultres là environ, que il fuissent appareilliet et sus les camps en un certain lieu que il leur assigna, car il voloit chevaucier. Toutes manières de gens d'armes et de compagnons obeirent de grant volenté à lui et se traisent là où il devoient aler. Quant il furent tout assamblé, il se trouvèrent bien mil lances de bons combatans. Si chevaucièrent ces gens de nuit, ensi que gides les menoient, et vinrent sus un ajournement devant Mauconseil. Celle

matinée faisoit si grant bruine que on ne pooit veoir un arpent de terre loing. Si tretost que il furent venu, il se ferirent soudainnement en l'ost des François, qui de ce point ne se gardoient et qui dormoient
5 à petit gait, comme tout asseguret. Si escriièrent li Navarois : « Saint Jorge ! Navare ! » et commencièrent à tuer et à decoper gens et abatre tentes et trés et à faire un grant esparsin, car li François furent pris sus un piet, telement que il n'eurent loisir d'yaus
10 armer ne recueillier; mès se misent à le fuite, cescuns qui mieulz mieulz, devers le cité de Noion qui leur estoit assés proçainne, et li Navarois apriès.

Là eut grant bataille et dur hustin, et moult de gens mors et reversés entre Noion et Oskans, et entre
15 Noion et le Pont l'Evesque et tout là entours. Et gisoient li mort et li navret à fous et à mons, sus le chemin de Noion, et entre haies et buissons. Et dura li cace jusques ens ès portes de Noion. Et fu la cité en grant peril de perdre, car li aucun dient, qui
20 furent là d'un lés et de l'autre, que, se li Navarois vosissent bien, acertes il fuissent entré dedens; car cil [de] Noion, par ceste desconfiture, furent si esbahi que, quant il rentrèrent en leur ville, il n'eurent mies avis de clore le porte devers Compiègne. Et fu
25 pris li evesques de Noion devant les barrières et fianciés prisons; aultrement il euist estet mors. Là furent pris messires Raoulz de Couci, messires Raoulz de Rainneval, li sires de Kauni et si doi fil, li Borgnes de Rouvroy, li sires de Turote, li sires de Venduel,
30 messires Anthones de Kodun et bien cent chevaliers et escuiers. Et en y eut mors bien quinze cens et plus. Et par especial cil de le cité de Tournay y per-

dirent trop grossement, car il estoient là venu en
grant estoffe et très bon arroy et riche. Et voelent
dire li pluiseur que, de sept cens que il estoient, il en
retournèrent moult petit que tout ne fuissent mort
ou pris; car cil de Mauconseil issirent ossi, qui paraidièrent à faire le desconfiture, qui fu l'an de
grasce mil trois cens cinquante huit, le mardi proçain
aprиès le Nostre Dame en mi aoust qui fu adonc par
un samedi.

§ 424. Ceste desconfiture enorghilli et amonta si
les Navarois et leurs routes, qu'il chevaucièrent par
tout le pays à leur volenté, et enmenèrent le plus
grant partie de leurs prisonniers à Cray, pour tant
que il y a bonne ville et forte et bien seant; et conquisent là très grant avoir, tant en jeuiaus comme en
prisons que il rançonnèrent depuis bien et fort. Et
en devinrent li compagnon si friche et si joli que
merveilles; et rançonnoient ces bourgois de Tournay
et d'autres villes, à selles estoffées bien et frichement,
as fers de glaves, as haces et à espées, à jakes, à jupons ou à housiaus, et à tous hostieus qu'il leur besongnoit. Les chevaliers et les escuiers rançonnoient
il assés courtoisement, à mise d'argent, ou à coursiers
ou à roncins; ou d'un povre gentil homme, qui
n'avoit de quoi riens paiier, il prendoient bien le
service un quartier d'an ou deux ou trois, ensi que
il estoient d'acord. De vins, de vivres et de toutes
aultres pourveances avoient il bien et largement, car
li plas pays leur en delivroit assés, par cause de re-
demption; ne riens n'aloit ens ès bonnes villes, fors
en larecin et par bon sauf conduit que il vendoient

bien et chier. Et cela tenoient il enterinement, excepté trois coses, capiaus de bevenes, plumes d'osterice et fiers de glave : onques il ne veurent mettre ces trois jolietés ne acorder en leurs saus conduis. Si fisent cil de Mauconseil, depuis ceste besongne avenue, assés plus de maulz apriès que devant, et ardirent et violèrent le plus grant partie de le bonne abbeye d'Oskans : dont ce fu [grans[1]] damages, et moult en despleut as chapitains de Mauconseil, quant il le sceurent.

Si s'espardirent cil Navarois en pluiseurs lieus, d'une part et d'autre le rivière d'Oise et d'Aisne. Et vinrent doi homme d'armes appert durement, Rabigos de Duri et Robin l'Escot, prendre par eskiellement le bonne ville de Velli, dont il fisent une très bonne garnison, et le remparèrent et fortefiièrent durement. Cil doy compagnon avoient desous yaus et à leurs gages bien quatre cens compagnons, et retenoient toutes manières d'autres gens, Alemans, Haynuiers, Flamens, Braibençons et Hesbegnons, et leur donnoient certains saulz, et paioient de mois en mois. Si couroient cil de Velli, cil de Mauconseil, cil de Cray et cil de le Herielle partout où il voloient, ne nulz ne leur contredisoit; car li chevalier et li escuier estoient tout ensonniiet de garder leurs forterèces et leurs maisons. Et aloient cil Navarois et cil Englès et chevauçoient ensi qu'il voloient, une fois armé, l'aultre desarmé, et s'esbatoient de fort en fort, tout ensi comme li pays fust bien en pais.

---

1. Mss. B 4, 3, f° 196 v°. — Ms. B 1, t. II, f° 109 v° (lacune).

Li jones sires de Couci faisoit bien ses chastiaus garder et songneusement. Et en estoit, ensi que souverains et gouvrenères de toute le terre de Couci, uns appers chevaliers durement qui s'appelloit li Chanonnes de Robertsart : cesti ressongnoient plus li Englès et li Navarois que nul des aultres, car il en rua par pluiseurs fois tamaint jus; et ossi fist li sires de Roie.

§ 425. Or avint ensi que messires Jehans de Pinkegni, qui estoit de le partie dou roy de Navare et li plus grans de son conseil, et par quel aye et pourcach il avoit estet delivrés, et qui pour le temps se tenoit en le Herelle, à trois liewes priès de le cité d'Amiens, pourcaça tant par son soubtil langage envers aucuns bourgois d'Amiens et des plus grans de le cité, que il les eut de son acord, et devoient mettre les Navarois dedens le ville. Et emplirent couvertement cil bourgois, trahitte envers chiaus de le cité, leurs cambres et leurs celiers de Navarois qui devoient aidier à destruire le ville.

Et vinrent un soir messires Jehans de Pinkegni et messires Guillaumes de Gauville et messires Frikes de Frikans et messires Lus de Bekisi et messires Fourdrigais et yaus bien sept cens, tout bon combatans, sus le confort de leurs amis que il avoient laiens, as portes de Amiens au lés devers le Herielle, et le trouvèrent ouverte, ensi que ordonné estoit. Adonc sallirent hors cil qui repus estoient ens ès celiers et ens ès cambres, et commencièrent à escriier : « Navare ! » Cil de le cité d'Amiens, qui furent en grant effroy, se resvillièrent soudainnement et escriiè-

rent : « Trahi ! trahi ! » et se recueillièrent entre yaus de grant corage, et se traisent devers le porte là où li plus grans tumultes estoit, entre le bourch et le cité. Si gardèrent cil qui premiers y vinrent, assés
5 bien le porte et de grant volenté; et en y eut, d'un lés et de l'autre, grant fuison d'occis. Et vous di que, se li Navarois se fuissent hasté d'entrer en le cité, si-tost que il y vinrent, il l'euissent gaegnie ; mès il entendirent ou bourch et fisent lor emprise assés cowar-
10 dement.

Ossi celle propre nuit inspira Diex monsigneur Moriel de Fiennes, connestable de France pour le temps, et le jone conte de Saint Pol son neveu, qui estoient à Corbie à tout grant fuison de gent d'armes :
15 si chevaucièrent vers Amiens vighereusement, et y vinrent si à point que li Navarois avoient jà conquis tout le bourch et mettoient grant painne à conquerre le cité, et l'euissent eu sans faute, se li dessus dit ne fuissent venu si à point. Si tretost que cil doy signeur
20 et leurs gens furent entré en le cité d'Amiens par une aultre porte, il se traisent caudement là où li perilz et la meslée estoient, et fisent desvoleper leurs banières et se rengièrent moult ordeneement sus le rue, sans passer le porte, car il tenoient le bourch
25 pour tout conquis et perdu, ensi qu'il fu. Cilz secours rafreschi et rencoraga durement chiaus d'Amiens, et aluma on sus le rue grant fuison de feus et de fallos.

Quant messires Jehans de Pinkegni et cil qui es-
30 toient par [delà[1]], entendirent que li connestables et li

---

1. Mss. B 4, 3, f° 197. — Ms. B 1, t. II, f° 110 v° : « de delà. »

contes de Saint Pol estoient d'autre part à tout grant fuison de gens d'armes, si senti tantost que il avoient falli à leur entente et que il pooient plus perdre que gaegnier; si retray ses gens, au plus courtoisement qu'il peut, et donna conseil de retourner. Dont se recueillièrent li Navarois et cil de lor costé tout ensamble et sonnèrent le retrette; mais il pillièrent ançois et coururent tout le bourch. Dont ce fu grans damages de ce que il l'ardirent, car il y avoit plus de trois mil maisons et des bons hostelz grant fuison et de belles eglises ossi perrociaulz et aultres qui tout furent arses; ne riens n'i eut de deport, mès li feulz n'entra point dedens le cité. Ensi retournèrent li Navarois qui enmenèrent grant avoir, que il avoient trouvé ou grant bourch de Amiens, et fuison de prisonniers; et s'en ralèrent arrière en leurs garnisons.

§ 426. Quant li Navarois furent tout retrait, li connestables [de Franche[1]] et li contes de Saint Pol departirent leurs gens et les envoiièrent par toutes les portes; et leur commandèrent, sus le hart, que il ne laiassent nul homme vuidier hors de le ville: ensi fu fait qu'il fu devisé. L'endemain, au matin, li connestables de France, li contes de Saint Pol et aucun bourgois d'Amiens, qui cognissoient le maniement de le ville et qui soupeçonnoient aucuns bourgois et bourgoises de ceste trahison, s'en alèrent ens ès maisons de chiaus et de celles où il les pensoient à trouver; si en prisent jusques à dix sept, liquel furent decolet tantost et sans delay publikement enmi le

---

1. Mss. B 4, 3, f° 197. — Ms. B 1, t. II, f° 110 v° (lacune).

marchiet, et meismement li abbes dou Gart qui consenti avoit ceste trahison et logiés une partie des Navarois en se maison. Ossi assés tost après, par cas sannable, en furent trahinet et justiciet en le bonne cité de Laon six des plus grans bourgois de le ville. Et, se li evesques dou lieu euist esté tenus, mal pour lui, car il en fu accusés, et depuis ne s'en peut il escuser; mès il se parti adonc secretement, car il eut amis en voie qui li noncièrent ceste avenue : si se trest tantost par devers le roy de Navare à Melun sus Sainne, qui le reçut liement.

Telz avenues et tèles amises avenoient adonc ou royaume de France. Pour ce se tenoient li signeur, li baron et li chevalier et ossi les cités et les bonnes villes, cescuns sus se garde; car on ne se savoit de qui garder. Et au voir dire, li rois de Navare avoit pluiseurs amis semés et acquis parmi le royaume de France; et, se on ne s'en fust perceu si à point, il euissent plus de contraires fais assés que il ne fesissent, comment que il en fesissent assés.

En ce temps que li dus de Normendie et si frère se tenoient à Paris, n'osoient nulz marchans ne aultres issir hors de Paris, ne chevaucier en ses besongnes, que il ne fust tantost rués jus, de quel costé que il volsist aler; car li royaumes estoit si raemplis à tous lés des Navarois qu'il estoient mestre et signeur dou plat pays et des rivières, et ossi des cités et des bonnes villes : dont uns si chiers temps en vint en France que on vendoit un tonelet de herens trente escus, et toutes aultres coses à l'avenant. Et moroient les petites gens de fain, dont c'estoit grans pités. Et dura ceste durtés et cilz chiers

temps plus de quatre [ans [1]]. Et par especial, ens ès
bonnes villes de France, ne pooit nulz ne nulle recouvrer de sel, se ce n'estoit par les menistres dou
duc de Normendie. Et le faisoient cil as gens achater
à leur ordenance, pour estordre plus grant argent,
pour paiier les saudoiiers, car les rentes et les revenues dou dit duc en aultres conditions estoient toutes
perdues.

§ 427. Moult acquisent li connestables de France
et li jones contes de Saint Pol grant grasce parmi le
pays de Pikardie, dou secours que il avoient fait à
chiaus d'Amiens. Et se commenchièrent tout li chevalier et li escuier de Pikardie à aherdre à yaus, et
disent ensi : « Nous avons en ces deux signeurs bons
chapitainnes et gouvreneurs, pour emprendre un grant
fait et resvillier nos ennemis, qui ensi nous herient et
nous tollent no chavance. » Tant parlèrent li baron
et li chevalier et li escuier, quant il se trouvèrent ensamble, et si s'esmeurent que, de fait et de volenté, il
disent et acordèrent que il iroient assegier Saint Waleri et chiaus qui dedens estoient, qui là gisoient trop
grandement à leur honneur. Et y misent li dit signeur
de Pikardie, par le conseil des dessus dis, jour et
terme de ce faire; si se pourveirent selon ce. Et le
segnefia li connestables de France par tout les cités
et les bonnes villes de Pikardie. Si se cueillièrent cil
de Tournay, de Arras, de Lille, de Douay, de Bietune, de Saint Omer, de Saint Quentin, de Peronne,
d'Amiens, de Corbie et de Abbeville; et se taillièrent

1. Mss. B 4, 3, f° 197 v°. — Ms. B 1, t. II, f° 111 : « mois. »

à une quantité de gens, et les envoiièrent devers le connestable et le conte de Saint Pol, qui se fisent chief [et souverain¹] de ceste entrepresure. Si s'esmurent de tous lés chevalier et escuier. Et meismement
5 de Haynau en y ala il assés, pour le cause des hyretages qu'il tenoient ou tiennent en France. Li sires d'Enghien y envoia. Li jones seneschaus pour le temps de Haynau, messires Jehans [de Verchin²] y ala en grant estoffe, et messires Hues d'Antoing ses cou-
10 sins et pluiseur aultre, et vinrent mettre le siège par devant Saint Waleri. Si estoient bien deux mil chevaliers et escuiers, et environ douze mil aultres gens des communautés des bonnes villes, et tout à leurs frès; mais par especial cil d'Abbeville en furent
15 trop cuvriiés, car là prendoient il le plus grant partie de leurs pourveances.

Si se tint li sièges devant Saint Waleri un grant temps, et y eut fait et livret tamaint grant assaut et mainte escarmuce. Et priesque tous les jours y ave-
20 noit aucune cose de nouviel ou aucune apertise d'armes; car li jone chevalier et escuier [de l'ost³] s'aloient là aventurer et esprouver de grant volenté. Et bien trouvoient à cui parler, car messires Guillaumes Bonnemare et Jehans de Segure, appert homme d'ar-
25 mes malement, et aucun compagnon de laiens venoient jusques as barrières de leur forterèce lancier et escarmucier à chiaus de l'host bien et hardiement. Si en y avoit des blechiés et des navrés à le fois des uns et des aultres, ensi que en telz besongnes avien-

---

1. Mss. B 4, 3, f° 197 v°. — Ms. B 1, t. II, f° 111 v° (lacune).
2. Mss. B 4, 3, f° 197 v°. — Ms. B 1, t. II, f° 111 v° (lacune).
3. Mss. B 4, 3, f° 198. — Ms. B 1, t. II, f° 111 v° (lacune).

nent souvent telz aventures. Et pooient bien estre cil de Saint Waleri troi cens combatans, sans chiaus de le ville, que il faisoient combatre et yaus aidier : aultrement il euissent mal finet. Et y fisent li signeur qui là estoient, amener et achariier les engiens de Amiens et de Abbeville, et assir par devant, qui y gettoient grandes pières de fais qui moult cuvrioient chiaus de le ville. Et ossi cil de Saint Waleri avoient des bons canons et des espringalles, dont il travilloient moult chiaus de l'ost.

En ce temps que li sièges se tenoit là et que li rois de Navare de tous costés guerrioit le royaume de France, ariva à Chierebourch li captaus de Beus, uns très apers chevaliers, cousins dou roy de Navare, et vint adonc en Normendie en istance de ce que pour aidier le [dit[1]] roy à parmaintenir sa guerre contre le royaume de France, car ossi li dis rois l'en avoit affectueusement priiet et retenu à saus et as gages à deux cens lances. Dont, si tretos que li captaus fu venus en Normendie, il se mist as camps et chevauça tant parmi le pays dou roy de Navare, que il vint à Mantes. Là trouva il monsigneur Phelippe de Navare, son cousin, qui li fist grant chière et le recueilla liement. Et fu avoecques lui, ne sçai quans jours ; et puis s'en parti il secretement à tout ses compagnons. et puis chevauça il tant sus une nuit, parmi le bon pays de Vexin et de Biauvoisis, que il vint à Clermont en Biauvoisin, une grosse ville nient fremée et bon chastiel, voires de une grosse tour que il y a et chaingles environ.

1. Mss. B 4, 3, f° 193. — Ms. B 1, t. II, f° 112 (lacune).

Li captaus, ains son departement de Normendie, avoit avisé ceste forterèce à prendre : si l'en chei si bien que, sus un ajournement, ses gens le prisent, emblèrent et eschiellèrent sus les villains dou pays.
5 Et entrèrent li Navarois par eschiellement dedens : de quoi, qui le ditte tour voit, on se poet esmervillier comment ce se poet faire ; car, à le veue dou monde, c'est cose impossible dou prendre. Toutesfois, il achievèrent leur emprise par eschielles de cordes et gra-
10 wés d'acier. Et y entra premierement, en rampant ensi comme uns cas, Bernars de la Salle, qui en son vivant en eschiella pluiseurs. Et tant fisent en ceste empainte que Clermons demora au captal de Beus, qui le tint un grant temps, et pluiseurs bons compa-
15 gnons dedens, qui durement travillièrent et cuvriièrent depuis le bon pays de Vexin et de Biauvoisis, parmi l'ayde des aultres forterèches qui se tenoieut navaroises là environ, Cray, le Herielle et Mauconseil. Et estoit tous li plas pays à yaus, ne nulz n'aloit au
20 devant. Et toutdis se tenoit li sièges des chevaliers de Pikardie et dou pays de Kaus devant Saint Waleri.

§ 428. Ensi estoit ensonniiés et guerriiés de tous lés li royaumes de France en toutes ses parties en ce temps, au title dou roy de Navare. Et furent pris et
5 conquis et eschiellés pluiseurs fors chastiaus en Brie, en Campagne, en Valois, en l'eveschiet de Noion, de Soissons, [de Senlis[1]] et de Laon, desquelz pluiseurs chevaliers et escuiiers [de divers pays[2]] estoient chief

1. Mss. B 4, 3, f° 198. — Ms. B 1, t. II, f° 112 v° (lacune).
2. Mss. B 4, 3, f° 198. — Ms. B 1, t. II, f° 112 v° (lacune).

et chapitainne. Par devers Pons sus Sainne, vers
Prouvins, vers Troies, vers Auçoirre et vers Tonnoirre,
estoit li pays si entrepris de fors guerrieurs et de pilleurs que nulz n'osoit issir des cités ne des bonnes
villes. Entre Chaalons en Champagne et Troies, ens
ou chastiel de Biaufort qui est de l'iretage le duch de
Lancastre, se tenoit messires Pières d'Audelée, et en
avoit fait une très belle et bonne garnison : cil couroient tout le pays environ yaus. D'autre part, à Pont
sus Sainne et à le fois ou fort de Nogant, se tenoit
uns très appers chevaliers de Haynau, qui s'appelloit
messires Eustasses d'Aubrecicourt, et avoit bien desous lui cinq cens combatans : si couroient tout le
pays environ yaus. D'autre costé, en Campagne, ravoit un escuier d'Alemagne qui s'appelloit Albrest,
apert homme d'armes malement.

Ces trois capitainnes tenoient, en le marce de Campagne et sus le rivière de Marne, plus de soixante
chastiaus et fortes maisons, et mettoient sus les camps,
quant il voloient, plus de deux mil combatans; et
avoient tout le pays mis en leur subjection, et ran-
çonnet et robet à leur volenté sans merci. Et par especial, cilz Albrest et se route y fisent trop de villains
fais. Si avoient pris ces gens, que on nommoit gens
d'armes, pilliet, robet, tout ars et destruit le bonne
ville [de] Danmeri, Esparnay et le bonne ville de Vertus et toutes les villes selonch le rivière de Marne,
jusques au Chastiel Thieri, et tout ensi environ le cité
de Rains. Et avoient gaegniet le bonne ville de Ronay
et le fort chastiel de Hans en Campagne, et tout
pris et robet quanque trouvet y fu, et tout en amont
jusques à Sainte Menehous en Partois. Et le plus grant

chapitainne entre yaus et le plus renommet, et qui plus souvent chevauçoit et faisoit des grans apertises d'armes, c'estoit messires Eustasses d'Aubrecicourt. Cils tenoit desous lui, ens ou pays de Campagne, Pons sus Sainne, c'estoit sa cambre, Nogant sus Sainne, Dameri, Luci, Saponay, Troci, Arsi sus Aube, Plansi et pluiseurs aultres forterèces.

Et plus avant, sus le marce de Bourgongne et de Partois, se tenoient aultre guerrieur, qui s'appelloient Thiebaut de Caufour et Jehan de Caufour; et avoient, au title dou roy de Navare, pris en l'evesquiet de Lengres un très fort chastiel malement qui s'appelloit Montsaugon. Laiens avoit bien quatre cens combatans, qui guerrioient et cuvrioient tout le pays et couroient jusques en l'eveschiet de Vredun, et rançonnoient tout, ne riens ne duroit devant yaus; ne ossi nulz ne leur aloit au devant, mès estoient li baron, li chevalier et li escuier tout ensonniiet de garder leurs maisons et leurs forterèces.

§ 429. D'autre part, par devers Soissons et entre Laon et Rains, se tenoient aultre pilleur et reubeur, qui desroboient et rançonnoient tout celi pays de là entours, et parmi la terre le signeur de Couci et le conte de Roussi; ne riens ne demeroit hors des forterèces. Chil doy signeur, li sires de Couci et li contes de Roussi, faisoient bien garder, par gens d'armes qu'il avoient retenu à leurs gages et à leurs frès, leurs chastiaus et leurs forterèces. Et estoit li souverainne garnison de celi pays de ces pilleurs, Velli; si l'avoient malement remparée et fortefiie. Et estoient bien dedens six cens combatans: si en estoit chapitainne Rabigos de Duri, uns escuiers englès, appert homme d'armes durement. Cilz retenoit toutes manières de gens et de compagnons qui le voloient servir, et leur donnoit certains gages et les paioit telement, de terme en terme, que tout le servoient volentiers. Cilz avoit avoecques lui un escuier qui s'appelloit Robin l'Escot, qui estoit, ensi que compagnon, à perte et à gagne.

Cilz Robins l'Escot, pour lui avancier et li faire renommer, ala ens ès festes dou Noel gaegnier sauvagement par nuit le fort chastiel de Roussi, et prist dedens le propre conte de Roussi, madame sa femme et madamoiselle lor fille, et tous chiaus qui y furent trouvés, et ossi toutes les pourveances dou chastiel, qui estoient moult grandes : et fu avoech tout ce toute la ville robée. Si fist li dis Robins l'Escot de la ville et dou chastiel une grande garnison, qui puissedi greva durement le pays de là entours; et si rançonna le dit conte, madame sa femme et madamoiselle leur fille, à le somme de douze mil florins d'or au mouton; et se detint le ville et le chastiel tout l'ivier et l'estet apriès, qui fu l'an cinquante neuf. Et quant li contes de Roussi eut paiiet sa raençon, il s'en ala tenir à Laon ou là où il li plot le mieulz. Ensi estoit li pays foulés et desolés de tous lés, ne on ne savoit auquel entendre. Et en celi pays de l'eveschiet de Laon, on ne faisoit nulz ahans de terre, dont uns moult chiers temps en nasci de puissedi.

§ 430. En ce temps, si com je fui enfourmés, avint à monsigneur le chanonne de Robersart une belle journée sus ces pilleurs, et dont il fu grandement renommés en l'eveschiet de Laon et de Soissons : je vous dirai comment. Il avint que li sires de Pinon, uns banerès de Vermendois, chevauçoit environ à soixante armeures de fier, pour le doubte des rencontres, de forterèce à aultre. Ce propre jour, chevauçoient cil de le garnison de Velli et cil de le garnison de Roussi, mès point n'i estoient li chapitainne, fors que aucun compagnon qui se voloient enventurer pour gaagnier et couroient sus le pays; et pooient estre troi cens, tous bien montés et apparilliés pour bien faire une besongne. Dont il avint d'aventure que, assés priès de Craule en Laonnois, cil coureur englès et navarois et gens tout d'une sorte vont aviser sus les camps le signeur de Pinon qui chevauçoit desous son pennon assés ordoneement et tenoit les camps par devers Craule. Sitost que cil compagnon les veirent, il cogneurent que il estoient françois; si se recueillièrent et disent : « Cil ci sont nostre. » Li sires de Pinon et ses gens les perçurent de lonc nestre et approcier viers yaus, et que il leur voloient trenchier le chemin cesti qu'il tenoient, et veoient bien ossi que il estoient grant nombre de gens encontre yaus, et ne leur pooient escaper nullement. Toutesfois, bien consideré le peril et le parti où il estoient, il disent que il chevauceroient fort à l'esporon et se bouteroient en le première garnison ou forte maison françoise qu'il trouveroient : si retournèrent sus destre en costiant Craule, et ferirent chevaus des esporons pour yaus sauver, se il peuissent.

Quant li Navarois veirent leur couvenant, si ferirent ossi des esporons moult tangrement après yaus, en escriant : « Saint Jorge! Navare! » Et estoient tout trop mieuls monté que li François ne fuissent; et les

euissent sans faute raconsiewis, ançois que il euissent
chevauciet une liewe. Or eschey ensi au signeur de
Pinon que il trouvèrent un grant fosset sus les camps,
large et parfont et plain d'aigue, enclos de fortes
haies à l'un des lés; et n'i avoit que une estroite voie
où on peuist chevaucier. Si tretost que li sires de
Pinon se vey oultre et se route, il eut tantos consideré l'avantage; si dist as siens : « A piet! à piet! il
nous vault miex ci attendre[1] et deffendre, et attendre
l'aventure de Dieu, que fuir et estre mort et pris en
fuiant. » Adonc mist piet à terre, et tout si homme
dalés lui ; et se ordonnèrent au devant de une roullie
bien et faiticement. Evous le route des compagnons
venue, qui bien estoient troi cens, qui ossi tantost
vont mettre piet à terre et se appareillent d'yaus assallir de grant manière.

Là eut, entre les gens le signeur de Pinon, un
escuier, bon homme d'armes qui se avisa d'un
grant sens, car il dist à son varlet : « Monte sus
mon coursier [tantost[2]] et ne l'espargne point, et
chevauce devers le garnison de Pierepont. Tu trou-
veras là le Chanonne de Robersart; se li contes en
quel parti tu nos as laissiés, et li di qu'il nous vigne
secourir : il est bien si gentilz chevaliers que il le
fera volentiers. » — « Ha ! sire, respondi li varlès,
or prendés que je le troeuve. Comment y pora il venir à temps? il y a bien cinq grans liewes de ci. » Li
escuiers respondi : « Fay en ton devoir. » Adonc se
parti li varlès, qui n'osa plus riens dire, et prist sen

---

1. Ms. B 4, f° 199 : « entendre. »
2. Ms. B 4, f° 199 v°. — Ms. B 1, t. II, f° 114 (lacune).

adrèce viers Pierepont, ensi que cilz qui cognissoit bien le pays; et laissa ses mestres ens ou parti que vous poés oïr, assallis fierement et radement de ces pillars de Velli et de Roussi. Li sires de Pinon et se route se deffendoient et combatoient très vaillamment, et y fisent ce jour tamainte belle apertise d'armes. Là se tinrent en bon couvenant sus l'avantage seulement de ce fossé, de l'eure de prime jusques à remontière, que onques ne se desconfirent ne esbahirent.

Or vous dirai dou varlet comment il esploita : il chevauça tant sans cesser, car il estoit bien montés, que il vint à Pierepont en Laonnois et jusques au Chanonne de Robersart, et li dist l'afaire tout ensi comment il aloit. Li Chanonnes ne mist mies ces nouvelles en noncalloir, mès dist que il s'en acquitteroit à son pooir et iroit jusques sus le place où cilz les avoit laissiés, car il savoit assés priès où c'estoit; et fist tantos sonner se trompète et monter toutes manières de compagnons à cheval, et issi de Pierepont : si pooient estre environ six vingt. Et encores, pour mieus furnir sa besongne, il envoia un sien varlet jusques à Laon qui n'estoit mies lonch de là, devers le chapitainne, pour li enfourmer de ces besongnes, et que li Navarois chevauçoient. Si ne se volt mies li dis Chanonnes arrester, ne attendre le secours de chiaus de Laon; mès chevauça toutdis les grans galos là où il pensoit à trouver les ennemis, et tant fist que ilz et toute sa route y vinrent. Si trouvèrent leurs compagnons moult lassés et moult travilliés des Navarois; et ne leur vint onques secours si à point que cilz dou Chanonne fist.

§ 431. Sitost que li Chanonnes de Robersart fu venus en le place où li sires de Pinon et li Navarois se combatoient, il abaissa son glave et se feri ens de grant volenté, et en abati de premières venues, ne sçai deux ou trois. Ilz [et] ses gens, [qui estoient frès et nouvel [1]], reculèrent tantost les compagnons qui estoient tout le jour combatu; et reboutèrent bien avant sus les camps, et en ruèrent tamaint par terre. Là fu li dis Chanonnes très bons chevaliers et y fist tamainte apertise d'armes; et tenoit une espée à deux mains dont il donnoit les horions si grans et si durs que nulz ne les osoit attendre. Que vous feroi je lonch recort? Il desconfi là ces pillars, et en y eut mors sus le place plus de cent et cinquante; et cil qui peurent escaper, furent encores rencontré de chiaus de Laon qui les partuèrent. Et croy que il n'en escapèrent mies, de trois cens qu'il estoient, non plus de quinze, que tout ne fuissent mort et pris. Ceste courtoisie fist messires li Chanonnes de Robersart au signeur de Pinon, dont il li sceut grant gret, et ce fu bien raisons. Or revenrons au siège de Saint Waleri.

§ 432. Ensi que je vous ay ci dessus dit et comptet, li signeur de Pikardie, de Artois, de Pontieu et de Boulenois furent à siège un grant temps devant Saint Waleri, et y fisent et livrèrent tamaint grant assaut, tant par engiens que par aultres instrumens; et travillièrent, le siège durant, grandement chiaus de le forterèce. Ossi cil de le garnison se deffendi-

---

1. Mss. B 4, 3, f° 199 v°. — Ms. B 1, t. II, f° 114 v° (lacune).

rent moult vaillamment, et portèrent à chiaus de l'ost pluiseurs contraires, car il estoient pourveu de bonne artillerie, et entre yaus fuison de bons compagnons qui venoient priesque tous les jours escar-
5 mucier à chiaus de l'host as barrières. Et avint entre les aultres coses que uns appers chevaliers de Pikardie, nommés li sires de Bauciien, estoit une fois alés sus le marine en approçant le chastiel, pour le mieulz aviser ; si fu très [d'aventure[1]] d'un quariel d'esprin-
10 galle qui li passa parmi le corps, et fu là mors : dont ce fu damages, car il estoit moult gentilz homs et de bon afaire, et fu grandement plains des barons et des chevaliers de l'host. Li grant plenté d'artillerie que cil de Saint Waleri avoient en leur garnison,
15 grevoit plus chiaus de l'host que riens née, car on ne les pooit assallir que ce ne fust grandement à trop de damage.

Si se tint cilz sièges de l'entrée d'aoust jusques au quaresme. Et se avisèrent li signeur qui là estoient,
20 que point ne s'en partiroient, pour seoir un an, si l'aroient ; et puisque par assaut ne les pooient avoir, il les afameroient. Sus cel estat se tinrent il un grant temps, et fisent songneusement garder et gettier tous les destrois et les passages, et tant que riens ne leur
25 pooit venir par mer ne par terre. Si commencièrent leurs pourveances moult à amenrir, car il n'osoient issir hors pour aler fourer ; et, d'autre part, nulz secours ne leur apparoit de nul costet. Si se commencièrent à esbahir, et eurent entre yaus avis et conseil
30 que il tretteroient devers les signeurs de l'ost, le con-

1. Mss. B 4, 3, f° 200. — Ms. B 1, t. II, f° 115 (lacune).

nestable de France, le conte de Saint Pol et les barons qui là estoient, que il peuissent partir et rendre le forterèce, salve leurs corps et leurs biens, et aler quel part qu'il vorroient.

Li signeur de l'ost regardèrent que Saint Waleri n'estoit mies une garnison legière à prendre, et que il y avoient jà esté à siège un grant temps par devant, et petit y avoient fait : si entendirent as trettiés des Navarois. Et se porta trettiés finablement que cil de Saint Waleri se pooient partir et aler quel part qu'il voloient, leurs corps tant seulement et ce que devant yaus en pooient porter, sans nulle armeure. A grant dur encores peurent il finer parmi ceste ordenance ; car li contes de Saint Pol voloit qu'il se rendesissent simplement, ce qu'il n'euissent jamais fait. Or ne sçai mies au quel pourfit ce fu que li garnison de Saint Waleri se rendi sitost; mès li aucun supposent que ce fu à l'avantage des François, car, se il euissent encores là esté deux jours à siège, on les euist combatus, et espoir levés à grant damage, ensi que on fist chiaus de Mauconseil : je vous dirai pourquoi.

Messires Phelippes de Navare, qui se tenoit en Normendie et qui gouvrenoit toute la terre dou roy son frère, le conte d'Evrues, et à qui toutes manières de aultres gens d'armes obeissoient, liquel guerrioient le royaume de France pour le temps, avoit esté enfourmés de monsigneur Jehan de Pikegni que cil de Saint Waleri estoient durement astraint et sus le point dou rendre, se il n'estoient conforté. De quoi li dis messires Phelippes, meus et encoragiés de lever ce siège, avoit fait une cueilloite et priière de gens d'armes et de compagnons, partout où il les pooit avoir, et secretement assamblés à Mantes et à Meulent. Si en pooit avoir jusques à trois mil, uns c'autres. Là estoient li jones contes de Harcourt, li jones sires de Graville, messires Robers Canolles, messires Jehans de Pikegni et pluiseur aultre chevalier et escuier. Et estoient ces gens d'armes, desquelz messires Phelippes de Navare estoit chiés, venu trois liewes priès de Saint Waleri, quant elle fu rendue et que li François en prisent le possession. Et en seurent le verité par monsigneur Guillaume Bonnemare et Jehan de Segure qui les trouvèrent sus le chemin. De ces nouvelles furent li Navarois tout courouciet, mès amender ne le peurent.

§ 433. Encores estoient li signeur de France sus les camps et tout rengiet, ne nulz ne s'estoit partis, mais il devoient partir et tourser tentes et trés et se deslogoient, quant les nouvelles [leur[1]] vinrent que li Navarois chevauçoient et estoient à mains de trois liewes priès d'yaus. Quant li connestables de France, li contes de Saint Pol, li sires de Chastillon, li sires de Pois, li sires de Biausaut, li sires de Helli, li sires de Cresèkes, messires Oudars de Renti, messires Bauduins d'Ennekins et li baron et li chevalier qui là estoient, entendirent ces nouvelles, si en furent par samblant tout resjoy, et eurent un brief conseil sus les camps entre yaus quel cose en estoit bon à faire : si regardèrent pour le mieulz et pour leur honneur, ou cas que il savoient leurs ennemis si priès d'yaus,

1. Mss. B 4, 3, f° 200 v°. — Mss. B 1, t. II, f° 115 v° (lacune).

il les iroient combatre. Adonc fu commandé de par
le connestable que cescuns se mesist en arroy et en
ordenance pour chevaucier viers les ennemis. Dont
se arroutèrent toutes manières de gens, cescuns sires
desous se banière ou sen pennon ; et chevaucièrent
ordonneement, ensi que pour tantost combatre, et
sievoient les banières dou connestable et dou conte
de Saint Pol.

Li Navarois entendirent que li François chevauçoient et venoient à esploit sus yaus, et estoient bien
trente mil : si n'eurent mies conseil d'yaus attendre,
mès passèrent le Somme, au plus tost qu'il peurent,
et se boutèrent ou chastiel de Lonch en Pontieu,
chevaus et harnois et quanqu'il avoient : si y furent
moult à estroit. A painnes estoient il ens entré et
descendu, quant li François furent devant, qui les
sievoient de grant volenté ; et pooit estre environ
heure de vespres. Et toutdis venoient gens et assambloient de tous lés, qui sievoient les gens d'armes,
car encores les communautés des bonnes villes et
des cités de Pikardie ne pooient mies sitos venir que
les gens d'armes. Si eurent conseil là li signeur qu'il
se logeroient devant la forterèce celle nuit, et attenderoient toutes leurs gens, qui venoient l'un après
l'autre ; et à l'endemain il les assaudroient, car il les
tenoient pour tous enclos. Ensi que il fu dit, fu il
fait. Et se logièrent adonc toutes manières de gens
devant Lonch, à le mesure qu'il venoient.

Li Navarois, qui estoient là dedens enclos à petit
de pourveances, n'estoient mies à leur aise, et prisent un brief conseil et tout secret que à mienuit il
se partiroient et chevauceroient devers Peronne en

Vermendois. Tout ensi comme il ordonnèrent, il fisent. Quant ce vint environ mienuit, que li François en leurs logeis furent tout aquoisiet, li Navarois, qui estoient dedens Lonch en Pontieu, ensiellèrent leurs
5 chevaus et toursèrent et se armèrent. Et quant il eurent ce fait, il montèrent tout quoiement sans faire friente ne noise, et issirent as camps par derrière et prisent le chemin de Vermendois ; et furent bien eslongiet deux grans liewes, ançois que on seuist leur
10 departement ne nouvelles d'yaus. Et chevauçoient li Navarois ensi que messires Jehans de Pikegni les menoit, qui cognissoit tout le pays. Les nouvelles vinrent en l'ost que li Navarois s'en aloient et estoient parti secretement. Adonc s'armèrent toutes manières
15 de gens et montèrent as chevaus, qui cheval avoient ; et entrèrent ens ès esclos des Navarois qui s'en aloient le grant trot. Encores en demorèrent assés derrière pour cargier les kars et les karettes que il avoient et qui les sievoient, et cheminèrent ensi tant qu'il fu jours.

20 § 434. Quant li jours fu venus et que on peut recognoistre li uns l'autre, si se restraindirent li François et attendirent pour estre mieulz ensamble. Mès li Navarois avoient grant avantage, et bien leur faisoit mestier, car li François estoient grant fuison ; et
25 se leur croissoient gens toutdis, qui se boutoient en leur route. Et chevaucièrent ensi li une partie et li aultre, les Navarois devant qui fuioient, tant qu'il vinrent à Toregni. Toregni est uns petis villages enmi les camps, qui siet hault sus un tertre dont on
30 voit tout le pays environ ; et est sus costière entre Saint Quentin et Pieronne en Vermendois.

Quant messires Phelippes de Navarre, messires Robers Canolles, et li aultre furent là venu, si trouvèrent et sentirent grant fuison de leurs chevaus moult lassés et recreans : si se avisèrent que il se arresteroient là et se rafreschiroient un peu et leurs chevaus ossi ; et, se combatre les couvenoit, il estoient ou terne : si avoient bon avantage d'attendre leurs ennemis. Adonc se arrestèrent il tout quoi, et se logièrent ou dit mont de Toregni toutes manières de gens de leur costé. Il n'eurent mies longement là esté, quant tous li pays desous yaus fu couvers de François et de Pikars ; et estoient, que uns que aultres, plus de trente mil.

Quant messires Phelippes de Navare et messires Loeis ses frères et messires Robers Canolles et messires Jehans de Pikegni, li Bascles de Maruel et li chevalier et li escuier de leur costé veirent les François ensi approcier et qui faisoient samblant que d'yaus tantost venir combatre, si issirent tantost hors de leurs logeis, bien rengiet et bien ordonné. Et fisent jusques à trois batailles bien faiticement, dont messires Robers Canolles avoit le première, messires Loeis de Navare et messires Jehans de Pikegni la seconde, et messires Phelippes de Navare et li jones contes de Harcourt, le tierce ; et n'avoit en çascune non plus que de huit cens combatans. Si retaillièrent tous leurs glaves, à le mesure de cinq piés ; et ou pendant de le montagne où il estoient, il fisent porter par leurs varlès le plus grant partie de leurs esporons et enfouir en terre, les moulètes par dessus : par quoi on ne les peuist approcier, fors à malaise et en peril. Et là fist messires Phelippes de Navare le jone conte de Harcourt chevalier, et leva banière, et le jone signeur de Graville; et se tenoient tout conforté pour attendre les François et pour tantost combatre.

§ 435. Onques li François ne peurent sitost venir que li Navarois ne fuissent bien ordonné et mis en trois batailles, ce que il avoient d'arciers devant yaus, et cescuns sires entre ses gens, se banière ou se pennon devant lui. Quant li baron et li chevalier de France en veirent le couvenant, si se arrestèrent tout quoi devant yaus enmi les camps, et se misent tout à piet, et consillièrent de premiers comment il se maintenroient. Li pluiseur voloient que tantost et sans delay on alast combatre les ennemis. Li aultre debatoient ceste ordenance et disoient : « Nos gens sont lassé et travilliet, et s'en y a encores grant fuison derrière ; s'est bon que nous les attendons et nous logons meshui ci. Tantost sera tart, et demain nous les combaterons plus ordonneement. » Cilz consaulz, par droite election, fu tenus. Et se logièrent li François là devant les Navarois enmi les camps, bien et faiticement, ce fu tantost fait; et rengièrent tout leur charoi, dont il avoient grant fuison, autour d'yaus.

Et quant li Navarois veirent leur couvenant et que point ne seroient combatu, si se retraisent sus le soir en leur fort, ou village de Toregni, et se aisièrent de ce qu'il avoient : ce n'estoit point plenté. Et se consillièrent ce soir que, si tretos que il seroit anuitit, il monteroient as chevaus et passeroient le rivière de Somme à gué assés priès de là, et costiieroient les bos de Bohain : il avoient bien entre yaus qui les saroient mener et conduire. Tantost, à l'endemain, il se trouveroient à Velli, qui se tenoit pour yaus ; et, se il y estoient, il seroient escapé de tous perilz.

§ 436. Tout ensi que messires Phelippes de Navare et ses consauls ordonnèrent, il fisent et tinrent en secré leur ordenance ; et fisent par samblant grant appareil de feus et de fumières, pour donner à entendre qu'il voloient là logier le nuit. Sitost que il fu anuitit, il fist malement brun et espès, il eurent leurs chevaus tout appareilliés et tous près : si montèrent sus et se partirent sans faire noise ne huée. Et prisent les camps et s'avalèrent devers le rivière de Somme, et le passèrent au plat et sus le large, à un petit village qui là est assés près de Betencourt. Et puis cheminèrent oultre vers les bos de Bohain et les costiièrent, et chevaucièrent celle nuit plus de sept liewes : dont il en demora assés de mal montés que chil de Bohaing trouvèrent à l'endemain, qu'il prisent et amenèrent en leur garnison. Et ossi li paisant dou pays en tuèrent aucuns qu'il escloïrent et qui ne pooient sievir le route de leurs mestres, ou qui avoient perdu leur chemin, car il n'attendoient nullui.

Or vous compterai des François, comment il se maintinrent. Nouvelles leur vinrent, un petit devant le jour, que li Navarois s'en aloient et estoient parti très devant le mienuit, et pooient estre jà plus de cinq grosses liewes loing. Quant li baron et li chevalier de France entendirent ce, si furent par samblant bien esmervilliet et trop courouciet; et fisent sonner leurs trompètes en grant haste, et se armè-

rent et montèrent à cheval toutes manières de gens.
Là fu demandé entre yaus quel chemin il tenroient.
Si regardèrent li signeur que de sievir les Navarois
[et] les esclos qu'il faisoient, il ne pooient pourfiter,
5 mais il venroient passer le rivière de Somme au pont
à Saint Quentin; et isteroient hors d'autre part au
lés devers Lience : par ensi adevanceroient il les Navarois. Si montèrent tantos tout à cheval et chevaucièrent sans arroi, cescuns qui mieulz mieulz, à
10 l'adrèce vers le ville de Saint Quentin; et vinrent là
droit à l'aube crevant, car il n'i avoit que deux petites liewes. Si estoient tout devant li connestables
de France, li contes de Saint Pol ses neveus, li sires
de Saint Venant et aucun aultre grant signeur qui
15 voloient faire les portes ouvrir.

Quant les gardes de le ville, qui estoient amont en
le première porte, entendirent cel effroi et oïrent
ces chevaus arutellier, et si sentoient par avis leurs
ennemis les Navarois logiés dalés yaus, si ne furent
20 mies bien asegur; mais jà estoit li pons levés : si ne
leur pooit on porter nul contraire. Les gardes demandèrent : « Qui es ce là qui nous approce de si
priès à ceste heure? » Li connestables de France respondi : « Ce sommes nous vo amit, telz et telz, qui
25 volons passer parmi ceste ville, pour adevancier les
Navarois qui sont parti et emblet de Toregni et s'en-
fuient. Se vous n'ouvrés tantost, nous le vous com-
mandons de par le roy. » Les gardes respondirent au
connestable et disent : « Certes, monsigneur, nous
30 n'avons pas les clés, elles sont en la ville devers les
jurés. » — « Or tost, dist li connestables, alés les
querir et nous ouvrés les portes. »

Adonc descendirent doi homme de leur garde et vinrent en le ville devers chiaus qui les clés gardoient, et leur comptèrent tout ce que vous avés oy. Cil qui oïrent ces nouvelles, furent moult esmervilliet et disent que il ne feroient pas cel outrage de ouvrir les portes de Saint Quentin à tèle heure, sans le conseil de toute le ville : si fisent les hommes de le ditte ville esvillier et estourmir et assambler enmi le marchiet. Anchois que ce fu fait, estoit il priès de soleil levant. Là fu consilliet et dit entre yaus comment il responderoient tout d'un acord. Et puis s'en vinrent à le porte, et montèrent cil qui respondre devoient, amont en le porte; et boutèrent les testes hors par les fenestres, et disent au connestable et au conte de Saint Pol qui là estoient tout devant : « Chier signeur, aiiés nous pour escusé celle fois; c'est li consauls de le communaulté de le ville que vous cinq ou vous six, qui là estes, tant seulement y enterés, se il vous plest, pour l'onneur de vous; et li aultre voisent querre voie et adrèce là où il leur plaist, car par ci ne passeront il point. »

Quant li connestables et li contes de Saint Pol oïrent ceste response, si en furent tout abus, et ne leur plaisi mies bien. Et y ot là grosses parolles et villainnes; mais nonobstant ce, onques cil de Saint Quentin ne se veurent abrisier ne acorder que il ouvresissent leur porte. Si demora la cose en cel estat. Et n'eurent mies li signeur de France qui là estoient conseil de plus poursievir les Navarois, car il veoient bien qu'il perderoient leur painne. Si se departirent tout li un de l'autre, et leur donna li connestables congiet. Si s'en ala cescuns en son hostel au plus droit qu'il peut et sceut. Et li jones contes de Saint Pol s'en vint en son chastiel de Bohain, si courouciés que à painnes voloit parler à nullui.

§ 437. Ensi se desrompi ceste grosse chevaucie, li François d'une part et li Navarois d'autre. Che meisme jour, vinrent il à Velli et passèrent le rivière d'Oize à gué. Se s'i rafreschirent messires Phelippes de Navare et ses frères et li contes de Harcourt et messires Robers Canolles. Et puis s'en partirent, quant il sceurent que bon fu, et retournèrent en Normendie. Et chevaucièrent segurement de forterèce en forterèce, car il estoient tout mestre et signeur des rivières et dou plat pays. Et entrèrent de rechief en le conté d'Evrues et en l'isle de Constentin; si guerriièrent le Normendie comme en devant.

D'autre part, se tenoit li rois de Navare à Melun sus Sainne, à grant fuison de gens d'armes qui guerrioient le bon pays de Brie et de Gastinois; et ne demoroit riens dehors les forterèces. Et messires Pières d'Audelée et messires Eustasses d'Aubrecicourt se tenoient en Campagne qui destruisoient ossi tout celi pays. Et pensoient et soutilloient nuit et jour, yaus et leurs gens, à prendre, à embler et à eschieller villes, chastiaus et forterèces.

Dont il avint que cil de Chaalons en Champagne en furent en grant peril de chiaus de le garnison de Biaufort qui siet entre Troies et Chaalons, dont messires Pières d'Audelée estoit chapitainne, et vous dirai comment ce fu. Li dis messires Pières ou ses gens couroient priès tous les jours jusques as portes de Chaalons et autour de le cité. Si ne pooit estre que

il ne imaginassent et considerassent là où il faisoit le
plus fort et le plus foible : si jettèrent une fois leur
avis l'un parmi l'autre que, se il pooient passer le
rivière de [Marne¹] au dessus et venir devers l'abbeye de Saint Pière, il enteroient trop legierement
en le cité. Si attendirent tant sus ce pourpos et tinrent toutdis leur avis en secré, que li rivière de Marne
fu bien basse; car il faisoit malement grant secheur
de temps.

Adonc messires Pières d'Audelée fist une assamblée
secretement de ses compagnons, car il tenoit bien
cinq ou six forterèces autour de li. Et furent [en sa
route²] bien quatre cens combatans : si se partirent
de nuit de Biaufort; et chevaucièrent tant que, environ mienuit, il vinrent au passage sus le rivière de
Marne, là où il tendoient à passer, et trop bien
avoient de chiaus dou pays meismement qui les menoient. Quant il vinrent sus le passage, il descendirent tout à piet et donnèrent leurs chevaus à leurs
varlès, et puis entrèrent en l'aigue qui pour l'eure
estoit moult plate et bien courtoise, car ou plus
parfont il n'en eurent mies jusques au brail; et furent tantost oultre, et puis vinrent le petit pas devers
l'abbeye de Saint Pière par où il entendoient à entrer en le cité, ensi qu'il fisent.

Bien avoit des gardes et des gais fuison espars parmi
la ville, de rue en rue et de quarfour en quarfour :
dont cil qui estoient le plus proçain de celle abbeye
de Saint Pière, qui gist tout amont au dehors de le

---

1. Mss. B 1, t. II, f° 118 v°, B 4, f° 202, B 3, f° 216 v° : « Sainne. »
2. Mss. B 4, 3, f° 202. — Ms. B 1, t. II, f° 118 v° (lacune).

cité, ooient clerement le bondissement des armeures des Navarois; car ensi que il passoient, leurs armeures sonnoient et retentissoient. De quoi li pluiseur, qui cela ooient, s'en esmervilloient que ce pooit estre; car à le fois messires Pières et ses gens cessoient d'aler avant. Et si tretost que il se rescueilloient à l'aler, cilz sons et retentissemens revenoit à ces gardes qui estoient en le rue Saint Pière, car li vens venoit de ce costet, et com plus approçoient, et plus clerement l'ooient : c'estoit raisons. Dont disent tout notorement entre yaus : « Par le corps Diu, veci ces larrons englès et navarois qui viennent pour nous eschieller et prendre. Or tos, or tos, faisons noise, esvillons chiaus de le cité, et li aucun voisent vers Saint Pière à savoir que ce voelt estre. »

Il n'eurent onques sitost fait et ordonné leur besongne, ne fait friente en le ville, que messires Pières d'Audelée et se route furent en le court de Saint Pière; car li muret à cel endroit n'avoient point adonc quatre piés de hault à monter, et boutèrent tantost oultre le porte de l'abbeye, et entrèrent en le rue qui est grande et large. Cil de le cité estoient jà moult effraé, car on crioit partout : « Trahi! trahi! à l'arme! à l'arme! » Si s'armoient et appareilloient les bonnes gens au plus tost qu'il pooient, et se recueilloient et mettoient ensamble pour estre plus fort, et venoient baudement devers leurs ennemis. Cil qui premiers y alèrent, il furent tout mort et ruet par terre, et en y eut grant fuison d'atierés.

Et chei adonc si mal à point à chiaus de Chaalons que Pières de Bar, qui avoit estet chapitainne et gardiiens de le cité, à plus de cent lances, un an tout plain, s'en estoit nouvellement partis; car il ne pooit estre à sa volenté paiiés de ses gages. Cil de le cité, où il y a grant communauté, s'estourmirent de tous lés et de tous costés, et se misent fierement à deffense. Et bien leur besongnoit, car aultrement il euissent estet tout mort et perdu; et reçurent jusques adonc trop grant damage de leurs gens. Et conquisent li Englès et li Navarois toute le première ville jusques as pons de Marne. Oultre les pons se recueillièrent cil de le cité, et eurent cel avis que il deffisent en grant haste ce premier pont, et ce leur valli trop grandement. Là eut à ce pont lanciet, tret et escarmuciet et fait mainte apertise d'armes. Et trop bien assalloient et se combatoient les gens à messire Pière d'Audelée, et se avançoient aucun arcier d'Engleterre qui là estoient, et passoient sus les gistes dou pont et traioient telement à chiaus de Chaalons que nulz n'osoit entrer en lor tret.

En celle rihote furent il jusques à hault miedi. Et voelent dire li aucun que briefment Chaalons euist esté adonc gaegnie, se n'euist esté messires Oedes, sires de Grantsi, qui avoit esté inspirés et certefiiés le jour devant de le chevaucie des dessus dis Englès : dont en grant haste, pour chiaus de Chaalons conforter, il avoit priiet et cueilliet des compagnons, [chevaliers et escuiers, autour de lui et de son hostel, car il sçavoit bien que dedens Chalon il n'y avoit nul gentil homme : si monta à cheval, et en sa route[1]] environ soixante lances [de bonnes gens[2]] chevaliers

---

1. Mss. B 4, 3, f° 202 v° et 203. — Ms. B 1, t. II, f° 119 v° (lacune).
2. Ms. B 4, f° 203 — Ms. B 1, t. II, f° 119 v° (lacune).

et escuiers. Si y estoient messires Phelippes de Jaucourt, messires Ansiaus de Biaupret, messires Jehans de Germillon et pluiseur aultre. Et esploitièrent tant, de jour et de nuit, que il vinrent à Chaalons en Champagne, à le propre heure que cil Englès et Navarois, desous messire Pières d'Audelée, se combatoient au pont et mettoient grant entente au conquerre. Sitos que il furent entré en le ville, il misent piet à terre et se ordonnèrent ensi que pour tantos combatre, et vinrent au pont. Là fist li sires de Grantsi desvoleper se banière et mettre devant lui, et approça les Englès de grant volenté.

§ 438. De le venue le signeur de Grantsi furent cil de Chaalons moult resjoy, et il eurent droit, car sans lui et son confort euissent il eu fort temps; et ce rafresci et rencoraga durement chiaus de le ville. Quant messires Pières d'Audelée et li sien veirent le banière le signeur de Grantsi et grant route de Bourghegnons, chevaliers et escuiers, là venus, si sentirent assés que il avoient falli à leur entente et que li sejourners ne leur estoit point pourfitable. Si se retraisent tout bellement et tout sagement petit à petit, et prisent le voie que il estoient venu, quant il entrèrent ens; et issirent hors par le ditte abbeye de Saint Pière. Si trouvèrent sus le rivage de Marne leurs varlès qui leur avoient amené leurs chevaus; si montèrent sus et rapassèrent le rivière sans empecement, et retournèrent arrière à petit de conquès deviers Biaufort.

De leur departement furent cil de Chaalons moult joiant, et loèrent Dieu, quant à si bonnes il en estoient escapé. Et remerciièrent grandement le signeur de Grantsi dou secours et de le courtoisie que il leur avoit fait, et li donnèrent tantos cinq cens frans pour lui et pour ses gens. Et priièrent à un chevalier qui là estoit, de Campagne, et leur voisins, qui s'appelloit messires Jehans de Sars, que il volsist demorer dalés yaus pour mieulz avoir conseil et ayde. Li chevaliers leur acorda, parmi les bons gages qu'il li delivrèrent; et entendi à fortefiier et au remparer la ditte cité, là où il besongnoit le plus.

En ce temps, avint que cil de le garnison de Velli et cil de le garnison de Roussi se cueillièrent ensamble et vinrent prendre par force et par assaut la ville de Sissonne, et fisent ens une grande garnison de toutes gens assamblés, qui avoient un chapitainne que on clamoit Hanekin François; et estoit uns garçons nés de Coulongne sus le Rin, et estoit si cruelz et si austers en ses chevaucies que c'estoit sans pité et sans merci ce dont il estoit au deseure. Ceste garnison de Sissonne et cil qui dedens se tenoient, fisent moult de villains fais et de grans damages aval le pays, et ardoient tout sans deport, et occioient hommes et femmes et petis enfans qu'il ne pooient rançonner à leur volenté.

Or avint un jour que li contes de Roussi, qui avoit l'aïr encores et le mautalent en son cuer, c'estoit bien raisons, de sa ville et de son chastiel de Roussi que li pilleur, nommet Englès, Alemant et Navarois, tenoient, fist une priière as chevaliers et escuiers d'entour lui, et eut bien cent lances, parmi quarante hommes à chevaus que il amena de le cité de Laon; et eut adonc par priière le conte de Porsiien, monsigneur Gerart de Cavenchi, le signeur de Montegni en Ostrevant et pluiseurs aultres chevaliers et escuiers. Si chevaucièrent un jour et vinrent devers Sissonne, et trouvèrent ces Alemans, nommés Navarois, qui ardoient un village : si leur coururent sus baudement et delivrement. Cilz Hanekins François et se route misent tantost piet à terre et se recueillièrent bien et faiticement, et rengièrent tous leurs arciers devant yaus.

Là eut fort hustin et dur, d'un lés et de l'autre. Et trop bien furent assalli chil Navarois, qui estoient gens de tous pays; et ossi il se deffendirent trop bien et trop vassaument. Et bien le couvenoit, car il estoient fort requis et combatu, et euissent esté desconfi, il n'est mies doubte, se li bourgois de Laon fuissent demoret; mès il se partirent à petit de fait et se misent au retour devers Laon, dont il reçurent grant blasme. Et li aultre demorèrent, qui se combatirent assés longement et vaillamment : toutesfois la journee ne fu point pour yaus. Là fu li contes de Porsiien durement navrés et à grant meschief sauvés. Là furent li sires de Montegni et messires Gerars de Cavenci pris, et pluiseur aultre homme d'armes, et li conte de Roussi moult navrés et pris la seconde fois, et livrés à Rabigot de Duri et à Robin l'Escot, qui l'emmenèrent de recief en prison en son chastiel de Roussi. Ces deux aventures eut il sus, mains d'une anée.

§ 439. Ensi estoit li royaumes de France, de tous lés, pilliés et desrobés; ne ne savoit on de quel part chevaucier que on ne fust rués jus. Et se tenoit mes-

sires Eustasces d'Aubrecicourt en Campagne, dont il
estoit ensi que tous mestres; et avoit dou jour à l'endemain, [quant il voloit¹], sept cens ou mil combatans. Et couroient il ou ses gens, priesque tous les
jours, une fois devant Troies, l'autre devant Prouvins, et jusques au Chastiel Therri et jusques à Chaalons. Et estoit tous li plas pays en leur merci, d'une
part et d'autre Sainne, et d'une part et d'autre Marne. Et fist là en ce temps li dis messires Eustasses
d'Aubrecicourt, ou pays de Brie et de Campagne, pluiseurs belles baceleries et grans apertises d'armes, et
rua jus par pluiseurs fois moult de chevaucies de
gentilz hommes; ne nulz ne duroit devant lui, car il
estoit jones et amoureus et durement entreprendans.
Et y conquist très grant avoir, en raençons, en vendages de villes et de chastiaus, et ossi en racas de
pays d'ardoir et de maisons, et en saus conduis qu'il
donnoit; car nulz ne pooit aler ne venir, marchans
ne aultres, ne issir des [cités et des²] bonnes villes,
que ce ne fust par son dangier, et tenoit à ses gages
bien mil combatans et dix ou douze forterèces.

Li dis messires Eustasses amoit à ce donc très
loyaument [par amours³] une dame de moult grant
linage, et la dame ossi li. On le poet bien nommer,
car il l'eut depuis à femme et à espeuse : on l'appelloit madame Ysabiel de Jullers, fille jadis au conte
de Jullers, de l'une des filles le conte de Haynau; et
estoit la royne d'Engleterre sen ante : laquelle eut en
sa jonèce espousé en Engleterre le conte de Kent,

---

1. Mss. B 3, 4, f⁰ 203 v⁰. — Ms. B 1. t. II, f⁰ 120, v⁰ (lacune).
2. Mss. B 4, 3, f⁰ 203 v⁰. — Ms. B 1, t. II, f⁰ 120 v⁰ (lacune).
3. Mss. B 4, 3, f⁰ 203 v⁰. — Ms. B 1, t. II, f⁰ 120 v⁰ (lacune).

mès il morut jones. Si estoit ceste dame jone et avoit enamouré monsigneur Eustasce, pour les grans baceleries et appertises d'armes que elle en ooit tous les jours recorder. Et le temps que messires Eustasses se tint en Campagne, la ditte dame li envoia haghenées et coursiers pluiseurs, et lettres amoureuses et grans segnefiances d'amours : par quoi li dis chevaliers en estoit plus hardis et plus corageus, et faisoit tant de grans apertises d'armes que cescuns parloit de lui.

§ 440. Apriès le rendage de Saint Waleri, si com ci dessus vous avés oy recorder, li dus de Normendie fist une grant cueilloite de chevaliers et d'escuiers, et estoient bien doi mil lances. Si se parti de la cité de Paris et s'en vint mettre le siège devant Melun sus Sainne, où les gens le roy de Navare se tenoient, car li corps dou roy n'i estoit point, mès se tenoit en Normendie en le conté d'Evrues, ens ou fort chastiel de Vernon, assés priès de le bonne ville de Kem, et là honnissoit tout le pays. Si estoient chapitainne de par lui de le ville de Melun doi chevalier navarois, dont li uns s'appelloit messires Jehans de Pipes et li autres messires Jehans Carbiniaus. Dedens la ville de Melun avoit, au jour que li dus de Normendie le vint assegier, trois roynes : li une la royne Jehane, ante dou roy de Navare et femme jadis au roy Charle de France; l'autre la royne Blanche, femme jadis au roy Phelippe et soer germainne au roy de Navare; la tierce la royne de Navare et soer au duch de Normendie. Li dus de Normendie envoia là son mandement, car en personne il n'i vint mies, monsigneur Moriel de Fiennes, connestable de France, le conte de Saint Pol, monsigneur Ernoul d'Audrehen, mareschal de France, monsigneur Raoul de Couci, le signeur de Rainneval, le signeur de Grantsi, l'evesque de Troies, messire Brokart de Fenestrages, Pière de Bar et Phelippe des Armoies et pluiseurs bons chevaliers et escuiers de Pikardie, d'Artois, de Vermendois, de Bourgongne, de Brie et de Campagne, et estoient bien troi mil lances.

Quant ces gens d'armes, de par le duc de Normendie là envoiiés, furent venu devant Melun sus Sainne, si le assegièrent tout environ, et y fisent amener et achariier de Paris grant fuison de biaus engiens et d'espringalles, qui jettoient nuit et jour dedens le forterèce. Avoech tout ce, les gens d'armes y livrèrent pluiseurs grans assaus. Si se commencièrent li Navarois, qui dedens estoient, à esbahir, et plus encores les roynes; et euissent trop volentiers veu les dittes dames, que cilz sièges se fust deffais, à quel meschief que ce fust. Mais les capitainnes, messires Jehans de Pipes et messires Jehans Carbiniaus, les reconfortoient ce qu'il pooient, et leur disoient : « Dames, ne vous esbahissiés noient, car un de ces jours sera levés li sièges de par monsigneur; car il le nous a segnefiiet qu'il ne demorront point ci longement que il ne soient combatu. »

Li dis rois de Navare, qui se tenoit à Vrenon, assambloit voirement et prioit gens de tous costés, en istance de ce que pour venir lever le siège. Messires Phelippes de Navare, ses frères, d'autre part, prioit et cueilloit gens de tous costés, et en avoit grant fuison; si faisoient leur amas à Mantes et à Meulent. Et y devoient estre en celle chevaucie chil de le garnison de Cray, de le Herielle, de Clermont, de Mauconseil et de pluiseurs forterèces navaroises que li Navarois et li Englès, tout d'une sorte, tenoient là environ. D'autre part, messires Eustasses d'Aubrecicourt et messires Pières d'Audelée estoient tout enfourmé de le journée ; et y devoient estre ossi avoech tout ce que il poroient avoir de gens. Li dus de Normendie retenoit tous les jours gens d'armes et saudoiiers là où il les pooit avoir, car bien savoit que li rois de Navare et messires Phelippes ses frères se mettoient en painne de venir lever le siège et combatre ses gens.

Che siège pendant, et d'autre part le roy de Navare lui pourcaçant, s'ensonnioient bonnes gens d'apaisier et de mettre ces deux signeurs à acord ; car adonc estoient en France li doy cardinal, li cardinaus de Pieregorch et li cardinaulz d'Urgel, et ossi aucun sage baron de France qui veoient le pestilence et misère où li royaumes estoit encheus. Si fu tant alé de l'un à l'autre et pourparlé, que journée de pais fu assignée à estre à Vrenon ; et là furent li dus de Normendie et ses consaulz, et d'autre part li rois de Navare et messires Phelippes ses frères. Si se porta si bien la journée, que pais fu faite, et devint li rois de Navare bons françois, et le jura à estre, et mist en sa pais jusques à trois cens chevaliers et escuiers asquelz li dus de Normendie pardonna tous ses mautalens : si en excepta il aucuns des aultres que il ne volt mies pardonner leurs meffais.

A celle pais ne se volt onques tenir ne acorder

messires Phelippes de Navare, et dist au roy son
frère que il estoit tous enchantés et se desloyautoit
grandement envers le roy d'Engleterre avoecques qui
il estoit alloiiés, et liquelz rois li avoit toutdis si loyaument aidiet à faire sa guerre. Si se parti li dis messires Phelippes de Navare, par grant mautalent, de
son frère, lui quatrime tant seulement; et chevauça
au plus tost qu'il peut devers Saint Salveur le Visconte, et là se bouta, qui estoit garnison englesce.
Et en estoit chapitainne, de par le roy d'Engleterre,
uns chevaliers englès, qui s'appelloit messires Thumas d'Augourne, qui rechut adonc à grant joie le
dit monsigneur Phelippe de Navare, et dist qu'il
s'acquittoit bellement et loyaument devers le roy
d'Engleterre.

§ 441. Parmi l'ordenance de celle pais, demorèrent au roy Charlon de Navare pluiseurs villes et
chastiaus en Normendie qui estoient en devant en
debat, et par especial Mantes et Meulent, que il n'euist
rendu pour nulle aultre garnison. Et fu adonc la pais
faite dou jone conte Guillaume de Harcourt et dou
duch de Normendie. Si y rendi messires Loeis de
Harcourt grant painne, qui estoit dou conseil et de
l'ostel le dit duc. Et par bonne confederation et plus
grant conjonction d'amours, li dus de Normendie li
donna à femme une jone damoiselle, qui avoit estet
fille à monsigneur le duch de Bourbon et qui estoit
sereur de sa femme la duçoise de Normendie.

Ensi demora la cose en bon estat. Et se deffist li
sièges de devant Melun sus Sainne. Et s'en partirent
toutes manières de gens d'armes, et demora la ville

françoise. Nonobstant ce et la pais faite dou roy de Navare et dou duch de Normendie, se fu li royaumes de France ossi fort guerriiés comme il avoit esté en devant, car les triewes estoient nouvellement fallies entre le royaume d'Engleterre et le royaume de France : si ques ces gens d'armes, qui avoient fait guerre pour le roy de Navare, tant en France, en Pikardie, en Champagne, en Brie, en Bourgogne, en Biausse et en Normendie, le fisent forte et villainne, au title dou roy d'Engleterre. Et ne se tourna onques forterèce, pour pais qui y fust; car li compagnon avoient apris à pillier et à rançonner gens et pays et à chevaucier, telz deux mil en y avoit, à dix ou à vingt chevaus, que, se il fussent chiés yaus, espoir alaissent il à piet.

Apriès le departement dou siège de Melun sus Sainne, li eveskes de Troies, qui fu uns bons guerriières et entreprendans durement, retourna en sa cité de Troies, et avoecques lui messires Brokars de Fenestrages, uns appers et hardis chevaliers durement et renommés et usés d'armes. Et estoit cilz messires Brokars de le nation de Loeraingne, et tenoit desous lui et à ses gages bien cinq cens compagnons, dont il estoit aidiés et servis. Se le priièrent li dus de Normendie, li evesques de Troies, li contes de Wedimont et li signeur de Campagne, que il volsist demorer dalés yaus, pour yaus aidier à mettre hors ces Englès qui s'i tenoient et qui nuit et jour les guerrioient. Tant fu priiés li dis messires Brokars que il s'acorda à aidier à delivrer le pays de Campagne de ses ennemis, parmi une grande somme de florins qu'il devoit avoir pour li et pour ses gens.

Adonc s'assamblèrent ces gens d'armes à Troies,
de Campagne et de Bourgongne, li evesques de
Troies, li contes de Wedimont, li contes de Joni,
messires Jehans de Chalon et messires Brokars, qui
menoit le plus grant route; et furent bien mil lances
et quinze cens brigans. Si se traisent premierement
ces gens d'armes par devant le fort chastiel de Hans
en Campagne, que Englès tenoient et avoient tenu
bien an et demi. Sitos que il furent venu, il le assallirent fierement, et cil de dedens se deffendirent de
grant volenté. Si ne l'eurent mies ces gens d'armes
dou premier assaut ne dou second; mès il l'eurent
au tiers, et le conquisent par grant fait d'armes et
par bien continuelment assallir. Si entrèrent ens les
gens messire Brokart, et y eut mors bien quatre vingt
Englès, ne nulz n'i fu pris à merci. Quant il eurent
ensi fait, il se retraisent devers Troies et s'i rafreschirent. Et eurent conseil entre yaus que ilz se trairoient devers Pons sus Sainne et deviers Nogant, et
ne cesseroient si aroient ruet jus monsigneur Eustasce d'Aubrecicourt, qui leur faisoit et au pays de
Campagne tous les destourbiers.

§ 442. Adonc se partirent ces gens d'armes de
Troies, et estoient bien douze cens lances et neuf cens
brigans, et prisent leur chemin pour venir devers
Nogant sur Sainne. Les nouvelles estoient venues à
monsigneur Eustasse d'Aubrecicourt, qui se tenoit
adonc à Pons sur Sainne, que messires Brokars et li
evesques de Troies devoient chevaucier : de laquèle
avenue il avoit grant joie, et moult les desiroit à
trouver. Si estoit issus de Pons à tout ce que il avoit

de gens d'armes et d'arciers, et avoit mandet tous chiaus des garnisons de là entours qui à lui se tenoient, et yaus segnefiiet que il fuissent à telle heure que il leur assigna, sus les camps, entre Nogant et Pons sur Sainne. Tout y vinrent cil qui mandé y furent : si se trouvèrent bien quatre cens lances et environ deux cens arciers.

Quant messires Eustasses les vei tous ensamble, si dist : « Nous sommes gens assés pour combatre tout le pays de Campagne : or chevauçons ou nom de Dieu et de saint Jorge. » Et estoit adonc li dis messires Eustasces armés de toutes pièces, excepté son bachinet, et chevauçoit une blanche haghenée moult bien alant, que s'amie par amours li avoit envoiie, et un coursier ossi que on li menoit en diestre. Et n'eurent gaires chevauciet li Englès, quant il oïrent nouvelles des François; et raportèrent li coureur, de l'une partie et de l'autre, que il avoient veus les ennemis. Pas ne cuidoient li Englès que li François fuissent si grant fuison qu'il estoient; car, se messires Eustasses l'euist sceu, il se fust mieulz pourveus de gens qu'il ne fist; et euist eu trop volentiers messire Pière d'Audelée et Albrest, qui [l'euissent [1]] reconforté de quatre cens ou de trois cens combatans. Sitost que messires Eustasses sceut quel part li François estoient, il recueilla toutes ses gens ensamble et se mist en un tertre au dehors de Nogant, ou fort d'une vigne, ses arciers par devant lui.

Evous les François tantost venus. Quant il perçurent les Englès arestés et mis en ordenance de ba-

---

1. Mss. B 4, 3, f° 205. — Ms. B 1, t. II, f° 123 : « l'euist. »

taille, il s'arrestèrent tout quoi et sonnèrent leurs trompètes, et se recueillièrent tout ensamble et ordonnèrent trois batailles : en çascune avoit quatre cens lances. Si gouvrenoit la première li evesques de Troies et messires Brokars; la seconde, messires Jehans de Chalon et li contes de Joni ; la tierce, li contes de Genville. Et point n'estoient encores li brigant venu, car il venoient tout à piet : si ne pooient mies si bien esploitier, que cil à cheval. Si desploiièrent cil signeur de France leurs banières et detriièrent un petit, pour le cause de ce que il voloient avoir leurs brigans.

D'autre part, messires Eustasses avoit pris le fort d'une vigne, sus une petite montagne, et avoit mis tous ses arciers par devant se bataille. Si veoit trois batailles desous lui, et en çascune otant de gens par samblant, François, Campegnois, Pikars, Bourguignons et aultres, que il avoit en se route; mès de ce n'estoit il noient effraés, mès disoit à tous chiaus qui le pooient oïr : « Signeur, signeur, combatons nous de bon corage : ceste journée sera nostre, et puis serons tout signeur de Campagne. J'ay pluiseurs fois oy compter que il y a eu un conté de jadis en Campagne : encore poroi je bien tant faire de services au roy d'Engleterre que je tieng pour roy de France, car il calenge l'iretage et le couronne, que par conquès il le me donroit. » De ces parolles se resjoïssoient li compagnon qui estoient dalés lui et disoient : « Par monsigneur saint Jorge, sire, nous y metterons painne. »

Adonc appella il aucuns jones escuiers qui là estoient, telz que Corageus de Mauni un sien cousin,

Jehan de Paris, Martin d'Espagne et aultres que je ne sçai nommer, et les fist là chevaliers, et puis ordonna toutes gens aler à piet et retaillier cescun son glave à le volume de cinq piés. Li François, qui veoient
5 leur couvenant, les desiroient moult à combatre; mès il attendoient leur brigans, qui point ne venoient, pour yaus faire assallir et escarmucier contre les arciers, pour attraire messire Eustasse et se bataille hors de leur fort. Mès messires Eustasses ne
10 l'avoit mies en pourpos; ains se tenoit franchement sus le montagne, son pennon devant lui, qui estoit d'ermine à deux hamèdes de geules.

§ 443. Quant messires Brokars de Fenestrages, qui estoit hardis et outrageus chevaliers durement,
15 vei que messires Eustasses ne se bataille ne descenderoient point de le montaigne, si dist : « Alons, alons vers yaus ; il les nous fault combatre, à quel meschief que ce soit. » Adonc s'avança il et se bataille, et d'autre part li evesques de Troies, et ap-
20 procièrent leurs ennemis. Messires Eustasses et se route attendirent celle bataille franchement et le recueillièrent as fers des glaves, telement que onques li François ne le peurent brisier ne entrer, ne point ne branla; mès il rompirent et branlèrent ceste des
25 François. Et en y eut plus de soixante, à celle première empainte, reversés et rués par terre; et euist estet desconfite sans recouvrier, quant la seconde bataille des François approça, que messires Jehans de Chalon et li contes de Joni menoient. Ceste fresce
30 bataille resvigura grandement la première et remist ensamble, qui estoit jà toute esparse. Adonc arcier

commencièrent à traire radement et fierement, et
à emploiier saiettes telement que nulz ne les osoit
approcier, ne entrer en leur tret. Adonc se hasta la
tierce bataille que li contes de Wedimont menoit,
où moult avoit de bonnes gens d'armes, et vint sus
èle ferir sus le bataille messire Eustasse. A ces nouvelles gens entendirent tantost li Englès de grant
volenté, et les recueillièrent fierement et roidement.

Là eut fait mainte grant apertise d'armes. Et trop
vaillamment se combatoit messires Eustasses, car
toute li priesse estoit à lui et desous son pennon,
pour le cause de ce que il sambloit as François, et
voirs estoit, que, se on l'avoit mort ou pris, li demorant estoient desconfi. Et ossi toute li fleur des gens
messire Eustasse d'Aubrecicourt estoient dalés lui,
tant pour son corps et son pennon aidier à garder,
que pour leur honneur avancier. Là eurent messires
Eustasses et ses gens grant fais sus leurs bras, car par
bon compte li François estoient bien troi contre un.
Là couvint ces nouviaus chevaliers souffrir moult
de painne, se loyaument se voloient acquitter; et
oil voir, il n'en y eut nul qui trop bien n'en fesissent leur devoir. Là y fist messires Eustasses d'Aubrecicourt, par especial, tamainte grande apertise d'armes, et se combati si vassaument que on se poroit
esmervillier de ce qu'il y fist; car, d'un glave que il
tenoit, il en versa jusques à quatre des plus vighe-
reus, jus par terre et navra durement; ne nulz ne
l'osoit approcier, pour les grans apertises d'armes
qu'il faisoit.

Quant messires Brokars de Fenestrages, qui estoit

fors chevaliers et durs malement, en vei le manière, il prist sen glave entre ses poins et le lança par dessus les tiestes de tous les aultres qui estoient entre li et messire Eustasce, et l'avisa si bien en lanchant, que la glave vint cheoir droitement en le visière dou bacinet dou dit messire Eustasse, et si roit y descendi que li fiers, qui estoit durs, temprés et bien acerés, rompi trois dens en le bouce dou dit chevalier. Messires Eustasses, qui vit en l'air le cop venir, jetta son brach au devant, et vola la glave par dessus sa tieste, et jà estoit si escauffés que de navrure que il euist, il ne faisoit compte; ne on ne vey en grant temps à chevalier faire les grans apertises d'armes que il fist là.

Or avoient li Englès l'avantage d'une montagne qui moult leur valli, et estoient tout serré et mis ensamble telement que on ne pooit entrer en yaus ; il se combatoient à piet, et li François à cheval. D'autre part, un petit plus ensus, li archier d'Engleterre s'estoient recueilliet et faisoient leur bataille à par yaus, et laissoient leurs gens d'armes couvenir. Cil arcier qui traioient ouniement, ensonnioient grandement les François, et en blecièrent et navrèrent pluiseurs. En grant temps a, on n'avoit veu, si com je l'oy recorder chiaus qui y furent d'une part et d'autre, bataille faire par si bonne ordenance, ne si bien combatue, ne gens qui se tenissent si vaillamment que li Englès fisent, [et ossi d'autre part gens qui si asprement les requellassent que li Franchois firent[1]], car tout à cheval il tournioient autour des

---

1. Mss. B 4, 3, f° 206. — Ms. B 1, t. II, f° 124 (lacune).

Englès pour entrer en yaus et rompre. Et li Englès ossi, à le mesure qu'il tournioient, tournioient ossi.

En cel estat se combatirent il moult longement, lançant li un sus l'autre. Là y eut fait tamainte prise et tamainte rescousse, car li Englès n'estoient c'un petit : si se prendoit cescuns priès de bien faire le besongne. Et si vaillamment se combatirent que pour ce jour il n'en doient avoir point de blame; car, se li brigant ne fuissent venu, qui y sourvinrent plus de neuf cens, tout fresc et tout nouviel, à tout lances et pavais, il s'en fuissent parti à leur honneur, car il donnoient les François assés à faire. Mais quant cil brigant furent venu, qui estoient une grosse route, il rompirent tantost les arciers et misent en voies, car leurs très ne pooit entrer en yaus, tant estoient il fort et bien paveschiet; et ossi il estoient durement foulé, car il s'estoient longement tenu et combatu.

Quant messires Jehans de Chalon et se bataille veirent ces arciers fuir et desrompre, si tourna celle part et fist tourner se banière et ses gens et yaus cachier à cheval. Là eurent cil arcier fort temps, car il ne savoient où fuir ne où mucier, pour yaus sauver; et les occioient et abatoient ces gens d'armes, sans pité et sans merci. Et en fisent messires Jehans de Chalon et li contes de Joni et leur route tèle desconfiture, que onques piés n'en escapa que tout ne demorassent sus le place; et puis retournèrent sus les garçons qui gardoient les chevaus de leurs mestres qui se combatoient tout à piet. Si furent cil garçon tout mort et pris; petit s'en sauvèrent. Et là perdi messires Eustasses son coursier et se haghenée qu'il

amoit tant. Entrues se combatoient messires Brokars, li evesques de Troies, li contes de Wedimont et de Genville, à monsigneur Ustasse et à ses gens, et avoient pris une part de le bataille et mis les brigans
5 d'autre, qui trop durement ensonnioient les Englès.

§ 444. Moult y fist, ce jour, messires Eustasses d'Aubrecicourt, merveilles d'armes, et y fu très bons chevaliers; et ossi furent tout cil qui avoecques lui
10 estoient, et se acquittoient loyaument à leur pooir. Et ne l'eurent mies li François d'avantage, comment que ce fuissent bonnes gens et tout d'eslitte; mès il estoient si grant nombre, et ossi si bien se combatirent et si desiroient à desconfire et ruer jus les En-
15 glès, qu'il s'abandonnoient de corps et de volenté. Et finablement, par le grant secours des brigans qui leur revint, il rompirent les Englès et espardirent telement que onques puis il ne se peurent remettre ensamble. Et fu li pennons messire Eustasse, qui estoit
20 li estandars et li ralloiance des Englès, conquis et tous descirés, et li dis chevaliers de tous lés et de tous costés envays et assallis et durement navrés. A celle empainte que il se ouvrirent et espardirent, en y eut fuison de rués par terre, de blechiés et de na-
25 vrés; et en furent li François mestre, et prisent desquelz qu'il veurent.

Si eschei messires Eustasses ens ès mains d'un chevalier de desous le conte de Wedimont, qui s'appelloit messires Henris Kenillars. Cilz fiança le dit mon-
30 signeur Eustasce et eut moult de painne et de soing pour lui sauver; car li communautés de le cité de

Troies le voloient tuer, tant fort le haioient il pour les grans apertises d'armes que il avoit faites ens ou pays de Campagne. Là furent pris messires Jehans de Paris, messires Martins d'Espagne et pluiseur aultre chevalier et escuier. Et cil qui sauver se peurent, se boutèrent ou fort de Nogant : ce fu petit, car il furent priès tout mort et pris sus le place. Et fu laissiés messires Corageus de Mauni entre les occis comme mors, tant estoit il fort navrés et essannés; ne il n'avoit ne fu ne alainne en lui, et fu ensi oubliiés. Cilz rencontres fu l'an de grasce mil trois cens cinquante neuf, le vigile Saint Jehan Baptiste.

§ 445. Apriès le desconfiture de Nogant sus Sainne dont je vous ay parlé, et que li camps fu tous delivrés, s'en revinrent li baron et les gens d'armes à Troies et amenèrent là leur conquès et leur butin, mès nulz des prisonniers il n'i amenèrent; ançois les fisent tourner d'autre part ens ès garnisons françoises qui estoient assés priès de là. Li chevaliers, qui estoit de le conté de Wedimont et qui avoit pris monsigneur Eustasce, ne l'i eut talent d'amener, car on li ewist tué entre ses mains, tant estoit il fort hays de le communauté de le ville de Troies : si l'en mena d'autre part à sauveté. Si furent grandement honnouré à leur retour de chiaus de Troies, li signeur qui avoient esté à celle besongne : li evesques de Troies premierement, li contes de Wedimont, li contes de Joni, messires Brokars de Fenestrages, messires Jehans de Chalon et pluiseur aultre baron et chevalier qui à le besongne de Nogant avoient esté. Et de toutes gens en avoit le renommée messires Brokars de Fenestrages, chilz hardis chevaliers, pour che qu'il avoit le plus grant carge de gens. Ensi eschei à monsigneur Eustasse d'Aubrecicourt, et perdi le journée, si com chi dessus est dit, et fu durement navrés. Mès ses mestres, qui fianciet l'avoit, en songna ossi bien que dont que ce fust ses frères, et li fist toutdis très bonne compagnie.

Or vous parlerons de monsigneur Corageus de Mauni et de l'aventure que il li avint. Quant li desconfiture fu passée et tout li François retret, li dis messires Corageus, qui estoit tous essannés et là couciés entre les mors, et estoit si com demi mors, leva un petit le chief : se ne vei que gens mors et atierés autour de lui. Adonc s'esvertua il un petit et se assist sus le creste d'un fosset où on l'avoit abatu : si regarda et vei que il n'estoit mies loing dou fort de Nogant, dont Jehans de Segure, uns moult appers escuiers, estoit chapitains. Si fist li dis chevaliers tant au mieulz qu'il peut, une heure en lui trainnant et l'autre en lui apoiant, que il vint desous le grosse tour de le forterèce, et puis fist signe as compagnons de là dedens qu'il estoit des leurs. Adonc avalèrent li compagnon tantost jus de le tour et le vinrent querir à le barrière, et le prisent entre leurs bras et l'emportèrent là dedens le fort : se li recousirent, bendelèrent et rapparillièrent ses plaies, et en songnièrent depuis si bien que il gari.

Quant cil qui estoient demoret en le ville de Pons sus Sainne et que messires Eustasses y avoit laissiés à son departement, entendirent ces nouvelles que messires Eustasses estoit pris et tout li aultre mort ou pris, si furent moult esbahi ; et n'eurent mies conseil de plus là demorer ne detenir le forterèce, car il n'estoient que un peu de gens. Si toursèrent tout ce que il avoient, au plus tost qu'il peurent, et se partirent et laissièrent Pons sus Sainne. Et ossi fisent cil de Trochi, de Saponay, d'Arsi, de Meri, de Plansi et de tous les fors qui obeissoient à monsigneur Eustasse d'Aubrecicourt en devant, ne nulz n'osa plus demorer; et les laissièrent tous vages, pour le doubtance de l'evesque de Troies et de monsigneur Brokart de Fenestrages, qui estoient grant guerrieur. Si se boutèrent en aultre fors ensus d'yaus, mès messires Pières d'Audelée ne se parti point pour ce de Biaufort, ne Jehans de Segure, de Nogant, ne Albrest, de Gyé sus Sainne.

En ce temps, trespassa de ce siècle assez mervilleusement ens ou chastiel de le Herielle, que il tenoit à trois liewes priès d'Amiens, messires Jehans de Pinkegni, si com on dist, et estrangla son cambrelent. Et ossi morut auques ensi uns siens chevaliers et de son conseil, qui s'appelloit messires Lus de Bekisi : Diex en ait les ames et leur pardoinst leurs mesfais!

Uns telz miracles avint ossi en ce temps d'un escuier englès, qui estoit de le route monsigneur Pière d'Audelée et Albrest. Il avoient chevauciet un jour et estoient entré en un village qui s'appelle Ronay. Et le desroboient li pillart, et y entrèrent si à point que li prestres chantoit la grant messe. Cils escuiers entra en l'eglise et vint à l'autel et prist le calisse où li prestres devoit consacrer Nostre Signeur et jetta le vin en voies. Et pour tant que li prestres en parla, cilz le feri de son gant, à traver se main, si fort que

li sans en vola sus l'autel. Che fait, il issirent de le ville. Yaus venut as camps, cilz pillars, qui fait avoit cel outrage et qui portoit en son sain le calisse, le platine et le corporal, entrues que il chevauçoit, sou-
5 dainnement il li avint ce que je vous diray. Et ce fu bien vengance et verghe de Dieu et exemples pour tous aultres pilleurs. Li chevaus de celui et il commencièrent à tourniier si diversement et à demener tel tempeste que nulz ne les osoit approcier. Et
10 cheirent là en un mont et estranglèrent l'un l'autre, et se convertirent tout en pourre. Tout ce veirent li compagnon qui là estoient, dont il furent durement eshidé. Et voèrent et prommisent Dieu et à Nostre Dame que jamès eglise ne violeroient ne desreube-
15 roient : je ne sçai se il l'ont depuis tenu.

§ 446. Auques en ce temps, se commencièrent à nesir cil de Mauconseil de leur garnison, car pourveances leur falloient, et estoient requis dou vendre de chiaus de Noion et dou pays environ. Si le ven-
20 dirent douze mil moutons, et s'en pooient partir, ensi qu'il fisent, sauvement, yaus et le leur. Si s'espardirent et se retraisent ens ès aultres forterèces de Cray, de Clermont, de le Herielle, de Velli, de Pierepont, de Roussi et de Sissonne. Sitost que cil de
25 Noion eurent Mauconseil, il le abatirent et rasèrent tout par terre, telement que onques depuis n'i eut fort ne maison pour nullui logier.

Ensi estoit grevés et guerroiiés li royaumes de France, de tous lés et de tous costés. Et vendoient li
30 un à l'autre ces chapitainnes des garnisons, leurs fors et leurs pourveances, et escangoient et don-

noient sotes d'argent ensamble ossi bien comme de
leur hyretage; et quant il en estoient tanet, ou que
il leur sambloit qu'il ne les pooient plus tenir, il les
vendoient as François, pour avoir plus grant somme
de florins.

Dont il avint que Jehans de Segure vendi le garnison de Nogant sus Sainne à l'evesque de Troies, une
quantité de florins, et le livra, et sus bonnes asseggurances que li evesques li avoit données et acordées
par son seellé, et loyaument il li cuidoit bien tenir.
Li dis Jehans vint à Troies et entra dedens le cité, et
descendi à l'ostel de l'evesque qui le reçut assés liement, et li dist : « Jehan, vous demorrés dalés moy
deux jours ou trois; entrues, je vous apparelleray
vostre paiement. »

Jehans de Segure s'i acorda legierement, qui cuidoit estre [venus¹] sauvement, mès non fu; car li communautés de le ville, sitost comme il sceurent sa venue, s'assamblèrent de toutes pars, et commencièrent
à murmurer et à parler moult villainnement sus l'evesque, en disant : « Comment se truffe messires li
evesques de nous, qui soutoite ensi dalés lui nos ennemis et le plus fort pillart dou royaume de France
et qui plus y a fais de maulz et de villains fais,
et voet encores que nous li donnons nostre argent,
pour nous guerriier : ce ne fait mies à consentir. »

Ces parolles et aultres montepliièrent si entre yaus,
que briefment il disent, tout d'une vois, que il l'iroient
tuer en l'ostel de l'evesque, ne jamais ne leur escaperoit. Si s'esmurent tout d'une sorte et envoiièrent

---

1. Mss. B 4, 3, f° 207 v°.—Ms. B 1, t. II, f° 126 v° (lacune).

grans gardes as portes, par quoi il ne s'en peuist
aler. Et puis s'en vinrent yaus plus de six mil, tout
armé à leur usage, à le court de l'evesque, et entrèrent ens baudement. Li evesques fu tous esmervil-
5 liés, quant il les vei, et demanda qu'il voloient. Il respondirent d'une vois : « Ce trahitour navarois qui
s'est boutés cheens et qui est et a esté si grans ennemis au royaume de France, et qui plus y a fais de
mourdres et de villains fais, et emblés trahiteuse-
10 ment plus de villes, de chastiaus et de forterèces que
nulz dez aultres : si l'en donrons sen paiement, car
il l'a bien desservi. »

Adonc respondi li evesques, comme loyaus et vaillans preudons, et dist : « Biau signeur, quelz homs
15 qu'il soit ne a esté, il est chi venus sus mon sauf
conduit et bonnes assegurances. Et si savés et avés
toutdis sceu les trettiés qui ont esté entre moy et
lui, et par vostre acort et bonne volenté il se sont
passé : si seroit grant desloyauté et mauvaise trahi-
20 son, se en celle assegurance on li faisoit nul contraire. » Nientmains, quoique li evesques parlast ne
preeçast, ne verité leur remoustrast, il n'en peut
onques estre oys, mès entrèrent de force en sa salle
et puis en sa cambre, et quisent tant le dit escuier
25 de cambre en cambre, que finablement il le trouvèrent : si l'ochirent et detaillièrent tout par pièces.
Ensi fina Jehans de Segure, dont li evesques de
Troies et li chevalier qui là estoient, furent durement courouciet, mais amender ne le peurent à celle
30 fois.

§ 447. Je me sui longement tenus à parler dou

roy d'Engleterre, mès je n'en ay point eu cause de
parler jusques à ci, car tant comme les triewes durèrent entre li et le royalme de France, à son title
ses gens ne fisent point de guerre, mais elles estoient
fallies le premier jour de may l'an cinquante neuf.
Et avoient guerriiet toutes ces forterèces englesces et
navaroises depuis, ou nom de lui, et guerrioient encores tous les jours.

Or avint que, tantost apriès le pais faite dou duch
de Normendie et dou roy de Navare, si com chi dessus vous avés oy recorder, messires Ernoulz d'Audrehen, mareschaus de France, retourna en Engleterre, car il n'estoit pas quittes de sa foy de la prise
de Poitiers. Et en ce temps estoient là venu à Wesmoustier en le cité de Londres, li rois d'Engleterre
et li princes de Galles ses filz, d'un lés, et li rois de
France et messires Jakemes de Bourbon, de l'autre
part. Et là furent ensamble cil quatre tant seulement
en secret conseil, et fisent un certain acord de pais
sans aultre moiien sus certains poins et articles que
il jettèrent et ordenèrent; et quant il les eurent tous
proposés, il les fisent escrire en une lettre ouverte.
Et les saiellèrent li doy roy de leurs saiaulz; et, tout
ce fait, il mandèrent le conte de Tankarville et monsigneur Ernoul d'Audrehen, qui estoit nouvellement
venus, et leur cargièrent ceste lettre pour aporter en
France au duc de Normendie et à ses frères et au
conseil de France.

Si passèrent li dis contes de Tankarville et li mareschaus le mer, et arrivèrent à Boulongne, et esploitièrent tant qu'il vinrent à Paris. Si trouvèrent
là le duch et le roy de Navare qui nouvellement s'es-

toient acordé; si lor moustrèrent les lettres devant dittes. Adonc en demanda li dus de Normendie conseil au roy de Navare comment il s'en poroit maintenir. Li rois de Navare consilla que li prelat et li baron de France et li consaulz des cités et des bonnes villes fuissent mandé, car par yaus et leur ordenance il couvenoit ceste cose passer : ensi fu fait.

Li dus de Normendie manda sus un jour le plus grant partie des nobles et des prelas dou royaume de France et les consaulz des bonnes villes. Quant il furent tout venu à Paris, il entrèrent en conseil. Là estoient li rois de Navare, li dus de Normendie et si doy frère, li contes de Tankarville et messires Ernoulz d'Audrehen, qui remoustrèrent la besongne et sus quel estat il estoient venu en France. Là furent les lettres leutes et releutes, et bien oyes et entendues, et de point en point considerées et examinées. Si ne peurent adonc estre li consaulz en general dou royaume de France d'acort, et leur sambla cilz trettiés trop durs; et respondirent d'une vois as dis messagiers, que il avoient plus chier à endurer et porter encores le grant meschief et misère où il estoient, que li nobles royaumes de France fust ensi amenris ne defraudés, et que li rois Jehans demorast encores en Engleterre, et que, quant il plairoit à Dieu, il y pourveroit de remède et metteroit attemprance.

Ce fu toute li response que li contes de Tankarville et messires Ernoulz d'Audrehen en peurent avoir. Si se partirent sus cel estat et retournèrent en Engleterre, et se retraisent premierement devers le roy de France leur signeur, et li comptèrent comment il n'avoient riens pout esploitier. De ces nouvelles fu li rois de France moult courouciés, ce fu raisons, car il desiroit sa delivrance, et dist : « Ha! Charles, biaus filz, vous estes consilliés dou roy de Navare qui vous deçoit et en deceveroit telz soixante que vous estes. »

§ 448. Ces deux signeurs dessus nommés retournés en Engleterre, li rois Edouwars, ensi comme il apertenoit, sceut leur response, car il li relatèrent tout ensi, ne plus ne mains, que il en estoient cargiet des François. Quant li rois d'Engleterre eut entendu ces nouvelles, il fu durement courouciés et dist, oant tous chiaus qui le pooient oïr, que, ançois que li yviers fust entrés, il enteroit si poissamment ou royaume de France et y demorroit tant que il aroit fin de guerre ou bonne pais, à son plaisir et à sen honneur. Si fist commencier à faire le plus grant appareil que on eust onques veu fait faire en Engleterre pour guerre. Ces nouvelles issirent hors par tous pays, si ques partout chevalier et escuier et gens d'armes se commencièrent à pourveir grossement et chierement de chevaus et de harnas, cescuns dou mieulz qu'il peut, selonch son estat. Et se traist cescuns dou plus tost qu'il peut par devers Calais, pour attendre la venue dou roy d'Engleterre, car cescuns pensoit à avoir si grans biensfais de lui, et tant d'avoir gaegnier en France, que jamais ne seroit povres, et especialment cil Alemant, qui sont plus convoiteus c'autres gens.

En ceste meisme saison et environ le moiienné d'aoust, avint que messires Jehans de Craan, arcevesques de Rains, et cil de la ditte cité et dou pays d'environ, parmi l'ayde des chevaliers et escuiers de le conté de Reters et aultres chevaliers et escuiers de l'evesquié de Laon, se assamblèrent et vinrent mettre le siège par devant le ville et le chastiel de Roussi. Et le constraindirent si, sus le terme de trois sepmainnes qu'il y sisent, que cil qui dedens estoient, se rendirent, salves leurs vies et leurs membres. Et de ce eurent il bonnes lettres, et pooient aler quel part que il voloient sauvement, sus le conduit dou dit arcevesque de Rains et dou conte de Porsiien et dou conte de Brainne, qui là estoient. Dont il avint que, quant il se partirent, li communautés de Rains et cil dou pays environ, qui là estoient assamblé, leur vinrent au devant et en occirent et mourdrirent le plus grant partie : de quoi li signeur furent durement courouciet, mès amender ne le peurent. A grant meschief peurent il sauver le chapitainne Hanekin François, et le voloient li villain tuer entre leurs mains. Ensi reut li contes de Roussi sa ville et son chastiel. Et le rendi cilz dis Hanekins, par le composition dou dit trettiet ; aultrement il n'euist point esté sauvés.

§ 449. Apriès le rescousse dou chastiel de Roussi, morut messires Pières d'Audelée, de maladie, sus son lit, ou chastiel de Biaufort en Champagne : de quoi tout li compagnon et li saudoiier qui à lui se tenoient, furent moult desbareté. Si regardèrent li Englès et li Alemant et cil qui estoient d'une sorte et qui faisoient guerre pour le roy d'Engleterre, qu'il ne pooient avoir milleur chapitainne que monsigneur

Eustasse d'Aubrecicourt, qui estoit tous sanés de ses plaies et en bon point. Si envoiièrent li compagnon Faucon le hiraut, qui estoit adonc [en[1]] Campagne, en le conté de Wedimont, parler au dit conte et à monsigneur Henri, dit Kenillart, mestre à monsigneur Eustasse.

Si se porta trettiés et parlemens telement que messires Corageus de Mauni, sus bon sauf conduit que Faucons li impetra, vint devers les parties que li dit chevalier tenoient. Si fu mis à finance, parmi vingt deux mil frans de France qu'il paia tous appareilliés; car li compagnon des garnisons et des forterèces de Brie et de Campagne se taillièrent trop volentiers, et en paia cescuns sa part. Ensi fu delivrés messires Eustasses, et eut parmi sa delivrance son coursier et sa haghenée que madame Ysabiel de Jullers, contesse de Kent pour le temps, qui loyaument l'amoit, li avoit envoiiet d'Engleterre. Et rendirent encores li Englès as François, parmi le delivrance de monsigneur Eustasse, le bon chastiel d'Esconflans en Champagne qu'il tenoient.

Quant li Englès, li Alemant et li routier, qui tout vivoient de guerriier le royaume de France et avoient vescut un grant temps, eurent messire Eustasse d'Aubrecicourt dalés yaus, si s'en tinrent à trop bien paré, et le fisent leur mestre et leur souverain dessus tous. Et se ralliièrent et se rassamblèrent toutes manières de gens et de sortes à lui. Si chevaucièrent et entrèrent en le conté de Rethers où il n'avoient encores esté. Et prisent et emblèrent le

---

1. Ms. B 4, f° 209. — Ms. B, 1, t. II, f° 128 v° (lacune).

bonne ville de Athegni sus Esne; et trouvèrent dedens li Englès plus de quinze cens pièces de vin, dont il eurent grant joie. Si en fisent leur souverainne garnison, et coururent tout le pays autour de Rains,
5 et prisent et pillièrent Esparnay, Danmari, Crayone et le bonne et grosse ville de Vertus, où il eurent grant pourfit. Et en fisent li Englès une garnison qui couroit tout le pays d'environ, selonch le rivière de Marne, jusques à Chastel Thieri et jusques à le Freté
10 Millon. Et venoient cil de Athegni courir tous les jours jusques à Maisières sus Muese et jusques à Donceri et jusques au Kesne Poulleus.

§ 450. En ceste meisme saison, avint que cilz chevaliers messires Brokars de Fenestrages, qui avoit es-
15 tet de l'ayde le duch de Normendie et des François encontre les Englès et les Navarois, et les avoit aidiés à ruer jus et desconfire et bouter hors des forterèces de Campagne, avoit esté mauvaisement paiiés de ses gages; et li devoit on bien, [que pour lui[1]], que pour
20 ses gens, trente mil frans. Si s'en merancolia en soi meismes et envoia certains hommes de par lui à Paris devers le duch de Normendie, pour avoir cel argent et pour paiier ses saudoiiers qui se complaindoient tous les jours à lui de son paiement. Li dus
25 de Normendie et ses consaulz ne respondirent mies bien adonc à le plaisance des gens monsigneur Brokart, et retournèrent, sans riens esploitier, arrière, en Campagne, devers messire Brokart; et li recordèrent ce qu'il leur pleut et parolles desquelles messires

1. Mss. B 4, 3, f° 209. — Ms. B 1, t. II, f° 129 (lacune).

Brokars ne se tint mies pour contens. Et envoia tantost deffiier le duch de Normendie et tout le royaulme de France, et entra en une bonne ville et grosse que on dist Bar sus Sainne, où à ce jour il y avoit plus de neuf cens hosteulz. Si le pillièrent et robèrent ses gens, et misent grant painne et grant entente à conquerre le chastiel; mès il ne le peurent avoir, car il est trop malement fors, et si estoit bien gardés. Quant il veirent que il ne le poroient avoir, si le laissièrent, et cargièrent tout le pillage que il avoient eu en Bar sus Sainne; et en menèrent plus de cinq cens, que prisonniers, que prisonnières, et se retraisent à Conflans, dont il avoient fait leur garnison. Mès, à leur departement de Bar sus Sainne, il l'ardirent et essillièrent telement que onques ne demora estos sur aultre, que tout ne fust ars et brui.

Depuis fisent messires Brokars et ses gens plus de damagez et de villains fais ens ou pays de Campagne, que onques li Englès ne li Navarois euissent fait. Et quant il eurent tout courut et robet le pays, on s'acorda devers yaus et eurent tout ce qu'il demandoient, et plus assés. Si se retraist messires Brokars, quant il fu paiiés, en Loeraingne dont il estoit partis, et là remena il toutes ses gens, et laissa le royaume de France et le pays de Campagne en pais, quant il eut fait des maulz assés.

En ceste meisme saison et en cel aoust l'an mil trois cens cinquante neuf, mist sus messires Robers Canolles une grande chevaucie de gens d'armes; et estoient bien troi mil combatans, uns c'autres. Et se partirent, il et ses routes, des marces de Bretagne et s'en vinrent achevauçant tout contremont le Loire et entrèrent en Berri et cheminèrent tout parmi, ardant et exillant ce bon pays et cras de Berri, et puis entrèrent en Auvergne.

Adonc se cuellièrent et assamblèrent, qui mieulz mieulz, li gentil homme d'Auvergne et de Roerge et de Limozin et ossi li contes de Foriès qui mist sus bien quatre cens lances. Et fisent leur amas cil signeur, conte, baron et chevalier des pays dessus nommés, à Clermont, à Montferra[n]t et à Rion en Auvergne. Et quant il furent tout assamblé, il se trouvèrent bien jusques à six mil combatans. Si eslisirent cil baron et cil chevalier deus souverains de toute lor host, premierement le conte de Forès [et] le jone conte Beraut, daufin d'Auvergne. Et chevaucièrent ces gens d'armes contre ces pillars de tous pays rassamblés, desquelz messires Robers Canolles et Alle de Buef estoient chief, pour deffendre et garder leur pays ; car li dessus dit pilleur avoient empris de passer parmi Auvergne et venir veoir le pape et les cardinaus en Avignon et avoir de leur argent ossi bien que li Arceprestres en avoit eu.

§ 451. Tant chevaucièrent cil signeur d'Auvergne avoecques leurs routes et leurs arrois, que il vinrent à une petite journée priès de ces guerriers qui se nommoient Englès ; et veirent, d'une montagne où toute leur host estoit arrestée, les fumières que leur ennemi faisoient. A l'endemain, il s'adrecièrent droitement celle part, et estoit bien leur intention que d'yaus combatre, se il les pooient attaindre. Ce soir, il vinrent à deux petites liewes dou pays priès d'yaus, dont prisent il terre et se logièrent tout sus

une montagne, et li Englès estoient sus une aultre.
Et veoient cescune des deus hos les feus que il faisoient en l'une host et en l'autre : si passèrent celle nuit.

L'endemain, se deslogièrent li François, et se traisent plus avant tout à l'encontre, car il cognissoient le pays, et s'en vinrent à heure de nonne logier sus une montagne, droit devant les Englès. Et n'i avoit de entre deus que une praiorie, espoir large de six bonniers de terre; et pooient clerement cognoistre et veoir l'un l'autre. Quant li Englès veirent venu les François devant yaus, par samblant il en fisent grant chière et s'ordonnèrent tantost si com pour combatre, et misent tous leurs arciers ou pendant de le montagne, devant yaus.

Li signeur de France, qui perçurent ce couvenant, s'ordonnèrent ossi et fisent deus bonnes batailles bien et faiticement; en çascune avoit entours bien cinq mil hommes. Si avoit le première li dauffins d'Auvergne, contes de Clermont, si l'appelloit on Beraut, et devint là chevaliers et leva banière esquartelée d'Auvergne et de Mercueil. Si estoient dalés li messires Robers Daufins ses oncles et li sires de Montagut. Et là devinrent chevalier messires Henris de Montagut, li sires de Calençon, li sires de Rocefort, li sires de Serignach, messires Godefrois de Boulongne et pluiseur aultre jone escuier de Limozin, de Quersin, d'Auvergne et de Roerge. En le seconde bataille des François estoient li contes de Forès, messires Jehans de Boulongne, contes d'Auvergne, li sires d'Acier et ses filz, li sires d'Achon et li contes d'Uzès, et ossi messires Renaulz de Forès, frères au dit conte, et grant fuison de bons chevaliers et escuiers, qui tout estoient en grant volenté de combatre, si com il moustroient.

D'autre part, messires Robers Canolles et leurs routes par samblant moustroient que il en euissent grant volenté ossi. Ensi se tinrent jusques au soir l'un devant l'autre, cescuns en son fort sans lui mouvoir, fors tant qu'il y eut aucuns jones chevaliers et escuiers qui, pour acquerre pris d'armes, descendirent, par le congiet de leurs marescaus, de le montagne ens ou pré, et vinrent jouster li un à l'autre. Et qui pooit conquerir son compagnon, il l'en menoit ; mès pour ce ne se descendirent ne desroutèrent onques les batailles, pour jouste ne escarmuce qui faite y fust.

§ 452. Quant ce vint au soir, et que li journée se fu partie sans bataille, cescuns se retraist en son logeis, et fisent bon get et grant. Et se traisent en conseil li signeur de France, et se consillièrent entre yaus que, à heure de mienuit, il se partiroient de là et descenderoient de leur montagne, non devers les ennemis, mès au plain par où il estoient monté. Et pour seulement tourniier les dittes montagnes deus liewes, il venroient tout au plain là où les Compagnes estoient, et encores si matin que espoir ne seroient il mies tout armé. Ceste ordenance fu affremée entre yaus, et le devoit cescuns sires dire à ses gens; et se devoient armer et partir quoiement sans faire friente, et le fisent ensi comme ordené fu. Mès onques si secretement ne sçeurent ce demener que les Compagnes ne le sceuissent tantost et par un prisonnier des leurs, si com on supposa depuis, qui s'embla et vint en l'ost monsigneur Robert Canolles et li compta tout le couvenant des barons d'Auvergne et quel cose il avoient empris à faire.

Quant li dis messires Robers entendi ces nouvelles, il se traist à conseil avoecques aucuns de chiaus de son host, où il avoit le plus grant fiance ; et regardèrent l'un parmi l'autre, tout consideré et imaginé le poissance des François, que ce n'estoit mies bon d'yaus attendre. Si fist en l'eure armer ses gens, tout tourser, monter et partir, et chevaucier en voies et yaus faire conduire par guides des gens dou pays qu'il tenoient pour prisonniers et qui savoient les adrèces et tous les chemins.

Quant ce vint à heure de mienuit, li François s'ordonnèrent et armèrent, ensi que avisé et devisé avoient, et se misent en arroy de bataille, et vinrent droit à l'ajournée sus le montagne où il cuidièrent trouver les Englès. Mès nul n'en trouvèrent, dont il furent moult esmervilliet ; si fisent monter aucuns des leurs des plus appers et chevaucier par ces montagnes, à savoir se il en oroient nulles nouvelles. Cil raportèrent en leur host, environ heure de grande tierce, que on les avoit veu passer, et nommèrent le chemin ù, et qu'il s'en aloient devers Limoges et en Limozin.

Quant li signeur et li baron d'Auvergne entendirent ce, si n'eurent mies conseil dou plus poursievir ; car il leur fu vis, et voirs estoit, qu'il perderoient leur painne et que assès honnourablement il avoient chevauciet, quant il avoient bouté leurs ennemis hors de leur pays. Si donnèrent li signeur à toutes ma-

nières de gens d'armes congiet, pour raler en leurs
lieus. Ensi se deffist et desrompi ceste grosse chevaucie d'Auvergne, et revinrent li signeur en leurs maisons. Assés tos apriès, fu trettiés et fais li mariages de
ce gentil chevalier monsigneur Beraut, daufin d'Auvergne, à le fille dou gentil conte de Forès que il
avoit de le suer monsigneur Jakemon de Bourbon.
Or revenrons au roy d'Engleterre et à le grosse armée qu'il mist sus en celle anée et comment il persevera.

§ 453. Li rois d'Engleterre toute celle saison faisoit
un si très grant appareil pour venir en France, que en
devant on n'avoit point veu le samblable. De quoi pluiseur baron et chevalier de l'empire d'Alemagne, qui
aultrefois l'avoient servi, s'avancièrent grandement
pour estre en celle armée. Et se pourveirent bien estoffeement de chevaus et de harnas, cescuns dou
mieulz qu'il peut selonch son estat, et s'en vinrent,
dou plus tost qu'il peurent, par les costières de Flandres, devers Calais, et là se tinrent le roy attendant.
Or avint que li rois d'Engleterre et ses gens ne vinrent
mies sitost à Calais que on pensoit : dont tant de
manières de gens estragniers, le temps pendant, vinrent à Calais que on ne se savoit où herbergier, ne
chevaus establer. Et avoech ce, pains, vins, fuerres
et avainnes et toutes pourveances y estoient si grandement chières que on n'en pooit recouvrer, pour or
ne pour argent. Et toutdis leur disoit on : « Li rois
venra à l'autre sepmainne. »

Ensi attendirent tout cil signeur alemant, miesse-
naire, hesbegnon, braibençon, flamench et haynuier,

povre et riche, [la venue dou roy d'Engleterre[1]] de l'entrée d'aoust jusques à le Saint Luc, à grant meschief et à grant coustages, et à si grant dangier que il couvint les pluiseurs vendre le plus grant partie de leurs jeuiaus. Et, se li rois d'Engleterre fust adonc venus ne arrivés à Calais, il ne se seuist où herbergier ne ses gens, fors ou chastiel, car li corps de le ville estoit tous pris. Et si estoit encores une doubte par aventure que cil signeur, qui tout avoient despendut, ne se volsissent point partir de Calais, pour roy ne pour aultre, se on ne leur euist rendus tous leurs despens de deniers appareilliés.

§ 454. Li rois d'Engleterre, qui ne pot avoir sitost ses gens ne ses grandes pourveances appareillies que il volsist, et qui bien avoit entendu le grant nombre de gens qui l'attendoient à Calais pour avoir grasce et grans bienfais de lui, comment qu'il n'en euist mies mandé le quarte partie, non le cinquime de chiaus qui là estoient venu, mès estoient li aucun venu de leur volenté pour leur honneur avancier, et li aultre par convoitise de gaegnier et pillier sus le bon et plentiveus royaulme de France, eut doubtance de ce que dessus est dit. Si s'avisa par grant sens, ensi que on poet bien penser, que il envoieroit son cousin le duch de Lancastre à Calais, à tout grant fuison de gens d'armes, pour lui escuser envers ces signeurs qui là estoient venu et pour faire compagnie à yaus. Ensi fu fait.

A l'ordenance dou roy se appareilla li dus dou

---

1. Mss. B 4, 3, f° 210 v°. — Ms. B 1, t. II, f° 131 (lacune).

mieulz qu'il peut, et fist tant qu'il vint à Calais, environ la feste Saint Remi, à tout quatre cens armeures de fier et deux mil arciers et Gallois. Si fu durement bien venus et conjoïs de ces signeurs estragniers qui li demandèrent nouvelles dou roy. Et il l'escusa bellement et sagement envers yaus, ensi que bien le sceut faire, et fist descargier tout bellement son harnas, ses chevaus et ses pourveances. Et puis dist à ces signeurs estragnes que li sejourners là endroit ne leur pooit riens valoir, mès il voloit chevaucier en France pour veoir que il y trouveroit. Si leur pria que il volsissent chevaucier avoecques lui, et il presteroit aucune somme d'argent à çascun, pour paiier leur hosteulz de leurs menus frès, et leur liveroit pourveances si avant qu'il en vorroient cargier sus leurs sommiers.

Il sambla à ces signeurs que ce seroit hontes dou sejourner et de refuser le requeste de si vaillant homme comme li dus de Lancastre estoit; se li otriièrent liement. Et fist cescuns refierer ses chevaus et tourser; et puis partirent de Calais avoecques le duch de Lancastre à grant noblèce, et s'en alèrent par devers Saint Omer. Et pooient bien estre deux mil armeures de fier, sans les arciers et les gens de piet. Si passèrent ces gens d'armes et leurs routes au dehors de Saint Omer, mès point n'i assallirent. Et chevaucièrent devers Betune et passèrent oultre, et fisent tant que il vinrent au Mont Saint Eloy, une bonne abbeye et riche, seans à deus petites liewes de le cité d'Arras; et là sejournèrent par l'espasse de quatre jours, pour yaus rafreschir et leur chevaus, car il trouvèrent en l'abbeye bien de quoi.

§ 455. Quant ces gens d'armes eurent sejourné quatre jours ou Mont Saint Eloy et gasté et robé tout le pays de là environ, il se partirent et se retraisent par devers le rivière de Somme et par devers Bapaumes, pour venir vers Peronne, et ne chevauçoient que deus ou trois liewes le jour. Si gastèrent tout le pays sievant le rivière de Somme, tant qu'il vinrent à une ville fremée, que on claimme Bray sus Somme. Quant il furent là venu, il s'i arrestèrent et se misent en ordenance pour le assallir, car il leur sambla que elle estoit bien prendable. Si le assallirent fortement et durement, et y dura li assaus un jour tout entier. Et y perdirent li Englès grant fuison de leurs gens, car cil de le ville se deffendirent vaillamment, parmi le reconfort dou conte de Saint Pol et dou signeur de Rainneval et de aucuns chevaliers et escuiers dou pays qui s'i vinrent bouter par derrière, à bien deus cens lances : aultrement elle euist estet prise. Et là fu occis à l'assaut uns banerès d'Engleterre, [bon chevalier et[1]] hardis durement, qui s'appelloit li sires de Carlestonne : de quoi li dus et tout li Englès furent durement courouciet, mès amender ne le peurent. Quant il veirent que il ne poroient gaegnier le ville de Bray et que trop leur coustoit de leurs gens, il se partirent et sievirent la ditte rivière, à grant malaise de pain et de vin, et vinrent à une ville que on claime Cherisi, là où il trouvèrent souffissamment pain et vin. Si passèrent là endroit la rivière, au pont qui n'estoit mies deffais, et sejournèrent là le nuit et le jour de le Toussains.

1. Mss. B 4, 3, f° 211. — Ms. B 1, t. II, f° 132 (lacune).

En ce jour, vinrent nouvelles au duch de Lancastre que li rois d'Engleterre ses sires estoit venus et arrivés à Calais, et li mandoit que tantost il se retraisist vers lui à toute se compagnie. De ces nouvelles furent liet tout li compagnon d'estragnes pays, pour l'esperance d'avoir monnoie, qui avoient eu grant faute d'argent et enduré tamainte mesaise. Si se partirent liement de là, et rapassèrent le rivière là meismes, et se retraisent par devers Calais, là où il cuidoient trouver le roy d'Engleterre.

En ceste chevaucie estoit messires Henris de Flandres à tout deus cens armeures de fier. Et de Braibant y estoient messires Henris de Bautresen, sires de Berghes, messires Gerars de le Heide, sires de Bautresen, messires Franke de Halle; de Hainau : messires Gautiers de Mauni et messires Jehans de Gommegnies; Hesbegnons : messires Gaudefrois, sires de Harduemont et messires Jehans ses filz, messires Gautiers de Hautepenne leurs cousins, messires Renaulz de Boullant, messires Jehans de Duras, messires Thieris de Sieraing, messires Gautiers de Sieraing ses frères, messires Rasses de Jumeppe, messires Gilles Sorlés, messires Jehans de Bernamont, messires Renars de Berghes et pluiseurs aultres. Les Alemans, les messenaires d'estragnes pays, ne poroie sçavoir tous nommer : si m'en tairai atant.

§ 456. Ensi que li dus de Lancastre et cil baron et cil chevalier s'en retournoient devers Calais, pour trouver le roy d'Engleterre que tant avoient desiret, il l'encontrèrent sur le chemin, à quatre liewes priès de Calais, à si grant multitude de gens d'armes que

tous li pays en estoit couvers, et si richement armés
et parés que c'estoit merveilles et grans deduis au regarder les armes luisans, leurs banières ventelans,
leurs conrois par ordene le petit pas chevauçant; ne
on n'i sewist riens amender. Quant li dus de Lancastre et cil signeur dessus nommé parfurent venu jusques au roy, il leur fist moult grant cière et liement
les salua, et regratia moult humlement de leur service
et de ce qu'il estoient là venu de leur bonne volenté.

Tantost cil signeur estragne, Alemant, messenaire,
Braibençon et Hesbegnon, et tout ensamble, remoustrèrent au roy moult bellement leur povreté et necessité, comment il avoient leur avoir despendu,
leurs chevaus et leurs harnas vendus, si ques peu ou
nient leur estoit demoret, pour lui servir ou quel
nom il estoient là venu, ne pour raler en leur pays,
se besoings estoit: se li priièrent que par sa noblèce
il y volsist entendre et regarder. Li rois se consilla
assés briefment, tout à cheval, enmi les camps là où il
estoit; si leur respondi courtoisement que il n'estoit
mies bien pourveus de là endroit respondre plainnement : « Et vous estes durement travilliet, si com je
pense : si vous alés reposer et rafrescir deux jours ou
trois dedens Calais. Et je m'en aviserai et consillerai
encores anuit et demain plus plainnement ; et vous
envoierai response tèle qu'il vous devera souffire par
raison, et selonc mon pooir. »

Ces estragnes gens n'en peurent adonc avoir aultre response; si se partirent dou roy et de le route
le duch de Lancastre, et s'en alèrent par devers Calais. Quant il eurent chevauciet environ demi liewe,

il encontrèrent le plus biel charoi et le plus grant et le mieus estoffé de toutes pourveances et le mieulz appareilliet qui onques fust veus en nul pays. Apriès, il encontrèrent le prince de Galles si noblement et si ricement paret d'armes et toutes ses gens que c'estoit grans biautés à regarder ; et avoit si grans gens en son conroi que tous li pays en estoit couvers. Et chevauçoient tout le commun pas, rengiés et serrés ensi que pour tantost combatre, se mestier fust, toutdis une liewe ou deux ensus de l'host le roy son père ; si ques leurs charois et leurs pourveances charioient toutdis entre leurs deus hos : laquèle ordenance cil signeur estragnier veirent moult volentiers, et moult le prisièrent.

§ 457. Apriès ce que cil signeur estragnier eurent tout ce diligament regardet et consideret, et il eurent saluet reveramment le prince, les signeurs et les barons qui estoient avoech li, et li princes ossi les eut bellement et courtoisement receus et conjoïs, ensi que cilz qui bien le savoit faire, il prisent congiet de li et li remoustrèrent leur besongne et leur povreté, en priant humlement qu'il volsist descendre à lor necessité. Li princes leur acorda liement et volentiers : si passèrent oultre et chevaucièrent tant que il vinrent à Calais, et là se logièrent.

Le secont jour apriès ce que il furent venu à Calais, li rois d'Engleterre envoia à yaus sa response par trois souffissans chevaliers, qui leur disent plainnement que il n'avoit mies aporté si grant tresor d'Engleterre que pour yaus paiier tous leurs frès et tout ce qu'il vorroient demander, et li besongnoit bien ce qu'il en avoit fait venir, pour parfurnir ce qu'il en avoit entrepris ; mais, se il estoient si consilliet que il volsissent venir avoecques li et prendre l'aventure et le fortune de bien et de mal, et bonne aventure li escheist en ce voiage, il voloit qu'il y partesissent bien et largement, sauf tant qu'il ne li peuissent riens demander pour leurs gages, ne pour chevaus perdus, ne pour despens ne damages qu'il peuissent faire ne avoir, car il avoit assés amenés gens de son pays pour achiever sa besongne.

Ces responses ne plaisirent mies bien à ces signeurs estragniers ne à leurs compagnons qui avoient durement travilliet et despendu le leur, engagiés [leurs jeuiaux et[1]] leurs chevaus et leur harnas, et li plus vendus par necessité ; et toutesvoies il n'en peurent aultre cose avoir, fors tant que on presta à çascun aucune cose, par grasce, pour raler en son pays. Si y eut aucuns des signeurs qui s'en alèrent devers le roy pour tout paraventurer, car blasmes leur euist esté de retourner sans aultre cose faire.

Or vous deviserons le manière de l'ordenance dou grant appareil que li rois d'Engleterre fist faire, ançois que il partesist de son pays, et qu'il eut en ce voiage, dont je ne vous ay encores parlé ; si ne s'en doit on mies briefment passer, car onques si grans ne si bien ordonnez n'issi hors d'Engleterre.

§ 458. Ançois que li rois d'Engleterre se partesist de son pays, il fist tous les contes et les barons de France, qu'il tenoit pour prisonniers, departir et

---

1. Ms. A 7, f° 216 v°. — Mss. B 1, 3, 4 (lacune).

mettre en pluiseurs lieus et en fors chastiaus parmi son royaume, pour estre mieulz au deseure d'yaus. Et fist mettre le roy de France ens ou chastiel de Londres, qui est grans et fors, seans sus le rivière de
5 le Tamise, et son jone fil, monsigneur Phelippe, avoech lui; et les restraindi et leur tolli moult de leurs deduis, et les fist garder plus estroitement que devant. Apriès, quant il fu apparilliés, il fist à savoir partout que tout cil qui estoient apparilliet et pour-
10 veu pour venir en France avoecques lui, se traissent apertement par devers le ville de Douvres; car il leur liveroit nés et vaissiaus pour passer. Cescuns s'apparilla au mieulz qu'il peut. Et ne demora nulz chevaliers et escuiers, ne homs d'onneur, qui fust
15 hettiés, de l'eage de entre vingt ans et soixante, que tout ne partesissent : si ques priès tout li conte, li baron, li chevalier et li escuier dou royaume d'Engleterre vinrent à Douvres, excepté chiaulz que li rois et ses consaus avoient ordonné et establi pour gar-
20 der ses chastiaus, ses balliages, ses mairies, ses offisces et ses pors sus mer, ses havenes et ses passages.

Quant tout furent assamblet à Douvres et ses naves appareillies, li rois fist ses gens, petis et grans, assambler en une place au dehors de Douvres : si leur
25 dist que se intention estoit tèle que il voloit passer oultre et entrer ou royaume de France, sans jamais rapasser jusques adonc que il aroit fin de guerre, ou pays à se souffissance et à se grant honneur, ou il morroit en le painne; et, se il y avoit entre yaus au-
30 cuns qui ne fuissent de çou attendre conforté, il leur prioit que il s'en volsissent raler en leurs maisons par bon gret. Mais sachiés que tout y estoient venu

de si grant volenté que nulz ne fu telz qu'il en volsist raler. Si entrèrent tout en naves et en vaissiaus qu'il trouvèrent appareilliés, ou nom de Dieu et de saint Jorge, et arrivèrent à Calais deux jours devant la feste de Toussains qui fu l'an de grasce mil trois cens cinquante neuf.

§ 459. Quant li rois d'Engleterre fu arrivés à Calais et li princes de Galles ses ainnés filz et encores troi de ses enfans, messire Leoniel, conte de Dulnestre, messires Jehans, contes de Ricemont, monsigneur Aymon, le plus jone des quatre, et tout li signeur ensiewant et toutes leurs gens, il fisent descargier leurs chevaus, leur harnas et toutes leurs pourveances et sejournèrent à Calais par quatre jours. Puis fist li rois commander que cescuns fust appareilliés de mouvoir, car il voloit chevaucier après son chier cousin le duch de Lancastre. Si se parti li dis rois, l'endemain au matin, de le ville de Calais à tout son grant arroy, et se mist sus les camps à tout le plus grant charoy et le mieulz atelé que nulz veist onques issir d'Engleterre. On disoit qu'il avoit plus de six mil chars bien atelés, qui tout estoient apasset d'Engleterre. Puis ordonna ses batailles, si noblement et si ricement parés uns et aultres, que c'estoit solas et deduis au regarder; et fist son connestable que moult amoit, le conte de le Marce, premierement chevaucier à tout cinq cens armeures de fier et mil arciers au devant de se bataille. Apriès, sa bataille chevauçoit, où il avoit trois mil armeures de fier et cinq mil arciers; et chevauçoient il et ses gens, toutdis rengiet et sieret, apriès le connestable.

Ensievant la bataille dou roy, venoit li grans charois, qui comprendoit bien deux liewes de lonch; et y avoit plus de six mil chars, tous atelés, qui menoient toutes pourveances pour l'ost, et ostieus dont on n'avoit point veu user en devant de mener avoecques gens d'armes, si comme moulins à le main, fours pour cuire et aultres coses pluiseurs neccessaires. En apriès, chevauçoit li forte bataille dou prince de Galles et de ses frères, où il y avoit vingt cinq cens armeures de fier noblement montés et ricement parés, et toutes ces gens d'armes et cil arcier rengiet et sieret, ensi que pour tantost combatre, se mestier euist esté. En chevauçant ensi, il ne laissassent mies un garçon derrière qu'il ne l'attendesissent; et ne pooient aler bonnement non plus que trois liewes le jour. En cel estat et en cel arroy, furent il encontré dou duch de Lancastre et des signeurs estragniers, si comme dessus est dit, entre Calais et l'abbeye de Likes, sus uns biaus plains. Car encores y avoit en l'ost le roy d'Engleterre jusques à cinq cens varlès, à tout pelles et cuignies, qui aloient devant le charoi et ounioient les chemins et les voies et copoient les espines et les buissons, pour chariier plus aise.

Or vous voeil je nommer les plus grans signeurs de l'ost le roy d'Engleterre et qui passèrent le mer adonc avoecques li, ou en le compagnie le duch de Lancastre, son cousin germain : premierement ses quatre filz, monsigneur Edouwars, monsigneur Leonniel, monsigneur Jehan, monsigneur Aymon ; et puis monsigneur Henri, duch de Lancastre, monsigneur Jehan, conte de le Marce, connestable d'Engleterre, le conte de Warvich et le comte de Sufforch, mareschal d'Engleterre, le conte de Herfort et de Norhantonne, le conte de Sallebrin, le conte de Stanfort, le conte d'Askesufforch, l'evesque de Lincolle, l'evesque de Durem, le signeur de Persi, le signeur de Nuefville, le signeur Despensier, le signeur de Ros, le signeur de Mauni, monsigneur Renaut de Gobehen, le signeur de Montbray, le signeur de le Ware, monsigneur Jehan Chandos, monsigneur Richart de Pennebruge, le signeur de Manne, le signeur de Willebi, le signeur de Felleton, le signeur de Basset, le signeur de Carleton, le signeur de Filwatier, monsigneur Jame d'Audelée, monsigneur Bietremieu de Brues, le signeur de Salic, messire Estievene de Gonsenton, messire Hughe de Hastinges, messire Jehan de Lille, messire Raoul de Ferrières, messire Neel Lorinch et grant fuison d'autres que je ne puis et ne sçai mies tous nommer.

Si chevaucièrent cil signeur ordonneement, ensi que dessus est dit, très que il partirent de Calais et passèrent tout parmi Artois et au dehors de le cité d'Arras, et [tenoient[1]] auques[2] le chemin que li dus de Lancastre avoit tenu quant il passa premierement. Si ne trouvoient ces gens d'armes que vivre sus le plat pays, car tout estoit boutet ens ès forterèces. Et si estoit le pays, de grant temps avoit, si apovris et si exilliés ; [et[3]] meismement il faisoit si chier temps parmi le royaume de France et si grant famine couroit, pour le cause de ce que on n'avoit trois ans en devant riens ahané sus le plat pays, que, se blés et

1. Mss. B 4, 3, f° 213. — Ms. B 1, t. II, f° 134 v° : « tenoit. »
2. Ms. B 4, f° 213 : « aucuns. » — Ms. B 3, f° 227 : « presque. »
3. Mss. B 1 et B 4 : « que. »

avainnes ne leur venissent de Haynau et de Cambresis, les gens morussent de fain en Artois, en Vermendois et en l'evesquiet de Laon et de Rains. Et pour ce que li rois d'Engleterre,ançois que il partesist de son pays, avoit oy parler de le famine et de le povreté de France, estoit il ensi venus bien pourveus, et cescuns sires ossi selonch son estat, excepté de fuerres et d'avainne; mès de ce se passoient leur cheval au mieus qu'il pooient. Avoech tout ce, li temps estoit si crus et si plouvieus que ce leur faisoit trop de meschief et à leurs chevaus; car priesque tous les jours et toutes les nuis plouvoit il à randon sans cesser. Et tant pleut, en ce wain, que li vin de celle vendenge ne vallirent riens en celle saison.

§ 460. Tant chevauça li rois d'Engleterre à petites journées, et toutes ses hos, qu'il approça durement Bapaumes. Or vous dirai d'une aventure qu'avint sus ce voiage à monsigneur Gallehaut de Ribeumont, un très hardit et appert chevalier de Pikardie. Vous devés savoir que toutes les villes, les cités et li chastiel, sus le passage dou roy d'Engleterre, estoient trop bien gardé; car cescune bonne ville de Pikardie prendoit et recevoit chevaliers et escuiers à ses frès. Li contes de Saint Pol se tenoit à deux cens lances en le cité d'Arras, li connestables de France à Amiens, li sires de Montsaut à Corbie, messires Oudars de Renti et messires Engherans d'Uedins à Bapaumes, messires Bauduins d'Ennekins, mestres des arbalestriers, à Saint Quentin, et ensi de ville en ville et de cité en cité; car il savoient tout notorement que li rois d'Engleterre venoit assegier le bonne cité de Rains.

Or avint que cil de Peronne en Vermendois, qui estoient auques sus le passage dou roy d'Engleterre, car il et ses gens poursievoient toutdis les rivières, et ceste [ville¹] dessus ditte siet sus le rivière de Somme, n'avoient encores point de chapitainne ne de gardiien; et se les approçoient li Englès durement, dont il n'estoient mies bien aise. Si se avisèrent de monsigneur Galehaut de Ribeumont, qui n'estoit encores nulle part retenus, liquelz se tenoit, si comme il furent adonc enfourmé, à Tournay. Cil de Peronne envoiièrent devers lui lettres moult courtoises, en lui priant que il se volsist prendre priès de venir aidier à garder le bonne ville de Peronne, à ce que il poroit avoir de compagnons; et on li paieroit vingt frans tous les jours pour se personne, et cescun chevalier desous lui dix frans, et cescune lance pour trois chevaus un franch le jour.

Messires Gallehaus, qui desiroit les armes partout et qui se vei priiés moult courtoisement de chiaus de Peronne, ses bons voisins, s'i acorda legierement, et respondi et leur manda qu'il iroit et que il seroit là dou jour à l'endemain. Si se pourvei au plus tost qu'il peut, et pria et cueilla des bons compagnons en Tournesis, et se parti de Tournay, espoir lui trentime; et toutdis li croissoient gens, et manda à monsigneur Rogier de Coulongne qu'il fust contre lui, sus un certain lieu que il li assigna. Messires Rogiers y vint, lui vingtime de bons compagnons. Tant fist messires Gallehaus que il eut bien cinquante lances de bonnes gens; et s'en vinrent logier un soir

---

1. Mss. B 4, 3, f° 213 v°. — Ms. B 1, t. II, f° 135 : « rivière. »

en approçant Peronne, à deux petites liewes priès des ennemis, et en un village [sus les champs¹] où il ne trouvèrent nullui, car tout s'estoient boutet les gens dou plat pays ens ès forterèces. L'endemain au matin, il devoient venir à Peronne, car il n'en estoient mies lonch.

Quant ce vint apriès souper, sus l'eure de mienuit, et que on eut ordené leur ghet, ensi que on bourde et gengle d'armes, et il en avoient [entre iaux²] assés matère de parler, messires Gallehaus dist : « Nous serons demain moult matin en le ville de Peronne, se nous volons ; mès,ançois que nous y entrissions, je consilleroie que nous chevaucissions sus les frontières de nos ennemis, car je croi assés que il en y a aucuns qui, pour yaus avancier ou pour le couvoitise de trouver aucune cose à fourer sus le pays, se desroutent et prendent l'avantage dou chevaucier matin : si porions bien telz trouver [d'aventure ou encontrer³] qui paieroient nostre escot. » A ces parolles et à ceste ordenance que vous oés, s'acordèrent tout li compagnon. Et le tinrent en secret li mestre entre yaus, et furent tout prest au point dou jour, et li cheval ensellé. Si se misent as camps assés ordonneement, et issirent hors de leur chemin qui tiroit pour aler à Peronne ; et commenchièrent à variier le pays et à costiier bos et bruières pour savoir se il veroient nullui, et vinrent en un village où les gens avoient fortefiiet le moustier. Là descendirent messires Gallehaus et se route pour yaus rafreschir, car ens ou fort avoit pain

---

1. Ms. A 7, f° 218. — Mss. B 1, 3, 4 (lacune).
2. Ms. B 4, f° 213 v°. — Ms. B 1, t. II, f° 135 v° (lacune).
3. Mss. B 4, 3, f° 214. — Ms. B 1, f° 135 v° (lacune).

et char et vin assés ; et cil qui dedens estoient, leur offrirent à prendre ent à leur volenté. Entrues que il estoient là en le place devant le fort, messires Gallehaus appella deux de ses escuiers, desquelz Bridoulz de Calonne fu li uns, et leur dist : « Chevauciés devant et avant sus ces camps, et descouvrés le pays devant et derière, à savoir se vous trouverés nullui ; et revenés chi à nous, car nous vous attenderons ci. » Li doi escuier se partirent, montés sus fleur de coursier, et prisent les camps, et s'adrecièrent vers un bois qui estoit à demi liewe [franchoise[1]] priès de là.

Celle matinée, chevauçoit messires Renaus de Bollant, uns chevaliers d'Alemagne de le route le duch de Lancastre; et avoit chevauciet depuis l'aube crevant et tourniiet tout le pays et n'avoit riens trouvé : si s'estoit là arrestés. Li doy escuier dessus nommet vinrent celle part, et cuidièrent que ce fuissent aucunes gens d'armes dou pays qui se fuissent là mis en embusche, et chevaucièrent si priès que il avisèrent l'un l'autre. Or avoient li doy escuier françois parlé ensamble et dit: « Se ce sont ci Alemant ou Englès, il nous fault faindre de dire que nous soions François; et se il sont de ce pays, tant bien nous nos nommerons. » Quant il furent parvenu si priès d'yaus que pour parler et entendre l'un l'autre, li doi escuier perçurent tantost à leur contenance que il estoient estragnier et leur ennemi. Messires Renaulz de Boullant parla et demanda : « A cui sont li compagnon ? » en langage alemant. Bridoulz de Calonne

---

1. Mss. B 4, 3, f° 214. — Ms. B 1, f° 135 v° (lacune).

respondi, qui bien savoit parler cesti langage, et dist :
« Nous sommes à monsigneur Bietremieu de Brues. »
— « Et où est messires Bietremieus de Brues ? dist li
chevaliers. » — « Sire, respondi li [escuiers[1]], il n'est
pas lonch de ci, il est chi desous en ce village. » —
« Et pourquoi est il là arrestés ? dist li chevaliers. »
— « Sire, pour ce qu'il nous a envoiiés devant, pour
savoir se il trouveroit riens à fourer, ne à courir sus
ce pays. » — « Par ma foy, dist messires Renaulz,
nennil ; j'ay courut tout aval ce pays, mès je n'ay
riens trouvé. Retournés vers lui et li dittes qu'il traie
avant, et nous chevaucerons ensamble devers Saint
Quentin, à savoir se nous trouverions point milleur
marce ne aucune bonne aventure. » — « Et qui estes
vous, sire ? dist li escuiers qui parloit à lui. » — « On
m'appelle, respondi li chevaliers, Renault de Boullant ;
dittes le ensi à monsigneur Bietremieu. »

A ces parolles retournèrent li doy escuier, et vinrent au village où il avoient laissiés leurs mestres.
Sitost que messires Gallehaus les vei, il demanda :
« Quèles de vos nouvelles ? Avés vous riens veu ne
trouvé ? » Il respondirent : « Sire, oïl, assés par raison. Chi dessus en ce bos est messires Renaulz de
Boullant, lui trentime espoir, et a hui toute ceste
matinée chevauciet : si vous desire moult à avoir en
se compagnie, pour chevaucier encore plus avant
devers Saint Quentin. » — « Comment, dist messires
Gallehaus, que dittes vous ? Messires Renaulz de
Boullant est uns chevaliers d'Alemagne et de le chevaucie le roy d'Engleterre. » — « Tout che savons

---

1. Mss. B 4, 3, f° 214. — Ms. B 1, t. II, f° 136 : « chevaliers. »

nous bien, sire, disent li escuier. » — « Et comment dont estes vous partis de li? » — « Sire, respondi Bridous de Calonne, je le vous dirai. » Adonc li recorda il toutes les parolles qui ci dessus sont dittes. Et quant messires Gallehaus les eut oyes, si pensa sus un petit et en demanda conseil à monsigneur Rogier de Coulongne et à aucuns chevaliers qui là estoient, qu'il en estoit bon à faire. Li chevalier respondirent et disent : « Sire, vous demandés aventure, et quant elles vous viennent en le main, si les prendés; car en toutes manières doit on et poet par droit d'armes grever son ennemi. »

§ 461. A ce conseil s'acorda legierement messires Gallehaus, qui estoit desirans de trouver ses ennemis. Et fist restraindre ses plates et recengler son coursier, et mist son bachinet à visière, par quoi il ne peuist estre cogneus, et ensi fisent tout li aultre. Et fist encores renvoleper son pennon; et puis issirent dou village et prisent les camps. Si chevaucièrent à l'adrèce devers le bois où messires Renaulz de Boullant les attendoit; et pooient estre environ soixante dix armeures de fier, et messires Renaulz n'en avoit que trente. Sitost que messires Renaulz les perçut sus les camps, il se apparilla moult bien et recueilla ses gens, et se parti moult ordonneement de sen embusche, son pennon tout desvolepé devant lui; et s'en vint le petit pas devers les François qu'il cuidoit Englès. En approçant, il leva se visière et salua monsigneur Gallehaut, ou nom de monsigneur Bietremieu de Brues. Messires Gallehaus se tint tous couvers et li respondi assés faintement et puis dist : « Alons, alons, chevauçons avant. » Dont se traisent ses gens d'un lés et fisent leur route, et li Alemant le leur.

Quant messires Renaus de Boullant en vei le manière et comment messires Gallehaus chevauçoit et regardoit de costet sur lui à le fois et point ne parloit, si entra [en[1]] souspeçon, et n'eut mies chevauciet en cel estat le quart d'une liewe quant il s'arresta dalés son pennon et entre ses gens, et dist tout en hault à monsigneur Galehaut : « Je fai doubte, sire chevaliers, que vous ne soiiés point messires Bietremieus de Brues, car monsigneur Bietremieu cognoi je assés, mais point ne vous ay encores ravisé : si voel que vous vos nommés, ançois que je chevauce plus avant en vostre compagnie. » A ces mos leva le tieste messires Gallehaus; et, en lui avançant devers le chevalier pour lui prendre par les resnes de son coursier, escria : « Nostre Dame Ribeumont! » et tantost messires Rogiers de Coulongne dist : « Coulongne, à le rescousse! »

Quant messires Renaulz de Boullant se vei en ce parti, il ne fu mies trop effraés, mès mist le main moult apertement à un espoit de guerre que il portoit à son costet, fort et roit, et le traist hors dou fuerre. Et ensi que messires Gallehaus s'avança, qui le cuida prendre et arrester par le frain, messires Renaulz li encousi ce roit espoit ens ou costé par tel manière que il li perça tout oultre les plates et li fist sewer oultre à l'autre lés; et puis retraist son espoit et feri cheval des esporons et laissa monsigneur Gallehaut en ce parti durement navré. Quant les gens à

1. Ms. B 4, f° 214 v°. — Ms. B 1, t. II, f° 136 v° (lacune).

monsigneur Gallehaut veirent leur mestre et chapitainne en cel estat, si furent ensi que tout foursené, et commencièrent à yaus desrouter et à entrer ens ès gens de monsigneur Renault de Boullant, et les assallirent fierement : si en y eut aucuns rués par terre.

Sitost que li dis messires Renaulz eut donné le cop à monsigneur Gallehaut, il feri coursier des esporons et prist les camps. Là eut aucuns apers escuiers des gens monsigneur Gallehaut, qui se misent apriès lui en cace [entrues que ses gens se combatoient, et que li Franchois entendirent à iaulx grever ce qu'il pooient[1].] Messires Renaulz, qui estoit fors chevaliers, durs et hardis malement et bien arestés et avisés en ses fais, n'estoit mies trop effraés ; mès, quant il veoit que cil le sievoient de si priès que retourner le couvenoit ou recevoir blasme, il s'arrestoit en son pas sus l'un d'yaus et donnoit un cop si grant de son roit espoit que cilz qui ferus en estoit, n'avoit nulle volenté de li plus poursievir. Et ensi, en chevauçant, il en reversa par terre jusques à trois durement bleciés ; et, se il euist eu une hace bien acerée en se main, il n'euist feru cop que il n'euist occis un homme. Tant fist li dis chevaliers que il eslonga les François et qu'il se sauva et n'i eut point de damage de son corps. De quoi si ennemi le tinrent à grant proèce et tout cil qui depuis en oïrent parler ; mès ses gens furent tout mort ou pris : petit s'en sauvèrent.

Et là sus le place on entendi à monsigneur Gallehaut de Ribeumont qui estoit durement navrés ; et

---

1. Mss. B 4, 3, f° 215. — Ms. B 1, t. II, f° 137 (lacune).

fu amenés au plus doucement que on peut en le ville de Peronne et là medecinés. De ceste plaie ne fu il onques puis sainnement garis, car il estoit chevaliers de si grant volenté et si corageus que pour ce ne se voloit il mies espargnier et ne vesqui point trop longement. Or retourrons nous au roy d'Engleterre et compterons comment il vint assegier le bonne cité de Rains.

§ 462. Tant esploitièrent li dessus dis rois et ses hos que il passèrent Artois, où il avoient trouvé le pays povre et desgarni de vivres, et entrèrent en Cambresis où il trouvèrent le marce plus crasse et plus plentiveuse; car li homme dou plat pays n'avoient riens bouté ens ès forterèces, pour tant que il cuidoient estre tout asseguret dou roy d'Engleterre et de ses gens. Mès li dis rois ne l'entendi mies ensi, jà fuissent cil de Cambresis de l'empire. Et s'en vint li dessus dis rois logier en le ville de Biaumès en Cambresis, et ses gens tout environ. Là se tinrent quatre jours pour yaus rafreschir et leurs chevaus, et coururent le plus grant partie dou pays de Cambresis.

Li evesques Pières de Cambray, qui regnoit pour le temps, et li consaulz des signeurs dou pays et des bonnes villes envoiièrent, sus sausconduis, devers le roy et son conseil certains messages, pour savoir à quel title il les guerrioit. On lor respondi que c'estoit pour ce que dou temps passé il avoient fait alliances et grans confors as François et soustenu en leurs villes et forterèces, et fait ossi avant partie de guerre comme leur ennemi; si devoient bien pour celle cause estre guerriiet : aultre response ou auques pareille n'en raportèrent cil qui y furent envoiiet. Si couvint les Cambrisiens souffrir et porter leur damage, au plus bellement qu'il peurent.

Ensi passa li rois d'Engleterre parmi Cambresis et s'en vint en Tierasse; mès ses gens couroient par tout à destre et à senestre, et prendoient vivres et prisonniers là où il les pooient avoir. Dont il eschei que messires Bietremieus de Bruwes couroit devant Saint Quentin : si trouva et encontra d'aventure le chapitainne et gardiien pour le temps de Saint Quentin, monsigneur Bauduin d'Anekin; si se ferirent yaus et leurs gens ensamble, et y eut grant hustin et pluiseurs reversés, d'un lés et d'aultre. Finablement, li Englès obtinrent le place. Et fu pris li dis messires Bauduins et prisonniers à monsigneur Bietremieu de Bruwes à qui il l'avoit esté aultre fois de le bataille de Poitiers. Si retournèrent li dit Englès devers l'ost le roy d'Engleterre, qui estoit logiés pour ce jour en l'abbeye de Femi, où il trouvèrent grant fuison de vivres pour yaus et pour leurs chevaus; et puis passèrent oultre et esploitièrent tant par leurs journées, sans avoir nul empecement, que il s'en vinrent en le marce de Rains. Et assega li rois d'Engleterre le cité de Rains, je vous diray par quel manière.

Li rois fist son logeis à Saint Bale oultre Rains, et li princes de Galles et si frère à Saint Thieri. Li dus de Lancastre tenoit en apriès le plus grant logeis. Li conte, li baron et li aultre chevalier estoient logiet ens ès villages autour de Rains. Si n'avoient pas leurs aises ne le temps à leur volenté; car il estoient là venu ou coer de l'ivier, environ le Saint Andrieu, que il faisoit froit, lait et plouvieus. Et estoient leur cheval mal logiet et mal livret, car li pays, deus ans ou trois en devant, avoit estet toutdis si guerriiés que nulz n'avoit labouret les terres : pour quoi on n'avoit nulz fourages, blés ne avainnes en garbes, ne en estrains; et couvenoit les pluiseurs aler fourer dix ou douze liewes loing. Si estoient souvent rencontré des garnisons françoises, par quoi il y avoit hustins et meslées : une heure perdoient li Englès, et l'autre gaegnoient.

De le bonne cité de Rains estoient chapitainne, à ce jour que li rois d'Engleterre y mist le siège, messires Jehans de Cran, arcevesques dou dit lieu, messires li contes de Porsiien et messires Hughes de Porsiien ses frères, li sires de la Bove, li sires de Cavenci, li sires d'Ennore, li sires de Lore et pluiseurs aultres bons chevaliers et escuiers de le marce de Rains. Si ensongnièrent si bellement, le siège pendant, que onques nulz damages ne se prist à le ville; car la cités est forte et bien fremée et de bonne garde. Et ossi li rois d'Engleterre n'i fist point assallir, pour ce que il ne voloit mies ses gens travillier, ne faire navrer ne blecier. Et demorèrent li dis rois et ses gens à siège devant Rains, sus l'estat que vous avés oy, de le feste Saint Andrieu jusques à l'entrée de quaresme.

Si chevaucièrent souvent li dit Englès en grant route pour trouver aventures, li aucun par toute le conté de Rethers jusques à Wark et jusques à Maisières et jusques à Donceri et à Mouson, et logoient ou pays deux jours ou trois et desroboient tout sans deffense ne contredit de nullui, et puis s'en repai-

roient en leur host. Auques en ce temps que li rois
d'Engleterre estoit venus devant Rains, avoit pris
messires Eustasses d'Aubrecicourt le bonne ville de
Athegni sus Esne, et dedens trouvé grant fuison de
vivres, et par especial plus de trois mil tonniaus de
vins ; si en reparti le roy d'Engleterre grandement et
ses enfans : dont il li sceurent grant gret.

§ 463. Entrues que li sièges estoit devant Rains,
queroient li aucun chevalier de l'host les aventures,
dont il avint que messires Jehans Chandos, messires
James d'Audelée, li sires de Muchident, messires Richars de Pontchardon et leurs routes chevaucièrent
si avant devers Chaalons en Champagne, que il vinrent à Carni en Dormois, un moult biel fort ; si le
regardèrent et considerèrent moult de priès, quant
il furent là venu : si le convoitièrent durement à assallir, pour savoir se il le poroient prendre. Si descendirent de leurs chevaus et se misent tout à piet,
yaus et leurs gens, et approcièrent le chastiel et le
commencièrent à assallir radement et fortement.
Par dedens avoit en garnison deux bons chevaliers
qui le gardoient, dont li uns avoit nom messires
Edowars dou Bos, et li aultres messires Guis de
Caples et portoit d'or à une crois ancrée de sables.
Là eut fort assaut et dur, car li chevalier et leurs
gens se deffendoient très bien, et ossi il estoient assalli fortement et de grant volenté.

En cel assaut, s'avança telement li sires de Mucident, uns moult riches homs et grans sires en Gascongne, que il fu consievois dou jet d'une pière sus
son bacinet, par lequel cop li dis bacinès fu effon-

drés. Et fu là abatus li dis chevaliers et mis à grant meschief; car il morut entre ses gens, sans porter plus avant. De le mort le signeur de Muchident furent li aultre chevalier si courouciet que il jurèrent que jamais de là ne partiroient si aroient conquis le chastiel et ceulz qui dedens estoient. Adonc se misent il à l'assallir plus fort assés que devant. Et là eut fait mainte grant apertise d'armes; car li Gascon estoient tout foursené, pour le cause de leur mestre que on leur avoit mort. Si entroient ens ès fossés sans yaus espargnier, et venoient jusques as murs et rampoient contremont, les targes sus leurs testes. Endementrues, [archiers[1]] traioient si ouniement et si roidement que nulz n'osoit apparoir, fors en grant peril. Tant fu assalli et heriiet que li chastiaus fu pris, mès moult leur cousta.

Quant li Englès en furent au dessus, il prisent les deux chevaliers qui moult vaillamment s'estoient deffendu, et aucuns escuiers ossi gentilz hommes; et le demorant il misent tout à l'espée, et malmenèrent durement le dit chastiel de Carni, pour tant que il ne le voloient mies tenir. Si retournèrent en l'ost devant le cité de Rains et là amenèrent leurs prisonniers; si recordèrent au roy et as barons comment il avoient esploitié.

En ce temps, entrues que on seoit devant le cité de Rains, se resmurent haynes et grans mautalens entre le roy de Navare et le duch de Normendie: le raison et le cause ne sçai je mies moult bien. Mès il avint adonc que li rois de Navare se parti soudainne-

---

1. Mss. B 4, 3, f° 216. — Ms. B 1, t. II, f° 139 (lacune).

ment de Paris et s'en vint à Mantes sus Sainne et
deffia le dit duch de Normendie et ses frères : de
quoi tous li royaumes de France fu moult esmervilliés à quel title ceste guerre estoit renouvelée.

Et adonc prist, en l'ombre de se guerre, uns escuiers de Brouxelles, qui s'appelloit Wautre Obstrate,
le fort chastiel de Roleboise, seans sus le rivière de
Sainne, à une liewe de Mantes : liquelz chastiaus fist
depuis moult de maulz à chiaus de Paris et dou pays
environ.

§ 464. En ce temps que li rois d'Engleterre seoit
devant le cité de Rains, par l'ordenance que vous
avés oy, avint que li sires de Gommegnies qui estoit
retournés en Engleterre devers madame le royne,
quant li rois d'Engleterre ot renvoiiet les estragniers
à Calais, si com ci dessus est contenu, rapassa le mer
et vint en Haynau, et en se compagnie aucuns escuiers de Gascongne et d'Engleterre, et tiroient tout
à venir devant Rains. Li jones sires de Gommegnies,
qui se desiroit à avancier, lui revenu en Hainau, fist
une cueilloite d'aucuns compagnons; et se boutèrent
pluiseurs hommes d'armes en se route et desous son
pennon. Quant il furent tout assamblé, il pooient
estre environ yaus trois cens, uns c'autres. Si se partirent de Maubuege où li assamblée estoit faite, et
vinrent à Avesnes en Haynau, et passèrent oultre et
vinrent à Trelon.

Or estoit adonc li sires de Roie en garnison au
Rosoy en Tierasse, et grant fuison de bons compagnons avoech lui, chevaliers et escuiers ; et avoit entendu, par ses espies que il avoit toutdis sus les fron-

tières de Haynau, que li sires de Gommegnies avoit mis sus une carge de gens d'armes pour amener devant Rains ou confort le roy d'Engleterre, et devoient ilz et ses gens passer parmi le Tierasse. Sitos que li sires de Roie fu enfourmés de verité de ceste chevaucie, il segnefia son afaire tout secretement as compagnons d'environ lui, et par especial à monsigneur le Chanonne de Robertsart, qui pour le temps gouvrenoit le tière le [jone[1]] signeur de Couci, et se tenoit ou chastiel de Marle.

Quant li Chanonnes le sçeut, il ne fu mies frois de venir celle part, et s'en vint dalés le signeur de Roie à bien quarante lances. Et se fist chiés li sires de Roie de ceste chevaucie. Ce fu bien raisons, car c'est uns grans barons de Pikardie, et estoit pour le temps très bons homs d'armes et entreprendans et bien renommés et cogneus en pluiseurs lieus. Si se misent ces gens d'armes françois, qui pooient bien estre yaus troi cens, en embusche sus le chemin où li sires de Gommegnies et se route devoient passer, et avoient leurs espies tous pourveus, pour mieus avenir à leur fait.

Or avint que li sires de Gommegnies et se route, qui nulle cose n'en savoient et qui cuidoient passer sans rencontre, entrèrent en le Tierasse et ou chemin de Rains; et vinrent un jour, à heure de tierce ou plus matin, à un village que on appelle Harbegni. Si eurent conseil que il se arresteroient là, pour yaus un petit rafreschir et leurs chevaus, et puis monteroient sans point d'arest; et de bonne heure il venroient

---

1. Mss. B 4, 3, f° 216 v°. — Ms. B 1, t. II, f° 139 v° (lacune).

devant Rains en l'ost dou roy d'Engleterre. Adonc descendirent il en celle ditte ville, et se commencièrent à ordonner pour establer leurs chevaus. Entrues que li compagnon s'apparilloient, li sires de Gommegnies, qui estoit adonc jones et volentrieus, dist que il voloit chevaucier hors de ce village et savoir se il trouveroit nient mieulz à fourer. Si appella cinq ou six compagnons des siens et leurs pages, et Cristofle dou Mur, un sien escuier qui portoit son pennon, et se parti de Harbegni tout radement sans point de ghet.

Or estoient cil chevalier françois et leurs gens en embusche dehors ce village, qui les avoient poursievois le jour devant et le nuit apriès, et tiroient que il les peuissent trouver à leur avantage; et, se il ne les ewissent trouvés sus les camps, il avoient en pourpos que d'entrer ou village et yaus resvillier; mès li sires de Gommegnies et aucuns de ses gens leur cheirent ensi en le main. Quant li François perçurent chevaucier le signeur de Gommegnies si seulement, si furent de premiers tout esmervilliet quelz gens ce pooient estre; et envoiièrent deux de leurs coureurs devant, qui raportèrent que ce estoient leur ennemi. Quant il oïrent ces nouvelles, si se partirent de leur embusche, cescuns au plus tost qu'il peurent, en escriant : « Roie au signeur ! Roie ! » Et se partirent li chevalier, devant messires de Roie, se banière devant lui toute desvolepée, messires Flamens de Roie ses cousins, messires Loeis de Robersart, li Chanonnes de Robersart, ses frères, qui estoit adonc escuiers, messires Crestiiens de Bommeroie et li aultre, cescuns son glave abaissié et en escriant : « Roie au signeur ! Roie ! »

Quant li sires de Gommegnies se vei en ce parti et ensi hastés, si fu tous esmervilliés ; nompourquant il eut bon avis et hardement de arrester et de attendre leurs ennemis. Et ne daignièrent ilz ne li sien, fuir ; si abaissièrent leurs glaves et se misent en ordenance de combatre. Là vinrent li François, bien monté, et se boutèrent rademant en ces Englès et Gascons où il n'avoit mies trop grant route. Si fu, de premières venues, li sires de Gommegnies rués jus de cop de glave, et n'eut onques puis espasse en le place de remonter. Là se misent il à deffense ilz et ses gens moult vaillamment, et y fisent tamainte belle apertise d'armes, mès finablement li sires de Gommegnies ne peut durer. Si fu pris et fianciés prisons, et doi escuier de Gascongne avoecques lui, qui trop vaillamment et bien se combatirent et qui moult à envis se rendirent ; mès rendre les couvint : aultrement il euissent esté mort, ensi que fu Cristofles dou Mur, uns bons et appers escuiers qui portoit le pennon le signeur de Gommegnies. Briefment, tout cil qui là estoient, furent mort ou pris, excepté li varlet qui se sauvèrent au bien fuir, car il estoient bien monté ; et ossi on ne fist point de cace apriès yaus, car il entendirent à plus grant cose.

§ 465. Quant li chevalier et escuier, qui pris avoient le signeur de Gommegnies et rué jus et ceulz qui avoech lui estoient, [furent[1]] issu dou village, il ne veurent mies là arrester, mès brochièrent chevaus

---

1. Ms. B 3. — Mss. B 2, t. II, f° 140 v°, B 4, f° 217, B 3, f° 230 v° (lacune).

des esporons et se boutèrent ou village dessus dit,
en escriant : « Roie au signeur ! Roie ! » Dont furent
tout cil qui là estoient, moult esbahi, quant il sentirent leurs ennemis si priès d'yaus. Et estoient li plus
tout desarmé et tout espars; si ne se peurent ralloiier
ne mettre ensamble. Là les prisent li François à volenté, en gragnes, en loges et en fours; et y eut li
dis Chanonnes de Robersart pluiseurs prisonniers,
pour tant que li Haynuier le cognissoient mieulz que
nulz des aultres.

Bien est verités que il en y eut aucuns qui se recueillièrent en une petite forte maison, environnée
d'aigue, qui siet en ce village de Harbegni. Et conseillièrent li aucun qui dedens estoient, que on se
deffendesist, et y mettoient bonne raison et disoient :
« Ceste maison est assés forte pour nous tenir tant
que li rois d'Engleterre, qui est devant Rains, ora
nouvelles de nous; et, si tretost comme il pora savoir que nous sommes ci appressé des François, il
nous envoiera conforter : il n'est nulle doubte. » Là
respondirent li aultre qui n'estoient mies bien asseguret : « Nous ne nous poons tenir, ne jour ne
heure; car ceste maison est toute plate et environnée de nos ennemis. » Ensi estoient li compagnon
là en debat et en estrit entre yaus.

Là vinrent li sires de Roie et li chevalier qui leur
disent : « Escoutés, signeur, se vous vos faites assallir tant ou petit, vous serés tout mort sans merci,
car tantost vous prenderons de force » : si ques ces
parolles et samblables esbahirent les plus hardis. Et
se rendirent tout cil qui dedens estoient, salves leurs
vies; et furent tout pris prisonnier et menet en voies

en le terre de Couci et ens ès garnisons proçainnes
dont li François estoient parti. Ceste avenue avint à
monsigneur Jehan, signeur de Gommegnies, et à se
route, environ le Noël, l'an mil trois cens cinquante
neuf : de quoi li rois d'Engleterre, quant il le sceut,
fu moult courouciés, mès amender ne le peut tant
c'à celle fois.

Or revenrons au siège de Rains, et parlerons d'une
aultre aventure qui avint à monsigneur Bietremieu
de Bruwes, qui avoit assegiet le tour et le chastiel de
Curmici, et un chevalier champegnois dedens qui
s'appelloit messires Henris de Vaus. Et s'armoit li dis
messires Henris de noir à cinq aniaus d'argent et
crioit : « Viane ! »

§ 466. Ce siège tenant devant Rains, estoient li
signeur, li conte et li baron espars en le marce de
Rains, si com vous avés oy compter cy dessus, pour
mieulz estre à leur aise et pour garder les chemins
que nulles pourveances n'entraissent en le ditte cité.
De quoi cilz bons chevaliers, messires Bietremieus de
Bruwes, et grant baron d'Engleterre, estoit o toute se
route et carge de gens d'armes et d'arciers, logiés à
Curmici, un moult biel chastel de l'arcevesque de
Rains : liquelz arcevesques y avoit mis dedens en
garnison le chevalier dessus nommet et pluiseurs bons
compagnons ossi, pour le garder et deffendre contre
les Englès. Cilz chastiaus ne doubtoit nul assaut, car
il y avoit une tour quarré[e], malement grosse et espesse de mur et bien batillie.

Quant messires Bietremieus, qui le chastiel avoit
assegiet, l'ot bien aviset et consideret le force et le

manière, et que par assaut il ne le poroit avoir, il
fist apparillier une quantité de mineurs que il avoit
avoecques lui et à ses gages, et leur commanda qu'il
vosissent faire leur pooir de le forterèce miner, et
trop bien il les paieroit. Cil respondirent : « Volentiers. » Adonc entrèrent cil ouvrier en leur mine et
minèrent continuelment nuit et jour, et fisent tant
que il vinrent moult avant par desous le grosse tour;
et, à le mesure que il minoient, il estançonnoient, et
cil dou fort riens n'en savoient. Quant il furent au
dessus de leur mine que pour faire reverser le tour,
quant il vorroient, il vinrent à monsigneur Bietremieu, et li disent : « Sire, nous avons telement appareilliet nostre ouvrage que ceste grosse tour trebuchera, quant il vous plaira. » — « Bien est, respondi
li chevaliers, n'en faites plus [riens[1]] sans mon commandement. » Et cil disent : « Volentiers. »

Adonc monta à cheval messires Bietremieulz, et enmena monsigneur Jehan de Ghistelles avoecques li,
qui estoit de se compagnie, et s'en vinrent jusques
au chastiel. Messires Bietremieus fist signe que il voloit parlementer à chiaus dedens. Tantost messires
Henris de Vaus se traist avant et vint as crestiaus et
demanda qu'il voloit. « Je voeil, dist messires Bietremieus, que vous vos rendés, ou aultrement vous
estes tout mort sans remède. » — « Et comment? respondi li chevaliers françois qui prist à rire. Jà sommes nous ceens tout hetiet et assés bien pourveu de
toutes coses; et vous volés que nous nos rendons si
simplement : ce ne sera jà. » — « Messire Henri,

1. Mss. B 4, 3, f° 217 v°. — Ms. B 1, t. II, f° 141 (lacune).

messire Henri, respondi li chevaliers d'Engleterre, se vous saviés en quel parti vous estes, vous vos renderiés tantost et à peu de parolles. » — « En quel parti poons nous estre, sire? respondi li chevaliers
5 françois. » — « Vous isterés hors, dist messires Bietremieus, et je le vous mousterai, par condition que, se vous volés retourner en vostre tour, je le vous acorderai et assegurances jusques adonc. »

Messires Henris entra en ce trettiet et crut le che-
10 valier englès, et issi hors de son fort, lui quatrime tant seulement, et vint là où messires Bietremieulz et messires Jehans de Gistelles le veurent mener. Sitost comme il fu là venus, il le menèrent à leur mine et li moustrèrent comment la grosse tour ne
15 tenoit, fors sus estançons de bos. Quant li chevaliers françois vei le peril, si dist à monsigneur Bietremieu : « Certainnement, sire, vous avés bonne cause; et ce que fait en avés, vous vient de grant gentillèce : si nous mettons en vostre volenté et le nostre ossi. »
20 Là les prist messires Bietremieus comme ses prisonniers et les fist partir hors de le tour, uns et aultres, et le leur ossi, et puis fist bouter le feu en le mine.

Si ardirent li estançon; et quant il furent tous ars, li tours, qui estoit malement grosse et quarrée, ouvri
25 et se parti en deux et reversa d'autre part. « Or regardés, ce dist messires Bietremieus à monsigneur Henri de Vaus et à chiaus de le forterèce, se je vous disoie verité. » Il respondirent : « Sire, oil, nous demorons vostre prisonnier à vostre volenté, et vous
30 remercions de vostre courtoisie; car li Jake Bonhomme qui jadis regnèrent en ce pays, se il euissent ensi esté de nous au deseure que vous estiés orains,

il ne nous euissent mies fait la cause parelle que vous
avés. Ensi furent pris le compagnon de le garnison
de Curmici et li chastiaus effondrés.

§ 467. Li rois d'Engleterre se tint à siège devant
le cité de Rains bien le terme de sept sepmainnes et
plus; mès onques n'i fist assallir ne point ne petit,
car il euist perdu se painne. Quant il eut là tant estet
qu'il li commençoit à anoiier, et que ses gens ne
trouvoient mès riens que fourer, et perdoient leurs
chevaus et estoient en grant mesaise de tous vivres, il
se deslogièrent et se arroutèrent comme en devant,
et se misent au chemin par devers Chaalons en
Campagne. Et passa li dis rois et toute son host
assés priès de Chaalons, et se mist [par devers Bar
le Duch, et apriès[1]] par devers le cité de Troies, et
vint logier à Meri sus Sainne; et estoit toute sen host
entre Meri et Troiez, où on compte huit liewes de
pays.

Entrues comme il estoit à Meri sus Sainne, ses
connestables chevauça oultre, qui toutdis avoit la
première bataille, et vint devant Saint Florentin, dont
messires Oudars de Renti estoit chapitainne, et y fist
un moult grant assaut; et fist devant le forterèce
desvoleper se banière qui estoit faissie d'or et d'asur
à un chief pallet, les deux corons geronnés à un escuçon d'argent enmi le moiienné. Et là eut grant assaut et fort, mès riens n'i conquisent li Englès. Si y
vint li dis rois d'Engleterre et toute son host, et se
logièrent tout entour Saint Florentin, sus le rivière

1. Mss. B 4, 3, f° 218. — Ms. B 1, t. II, f° 142 (lacune).

d'Armençon ; et quant il se delogièrent, il vinrent devant Tonnoire, et là eut grant assaut et dur. Et fu la ville de Tonnoirre prise par force, et non li chastiaus; mès li Englès gaegnièrent ou corps de le ville de Tonnoirre plus de trois mil pièces de vin qui leur fisent grant bien. Adonc estoit dedens le cité d'Auçoirre li sires de Fiennes, connestables de France, à grant fuison de gens d'armes.

§ 468. Li rois d'Engleterre et son host reposèrent en Tonnoirre cinq jours, pour le cause des bons vins qu'il avoient trouvés, et assalloient souvent au chastiel; mès il estoit bien garnis de bonnes gens d'armes, desquelz messires Bauduins d'Anekins, mestres des arbalestriers, estoit chapitainne. Quant il se furent bien reposé et rafreschi en le ville [de Tonnoire[1]], il s'en partirent et passèrent là le rivière d'Armençon. Et laissa là li rois d'Engleterre le chemin d'Auçoirre, à le droite main, et prist le chemin de Noiiers; et avoit tèle intention que d'entrer en Bourgongne et d'estre là tout le quaresme. Et passa et toute sen host desous Noiiers, et ne volt onques consentir que on y assausist, car il tenoit le signeur prisonnier de le bataille de Poitiers. Et vinrent li rois et toute son host à giste à une ville que on appelle Montroyal, sus une rivière que on dist Seletes.

Et quant li rois s'en parti, il monta celle rivière et s'en vint logier à Aguillon sus Seletes; car uns siens escuiers, que on appelloit Jehan de Arleston, et s'ar-

1. Mss. B 4, 3, f° 218 v°. — Ms. B 1, t. II, f° 142 (lacune).

moit d'azur à un escuçon d'argent, avoit pris le ville de Flavegni qui siet assés priès de là, et avoit dedens trouvé de toutes pourveances, pour vivre le roy et toute son host un mois entier. Se leur vint trop bien à point, car li rois fu en le ditte ville d'Aguillon, de le nuit des Cendres jusques au mi quaresme. Et toutdis couroient si mareschal et si coureur le pays, ardant, gastant et essillant tout entours yaus, et rafreskissoient souvent l'ost de nouvelles pourveances.

§ 469. Vous devés savoir que li signeur d'Engleterre et li riche homme menoient sus leurs chars tentes et pavillons, moulins, fours pour cuire et forges pour forgier, fiers de chevaus et toutes aultres coses neccessaires. Et pour tout ce estoffer, il menoient bien huit mil chars, tous atelés de quatre fors roncins que il avoient mis hors d'Engleterre. Et avoient encores sus ces chars pluiseurs nacelles et batelés, fais et ordonnés si soubtieument de cuir boulit, que merveilles estoit à regarder. Et si pooient bien troi homme dedens aidier, pour nagier parmi un estanc ou un vivier, com grans qu'il fust, et peschier à leur volenté. De quoi il eurent grant aise tout le temps et tout le quaresme, voires li signeur et les gens d'estat; mais les commugnes se passoient de ce qu'il trouvoient. Et avoech ce, li rois avoit bien pour lui trente fauconniers à cheval, cargiés de oisiaus, et bien soixante couples de fors chiens et otant de levriers dont il aloit cescun jour en cace ou en rivière, ensi qu'il li plaisoit. Et si y avoit pluiseurs des signeurs et des riches hommes, qui avoient leurs chiens et leurs oiziaus, ossi bien comme li rois leurs sires. Et estoit leur hos toutdis partis en trois parties, et chevauçoit cescune host par lui. Et avoit cescune host avantgarde et arrieregarde, et se logoit cescune host par lui une liewe ensus de l'autre. Dont li princes de Galles en menoit l'une, li dus de Lancastre l'autre, et li rois d'Engleterre le tierce et toute le plus grant. Et ensi se maintinrent il mouvant de Calais jusques adonc que il vinrent devant le cité de Chartres.

470. Nous parlerons dou roy d'Engleterre qui se tenoit à Aguillon sus Selletes. Et vivoient il et s'en host des grosses pourveances que Jehans de Harleston avoit trouvé[e]s à Flavegni. Entrues que li rois sejournoit là, pensans et imaginans comment il se maintenroit, li jones dus de Bourgongne qui regnoit pour le temps et ses consaulz, par le requeste et ordenance de tout le pays de Bourgongne entirement, envoiièrent devers le dit roi d'Engleterre souffissans hommes, barons et chevaliers, pour trettier à respiter de non ardoir et courir le pays de Bourgongne. Si s'ensonniièrent adonc de porter ces trettiés li signeur qui chi s'ensievent : premierement messires Ansiaus de Salins, grant cancelier de Bourgongne, messires Jakemes de Viane, messires Jehans de Rie, messires Hughe de Viane, messires Guillaumes de Toraise et messires Jehans de Montmartin.

Cil signeur esploitièrent si bien et trouvèrent le roy d'Engleterre si traittable que une compositions fu faite entre le dit roy et le pays de Bourgongne : parmi deux cens mille frans qu'il deubt avoir tous apparilliés, il deporta le dit pays de Bourgongne à non courir, et le assegura li dis rois de lui et des siens le terme de trois ans.

Quant ceste cose fu 'acordée et seelée, li rois se desloga et toute son host et prist son retour et le droit chemin de Paris, et s'en vint logier sus le rivière d'Yonne à Kon desous Vosselay. Si s'estendirent ses gens sus celle belle rivière, c'on dist Yone, et comprendoient tout le pays jusques à Clamisi, à l'entrée de le conté de Nevers. Et rentrèrent li Englès en Gastinois. Et esploita tant li rois d'Engleterre par ses journées qu'il vint devant Paris et se loga à deux petites liewes priès ou Bourch Le Royne.

§ 471. Ensi tourniant tout le pays, cheminoient li rois d'Engleterre et ses gens qui destruisoient tout devant yaus; et, d'autre part, les garnisons qui se tenoient et faisoient guerre pour lui en Biauvoisis, en Picardie, en France, en Brie et en Campagne, guerrioient et gastoient tout le pays. D'autre costé, li rois de Navare, qui se tenoit sus le marce de Normendie, faisoit ossi moult forte guerre. Ensi estoit guerriiés li nobles royaumes de France de toutes pars, ne on ne savoit auquel entendre.

Et par especial, messires Eustasses d'Aubrecicourt, qui se tenoit à Ategni sus Esne, et qui avoit là une grant et grosse garnison de saudoiiers et de compagnons, gastoient, rançonnoient et honnissoient tout le pays; et couroient toute le bonne conté de Reters jusques à Donceri, jusques à Maisières, jusques au Kesne Poulleus, jusques à Sathenay en le conté de Bar. Et gisoient et logoient ou pays, quel part qu'il voloient, deux nuis ou trois, sans estre destourbé de nullui; et puis s'en venoient logier, reposer et rafreschir en leur forterèce à Athegni. Bien est verité que tout li signeur d'environ, chevalier et escuier, le maneçoient moult fort, et assignèrent entre yaus pluiseurs journées pour issir as camps et venir assegier le dit monsigneur Eustasse en Athegni; mès onques n'en fu riens fait.

Et avint que li compagnon d'Athegni, qui ne faisoient nuit et jour fors que soutillier et aviser comment il poroient prendre et embler villes et forterèces et quel part il se trairoient pour plus gaegnier, vinrent de nuit à une forte ville et bon chastiel qui siet en Laonnois assés priès de Montagut, en très fors marès. Et appelle on la ditte ville Pierepont : et estoient à ce donc [dedens[1]] grant fuison de bonnes gens dou pays qui y avoient mis et attrait le leur sus le fiance dou fort lieu. A l'eure que cil compagnon d'Athegni vinrent là, les gettes estoient endormies : si se misent li dit compagnon, par le couvoitise de gaegnier, parmi ces fors marès, à grant meschief; et vinrent jusques as murs, et puis entrèrent en le ville et le gaegnièrent sans deffense, et le desrobèrent toute à leur volenté. Si trouvèrent dedens plus d'avoir que en nul liu où il euissent esté; et quant il fu grans jours, il ardirent le ville et s'en partirent, et s'en revinrent arrière à Athegni, bien fouci de grant pillage.

§ 472. En ce temps avoit un Frère Meneur, plain de grant clergie et de grant entendement, en le cité

1. Mss. B 4, 3, f° 219. — Ms. B 1, t. II, f° 143 v° (lacune).

de Avignon, qui s'appelloit frères Jehans de Roce Taillade, lequel Frère Meneur papes Innocens VI° faisoit tenir en prison ou chastiel de Bagnolles, pour les grandes merveilles qu'il disoit qui devoient avenir, meismement et principaument sus les prelas et presidens de Sainte Eglise, pour les superfluités et le grant orgueil qu'il demainnent, et ossi sus le royaume de France et sus les grans signeurs de crestienté, pour les oppressions qu'il font sus le commun peuple. Et voloit li dis frères Jehans toutes ses parolles prouver par le Apocalipse et par les anciiens livres des sains prophètes, qui li estoient aouvertes par le grasce dou Saint Esperit, siqu'il disoit, desquèles moult en disoit qui fortes estoient à croire. Si en veoit on bien avenir [aucunes[1]] dedens le temps qu'il avoit anonciet, et ne les disoit mies comme prophètes; mais il les savoit par les anciiennes Escriptures et par le grasce dou Saint Esperit, ensi que dit est, qui li avoit donné entendement de declarer tous ces anciiens tourbles, escriptures et prophesies, pour anoncier à tous crestiiens l'anée et le temps que elles devoient avenir. Et en fist pluiseurs livres bien dittés et bien fondés de grant science de clergie : desquelz li uns fu commenciés l'an de grasce mil trois cens quarante cinq, et li aultres l'an mil trois cens cinquante six. Et avoit escript dedens tant de merveilles à avenir entre l'an cinquante six et l'an soixante dix, que trop seroient longes à escrire et trop fortes à croire, combien que on en ait jà pluiseurs veues avenir dou temps passé.

1. Mss. B 4, 3, f° 219 v°. — Ms. B 1, t. II, f° 144 (lacune).

Et quant on li demandoit qu'il avenroit de le guerre des François et des Englès, il disoit que ce n'estoit riens ce que on en avoit veu, envers ce qui en avenroit; car il n'en seroit pais ne fins jusques à tant que li royaumes de France seroit essilliés et gastés par toutes ses parties et ses regions. Et tout ce a on bien veu avenir depuis, car li nobles royaumes de France a esté foulés, gastés et essilliés, et fu par especial ou termine que li dis Frères Meneurs y metoit, l'an cinquante six, l'an cinquante sept, l'an cinquante huit, l'an cinquante neuf, en toutes ses regions, telement que nuls des princes ne des gentilzhommes n'osoit moustrer contre ces gens de bas estat, assamblés de tous pays, venus li uns apriès l'autre, sans nul chief de hault homme. Et avoient le dit royaume de France sans nulle deffense, à leur volenté, ensi com vous avés oy. Et eslisoient souverains et chapitains entre yaus par diverses marces, asquelz il obeissoient, cil qui se mettoient en leur compagnie; et faisoient certains couvens li un à l'autre de leur roberie et pillerie et des raençons et des prisons. Et en trouvoient tant que li capitain en devenoient tout riche, et si riche que sans nombre et sans mesure, dou fier avoir qu'il assambloient. Or revenrons nous au roy d'Engleterre.

§ 473. Li dessus nommés rois estoit logiés ou Bourch le Royne, à deux petites liewes priès de Paris, et toute son host contremont en alant devers le Montleheri. Si envoia li dis rois, entrues qu'il se tenoit là, ses hiraus dedens Paris au duch de Normendie qui s'i tenoit à tout grant gent d'armes pour demander bataille, mès li dus ne li acorda point; ançois retournèrent li message sans riens faire.

Quant li rois d'Engleterre vei que nulz n'isteroit de Paris pour lui combatre, s'en fu tous courouciés. Adonc s'avança cilz bons chevaliers messires Gautiers de Mauni et pria au roy son signeur que il li volsist laissier faire une chevaucie et envaie jusques as bailles de Paris; et li rois li acorda et nomma personelment chiaus qu'il voloit qui alaissent avoeques li. Et fist là li rois pluiseurs chevaliers nouviaus, desquelz li sires de le Ware en fu li uns, et li sires de Filwatier et messires Thumas Balastre et messires Guillaumes Toursiaus et messire Thumas le Despensier et messires Jehans de Nuefville et messires Richars Sturi et pluiseur aultre. Et l'euist esté Colars d'Aubrecicourt, filz à monsigneur Nicole, se il volsist, car li rois le voloit, pour tant que il estoit à lui et ses escuiers dou corps; mès li dis Colars s'escusa et dist que il ne pooit trouver son bacinet.

Li sires de Mauni fist sen emprise et amena ses nouviaus chevaliers escarmucier et courir jusques as bailles de Paris. Là eut bonne escarmuce et dure, car il y avoit dedens le cité de Paris bons chevaliers et escuiers qui volentiers fuissent issu, se li dus de Normendie l'euist consenti. Toutes fois, cil gentil homme qui estoient dedens Paris, gardèrent le porte et le barrière telement qu'il n'i eurent point de damage. Et dura li escarmuce dou matin jusques à miedi, et en y eut des navrés des uns et des aultres. Adonc se retrest li sires de Mauni et en remena ses gens à leur logeis, et se tinrent là encores ce jour et le nuit ensievant. A l'endemain, se desloga li rois d'Engleterre et prist le chemin de Montleheri.

Or vous dirai quel pourpos aucun signeur d'Engleterre et de Gascongne eurent à leur deslogement. Il sentoient dedens Paris tant de gentilz hommes : si supposèrent ce qu'il en avint, que il en widièrent aucuns jones et enventureus, pour leurs corps avancier et pour gaegnier. Si se misent en embusche bien doi cens armeures de fier, toutes gens d'eslitte, Englès et Gascons, en une vuide maison, à trois liewes de Paris. Là estoient li captaus de Beus, messires Aymenions de Pumiers et messires Petiton de Courton; et Englès : li sires de Noefville, li sire de Montbray et messires Richars de Pontchardon. Cil six chevalier estoient souverain de ceste embusce.

Quant li François, qui se tenoient dedens Paris, veirent le deslogement dou roy d'Engleterre, si se cueillièrent aucun jone signeur et bon chevalier et disent entre yaus : « C'est bon que nous issons hors secretement et poursievons un petit l'ost le roy d'Engleterre, à savoir se nous y porions riens gaegnier. » Il furent tantost tout d'un acord telz que messires Raoulz de Couci, messires Raoulz de Rainneval, li sires de Montsaut, li sires de Helli, li chastellains de Biauvais, li Beghes de Vellainnes, li sires de Wasiers, li sires de Wawrin, messires Gawains de Bailluel, li sires de Vendueil, messires Flamens de Roie, messires li Hazelés de Cambli, messires Pières de Saremaise, messires Phelippes de Savoizis et bien cent lances en lor compagnie. Si issirent hors tout bien monté et en grant volenté de faire aucune cose, mais que il trouvaissent à qui. Et chevaucièrent tout

le chemin dou Bourch la Royne et passèrent oultre,
et se misent as camps tout le froais des gens le roy
d'Engleterre, et passèrent encores oultre la dessus
ditte embusche dou captal et de se route.

Assés tost apriès ce que il furent passé, li embusche
des Englès et des Gascons issi hors et salli avant, les
glaves abaissies, en escriant leur cri. Li François se
retournèrent qui eurent grant merveille que c'estoit
et cogneurent tantost que c'estoient leur ennemi. Si
s'arrestèrent tout quoi et se misent en ordenance de
bataille, et abaissièrent les glaves contre les Englès
et Gascons qui tantost furent venu. Là y eut de premiers encontre forte jouste et ruet pluiseur par terre,
d'un lés et d'autre, car il estoient tout fort monté.
Apriès celle jouste, il sachièrent leurs espées et entrèrent l'un dedens l'autre, et se commencièrent à
batre et à ferir et à donner grans horions.

Et là eut fait mainte belle apertise d'armes. Et
dura cilz puigneis une grant espasse et fu telement
demenés que on ne sceuist à dire un temps : li François ne li Englès en aront le milleur. Et par especial
là fu li captaus de Beus très bons chevaliers et y fist
de le main tamainte apertise d'armes. Finablement,
Englès et Gascon s'i portèrent si bien de lor costé
que li place leur demora, car il estoient tant et demi
que li François.

Et là fu, dou costé des François, bons chevaliers
li sires de Campremi et se combati vaillamment
desous se banière. Et fu cilz qui le portoit occis et
la banière abatue, qui estoit d'argent à une bende
de geules, à six merlètes noires, trois desous et
trois deseure. Et fu li sires de Campremi pris en bon

couvenant. Li autre chevalier et escuier françois, qui veirent le mesaventure et que il ne pooient recouvrer, se misent au retour devers Paris tout en combatant, et Englès et Gascon apriès poursievant de grant volenté.

En celle cace qui dura jusques oultre le Bourch la Royne, y furent pris neuf chevaliers, que banerès, que aultres; et se li Englès et Gascon qui les poursievoient ne se fuissent doubté de l'issue de chiaus de Paris, jà nulz n'en fust escapés qu'il ne fuissent tout mort ou pris. Quant il eurent fait leur empainte, il retournèrent arrière devers le Montleheri où li rois d'Engleterre chevauçoit. Et enmenèrent leurs prisonniers asquelz il fisent très bonne compagnie, et les rançonnèrent courtoisement ce propre soir; et les renvoiièrent arrière à Paris ou là quel part il leur pleut aler, et les recrurent legierement sus leur fois.

FIN DU TEXTE DU TOME CINQUIÈME.

VARIANTES.

VARIANTES.

§ 371. P. 1, l. 1 : Quant. — *Ms. d'Amiens :* Quant li roys Jehans fu revenus à Paris, il entendi que li princes de Gallez estoit jà mout avant en son pays et approçoit Berri. Si ne vot mies sejourner, mès se parti tantost de Paris et prist le chemin de Chartres, et fist de rechief ung très grant et especial mandement à tous seigneurs, chevaliers et escuiers ; les ungs prioit, les aultres coummandoit que il venissent deviers lui à Chartres, à Orleans et à Blois, car il volloit aller contre ses ennemis et yaux combattre.

Tout cil qui priiet et mandet furent, pour leur honneur ne veurent et n'osèrent refuzer qu'il ne venissent là où li roys les avoit semons ; et avaloient chevaliers et escuiers à grans routtes par deviers Chartrez, de Campaingne, de Bourgoingne, de Normendie, de Pikardie, de Bretaingne et de touttez les marces par dechà le Loire et par de delà le Loire. Remontoient ossi au mandement dou roy tout chevalier et escuier de Poito, d'Ango, de Tourainne, de Saintonge, du Mainne et de Berri, et faisoient leurs amas à Sansoire, à Saumur, à Loches, à Poitiers, à Tours et en le Haye en Tourainne. Et vous di que li roys de France assambloit si grant gens c'à merveillez, et droite fleur de chevalerie et esquirie.

Endementroes que ces assamblées se faisoient, et que li roys de France vint de Normendie à Paris et de Paris à Chartres, chevaucha li prinches de Galles, qui n'avoit cure de sejourner. Et se partirent de Limozin et d'Auviergne Englès et Gascon et leur routte, et entrèrent en Berri, ardant et essillant le pays, et ardirent les fourbours et assaillirent à le chité. F° 102 v°.

P. 1, l. 1 et 2 : Quant.... Normendie. — *Mss. A* 15 à 17 : Quant le roy Jehan de France eut conquis Bretueil et grant partie de Normendie. F° 177.

P. 1, l. 2 : chevaucies. — *Ms. A* 7 : chevauchiées. F° 172.

— *Ms. B* 3 : voiages. F° 183. — *Ms. B* 4 : chevauchies. F° 169 v°.

P. 1, l. 7 : durement. — *Mss. A* 8, 9 : moult forment.

P. 1, l. 10 : quel. — *Mss. A* 8, 9 : quelque.

P. 1, l. 15 : fievés. — *Mss. A* 8, 9 : fiefs.

P. 1, l. 15 : à. — *Mss. A* 8, 9 : sans soy.

P. 2, l. 1 : venist. — *Ms. B* 6 : dedens quinze jours en le chité de Chartres. F° 531.

P. 2, l. 8 : rois. — *Ms. B* 6 : qui tenus estoit à Roem, se party.

P. 2, l. 9 : de Paris. — *Ces mots manquent dans A* 8, 9, 20 *à* 22.

P. 2, l. 12 : parvint. — *Mss. A* 8, 9 : vint.

P. 2, l. 22 à 25 : Et faisoit.... Tourainne. — *Mss. A* 20 *à* 22 : Si faisoit le roy garnir de bonnes gens d'armes les fortresses, villes et chasteaux de Poitou, d'Anjou, du Maine et aussy de Touraine. F° 256.

P. 2, l. 23 : garnisons. — *Le ms. B* 3 *ajoute :* des bonnes villes.

P. 3, l. 6 et 7 : com.... trouvaissent. — *Mss. A* 8. 9 : combien que plantureux le trouvassent.

P. 3, l. 16 : aise. — *Mss. A* 8, 9 : aisement.

§ 372. P. 3, l. 21 : Ensi. — *Ms. d'Amiens :* Et y eult (à Bourges) une moult grant escarmuce, mais par dedens avoit fuisson de gentilx hommez qui le gardèrent et deffendirent vassaument, dont li sirez de Gousant et messires Hutins de Vremelles estoient chief.

Si passèrent li Englès oultre et vinrent à Yssodon en Berri ; si l'asaillirent, mès il ne le peurent gaegnier, car li gentil homme qui dedens estoient, le gardèrent très bien.

Si s'en partirent et s'en vinrent à Vierson, une grosse ville et bon castiel, mais elle estoit foiblement fremmée, et peu de gens y estoient demouret pour le deffendre. Si fu prise de force la ville de Vierson, et y trouvèrent li Englès tant de vins et de vivres c'à merveillez ; si y sejournèrent trois jours pour yaux rafreschir.

Là vinrent lez nouvellez au prince que li roys de France estoit à Cartrez à grant nombre de gens d'armes, et que touttez les villes et li passaige dessus le rivierre de Loire estoient si bien gardé que nullement il ne poroient passer. Si eult li princhez consseil qu'il se metteroit au retour et passeroit par Tourainne et par Poito, et revenroit tout che chemin qu'il devisoit à Bourdiaux.

Dont se partirent li Englès de Vierson, et avoient, entroes qu'il eurent là pris leur sejour, gaigniet le dit castiel de Vierson par assaut; et ceux qui dedens estoient, furent tout mort et tout pris; puis chevaucièrent au lés par deviers Tourainne et deviers Romorentin.

Adonc estoient envoiiet ens ou pays de Berri, de par le roy de Franche, troy grant seigneur et bon chevalier durement, pour aviser le couvenant dez Englès et yaux porter dammaige, se il peuissent: c'estoient li sires de Craan, messires Bouchicaus et li Hermites de Chaumont. Si chevauchièrent ung jour à bien trois cens armures de fier, et se missent en une embusce pour rencontrer les coureurs englès, et les trouvèrent au dehors d'un village où il avoient aqueilliet grant proie. Si se ferirent chil signeur de Franche, bannierres desploiiées, entre yaux, et en ruèrent jus de premières venues bien quarante, et les desconfirent assés tost et les missent en chace, et les sieuvirent jusques à le bataille des marescaux; et prinssent adonc le seigneur de Basset et le seigneur de Wilebi et bien dix hommes d'armes des Englès, et avoient rescous le proie.

Quant les nouvelles vinrent en l'ost que li leur estoient enssi rebouté, dont veissiés gens desroutter et ferir chevaux des esperons et venir sus ces Franchois. Là eut grant hustin et mervilleux, car li Franchois estoient touttes gens d'eslite et les requeillièrent baudement et liement; et en y eut des premiers pluisseurs rués par terre des ungs et des autres, mès toudis fuisonnoient li Englès. Se ne les peurent li Franchois souffrir, et se missent au retour, et li Englès après yaux. Là furent tout li prisonnier rescous et li proie ossi, et bien mors et pris de trois cens Franchois cent et cinquante, et cachiet li troi baron dessus dit bien deux grandes lieuwes, et li remannans de leurs gens; si furent chil tout euwireux, qui estoient bien montet. Si s'en vinrent au ferir des esperons à Romorentin, et trouvèrent le pont abaissiet et le barrière et le porte dou castiel ouverte. Si entrèrent ens li troy seigneur dessus dit et chil qui à tamps y peurent venir. Assés tost apriès, fu li ville de Romorentin toutte plainne de Gascons et d'Englès. Si coummenchièrent à assaillir le tour et le castiel, et chil de dedens à yaux deffendre si qu'il n'y eurent point de dammaige. F°* 102 v° et 103.

P. 4, l. 2 : Gousant. — *Mss. A* 1 à 6, 18, 19, 23 à 29 : Cousant. F° 183 v°. — *Mss. A* 11 à 14 : Consanc. F° 169. — *Ms. A* 8 : Gonfant. F° 161 v°. — *Ms. A* 9 : Gonfaut F° 193. — *Mss. A* 15 à 17 : Gonsaut. F° 177 v°. — *Mss. B* 3 *et A* 20 à 22 : Goussant. F° 256 v°. — *Mss. A* 30 à 33 : Consant. F° 207.

P. 4, l. 6 : Yzodon. — *Mss. A* 8, 9, 15 à 17 : Yssoldun. F° 161 v°. — *Mss. A* 1 à 6, 11 à 14, 20 à 22 : Ysoldun. F° 183 v°. — *Mss. A* 7, 30 à 33 : Ysodon. F° 172 v°. — *Mss. A* 18, 19 : Yssodun. F° 188. — *Mss. A* 23 à 29 : Ysoudun. F° 199 v°.

P. 4, l. 11 : Verson. — *Mss. A* 8, 9 : Bierson. — *Mss. B* 4, *A* 7, 11 à 14, 15 à 17, 18 à 22 : Vierson. F° 169. — *Mss. A* 23 à 33 : Wirson. F° 199 v°.

P. 4, l. 21 : ditte. — *Le ms. A* 29 *ajoute :* grosse.

P. 5, l. 3 : Craam. — *Mss. A :* Craon.

P. 5, l. 17 : Bruhes. — *Mss. A* 2, 11 à 14 : Brunes. — *Mss. A* 20 à 22 : Bruches. — *Ms. A* 23 : Briches.

P. 5, l. 18 : Courton. — *Le ms. B* 6 *ajoute :* le sire de l'Estrade. F° 533.

P. 5, l. 19 : li sires de Basset. — *Mss. A* 1 à 6 : Edouart, sire de Basset. F° 184.

P. 5, l. 19 : Pasele. — *Mss. A* 1 à 6, 11 à 14, 18, 19, 23 à 29 : Passelle.

P. 5, l. 21 : Edowars. — *Ms. A* 7 : messire Edouart, li sires de Basset. F° 173. — *Les mss. A* 11 à 14, 18, 19 *ajoutent :* sire de Basset. F° 169.

P. 5, l. 23 et 24 : parmi.... deux cens. — *Ms. B* 6 : parmi les archiés, cinq cens combatans.

P. 5, l. 29 : rades. — *Mss. A :* roides.

P. 5, l. 29 et 30 : rades.... appers. — *Ms. B* 3 : de bons et fermes rossins. F° 184.

P. 5, l. 31 : l'effroi. — *Mss. A* 8, 9 : le froy. — *Mss. A* 20 à 22 : la noise. F° 257. — *Le ms. A* 29 *ajoute :* car bien veoient que la ville n'estoit mie tenable contre une telle puissance ; et, d'autre part, ils tenoient le prince pour le mieux fortuné et armé qui de son temps regnast ; si en estoit moult craint et redouté de ses ennemis.

P. 6, l. 11 : bon pugneis. — *Ms. B* 3 : bonne prinse. F° 184.

P. 6, l. 11 : estecheis. — *Mss. A* 8, 9 : estechis. F° 162. —

Mss. B 3, *A* 15 à 17 : estoqueiz, estoquis. — *Mss. A* 23 à 27 : boutis. F° 200 v°. — *Ms. B* 4 : estachies. F° 170 v°.

P. 6, l. 17 : entoueilliet. — *Ms. B* 4 : entoulliet. — *Mss. A* 1 à 6, 15 à 17 : entoilliez. F° 184. — *Mss. A* 7 à 9, 11 à 14, 18 à 33 : entouilliés, entouylliez.

P. 6, l. 26 et 27 : encauch.. — *Ms. B* 3 : rencontre. F° 184. — *Mss. A* 1 à 7, 11 à 14, 18 à 33 : estour. — *Mss. A* 7 à 10 : enchas. F° 162 v°. — *Mss. A* 15 à 17 : enchaux. F° 178.

P. 7, l. 6 et 7 : car.... forterèce. —*Ms. B* 3 : car ils n'y avoit pas grande forteresse. F° 184 v°. — *Mss. A* 20 à 22 : car elle n'estoit gueires fortiffiée. F° 257 v°

P. 7, l. 6 et 7 : de forterèce. — *Mss. A* 1 à 6, 11 à 14, 18, 19 : de gens en la forteresce. F° 184 v°. — *Mss. A* 15 à 17 : de gens d'armes dedanz la forteresce. F° 178.

§ 373. P. 7, l. 9 : Ces nouvelles. — *Ms. d'Amiens :* Endementroes que on assailloit à Romorentin, vint li prinches de Galles et tout li grant host. Si regardèrent li seigneur englès et gascon le tour de Romorentin qui est belle et grosse, et entendirent que chil troy grant baron de Franche estoient laiiens retret. Si ordounnèrent li marescal à aller logier et reposer, et l'endemain à assaillir. Chilz coummandemens fu tenus; touttes mannières de gens se traissent à leur logeis, et passèrent le jour et le nuit enssi. F° 103.

P. 7, l. 13 : ceste. — *Ms. A* 7 : celle. F° 173 v°.
P. 7, l. 13 : part. — *Le Ms. A* 29 *ajoute :* tout à cheval.
P. 7, l. 22 : prendable. — *Mss. A* 8, 9 : prenable.
P. 7, l. 30 : à la garde. — *Le ms. A* 29 *ajoute :* dou pont.
P. 7, l. 30 : demandèrent. — *Ms. B* 4 : demandoient. F° 171.
P. 7, l. 31 : là envoiiés. —*Mss. A* 7 à 10 : tramis ne envoié. F° 162 v°. — *Mss. A* 15 à 17 : envoié ne tramis. F° 178.
P. 8, l. 1 : tramis. — *Ms. A* 7 : envoié.
P. 8, l. 5 : avalèrent. —*Mss. A* 8, 9 : descendirent.
P. 8, l. 17 : place. — *Mss. A* 8, 9 : plaise.

§ 374. P. 9, l. 12 : Quant. — *Ms. d'Amiens :* Quant che vint à l'endemain, on sounna les trompettez; si s'armèrent communaument parmi l'ost, et vinrent dou coummandement dou prince à l'assaut. Si se ordonnèrent et rengièrent devant le castiel gens d'armes, archiers et brigant, pour l'assaillir. Là eult grant assault dur et fort et bien continuet, car chil archier traioient si ouniement à chiaux de d'ens, que à painnes osoient il apparoir as garittes ne as fenestres des deffensces. Si se deffendoient ossi vaillamment chil de le fortrèche, et navrèrent et blecièrent che premier jour pluisseurs Englès et Gascons assalans, car il estoient dedens le fort touttez bonnes gens d'armes et d'eslite. Et par especial, à cel assaut, fu ochis uns très bons escuiers de Gascoingne, dont ce fu dammaiges, et qui moult fu plains, gentil homme durement et de grant linage, et l'apelloit on Rammon de Zedulach. Si en fu li prinches moult courouchiés. Quant ce vint environ nonne, on fist cesser à l'assaut et retraire as logeis, pour yaux reposer et remettre les bleciés et les navrés à point.

A l'endemain bien matin, recoummencha li assaus grans et fors durement, et là où nulx ne s'espargnoit, seigneur ne autre, car li prinches y estoit meysmes. Si se prendoit chacuns moult priès de bien faire, pour estre mieux alosés.

Là fu ochis uns jones escuiers, frères germains au seigneur de Labreth, et l'appelloit on Bernardet de Labreth, tous des plus grans de linage de Gascoingne : de quoy si amit furent durement courouchiet ; et ossi fu li prinches, et jura adonc que jammais ne se partiroit de là si aroit pris le castiel et chiaux de d'ens à se vollenté.

Quant li seigneur d'Engleterre et de Gascoingne virent coumment chil de Romorentin travilloient et bleçoient leurs gens, si en furent durement courouchiés, et dou prinche qui en avoit parlé si avant que juret que jammais ne s'en partiroit, si aroit pris chiaux qui le castiel deffendoient. Dont advisèrent il li ung par l'autre, et imaginèrent coumment il poroient leur affaire approchier. Bien veoient que, par traire et par lanchier, il les pooient petit grever. Si ordonnèrent que par kanons on gettaist et traisist à mannierre de feu grigois en le basse court, et que chilz feux se poroit bien bouter ens ès couvreturez des tours qui estoient couvertez d'estrain.

Adonc fu li feux aportéz avant et trais par bombardes et kanons ens ès basses cours. Si mouteplia tant sans estaindre, que il se prist ens ou toit de le tour où li troy chevalier estoient, qui vassaument se deffendoient. Quant il perchurent que li feux mouteplioit, et qu'il estoit par deseure yaux, et que nul remède n'y pooient mettre, si furent tout esbahy et virent bien que rendre lez couvenoit.

Si descendirent aval ; si coummencièrent à traitier au prinche et se rendirent si prisonnier. Ensi fu li castiaux de Romorentin pris et concquis, et tout chil qui dedens estoient, mès il cousta as Englès et as Gascons moult de lors gens. F° 103.

P. 9, l. 14 : livrée. — *Mss. B* 3, *A* 1 à 7, 11 à 14, 18 à 33 : banière.

P. 9, l. 21 : pils. — *Ms. B* 3 : picqs. F° 185. — *Mss. A* 1 à 6, 11 à 14; 18, 19, 23 à 29 : picques. F° 185. — *Mss. A* 7 à 10, 15 à 17, 20 à 22 : pics, picz.

P. 9, l. 23 : hawer. — *Mss. A* 15 à 17, 18, 19, 23 à 33 : houer. F° 178 v°. — *Mss. B* 4, *A* 7, 20 à 22 : hauer. F° 171 v°.

P. 9, l. 23 : piqueter. — *Mss. A* 15 à 17, 18, 19, 23 à 33 : picquer.

P. 9, l. 29 : aconsievi. — *Ms. B* 3 : attains. F° 185. — *Mss. A* 1 à 6, 11 à 14, 18, 19 : consuivis. F° 185.

P. 9, l. 30 : escuiers. — *Mss. A* 1 à 6, 11 à 14, 18, 19 : chevalier.

P. 10, l. 2 : Beus. — *Ms. B* 3 : Buch. — *Mss. A* 1 à 6, 18, 19 : Beuch. — *Mss. A* 11 à 14 : Beuf. F° 170. — *Mss. A* 15 à 17, 23 à 33 : Beuz. F° 178 v°. — *Mss. A* 20 à 22 : Buef. F° 258 v°.

P. 10, l. 15 : enjoindoit. — *Mss. A* 8, 9 : enjoignoit.

P. 10, l. 17 : de lui. — *Mss. A* 8, 9 : du prince.

P. 10, l. 19 : s'abandonnoient. — *Mss. A* 8 à 10, 15 à 17, 20 à 22 : s'aventuroient. F° 163.

P. 10, l. 20 : mix aloset. — *Ms. B* 4 : plus aloset. F° 171 v° — *Ms. B* 3 : plus louez. F° 185. — *Mss. A* 1 à 7, 11 à 14 : plus alosez. F° 185. — *Mss. A* 8, 9 : plus prisez. F° 163. — *Mss. A* 15 à 17 : mieulz prisiez. F° 179. — *Mss. A* 20 à 22 : pour estre les plus prisiez et les plus honnourez. F° 258 v°.

P. 10, l. 21 et 22 : dou trait d'une pière. — *Mss. A* 11 à 14 : du giet d'une pierre. F° 170.

P. 10, l. 23 : germains. — *Ms. B* 6 : mainsné. F° 535.

P. 10, l. 23 : de Labreth. — *Ms. B* 3 : d'Albret. — *Mss. A* 11 à 14 : d'Alebreth.

P. 10, l. 24 : Bernardet. — *Mss. A* 7, 18, 19 : Bernart. F° 174. — *Mss. A* 11 à 14 : Bernat. — *Mss. A* 15 à 17 : Bernardon. — *Ms. B* 6 : Berau.

P. 11, l. 1 à 5 : Si.... aporter. — *Mss. A* 23 à 33 : Si imaginèrent aulcuns subtilz hommes d'armes que, par traire et par

lancier, on se travailloit en vain ; ains ordonnèrent aporter....
F° 201.

P. 11, l. 1 : li soutil. —*Mss. B* 3, *A* 7 *à* 10, 15 *à* 17 : les aucuns subtilz. — *Mss. A* 1 *à* 6, 11 *à* 14, 18, 19 : les aucuns soubtilz.

P. 11, l. 6 : quariaus. —*Ms. A* 29 : boulets.

P. 11, l. 10 : d'estrain. — *Ms. B* 3 : de paille. — *Mss. A* 30 *à* 33 : de chaume. F° 208.

P. 11, l. 21 et 22 : et.... volenté. — *Mss. A* 20 *à* 22 : Sy vindrent tantost en bas eulx rendre au prince à sa voulenté. F° 259. — *Mss. A* 23 *à* 33 : Tantost monseigneur de Craon, messire Bouchicault et l'Ermite de Chaumont descendirent aval. F° 201 v°.

P. 11, l. 21 à 30 : et vinrent.... exilliés. — *Ms. B* 6 : et firent signe que il volloient parler. Le prinche y envoya le conte de Wervich et monseigneur Renault de Gobehen. Chil rapportèrent au prinche que il se volloient rendre. Le prinche fut sy bien conseilliés que il les prist à merchy et tous chiaus qui dedens estoient. Et fut leur tout che que trouver y peurent grant foison de pillaige, car cil du païs d'environ y avoient aporté tout leur meuble sur le confort de la fortresse. Et sy eult le prinche de Galles le castiel de Roumorentin et les trois chevaliers dessus només, et puis chevauchèrent oultre en Touraine. F° 536.

P. 11, l. 30 : tous vaghes. —*Ms. B* 3 : tout vuide. F° 185 v°. — *Ms. B* 4 : destruis. F° 171 v°.

P. 11, l. 30 : exilliés. — *Les mss. A* 15 *à* 17 *ajoutent :* et prindrent et pillièrent tout quanque ilz trouvèrent ou chastel et en la ville. F° 179. — *Le ms. A* 29 *ajoute :* tellement que depuis il fut remis sus en long tems, mais la ville fut un petit reparée pour les terres d'entour labourer.

§ 375. P. 11, l. 31 : Apriès. — *Ms. d'Amiens :* Apriès le prise dou fort castiel de Romorentin, de monseigneur de Craan, de monseigneur Boucicaut, de monseigneur l'Ermite de Chaumont et de pluisseurs autres chevaliers et escuiers qui dedens estoient, se departi li prinches et toutte sen ost; et chevauchièrent plus avant deviers le Mainne, ardant et essillant le pays. Si trouvoient li Englès et li Gascon le pays si gras et si plains de tous biens, que merveillez seroit à pensser. Si gastèrent et essillièrent une grant plenté de ce biau pays du Mainne, et puis entrèrent en Tourainne.

[1356] VARIANTES DU PREMIER LIVRE, § 375.   245

Li roys de France, qui se tenoit à Chartrez, entendi que li Englès prendoient leur chemin pour venir vers Tours en Tourainne et deviers le Haye. Si se parti de Chartrez et s'en vint à Blois, et là se tint deux jours pour mieux aprendre le couvenant des Englèz. Si se parti au tierch jour de Blois et passa là le Loire, et vint jesir à Amboisse, et l'endemain à che biau castiau de Lochez. Là s'aresta il atendans ses gens, qui avoient passet le Loire en pluisseurs lieux, à Orliiens, à Meun, à Blois, à Tours, et là partout où il pooient. En ce sejour que li roys de Franche fist à Lochez, aprist il que li Englèz prendoient leur chemin pour aller ent en Poitou et par le Tourainne, et se hastoient durement. F° 103 r° et v°.

P. 12, l. 4 : Tourainne. — *Le ms. B 3 ajoute :* et le Maine. F° 185 v°.

P. 12, l. 7 : malmenoit. — *Ms. B 3* : molestoit.

P. 12, l. 9 et 10 : et dist.... remède. — *Ms. B 6* : Et pour che qu'il entendi que li Englès estoient en Touraine et prendoient le chemin de Poitou. F° 537.

P. 12, l. 15 : deux. — *Ms. B 6* : trois.

P. 12, l. 20 : Loces. — *Mss. B 3, A 1 à 9* : Loches. — *Ms. B 6* : Lothois.

P. 13, l. 1 : Meun. — *Mss. A 20 à 22* : Melun. F° 259 v°. — *Ms. B 6* : Mehun.

P. 13, l. 1 et 2 : à Meun.... Tours. — *Ms. B 3* : les autres à Saumur, à Blois et à Tours.

P. 13, l. 4 : sans les autres. — *Mss. A 20 à 22* : sans les archiers. F° 259 v°.

P. 13, l. 4 : vingt six. — *Mss. A 20 à 22* : trente six.

P. 13, l. 5 : sept vingt. — *Mss. A 1 à 6, 11 à 14* : dix sept vingt. F° 186. — *Mss. A 20 à 22* : sept mil. — *Ms. A 8* : six vingt.

P. 13, l. 5 : banerès. — *Mss. A et B 4* : banières, bannières.

P. 13, l. 10 : le mainnet. — *Ms. B 3* : le maistre. F° 185 v°. *Les mss. A 15 à 17 ne mentionnent pas le duc de Bourgogne.*

P. 13, l. 17 : Talerans. — *Ms. B 3* : Galerans.

P. 13, l. 18 : d'Urgel. — *Ms. B 3* : de Saint Angel. — *Mss. A 7, 18, 19, 23 à 33* : d'Argel. — *Mss. A 20 à 22* : d'Orgel.

P. 13, l. 32 et p. 14, l. 1 : quoiteusement. — *Mss. A 8 à 9, 15 à 19, 23 à 33* : hastivement. — *Ms. B 3* : tout coyement. F° 186. — *Ms. B 4* : quoitousement. F° 172.

§ 376. P. 14, l. 10 : Nouvelles. — *Ms. d'Amiens :* Quant li roys oy cez nouvellez, si se doubta qu'il ne li escapassent, et se parti de Loches et coummanda que touttes ses gens le sieuvissent. Si s'en vint à le Haye en Tourainne et passa là le rivierre de Vianne, et quidoit, seloncq ce que on l'avoit enfourmet, que li Englèz fussent devant lui, et il estoient derière. Si chevaucha li roys ce jour mout avant, et vint à Cauvegny et rapassa le rivierre, car on li dist que li Englès en alloient viers le chité de Poitiers.

Che venredi que li roys Jehans passa au pont à Cauvegny, eut moult grant presse à passer la dite rivierre, et le passèrent plus de soixante mil hommes et otant de chevaux, et encorres en passa il assés à Castieleraut. Dont il avint que, pour le grant presse d'ommes et de chevaux, qui fu che venredi à passer au pont à Cauvegny, messires Raoulx de Couchy, messires de Cauvegny, viscomtes de Bruesse, et li comtez de Joni, cil troy seigneur et leurs gens demourèrent en le dite ville de Cauvegny le venredi tout le jour ; et le soir ensuivant et le sammedi au matin il passèrent à leur aise. Quant il eurent passet le dite rivierre et chevauchiet environ deux lieuwes, il regardèrent sous costierre. Si perchurent une routte d'Englès, environ cent compaignons ; et là estoient doi chevalier de Haynnau, messires Ustasses d'Aubrecicourt et messires Jehans de Gistellez, et ossi aucun baceler d'Engleterre qui s'estoient queilliet et aroutet enssamble, pour yaux aventurer et savoir se il ne poroient riens conquerir.

Quant cil baron de France, qui pooient estre bien deux cens armures de fier, virent leurs ennemis, si en eurent grant joie, et dissent que il les yroient veoir de plus près. Si se missent en bon couvenant et desvolepèrent lez bannierrez ; et chevaucièrent, en escriant leur cri, les grans galos dessus yaux. Li Englès, à che coummencement, ne les vorent mies refuser, mès les rechuprent assés apertement. Là en y eult à ceste jouste pluisseur porté à terre, qui à grant mescief furent relevé.

Li Englès regardoient qui li Franchois estoient trop plus qu'il ne fuissent ; si eurent advis de reculer et qu'il se feroient cachier, car li prinches et li grande host ne leur estoit point loing. Si se partirent li bien monté qui avoient fleurs de courssiers, et li seigneur de Franche apriès yaux, messire Raoux de Couchy et li autre, qui ne veurent mies arester sus lez varlèz, mès sieuvir lez mestres. Là furent cachiet messires Ustasses d'Aubrecicourt, messires Jehans de Ghistellez et leur routte, l'un sus l'autre, jusquez à le bataille dou princhë, et si avant que li bannierre monseigneur Raoul de Couchy s'en vint combattre, et li chevalier ossi, desoubs le banière dou prinche.

Là eult grant hustin et dur, et croy bien que li chevalier de France fuissent vollentiers recullet, s'il pewissent, car il n'avoient pas le geu parti, mès il se missent si avant qu'il furent enclos et ne se peurent retraire. Et là se combatirent il vassaument et hardiement tant qu'il peurent durer; mais finaument il furent pris, li comtes de Joni premierement, li viscomtez de Bruese, messires Raoulx de Couchy et aucun autre chevalier et escuier de leur routte, par lesquelx li princes de Gallez et li seigneur englès et gascon seurent que li roys de Franche les avoit adevanciés à tout si grant nombre de gens d'armes que c'estoit merveilléz à penser. F° 103 v°.

P. 14, l. 15 : le Haie. — *Mss. A* 11 à 14 : la Hallaie. F° 171.

P. 14, l. 17 : le joedi au soir. — *Les mss. A* 8, 9, 15 à 17, 20 à 22 *ajoutent :* quinzième jour de septembre l'an dessus dit mil trois cens cinquante six. F° 195 v°.

P. 14, l. 19 : Chauvegni. — *Mss. A* 7 *et B* 4 : Cauvegni.

P. 14, l. 19 et 20 : uns biaus prés. — *Mss. A* 7 à 9 : un biau pré.

P. 14, l. 20 : venredi. — *Mss. A* 1 à 6, 11 à 14, 18, 19, 23 à 33 : samedi. F° 186.

P. 14, l. 25 : soixante mil. — *Mss. A* 1 à 6, 11 à 14, 18, 19, 23 à 33 : quarante mil.

P. 14, l. 29 : savoient. — *Le ms. A* 7 *ajoute :* mie justement. F° 175.

P. 14, l. 29 et p. 15, l. 1 : savoir. — *Le ms. B* 3 *ajoute :* aucune chose. F° 186.

P. 15, l. 7 : essil. — *Ms. B* 3 : gast. — *Mss. A* 15 à 29 : exil. F° 180.

P. 15, l. 15 et 16 : loist.... Joni. — *Mss. A* 8, 9, 15 à 17, 20 à 22 : c'est assavoir le conte d'Aucerre, le conte de Joingny, le seigneur de Chasteillon sur Marne, souverain maistre de l'ostel du roy et pluseurs autres chevaliers et escuiers de l'ostel du roy. F° 196. — *Ms. B* 6 : le vicomte de Bruse, messire Raoul de Couchy, le sire de Chastillon. F° 538.

P. 15, l. 15 : Cram. — *Mss. A* 1 à 7, 18, 19, 23 à 33 : Craon.

P. 15, l. 31 : soixante armeures. — *Ms. B* 6 : vingt lanches. F° 538.

P. 15, l. 31 : armures. — *Ms. B* 3 : hommes armés. F° 186.

P. 16, l. 2 : deux — *Mss. A* 1 à 6, 11 à 14, 18, 19 : trois. F° 171 v°

P. 16, l. 3 : Ghistellez. — *Les mss. A* 11 à 14 *ajoutent :* et messire Guillaume de Brumiers.

P. 16, l. 7 : deux cens armeures de fier. — *Ms. B* 6 : trois cens combatans.

P. 16, l. 12 : esporons. — *Le. ms. B* 3 *ajoute* : et allèrent droit à eulx. F° 186 v°.

P. 16, l. 15 : ennemis. — *Les mss. A* 8, 9, 15 à 17, 23 à 33 *ajoutent :* qui bien estoient deux cens ennemis de fer — *Les mss. A* 11 à 14, 18, 19 *ajoutent :* qui bien estoient deux cens armeures de fer. — *Les mss. A* 20 à 22 *ajoutent :* où bien avoit deux cens armeures de fer. F° 260 v°.

P. 16, l. 18 : cacier. — *Les mss. A* 11 à 14 *ajoutent :* et monstreroient les talons comme vilains.

P. 16, l. 22 : hustin. — *Ms. B* 3 : bruyt. F° 186 v°. — *Mss. A* 1 à 7, 11 à 14, 18, 19, 23 à 33 : noise.

P. 16, l. 26 : ronsis. — *Ms. B* 3 : buissons. F° 186 v°. — *Ms. B* 4 : ronsses. F° 172 v°. — *Mss. A* 8, 9 : ronces. — *Mss. A* 1 à 6, 11 à 14 : buissons. — *Ms. A* 7 : roussis. F° 175 v° — *Mss. A* 15 à 17 : ronceis. F° 180 v°. — *Mss. A* 20 à 29 : ronches.

P. 17, l. 3 : toutesfois. — *Ms. A* 29 : nonobstant sa defense et prouesse.

P. 17, l. 5 : Bruese. *Mss. B* 4 : Bruesse. F° 173. — *Ms. B* 3 : Brosse. F° 186 v°. — *Mss. A* 23 à 33 : Breuse. F° 202 v°.

P. 17, l. 5 : sires. — *Ms. B* 4 : et li sires. — *Mss. A* 20 à 22 : le sire.

P. 17, l. 7 à 9 : que.... penser. — *Ms. A* 29 : tout le convigne de l'ost des François et comment et que pour chose quelconque le roy de France et ses gens ne laisseroient que le prince et son ost ne fussent rencontrés et combatus au plus tost et le plus brief que faire se pourroit.

P. 17, l. 8 et 9 : à tout.... penser. — *Mss. A* 23 à 33 : et que nullement il ne pourroient partir du pais sans estre combatus. F° 201 v°.

P. 17, l. 8 et 9 : li rois.... penser. — *Ms. B* 6 : que le roy et sa poissanche estoient devant yaulx et non derrière. F° 539.

§ 377. P. 17, l. 10 : Quant. — *Ms. d'Amiens* : Quant li princes de Gallez et ses conssaux eurent entendu que ly rois Jehans et ses bataillez estoient devant yaux et avoient ce venredi passet au pont à Cauvegny, et que nullement il ne pooient partir du pays sans estre combatu, si se recueillièrent et rassamblèrent che samedi sour les camps. Et fu adonc coummandé de par le prinche que nulx, sus le teste, ne courust ne ne chevauçast devant les bannierrez des marescaux, s'il n'y estoit envoiiéz. Puis chevaucièrent ce samedi, de l'eure de primme jusquez à heure de vespres, qu'il vinrent à deux petitez lieuwez de Poitiers, en moult forte place, entre haies et vingnes et montaingnes de l'un des costés. Sy ymaginèrent li marescal le fort lieu et le place, et demandèrent au prinche quel cose il volloit faire. Cil respondi que c'estoit sen entente de là arester et atendre ses ennemis qui le queroient, et ossi l'aventure, ou non de Dieu et de saint Gorge.

Dont se logièrent li Englès en celle meisme plache, que on dist ou pays *les Plains de Maupertuis*. Et se fortefièrent sagement et vistement de ces haiez espineuses, drues et fortes, et missent ce qu'il avoient de charroy derierre yaulx ; et fissent devant yaux pluiseurs fossés, affin que on ne lez pewist soudainnement aprochier à cheval sans grant dammaige. Si furent adonc envoiiet de par les marescaux environ deux cens compaignons très bien montés, courir pour descouvrir le pays et savoir où li Franchois estoient. Si chevaucièrent chil coureur bien priès de Poitiers et tant c'as fourbours de le cité.

Et devoit li roys de Franche, ce propre soir, venir gesir à Poitiers, et ne savoit adonc de certain nul convenant des Englès ne où il se tenoient ; mès les nouvelles li vinrent qu'il estoient derierre lui. Adonc se retourna li roys tout à ung fès et fist retraire toutte son host, et s'en vint logier entre le chité de Poitiers et les Englès, et estoit jà bien tart quant il furent tout logiet.

Si eut li roys grant joie, quant il se senti si priès de ses ennemis, et quant il perchut qu'il estoit en tel parti qu'il ne li pooient escapper ne fuir, qu'il ne fuissent combatu. Ceste nuit, fu li host bien escargaitie des deux marescaux de Franche, monseigneur Jehan de Clermont et monseigneur Ernoul d'Audrehen, à cinq cens hommes d'armes, et passèrent le nuit sans dammaige. F°⁵ 103 v° et 104.

P. 17, l. 10 : ses consaulz. — *Mss. B* 3, *A* 8, 9 : son conseil. F° 186 v°. — *Mss. A* 1 *à* 7, 11 *à* 14, 18 *à* 22 : ses gens. F° 187.

P. 17, l. 24 : Aymenions. — *Ms. B* 3 : Aymon. — *Mss. A* 1 *à* 6 : Aymenon. — *Mss. A* 8, 9 : Aymenon.

P. 17, l. 24 : Bietremieus. — *Ms. B* 3 : Bartolemy. — *Mss. A* 1 *à* 7, 11 *à* 14, 23 *à* 33 : Berthelemy. — *Mss. A* 18, 19 : Barthelmieu. F° 192. — *Mss A* 8, 9 : Bretremieu. — *Mss. A* 20 *à* 22 : Bertremieu. F° 261.

P. 17, l. 29 : et cogneurent. — *Ces mots manquent dans B* 4, *A* 7 *à* 9, 18 *à* 33.

P. 18, l. 2 et 3 : abstenir. — *Ms. B* 3 : tenir.

P. 18, l. 4 : François. — *Le ms. B* 6 *ajoute* : qui commenchoient entrer à Poitiers et s'i devoient logier pour celle nuit. F° 540.

P. 18, l. 9 : entendi. — *Ms. B* 3 : sceut. — *Les mss. B* 3, 4, *A* 7 *à* 9, 15 *à* 17 *ajoutent :* la verité.

P. 18, l. 13 : logier. — *Le ms. B* 6 *ajoute* : environ une grose lieue de Poitiers. F° 540.

P. 18, l. 20 : combaterons. — *Ms. A* 29 : pourrons combatre.

P. 18, l. 20 : avantage. — *Les mss. A* 23 *à* 29 *ajoutent* : et prouffit. F° 203.

P. 18, l. 20 : ceste nuit. — *Ms. B* 6 : très l'eure de midy.

P. 18, l. 22 : vignes. — *Le ms. B* 6 *ajoute :* et fort païs malement, et ne povoit on de nul costé legierement venir à yaulx.

P. 18, l. 23 : escargaitie. — *Mss. A* 8, 9 : esguetté. — *Ms. B* 3 : guetté. F° 187.

§ 378. P. 18, l. 24 : Quant.— *Ms. d'Amiens :* Quant ce vint le diemenche au matin, li roys Jehans de Franche, qui grant vollenté avoit de combattre lez Englès, fist chanter messe devant lui moult solempnement. Et là estoient si quatre fils, messires Carles, messires Loeys, messires Jehans et messires Phelippes, et li dus d'Orliens ses frères, li dus de Bourbon, li dus d'Athènes, connestablez de Franche, et grant fuison de comtes, de barons et de toute bonne chevalerie. Apriès les messes qui furent dittez en l'ost de Franche, li roys s'arma. Et si s'armèrent touttes gens, et se traissent sus les camps et ordounnèrent leurs batailles. Si en fissent jusquez à quatre parmy celi des marescals.

Endementroes que li connestablez de France entendoit à l'ordounner, li roys Jehans appella quatre de ses chevaliers en qui il avoit moult grant fianche et bons chevaliers as armes durement, monseigneur Ustasse de Ribeumont, monseigneur Joffroy de Chargny, monseigneur Guichart de Biaugeu et monseigneur le Baudrain de le Huesse ; et leur dist qu'il chevauçaissent deviers les Englès et avisassent leur aroy et en quel couvenant il se tenoient et de quel costé on les poroit assaillir, pour avoir ent l'avantaige. Chil quatre chevalier se partirent, chacun montés sus fleur de courssier et les bachinès en le teste. Si chevauchièrent si avant qu'il perçurent et congnurent assés clerement lez arrois des Englès, et en apportèrent au roy toutte le verité et coumment il estoient, si comme je vous diray, car li roys les oy vollentiers. F° 104.

P. 18, l. 26 : messe. — *Le ms. B 6 ajoute :* il but ung cop. F° 540.

P. 18, l. 27 : se acumenia. — *Ms. B 3 :* commenia. F° 187. — *Mss. A 1 à 6 :* se escommicha. F° 187 v°. — *Mss. A 8, 9 :* s'escommicha. F° 196 v°. — *Mss. A 11 à 14 :* se escommincha. F° 172. — *Mss. A 15 à 17, 30 à 33 :* se acommicha. F° 181. — *Mss. A 18, 19 :* se escomminga. F° 192 v°. — *Mss. A 20 à 22 :* se acommunia. F° 261 v°. — *Mss. A 23 à 29 :* se acommenia. F° 203.

P. 18, l. 28 : messe.— *Ms. B 6 :* Et puis montèrent à cheval, tout armé, horsmis leur haumes.

P. 19, l. 2 : Sallebruce. — *Mss. A 8, 9 :* Sarrebruche. — *Mss. A 20 à 22 :* Sallebruge.

P. 19, l. 3 : Mont Ventadour. — *Mss. B 3, A 1 à 6, 11 à 14, 15 à 19, 23 à 29 :* Ventadour. — *Mss. A 30 à 33 :* Vandour. F° 209.

P. 19, l. 4 : tenures. — *Mss. B 3, A 8, 9, 15 à 17, 20 à 22 :* terres.

P. 20, l. 4 et 5 : à.... pennons. — *Ms. B 6 :* où bien avoit mille chevaliers. F° 545.

P. 20, l. 7 : France. — *Ms. B 6 :* où bien estoient quinze cens chevaliers.

P. 20, l. 10 : Entrues. — *Mss. A 8, 9 :* Entrementes.

P. 20, l. 13 et 14 : et monsigneur Guiçart d'Angle. — *Les mss. A 1 à 7, 11 à 14, 18, 19, 23 à 33 omettent ces mots.*

P. 20, l. 18 : li quatre. — *Mss. A* 1 *à* 7, 11 à 14, 18, 19, 23 *à* 33 : les trois.

P. 20, l. 21 : une partie de. — *Ms. A* 29 : tout.

P. 20, l. 23 : blanc. — *Ms. A* 7 *à* 9, 23 *à* 33 : grant blanc. F° 176 v°.

P. 21, l. 4 : Tout.... volentiers. — *Mss. A* 1 à 9, 11 à 14, 18, 19, 23 *à* 33 : Tout ce verrons nous voulentiers. F° 188. — *Mss. A* 20 à 22 : Ce verrons nous très voulentiers. F° 262. — *Le ms. B* 3 *ajoute :* au plaisir et à l'aide de Dieu. F° 187 v°.

§ 379. P. 21, l. 5 : En ces parolles. — *Ms. d'Amiens :* Li quatre chevalier dessus noummés dissent enssi au roy qu'il avoient veu lez Englès et pooient y estre environ douze mil hommez : troy mil hommez d'armes, cinq mil archiers et quattre mil bidaus à piet, car tout les avoient vew entrer en leur ordounnanche et mettre en conroy de bataille, et avoient pris le lonch d'une haye et mis les archiers d'un lés et de l'autre. Et n'avoit en toutte celle haye qu'une seulle entrée où quatre hommez d'armes poroient chevauchier de froncq; et estoit ceste entrée trop bien gardée d'archiers et de gens à piet. Apriès se tenoient ou fons de ce chemin les gens d'armes en bon couvenant, deux hayes d'archiers devant yaux, à mannière d'une herce; et estoient tout à piet, lez cevaux derierre yaux. Et ne pooit on aller ne venir à yaux de nul lés, fors par le chemin dont il estoient fortefiiet de le haye, et avoient l'avantaige d'une petite montaingne dessus quoy leurs chevaux et leur aroy estoient. A l'autre lés, sus senestre, avoit ung petit plain, mès il l'avoient fortefiiet de fossés et de leur charroy, et ne leur pooit on porter nul dammaige de ce costet. Adonc s'aresta li roys et demanda as dessus dis chevaliers de quel part il conssilloient à assaillir les Englès. Il regardèrent tout l'un l'autre et ne se volloient mies avanchier de respondre, car il leur sambloit que li roys les cargoit d'une grosse demande. Si se teurent une espasse, mès li roys reprist le parolle et requist à monseigneur Ustasse de Ribeumont que, sans delay, il en desist sen entente. Dont parla messires Ustasses et dist que li Englès estoient en forte place mallement : « Se couvenra des nostres prendre trois cens hommez par election, preux chevaliers, hardis et alosés durement et chacun bien armés et bien montéz sus fleur de courssiers, et chevauchier radement sans yaux ne leurs chevaux espargnier, et de ces trois cens fendre et ouvrir et desrompre les archiers d'Engleterre, et puis nos bataillez, qui sont grandez et grosses et bien estoffées de bonnes gens d'armes, sievir vistement et tout à piet, car il y a tant de vignes que cheval ne s'i poroient avoir. » — « C'est li plus grans avantaigez que g'i say, par l'ame de mon père! che respondi li roys de Franche. Messire Ustasse, vous en parlés moult à point et très meurement, et il sera fait si comme vous l'avez dit et deviset, ne jà n'ysterons de vostre ordounnanche. »

Dont furent là esleu et advisé trois cens hommez, chevaliers et escuiers, par advis les plus preux et plus bachelereux de tout l'ost; et les devoient li connestablez de Franche et li doy marescal conduire et gouvrenner. Là ne fu mies misse en oubli fleur de chevalerie, premierement messires Jehans de Clermont, messires Ernoulz d'Audrehen, messires Ustasses de Ribeumont, messires Jehans de Landas, messires Robiers de Duras, messires Guillaummes, comtes de Douglas, d'Escoce, et messires Archebaus Douglas, ses cousins germains, messires Guichars de Biaugeu, messires Guillaummes de Nyelle, messires Guillaummes de Montagut, d'Auviergne, li sirez de Pons en Poito, li sirez de Partenay, messires Guichars d'Angle, li Archeprestrez, armés sus un courssier couvert des parures le joene comte Pière d'Alençon, le seigneur de Castielvilain, le seigneur de Grantsi, le visconte de Thouars, le Baudrain de le Huesse, monseigneur Grimouton de Cambli, le seigneur d'Espineuse, le Borgne de Rouvroi, messires Rabache de Hangiers, le seigneur de Cramelles, messires Anthonne de Kodun, messires Hues de Barbenchon pour le jonne comte de Blois, le seigneur de Saint Sauflieu, le seigneur de Basentin et pluisseurs autres que je ne puis ou ne say mies tout noummer; mès li nombrez de trois cens fu tous emplis, et se monstrèrent tout pardevant les marescaux. Encorres estoient ordounné avoecq yaux et en celle premierre bataille, une grosse routte de chevaliers d'Allemaingne, où li comtes de Salebruche, li comtes Jehans de Nasço, li comtes de Nido et pluisseurs autres estoient tout armé et bien monté et en très bon couvenant. Si s'aprochièrent des Englès, et entroes s'ordonnèrent les trois autres batailles.

La premierre bataille, apriès ceste dez marescaux, avoit li dus de Normendie, ainnés filx dou roy Jehan; et avoit avoecq lui bien trois mil hommes d'armes, chevaliers et escuiers, et neuf mil hommes d'autrez gens, tous as armes. Et estoient au frain dou jone duc de Normendie, pour lui gouvrenner et conssillier, li sires de Saint Venant et messires Thummas de Vodenay, bourgignon, et s'arme de geullez à trois tourtiaux d'or. Là avoit en celle bataille grant fuison de bonne chevalerie. En le seconde bataille apriès, estoit li dus d'Orliens, frèrez au roy de France, et avoit une grosse routte de gens d'armes, et pooient estre bien quinze mil hommes, uns c'autrez. Apriès, estoit la grosse bataille dou roy de Franche, où il avoit grant fuisson de comtez, de barons et de chevaliers. Et estoit li roys armés lui vingtime d'unes parurez; et portoit sa souverainne bannierre chils bons chevaliers messires Joffroy de Chargny. F° 104.

P. 21, l. 7 : li quatre. — *Mss. A* 1 à 7, 11 à 14, 18, 19, 23 à 33 : les trois.

P. 21, l. 12 et 13 : quèles de vos nouvelles. — *Mss. A* 8, 9 : quelles nouvelles.

P. 21, l. 27 : qu'il.... bataille. — *Mss. A* 8, 9 : qu'ilz aient que une bataille.

P. 22, l. 2 : vesti. — *Mss. A* 8, 9 : vestue.

P. 23, l. 5 : rades. — *Mss. A* 8, 9 : roides.

P. 23, l. 10 : les. — *Ms. A* 29 : la bataille des.

P. 23, l. 12 à 23 : Là estoit.... d'Alençon. — *Ms. B* 6 : Là estoit toute la fleur de chevallerie de Franche. Là y eult noble et grande ordonnanche entre les royaulx; car le roy de Franche fist armer luy vintième de toutes ses plainnes armes de Franche, en manière que on ne seut à dire lequel estoit le roy, qui bien ne le congnoisoit. Et pour che que le conte d'Alenchon estoit lors ung jouene filz, li Archeprestres fu armés à cheval couvers pour luy. F° 545.

P. 23, l. 13 : en ses parures. — *Mss. B* 3, *A* 1 à 6, 11 à 14, 18, 19, 30 à 33 : en ses paremens. — *Mss. A* 15 à 17, 20 à 22 : de ses paremens. F° 263.

P. 23, l. 22 et 23 : ens ès armeures. — *Ms. B* 3 : des armeures plaines. F° 188. — *Ms. B* 4 : ens ès armes. F° 174. — *Mss. A* 8, 9, 15 à 17, 20 à 22 : des armeures. F° 198. — *Mss. A* 11 à 14 : ès armeures. F° 173. — *Mss. A* 23 à 33 : ès armes. F° 204 v°.

§ 380. P. 23, l. 24 : Quant. — *Ms. d'Amiens :* C'estoit une biauté de veoir bannierrez, pignons, blazons et cez clerrez armurez reflamboïier au soleil. Si estoit li roys de Franche montés sour ung blancq courssier et tenoit ung blancq baston, et chevauchoit de bataille en bataille, et prioit et amonestoit ses gens de bien faire, et leur disoit par tel langage : « Biau seigneur, quant vous estes à Paris, à Rains, à Chartres ou à Laon, vous manechiés les Englès, et vous souhediés le teste armée devant yaux; or y estez vous. Je les vous moustre : si vous voeille souvenir de vos mautalens et moustrer le haynne que vous avés sour yaux, et contrevengier les dammaiges et lez despis qu'il vous ont fès; car je vous proummès que nous lez combaterons, et Dieux nous soit en aye ! » Ensi reconfortoit li roys Jehans ses gens; et tout chil qui le veoient et ooient, y entendoient vollentiers.

Si estoit adonc messires Ustasses de Ribeumont, chilz vaillans chevaliers, mout prochains dou roy, et seoit sour ung courssier fort et delivre; et estoit armés de touttez pièces, et entendoit as bataillez ordounner de par le roy. Et ossi à le fois il chevauchoit vers les Englèz, pour veoir et aprendre de leur couvenant, et puis si s'en revenoit deviers le roy. Et li roys li demandoit : « Messire Ustasse, que vous samble il de nostre affaire ? » Et li chevaliers l'en respondoit mout joyeusement : « Certes, sire, très bien, au plaisir de Dieu ; nous arons hui une belle journée sour nos ennemis. »

Or devés vous savoir, entroes que ces batailles s'ordounoient, tant li Franchois comme li Englèz, et que chacuns entendoit à se besoingne, vinrent deviers le roy de Franche doy cardinal, loist assavoir messires Tallerans, cardinaulx de Pieregort, et messires Nicoles, cardinaulx d'Urgel. Si priièrent moult affectueusement, en nom de pité et d'umelité, au roy Jehan, que il volsist mettre ce jour en souffrance et entendre à aucune belle pais, pour lui et son royaumme [delivrer] de ses ennemis. Li roys de Franche à le priière des cardinaux descendi, mès ce fu à dur et moult longement; car il lez volloit combattre, et li sien en estoient en grant vollenté, si comme il disoient et moustroient.

Quant li cardinal dessus noummet eurent amené le roy de France ad ce que chilz jours estoit mis en souffranche de respit, si s'en vinrent deviers le prinche et li comptèrent ce qu'il avoient impetret à grant meschief, et li priièrent que il volsist entendre et descendre à tretié d'acort, à quel meschief que ce fust, car il estoit en un mout dur parti. Li prinches y entendi vollentiers, car il et ses conssaux se veoient enclos ou fort dou royaumme. Et se doubtèrent de premiers li Englès et li Gascon, que li Franchois ne les tenissent là ainsi que pour assegiéz sans combattre; c'estoit li ordounnanche qu'il resongnoient le plus. Si furent tretiet et proposet par cez cardinaux, qui allèrent ce dimmence de l'un à l'autre, pluisseur tretié d'acort ou de pès, et missent pluiseurs parchons avant; mès nulle n'en peut venir à effet, car li roys de Franche et ses conssaux, qui tenoient les Englès pour assegiéz, ne s'i volloient acorder ne assentir nullement, se li prinches et tout chil qui avoecq lui estoient, ne se rendoient simplement au roy et à se volenté. Laquelle cose li Englès et li Gascon n'ewissent jammais fait; bien offroient au roy de France, si comme jou oy depuis recorder, que li princez ewist rendu tous les prisonniers qu'il avoit pris en ce voiaige, villes et castiaux ossi, et se astenroit de lui armer sept ans contre le royaumme de Franche : ceste offre ne vot mies li roys de France acepter. F° 104 r° et v°.

P. 23, l. 27 et p. 24, l. 2 : on fist.... piés. — *Ms. B* 6 : Le roi de Franche commanda, ou nom de Dieu et de saint Denis, à apparlier, et fist copper à chacun les poulanes de leurs sollers ou des housiauls, et retaillier sa lance à le longeur de cinq piés. F°⁸ 545 et 546.

P. 24, l. 5 : et fu. — *Mss. A* 8, 9 : car elle sembla.

P. 24, l. 8 : evous.... qui vient. — *Mss. A* 8, 9 : vint.

P. 24, l. 11 : jointes. — *Ms. B* 6 : en genoulant. F° 542.

P. 24, l. 11 et 12 : pour si hault homme. — *Mss. A* 1 à 6, 11 à 14, 18, 19 : pour si hault seigneur. — *Ms. B* 3 : pour l'onneur de Dieu. F° 188. — *Mss. A* 23 à 33 : pour Dieu. F° 204 v°.

P. 24, l. 12 : astenir. — *Mss. A* 8, 9 : abstenir.

P. 24, l. 12 et 13 : afrener. — *Mss. A* 20 à 22 : reffrener. F° 263.

P. 24, l. 30 : quoiteusement. — *Mss. A* 8, 9 : hastivement.

P. 24, l. 31 : prince. — *Ms. B* 6 : qu'il trouva, comme il me fu dit, assés tretable. F° 542.

P. 25, l. 6 : le poissance. — *Ms. B* 3 : la grande puissance. — *Ms. A* 29 : le povoir de la grant chevalerie.

P. 25, l. 14 : gens. — *Le ms. A* 29 *ajoute* : et tant de noble chevalerie.

P. 25, l. 24 : fuir. — *Les mss. A* 8, 9 *ajoutent* : ne eschaper.

P. 25, l. 27 : busiier. — *Ms. B* 4 : busier. F° 174 v°. — *Mss. A* 1 à 7, 11 à 14, 18, 19 : penser. — *Mss. A* 8, 9, 15 à 17, 20 à 22 : muser. F° 198 v°.

P. 26, l. 11 : samis. — *Ms. B* 3 : sandal. F° 188 v°. — *Ce mot manque dans A* 20 à 33.

P. 26, l. 11 : cointe. — *Mss. A* 7, 11 à 14, 18, 19, 23 à 33 : jolis.

P. 26, l. 15 : grant. — *Ms. A* 29 : prochain.

P. 26, l. 17 : travilla. — *Mss. A* 8, 9 : travailla,

P. 26, l. 19 à 23 : mès.... avant. — *Ms. B* 6 : mais onques il n'y peult amolier le cuer du roy dé Franche, car nullement il ne volloit oïr parler de pais; car messire Ustasse de Ribemont, qui moult estoit en le grace du roy de Franche, brisoit tous les traitiés, sitost qu'il avoit loisir de parler au roy. F° 543.

P. 26, l. 24 : pareçons. — *Mss. A* 8, 9 : paroles.

P. 27, l. 1 : entiers. — *Le ms. B* 6 *ajoute :* ne nulz de chieulx qui là estoient. F° 542.

§ 381. P. 27, l. 8 : Endementrues. — *Ms. d'Amiens :* Endementroes que chil doy cardinal alloient de l'un à l'autre, et que souffranche estoit des deux hos, avoit aucuns chevaliers entre les Englès, jonnes et amoureus, qui s'avanchoient de chevauchier avant pour veoir le couvenant des Franchois et le grant plenté des belles gens d'armes qui là estoient.

Dont il avint que messires Jehans Camdos et messires Jehans de Cleremont, marescaux de France, se trouvèrent sur les champs où il chevauchoient de l'un à l'autre. Et portoit chacuns une meysme devise, sus son senestre bras, desus ses parures : c'estoit ouvré de broudure, une bleue damme, en un ray d'un soleil, bien perlée et bien arrée. Quant il se furent trouvé d'avanture, il se coummencièrent à ramprounner.

Et demanda li marescaux de Franche à monseigneur Jehan Camdos depuis quel tierme il avoit porté et enchargiet sa devise. Li chevaliers englès li respondi que de ce n'avoit il que faire de savoir, et que la devise pooit ossi bien estre sienne que à nul autre. Dont li dist messires Jehans de Cleremont : « Camdos, Camdos, che sont bien des ponnées de vos Englès ; il sèvent à leur hounneur faire peu de cose de nouviel. La devise est mienne et devant vous l'encargai ; et, se demain je le vous voy porter, je le vous calengeray. » — « Sire, ce respondi messires Jehans Cambdos, et à mon pooir je le deffenderay. » Ensi et par yrour se departi li uns de l'autre, sans plus riens faire ne dire. F°⁸ 104 v° et 105.

P. 27, l. 8 : Endementrues. — *Mss. A* 8, 9 : Entrementes.

P. 27, l. 22 : frichement. — *Mss. A* 8, 9 ; friquement.

P. 27, l. 24 : place. — *Mss. A* 8, 9 : plaise.

P. 27, l. 28 : est. — *Mss. A* 8, 9 : estoit.

P. 27, l. 29 et 30 : li plus honnourée gent. — *Mss. A* 8, 9 : les plus honnourez gens.

P. 27, l. 31 et p. 29, l. 5 : Tout.... estat. — *Ms. B* 6 : Et ot le roy conseil sur les camps à ses marisaulx, monseigneur Jehan de Clermont et monseigneur Ernoul d'Audrehen, comment il se mente[n]roient. Sy furent envoié les deus marisaulx par le commandement du roy, et che pour aviser le conduite des Englès ne coument on les pouroit combatre, car le roy de Franche promettoit qu'il les combateroit, et toutes ses gens en estoient en grant desir. Sy chevauchèrent les dis marisaulx sy avant, l'uns à destre, ly aultre à senestre, que il ymaginèrent et avisèrent assés le conduite des Englès.

Ensy qu'il s'en retournoient, par especial le marisal de Clermont s'en retournoit sur ung bay coursier que le roy de France luy avoit donnet à che matin, il encontra en son chemin monsegneur Jehan Camdos. Là eult grandes parolles entre yaulx : je vous diray pour quelle raison. Le marisal de Clermont portoit par devise en sa manche une bleuwe dame, ouvrée de broudure. Et ossy faisoit monseigneur Jehan Camdos qui s'aresta de travers sur les camps, en luy demandant et disant : « Marisaulx, marisaulx, qui vous fait porter ma devise ? Se je vous trouvoie en bataille, je le vous calengeroie. » — « Camdos, Camdos, dist messire Jehan de Clermont, et à mon povoir je le deffendroie. Et pour coy, biau sire, ne pui ge ossy bien porter une blewe dame comme vous : je l'ay porté devant vous et porteray. » Lors respondy messire Jehan Camdos et dist : « De par Dieu, Clermont, Clermont, che n'est pas verité, et le vous mousteray, se nous nous combatons. Et se les perchons se font aultrement que nous partons sans combatre, je le vous callengeray et prouveray de mon corps contre le vostre que la devise doit miène iestre mieulx que vostre. » Sur chel estat, par grant felonnie et mautalent, il departirent ly ungs de l'autre, et retourna chacun devers sa partie pour faire relacion de che qu'il avoient trouvé. F.^{s} 541 et 542.

P. 28, l. 6 : felenesces. — *Mss. A* 8, 9 : felonnesses.

P. 28, l. 9 : blewe. — *Mss. A* 8, 9 : bleue.

P. 28, l. 10 : ou ray d'un soleil. — *Mss. B* 3, *A* 11 à 14 : au ray du soleil. F° 189. — *Mss. A* 8, 9 : ou rays de soleil. F° 199.

P. 28, l. 10 et 11 : sus le senestre brach. — *Ces mots manquent dans les mss. A.*

P. 28, l. 11 et 12 : leur deseurain vestement. — *Mss. A* 1 *à* 9, 11 *à* 14, 18, 19, 23 *à* 33 : leurs plus haulx vestemens. F° 190.

P. 28, l. 20 : Je le vous devee. — *Ms. B* 3 : il n'est pas vray. F° 189.

P. 28, l. 20 : devée. — *Ms. B* 4 : denie. F° 175. — *Mss. A* 7 *à* 9, 11 *à* 33 : nye. F° 178 v°.

P. 29, l. 1 : des posnées de vos Englès. — *Ms. B* 3 : des façons de vous autres Anglois. — *Mss. A* 1 *à* 6, 18, 19 : des parolles de vous Anglois. — *Mss. A* 8, 9 : des pompes de vous Anglois. F° 199. — *Mss. A* 11 *à* 14 : des paroles d'entre vous Anglois. F° 174. — *Mss. A* 15 *à* 17 : des ponnées d'entre vous Anglois. F° 183 v° — *Mss. A* 20 *à* 22 : les pompes d'entre vous Anglois. F° 264 v°. — *Mss. A* 23 *à* 29 : les paroles de voz Anglois. F° 205 v° — *Mss. A* 7, 30 *à* 33 : des parolles de voz Engloys. F° 178 v°.

P. 29, l. 2 : mès. — *Le ms. B* 3 *ajoute :* tout. — *Les mss. A* 11 à 14 *ajoutent :* fors.

§ 382. P. 29, l. 6 : Vous avés. — *Ms. d'Amiens :* Et toudis alloient li cardinal de l'un à l'autre, qui riens ne faisoient. Quant ce vint au soir, il se retraissent à Poitiers, et li Englès et li Franchois demorèrent sus lez camps, tous rengiés l'un devant l'autre.

Quant ce vint le lundy au matin, on dist pluisseurs messes en touttes les deux hos, et s'acumenia qui acumeniier se volt. Apriès les messes, chacuns se remist en se bataille et desoubz se bannierre, ensi que le dimenche il avoient esté ordounnet.

Encorres revinrent li doy cardinal et veurent coummenchier à traitier pour brisier celle journée ; mès il despleut à aucuns chevaliers de Franche, et leur dissent que, se il aloient ne venoient plus, il leur en mescheroit. Si se retraissent li doy cardinal à Poitiers sour ceste parolle. F° 105.

P. 29, l. 11 : à cief. — *Mss. A* 7 *à* 9 : à chief. F° 179.

P. 29, l. 11 : et fu tout bas vespres. — *Mss. A* 8, 9 : et furent basses vespres.

P. 29, l. 12 : le cité de. — *Ces mots manquent dans A* 7 *à* 9 *et B* 4.

P. 29, l. 12 : Poitiers. — *Le ms. A 29 ajoute :* moult troublé qu'il ne povoit venir au dessus de sa poursuite.

P. 29, l. 19 : estoient. — *Mss. A* 8, 9 : estoit.

P. 29, l. 25 : fosser. — *Mss. A* 8, 9 : fossoier.

P. 30, l. 1 : en.... l'autre. — *Mss. A* 8, 9 : en l'ost de l'un et de l'autre.

P. 30, l. 7 : s'en ensonnioit. — *Ms. B* 3 : s'en entremettoit. F° 189.

P. 30, l. 12 : grasce. — *Ms. A* 29 : voie.

P. 30, l. 13 : impetrer. — *Mss. A* : trouver. — *Le ms. B* 3 *ajoute :* ne trouver.

P. 30, l. 22 : s'emblèrent. — *Le ms. A 29 ajoute :* ce soir.

P. 30, l. 24 : d'Amposte. — *Mss. A* 1 à 7, 11 à 14, 18, 19 : d'Ampostre.

P. 30, l. 29 : pour.... apaisenter. — *Mss. A* 20 à 22 : pour ce qu'il les avoit voulu accorder. F° 265 v°.

P. 30, l. 29 : de apaisenter. — *Mss. B, A* 1 à 7, 11 à 14, 18, 19 : apaiser, apaisier, appaisier. — *Mss. A* 8, 9, 15 à 17 : et appaiseur. F° 199 v°.

P. 30, l. 28 à 32 : car.... François. — *Ces cinq lignes manquent dans les mss. A* 23 à 33. F° 206.

§ 383. P. 31, l. 1 : Li ordenance. — *Ms. d'Amiens :* Vous avés chy dessus oy coumment li troi cens hommes à cheval estoient bien monté et quel cose il devoient faire. D'autre part, je vous ay petit parlet dou couvenant des Englès, fors ensi que li quatre chevalier envoiiet de par le roy de Franche raportèrent : che fu au plus justement, seloncq leur advis, qu'il le peurent aviser ne considerer. Bien est voirs que li Franchois estoient cinq tans de gens que li Englès, mès les gens d'armes englès et gascon estoient toutte gens d'eslite ; et ossi estoient en verité li plus des Franchois, et bien se moustrèrent.

Quant li prinches de Gallez et li seigneur d'Engleterre et de Gascoingne virent que combattre les couvenoit, si se comfortèrent li ungs parmy l'autre et ordonnèrent troix bataillez ; et avoit en chacune mil hommez d'armez et vint deus cens archiers et quinze cens brigans de piet, que li aucun en armes apellent ribaubailles, car il sieuvent les gens d'armes et se mettent entre lez bataillez ; et si tost que on a abatu gens d'armes, il viennent sus yaux [et] les ochient sans pité.

La premierre bataille des Englois avoient li doy marescal, li comtez de Warvich et li comtez de Sufforch. Et là estoient li Gascon, li sires de Labreth, li sires de Pummiers et si frerre, li sires deMontferart, li sires de l'Espare, li sires de Muchident, li sirez de Condon, messires Jehans de Grailli, captal de Beus, messires Ainmeris de Tarse et pluisseur aultre bon chevalier et escuier de Gascoingne et d'Engleterre, et les archiers tous devant yaux à manierre d'une herce.

La seconde bataille avoit li prinches à mil hommes d'armes, vint cinq cens archiers et seize cens brigans ; et estoient au frain dou prinche et pour son corps garder, chil doy bon chevalier, messire Jehans Cambdos et messires James d'Audelée. Là estoient en le bataille dou prinche chil bon chevalier, messires Renaux de Gobehen, messire Ricart de Stamfort, li sires de le Ware, messires Edouars, sirez Despenssiers, qui y fu fès chevaliers et leva banière, messires Bietremieux de Bruche, messire Pière d'Audelée, messires Hues et messires Thummas lez Despenssiers, messire Thummas de Grantson, messires Richars de Pontcardon, messires Neel Lorinch, li sires de Felleton et pluisseur autre bon chevalier et escuier. Si estoient très bien ordounnet et mis en bon couvenant, chacun baron et chevalier desoubz se bannierre et se penon, et les archiers devant yaux.

La tierce bataille, qui estoit si comme li arrieregarde, gouvrenoient doy comte d'Engleterre, bon chevalier durement, li comtez de Sallebrin et li comtes d'Askesouforch. Là estoient messire Guillaume Filx Warinne, messires Estievennes de Gousenton, li sires de Braseton, li sires de Multon, messires Bauduins de Fraville, li sires de Basset, li sires de Willebi, li sirez de Bercler, messires Danniel Pasèle, messires Denis de Morbeke et pluisseurs autres bons chevalliers et escuiers, chacuns seigneurs desoubz se bannierre et les archiers devant yaux. Si se comfortoient bellement, seloncq le quantité qu'il estoient, et avoient bien empris que d'iaux combattre tant qu'il poroient durer. Enssi estoient lez bataillez ordounnées, si comme vous avés oy deviser. F° 105.

P. 31, l. 5 et 6 : entre lez batailles. — *Ces mots manquent dans les mss. A* 8, 9.

P. 31, l. 7 : lés. — *Mss. A* 8, 9 : costé.

P. 31, l. 8 et 9 : trop haute ne trop roste. — *Ms. B* 3 : ne trop basse ne trop haulte. F° 189 v°.

P. 31, l. 9 : roste. — *Mss. A* 1 à 9, 11 à 19 : roide. F° 190 v°.

P. 31, l. 11 : couverte. — *Les mss. A* 8, 9 *ajoutent :* toute.

P. 31, l. 13 : par desous. — *Mss. A* 8, 9 : dessoubz. — *Mss. A* 1 *à* 6, 11 *à* 14 : par dessus. F° 190 v°. — *Mss. A* 18, 19 : par ensus. F° 196.

P. 31, l. 15 : ou fons de ces vignes. — *Ms. B* 4 : desous ces vingnes. F° 175 v°.

P. 31, l. 15 : et. — *Mss. A* 1 *à* 6 : en.

P. 31, l. 16 : à piet. — *Mss. A* 1 *à* 9, 11 *à* 14, 15 *à* 19, 23 *à* 33 : armé.

P. 31, l. 17 : se il leur besongnast. — *Mss. A* 8, 9 : se il estoit besoing.

P. 31, l. 19 : harnas. — *Mss. A* 8, 9 : harnois.

P. 31, l. 21 : renommer. — *Mss. A* 8, 9 : nommer.

P. 31, l. 30 : Bercler. — *Mss. A* 7, 23 *à* 33 : Dercler.

P. 32, l. 1 : Fil Warin. — *Mss. A* 2, 11 *à* 14, 18, 19, 23 *à* 33 : de Warvic.

P. 32, l. 2 : Maune. — *Mss. A* 20 *à* 22 : Manny. F° 266.

P. 32, l. 3 : Brues. — *Mss. A* 1 *à* 6, 11 *à* 14, 23 *à* 29 : Brunes.

P. 32, l. 3 : le signeur de Felleton. — *Mss. A* 15 *à* 17 : Guillaume Felletonne. — *Les mêmes mss. ajoutent :* monseigneur Thomas de Pontchardon.

P. 32, l. 5 : Cousenton. — *Mss. A* 2, 11 *à* 14, 18, 19 : Constracon. — *Mss. A* 20 *à* 22 : Coussenton.

P. 32, l. 6 *à* 8 : le signeur de Labreth.... Pumiers. — *Mss. A* 15 *à* 17 : monseigneur Aymenion de Pommiers et monseigneur Aymeri et monseigneur Helies de Pommiers ses frères. F° 184 v°.

P. 32, l. 11 : Montchident. — *Ms. B* 3 : Mucidan. F° 189 v°. — *Mss. A* 1 *à* 6, 8, 9, 11 *à* 14 : Mucident. F° 191. — *Mss. A* 15 *à* 17 : Mussidant. F° 184 v°.

P. 32, l. 12 : Condon. — *Mss. A* 18, 19, 23 *à* 33 : Couson. F° 196.

P. 32, l. 12 et 13 : Montferrat. — *Mss. B* 3, *A* 1 *à* 6, 11 *à* 14 : Montferrant.

P. 32, l. 13 : Landuras. — *Les mss. A* 15 *à* 17 *ajoutent :* le seigneur de Tannay Boutonne.

P. 32, l. 18 : Pasele. — *Mss. A* 2, 18, 19, 23 : Passelle. — *Ms. A* 24 : Phaselle.

P. 32, l. 22 : huit mil hommes. — *Ms. B* 6 : de cinq à six mille archiés et deux mille hommes d'armes. F° 544.

P. 32, l. 22 : hommes. — *Les mss.* *A* 1 *à* 6, 11 *à* 14 *ajoutent :* plus hault de huit mille hommes, gens d'armes, archiers et brigans, uns et autres. Et les François estoient bien de bonnes gens plus de soixante mille combatans, dont il y avoit grant foison de ducs, de contes, de barons et plus de trois mille chevaliers et escuiers, et grant foison d'autres bonnes gens d'armes. F° 191.

P. 32, l. 23 : cinquante mil. — *Mss.* *A* 1 *à* 7, 11 *à* 14, 18, 19, 23 *à* 33 : soixante mil.

P. 32, l. 23 : combatans. — *Les mss.* *A* 30 *à* 33 *ajoutent :* tous comptez. F° 211.

P. 32, l. 24 : trois mil. — *Mss.* *A* 20 *à* 22 : quatre mil. F° 266.

P. 32, l. 24 : chevaliers. — *Ms.* *B* 3 : archiers. F° 189 v°.

§ 384. P. 32, l. 25 : Quant. — *Ms. d'Amiens :* Li roys de Franche et ses conssaux, qui à nul acord ne tretiet de pès n'avoient vollut entendre ne descendre, fissent, ou nom de Dieu et de monseigneur saint Denis, aprochier le bataille des marescaux et des Allemans.

Or avint que messires Ustasses d'Aubrecicourt, pour sen corps avanchier, se parti de son conroi et s'adrecha entre lez bataillez contre ung chevalier d'Allemaigne qui s'armoit d'argent à cinq roses de geules, et ferirent chevaux des esperons et se conssuirent de leurs glaives sour leurs targes. Si appelloit on le chevalier alemant messire Lois de Retombes, et estoit des gens le comte Jehan de Nasço. La jouste dez deux chevaliers fu moult belle, car il se portèrent tout doy jus à terre. Messires Ustasse se releva premierement et couri à son glaive, et puis s'en vint sus le chevalier qui estoit relevés; si l'assailli vassaument, et l'ewist à ce coummenchement concquis par armes, quant chil de se bataille se desroutèrent et vinrent sus messire Ustasse, et l'assaillirent vistement et environnèrent de tous lés. Là ne fu nient adonc messires Ustassez secourus dez siens : de quoy il fu pris et fianchiéz prison des Allemans et mis sus un kar.

Dont aprochièrent li marescal et le bataille, et entrèrent tout à cheval dedens le chemin où li grosse haye estoit de deux costéz. Sitost furent là embatu, archier commencièrent à traire à esploit à deux léz de le haie et à bersser chevaux et à enfiller de ces longhez saiettez barbues. Chil cheval, qui tret estoient et qui les fiers de ces saiettes sentoient, resongnoient et ne volloient avant aller. Et se tournoit li ungs de traviers, li autre de costet, ou il ceoient et trebuchoient desoubz leurs maistres qui ne se pooient relever. Et les gens d'armes englès venoient entre deux et les ocioient ou prendoient à vollenté. F° 105 r° et v°.

P. 32, l. 25 : cilz jones homs. — *Ces mots manquent dans les mss. A* 1 *à* 7, 11 *à* 14, 18, 19, 23 *à* 33. F° 191.

P. 32, l. 25 : Galles. — *Le ms. A* 29 *ajoute :* et son conseil.

P. 32, l. 27 : Pieregorch. — *Le ms. A* 29 *ajoute :* qui tant avoit travaillé pour y mettre l'accord.

P. 32, l. 27 : s'en raloit. — *Le ms. A* 29 *ajoute :* à Poictiers.

P. 32, l. 28 : France. — *Le ms. A* 29 *ajoute :* et ses princes et autres moult petit les doutoyent ne admiroient.

P. 32, l. 29 : amiroit. — *Mss. A* 8, 9 : aimoit.

P. 32, l. 29 et p. 33, l. 1 : si se.... gens. — *Ms. A* 29 : il chevaucha par toutes ses batailles et à viaire riant et joyeux.

P. 33, l. 4 : la victoire. — *Mss. A* 3, 11 *à* 14 : la vertu ne la victoire.

P. 33, l. 6 : honnouré. — *Les mss. A* 1 *à* 7, 11 *à* 33 *ajoutent :* gens. F° 191.

P. 33, l. 8 : des. — *Mss. B* 3, *A* 8, 9, 15 *à* 17 : deux. F° 190. — *Mss. A* 1 *à* 6, 11 *à* 14, 18, 19, 23 *à* 33 : de.

P. 33, l. 8 : des biaux frères. — *Mss. A* 20 *à* 22 : mes deux enfants. F° 266.

P. 33, l. 19 : James. — *Mss. A* 8, 9 : Jacques.

P. 33, l. 22 : vaillans. — *Ms. B* 3 : preux. F° 190.

P. 33, l. 22 : homs. — *Mss. B* 3, *A* 1 *à* 9, 11 *à* 14, 15 *à* 22 : chevalier.

P. 33, l. 22 et 23 : durement. — *Ms. B* 3 : merveilleusement.

P. 33, l. 29 : li mieudres. — *Mss. A* 8, 9 : le mieux.

P. 33, l. 30 : morroit. — *Mss. A* 8, 9 : demourroit.

P. 33, l. 30 : Dont. — *Mss. A* 8, 9 : Adonc.

P. 34, l. 9 : pri. — *Le ms. A* 29 *ajoute :* moult.

P. 34, l. 9 et 10 : en.... servicez. — *Mss. A* 8, 9 : en guerredon des services que je fis onques.

P. 34, l. 16 : acorda. — *Les mss. A* 15 *à* 17 *ajoutent :* moult. F° 185. — *Les mss. A* 20 *à* 22 *ajoutent :* très. F° 266 v°.

P. 34, l. 17 et 18 : li mieudres. — *Mss. A* 8, 9 : le meilleur.

P. 34, l. 22 : garder. — *Les mss. A* 23 *à* 33 *ajoutent :* Cestui messire James estoit saige homme et vaillant chevalier, et par lui avoit esté fait la plus grant partie de l'ordonnance des batailles le jour devant, car moult estoit expert en tel cas. F° 207 v°.

P. 35, l. 1 : leurs. — *Mss. A* 8, 9 : ses.

P. 35, l. 5 : batailles. — *Les mss. A* 8, 9 *ajoutent* : aux François.

P. 35, l. 8 : embraça. — *Mss. A* 1 à 6, 11 à 14, 18, 19 : embrocha. F° 191 v°. — *Ms. A* 7 : embroscha. F° 180. — *Mss. A* 23 à 29 : accola. F° 207 v°.

P. 35, l. 9 : batailles. — *Les mss. A* 8, 9 *ajoutent* : Adonc.

P. 35, l. 10 : Loeis. — *Mss. A* 20 à 22 : Denis. F° 267.

P. 35, l. 10 : Recombes. — *Mss. A* 23 à 29 : Combres. F° 207 v° — *Mss. A* 30 à 33 : Comcombes. F° 211 v°.

P. 35, l. 10 et 11 : portoit. — *Les mss. B* 3, *A* 1 à 6, 8, 9, 11 à 14, 18 à 33 *ajoutent* : ung escu. F° 190 v°.

P. 35, l, 12 : d'ermine.... geulez. — *Ms. B* 3 : semé d'ermines an hamaides de gueules.

P. 35, l. 12 : d'ermine. — *Mss. A* 18, 19 : d'armenie. F° 197 v°.

P. 35, l. 16 : consievirent. — *Mss. A* 8, 9 : consuirent.

P. 35, l. 24 : l'ensonniièrent et. — *Ces mots manquent dans A* 8, 9.

P. 35, l. 25 et 26 : et point.... leurs. — *Mss. A* 20 à 22 : car pas n'avoit ayde de ses gens. F° 267. — *Mss. A* 23 à 33 : et point aidié. F° 208.

P. 35, l. 26 : menés ent. — *Mss. A* 8, 9 : enmenez.

P. 35, l. 32 : li bataille. — *Mss. A* 8, 9 : li estours.

P. 36, l. 4 : dedens le. — *Mss. A* 8, 9 : ou.

P. 36, l. 7 : lés. — *Mss. A* 8, 9 : costez.

P. 36, l. 7 : berser. — *Mss. A* 8, 9 : verser.

P. 36, l. 8 : ens. — *Mss. A* 8, 9 : dedens.

P. 36, l. 10 : ressongnoient. — *Mss. A* 8, 9 : ressoignoient. — *Mss. A* 23 à 33 : redoubtoient. F° 208.

P. 36, l. 12 : cheoient et trebuchoient. — *Mss. A* 20 à 22 : fondoient. F° 267.

P. 36, l. 13 : relever. — *Ms. B* 6 : Et là venoient entre yaulx gens ribaus englès, qui se boutoient entre ces archiés et ocioient ces Franchois de leurs coutiaulx, là où il les veoient gesir à mesquief; et en y ot plus de cent et cinquante qui là furent occis. F° 547.

P. 36, l. 14 et 15 : ne.... prince. — *Ms. A* 29 : Et tellement fut la dicte bataille des marescaux travaillée par le traict, que nullement elle ne peut approcher la bataille du prince.

P. 36, l. 19 : peurent. — *Le ms. A* 29 *ajoute :* aborder, tellement estoyent oppressés à tous lés.

P. 36, l. 27 : grant temps ensamble. — *Ms. A* 29 : moult vaillamment. — *Mss. A* 20 *à* 22 : longuement.

P. 37, l. 2 : abatu. — *Le ms. A* 29 *ajoute :* et leurs chevaux estoient fondus.

P. 37, l. 4 : et.... navrés. — *Ces mots manquent dans A* 8, 9.

§ 585. P. 37, l. 10 : D'autre part. — *Ms. d'Amiens :* Enssi fu li bataille des marescaux desconfite à grant mescief, et là mors des premiers messires Jehans de Cleremont, et pris messires Ernoulx d'Audrehen, et durement navrés et mors messires Ustasses de Ribeumont, mès il y fist merveilles d'armes de son corps. Chil qui derierre estoient et qui le meschief veoient et qui avant passer ne pooient, reculoient et venoient deviers le bataille dou duc de Normendie, qui estoit grande et espesse ; mais tantost fu aclerie, quant il virent et entendirent que li marescal estoient desconfi. Et montèrent à ceval li plus et s'en partirent ; car il descendi une routte d'Englès d'une montaingne, en costiant lez batailles, tout montet à cheval, et grant fuison d'archiers devant yaux, et s'en vinrent ferir sus elle sus le bataille le duc de Normendie. Au voir dire, li archier d'Engleterre portèrent à leurs gens moult grant avantage et trop esbahirent les Franchois, car il traioient si ouniement et si espessement que li Franchois ne savoient auquel lés entendre, qu'il ne fuissent consievi dou tret, et toudis s'avanchoient il et concqueroient terre. F° 105 v°.

P. 37, l. 16 : voelent. — *Mss. A* 8, 9 : vouldrent.

P. 37, l. 17 : les. — *Le ms. A* 29 *ajoute :* grosses.

P. 37, l. 18 *à* 22 : A painnes.... avant. — *Ms. A* 29 : Si avint en peu d'heure un très grant meschef sur la bataille des mareschaux de France, car ils fondoyent et trebuchoyent l'un sur l'autre, tout à cheval. Et ne pouvoient aler avant ne arrière les plusieurs, tant en y avoit de versés à terre, les uns morts, les autres non. Et maints en y avoit de abbattus qui mouroyent à douleur entre les pieds des chevaulx ; et maints en y eut d'estaincts par faute d'ayde.

P. 37, l. 25 : vers. — *Mss. A :* sur.

P. 37, l. 27 : despessie. — *Ms. B* 4 : espessie. F° 177. —

Mss. A 1 à 6, 11 à 14, 18, 19, 23 à 33 : esparsse. F° 192 v°. — *Ms. A* 7 : espesse. F° 181. — *Mss. A* 8, 9 : despessie. F° 201 v°. — *Mss. A* 20 à 22 : despeschée. F° 267 v°. — *Ce mot manque dans A* 15 à 17.

P. 37, l. 27 : par derière. — *Le ms. A* 29 *ajoute :* et tantost s'ouvrit.

P. 38, l. 1 : descendirent. — *Mss. A* 8, 9 : descendi.

P. 38, l. 5 : Normendie. — *Le ms. B* 6 *ajoute :* qui estoit à che commenchement larghe par devant et estroite par derière; mais tantost fu estroite par devant et larghe par derière. F° 548.

P. 38, l. 9 : au quel lés. — *Mss. A* 8, 9 : de quel costé.

P. 38, l. 10 : consievi. — *Mss. A* 1 à 6, 18, 19 : consuis. — *Mss. A* 11 à 14, 23 à 33 : consuivis. F° 176. — *Mss. A* 8, 9, 15 à 17, 20 à 22 : attains. F° 201 v°.

P. 38, l. 10 : et. — *Les mss. A* 1 à 7, 11 à 22 *ajoutent :* petit à petit.

§ 386. P. 38, l. 12 : Quant. — *Ms. d'Amiens :* Quant les gens d'armes d'Engletere virent que ceste premierre bataille estoit desconfite, et que la bataille dou duc de Normendie s'ouvroit et branloit, si leur revint force et couraige. Et montèrent errant, tout à cheval, chil qui cevaux avoient. Et quoyque de premiers il se fuissent mis en troix bataillez, il se remissent tantost en une; et puis cevaucièrent avant, en escriant mout hault et moult cler : « Saint Gorge! Giane! » F° 105 v°.

P. 38, l. 13 : bataille. — *Le ms. A* 29 *ajoute :* des mareschaus.

P. 38, l. 14 : de Normendie. — *Ces mots manquent dans A* 1 à 7.

P. 38, l. 15 : ouvrir. — *Le ms. A* 29 *ajoute :* et à monter à cheval et partir.

P. 38, l. 22 : dist. — *Le ms. A* 29 *ajoute :* tout en riant.

P. 38, l 23 : un.., honnourable. — *Ms. A* 29 : un mot de haulte honneur et de grande vaillance. — *Ces mots manquent dans A* 11 à 14.

P. 38, l. 23 : grant. — *Mss. A* 20 à 22 : très grant. F° 268.

P. 38, l. 27 : besongne. — *Mss. B* 3, *A* 8, 9 : bataille.

P. 38, l. 27 : par vaillance. — *Ms. A* 29 : par la vaillance dont il est.

P. 39, l. 1 : alons. — *Les mss. A* 8, 9 *ajoutent :* alons.

P. 39, l. 6 : li enchaus. — *Mss. A* 8, 9 : l'enchas.

P. 39, l. 7 : bien. — *Les mss. A* 8, 9 *ajoutent :* que.

P. 39, l. 11 : sus — *Ms. A* 29 : un peu à.

P. 39, l. 12 : Duras. — *Le ms. A* 29 *ajoute :* neveu du cardinal de Pierregort.

P. 39, l. 14 : à l'environ. — *Ms. A* 29 : entour lui.

P. 39, l. 15 et 16 : arciers. — *Le ms. B* 3 *ajoute :* et dist.

P. 39, l. 15 : deux. — *Ms. A* 29 : trois.

P. 39, l. 16 : à. — *Les mss. B* 3, *A* 23 *à* 33 *ajoutent :* à.

P. 39, l. 27 : travellent. — *Mss. A* 8, 9 : travaillent.

P. 40, l. 1 : d'Amposte. — *Le ms. B* 6 *ajoute :* Rogier de Pierregos. F° 553.

P. 40, l. 3 : aïr. — *Mss. A* 8, 9 : yre.

P. 40, l. 6 : entendés. — *Mss. B* 3, *A* 7 : attendez. — *Ms. A* 29 : entendons à avoir le roi de France qui est.

P. 40, l. 7 : ne soit. — *Mss. A* 8, 9 : n'est.

§ 387. P. 40, l. 11 : Ensi que. — *Ms. d'Amiens :* Et fissent passer leurs bannierres et trouvèrent de première encontre le bataille des Allemans, qui tantost fu desconfite. Là furent pris li comtes de Sallebruge, li comtes de Nido, li conte Jehans de Nasço et pluisseurs autrez chevaliers et escuiers, et rescous messires Ustasses d'Aubrecicourt par monseigneur Jehan de Gistelle, son compaignon, et remis à cheval, liquelx y fist depuis moult de de belles appertisses d'armez.

Quant la bataille dou ducq de Normendie, si comme je vous ai dit, virent aprochier si fortement les batailles dou prinche qui jà avoient desconfi les marescaux et les Alemans et estoient entré en cache, si furent tout esbahy; et entendirent li plus à yaux sauver et à sauver les enfans dou roy, premierement le duc de Normendie, le comte de Poitiers et le comte de Tourainne, qui estoient ad ce jour tout troy moult jonne : si crurent ceux qui les gouvrenoient. Avoecq ces trois seigneurs se partirent seize cens lanches, et prissent le cemin de Cauvegny.

Quant messires Jehans de Landas et messires Thieubaux de Vodenay, qui estoient mestre et menneur dou duc de Normendie avoecq le seigneur de Saint Venant, eurent chevauchiet environ une grosse lieuwe, il prissent congiet au ducq et priièrent au seigneur de Saint Venant que mies ne le volsist laissier, mès menner à sauveté, et qu'il y acquerroit otant d'onneur en gardant son corps, que ce qu'il retournast; mès li dessus dit volloient retourner et venir devers le roy.

Apriès ces parolles, li doy chevalier dessus noummet retournèrent et encontrèrent le duc d'Orliens et se grosse bataille, toutte sauve et toutte entire, qui estoient parti et venu par derierre le bataile dou roy. Bien est voirs que pluisseurs bons chevaliers et escuiers, quoyque leur seigneur se partesissent, ne se volloient mies partir; mès ewissent plus chier à morir que il leur fust reprochie fuite. F° 105 v°.

P. 40, l. 11 à 16 : Ensi.... voies. — *Ces six lignes manquent dans les mss. A* 23 *à* 33. F° 209.

P. 40, l. 14 : li plus. — *Mss. A* 1 *à* 6, 8, 9, 11 *à* 19 : les plusieurs. F° 193. — *Mss. A* 20 *à* 22 : plusieurs. F° 268 v°.

P. 40, l. 16 : en voies. — *Mss. A* 1 *à* 6, 11 *à* 14 : à eulx sauver. — *Mss. A* 7 *à* 9, 18, 19 : et eulx sauver. F° 202. — *Mss. A* 15 *à* 17, 20 *à* 22 : pour eulx sauver. F° 186 v°.

P. 40, l. 19 et 20 : Là.... bouteis. — *Ms. A* 29 : Là eut perilleus estour et grant froissis de lances et merveilleux boutis.

P. 40, l. 20 : bouteis. — *Ms. B* 3 : bruit. F° 191 v°. — *Mss. A* 20 *à* 22 : abateiz. F° 268 v°.

P. 40, l. 27 : Salebruce. — *Mss. A* 8, 9 : Sarrebruche.

P. 41, l. 3 : ce. — *Mss. A* 8, 9 : ceste.

P. 41, l. 3 : tamaint. — *Mss. A* 8, 9 : mains.

P. 41, l. 4 : merci. — *Le ms. A* 29 *ajoute :* dont ce fu grans pitiés.

P. 41, l. 8 : puigneis. — *Ms. B* 3 : rencontre. F° 191 v°.

P. 41, l. 24 et 25 : en ce tempore. — *Mss. A* 8, 9 : pour ce temps.

P. 41, l. 25 : à petit de avis. — *Mss. A* 1 *à* 6, 8, 9, 11 *à* 22 : de petit advis. F° 193. — *Ms. A* 7 : à petit d'avis. F° 181 v°. — *Ms. B* 3 : et moindres d'advis.

P. 41, l. 27 et 28 : Saintré. — *Mss. A* 1 *à* 6, 11 *à* 14 : Sainté.

P. 41, l. 30 à 32 : Ensi.... entières. — *Ms. A* 29 : Et tantost ceuls qui par raison mieuls combatre se devoient, montèrent à cheval et s'en alèrent avecques le duc, à bien huit cens combatans, tous sains et entiers.

P. 41, l. 31 et 32 : plus de huit cens lances. — *Ms. B* 6 : plus de deux cens chevaliers. F° 549.

P. 42, l. 4 : Vodenay. — *Mss. B* 3, *A* 1 à 6, 11 à 14, 18, 19 : Vaudenay. F° 192.

P. 42, l. 4 : meneur. — *Mss. A* 1 à 6, 8, 9, 11 à 22 : gouverneurs.

P. 42, l. 14 à 17 : Ensi.... dou roy. — *Ms. B* 6 : car ossy il veoient le bataille du duc d'Orliens et le duc d'Orliens meismes qui se partirent et retournèrent les dos. F° 548.

P. 42, l. 14 : chevalier. — *Le ms. A* 29 *ajoute :* pour estre en la bataille du roy.

P. 42, l. 17 : verités. — *Mss. A* 8, 9 : voir.

P. 42, l. 20 : que.... reprocie. — *Ms. B* 3 : qu'il leur fust reproché honte ne fuyte. F° 192. — *Mss. A* 20 à 22 : que fuitte leur eust esté en riens reprochée. F° 269 v°. — *Mss. A* 23 à 29 : qu'il leur fust faicte reprouche de s'en estre fuiz. F° 209 v°.

P. 42, l. 20 : fuite. — *Les mss. A* 15 à 17 *ajoutent :* villaine. F° 187.

§ 588. P. 42, l. 21 : Vous avés. — *Ms. d'Amiens :* Vous avés chy dessus en ceste histoire bien oy parler de le bataille de Crechi, et coumment fortunne fu moult mervilleuse pour les Franchois : ossi à le bataille de Poitiers elle fu moult diverse et très fellenesse pour yaux, et auques pareille si comme à Crechi; car li Franchois estoient bien, de droite bonnes gens d'armes contre les Englès, cinq contre ung. Mès, au voir dire, li bataille de Poitiers fu trop mieux combatue et plus longement que celle de Crechi, et plus de biaux fès d'armes et de bellez bacheleriez y avinrent; car li roys Jehans de Franche, comme loyaux chevaliers, preudoms et hardis, ne daigna fuir. Et quant il vit et entendi le desconfiture de ses marescaux, il n'en fu mies pour ce trop effraés, car bien quida le journée par fet d'armes recouvrer; et coumanda que chacuns se mesist à piet et fist passer arreement et ordonneement ses bannierres, dont messires Joffroys de Chargny portoit le souverainne.

Et ensi, par bon couvenant, le grosse bataille dou roy s'en vint assambler as Englès. Là eut grant hustin, fier et cruel, et donnet maint horion de hachez, d'espées et d'autres bastons de guerre. Si assambla li roys et messires Phelippes, ses mainnés filz, à le bataille des marescaux d'Engleterre, le comte de Warvich et le comte de Sufforch, et des Gascons. Là crioient li Franchois leur cri : « Monjoie ! Saint Denis ! » et li Englès : « Saint Gorge ! Giane ! »

Si revinrent cil doy chevalier tout à tans, qui laissiet avoient le routte le duc de Normendie, messires Jehans de Landas et messires Thieubaux de Vodenay; si se missent tantost à piet en le bataille dou roy, et se combatirent depuis moult vassaument.

D'autre part, se combatoient li dus d'Athennez, connestables de Franche, messires Robers de Duras, messires Guichars d'Angle, messires Renaux de Pons; et faisoit chacuns de son corps merveillez d'armes.

Ossi, à ung autre lés, se combatoient messires Pières, ducq de Bourbon, messires Guichars de Biaugeu, messires Jaquemes de Bourbon, li evesques de Chaalons, li sires de Base[n]tin et li sires de Castiauvillain.

D'un autre costet, ossi se combatoient li comtes de Ventadour et de Montpensé, li Arceprestres, messires Guillaummes de Montagut, messires Guillaummes de Niielle, messires Joffroix de Saint Digier, li sires d'Englure qui porte lez armes de Sallehadin et crie : « Damas! »

En une autre routte, se combatoient messires Guillaummes, comtes de Douglas, d'Escoce, messires Archebaux, ses cousins, et bien deux cens de leur compaignie, qui y fissent mainte belle appertisse d'armes. F° 105 v° et 106.

P. 42, l. 21 et p. 43, l. 25 : Vous.... Englés. — *Ces 36 lignes manquent dans les mss. A 23 à 33. F° 209 v°.*

P. 42, l. 24 : fu. — *Les mss. A 8, 9 ajoutent :* très merveilleuse.

P. 42, l. 25 : felenesse. — *Mss. A 7 à 9 :* felonnesse. F° 182.

P. 42, l. 26 : bien, — *Les mss. A 8, 9 ajoutent :* de.

P. 43, l. 6 : eu. — *Mss. A 8, 9 :* esté.

P. 43, l. 8 : chiés. — *Mss. A 8, 9 :* chiefs.

P. 43, l. 9 : que. — *Mss. A 8, 9 :* comme.

P. 43, l. 15 : pour. — *Mss. A 8, 9 :* de.

P. 43, l. 16 : veist. — *Les mss. A 8, 9 ajoutent :* dire.

P. 43, l. 26 : cruel. — *Mss. A 8, 9 :* crueux.

P. 43, l. 26 : donnet. — *Les mss. A 8, 9 ajoutent :* et receuz.

P. 43, l. 32 : captal. — *Les mss. A 8, 9 ajoutent :* de Buch.

P. 44, l. 1 : Tarse. — *Mss. A 1 à 6, 11 à 14, 20 à 22 :* Taise. — *Mss. A 23 à 29 :* Charse.

P. 44, l. 4 : en. — *Le ms. A 29 ajoute :* grant.

P. 44, l. 8 : leur cri. — *Ces mots manquent dans A 8, 9.*

P. 44, l. 12 : laissiet.... route. — *Ms. A* 29 : convoyet avoient monseigneur. — *Le ms. B* 3 *ajoute* : assés à temps. F° 192 v°.

P. 44, l. 14 : en. — *Ms. A* 29 : ou front de.

P. 44, l. 18 : sus. — *Le ms. A* 29 *ajoute* : se combatoit aussi vaillamment.

P. 44, l. 22 : li sires de Surgières. — *Ms. B* 3 : les seigneurs de Surgières.

P. 44, l. 24 : Linières. — *Mss. A* 11 *à* 14 : Lignières.

P. 44, l. 25 : Rochouwart. — *Ms. A* 7 : Rochouart : F° 182. — *Mss. A* 1 *à* 6 : Rochechouart. F° 194 v°.

P. 44, l. 27 : remoustrée. — *Mss. A* 8, 9 : demonstrée.

P. 44, l. 29 et 30 : combatoient. — *Le ms. A* 29 *ajoute* : moult.

P. 44, l. 31 : Chastielvillain. — *Mss. A* 8, 9 : Chasteauvillain.

P. 45, l. 1 : Ventadour. — *Mss. A* 20 *à* 22 : Montventadour.

P. 45, l. 2 : Jakemes. — *Mss. A* 8, 9 : Jaques.

P. 45, l. 4 : Charles. — *Mss. A* 8, 9 : Jaques.

P. 45, l. 8 : Mercueil. — *Ms. A* 7 : Merkuel. — *Mss. A* 8, 9, 20 *à* 22 : Marueil.

P. 45, l. 9 : Calençon. — *Mss. A* 8, 9 : Chalençon.

P. 45, l. 11 : d'Acier. — *Mss. A* 8, 9 : d'Apchier.

P. 45, l. 11 : d'Acon. — *Mss. A* 8, 9 : d'Achon.

P. 45, l. 12 : Melval. — *Mss. A* 8, 9 : Malval.

P. 45, l. 12 : Moruel. — *Mss. A* 8, 9 : Moreil.

P. 45, l. 14 : Nielle. — *Mss. A* 23 *à* 29 : Marle. — *Mss. A* 20 *à* 22 : Noyelle.

P. 45, l. 15 : Saint Digier. — *Mss. A* 18, 19 : Saint Ligier.

P. 45, l. 15 : Kauni. — *Mss. A* 8, 9 : Canny.

P. 45, l. 17 : Hangès. — *Mss. A* 8, 9 : Hangest.

P. 45, l. 19 : une espasse assés. — *Ms. A* 29 : un grant temps moult.

P. 45, l. 23 : Englès. — *Le ms. A* 29 *ajoute* : car jamais ils ne l'eussent prins à raençon. — *Les mss. A* 15 *à* 17 *ajoutent* : car pour certain il ne fust jamais venu à raençon. F° 188.

P. 45, l. 24 : sus le place. — *Ces mots manquent dans A* 7, f° 182 v°.

§ 389. P. 45, l. 25 : On ne vous. — *Ms. d'Amiens* : En la grosse bataille dou roy estoient pluiseur grant seigneur, comte, baron, chevalier et escuier, dont chacuns faisoit son devoir au plus loyaument qu'il pooit. Et vous di que li Englès ne l'eurent mies d'avantaige, car il trouvèrent en pluisseurs lieux durs encontres et bonnes gens d'armes, quoyque li fortune fust pour yaux. Ossi, au voir dire, il estoient très appertes gens d'armes, sage de guerre et bien combatant. Dallés le prinche de Galles estoient chil doy bon chevalier, messires Jehans Camdos et messires James d'Audelée, qui de mener et enssaignier le prinche fissent ce jour bien leur devoir, car il n'y prissent oncques prisounnier ne entendirent au prendre, fors à menner toudis le prinche avant et conssillier leurs gens et yaux amonnester de bien faire. F° 106.

P. 46, l. 4 : Gascongne. — *Ms. B* 6 : Et vous dy que ly Gascons, qui là estoient grant foison, furent bonnes gens en tout estat. Là furent bon chevalier de leur costé, et grant grace y aquirent, le captaus de Beus, le sire de Muchident, le sire de Caumont, le sire de Labreth, le sire de Rosem, le duc de Pumiers, le sourdic de l'Estrade, le sire de Montfort, le sire Petiton de Courton, messire Perducas de Courton, messire Perducas de [Labreth], messire Aimer de Tarche, le sire de Longoren, le sire de Landuras, messire Seguis de [Batefol]. Et en portèrent chil barons et chevaliers de Gascongne grant confort as Englès et embellirent et coulourèrent leur besongne grandement, car il estoient là ossy fort ou plus que les Englès, excepté des archiés qui portèrent grant damaige as Franchois, ensy qu'il y parut.

Du costé des Englès, fu le mieuldre chevalier, pour la journée, messire Jamez d'Audelée, et puis après messire Jehan Candos, et le tierch messire Renault de Go[b]ehem.

Vray est que l'onneur on le donnoit au prinche de Galles, et che fu raison, car il estoit chief de l'armée, et ung jonnes, et qui fut che jour en tous estas trop grandement confortez et qui toudis chevauchoit avant; ne oncques ne retourna ne recula ne genchy à destre ne à senestre tant que tout furent desconfis.

Là furent bon chevalier, du costé des Englès, messire Biertemieus de Brouhes, messire Richart de Stanfort, le sire de Warc, le sire de Basset, le sire de Willeby, le conte de Warvich, le conte de Sallebrin, le conte de Suforc, le conte d'Askesufforc, le jonne sire Despensier messire Edouart, qui fu là fait chevalier et leva banière, le sire de Maune, messire Estievene de Gonsenthon, messire Thomas de Felleton et messire Guillaume de Felton ses frères, et pluiseurs aultres ; et de Haynau, messire Ustasses d'Aubrechicourt et messire Jehan de Ghistellez.

Et devés savoir que le prinche avoit toute le fleur de chevalerie, tant de Gascongne comme d'Engleterre. Et toudis, tant qu'il vesquy et se fortune dura, il se hourdoit de bonnes gens tant que ses subgés en vallirent mieus et que che fu en son vivant le plus honnouré prinche dou monde. F°* 553 à 555.

P. 46, l. 5 : requerre. — *Mss. A* 8, 9 : requerir.

P. 46, l. 13 : à monsigneur Jame. — *Mss. A* 8, 9 : de messire Jaques.

P. 46, l. 20 : viaire. — *Mss. A* 1 à 6, 8, 9, 11 à 22 : visaige. F° 195.

P. 46, l. 23 : essannés. — *Mss. A* 1 à 6, 11 à 14 : essaigné. — *Mss. A* 8, 9 : essaingnié. F° 171 v°. — *Mss. A* 15 à 17 : essoingnié. F° 188. — *Mss. A* 18 à 22 : essaignié. F° 200 v°. — *Mss. A* 23 à 29 : foible de sang. F° 210. — *Mss. A* 30 à 33 : ensonnié. F° 213.

P. 46, l. 25 : foible. — *Mss. A* 8, 9 : foiblement.

P. 46, l. 27 : au plus. — *Mss. A* 8, 9 : le plus.

P. 46, l. 28 : rekeudre. — *Mss. A* 8, 9 : recoudre.

P. 47, l. 1 : persevera. — *Le ms. A* 29 *ajoute :* toute.

P. 47, l. 3 : disoit. — *Les mss. A* 8, 9 *ajoutent ;* en oultre.

P. 47, l. 5 : nostre. — *Mss. A* 8, 9 : vostre.

P. 47, l. 9 : très bons. — *Ms. A* 29 : moult vaillans.

§ 390. P. 47, l. 10 : Ce lundi. — *Ms. d'Amiens :* Entre les batailles eut pluiseurs caches et pluiseurs belles aventures de fès d'armes. Si se contourna toutte li grosse bataille des Englès et des Gascons, d'archiers et de touttes manierres de gens combatans, sus le bataille dou roy, et lez assaillirent vistement et fierement. Là eut fait maintes appertisses d'armes, mainte prise et mainte rescousse, car chacuns, pour son corps avanchier, tiroit à desconfire le roy, à lui prendre et chiaux qui dallés lui estoient ; car on penssoit bien que c'estoient tout noble homme et vaillant si comme c'estoient.

Ung petit enssus de le bataille dou roy, fu mors li dus d'Athènes, connestablez de Franche ; et sachiés qu'il ne fu mies ochis seux en son conroy, mès pluiseurs bons chevaliers et escuiers de son hostel et de se delivranche. D'autre part, fu ochis li gentilz dus de Bourbon, et tamaint bon chevalier et escuier dallés lui, messires Guichars de Biaugeu et li sires de Castielvillain ; et pris li Arceprestres, et durement navrés ; pris li comtes de Waudemont et li comtes de Vendome.

Au dehors de le bataille dou roy, en une routte, se combatoient chil bon chevalier messires Jehans de Landas, messires Thieubaux de Vodenay, messires Guichars d'Angle, qui merveilles y fist d'armes de se main, messires Grimoutons de Cambli, et qui se tinrent une grant espasse en bon couvenant ; mès il avoient ossi devant yaux bonne gens d'armes, le comte de Sallebrin, monsigneur Renaut de Gobehen, monsigneur Richart de Stanfort, monseigneur Guillaume de Felleton, monseigneur Bietremieu de Bruech et leur routtez ; et ossi des Gascons : le seigneur de Monferrant, monseigneur Jehan et monseigneur Helyes de Pummiers et le captal de Beus. Si furent chil chevalier de Franche durement fort assailli et calengiet as haces et as espées.

Là eut fort bouteis, dure presse, grant enchauch et fort estecheis. Touttesfois, ceste routte des Franchois fu toutte reboutée et ouverte, et les bannières et li pennon des Franchois tous rués par terre, et là mors messires Jehans de Landas, et pris messires Thieubaux de Vodenay et durement navrés ; et chilx bons chevaliers ossi, messires Guichars d'Angle, pris et navrés près c'à mort et tous essannés ; mors messires Moutons de Cambli et messires Robiers de Duras. Et puis s'en revinrent Englès et Gascon sus le bataille dou roy de France. F° 106.

P. 47, l. 11 : assés.... Poitiers. — *Ms. B* 6 : à une grosse lieue de Poitiers. F° 553.

P. 47, l. 13 : très. — *Mss. A* 8, 9 : moult.

P. 47, l. 15 : yaus. — *Ms. A* 29 : lui.

P. 47, l. 16 : li chevalier. — *Mss. A* 8, 9 : les bons chevaliers.

P. 47, l. 19 : Petit. — *Mss. A* 8, 9 : Pou.

P. 47, l. 20 : à piet. — *Les mss. A* 1 à 6, 8, 9, 11 à 22 *ajoutent :* jus de leurs chevaulx. F° 195.

P. 47, l. 22 : occis. — *Le ms. A* 29 *ajoute :* assés près dou roi.

P. 47, l. 24 : assés.... lui. — *Ms. A* 29 : delés lui.

P. 47, l. 25 : et durement. — *Ms. A* 29 : moult durement.

P. 47, l. 26 : Vodenay. — *Les mss. A* 15 à 17 *ajoutent :* et le seigneur de Pompadour.

P. 47, l. 31 : Ventadour. — *Mss. A* 20 à 22 : Montventadour. F° 271 v°.

P. 47, l. 31 : et de Montpensé. — *Ces mots manquent dans A* 8, 9.

P. 48, l. 1 : petit. — *Les mss. B* 3, 4 *et A ajoutent :* plus.

P. 48, l. 1 : ensus. — *Mss. A* 8, 9 : dessus.

P. 48, l. 4 : Melval. — *Mss. A* 8, 9 : Maleval.

P. 48, l. 5 : Seregnach. — *Ms. B* 3 : Sernhac. — *Ms. A* 29 : Segurach. — *Le ms. B* 6 *mentionne :* .... monseigneur Renaus de Pons, ... messire d'Englure, ... messire Robert de Duras. F^{os} 550 et 551.

P. 48, l. 6 : pris. — *Le ms. A* 29 *ajoute :* et de bons escuiers sans nombre.

P. 48, l. 9 : Grimountons. — *Mss. A* 11 *à* 14 : Gruneton. — *Ms A* 23 : Gennenton.

P. 48, l. 9 : Cambli. — *Mss. A* 8, 9 : Chambli.

P. 48, l. 10 : le Huese. — *Mss. A* 8, 9 : la Heuse.

P. 48, l. 11 : desfouchiet. — *Ms. B* 3 : desolez. F° 193. — *Mss. A :* desroutez.

P. 48, l. 11 : combatoient. — *Le ms. A* 29 *ajoute :* moult vaillamment.

P. 48, l. 15 : sa. — *Mss. A* 8, 9 : la. — *Mss. A* 18, 19 : leur.

§ 591. P. 48, l. 25 : Entre. — *Ms. d'Amiens :* On ne vous pouroit ne saroit nullement recorder tous les fès d'armes et les mervilleuses aventures qui là advinrent à pluiseurs chevaliers et escuiers. Et toudis chachoient li Englès les fuians. Dont il avint que messires Oudars de Renti, uns bons chevaliers franchois, s'en tournoit arrierre comme desconfis. Si encontra d'aventure ung chevalier englès qui cachiet avoit che jour ses ennemis bien licuwe et demie. Quant messires Oudars l'eut veu qu'il chevauchoit contre lui, se cognut tantost qu'il estoit englès ; si tourna sour lui et l'escria et dist qu'il estoit franchois, et qu'il se voulloit à lui esprouver. Li chevaliers englès n'eult nul talent dou refuser. Là se combatirent il de leurs espées, et puis de daghes assés et longement, sans ce que nulx venist sus yaux, qui les empechast ne contredesist, et tant que messires Oudars de Renti mena tel le chevalier englès que par armes il le concquist, et l'en mena avoecq lui pour son prisonnier.

Encorres, entre les bataillez et ou fort de le cache, avint une ossi belle aventure à ung escuier de Pikardie, de le marce d'Ammiens; car il s'estoit partis de le bataille comme desconfis, pour son corps sauver , et bien montés sus fleur de courssier. Avint que li sires de Bercler, ungs grans bannerès d'Engleterre, qui à ce jour estoit jonnes chevaliers et amoureux, perchupt le dit escuier franchois, bien armet et bien montet, partir des conrois ; il se mist en cache apriès lui tous seux, sans compaignie de ses gens, et le poursui par proèche et par bachelerie plus d'unne grant lieuwe, toudis l'espée en se main, et li escrioit à le fois qu'il retournaist, car ce n'estoit mies hounneur à ung homme d'armes d'ensi fuir.

Quant li escuiers franchois, qui cachiet se sentoit, vit qu'il estoit eslongiet de le bataille plus d'unne grant lieuwe, il regarda derrierre lui et vit le seigneur de Bercler qui tous seulx le sieuwoit. Se li sambla bien par ses parures grant seigneur et gentil homme durement; si se reconforta en courraige et tourna le courssier sus frain, et prist sen espée qui roide et forte estoit durement, et le mist desoubs son brac à mannierre de glaive. Et s'en vint, en cel estat, sus le seigneur de Bercler, liquelx ne le daigna ne ne volt oncques refuzer, mès prist sen espée qui estoit de Bourdiaux, bonne et legiere et roide assés, et l'apuigna par le hans, en levant le main, pour jetter en passant à l'escuier, si comme il fist. Li escuier, qui vit l'espée en vollant venir sur lui, se destourna et perdi par celle voie le cop qu'il avoit entesé au chevalier, et fist ossi au chevalier perdre le cop de son espée, car elle coulla en tierre.

Quant li sires de Bercler vit qu'il n'avoit point d'espée et li escuier avoit le sienne, si sailli jus de son courssier et s'en vint tout le pas là où sen espée estoit, mès il n'y peult oncques si tost venir que li escuiers ne le hastast, et jetta sen espée au chevalier qui estoit à terre et le conssuivi haut ens ès cuissieux, tellement que li espée, qui estoit roide et bien acerée et lancée de roit brach et de grant vollenté, entra ens ès cuissieus et percha le premier et le quisse ossi, et s'enconsi en l'autre cuisse bien une puignie. Li sires de Bercler, qui durement fu navrés de ce cop, chey à terre et ne se pot relever.

Adonc descendi li escuiers franchois et vint à l'espée dou chevalier, qui encorres estoit en terre, si le prist et apuigna; et vint sus le chevalier, et li demanda moult courtoisement se il se volloit rendre. Li sires de Bercler li respondi oil, et que voirement se rendoit il son prisounnier, car par bel fet d'armes l'avoit il concquis. Là li fist li escuier fianchier prison et li hosta sen espée hors de ses quisses, et li bendela ses plaies au mieux qu'il peult, et le monta sus son courssier et le mena tout le pas jusques à Castieleraut. Là le fist il remuer et appareillier, et fist tant depuis, par littières et par haghennées, qu'il l'en mena en son hostel en Pikardie; et le garda plus d'un an, ainschois qu'il fuist tous sannés. Si demeura il afollés de le navreure, et, au partir, il paya à l'escuier six mil nobles, si comme je l'oy compter depuis par le seigneur de Bercler en Engleterre, en son castiel meysmes, qui siet sour le riviere de Saverne, ou chemin de Galles. Et devint li dessus dis escuiers, pour l'onneur et le prouffit qu'il eut de son prisonnier, chevaliers. F° 106.

P. 48, l. 27 : Oudart. — *Ms. B* 3 : Edouart. F° 193.

P. 49, l. 6 ; se virgonda. — *Mss. A* 8, 9 : se vergoingna. — *Mss. A* 15 *à* 17 : se hontoia. — *Ms. B* 3 : eut vergoigne. F° 193 v°.

P. 49, l. 8 : l'espée en fautre. — *Mss. A* 20 *à* 22 : main à l'espée. F° 271 v°.

P. 49, l. 8 : en fautre. — *Ms. B* 3 : en sa main. — *Mss. A* 1 *à* 6, 11 *à* 14 : ou poing. F° 195 v°.

P. 49, l. 11 : assir. — *Mss. A* 8, 9 : asseoir.

P. 49, l. 13 : consievir. — *Mss. A* 8, 9 : assener. — *Ms. A* 29 : assaillir.

P. 49, l. 14 : sus. — *Ms. B* 3 : par dessoubz.

P. 49, l. 16 : sans. — *Le ms. A* 29 *ajoute :* soi.

P. 49, l. 19 : apoia. — *Mss. A* 8, 9 : appuia. — *Ms. B* 3 : presenta. — *Le ms. A* 29 *ajoute :* la pointe de.

P. 49, l. 20 : dist. — *Les mss. A* 8, 9 *ajoutent :* vraiement.

P. 49, l. 22 : mies. — *Les mss. A* 8, 9 *ajoutent :* adoncques.

P. 49, l. 24 et 25 : et s'en.... grandement. — *Le ms. A* 29 *ajoute :* et remonta sur son cheval, si chevaucha comme prisonniers avecques monseigneur Oudart qui depuis le rançonna à grant somme de deniers.

P. 49, l. 28 : d'Ellènes. — *Mss. B* 3, *A* 20 *à* 22 : d'Alennes. — *Mss. A* 1 *à* 6, 11 *à* 14, 18, 19 : d'Alenes. — *Mss. A* 15 *à* 17 : d'Allenes. F° 189. — *Mss. A* 23 *à* 33 : de Hellennes. F° 210 v°.

P. 49, l. 29 : d'armes. — *Les mss. A* 7 *à* 9 *ajoutent :* et saige et courtoys. F° 183.

P. 49, l. 30 : assés. — *Ms. A* 29 : moult.

P. 50, l. 2 : montés. — *Les mss. A* 8, 9 *ajoutent :* sus.

[1356] VARIANTES DU PREMIER LIVRE, § 392.   279

P. 50, l. 13 et 14 : raconsievir. — *Mss. A* 8, 9 : aconsuir.

P. 50, l. 28 : espée. — *Les mss. A* 8, 9 *ajoutent :* qui estoit.

P. 50, l. 29 : le apoigna par les hans. — *Ms. B* 3 : l'empoigna par le hault. F° 193 v°. — *Mss. A* 1 à 6, 11 à 14, 18, 19, 23 à 33 : l'empoigna par les hans. — *Mss. A* 15 à 17 : l'empoingna par la hante. F° 189. — *Mss. A* 20 à 22 : l'empoingna pour frapper de taille.

P. 51, l. 2 : consievi au. — *Mss. A* 8, 9 : ataingny.... le.

P. 51, l. 7 : estoit. — *Le ms. A* 29 *ajoute :* pour la prendre.

P. 51, l. 10 : l'aconsievi. — *Mss. A* 8, 9 : l'ataingny.

P. 51, l. 13 : et s'encousi.... hans. — *Ms. B* 3 : l'encousit tout parmy les cuisses jusques au hault. F° 194. — *Mss. A* 1 à 6, 11 à 14, 15 à 17 : et s'encousi tout parmi les cuisses jusques aux hanches. — *Mss. A* 18, 19 : et l'encousi tout parmi les cuisses jusques aux hanches. — *Mss. A* 20 à 22 : luy encousy tout dedens les cuisses jusques aux hanches. — *Mss. A* 23 à 33 : et le cousit parmy les cuisses jusques aux hans. F° 211.

P. 52, l. 9 : pas. — *Le ms. A* 29 *ajoute :* à grand destresse.

P. 52, l. 11 : fist. — *Le ms. A* 29 *ajoute :* moult bien mettre à point, et bon mestier en eult.

P. 52, l. 15 : parti. — *Le ms. A* 29 *ajoute :* pour retourner en Galles.

P. 52, l. 17 : revenons. — *Mss. A* 8, 9 : revenrons nous.

§ 392. P. 52, l. 19 : Ensi. — *Ms. d'Amiens :* Ensi aviennent les fortunnes souvent, en armes et en amours, plus euwireuses et plus mervilleuses que on ne les poroit ne oseroit pensser ne souhaidier ; il avient souvent en batailles et en rencontres c'on pert bien, par trop follement cachier. Au voir dire, à celle bataille qui fu assés près de Poitiers, ès camps de Maupertuis, peurent bien advenir pluisseurs belles aventures et grans fès d'armes qui ne vinrent mies tout à congnissance ; mès j'en parole et les declare au plus près que je puis, seloncq ce que j'ay depuis enquis et demandé as bons chevaliers et escuiers qui y furent, d'un lés et de l'autre, et as hiraux ossi qui sont tailliet de telx coses savoir et enquerre. Si comme dessus est dit, che fu une bataille très bien combatue, bien pourssuiwoite et mieux achievée pour les Englès. Et y souffrirent li combatant, d'un lés et de l'autre, moult de painne.

Là y fist li rois Jehans, de sa main, merveilles d'armes, et tenoit une hace dont trop bien se combatoit. Si furent pris assés priès de lui li comtes de Tankarville, li comtes d'Eu, ses cousins germains, messires Jaquemes de Bourbon, comtes de Pontieu, et li comtes de Dammartin; et ochis : li sires d'Englure, li Baudrains de le Huesse, messires Renaux de Pons, li evesques de Chaalons, neveu au cardinaul de Pieregorth. Là se combati vassaument messires Joffroix de Chargny. Et estoit toutte li priesse et li huée sour lui, pour tant qu'il portoit le souverainne bannierre dou roy; et il meysmes avoit sa bannierre devant lui, qui estoit de geulles à trois escuchons d'argent. Tant y sourvinrent autour de lui d'Englès et de Gascons, et si s'efforchièrent que, par forche, il ouvrirent et rompirent le bataille dou roy; et fu si plainne d'Englès et de Gascons qu'il y avoit bien cinq hommez d'armes sour ung gentil homme prisounnier, voirs s'il n'estoit pris en le cache. Et là fu mors et ochis Joffroy de Chargny, et les bannierres de Franche gettées par terre. Et y éut adonc trop grant priesse au roy Jehan, car chacuns li crioit : « Rendés vous, rendés vous. »

Là avoit ung chevalier, de la nation de Saint Omer, que on clammoit monsigneur Denis de Morbecke, et avoit pour son advanchement grant temps servi le roy englès, comment qu'il fuist artisiens; mès, de jonnesse, pour aucunes fourfaitures, il avoit perdu le royaumme de Franche : pour chou s'estoit il très en Engleterre. Si vint si bien à point que il estoit là dallés le roy, où chacun pressoit et tiroit à lui, et li disoit : « Rendés vous, rendés vous. » Li roys, qui se veoit en dur parti et trop efforchiés de ses ennemis, et que sa deffensce ne li valloit riens, demanda : « A qui me renderai je? » Chils messires Denis li respondi en franchois : « A moy, sire, qui sui chevalier et de le nation de vostre royaumme. » — « Et à vous, dubt dire li roys, me reng je. » Lors li bailla son gant de fier; li chevaliers le prist. Là eut grant priesse et grant tirich, car chacun volloit dire : « Je l'ai pris, je l'ai pris. » Et là y avoit ung appert escuier de Gascoingne, que on noummoit Bernart de Trutes, et s'armoit d'or à deux trutes de geulles, qui clammoit grant part. F° 106 v°.

P. 52, l. 20 : ewireuses. — *Mss. A* 8, 9 : eureuses.

P. 52, l. 22 : que. — *Mss. A* 8, 9 : comme.

P. 52, l. 24 : Biauvoir. — *Mss. A* 15 à 17 : Beauvairs. F° 189 v°.

P. 52, l. 25 : Maupetruis. — *Mss. A* 23 à 29 : Marpertuis. F° 211 v°. — *Mss. A* 30 à 33 : Malpertuiz. F° 213 v°.

P. 52, l. 29 : mieus achievée. — *Mss. A* 8, 9 : bien chevauchiée.

P. 52, l. 31 : painne. — *Le ms. A* 29 *ajoute :* de peril et de travail.

P. 53, l. 1 : Jehans. — *Le ms. B* 6 *ajoute :* qui estoit grans et fors et hardis chevalier. F°ˢ 556 et 557.

P. 53, l. 2 : trop bien. — *Les mss. A* 8, 9 *ajoutent :* se deffendoit et.

P. 53, l. 2 : combatoit. — *Le ms. B* 6 *ajoute :* Et à che jour demora avecque luy le plus jone de ses filz, messire Phelippe, qui puis fu duc de Bourgongne : dont on le tint à grant vaillanche.

P. 53, l. 7 : le captal. — *Les mss. A* 15 *à* 17 *ajoutent :* de Beuch. — *Le ms. A* 29 *ajoute :* fut pris par un chevalier d'Irlande.

P. 53, l. 12 : nullui. — *Les mss. A* 8, 9 *ajoutent :* entrer.

P. 53, l. 14 : porte. — *Le ms. A* 29 *ajoute :* de Saint Martin.

P. 53, l. 16 : cuesir. — *Mss. B* 3, *A* 23 *à* 33 : choisir. F° 194. — *Mss. A* 1 *à* 6, 8, 9, 11 *à* 22 : veoir. F° 196 v°.

P. 53, l. 17 : un Englès. — *Mss. A* 11 *à* 14, 18, 19 : les Anglois. F° 179.

P. 53, l. 23 : Puiane. — *Ms. B* 3 : Puyane. F° 194 v°. — *Mss. A* 8, 9 : Puiaen. F° 173 v°. — *Mss. A* 23 *à* 33 : Pinanemont. F° 211 v°.

P. 53, l. 27 : laiiés. — *Mss. A* 8, 9 : laissiés.

P. 53, l. 30 : combatoit. — *Le ms. A* 29 *ajoute :* moult.

P. 54, l. 3 et 4 : la sienne. — *Mss. A* 8, 9 : sa banière.

P. 54, l. 8 : entouelliet. — *Ms. B* 3 : environnez. — *Mss. A* 1 *à* 6, 8, 9, 11 *à* 14, 18, 19 : entortillez. — *Mss. A* 15 *à* 17 : entoilliez. — *Mss. A* 23 *à* 33 : entouilliez.

P. 54, l. 11 : pris. — *Les mss. A* 15 *à* 17 *ajoutent :* le signeur de Pompadour et.

P. 54, l. 13 : la. — *Le ms. A* 29 *ajoute :* grande.

P. 54, l. 18 et 19 : rendés vous. — *Les mss. A* 15 *à* 17 *ajoutent :* pour Dieu, que on ne vous occie. F° 190.

P. 54, l. 31 : fors. — *Ms. A* 29 : puissant de membres.

P. 54, l. 32 : rendés vous. — *Le ms. A* 29 *ajoute :* à moy.

P. 55, l. 10 et 11 : pour.... puis. — *Ms. B* 3 : pour çe que je n'ose demourer. F° 194 v°.

P. 55, l. 11 : France. — *Les mss. A* 1 *à* 6, 11 *à* 14, 18 *à* 22 : *ajoutent :* demourer. — *Les mss. A* 23 *à* 33 *ajoutent :* estre.

P. 55, l. 15 : gant. — *Ms. A* 29 : gantelet.

P. 55, l. 16 : eut. — *Le ms. A* 29 *ajoute :* moult.

P. 55, l. 17 : tirich. — *Mss. B* 3, *A* 8, 9, 23 *à* 29 : tiriz, tiris. — *Mss. A* 1 *à* 6, 11 *à* 19, 30 *à* 33 : tireis. F° 197.

P. 55, l. 18 : pris. — *Le ms. A* 29 *ajoute :* Qui ? moy. Qui ? moy.

§ 393. P. 55, l. 23 : Li princes. — *Ms. d'Amiens :* Là fu li roys de France, depuis qu'il fu pris, en grant peril et priès ochis par envie; mès li roys, qui sages estoit et qui vit leur estrit, leur dist mout courtoisement : « Seigneur, seigneur, appaisiés vous, car j'ay assés pour chacun de vous faire tout riche ; si me menés deviers mon cousin le prinche. » F°* 106 v° et 107.

P. 55, l. 23 : durement. — *Ms. B* 3 : merveilleusement. F° 194 v°.

P. 55, l. 25 : comme uns lyons felz et crueus. — *Ms. B* 3 : comme ung homme felon et cruel.

P. 55, l. 25 : felz. — *Mss. A* 1 *à* 6, 11 *à* 14, 20 *à* 22 : fier. F° 197. — *Mss. A* 15 *à* 17 : fueil. F° 190 v°.

P. 55, l. 25 : crueus. — *Ms. A* 29 : orgueilleus.

P. 55, l. 26 : plaisance. — *Ms. B* 3 : peine et plaisir.

P. 55, l. 26 : encaucier. — *Mss. B* 3, *A* 23 *à* 29 : chasser. — *Mss. A* 1 *à* 22, 30 *à* 33 : enchacier, enchassier.

P. 55, l. 26 : combatre. — *Les mss. A* 1 *à* 6, 11 *à* 14, 18, 19 *ajoutent :* et à envahir.

P. 55, l. 29 : laia. — *Mss. A* 8, 9 : laissa. — *Le ms. A* 29 *ajoute :* ne eslonga. — *Le ms. B* 6 *ajoute :* Et tant fist le dit messire Jehan Candos qu'il eult le grace et le renommée de tous les Englès que par luy estoit faite et fist la besoingne de Poitiers. F° 557.

P. 56, l. 3 : espars. — *Ms. B* 3 : espanduz.

P. 56, l. 6 : ralloiier. — *Mss. A* 8, 9 : rejoindre.

P. 56, l. 10 : ralloiier. — *Mss A* 8, 9 : recueillir.

P. 56, l. 12 et 13 : cil.... cambre. — *Ms. A* 29 : pour donner vins et espices au prince et aux autres.

P. 56, l. 17 : s'ensonnioient. — *Mss. A* 8, 9 : s'embesoingnoient. F° 174. — *Mss. A* 23 *à* 29 : s'occupoient. F° 212 v°. — *Mss. A* 18, 19 : s'embesoient.

P. 56, l. 29 : montèrent. — *Le ms. A* 29 *ajoute :* hault.

P. 57, l. 1 : venoient. — *Ms. A* 29 *ajoute :* tout le pas.

P. 57, l. 2 : France. — *Le ms. A* 29 *ajoute :* entour ses ennemis.

P. 57, l. 3 : Englès et Gascon. — *Ms. A* 29 : un nombre d'Englès et de Gascons.

P. 57, l. 8 : eskiewer. — *Mss. A* 8, 9 : eschever.

P. 57, l. 10 : et mon fil avoecques mi. — *Mss. A* 8, 9 : et mon filz aussi.

P. 57, l. 11 : grans. — *Le ms. A* 29 *ajoute :* signeur.

P. 57, l. 14 : soela. — *Mss. A* 1 à 22, 30 à 33 : saoula. F° 197 v°. — *Mss. A* 23 à 29 : apaisa. F° 212 v°. — *Ms. B* 3 : apaisarent. F° 195.

P. 57, l. 15 : rihote. — *Mss. A* 8, 9 : riote.

P. 57, l. 20 : qu'es çou. — *Mss. A* 8, 9 : qu'est ce là.

P. 57, l. 27 : sus. — *Ms. B* 3 : à peine de.

P. 57, l. 27 et 28 : que.... l'approçast. — *Ms. A* 29 : que tout homme ostast sa main de dessus lui et ne l'atouchast ni aprochast.

P. 57, l. 30 : ensus. — *Mss. A* 8, 9 : arrière.

P. 58, l. 2 : dangier. — *Le ms. A* 29 *ajoute :* Puis le conduisirent tout en paix devers le prince de Galles qui attendoit à oïr brief certaines nouvelles de luy.

§ 394. P. 58, l. 6 : Si tretost. — *Ms. d'Amiens :* Lors en fu menés li roys et messires Phelippes, ses mainnés filz, devers le prinche qni n'estoit mies loing de là. Quant li prinches vit le roy de France, si descendi tantost à terre de son cheval et l'onnoura moult, et ne le volt oncques depuis laissier pour les perilz et lez aventurez; car li roys li recorda en quel peril il avoit estet, depuis qu'il s'estoit rendus. Encorres duroit li cache des Englès et des Gascons : si furent ochis en ces caches messires Guillaummes de Niielle, bons chevaliers durement, et messires Guillaummes de Montagu, d'Auviergne, et pluisseur aultre, et tamaint bon chevalier et escuier, pris, qui ne daignièrent fuir. F° 107.

P. 58, l. 10 : riens. — *Mss. A* 23 à 29 : nulles nouvelles. F° 213.

P. 58, l. 14 : sui je. — *Les mss. A* 8, 9 *ajoutent :* moult.

P. 58, l. 17 à 21 : jusques.... veoir. — *Mss. A* 8, 9 : cy; et y envoia deux chevaliers, pour faire ce message.

P. 58, l. 27 : rechut. — *Le ms. A* 29 *ajoute :* moult.

P. 58, l. 31 et p. 59, l. 1 : par certainne sieute. — *Ms. B* 3 : par verité. F° 195 v°.

P. 59, l. 1 : sieute. — *Mss. A* 1 à 6, 8 à 33 : science. F° 198.

P. 59, l. 1 : preu. — *Le ms. A* 29 *ajoute :* de nostre partie.

P. 59, l. 8 : tout li nostre. — *Mss. A* 8, 9 : tous les autres.

P. 59, l. 11 : sivir. — *Mss. A* 15 à 19 : suir. F° 191.

P. 59, l. 15 : laist. — *Mss. A* 8, 9 : doint.

P. 59, l. 19 : grammment. — *Mss. A* 8, 9 : guerres.

P. 59, l. 25 et 26 : et conjoy bellement. — *Mss. A* 8, 9 : comme roy, bien.

P. 59, l. 26 : sceut. — *Mss. A* 8, 9 : savoit.

P. 59, l. 27 et 28 : il meismement. — *Mss. B* 3, *A* 23 à 29 : lui mesmes. F° 195 v°. — *Mss. A* 1 à 6, 30 à 33 : il mesmes. F° 198. — *Mss. A* 8 à 19 : il meismes. F° 174 v°. — *Mss. A* 20 à 22 : lui meismes. F° 275 v°.

§ 395. P. 59, l. 29 : Ensi. — *Ms. d'Amiens :* Ceste grant bataille fu desconfite, enssi comme vous avés oy, qui fu ès camps de Maupetruis, à deux lieuwes de Poitiers, l'an de grasce Nostre Seigneur mil trois cens et cinquante six, le vingtième jour dou mois de septembre, par un lundi ; et coummencha à heure de primme, et fu toutte passée à basse nonne. Environ heure de vespres, Englès et Gascon furent tout repairiet ou dit lieu de leur cache. Et ot chacuns amenet ses prisons, li un deux, li autre trois, li autre quatre. Si se retraist chacuns à se loge, tout joindant où li bataille avoit estet. Si se desarmèrent et fisent desarmer leurs prisounniers, et les honnourèrent tant qu'il peurent, chacuns les siens ; car chils qui prendoit prison en bataille de leur partie, li prissons estoit siens, et le pooit quitter ou ranchounner à se vollenté. Si puet chacuns savoir et pensser que tout chil qui furent en ceste fortuneuse bataille avoec le prinche de Galles, furent riche d'ounneur et d'avoir, tant parmy les ranchons des prisons comme parmy le goaing d'or et d'argent qui là fu trouvés, qu'en vaissellemence, qu'en riche jouiaux, qu'en deniers, mounnoies, que en chevaux, en tentes, en harnas d'armes et en pluisseurs autres coses qui trop long seroient à deviser. F° 107.

P. 60, l. 1 : Maupetruis. — *Mss. A* 7 à 9 : Maupertuis. F° 185 v°.

P. 60, l. 2 : le vint unième. — *Mss. A :* le vingt deuxième. *A* 2, f° 198. — *Ms. B* 6 : le vingtième. F° 559.

P. 60, l. 2 : le. — *Les mss. A* 15 *à* 17 *ajoutent :* bonne. F° 191 v°.

P. 60, l. 3 et 4 : mil trois cens cinquante six. — *Mss. A* 23 *à* 33 : mil trois cens cinquante sept. F° 213 v°.

P. 60, l. 4 et 5 : environ heure de prime. — *Mss. B* 3, *A* 1 *à* 22, 30 *à* 33 : environ petite prime. F° 195 v°. — *Mss. A* 23 *à* 29 : à petite prime ou environ. F° 213 v°.

P. 60, l. 7 : cace. — *Le ms. B* 6 *ajoute :* qui dura jusques ens ès portes de Poitiers et jusques au Chastieleraut. F° 560.

P. 60, l. 10 : tout bas vespres. — *Mss. A* 8, 9 : toutes basses vespres.

P. 60, l. 16 à 27 : Avoecques.... fisent. — *Ms. B* 6 : Finablement, la journée demoura au prinche de Galles. Et fu le roy pris et son filz et quatorze contes de Franche avecque luy, telz que messire Jaques de Bourbon, conte de Pontieu, le conte d'Estampes, le conte de Vendome et de Genville, le conte de Montventadour, le conte de Sallebruce, le conte de Nide, le conte Jehan de Nasço, le conte de Sansoire, le conte de Danmartin, le conte d'Eu, le conte de Longheville et tant que il en y eult quatorze et plus, de barons et chevaliers sans nombre. Il n'i avoit Englès que il n'eust trois ou quatre prisonniers.

Là furent mors toute la fleur de chevallerie de Franche pour che jour, le duc Pière de Bourbon, le duc d'Athènes, messire Robert de Duras, messire Guichart de Bieaugeu, le sire de Castielvillain, le sire de Pons, messire Joffroy de Cargni, le sire d'Englure, messire Guillaume de Nelle, messire Guillaume de Montagu, messire Jehan de Clermont, messire Jehan de Landas, messire Ustasse de Ribeumont et jusques à trente trois banières; et eut sept à huit cens, que chevaliers, que escuiers, tout homme de pris. F° 557 et 558.

P. 60, l. 19 et 20 : et y eut.... qu'autres. — *Ms. B* 3 : et y furent tuhez onze mil et sept cens hommes, qu'uns qu'autres. F° 195 v°. — *Mss. A* 1 *à* 6, 11 *à* 14 : entre six cens et sept cens et six mil hommes, que uns que autres. F° 198 v°. — *Mss. A* 8, 9 : entre cinq cens et sept cens hommes d'armes et six mil hommes, que uns que autres. F° 175. — *Mss. A* 15 *à* 17 : entre cinq cens et sept cens chevaliers et cinq ou six mil hommes, que uns que autres. F° 191 v°. — *Mss. A* 18, 19 : entre six mil et six cens et sept cens hommes, que uns que autres. F° 204 v°. — *Mss. A* 20 *à* 22 : entre huit mil et sept cens hommes, que uns que autres. F° 276. — *Mss. A* 23 à 29 : entre cinq mil et sept cens et six mil hommes, ungz et aultres. F° 213 v°. — *Mss. A* 30 à 33 : entre cinq mil et six mil hommes, ungz et aultres. F° 215 v°.

P. 60, l. 21 : tout ou en partie repairiet. — *Mss. A* 8, 9 : tous en partie retournez.

P. 60, l. 24 : qu'il ne fuissent. — *Mss. A* 8, 9 : qu'ilz n'estoient.

P. 60, l. 30 : recreus. — *Mss. A* 8, 9 : receus.

P. 60, l. 32 : leurs. — *Mss. A* 8, 9 : les.

P. 61, l. 2 : joindant. — *Mss. A* 8, 9 : joignant.

P. 61, l. 6 à 8 : car.... volenté. — *Ms. B* 3 : car ceulx qui povoient prendre prisonniers en bataille estoient siens, et les povoient quitter ou rençonner à leur volenté. — *Mss. A* 1 à 6, 11 à 22 : car ceulx qui prennoient prisonniers en la bataille estoient leurs, et les povoient quitter et raençonner à leur voulenté.

P. 61, l. 9 : poet. — *Mss. A* 8, 9 : povoit,

P. 61, l. 10 : fortuneuse. — *Mss. B* 3, *A* 8, 9, 15 à 17 : fortunée.

P. 61, l. 12 : prisons. — *Mss. A* 8, 9 : prisonniers.

P. 61, l. 15 : pesans. — *Le ms. A* 29 *ajoute* : d'or et d'argent et de bons manteaux d'escarlatte et d'autres fins draps, ceintures riches et pesantes, verges d'or et chapeaux de perles.

P. 61, l. 16 et 17 : bachinès. — *Mss. A* 23 à 29 : heaumes. F° 214.

P. 81, l. 18 : estoffeement. — *Ms. B* 3 : sumptueusement. F° 196.

P. 61, l. 20 : yaus. — *Les mss. A* 15 à 17 *ajoutent* : mais il en fut tout autrement. F° 191 v°.

§ 396. P. 61, l. 24 : Quant. — *Ms. d'Amiens* : Si vinrent très bien à point as Englès et Gascons les pourveanches que li Franchois avoient là amennées, car les leurs lor estoient fallies. Et n'avoient li Gascon et li Englès goustet de pain, troix jours avoit passet. Pour tant avoient il offert les offrez dessus dittez, car il doubtoient plus que li roys Jehans ne les affammaist, qu'il ne doubtaissent le bataille, car il n'est si dure espée que de fain. F° 107.

P. 61, l. 24 : James. — *Mss. B* 3, *A* 20 à 22 : Jaques. F° 196.

P. 61, l. 25 : le. — *Mss. A* 8, 9 : sa.

P. 61, l. 29 : Estievene. — *Mss. A* 8, 9 : Estienne.

P. 62, l. 2 : linage. — *Ms. B* 3 : lignée.

P. 62, l. 5 : moult. — *Mss. A* 8, 9 : durement.

P. 62, l. 15 : hardement. — *Ms. B* 3 : hardiesse. — *Mss. A* 23 à 29 : hardiesse et vaillance. F° 214.

P. 62, l. 18 : me. — *Mss. A* 8, 9 : mon.

P. 62, l. 20 : messires. — *Mss. A* 8, 9 : monseigneur.

P. 62, l. 21 : le mes a. — *Mss. A* 8, 9 : les m'a.

P. 62, l. 22 : aherite. — *Mss. A* 8, 9 : herite.

P. 62, l. 25 et 26 : il vient.... vaillance. — *Ms. B* 3 : il vient de noble courage et de grant vaillance à messire Jaques de faire ce don. — *Mss. A* 1 à 6, 20 à 22 : il vient à messire James de vaillance de faire tel don. F° 199. — *Mss. A* 8, 9, 11 à 17, 30 à 33 : il vient à monseigneur James de grant vaillance de faire tel don. F° 175 v°. — *Mss. A* 23 à 29 : il vient à messire James à ce don faire de grant vaillance. F° 214 v°.

P. 63, l. 4 : plus de trois jours. — *Mss. A* 8, 9 : trois jours.

P. 63, l. 5 : passet. — *Le ms. A* 29 *ajoute :* Et qui là les eust assiegé sans combattre et clos les passages, en eust brief eu grand marché, pour tant qu'ils n'avoyent nulles pourveances et à tous lés estoyent environnés de leurs ennemis.

§ 397. P. 63, l. 6 : Quant. — *Ms. d'Amiens :* Quant ce vint au soir, li prinches dounna à souper en sa loge le roy de Franche et tous les seigneurs et chevaliers bannerès et prisons, et les festia et honnoura humblement dou mieux qu'il pot, de leurs pourveances meysmes, car il n'avoient autres. Et assey li prinches le roy Jehan, monseigneur Jakemon de Bourbon, monseigneur Jehan d'Artois, le comte de Nasço, le comte de Ventadour, le comte d'Estampes, le comte de Waudimont et de Genville, le seigneur de Partenai et trois autres vaillans chevaliers à une table moult haulte et bien couverte, et tous les autres seigneurs, barons et chevaliers, as autres tables.

Et servoit toudis li prinches au devant de la table dou roy et par tout les autres tables ossi, si humblement qu'il pooit. Ne oncquez ne se vot seoir à la table dou roy, pour priière que li roys l'en fesist; ains disoit toudis qu'il n'estoit mies encorres si souffissans qu'il appertenist à lui de seoir à le table de si grant prinche et de si vaillant homme que li corps de lui estoit et que moustret avoit à le journée, mais toudis se agenouilloit par devant le roy et disoit : « Chiers sires, ne voeilliés faire simple chierre, se Dieux m'a volut conssentir vostre volloir au jour d'hui ; car certainnement messires li roys mes pères vous fera toutte l'ounneur et amisté qu'il porra, et s'acordera à vous si raisounnablement que vous demourrés bon amit enssamble à tousjours. Et si m'est avis que vous avés grant cose et bien raison de vous esleechier, coumment que la besoingne ne soit tournée à vostre gret, car vous avés concquis au jour d'ui le haut non de proèce, et avés passet tous les mieux faisans de vostre costet. Je ne di mies che, sachiés, chiers sires, pour vous lober, car tout chil de nostre partie qui ont veu les ungs et les autres, se sont par plainne science à chou acordé, et vous en donnent le pris et le cappelet, se vous le voullés porter. »

A che point chacuns coumença à murmurer, et disoient entre yaux Franchois et Englès, que noblement et à point li prinches avoit parlet; si le prisoient durement en disant que en lui aroit encorres gentil seigneur, s'il pooit longement vivre et en telz fortunne perseverer. F° 107.

P. 63, l. 7 : en sa loge. — *Ces mots manquent dans A* 8, 9.

P. 63, l. 13 et 14 : le conte de Genville. — *Mss. A* 8, 9 : le seigneur de Joinville.

P. 63, l. 14 : Genville. — *Ms. A* 8 : Jenville. — *Mss. A* 20 *à* 22 : Neuville. F° 277.

P. 63, l. 15 : haute. — *Ms. B* 3 : belle.

P. 63, l. 17 : toutdis. — *Mss. A* 8, 9 : tousjours.

P. 63, l. 18 : ossi, si. — *Mss. B* 3, *A* 30 *à* 33 : aussi. — *Mss. A* 1 *à* 6, 8, 9, 11 *à* 22 : si. F° 199.

P. 63, l. 18 et 19 : ossi.... pooit. — *Mss. A* 23 *à* 29 : moult humblement, tant comme il lui estoit ou monde possible. F° 214 v°.

P. 63, l. 20 : en fesist. — *Mss. A* 8, 9 : sceust faire.

P. 63, l. 21 et 22 : mies.... à lui. — *Ms. B*. 3 : pas digne et ne lui appartenoit.

P. 63, l. 23 : grant. — *Mss. A* 8, 9 : hault.

P. 63, l. 23 : prince. — *Ms. B* 3 : seigneur.

P. 63, l. 23 : homme. — *Ms. B* 3 : prince qu'estoit le roy de France.

P. 63, l. 26 : simple. — *Mss. A* 11 *à* 14 : triste. F° 181.

P. 63, l. 27 : consentir. — *Ms. B* 3 : acomplir.

P. 63, l. 31 et p. 64, l. 1 : vous.... esleecier. — *Ms. B 3* : vous n'avez occasion de vous esbayr.

P. 64, l. 1 : esleecier. — *Mss. A 1 à 6, 11 à 14, 18 à 22* : resjoir. F° 199. — *Mss. A 23 à 29* : esjouir. F° 214 v°.

P. 64, l. 3 : nom. — *Mss. A 11 à 14* : honneur. F. 181.

P. 64, l. 5 : lober. — *Mss. B 3, A 20 à 22* : louer. — *Mss. A 23 à 29* : loer. F° 215. — *Les mss. A 20 à 22 ajoutent :* ce povez vous savoir. — *Les mss. A 15 à 17 ajoutent :* aucunement. F° 192 v°.

P. 64, l. 7 : sieute. — *Mss. B 3, A 1 à 6, 8, 9, 11 à 33* : science.

P. 64, l. 14 : vivre. — *Le ms. A 29 ajoute :* en santé.

P. 64, l. 14 : perseverer. — *Le ms. A 29 ajoute :* car il avoit esté toujours moult heureux ou entreprenant.

§ 398. P. 64, l. 15 : Quant. — *Ms. d'Amiens :* Quant il eurent souppet et assés festiiet, selonc le point là où il estoient, chacuns s'en alla à se loge avoecq ses prisons pour reposer. Celle nuit y eut grant fuison de prisons, chevaliers et escuiers, qui se ranchounnèrent enviers chiaux qui pris les avoient, car il les laissoient plus courtoisement ranchounner c'oncques gens feissent, ne ne les constraindoient autrement que leur demandoient, sour leur foy, de combien il poroient paiier, sans yaux grever, et les creoient legierement de çou qu'il en disoient; et leur dounnoient jour de rapporter la somme des florins qu'il avoient ditte et noummée, à le feste dou Noel après enssuiwant, en le chité de Bourdiaux, sour leur foy creantée, ou de revenir dedens le dit jour tenir prison. Et disoient communement qu'il ne volloient mies chevalier ne escuier rançonner si entirement, qu'il ne se pewist bien chevir et gouvrenner del sien et servir ses seigneurs seloncq son estat, et aller aval le pays avancier son corps et sen hounneur.

Telle n'a mies estet li coustumme ne li courtoisie dez Alemans jusquez à ores ; je ne say coumment il en feront d'orez en avant, car il n'ont pité ne merchy de crestiiens gens d'armes, tant soient noble ne gentil homme, quant il lez tiennent, mès lez mettent en chés, en gresillons, en polies et en destroites prisons, comme larrons et mourdreours, et tout pour mieux ranchonner.

Quant che vint au matin que chil seigneur eurent messe oïe et il eurent beu un cop, il se partirent de là et aroutèrent leur carroy en leur aroi et en menèrent moult courtoisement le roi de

Franche et les autres seigneurs ossi. Et les chevaliers et escuiers laissoient il aller d'encoste yaux, bellement sour leur foy, et en allèrent en celle mannierre de journée en journée, sans ardoir et sans gaster le pays, tant qu'il vinrent en le bonne chité de Bourdiaux, là où il furent rechupt et festiiet à grant joie. Et missent le roy Jehan en une abbeie pour lui aisier et reposer à se vollenté; mès bien le faisoient garder, ce n'estoit mies merveilles, et son jone fil avoec lui, que on clammoit monseigneur Phelippe. Et tout le plus des autres seigneurs, comtes, barons et chevaliers, rachata li prinches à chiaux qui les avoient, pour grandes sommes de florins, seloncq che que chacuns estoit. Si recrut les pluisseurs, sour leurs fois, à retourner à Bourdiaux dedens le Noel ou le Candeler enssuiwant. Si tenoit li roys de Franche son estat à Bourdiaux, tout enssi comme il faisoit à Paris, tant que de se chapelle et de ses menestrelx avoir dallés lui, et toutte se famille qu'il remanda. Et le compaignoit souvent li princhez et faisoit compaignier des plus grans de son hostel et son consseil. Nous lairons ung petit à parler dou roy de Franche : si parlerons des aventures qui avinrent en son royaume. F° 107.

P. 64, l. 16 : estoient. — *Le ms. A 29 ajoute :* car là avoit maint coer dolent.

P. 64, l. 17 : son logeis. — *Mss. A* 8, 9 : sa loge.

P. 64, l. 18 : de. — *Le ms. A 29 ajoute :* bons.

P. 64, l. 22 : aultrement. *Les mss. A* 8, 9 *ajoutent :* fors.

P. 64, l. 23 : fois. — *Le ms. A 29 ajoute :* et serment.

P. 64, l. 27 : chevir. — *Mss. A* 20 à 22 : servir. F° 277 v°.

P. 64, l. 29 : avancier. — *Mss. A* 1 *à* 6, 11 *à* 14, 18 *à* 22 : adventurer. F° 199 v°.

P. 64, l. 31 et p. 65, l. 6 : La.... raençon. — *Ms. B* 3 : La coustume des Allemans ne la courtoisie n'estoit pas telle, car ilz n'avoient pitié ne mercy de nul gentil homme, s'il escheoit entre leurs mains prisonnier, mais le rençonnoient de toute sa puissance et finance; et le mettoient en fer, en gresillons et ceps, pour en avoir plus grande rençon. F° 196 v°. — *Ms. B* 6 : car Englès et Gascons sont de telle condicion que il rainchonnent courtoisement ung chevalier ou ung escuier, et ne volloient mie que chevanche ne leur demorast par coy il se puist armer et ayt pour servir son mestre et son seigneur ; mais Allemans ne sont mie ensy, car il leur font paier de forche et par constrainte tout che qu'il en puewent avoir et plus encore. F° 559.

P. 65, l. 5 et 6 : pour.... raençon. — *Ms. A* 29 : pour le rançonner oultre son pouvoir.

P. 65, l. 24 : ville. — *Le ms. A* 29 *ajoute :* à garnir de trait et de pierres.

P. 65, l. 27 : Englès. — *Le ms. A* 29 *ajoute :* à tout leur charroy.

P. 65, l. 27 : approcier. — *Le ms. A* 29 *ajoute :* la cité, à demie lieue près.

P. 66, l. 2 : grans. — *Le ms. A* 29 *ajoute :* et bel.

P. 66, l. 3 : mener. — *Mss. A* 8, 9 : mettre.

P. 66, l. 6 : sommiers. — *Ms. B* 3 : faiz.

P. 66, l. 8 : plus de quatre ou de cinq lieues. — *Ms. B* 3 : que trois ou quatre lieues. F° 197. — *Mss. A* 20 *à* 22 : plus de quatre heures.

P. 66, l. 8 : cinq. — *Mss. A* 8, 9 : six.

P. 66, l. 12 : fier. — *Le ms. A* 29 *ajoute :* et mille archiers.

P. 66, l. 13 : ouvrir les pas et aviser. — *Mss. A* 1 *à* 6, 8 *à* 22 : courir. F° 200. — *Mss. A* 23 *à* 29 : descouvrir. F° 215 v°. — *Mss. A* 30 *à* 33 : ouvrir. F° 216 v°.

P. 66, l. 13 : Mès. — *Le ms. A* 29 *ajoute :* de Poictiers jusques à Bordeaux.

P. 66, l. 14 : point d'arrest. — *Mss. A* 1 *à* 6, 8 *à* 22 : nul arrest de nul costé. F° 200.

P. 66, l. 24 : fu. — *Le ms. A* 29 *ajoute :* moult.

P. 66, l. 28 : par devant lui. — *Mss. A* 1 *à* 6, 18, 19 : comme par devant.

P. 67, l. 2 : rendesistes. — *Mss. A* 1 *à* 6, 8 *à* 22 : resignastes.

P. 67, l. 11 : en leur vivant. — *Mss. A* 1 *à* 6, 8 *à* 22 : en leur jeunesse. — *Mss. A* 30 *à* 33 : en mon vivant. F° 216 v°.

P. 67, l. 24 : ne onques.... esbahirai. — *Ms. B* 3 : ne oncques decevance je n'ayme ne aymeray. F° 197.

P. 67, l. 24 : esbahirai. — *Le ms. A* 29 *ajoute :* tant comme j'aie santé ; car, Dieux merci, on en forge assez à Paris, dont j'aurai ma part, si je vis longuement.

P. 67, l. 26 : pri. — *Le ms. A* 29 *ajoute :* moult humblement.

P. 67, l. 27 : enterinnement. — *Mss. A* 8, 9 : entierement.

P. 68, l. 8 : bellement. — *Mss. A* 8, 9 : humblement.

§ 399. P. 68, l. 14 : sans peril. — *Ces mots manquent dans A* 8, 9.

P. 68, l. 15 : Blaives. — *Mss. B* 3, *A* 8, 9 : Blaye. F° 197 v°.

P. 68, l. 17 : ne saroit mies. — *Ces mots manquent dans A* 8, 9.

P. 68, l. 19 : com. — *Le ms. A* 29 *ajoute :* moult.

P. 68, l. 20 : il fu receus. — *Mss. A* 8, 9 : ilz le receurent.

P. 68, l. 21 : princes. *Le ms. A* 29 *ajoute :* mettant tousjours le roy de France au dessus de lui.

P. 68, l. 22 : l'abbeye — *Ms. B* 3 : l'eglise metropolitaine. — *Le ms. B* 6 *ajoute :* Sy vous dy que li Englès le gardoient bien et soigneusement, et la cité de Bourdiaus ossy. Sy demoura le roy de Franche, tout chel ivier, à Bourdiaus, jusques au caremme qu'il fu menés en Engleterre. F° 561.

P. 69, l. 1 : disoit. — *Les mss. A* 8, 9, 15 *à* 22 *ajoutent :* et alleguoit. F° 177. — *Le ms. A* 29 *ajoute :* comme du gantelet que le roi lui bailla, en soy rendant à lui.

P. 69, l. 1 et 2 : calengoit. — *Mss. A* 8, 9, 15 *à* 22 : demandoit.

P. 69, l. 3 : Truttes. — *Mss. A* 1 *à* 6, 11 *à* 14, 18, 19 : Touttes. F° 200 v°. — *Mss. A* 20 *à* 22 : Truites. F° 279. — *Mss. A* 23 *à* 33 : Trouttes. F° 216.

P. 69, l. 6 : contrarioient. — *Le ms. A* 29 *ajoute :* si aigrement, et qu'on n'en sçavoit comment ordonner.

P. 69, l. 12 : quoiement. — *Mss. A* 8, 9 : incontinent.

P. 69, l. 13 : aidier à. — *Ms. B* 3 : entretenir. — *Les mss. A* 23 *à* 28 *ajoutent :* tenir. — *Le ms. A* 29 *ajoute :* maintenir un peu plus plantureusement qu'il n'avoit par devant faict. — *Les mss. A* 15 *à* 17 *ajoutent :* soustenir, et ne volsist mie pour lors qu'il n'eust esté banni du royaume de France, mais depuis fist il sa paix.

P. 69, l. 17 : furent. — *Mss. A* 8, 9 : fust.

P. 69, l. 22 : moiiens. — *Le ms. B* 3 *ajoute :* exquis. — *Les mss. A* 23 *à* 29 *ajoutent :* bons. F° 216 v°.

P. 69, l. 27 : bellement. — *Mss. A* 8, 9 : bien.

P. 69, l. 30 : couvignables. — *Mss. A* 8, 9 : convenables.

P. 69, l. 31 : d'Amposte. — *Le ms. A* 29 *ajoute :* son neveu.

P. 70, l. 2 : pareçons. — *Ms. B* 3 : matières. F° 197 v°.

P. 70, l. 12 : ossi. — *Mss. A* 8, 9 : adoncques.

P. 70, l. 14 : l'avenue. — *Mss. A* 8, 9 : l'aventure.

P. 70, l. 29 : emprisonnet. — *Le ms. A* 17 *ajoute :* je ne sais mie bien la cause, mais on disoit qu'il tendoit fort à la couronne de France.

P. 70, l. 30 : tiret. — *Ms. B* 3 : traicté. F° 198.

P. 71, l. 4 et 5 : passer. — *Le ms. A* 29 *ajoute :* sans soy mettre en trop grande aventure.

P. 71, l. 6 : besongne. — *Les mss. A* 8, 9 *ajoutent :* de Poitiers.

P. 71, l. 7 : porta. — *Le ms. A* 29 *ajoute :* et comme le prince emmenoit le roy de France prinsonnier à Bourdeaux.

P. 71, l. 7 : trop. — *Mss. A* 8, 9 : moult.

P. 71, l. 10 : Engleterre. — *Le ms. A* 29 *ajoute :* pour accroistre leur armée en Normandie.

P. 71, l. 12 : Visconte. — *Le ms. A* 29 *ajoute :* contre les François.

§ 400. P. 71, l. 13 : Se li. — *Ms. d'Amiens :* Se li royaummes de Franche fu tourblés et courouchiés de le prise dou roy leur seigneur, ce ne fu mies grant merveillez; car ce fu une très grande desolation et anoiable pour touttes mannierres de gens. Et sortirent bien adonc li saige homme dou royaumme que grans meschiés en nesteroit; car li roys, leurs chiés, et toutte li fleur de le bonne chevalerie de France estoient morte ou prise, et li troy enfant dou roy, qui retournet estoient, Carles, Loeys et Jehans, estoient jone d'eage et de cousseil : si avoit en yaux petit recouvrier, car nulx ne volloit emprendre le gouvernement dou royaumme. Avoecq tout ce, li chevalier, qui retournet estoient de le bataille, en estoient tant hayt et si blamet des coummugnes, que à envis il s'enbatoient ens ès bonnez villez, voirez en nouvelleté; si parlementoient et murmuroient enssi li ung sus l'autre. Et regardèrent et advisèrent li pluisseur sage homme que ceste cose ne pooit longement demourer en cel estat, c'on n'y mesist remède; car encorres estoient en Constentin li dus de Lancastre, messires Phelippes de Navarre et messires Godeffrois de Halcourt, qui tenoient là sus le pays grant fuison de gens d'armes englès et navarois, qui ardoient et couroient tous les jours en Normendie, et gaignoient villes, fors et castiaux.

Si avint que tout prelat de sainte Eglise, evesques et abbés, et tout li noble seigneur et chevalier, li prevos des marchans et li bourgois de Paris, li conssaux des autrez citéz et bonnes villes furent tout enssamble à un jour à Paris, et vorrent savoir et ordounner coumment li royaummes seroit gouvrennés jusques adonc que li roys, leurs sirez, seroit delivrés. Et vorrent encorres savoir que devenus estoit li grans tresors que on avoit levet ens ou royaumme, dou tamps passet, en dismes, en maletotes, en forgez de monnoies et en touttes exations, dont li pays avoit estet mal mennés et durement triboullés. Et si en avoit on mal deffendu le royaumme et les saudoiiers mal paiiés et mal delivrés. Si se acordèrent entr'iaux que li prelat eslisissent jusques à douze bonnes personnes et saiges qui aroient pooir, de par yaux et de toutte le clergie, de adviser et de ordounner voies couvenablez pour chou faire que deseure est dit; li seigneur et li chevalier ossi eslisissent douze autrez tellez personnes, pour yaux et pour les nobles; chil de Paris et des autres chitéz et bonnes villes, douze si faittes personnes, bourgois de par touttes les coumugnes dou pays : lesquelles personnes devoient y estre à Paris enssamble et faire devises et ordounnanches el nom des troix estas, à savoir est, del clergiet, des noblez et des bonnes villez. Si en fissent pluisseurs, et eut en ceste election, qui ne pleurent miez au duc de Normendie et à son consseil. Premiers, li troy estat deffendirent à forgier le monnoie que on forgoit, et saisirent les quinds. Apriès, il requissent au duc de Normendie qu'il fuist si saisis dou chanchellier le roy, de monseigneur Robert de Loris, de monseigneur Simon de Bussi, de Poillevilain et des autres mestres des comptes et conssseilleurs le roy, par quoi il rendesissent bon compte de ce que on avoit levet par lor conseil ens ou pays, et que chou estoit devenut. Quant tout chil maistre consseur entendirent chou, il ne se laissièrent mies trouver, si fissent grant sens ; ains s'en allèrent hors dou royaumme, li ungs d'une part et li autre d'autre.

Apriès, li troy estat establirent recepveur pour lever et recepvoir touttes maltotes, tonnie[u]s, dismes et touttes droitures appertenant au roy, et fissent forgier nouvelle mounnoie de fin or que on clammoit moutons. Et euwissent vollentiers veu que li roys de Navarre fust delivréz de prison dou castiel de Crievecoer en Cambresis, où li dus de Normendie le faisoit adonc tenir et priès garder; car il sambloit à aucuns de chiaux des trois estas que li royaummes en seroit plus fors et mieux deffendus, ou kas qu'il vorroit estre bons et feablez, pour tant qu'il y avoit peu de grans seigneurs ens ou dit royaumme à qui on se peuist raloiier, que tout ne fuissent mort ou pris. Si en requissent le duc de Normendie qu'il le volsist delivrer, car il leur sambloit que on li faisoit grant tort, et ne savoient pour quoy on le tenoit. Li dus de Normendie respondi adonc qu'il ne l'oseroit delivrer ne mettre consseil à se delivranche, car li roys ses pères le faisoit tenir, si ne savoit mies à quel cause ; et ne fu point adonc li roys de Navarre delivrés. F° 107 v°.

P. 71, l. 13 à 24 : Se.... recouvrier. — *Mss. A* 23 *à* 33 : Or diray des trois enfans du roy de France qui estoient retournés de la desconfiture de la bataille de Poitiers. Moult estoient jeunes d'aage et de conseil ; si avoit en eulx petit recouvrier. F° 217.

P. 71, l. 14 : resjoy. — *Le ms. A* 29 *ajoute :* de la mort des nobles seigneurs qui demourèrent à Poitiers et.

P. 71, l. 15 : durement. — *Mss. A* 8, 9 : grandement.

P. 17, l. 16 : il y eut bien raison. — *Mss. A* 8, 9 : et il y avoit bien cause. — *Ms. B* 3 : et non sans cause. F° 198.

P. 71, l. 17 : anoiable. — *Mss. A* 8, 9 : ennuyable — *Ms. B* 3 : ennuyeuse.

P. 71, l. 18 : sortirent. — *Les mss. A* 2, 11 *à* 14, 18, 19 *ajoutent :* et sentirent bien.

P. 71, l. 19 et 20 : nesteroit. — *Mss. A* 8, 9 : naistroient.

P. 71, l. 20 : leurs sires. — *Mss. A* 8, 9 : leur chief.

P. 72, l. 6 : pays. — *Le ms. A* 29 *ajoute :* de Normandie.

P. 72, l. 18 et 19 : dont.... gardés. — *Ms. A* 29 : dont tout le peuple, et par especial le plat pais, avoit esté durement travaillés, et les gens d'armes mal payés, et tout le royaume mal gardé et deffendu.

P. 72, l. 19 : gardés. — *Les mss. A* 8, 9 *ajoutent :* et deffendus.

P. 72, l. 25 : çou. — *Mss. A* 8, 9 : ce.

P. 73, l. 1 : raporter. — *Mss. A* 8, 9 : deporter.

P. 73, l. 10 : quins. — *Mss. A* 8, 9 : coings.

P. 73, l. 13 : Poillevillain. — *Mss. A* 1 *à* 6, 11 *à* 14 : Poilleville.

P. 73, l. 17 : Quant. — *Les mss. A* 8, 9 *ajoutent :* tout.

P. 73, l. 17 : consilleur. — *Mss. A* 8, 9 : conseilliers.

P. 73, l. 21 : et faire residence. — *Ces mots manquent dans A* 8, 9.

P. 73, l. 21 et 22 : tant.... estat. — *Ms. A* 29 : jusques à ce qu'ils verroient les besognes du royaume retournées en autre estat.

§ 401. P. 73, l. 23 : Apriès. — *Ms. d'Amiens :* En che tamps, environ le Toussains, nouvellez vinrent au duc de Normendie et as troix estas que li dus de Lancastre estoit partis de Constentin et allés en Bretaingne deviers le comtesse de Montfort, pour lui aidier et son jone fil à faire se guerre, contre les aidans de monseigneur Carlon de Blois. Et ossi messires Phelippes de Navarre estoit passés en Engleterre : pour quoy messires Godeffroix de Halcourt n'avoit mies grant fuisson de gens d'armes en Constentin. Si missent sus li dus de Normendie et li troy estat une chevaucie de gens d'armes de bien trois cens lanches et de cinq cens autres armures de fier, et en fissent monseigneur Raoul de Rainneval capitaine. Liquelx se parti appertement et s'en vint en Normendie, et se mist en le chité de Coustanse, et en fist se garnison ; et coummencha à chevauchier sus le terre monseigneur Godeffroy de Harcourt et faire grant dammaige. F° 107 v°.

P. 73, l. 24 : noms. — *Le ms. A* 29 *ajoute :* par toutes les mettes et limitations du royaume.

P. 73, l. 25 : tonnieus. — *Ms. B* 4 : tonlieux. F° 185. — *Mss. A* 8, 9 : imposicions.

P. 73, l. 26 : sousides. — *Mss. A* 8, 9 : subsides. — *Le ms. A* 29 *ajoute :* gabelles.

P. 74, l. 2 : de Crievecoer. — *Mss. A* 8, 9, 15 *à* 17, 20 *à* 22 : de Arleux.

P. 74, l. 5 : feables. — *Mss. A* 8, 9 : feal.

P. 74, l. 19 : herioit. — *Mss. A* 8, 9 : harioit.

P. 74, l. 24 : le. — *Mss. A* 8, 9 : en.

P. 74, l. 24 : d'Avrences. — *Mss. A* 8, 9 : d'Avranches.

P. 74, l. 27 et 28 : quatre cens. — *Mss. A :* trois cens. — *Ms. B* 6 : et estoient les Franchois bien mille combatant. F° 563.

P. 75, l. 1 : Riville. — *Mss. A* 3, 11 *à* 14 : Ruilli. — *Ms. B* 3 : Ruilly. F° 108 v°.

P. 75, l. 2 : Friauville. — *Mss. A* 8, 9 : Freauville. — *Mss. A* 2, 3, 18, 19 : Frauville. — *Mss. A* 23 *à* 29 : Riauville.

P. 75, l. 3 : Paris. *Le ms. A* 29 *ajoute :* quand ils furent montés et appareillés.

P. 75, l. 4 : Et y eut. — *Le ms. A* 29 *ajoute :* qui leur venoyent de Caux, de la comté d'Eu, de Ponthieu, d'Aubmalle, du Ponteaudemer et de là environ. Et encores y vindrent....

P. 75, l. 6 : Maunier. — *Mss. A* 1 *à* 6, 11 *à* 14, 18, 19 : Namur.

P. 75, l. 6 : Creki. — *Mss. A* 8, 9 : Tirki. — *Ms. A* 24 : Kiriki.

P. 75, l. 8 : Renti. — *Ms. A* 23 : Roussy.

P. 75, l. 9 : d'Uedins. — *Mss. A* 8, 9 : d'Eudin. — *Mss. A* 23 à 29 : de Hesdin.

P. 75, l. 11 : routes. — *Mss. A* 8, 9 : gens.

§ 402. P. 75, l. 13 : Quant. — *Ms. d'Amiens :* Or avint, environ le Saint Martin enssuivant, l'an mil trois cens cinquante six, que messires Godeffroit de Halcourt queilla ce qu'il peult avoir de gens d'armes et d'archiers, et estoient bien sept cens. Quant il furent tout assemblé, si se partirent de Saint Sauveur le Visconte ; d'autre part, che meysme jour, li sires de Rainneval estoit yssus de Coustanse, à tout ce qu'il avoit de gens ; et pooient y estre environ neuf cens parmy leurs archiers, et chevauçoient enssi sans che que il sewissent riens li ung de l'autre. Si se trouvèrent li coureur des deux parties et escarmuchièrent enssamble ; et puis se retraist chacuns deviers se bataille ; et comptèrent tout ce qu'il avoient veut et trouvet. Les deux capittainnez, qui furent moult desireux de veoir et encontrer l'un l'autre, chevauchièrent adonc radement à l'adrèce pour yaux trouver ; si n'eurent gaire chevauchiet, quant il se virent. Si s'ordonnèrent chacuns si comme pour combattre. Premierement, messire Godeffroy de Halcourt mist devant tous ses archiers pour traire et berser as Franchois.

Quant messire Raoul de Rainneval en vit le mannierre et l'ordounnanche, il fist touttes sez gens d'armes descendre à piet et targiés bien et estroitement de leurs targes et de leurs pavais, et petit à petit aprochier leurs ennemis. Dont coummenchièrent li archier monseigneur Godeffroi à traire sus les Franchois sans cesser, qui si bien estoient targiés que oncques li trés ne leur porta nul dammaige ; et traiièrent toutte leur artillerie mal emploüée, car li Franchois ne s'en meurent oncques de leurs pas. Quant il eurent tout tret, il coummenchièrent à reculer sans arroy, et li Franchois à venir sus yaulx moult vistement et à faire traire leurs archiers che qu'il en avoient. Là eut grant hustin et aspre, quant il furent tout venut main à main ; mais les gens de piet de monseigneur Godeffroy ne tinrent point de conroy et furent tantost desconfit.

Quant messires Godeffroix en perchut l'ordounnanche, il se retraist tout bellement et sagement, se bannierre devant lui, ou fort d'un vignoble enclos de drues hayes; et se missent tout li sien là dedens, chil qui y peurent parvenir. Quant messire Raoul de Rainneval, li sirez de Maunnier, li sires de Montsaut, messires Flamens de Roie, messires Jehans de Sains et pluisseur bon chevalier et escuier de Vermendois, d'Artois et de Pikardie en virent le mannierre, il environnèrent le fort et avisèrent coumment il y poroient entrer. Si allèrent tant au tour qu'il trouvèrent voie; ma de premiers il leur fu trop bien deffendu. Toutesfois, par fet d'armes, il y entrèrent. Lorsqu'il furent ou clos, il y eut grant hustin. Et ne tinrent mies bien les gens de monseigneur Godeffroy conroy, mès s'enfuirent et partirent li pluisseur, et le laissièrent en tel couvenant que je vous diray.

Li chevaliers, qui fu hardis et corageux et qui plus chier avoit à morir qu'à estre pris, prist une hace et s'aresta sus son pas, piet avant autre, pour estre plus fors, car il estoit boisteux d'une jambe, mès grant force avoit en ses bras. Là se combati longement moult vaillamment et hardiement, et n'osoit nus atendre ses cops. Or vinrent doy hommez d'armes montés sus leurs chevaux, lez glaives baissies, et s'arestèrent en joustant sour lui, et le portèrent par force de chevaux à terre. Si tost qu'il fu cheus, il fu appareilliés qui une espée de gherre estroite, royde et aguë, li bouta par desous ou ventre; puis vinrent autres gens qui recouvrèrent sour lui d'espées et d'espois, et ot plus de seize plaies. Enssi morut messires Godeffrois de Halcourt, et moult de ses gens à celle journée, car li cache en dura jusques à Saint Saulveur; et petit en prissent li chevalier et li escuier de Franche à ranchon. F^{os} 107 v° et 108.

P. 75, l. 17 : cueilla. — *Mss. A* 8, 9 : assembla.

P. 75, l. 20 : sept cens. — *Mss. A* 1 à 6, 8, 9, 11 à 22 : cinq cens.

P. 75, l. 27 : couvenant. — *Mss. A* 8, 9 : couvine.

P. 76, l. 6 : berser as François. — *Mss. A* 8, 9 : blecier les François.

P. 76, l. 10 : deffendi. — *Mss. A* 8, 9 : commanda.

P. 76, l. 22 : logiet. — *Mss. A* 8, 9 : tous rengiez.

P. 76, l. 30 et p. 77, l. 1 : Godefroi. — *Le ms. A* 29 *ajoute:* qui là se combatoient en dur parti.

P. 77, l. 1 : tinrent. — *Mss. A* 8, 9 : vindrent.

P. 77, l. 5 : haies. — *Les mss. A* 8, 9 *ajoutent :* espineuses. — *Le ms. B* 6 *ajoute :* et se fust bien sauvés, mais ses paiges, qui

[1356] VARIANTES DU PREMIER LIVRE, § 403.   299

son coursier menoit, en alla à tout et laissa là son mestre qui se combatoit. F° 563.

P. 77, l. 16 : sitost.... quoi. — *Mss. A* 8, 9 : là où estoient les François tous coys.

P. 77, l. 17 : ferut. — *Mss. A* 8, 9 : forment.

P. 77, l. 17 : estechiet. — *Mss. A* 8, 9 : estiquié.

P. 77, l. 18 : d'armes. — *Les mss. A* 8, 9 *ajoutent :* d'un costé et d'autre.

P. 77, l. 20 : entrèrent. — *Les mss. A* 8, 9 *ajoutent :* ou clos.

P. 77, l. 21 : au signeur. — *Mss. A* 15 *à* 17 : à monseigneur Raoul.

P. 77, l. 25 : reversé. — *Mss. A* 8, 9 : renversé.

P. 77, l. 25 et 26 : Godefroi. — *Les mss. A* 8, 9 *ajoutent :* leur.

P. 78, l. 2 : mès.... pris. — *Ms. A* 29 : il ayma mieux à mourir que de venir en la main des François.

P. 78, l. 4 : piet avant aultre. — *Mss. A* 15 *à* 17 : l'un pié avant l'autre.

P. 78, l. 6 : bras. — *Les mss. A* 15 *à* 17 *ajoutent :* durement.

P. 78, l. 11 : glaves. — *Mss. A* 8, 9 : lances.

P. 78, l. 13 : le.... d'un. — *Mss. A* 8, 9 : l'aconsuivirent tous deux à un.

P. 78, l. 15 : se releva. — *Mss. A* 15 *à* 17 : se pot relever.

P. 78, l. 15 : fu. — *Les mss. A* 15 *à* 17 *ajoutent :* tost.

P. 78, l. 18 : à tout. — *Les mss. A* 15 *à* 17 *ajoutent :* longues.

P. 78, l. 20 : ou corps. — *Ms. A* 29 : au long.

P. 78, l. 22 : et moustra. — *Mss. A* 8, 9 : et lui moustra.

P. 78, l. 25 : Visconte. — *Le ms. A* 29 *ajoute :* tous las et desconfortés de la perte de leur capitaine et de leurs compagnons.

§ 403. P. 78, l. 28 : Apriès. — *Ms. d'Amiens :* Apriès le desconfiture et le mort dou dessus dit chevalier et le camp tout delivret, retournèrent li Franchois à Coustanse, et amenèrent là leur gaaing et leurs prisonniers, puis s'en retournèrent assés tost apriès en Franche deviers le ducq de Normendie, que on clammoit adonc regent, et deviers les trois estas, qui moult honnourèrent les chevaliers et les escuiers qui en Coustentin avoient estet, et par especial monseigneur Raoul de Rainneval, qui cappittainne avoit estet de la chevauchie : si demoura enssi ceste cose.

Li troy estat entendirent tout le temps à l'ordounnanche dou royaumme.

Or avint que, sus le quaremme et environ Pasques, li prinches de Galles, par l'acord et consentement des Gascons, se parti de Bourdiaux à grant navie et belle et bien pourveue de gens d'armes, et enmena le roy Jehan en Engleterre, monseigneur Phelippe son fil, et tous les seigneurs prisonniers qui adonc estoient à Bourdiaux. Si ariva celle belle navie en Engleterre au port de Douvres; si missent hors des vaissiaux chevaux, harnas et touttes autres coses, à grant loisir, et reposèrent trois jours à Douvres. Au quart, s'en partirent, et vinrent à Saint Thummas de Cantorberie, et y fissent li seigneur leur offrande. Depuis, chevauchièrent il tant qu'il vinrent à Londres, où li roys englès et la roynne rechurent à grant joie le roy Jehan, et fu mennés à trompes et à nakaires et à touttes solemnités au palais de Wesmoustier, où il fu bien festiiés. Et fu li roys Jehans logiés assés près de là, en ung moult très bel hostel et grant que on appelloit Savoie, qui est dou duc de Lancastre. Depuis fu il traumués de là au castiel de Windesore, et tous ses hostels. Et alloit li roys de Franche cachier, voller, lui deduire en bos et en rivierre tout enssi qu'il li plaisoit; et estoit souvent visetés et conjoïs dou roy d'Engleterre, de madamme la roynne, sa cousine germainne, et de leurs enffans, et lui faisoient toutte l'amour et le courtoisie qu'il pooient.

En ce tamps, fu tretiés ungs respis et unes triewez entre le royaumme de Franche et le royaumme d'Engleterre, à durer jusques à le Saint Jehan, et de le saint Jehan jusques à ceste c'on compteroit l'an mil trois cens cinquante neuf. Et estoient mis tout li pays et lez marches de Franche et enclos dedens le trieuwe, exceptet Bretaingne; mès là pooient traire touttes gens d'armes, Franchois et Englès, qui vollenté en avoient, sans fourfet. Si fu ceste dite trieuwe traitie, impetrée et procurée par le pourkas des deux cardinaux chy dessus nommés, qui vinrent en Engleterre où il se tinrent ung grant temps, toudis procurans et traitans pès, se il pewissent, entre les deux roys, qui avoient respit deux ans et quatre mois. F° 108.

P. 78, l. 30 et 31 : leur.... retournèrent. — *Ms. A* 29 : ce que avoyent de prisonniers et tout leur butin et gain, et si se aisèrent et rafraichirent à leur plaisir et leurs chevaux aussi, comme ceux qui bon mestier en avoyent ; et quand monseigneur Raoul de

Rayneval et ses routtes eurent là sejourné aucuns jours, ils retournèrent. — *Ms. B* 6 : Sy s'en retournèrent les Franchois à grant jour en la ville de Kem. Et fu depuis le pais de Normendie asseurés plus que devant, pour tant que il avoient perdu ung grant ennemy. F° 564.

P. 79, l. 11 : Loeis. — *Ms. A* 29 : tenoit le parti du duc de Normandie et par nulle voye.

P. 80, l. 1 : en grans reviaus. — *Mss. A* 8, 9 : en grant revel.

P. 80, l. 2 : pourveir navies. — *Mss. A* 8, 9 : pourveoir navire.

P. 80, l. 11 : Condon. — *Mss. A :* Courton.

P. 80, l. 12 : Rosem. — *Mss. A* 18, 19 : Rostin. — *Les mss. A* 15 *à* 17 *ajoutent :* le seigneur de Tannai Boutonne.

P. 80, l. 12 : le seigneur de Courton. — *Les mss. A omettent ces mots.*

P. 80, l. 13 : Longuerem. — *Mss. A* 2, 11 *à* 14 : Longueran. — *Mss. A* 18, 19 : Longuerain.

P. 80, l. 14 : Landuras. — *Ms. A* 29 : Duras.

P. 80, l. 15 : de l'Estrade. — *Mss. A* 8, 9 : de l'Estrau.

P. 80, l. 30 : et disent au prince. — *Ms. A* 29 : Adonc respondirent pour tous ceux qui commis estoyent, ce furent le seigneur de Labreth et monseigneur le captal de Beuf.

P. 81, l. 4 : cité. — *Les mss. A* 8, 9 *ajoutent :* et forte.

P. 81, l. 11 : remuneré. — *Mss. A* 8, 9, 15 *à* 17, 20 *à* 22 : remeri.

P. 81, l. 12 à 25 : Nequedent.... partesist. — *Ms. A* 29 : Neantmoins ces paroles ne povoyent nullement convertir les Gascons qu'ils fussent contents que le prince leur eslongnast le roy de France jusques en Engleterre, dont le prince demoura pensif et melancolieux. Quand iceux chevaliers et barons de Gascongne eurent devant le prince et son conseil dict et declaré leur intention, et qu'ils furent retraicts, le prince dist : « Je trouve les Gascons d'autre volonté que jamais n'eusse cuidé. » Adonc dist monseigneur Regnault de Gobehen : « Cher sire, les barons et les nobles de Gascongne vous ont bien servi, et moult y ont frayé du leur, tant qu'ils en sont fort au derrière comme chacun sçait : veéz messire Jehan Chandos et autres, qui en ont ouy les complaintes comme moy. Si m'est avis, sauf la correction de tous, qui les pourroit adoucir par argent qu'ils ayment fort, en recom-

pense de leurs interests, qu'ils seroyent assés contens de tout. »
A cest avis ne contredit mie le prince, ains demanda qu'on leur porroit offrir. Lors fut conclud, par le conseil de monseigneur Regnault de Gobehen et de monseigneur Jehan Chandos, que le prince leur offrist cent mille florins; mais ils ne voulurent descendre à se requeste, et que s'ils avoyent faict, à cela près ils s'en passeroyent. Finablement, Regnault de Gobehen et monseigneur Jehan Chandos allèrent tant de l'un à l'autre que un accord s'i trouva parmi et moyennant cent mille francs que le prince devoit payer et delivrer aux barons et chevaliers de Gascogne, pour departir entre eulx : laquelle somme leur fut delivrée ainçois que le prince se partist pour aller en Angleterre.

P. 81, l. 28 : Pumiers. — *Ms. B* 6 : Muchident. F° 564.

P. 81, l. 29 : Rosem. — *Le ms. A* 29 *ajoute :* et le seigneur de Willebi.

P. 82, l. 6 : France. — *Le ms. A* 26 *ajoute :* et ses gardes et son estat tant seulement. — *Les mss. A* 15 *à* 17 *ajoutent :* et son fils.

P. 83, l. 7 : Rocestre. — *Mss. A :* Clocestre, Glocestre.

P. 83, l. 8 : là. — *Les mss. A* 8, 9 *ajoutent :* un jour.

P. 83, l. 8 : Dardeforde. — *Mss. A* 8, 9, 15 *à* 17, 20 *à* 22 : Dardefort.

P. 83, l. 12 à 14 : un.... poins. — *Ms. B* 6 : le plus biel coursier et le plus grant qui fust en toute Engleterre. F° 566.

P. 83, l. 15 : lui. — *Le ms. B* 6 *ajoute :* à nut chief.

P. 83, l. 16 : Savoie. — *Le ms. B* 6 *ajoute :* sur le Tamise, et là aloit voler et cacier autour de Londrez, mais il estoit bien gardés.

P. 83, l. 18 : un. — *Le ms. A* 29 *ajoute :* grant.

P. 83, l. 18 : sa mantion. — *Mss. A* 8, 9, 15 *à* 17, 20 *à* 22 : son maintieng.

P. 83, l. 22 : consoloient. — *Mss. A* 8, 9 : consolaçoient.

P. 83, l. 28 : travillièrent.— *Le ms. A* 29 *ajoute :* et rendirent grant painne pour moult de journées et parlemens assignés.

P. 84, l. 9 : hostelz. — *Les mss. A* 8, 9 *ajoutent :* et gens.

P. 84, l. 15 : recreu. — *Mss. A* 8, 9, 15 *à* 17, 20 *à* 22 : receus.

§ 404. P. 84, l. 16 : Vous avés. — *Ms. d'Amiens :* Vous avés bien oy coumment li roys David d'Escoce fu pris assés priès de Durem, en le contrée de Norhombrelant, dou tamps que li roys englès seoit devant Callaix et fu prisounnier en Engleterre neuf ans et plus. Or avint que asés tost apriès ce que li roys Jehans eult estet amennés dou prinche en Engleterre, bonnes gens s'ensounniièrent de la delivranche dou dit roy d'Escoche, et par especial li doy cardinal qui lors estoient ens ou pays, à le priière de madamme Ysabiel d'Engleterre, serour germaine au' roy englès et femme au roy David d'Escoche. Si fu tant traitiet et parlementé que li roys Edouwars s'ummelia et descendi à acord devers le dit roy, son serourge, parmi tant que li roys d'Escoce ne se debvoit jammais armer contre lui ne son royaumme, ne conssillier ne consentir, à son loyaul pooir, à armer ses hommes pour grever ne gueriier en Engleterre. Et devoit li roys d'Escoche, lui revenut en son royaumme, mettre toutte le painne et diligensce qu'il porroit enviers ses hommes, affin que li royaummez d'Escoce fust tenus en fief et en hoummaige du roy d'Engleterre; et, se ce ne volloit acorder le pays, li roys d'Escoche juroit et saielloit à tenir ferme le pès enviers le roys englès, et obligoit et aloieoit son royaumme, comme droit sirez, rois et hiretiers, à paiier dedens dix ans cinq cens mille nobles; et en devoit, à le semonce dou roy englès et de son consseil, envoiier bons plèges et ostages en Engleterre, et chiaux demourer en le prison dou roy, jusques adonc que la dite somme seroit paiiée.

Touttes ces coses furent escriptes, saiellées et jurées dou roy David d'Escoche à emplir à son loyaul pooir; et parmy tant il se parti d'Engleterre entre lui et sa femme la roynne dessus ditte. Et s'en revinrent en Escoce où il furent bien festiiet et conjoy, ce fu bien raisons. Or nous lairons à parler dou roy d'Engleterre et dou roy d'Escoce, et vous parlerons des avenues dou royaum- de Franche et des grans merveilles et oribletéz qui y avinrent, entroes que li roys Jehans fu prisounniers en Engleterre. F° 108 v°.

Ms. B 6 : En che tamps, fu traitie la delivranche du roy Davit d'Escoche qui pris avoit esté devant Durem, sy comme il est contenu en ches croniques. Et se party de Londres où il avoit esté onze ans prisonniers et retourna en son pais, parmy tant que jamais ne se devoit armer contre le roy d'Engleterre ne son royalme et se devoit paiier quatre cens milles nobles, et de che livrer plaiges et ostaiges, ou revenir en prison ens ou temps de quaresme.

Ensy se party le prinche de Galles de Bourdiaus sur Geronde, à cinq cens hommes d'armes et quinze cens archiés, et retourna vers Engleterre; sy enmena avecques luy le roy de Franche comme prisonniers et Phelippe son fil et tous les contes qui pris avoient esté à la bataille de Poitiers, car nul n'en estoit rainchonnés. F° 564.

P. 84, l. 25 : s'ensonnièrent. — *Mss. A* 8, 9 : s'embesoingnèrent.

P. 84, l. 29 : ne son royaume, ne consillier. — *Mss. A* 8, 9 : ne son royaume conseillier.

P. 85, l. 14 : Surlant. — *Mss. A* 8, 9 : Sirelant. — *Mss. A* 1 *à* 6, 11 *à* 14 : Fillebaron.

P. 85, l. 15 : Camois. — *Mss. A* 8, 9 : Chamois.

P. 85, l. 17 : ostage. — *Mss. A* 8, 9 : hostagiers.

P. 85, l. 27 : desparés. — *Mss. A* 8, 9 : depeciez.

P. 85, l. 27 : Saint Jehanston. — *Mss. A* 8, 9 : Saint Janston.

§ 405. P. 85, l. 30 : Environ. — *Ms. d'Amiens :* Environ le my may l'an de grace mil trois cens cinquante sept, mist li dus de Lancastre sus une grosse cevauchie de gens d'armes en Bretaingne, tant d'Englès que de Bretons, de l'ayde le comtesse de Montfort et son jonne fil, qui jà s'armoit et chevauchoit, et estoient bien mil hommes d'armes et cinq mil d'autres gens parmi les archiers. Et se partirent de Hainbon, et s'en vinrent, tout ardant et essillant le pays de Bretaingne, devant le bonne chité de Rennes. Si l'asega li dus tout environneement et s'i tint tout le tamps enssuivant à grant hoste et belle, et le fist par pluisseurs fois assaillir ; mès peu y gaegna, car dedens avoit bonne bachelerie qui le gardoient et deffendoient : li viscomtes de Rohem, li sires de Laval, messires Carles de Dinant, li sire de Gargoullé, messires Henris et messires Oliviers de Pennefort, messires Bertrans de Claiekin, qui estoit adonc jonnes chevaliers et bacelereux, et qui se combati en celle saison, le siège durant devant Rennes, par ahatie d'armes, à un bon chevalier d'Engleterre que on clammoit monseigneur Nicolas d'Augourne. Et fu li emprise telle que trois joustes de fer de glaive, trois cops d'espée et trois cops de daghe ; et s'i porta, au voir dire, chacuns des deux chevaliers vaillamment, si ques chil seigneur dessus noummet, qui estoient dedens Rennes, et encorrez li sires de Rochefort et li sires de Biaumanoir, gardèrent moult bien le chité : autrement elle ewist estet prise, car li dus de Lancastre y sist moult longement et le constraindi, par pluisseurs assaux, d'enghiens, d'espringhalles et d'atournemens d'assault. Si estoit adonc messires Carles de Blois ens ou pays, mais il ne se pooit armer, car il estoit recreus sus se foy et prisounniers encorres au roy d'Engleterre jusques à tant qu'il ewist paiiet le somme de quatre cens mil escus. Et poursuioit le duc de Normendie et ses cousins en Franche et les troix estas, pour avoir gens d'armes et lever le siège de devant Rennes; mais très donc estoit jà li royaummes si entuilliés qu'il ne pooit y estre oys de nulle aye, mès le jettoient l'un sus l'autre : li dus de Normendie sur les troix estas, et li troy estat sour le duc de Normendie. F° 108.

Ms. B 6 : En che tamps, environ Pasques, l'an mil trois cens cinquante sept, se departy le duc Henry de Lenclastre à tout une grant armée de gens d'armes et d'archiés d'Engleterre et vint monter à Hantone et naiga par mer et fist tant que il ariva en Bretaigne droit à Hambon où le contesse de Montfort et ses filz estoient, qui faisoient toudis guerre à leur povoir à monseigneur Charles de Blois. Sitost que le duc de Lenclastre fu là arrivés, il ne sejourna point plenté, mais se mist à camps avec che qu'il avoit de gens et chilz de la contesse et bien six mille pietons que il trouva en Bretaigne des gens de la contesse, et s'en vint tout ardant devant ly et sy mist le siège devant la chité de Rennez. F° 565.

P. 86, l. 4 : mil. — *Mss. A* 3, 11 à 14 : deux mil.

P. 86, l. 11 et 12 : car.... deffendoient. — *Ms. A* 29 : car il n'i conquirent sinon coups de pierres, de carreaux, de dondaines et viretons, qui les enfiloyent dru et menu et les occioyent ou meshaignoyent mortellement par la bonne defense qui leans estoit.

P. 86, l. 14 : chevalier. — *Le ms. A* 29 *ajoute* : de France et de Bretagne.

P. 86, l. 15 : escuier. — *Les mss. A* 15 à 17 *ajoutent* : Et y estoient nouvellement venuz deux jennes bacheliers, cousins germains, qui depuis furent moult renommez ou royaume de France et ou royaume d'Espaingne, si comme vous orrez ci avant en l'istoire. Ces deux cousins s'appelloient Bertran du Guesclin et Olivier de Mauny. Et se combatit le dit Bertran, le siège tenant par devant la cité, à un chevalier d'Angleterre, aussi moult renommé, qui s'appelloit monseigneur Thomas d'Agorne. Et fut la bataille prinse par l'ahastie de trois fers de glaive, de trois coups de haiche et de trois coups de dagues. Et là se portèrent si vaillamment ces deux hommes d'armes qu'ilz y acquirent moult grant honneur. Mais toutefoiz le dit Bertran donna tel coup de haiche au dit Anglois qu'il l'abatit à terre moult durement, et n'i ot adonc plus fait. Et voluntiers furent veuz de ceuls de dedanz et de ceuls de dehors aussi; si se partirent de la bataille sans grant dommaige. Ainsi tint le duc Henrri de Lancastre le siège devant Rennes un grant temps, et là fist pluseurs foiz assaillir, mais pou y conquist.

Or avint un jour, le siège durant, que un chevalier anglois, qui s'appelloit monseigneur Jehan Bolleton, appert homme d'armes durement, avoit esté deduire aux champs en gibier à tout son esprevier et prins six perdriz. Si monta tantost à cheval, armé de toutes pièces, ses perdriz en sa main, et vint devant les barrières de la cité et commença à escrier à ceuls de la ville que il vouloit parler à monseigneur Bertran du Guesclin.

Or avint ainsi que, d'aventure, Olivier de Mauny estoit sur la porte de la ville venu veoir comment l'ost des Anglois se portoit. Si avisa et choisit cel Anglois à tout ses perdriz et lui demanda tantost qu'il vouloit, et se il vouloit vendre ou donner ses perdriz aux dames qui là dedanz estoient encloses. « Par ma foy, respondit l'Anglois à Olivier, se vous les osiez marchander de plus près et venir jusques à moi pour combatre, vous avez trouvé marchant. » — « Et à Dieu le veu, respondit le dit Olivier, ouil, attendez moy, et je vous paieray tout sec. »

Adonques descendit des murs sur les fossez qui estoient tous plains d'eaue et se mist à nagier et passa tout oultre, armé de toutes pièces, fors du hernois de jambes et de gantelez, et vint à son marchant qui l'attendoit d'autre part. Et se combatirent moult vaillamment l'un contre l'autre longuement, et assez près de l'ost du duc de Lancastre qui les regarda et vit moult voluntiers et deffendit que nuls ni alast au devant. Et aussi ceuls de la ville, et les dames qui là dedanz estoient, prindrent grant plaisir à eulx regarder. Toutefoiz, tant se combatirent ces deux vaillans hommes et tant firent d'armes que le dit Olivier de Mauny conquist monseigneur Jehan de Bolleton son marchant à tout les perdriz; et, voulsist ou non, il l'enmena moult durement blecié parmi les fossez dedanz la cité et le presenta aux dames, à toutes les dittes perdriz, qui le receurent moult liement et l'onourèrent moult grandement.

Ne demoura mie granment après que le dit Olivier, qui se sentoit blecié durement et ne povoit finer d'aucunes herbes qu'il congnoissoit bien pour lui guerir, si appella son prinsonnier moult courtoisement et lui dist : « Monseigneur Jehan, je me sens bleciez durement. Si congnois là dehors aucunes herbes par lesquelles, à l'aide de Dieu, je pourroie legierement recouvrer santé et guerir de mes plaies. Si vous diray que vous ferez. Vous partirez de ci et yrez par devers le duc de Lancastre vostre seigneur et m'apporterez un saufconduit pour moy quatrième durant un mois tant que je soie guari ; et se ce me povez impetrer, je vous quitteray de vostre prinson. Et ou cas que ainsi ne le ferez, vous retournerez ceans mon prinsonnier comme devant. »

De ces nouvelles fut le dessus dit monseigneur Jehan de Bolleton moult joieux, et partit de leans et vint en l'ost où il fut receu à grant joie de tous, et meismement du duc de Lancastre qui assez le rigola des perdriz. Et puis fist sa requeste au duc lequel le lui accorda moult bonnement, et tantost commanda que le saufconduit feust escript et sellé. Ainsi fut fait.

Tantost le dit monseigneur Jehan partit du duc à tout le saufconduit et revint en la cité, et le bailla à son maistre Olivier de Mauny qui lui dist qu'il avoit moult bien exploittié et tantost le quitta de sa prinson. Et partirent ensemble de la bonne cité de Rennes et vindrent en l'ost du duc de Lancastre lequel les vit moult voluntiers et fist grant chière et monstra grant signe d'amour au dit Olivier. Et dist bien le dit duc que en lui avoit noble cuer, et bien monstroit qu'il seroit encores moult vaillant homme et de grant prouesce quant, pour avoir mon saufconduit et un peu d'erbes, il a quitté un tel prinsonnier qui bien povoit paier dix mille moutons d'or.

Après ces choses ainsi faittes, le duc de Lancastre ordonna une chambre pour logier Olivier de Mauny et commanda qu'elle fust tendue et parée moult richement et que on lui baillast et delivrast tout ce qui besoing lui seroit. Ainsi que le duc le commanda, ainsi fut fait. Là fut le dit Olivier logié en l'ost du duc, et lui bailla l'en les ciurgiens et medicins du duc qui le visitoient touz les jours. Et aussi le duc l'aloit veoir et conforter moult souvent. Et tant fut illec qu'il fut guari de ses plaies. Et tantost prinst congié au duc de Lancastre et le remercia moult grandement de la très grant honneur qu'il lui avoit faitte. Et aussi prinst il congié aux autres seigneurs et à son prinsonnier qui avoit esté monseigneur Jehan Bolleton. Mais au departir le duc de Lancastre lui donna moult belle vaisselle et lui dist : « Mauny, je vous prie que vous me recommendez aux dames et damoiselles, et leur dittes que nous leur avons souhaidé souvent perdriz. »

A ces paroles, se partit Olivier de Mauny et puis s'en revint en la cité de Rennes où il fut receu joieusement de tous, grans petiz, et des dames ausquèles il compta moult de ses nouvelles. Et par especial à son cousin Bertran du Guesclin compta il comment il avoit exploittié. Et s'entrefirent grant joie, car moult s'entramoient ; et firent jusques à la mort, comme vous orrez compter ci avant en l'istoire. F°˙ 198 et 199.

P. 86, l. 16 : de Claiekin. — *Mss. A* 8, 9, 15 à 17, 20 à 22 : du Guesclin. — *Ms. A* 23 : de Glayaquin. — *Mss. A* 1 à 7, 11 à 14, 18, 19 : de Claiquin.

P. 87, l. 12 : Gauville. — *Mss. A* 1 à 6, 11 à 14, 20 à 22 : Graville.

§ 406. P. 87, l. 17 : Cis. — *Mss. A* 8, 9 : cil.

P. 87, l. 20 : plusieurs. — *Les mss. A* 8, 9 *ajoutent :* seigneurs de la cité d'Evreux et bourgois.

P. 88, l. 2 : prise. — *Le ms. A* 29 *ajoute :* au chastel de Rouen, et de ceux qui avec lui furent prins, dont aux plusieurs le roy de France fit trancher les testes, et aussi comment il estoit estroitement emprisonné en la tour de Crevecuer en Cambresis : si leur en desplaisoit moult grandement.

P. 88, l. 2 : anoioit. — *Mss. A* 8, 9 : ennuyoit.

P. 88, l. 5 et 6 : racquerroie. — *Mss. A* 8, 9 : conquesteroie.

P. 88, l. 10 : Dist li chevaliers. — *Ms. A* 23 : messire Guillaume respondit.

P. 88, l. 29 : nostre gent saudroient. — *Mss. A* 1 à 6, 11 à 14, 18, 19 : vos gens lors sauldroient et tantost vendroient.

P. 89, l. 9 : acquist. — *Mss. A* 8, 9 : assembla.

P. 89, l. 10 : d'Evrues. — *Les mss. A* 8, 9 *ajoutent :* comme hors.

P. 89, l. 19 : seullement. — *Le ms. A* 29 *ajoute* : et les hommages.

P. 89, l. 25 : entouellies. — *Mss. A* 8, 9 : entroublées.

P. 89, l. 29 : premerain. — *Mss. A* 8, 9 : premier.

§ 407. P. 90, l. 10 : commença à petiier. — *Ms. A* 7 : et

s'en vint petier. F° 192 v°. — *Mss. A* 8, 9 : et s'en vint esbatant.

P. 90, l. 11 : jadis. — *Les mss. A* 8, 9 *ajoutent :* par.

P. 90, l. 12 : en petiant. — *Mss. A* 8, 9 : par la dicte place.

P. 90, l. 14 : dou guicet. — *Mss. A* 8, 9 : le guichet.

P. 90, l. 20 : huiseuses. — *Mss. A* 8, 9 : choses oiseuses.

P. 90, l. 28 : leurs. — *Les mss. A* 8, 9 *ajoutent :* terres ne.

P. 91, l. 5 : sorti. — *Les mss. A* 23 *à* 29 *ajoutent :* et prenostiqué.

P. 91, l. 17 : que.... volentiers. — *Ms. A* 29 : je verrai voulentiers ce tant beau tablier et ce jeu qui vous est ainsi envoyé.

P. 91, l. 24 et 25 : va.... porte. — *Mss. A* 29 : va à l'hostel en ma chambre querir mon beau tablier et les eschets qui en un sacheau y pendent et le nous apporte vistement à ceste porte.

P. 91, l. 28 : verial — *Mss. A* 8, 9 : verrouil.

P. 92, l. 4 : oultre — *Le ms. A* 29 *ajoute :* le second guichet.

P. 92, l. 9 : tantost. — *Le ms. A* 29 *ajoute :* à tout le tablier et les eschets.

P. 92, l. 14 : entoise. — *Mss. A* 8, 9 : rancaine.

P. 92, l. 17 : suel. — *Ms. A* 29 : mort et ecervellé si qu'onques puis mot ne sonna.

P. 92, l. 21 et 22 : un ban. — *Mss. A* 8, 9 : une ordonnance.

P. 92, l. 22 : sus.... perdre. — *Mss. A* 8, 9 : sur paine de perdre le poing.

P. 93, l. 4 *à* 12 : volt.... Evrues. — *Ms. A* 29 : Et tout leur avoir fut buttiné et mesmes tous les biens du chastelain, or, argent à plenté, vaisselle, joyaux, meubles, chevaux et armeures. Mais à l'artillerie et aux pourveances du chastel, dont ils avoyent largement, il ne fut touché pour amendrir ; et la femme du chastelain fut mise et ses enfans et ses chambrières à pied par une poterne hors du chastel, sur les champs, pour aller où bon leur sembleroit. Si ploroyent tous et demenoyent le plus merveilleux dueil du monde. Ainsi fut le fort chastel d'Evreux reconquis sur les Francoys pour les Navarroys, comme les Francoys l'avoyent paravant gangné sur les gens du roy Charles de Navarre, comme dict est dessus. Et quant la cité et la ville virent la prise du chastel, ils se rendirent navarroys assez legerement et boutèrent hors tous les Françoys, leurs femmes et enfans, qui là s'estoyent venus amasser, pour cuider vivre plus en paix. Quand ils eurent pourveu à tout, ils mandèrent tout leur estat à monseigneur Philippe de

Navarre qui assez nouvellement estoit retourné d'Angleterre et arrivé à Cherbourg, lequel fut moult joyeux de ces nouvelles : si se partit à soixante armures de fer et quatre cens archers et brigands du dict Cherbourg, qu'il laissa très bien garni de compagnons et de toutes pourveances, et se vint boutter en la cité d'Evreux et au chastel.

P. 93, l. 15 : Pipes. — *Ms. A* 29 : Pape.

P. 93, l. 16 : le bascle de Maruel. — *Mss. A* 20 à 22 : le bastard de Marval.

P. 93, l. 17 : Jeuiel. — *Mss. A* 8, 9 : Jouel.

P. 93, l. 17 : Fourdrigais. — *Mss. A* 8, 9 : Sourdigais. — *Ms. A* 29 : Foudrigais.

P. 93, l. 19 : France. — *Le ms. A* 29 *ajoute :* et en Normandie, dont ce fut pitié.

§ 408. P. 93, l. 21 : En ce temps. — *Ms. d'Amiens :* En ce temps meysmes, prist ungs chevaliers, que on clammoit monseigneur l'Arceprestre, une grant compaignie de gens d'armes assamblés de tous pays, qui virent que leurs sauldées estoient fallies, puis que li roys de Franche estoit pris. Si ne savoient où gaegnier en Franche : si s'en allèrent par deviers la duché de Prouvenche, et y prissent et esciellèrent fortes villes et castiaux, et desroboient tout le pays jusquez en Avignon et outre Avignon, et n'avoient autre chief ne cappittaine que li chevalier dessus noummet. De quoy li pappez Ynocens VIe, qui adonc demoroit en Avignon, et tout li cardinal avoient si grant paour qu'il ne savoient que devenir; ains faisoit chacuns cardinaux se famille, prestres, clers et autres gens, touttes les nuis armer, pour le cité d'Auvignon garder et deffendre contre ces pilleurs. Et manda li pappes au darrain en Auvignon monseigneur l'Arceprestre, et li fist si grant reverence qu'il pot, et li dounna à disner en son palais. Ossi fissent pluisseur cardinal à osi grant reverence comme se fust li uns des filz le roy de Franche. Si dist on adonc coummunaulment que li pappes et li colègez li avoient donnet quarante mil escus tous appareilliés pour departir entre ses compaignons et pour yaux asseggurer. Je n'en voeil plus parler, mès voeil retourner as merveillez qui avinrent en ce tamps ou royaumme de Franche. F^{os} 108 v° et 109.

P. 93, l. 21 et 22 : En.... Cervole. — *Ms. A* 29 : En ce mesme temps que le royaume de France et toutes ses marches, depuis les monts Saint Bernard et Pirenées jusques à la rivière du Rin, estoyent si entouillés par guerres et discords d'aucuns princes l'un contre l'autre, dont tant de cruautés et domages en avenoyent que trop grand pitié estoit, print et assembla un moult hardi chevalier, nommé monseigneur Regnault de Cervolles.....

P. 93, l. 25 : saudées. — *Mss. A* 8, 9 : souldées.

P. 94, l. 1 : en Avignon. — *Ms. A* 29 : aux portes d'Avignon.

P. 94, l. 3 : nommet. — *Le ms. A* 29 *ajoute :* dont il avint qu'il fut tant cremu et redouté par toute la Prouvence et jusques en la cité de Lion sur le Rosne.

P. 94, l. 7 : familles. — *Mss. A* 8, 9, 15 *à* 17, 20 *à* 22 : familliers.

P. 94, l. 9 : à segur. — *Mss. A* 8, 9 : asseur.

P. 94, l. 11 : composition. — *Mss. A* 1 *à* 7, 11 *à* 14, 23 *à* 29 : condicion.

P. 94, l. 15 : furent. — *Le ms. A* 29 *ajoute :* du Saint Père pardonnés tous ses pechés par luy confessés et dont il estoit contrit.

P. 94, l. 16 et 17 : pour,..., quantité. — *Ms. A* 29 : pour en departir à ses compagnons une quantité.

P. 94, l. 17 : là. — *Ms. A* 29 : çà et là et sus les terres du pape.

§ 409. P. 94, l. 19 : Encorres. — *Ms. d'Amiens :* Encorres en ce temps, vint et se leva une compaignie de gens d'armes et de brigans assembléz de tous pays, et concqueroient et roboient de jour en jour tout le pays entre le rivierre de Loirre et le rivierre de Sainne : par quoy nulx n'osoit aller entre Paris et Vendomme ne entre Paris et Orliiens ne entre Paris et Montargis, ne nulx dou pays n'y osoit demourer ; ains estoient touttes lez gens dou plat pays afuioit à Paris ou à Orliiens. Et avoit ceste dite compaingnie faite une cappittainne d'un Gallois que on clammoit Ruffin, et le fissent faire chevalier ; et devint si riches et si puissans d'avoir que on n'en pooit savoir le nombre. Et chevauchoient souvent cez dittes compagnes priès de Paris, ung autre jour viers Orliiens, l'autre fois vers Chartres. Et ne demoura à painne ne ville ne fortrèche, s'elle ne fu trop bien gardée, qui ne fust adonc toutte robée et courue, à savoir : Saint Ernoul, Gallardon, Bonneu, Cloies, Estampes, C[h]astres, Montleheri, Peviers en Gastinois, Larchant, Milly, Castiel Landon, Montargies et tant d'autres grosses villes que merveilles seroit à recorder. Et chevauchoient aval le pays par tropiaux chà vingt, chà trente, chà quarante, et ne trouvoient qui les encontrast ne destournast.

D'autre part, ou pays de Normendie, sus le marinne, ravoit une autre plus grant compaignie de pilleurs et de robeurs, dont Robers Canolles estoit mestre et cappittainne, qui en telle mannierre conqueroient villes et castiaux et roboient tout le pays, et ne trouvoient qui lors destourbast. Sachiés que chilx Robiers Canollez dont je parolle, s'amonta par telz hardies emprises tellement qu'il avoit bien le fin de deux cens mil viés escus, et tenoit grant fuison de saudoiiers à ses gaiges, et bien les paioit tant que chacuns le sieuwoit et servoit vollentiers. F° 109.

P. 94, l. 23 : aller. — *Le ms. A* 29 *ajoute :* fors en grants routes, s'il ne vouloit estre mort ou durement rançonné.

P. 94, l. 25 : Montargies. — *Mss. A* 8, 9 : Montargis. — *Mss. A* 20 *à* 22 : Mortaigne.

P. 94, l. 26 : demorer. — *Le ms. A* 29 *ajoute :* Et ensi toute celle marche demouroit sans labourer, car les gens du plat pays s'estoyent tous retraicts à Paris ou à Orleans ou à Vendosme; car très petit d'autres villes en celle province se tenoyent contre ces routtiers.

P. 04, l. 28 : d'un Gallois. — *Mss. A* 2, 11 *à* 14, 18, 19 : d'un Anglois Galois. — *Ms. A* 29 : de un hardi et outrageux homme de Galles.

P. 95, l. 8 : Gallardon. — *Ms. A* 29 : Galandon.

P. 95, l. 8 : Bonivaus. — *Mss. A* 8, 9 : Bonneval. — *Mss. A* 11 *à* 14 : Bonnaux. — *Mss. A* 23 *à* 29 : Bonniaux.

P. 95, l. 9 : Chastres. — *Mss. A* 1 *à* 6, 11 *à* 14, 18, 19 : Chartres.

P. 95, l. 9 : Peuviers. — *Ms. A* 29 : Pluviers.

P. 95, l. 10 : Chastiel Landon. — *Mss. A* 8, 9 : Chasteau Landon. — *Mss. A* 23 *à* 29 : Chastillon.

P. 95, l. 10 : Yzières. — *Mss. A* 8, 9 : Yèvre. — *Mss. A* 2, 7, 11 *à* 14, 18, 19 : Yrières.

P. 95, l. 14 : les. — *Mss. A* 8, 9 : leur.

P. 95, l. 19 et 20 : en tel manière. — *Ms. A* 29 : par emblée d'eschelle ou par assaults.

P. 95, 1 20 : conqueroient. — *Mss. A* 8, 9 : conqueroit.

P. 95, l. 21 : devant. — *Le ms. A* 29 *ajoute :* Et quand il estoit rapporté au duc de Normandie et regent de France, par les plaintes qui journellement luy venoient jusques en son hostel à Paris où il se tenoit, il respondoit qu'en brief terme il y pourverroit de remède. Et autre chose il ne respondoit, et aussi à grand peine il y eust pour le present remedié, tant estoyent les besongnes du royaume entouillées.

P. 95, l. 22 : maintenu. — *Mss. A* 8, 9 : tenu.
P. 95, l. 23 : très donc. — *Mss. A* 8, 9 : dès lors.
P. 95, l. 25 : sievoient. — *Mss. A* 8, 9 : suivoit.

§ 410. P. 95, l. 26 : En ce tempore. — *Ms. d'Amiens :* En ce tempore que chil troy estat resgnoient, se coummenchièrent à lever tels manierres de gens qui s'appelloient Compaingnes, et avoient guerre à touttes gens qui portoient malètes. Or vous di que li prelat de Sainte Eglise et li noble se commenchièrent à naisir et tanner de l'emprise et ordounnanche dez trois estas ; si en laissièrent le prouvost dez marchans couvenir et aucuns des bourgois de Paris, pour ce que chil s'en entremetoient plus avant qu'il ne vosissent.

Si avint, ung jour que li dus de Normendie estoit ou pallais à Paris à tout grant fuison de chevaliers et de prelas, li prevos des marchans assambla grant fuison des coummuns de Paris qui estoient de sa secte et de son accord, et portoient chil caperons tous sannablez, affin que mieux se reconneuissent. Si s'en vint li dis prevos ou pallais, environnés de ses hommes, et entra en le cambre dou duc et li requist mout aigrement qu'il volsist emprendre le fait dez besoingnes dou royaumme et mettre y consseil, par tant que li royaummes, qui à lui devoit parvenir, fust si bien gardés que telx mannierres de Compaignes qui regnoient, n'alaissent mies gastant ne robant le pays. Li dus respondi qu'il le feroit vollentiers, se il avoit le mise par quoy il le pewist faire ; mais qui fesoit lever les prouffis et lez droitures appertenant au roy, le devoit faire : si le fesist.

Je ne say pourquoy ne coumment che fu, mès lez parolles montèrent si hault que là endroit furent, en le presence del duc, ochis trois dez plus grans de son consseil, si priès de lui que sa robe en fu ensanglentée. Et en fu il meysmes en grant peril ; mès on li dounna uns des capperons à porter, et couvint que il pardonnaist là celle mort de ses trois chevaliers, les deux d'armes, et l'autre de lois. Si appelloit on l'un monseigneur Robert de Cleremont, gentil homme durement, et l'autre le seigneur d'Esconflans, marescal de Campaingne, et le canonne monseigneur Simon de Bussi : dont che fu grans pités, quant, pour bien dire et bien conseillier leur seigneur, il furent là enssi ochis. F° 109.

P. 95, l. 26 : tempore. — *Mss A*, 8, 9 : temps.

P. 95, l. 26 : regnoient. — *Mss. A* 8, 9 : gouvernoient.

P. 95, l. 28 : Compagnes. — *Mss. A* 8, 9 : Compaignes.

P. 95, l. 27 à 29 : gens.... malettes. — *Ms. A* 29 : de toutes nations, et par especial Angloys, Bretons, Navarroys et Gascons, lesquels s'appeloyent Compagnies, en plus grand nombre que jamais n'avoyent esté, et avoyent guerre à toutes gens qui portoyent malettes ou bons fardeaux.

P. 95, l. 31 : et. — *Le ms. A* 29 *ajoute :* nouvelle.

P. 96, l. 1 : estas. — *Le ms. A* 29 *ajoute :* Et leur estoit avis que les besongnes du royaume n'en amendoyent pas, ains empiroyent de jour en jour, tant par le fait des Compagnies qui toujours croissoyent et dont journellement les plaintes venoyent à Paris de tous lés ; et si n'y avoyt quelque provision ne resistance : pourquoy le plat pays, dont les pourveances venoyent et dont les cités et bonnes villes se vivoyent, estoit destruit, et brief en sourdroit grand famine.

P. 96, l. 4 : volsissent. — *Le ms. A* 29 *ajoute :* en moult d'affaires.

P. 96, l. 9 : secte. — *Mss. A* 11 *à* 14, 20 *à* 22 : sorte.

P. 96, l. 10 : tous sannables. — *Mss. A* : semblables. *Ms. A* 7, f° 193 v° :

P. 96, l. 13 : emprendre — *Mss. A* 8, 9 : entreprendre.

P. 96, l. 21 : fesist. — *Le ms. A* 29 *ajoute :* Adonc le prevost, qui celle responce avoit ouye, pensa bien qu'il le disoit pour lui, car à son avis le duc le regardoit moult sus et plusieurs chevaliers qui là estoyent.

P. 96, l. 23 : hault. — *Le ms. A* 29 *ajoute :* que le duc et ses nobles furent fort indignés sur le dict prevost qu'il estoit là venu, ainsi accompagné de ses communes et à main armée.

P. 96, l. 32 : d'Esconflans. — *Mss. A* 8, 9 : de Conflans.

P. 97, l. 1 et 2 : monsigneur Symon de Bussi. — *Mss. A* 8, 9, 15 *à* 17, 20 *à* 22 : maistre Regnault d'Acy, avocat. — *Le ms. A* 29 *ajoute :* qui moult fut de tous plaint et regretté.

§ 411. P. 97, l. 5 : Apriès ceste avenue. — *Ms. d'Amiens :*

Apriès avint que aucun chevalier, messires Jehans de Pikegny et autre vinrent, sus le comfort dou prouvost des marchans et des conssaux des aucunnes bonnes villes, au castiel que on dist de Alues en Pailloeil, qui est uns des fors castiaux du monde, où li roys Carles de Navare estoit pour le tamps emprisounnet et en le garde de monseigneur Tristran dou Bos. Si apportèrent telx enssaignes, et si bien espiièrent que messires Tristrans n'y estoit point, fors ungs castellains ses lieutenans : si fu delivrés hors de prison et amenés à Amiens où on li fist grant feste, et ciés ung chanonne grandement son amy, que on clammoit monseigneur Gui Kierés. Là fu li roys de Navare environ quinze jours, tant que on li eut appareilliet tout son arroi et qu'il fu tous aseghurés dou duc de Normendie, et que li prevos des marchans li eut pourcachiet et fait sa pès enviers le dit duc. Si fu amennés à Paris par monseigneur Jehan de Pikegny et aucuns bourgois d'Ammiens, et y fu rechups adonc à grant joie; et le virent moult vollentiers touttez mannièrez de gens. Et meysmement li dus de Normendie le festia grandement, mès faire li couvenoit, car li prouvos des marçans et chil de Paris li enhortoient affaire : si le couvenoit obeir, volsist ou non, à touttez leurs devises. F° 109.

P. 97, l. 5 : Apriès ceste avenue. — *Ms. A* 29 : Après la mort des troys chevaliers dessus nommés, environ quinze jours.

P. 97, l. 9 : Allues. — *Mss. A* 8, 9, 15 à 17, 20 à 22 : Arleux. — *Mss. A* 1 à 6, 11 à 14, 18, 19, 23 à 29 : Alluez, Arlues.

P. 97, l. 11 et 12 : Tristran dou Bos. — *Mss. A* 8, 9 : Tristan Dubois.

P. 97, l. 10 : Kieret. — *Mss. A* 8, 9, 15 à 17, 20 à 22 : Quieret. — *Mss. A* 11 à 14 : Quiert.

P. 97, l. 23 : pourcas. — *Mss. A* 8, 9 : pourchas.

P. 97, l. 28 : de la cité d'Amiens. — *Ms. A* 29 : des bourgeois de la bonne ville de Paris et aucuns aussi de la bonne ville d'Amiens.

P. 97, l. 29 : gens. — *Le ms. A* 29 *ajoute :* car chacun esperoit que sa venue à Paris seroit cause du bien et honneur de tout le royaume.

P. 98, l. 3 : secte. — *Mss. A* 8, 9 : accort.

P. 98, l. 5 : Paris. — *Le ms. A* 29 *ajoute :* combien que voulentiers s'en fust passé, mais il estoit fort atempré, sage et souffrant.

§ 412. P. 98, l. 6 : Quant li rois. — *Ms. d'Amiens :* Quant li roys de Navarre eult estet une espasse à Paris, il fist ung jour assambler touttes mannierres de gens, prelas, chevaliers, clers de l'université et tous chiaux qui y vorent estre, et là precha et remoustra premierement en latin moult bellement et moult sagement, present le duc de Normendie, en lui plaindant dez griés et des villounnies que on li avoit fait à grant tort et sans raison, et dist que nulx ne se volsist de lui doubter, car il volloit vivre et morir en deffendant le royaumme de Franche. Et le devoit bien faire, car il en estoit extrais de père et de mère et de tous d'ancisserie, et dounna assés à entendre que, se il volloit callengier le courounne, il mousteroit bien par droit qu'il estoit plus prochains que li roys d'Engleterre ne fust. Et sachiés que ses sermons et ses langages fu vollentiers oys, et petit à petit descendi et entra si en l'amour de chiaux de Paris, qu'il avoient plus grant fiance et plus d'amour en lui que il n'ewissent ou regent le duc de Normendie, ossi enssuiwant de chiaux de Roem, d'Ammiens et de Biauvais et dez autres bonnes villes. Mès quel samblant que li prevos des marchans moustrast au roy de Navarre, ne ossi chil de Paris, messires Phelippes de Navarre ne s'i vot oncques affiiier ne entrer dedens Paris, mès se tenoit en le conté d'Ewrues qui estoit de leur hiretaige et senefioit bien au roy son frère que en communes il n'ewist nulle fiance, car il n'estoient boin, fors que pour tout hounnir. F° 109.

P. 98, l. 6 et 7 : une espasse. — *Mss. A* 8, 9 : une pièce.

P. 98, l. 10 : bellement. — *Mss. A* 8, 9 : courtoisement.

P. 98, l. 7 à 15 : il fist.... France. — *Ms. A* 29 : Il fut averti par aucuns de la ville, ses amis, qu'il estoit moult bien en la grace de tout le peuple et qu'il se devroit plus monstrer qu'il ne faisoit, pour acquerir l'amour des gros et des menus. Si s'avisa qu'un jour il feroit assembler toutes manières de gens, prelats, chevaliers, clercs de l'université, bourgeoys et le menu peuple sur le cimetière de Saint Germain, comme il fit, car il estoit moult grant clerc ; et là il prescha et remonstra sagement et bien en beau latin et en françoys, present le duc de Normendie regent et presens tous les autres dessus dicts, la complainte des griefs et grands villennies, qu'en maintes manières on lui avoit faits. Et bien dict que nul ne se vousist doubter de riens ; car il vouloit vivre et mourir, en gardant et defendant le règne de France.

P. 98, l. 17 : ancisserie. — *Mss. A* 8, 9 : ancestre.

P. 98, l. 20 : rois. — *Le ms. A* 29 *ajoute :* Edouart.

P. 98, l. 21 : sachiés. — *Le ms. A* 29 *ajoute :* fermement.

P. 98, l. 22 : recommendés. — *Le ms. A* 29 *ajoute :* de toutes gens et par especial des menus.

P. 98, l. 25 : n'euissent. — *Mss. A* 8, 9 : n'avoient.

P. 99, l. 1 : s'i. —*Mss. A* 8, 9 : se.

P. 99, l. 2 : communauté. — *Le ms. A* 29 *ajoute :* de villains.

§ 413. P. 99, l. 4 : Assés tost. — *Ms. d'Amiens :* Assés tost apriès le delivranche dou roy de Navare, avint une mervilleuse grande tribulation en pluisseurs parties dou royaumme de Franche, si comme en Biauvesis, en Brie, sus le rivierre de Marne, en Laonnois, en Valois et tout jusques à Soissons ; car aucunes gens de villes campestres sans chief s'asamblèrent en Biauvesis, et ne furent mies cent homme ly premier, et dissent que tout li noble del royaumme de Franche, chevalier et escuier, hounnissoient et traïssoient le royaumme, et que ce seroit grans biens qui tous les destruiroit. Chacun d'iaux dist : « Il dist voirs : hounis soit par qui ce demourra qu'il ne soient tout destruit. »

Lors se queillirent et s'en allèrent sans autre consseil et sans nulle armure, fors que de bastons fierés et de coutiaux, premiers à le maison d'un chevalier qui priès de là demouroit. Si brisièrent le maison et tuèrent le chevalier, la damme et les enfans, petis et grans, et ardirent le maison. En apriès, il allèrent à un autre fort castiel et fissent pis assés ; car il prissent le chevalier et le loüièrent à une estache bien fort, et viollèrent le damme et le fille li pluisseur, li ungs apriès l'autre, voyant le chevalier ; puis tuèrent le damme, qui estoit enchainte, et le fille apriès et tous les enffans et puis le chevalier, et ardirent et habatirent le castiel.

Enssi fissent il en pluisseurs castiaux et bonnes maisons, et montepliièrent tant qu'il furent bien six mil. Et partout là où il venoient, leurs nonbres croissoit, car chacuns de leur samblanche les sieuvoit : si ques chacuns chevaliers, dammes, escuiers et leurs femmes enfuioient et emportoient lors petis enfans à lors [cols] diis lieuwes ou vint lieuwes loing, là où il se pooient garandir, et laissoient leurs maisons touttes quittes et leur avoir. Et ces meschans gens, assamblés sans cief et sans armures, roboient et ardoient tout, et tuoient tous gentils hommes qu'il trouvoient, et efforchoient et violoient touttes dammes et pucelles sans pité et sans merchy, enssi comme chiens esragiés. Certes, oncques n'avint entre crestiiens ne Sarrazins telle forsenerie que ces meschans gens faisoient; car qui plus faisoit de maux ou de villains fais, telz fais que creature hummainne [ne deveroit] oser pensser ne regarder, chilz estoit li plus prisiés entre yaux et li plus grans mestrez. Je n'oseroie escripre ne racompter les horiblez fais et incouvenables qu'il faisoient as dammes, mès entre les autres desordounnés et villains fais, il tuèrent un chevalier et boutèrent en un hastier et le tournèrent au feu et le rostirent, voyant le damme et ses enfans, apriès ce que dix ou douze eurent le damme efforcie et violée, et les en vorent faire mengier par force ; et puis les tuèrent et les fissent morir de malle mort. Et avoient fait un roy entr'iaux qui estoit, si comme on disoit adonc, de Cleremont en Biauvesis, et le eslisirent le pieur des pieurs. Et l'appelloient le roy Jake Bon Homme.

Il ardirent ou abatirent bien, ou pais de Biauvoisis et environ Corbie et Amiens et Mondidier, plus de soissante bonnez maisons et fors castiaux. Et, se Dieux n'y ewist mis remède par se grasce, li meschiefs fuist si monteplijés que touttes coumunautéz ewissent destruit gentilz hommez, sainte eglise après, et touttez rices gens par tous pays. Car tout en telle mannierre si faittes gens faisoient ens ou pays de Brie et de Partois ; et couvint touttez les dammes et les dammoiselles dou pais, et lez chevaliers et escuiers qui escapper leur pooient, afuir à Miaux en Brie, l'un apriès l'autre, en pur lor cottez, enssi que elles pooient, ossi bien la duçoise de Normendie, et fuisson de hautez dammes comme autrez, se elles se volloient garder de y estre viollées et efforchies et puis apriès tuées et mourdries.

Toutte enssamble mannierre de si faittez geus se maintenoient entre Paris et Noyon, et entre Paris et Soissons, et entre Soissons et Hen, en Vermendois, et par toute le terre de Couchi. Là estoient li grant maufeteur, et essilièrent, que en le terre de Couchy, que en le terre de Vallois, que en l'evesquet de Laon, de Soissons et de Senlis, plus de cent castiaux et bonnes maisons de chevaliers et d'escuiers, et tuoient et roboient quanqu'il trouvoient. Mais Dieux, par sa grasce, mist telle remède de quoy on le doit bien regraciier, si comme vous orés chy apriès. F° 109 v°.

P. 99, l. 4 et 5 : Assés..... Navare. — *Ms. A* 29 : En celui temps que le roy de France estoit prisonnier en Angleterre.

P. 99, l. 5 : une.... tribulations. — *Ms. A* 29 : une grant raige et forcenerie de villains du plat pais. — *Mss. A* 8, 9 : une grant merveilleuse tribulacion. — *Ms. B* 6 : une grant tribulacion et pestilenche. F° 567.

P. 99, l. 9 : aucunes gens. — *Ms. A* 17 : plusieurs vilains tuffes et giveliers.

P. 99, l. 13 : escuier. — *Les mss. A* 8, 9 *ajoutent :* honnissoient et.

P. 99, l. 13 à 15 : trahissoient.... voir. — *Ms. A* 29 : gastoient et honnissoient tout le royaume de France et qu'ils avoient faulsement et mauvaisement laissié prendre et emmener leur roy en Angleterre au prince de Galles, qui n'avoit que une poignée de gens au regard des François, et que ils ne faisoient que destruire et manger tout le menu commun, qui moult avoit de povretés et de tribulations, tant d'eulx comme des guerres qui estoient par tout le royaume ausquelles nul ne remedioit, et que, par leur foy, moult grant aumosne seroit qui tous les destruiroit, sans nul en laissier. Et à cellui qui ainsi parloit, chascun disoit : « il dit voir. »

P. 99, l. 17 : soient. — *Ms. A* 29 *ajoute :* brievement.

P. 99, l. 17 : destruit. — *Le ms. A* 29 *ajoute :* autant qu'on en pourra trouver.

P. 99, l. 18 : cueillièrent. — *Mss. A* 8, 9 : se assemblèrent.

P. 99, l. 19 : bastons fierés. — *Ms. A* 29 : d'espées.

P. 99, l. 20 : coutiaus. — *Le ms. A* 29 *ajoute :* au bout d'une virolle, et les aucuns d'une pointe en manière d'un bourdon et de longs cousteaux à clou, et s'en alèrent une routte.

P. 99, l. 23 : maison. — *Le ms. A* 29 *ajoute :* quand ils en eurent osté ce que bon leur sembla.

P. 99, l. 23 : secondement. — *Ms. A* 29 : quand ils eurent faict ceste mauditte rèse.

P. 99, l. 24 à 29 : chastiel.... chastiel. — *Ms. A* 29 : et boutèrent la maison oultre et prindrent le chevalier qu'ils trouvèrent en son lict : si le tirèrent en la court et le lièrent à une estache de cordes par les jambes, par le corps et par le col, les mains loyées derrière moult estroittement. Et en sa présence, les plusieurs violèrent sa femme et sa fille, et puis ils occirent la dame et sa fille et tous les enfans, et puis ils tuèrent le bon chevalier à grant martire. Et bouttèrent le feu au chastel et tout l'ardirent et les pourveances et l'avoir qui dedans estoit, puis abatirent les murailles du chastel. Et puis firent le dit chevalier bouter en une broche et rostir au feu et illec mourir à grant martire.

P. 100, l. 1 et 2 : bonnes maisons. — *Ms. A* 29 : bonnes villes champestres.

P. 100, l. 2 à 4 : montepliièrent.... sievoit. — *Ms. B* 6 : Tantost, en mal faisant, il montepelièrent et furent deux cens et puis cinq cens et puis mille et puis cinq mille. F° 568.

P. 100, l. 4 : sievoit. — *Ms. A* 29 *ajoute :* c'est à dire ceux qni avoyent voulenté de mal faire.

P. 100, l. 5 et p. 101, l. 24 et 25 : si ques.... trouvoient. — *Ms. A* 29 : Quant les chevaliers et nobles hommes de celle marche virent que celle maudicte gent multiplioyent ainsi et qu'il n'y avoit autre remède que de les fuir et eslongner, ils troussoyent leurs meilleurs meubles et leurs femmes et enfans, et en abandonnant le remanant ils se retrayoient à tout charrettes et chevaux ou ce qu'ils pouvoient avoir, les uns à Meaux en Brie, à Paris, à Corbeil ou ailleurs. Et quant ces ribaux venoyent en ces bonnes maisons qu'ils trouvoyent vagues et pleines de tous biens, certes ils en roboyent ce que bon leur sembloit, puis boutoyent les feux partout ; et, sans nuls espargner, ils occioyent tous chevaliers ou gentilshommes qu'ils trouvoyent et forçoyent toutes dames, damoiselles et pucelles, qu'ils povoient attraper. Et celui d'eux aultres, qui commettoit plus de maux et de vilains faits et oultrageux et si horribles et cruels que creature humaine ne devroit oser penser ne remembrer, estoit le plus prisé et le plus grand maistre. Et au contraire, ceux qui ne s'entremettoyent de boutter feus, de violer pucelles, de occire gentilshommes ou marchans, se ils les rencontroyent, ils estoyent escharnis et deboutés.

Je n'oseroy descrire les horribles faicts inhumains et inconvenables qu'ils faisoyent aux dames. Entre autres horribles et desordonnés faicts, ils occirent un moult gentil et bon chevalier de Soissonnoys, puis l'enfilèrent en un hastier et le tournèrent et rostirent à un feu ardent, voyant la dame son espeuse et ses enfans. Et après, quant dix ou douze de ces ribaux eurent la dame efforcée, ils lui voulurent par force faire manger de la chair de son propre mari, puis le firent mourir et tous ses enfants de malle mort. Et avoyent faict un roy entre eulx, qui estoit de Clairmont en Beauvoisis, et l'esleurent pour le plus cruel et le plus inhumain d'eux tous ; et estoit ce roy appellé Jacques Bonhomme.

Que vous en feroy je long comte ? Ces maudictes gens ardirent et abatirent, au pais de Beauvoisis et environ Corbie, Amiens et Montdidier, plus de soixante bonnes maisons et forts chasteaulx.

En semblable manière regnoyent et couroyent telle ribaudaille au pais de Brie et de Parthoys. Et convint toutes les dames et damoiselles du pais et tous les chevaliers et escuyers, qui eschapper leur povoyent, affuir à Meaux en Brie, l'un après l'autre, en purs leurs cottes simples ou surcots, ainsi qu'elles povoient, et leurs maris pareillement, aussi bien la duchesse de Normandie et la duchesse d'Orleans, qui lors se tenoyent là entours en leurs manoirs, comme plusieurs hautes dames, s'elles se vouloyent garder d'estre violées et en après ce tantost meurtries.

En semblable manière, couroyent pais et desoloyent pareille larronaille, entre Paris et Noyon, et entre Paris et Soissons, et entre Soissons et Hem en Vermandoys, et par toute la terre de Couci. Là estoyent les grants violeurs et malfaiteurs, et essillièrent entre la terre de Couci, entre le conté de Valoys et entre l'evesché de Laon, de Noyon et de Soissons, plus de cent chasteaux et bonnes maisons de chevaliers et escuyers. Et avec ce ils occioyent les nobles hommes, femmes et enfans, et roboyent et emportoyent ce que bon sembloit.

P. 100, l. 12 : tous.... trouvoient. — *Ces mots manquent dans A 8, 9.*

P. 100, l. 12 et 13 : efforçoient. — *Les mss. A 8, 9 ajoutent :* et violoient.

P. 100, l. 15 : crestiiens. — *Ms. A 17 :* Juifs.

P. 100, l. 21 : inconvignables. — *Mss. A 8, 9 :* inconvenables. — *Ms. A 23 :* inhumanitez.

P. 100, l. 26 : il. — *Mss. A 20 à 22 :* ilz lui vouldrent faire mengier de son mari rosti. F° 289 v°.

P. 100, l. 27 : par force. — *Les mss. A* 15, 16 *ajoutent :* et pour ce qu'ilz ne vouldrent. 202. — *Le ms. A 17 ajoute :* et aussi à ces douze villains tuffes, qui la dite dame avoient esforciée, si comme j'ay dit, pour eulx acharner tousjours plus à telles cruaultés faire; mais ils n'en vouldrent oncques mangier, et pour ce les aultres villains tuffes et giveliers....

P. 100, l. 30 : eslisirent. — *Mss. A 15 à 17 ajoutent :* le plus lait, le plus villain et le pieur des mauvais. F° 202 v°.

P. 100, l. 31 : pieur des pieurs. — *Mss. A 8, 9, 15 à 17, 20 à 22 :* pieur des mauvais. — *Mss. A 11 à 14 :* pire des pires.

P. 101, l. 4 à 6 : li meschiés.... apriès — *Ms. A 17 :* tous ces tuffes, plains de tuffalités, eussent destruit tous les nobles et toute sainte eglise.

P. 101, l. 16 : gens. — *Ms. A* 17 : villains, marrados et cratinas avec termulons et gars loubas.

P. 101, l. 18 à 24 : entre.... d'escuiers. — *Mss. A* 18, 19 : et environ Hen en Vermandois et la terre de Coucy et en la conté de Valois, en l'eveschié de Laon, de Noion, de Soissons, plus de cent chasteaulx et de bonnes maisons de chevaliers et d'escuiers y ardirent et abatirent.

§ 414. P. 101, l. 28 : Quant li gentil. — *Ms. d'Amiens :* Quant li gentil homme de Corbieis, de Vermendois, de Vallois et des terres où ces meschans gens converssoient et faisoient leur fourssenerie, virent enssi leurs maisons destruites et leurs amis tués, il mandèrent secours à lors amis en Flandrez, en Haynnau, en Braibant et en Hasebaing ; s'en y vint tantost assés de tous costéz. Si s'asamblèrent li gentil homme estraignier et chil dou pays qui les menoient. Si coummenchièrent ossi à tuer et decopper ces mescans gens sans pité et sans merchy, et lez pendoient par fous as arbres où il les trouvoient. Meysmement li roys de Navarre en mist un jour à fin plus de trois mil assés près de Cleremont en Biauvesis ; mès il estoient jà tant montepliiet que, s'il fuissent tout enssamble, il estoient bien cent mil. Et quant on leur demandoit pour quoy il faisoient chou, il disoient qu'il ne savoient, mais il le veoient les autrez faire, si le faisoient ossi ; et penssoient que il dewissent en telle mannière destruire tous les nobles et gentils hommes dou monde, par quoy nuls n'en pewist jammais estre.

En ce temps, se parti li dus de Normendie de Paris, et se doubta dou roy de Navarre, dou prevost des marchans et d'aucuns qui estoient de leur accord, et fist ung grant mandement de gentils hommes de Campaigne et de Bourgoingne, et s'en vint au Pont à Chare[n]ton. Quant li prevos des marchans perchupt que li dus estoit partis et qu'il faisoit son amas de chevaliers et d'escuiers, si se doubta et fist tantost ouvrer, à quanq c'on peut recouvrer d'ouvriers, à le fremmeté de Paris. Et ne fu oncques jour, ung an enthier, qu'il n'y ewist bien troy mil hommes ouvrans, machons, carpentiers et fosseurs : dont che fu ungs grans fès que de fremmer, sus une année, et d'englore et d'environner de murs, de portes et de tours, de barrierres et de fossés, une tèle chité que Paris est et de si grant circuité. Et vous di que ce fu li plus grans biens que oncques li prevos des marchans fesist en toutte se vie ; car autrement elle ewist estet depuis courue, gastée et robée par trop de fois, et par pluisseurs actions, si comme vous orés chy apriès. Or voeil jou revenir à chiaux et à celles qui estoient afui à Miaux en Brie, à sauveté. F°⁸ 109 v° et 110.

P. 102, l. 3 : veirent. — *Ms. A* 29 : cette crudelité et forcenerie regner.

P. 102, l. 5 : Hesbain. — *Mss. A* 1 *à* 6, 11 *à* 14, 18, 19, 23 *à* 28 : Behaigne.

P. 102, l. 9 : meschans. — *Mss. A* 15, 16 : villains giveliers. F° 202 v°. — *Ms. A* 17 : villains, tuffes, giveliers, bomules, termulons, tacriers, craffeurs, marrados et cratinas, petaulx et gars loubas.

P. 102, l. 10 : fous. — *Mss. B* 3, *A* 1 *à* 6, 8 *à* 22 : fois. F° 204 v°. — *Mss. A* 23 *à* 33 : troupeaulx. F° 226.

P. 102, l. 10 : trouvoient. — *Le ms. A* 29 *ajoute :* Et ainsi, en petit de temps, ils en firent une très grande discipline.

P. 102, l. 12 : plus de trois mil. — *Ms. B* 6 : plus de quinze cens. F° 569.

P. 102, l. 12 et 13 : Biauvoisis. — *Le ms. A* 29 *ajoute :* et estoyent là venus et arrestés pour cuider le lendemain au matin entrer en la ville et tout piller et occire ce que bon leur sembleroit.

P. 102, l. 14 et 15 : cent mil hommes. — *Mss. A* 15 *à* 17 : plus de cent mille petaulx. F° 202 v°. — *Le ms. A* 17 *ajoute :* tous tuffes et villains.

P. 102, l. 20 : estre. — *Mss. A* 15 *à* 17 : naistre.

P. 102, l. 22 : sans.... Paris. — *Ces mots manquent dans les mss. A.*

P. 102, l. 32 : heriier. — *Mss. A* 8, 9 : guerroier.

P. 103, l. 1 *à* 14 : Paris.... après. — *Ms. B* 6 : En che tamps, n'estoit la chité de Paris point frumée : sy ques chilz prouvost des marchans, qui fu ung moult saige et soultis homs, avisa que il le feroit frumer as despens de la ville. Et ymagina bien en soy meismes que les besoignes ne se pooient ensy longement demorer que la chité de Paris n'euist à faire ou de l'Empire ou du roy de Navare ou du duc de Normendie et des gentil hommes, car jà commenchoient il à murmurer, le duc et son consail, sus chiaus qui avoient mis paine et rendu conseil à le delivranche du roy de Navare, quoyque ly duc de Normendie, à che commenchement, n'en osoit moustrer au dit roy nul samblant, mais disoit qu'il en estoit tous liés. Pour quoy, le prouvost des marchans, sy comme chy dessus est dit, pour estre plus aseur, fist fremer la dite chité de Paris. Che fut ung très grant fait et belle emprise pour ung homme, car elle fut toutte frumée sur ung an de murs, de tours, de portes et de bons larges fossés plains de yauve. F° 567.

P. 103, l. 7 : bien. — *Ms. A* 29 : plus de.

P. 103, l. 10 : si grant. — *Mss. A* 8, 9 : tel.

P. 103, l. 13 : essillie. — *Mss. A* 8, 9 : gastée.

§ 415. P. 103, l. 17 : En ce temps. — *Ms. d'Amiens :* En ce tamps que ces meschans gens couroient, revinrent de Prusse li comtes de Fois et li captaus de Beus, ses cousins. Si entendirent sus leur chemin, si comme il devoient entrer en Franche, le pestilence et l'oribleté qui couroient sus les gentilz hommes ; si en eurent chil doy seigneur grant pité. Si chevauchièrent par lors journées tant qu'il vinrent à Chaalons en Campaigne, qui riens ne se mouvoit dou fet des villains, ne point n'y entroient. Si entendirent là que la duçoise de Normendie et la duçoise d'Orliiens et bien trois cens dammes et dammoiselles et li dus d'Orliiens ossi estoient à Miaux en Brie, en grant meschief de coer pour celle Jakerie.

Chil doi bon chevalier s'acordèrent qu'il yroient veoir ces dammes et les recomforteroient à leur pooir, quoyque li captaux fust englès ; mais il estoient adonc trieuwes entre le royaumme d'Engleterre et celui de France : si pooit bien chevauchier partout, et ossi il volloit là moustrer sa gentilèce en la compaignie de son oncle le comte de Fois. Si pooient y estre de leur routte environ quarante lanches et non plus, car il venoient d'un pelerinage, si comme je vous ay jà dit. Tant chevaucièrent il qu'il vinrent à Miaux en Brie. Si allèrent tantost deviers la duçoise de Normendie et les autrez dammes, qui furent moult lies de leur venue ; car tous les jours elles estoient mannechies des Jakez et des villains de Brie, et meismement de chiaux de le ville, enssi qu'il fu appairant. Car pour chou que ces meschans gens entendirent qu'il y avoit fuison de dammes et de dammoiselles et de jonnes gentilz enfans, il se queillirent enssamble, et cil de le comté de Vallois ossi, et s'en vinrent deviers Miaux.

D'autre part, chil de Paris, qui bien savoient ceste assamblée, se partirent ung jour par foux et par tropiaux et s'en vinrent avoecq les autres, et furent bien neuf mil tout enssamble en très grant vollenté de mal faire. Et toudis leur croissoient gens de diviers lieux et de pluiseurs chemins, qui se racordoient à Miaux, et s'en vinrent jusques as portes; et ces meschans gens de le ville ne veurent contredire l'entrée à chiaux de Paris, mès ouvrirent leurs portez. Si entrèrent ou bourch si grant plentet que touttes les rues en estoient couvertes jusquez au marchiet.

Or regardés le grant grasce que Dieu fist as dammes et dammoiselles, car pour voir ellez ewissent estet efforchiez, viollées et perdues, com noblez qu'elles fuissent, se ce n'ewissent estet li gentil homme qui là estoient, et par especial li comtez de Foix et li captaux de Beus, car chil doy chevalier donnèrent l'avis pour yaux desconfire. F° 110.

P. 103, l. 21 : qui. — *Le ms. A 29 ajoute :* nouvellement.

P. 103, l. 21 et 22 : hommes. — *Le ms. A 29 ajoute :* et sur les dames et damoiselles.

P. 103, l. 26 : en.... Chalons. — *Mss. A 8, 9 :* en la ditte cité.

P. 103, l. 29 et 30 : en.... jakerie. — *Ms. A* 17 : à grant tristesse de cuer et à moult grant meschief, pour la grant paour et grand doubte qu'il avoit de celle Jaquerie.

P. 103, l. 29 et 30 : pour.... Jakerie. — *Ms. A* 29 : pour le grant doute qu'ils avoient de celle maudite jaquerie.

P. 104, l. 1 : leur. • *Le ms. A 29 ajoute :* leal.

P. 104, l. 2 : quoique. — *Mss. A* 8, 9 : combien que.

P. 104, l. 7 : quarante lances. — *Ms. A* 29 : soixante lances de bonnes gens d'armes.

P. 104, l. 11 : lies. — *Le ms. A 29 ajoute :* et moult joyeuses et moult reconfortées.

P. 104, l. 13 : villains. — *Ms. A* 17 : tuffes et giveliers.

P. 104, l. 17 : enfans. — *Ms.* 29 : pucelles.

P. 104, l. 17 : cueillièrent. — *Mss. A* 8, 9 : s'assemblèrent.

P. 104, l. 21 : fous. — *Mss. A* 8, 9 : flotes. — *Ms. B* 6 : flos. F° 569.

P. 104, l. 22 : aultres. — *Le ms. A* 29 *ajoute :* pour ce qu'ils estoient du parti des Jacques.

P. 104, l. 23 : bien neuf mil. — *Ms. B* 6 : plus de vingt mille. F° 570 — *Le ms. A* 29 *ajoute :* villains

P. 104, l. 30 : plenté. — *Le ms. A* 17 *ajoute :* de villains petaux.

P. 105, l. 2 : nobles. — *Mss. A* 8, 9 : grandes.

P. 105, l. 5 : Beus. — *Le ms. A 29 ajoute :* son cousin.

P. 105, l. 6 : desconfire. *Les mss. A* 8, 9 *ajoutent :* et destruire.

§ 416. P. 105, l. 7 : Quant ces nobles. — *Ms. d'Amiens :* Quant ces nobles dammes, qui estoient hebregies ou Marquiet de Miaux, qui est assés fors, car li rivière de Marne l'environne, virent si grant cantitet de peuple acourir et venir sour elles, si furent moult esbahies et effraées. Mais li comtez de Fois et li captaux et leur routte, qui jà estoient tout armet, se rengièrent sour le Marquiet et vinrent à le porte dou Marchié et le fissent ouvrir toutte arrière, et puis se missent au devant de ces villains noirs et petis et mal armés.

Quant ces meschans gens virent ces chevaliers et escuiers si bien armés, et le bannierre le comte de Fois et ceste dou duc d'Orliiens et le pennon dou captaul, et les glaves et les espées en lors mains, et bien appareilliés d'iaux deffendre et de garder le Marchiet, si ne furent mies si foursenet que devant. Mès se coummenchièrent li premier à reculler, et li gentil homme à yaux poursuir, et à lanchier de lors glaves et lors espées et à abattre. Adonc chil qui estoient devant, qui sentoient les horions ou qui les resongnoient à avoir, reculoient tout à ung fès ; si cheoient l'un parmy l'autre.

Adonc yssirent touttes mannierres de gens d'armes hors des barrières, et gaegnièrent tantost le plache, et se boutèrent entre ces meschans gens. Si les abatoient as fous et à mons et les tuoient enssi que brebis, et les reboutèrent tous hors de le ville, que oncques nulx d'iaux n'y tint ordounanche ne conroy; et en tuèrent tant qu'il en estoient tout lasset et tout naisit, et les faisoient saillir à mons en le rivierre de Marne. Briefment, il en tuèrent ce jour plus de sept mil, ne jà n'en fust nulx escappés, se il les volsissent avoir cachiés plus avant.

Et quant li gentil homme retournèrent, il boutèrent le feu en le dessousterraine ville et l'ardirent toutte et tous les villains dou bourch qu'il peurent ens enclore. Depuis ceste desconfiture qui ensi fu faitte à Miaux, ne se rassamblèrent il nulle part, car li sirez de Couchy avoit grant fuison de gentils hommes avoecq lui, qui les mettoient à fin partout où qu'il les trouvoient, sans pité et sans merchi. F° 110.

P. 105, l. 7 et 8 : herbergies. — *Ms. A* 29 : logées par les hostels.

P. 103, l. 10 : gens. — *Ms. A* 17 : villains tuffes.

P. 103, l. 12 : captaus. — *Les mss. A* 8, 9 *ajoutent* : de Beuch.

P. 105, l. 12 : qui. — *Les mss. A* 8, 9 *ajoutent* : jà.

P. 105, l. 16 : noirs et petis. — *Ms. A* 17 : tuffes et giveliers, lais et hideus.

P. 105, l. 22 : comment. — *Mss. A* 8, 9 : combien.

P. 105, l. 22 : point. — *Mss. A* 8, 9 : mie.

P. 105, l. 28 : ressongnoient. — *Mss. A* 8, 9 : redoubtoient.

P. 105, l. 29 : tout.... et. — *Mss. A* 8, 9 : tant à une fois qu'ilz.

P. 106, l. 2 : à fous et à mons. — *Mss. A* 8, 9 : à grans monceaulx.

P. 106, l. 3 : reboutèrent. — *Mss. A* 8, 9 : boutèrent.

P. 106, l. 7 : que. — *Mss. A* 8, 9 : et.

P. 106, l. 7 et 8 : plus de sept mil. — *Ms. B* 6 : six mille. F° 570.

P. 106, l. 6 et 7 : Briefment. — *Mss. A* 8, 9 : Finablement.

P. 106, l. 8 et 9 : volsissent. — *Mss. A* 8, 9 : eussent voulu.

P. 106, l. 9 : avant. — *Le ms. B* 6 *ajoute :* Oncques depuis il n'eurent vollenté de retourner celle part. Che biau serviche firent ly conte de Fois et le capitaulx de Beus à la duchesse de Normendie. Ossy ches coumuns de Paris estoient vuidiet et party et n'avoient trouvé ne prouvost ne aultres qui leur euist dit chest malfait; ne ossy de leur follie il ne furent point corigiet à leur retour. F° 571.

P. 106, l. 11 : desoustrainne. — *Mss. A* 8, 9 : desordonnée.

P. 106, l. 16 : de. — *Le ms. A* 29 *ajoute :* bons.

§ 417. P. 106, l. 19 : Assés tost. — *Ms. d'Amiens :* Assés tost apriès celle avenue, li dus de Normendie assambla tous les nobles gentils hommes qu'il peut avoir, tant dou royaumme que de l'empire, parmy leurs saudées payans, et s'en vint assegier Paris par deviers Saint Anthonne, et avoit bien cinq mil armures de fier. Si estoient touttes ses gens logies à Saint Mor et as autres villes et villettez environ, et li dus se tenoit au pont à Charenton. Et prendoient ses gens fourraiges et pourveanches de vivres et quanqu'il trouvoient aval le pays, et ardirent bien deux cens villiaux pour mieux castiier et destruire ces meschans gens. Et couroient souvent cez gens d'armes devant Paris ; et n'en osoit nulz yssir, pour le doubtanche dou ducq.

D'autre part, li prevos des marchans, qui se tenoit en le haynne et yndination dou dit duc de Normendie, tenoit à amour ce qu'il pooit le dit roy de Navare et son cossseil et le coummunaulté de Paris, et faisoit de jour et de nuit ouvrer à le fremeté de Paris ; et tenoit laiens grant fuison de gens d'armes navarois et englèz, archiers et autres gens, pour estre plus asseur contre ceux qui les guerioient.

Et se logoit adonc li rois de Navare à Saint Denis, ossi qui retenoit grant fuison de gens d'armes. F° 110.

P. 106, l. 22 et 23 : troi mil. — *Mss. A* 8, 9, 15 *à* 17, 20 *à* 22 : sept mille. — *Ms. A* 29 : mille lances de bonne estoffe. — *Ms. B* 6 : cinq mille, que chevaliers, que escuiers. F° 572.

P. 106, l. 26 : à Paris. — *Ms. A* 29 : aux portes et barrières de Paris.

P. 107, l. 1 : castiier. — *Ms. A* 29 : dompter et endomager.

P. 107, l. 2 et 3 : fortefiie.... destruite. — *Ms. A* 29 : de portes, de tours, de murs et de bons fossés, ainsi qu'elle estoit, sans nul deport elle eust à celle foys esté destruite et rasée, tant estoit le duc de Normandie animé et courroucé sur les Parisiens.

P. 107, l. 4 : issir. — *Ms. A* 29 : saillir n'entrer.

P. 107, l. 5 : qui. — *Le ms. A* 29 *ajoute :* jour et nuyt.

P. 107, l. 8 et 9 : sentoit. — *Le ms. A* 29 *ajoute :* grandement.

P. 107, l. 13 : ouvrer. — *Le ms. A* 29 *ajoute :* de la maçonnerie et fossoyer pour.

P. 107, l. 15 : compagnons. — *Le ms. A* 29 *ajoute :* et planté de bons arbalestriers et paveschers.

P. 107, l. 18 et 19 : telz que.... linage. — *Mss. A* 8, 9, 15 *à* 17, 20 *à* 22 : telz que messire Pepin des Essars, messire Jehan de Charny, chevaliers, et pluseurs autres bonnes gens. F° 186.

P. 107, l. 20 : grandement. — *Les mss. A* 8, 9 *ajoutent :* de.

P. 107, l. 20 : duch. — *Les mss. A* 8, 9 *ajoutent :* de Normandie.

P. 107, l. 23 : gens. — *Les mss. A* 8, 9 *ajoutent :* et.

P. 108, l. 1 : peut. — *Le ms. A* 29 *ajoute :* à tout son arroy.

P. 108, l. 3 : saus. — *Mss. A* 8, 9 : solz. — *Ms. A* 29 : soudées.

P. 108, l. 8 : riens. — *Ms. A* 29 : si petit non.

§ 418. P. 108, l. 10 : Entre ces deux. — *Ms. d'Amiens :* De quoy il avint que li dus de Normendie, qui estoit à Charenton, manda [au roy de Navarre] quel cose il penssoit et qu'il volloit faire. Li message, qui furent envoiiet de par le duc au roy de Navare, parlèrent si bellement et si courtoisement au dit roy, que li roys de Navare s'en vint en l'ost dou duc et s'escuza bellement et humblement envers lui; et eult en couvent, par serment et par foy, qu'il demouroit dallez lui à bien et à mal de celle emprise. Et fu là entr'iaux li pès faite et confremmée entre les deux seigneurs, parmy tant que chil de Paris amenderoient le despit qu'il avoient fait au ducq de tuer ses chevaliers en se presenche ou palais à Paris, et ossi le meffait que fait avoient chil qui avoient estet à l'asaut dou Markiet de Miaux, à l'ordounnanche de quatre arbitrez, desquelx li roys de Navarre devoit estre cinquimes et souverains. Et avoecq chou, li dis dus devoit eslire douze hommes dedens lez bourgois de Paris qui devoient y estre justiciés et corrigiéz par le regart et jugement dez pers de France : si ques, sus le fianche de cest accord, li dus de Normendie dounna à ses gens d'armes congiet, mès mies ne rentra dedens Paris; car il avoit juret que jammais n'y renteroit jusquez adonc qu'il aroit par deviers lui le prouvost dez marchans et lez douze qu'il devoit eslire. Si s'en revint à Miaux, où la duçoise sa femme estoit, si comme vous avés oy, et li roys de Navarre à Saint Denis, qui souvent estoit visetés dou prouvost des marchans et de chiaux de sa secte. F° 110 v°.

P. 108, l. 18 : à. — *Mss. A* 8, 9 : près de.

P. 108, l. 22 : Robert de Clermont et le mareschal de Campagne. — *Mss. A* 15 *à* 17 : Jehan de Cleremont, le mareschal de Champaingne. F° 204 v°.

P. 108, l. 23 : le mareschal de Campagne. — *Mss. A* 18, 19 : Robert de Champaigne. F° 218 v°.

P. 108, l. 24 : Symon de Bussi. — *Mss. A* 8, 9, 15 *à* 17, 20 *à* 22 : Regnault d'Acy. F° 186.

P. 108, l. 26 et 27 : eut en couvent. — *Mss. A* 8, 9 : promist.

P. 109, l. 24 : li dus. — *Les mss. A* 8, 9 *ajoutent :* de Normandie.

P. 109, l. 24 : Paris. — *Le ms. A* 29 *ajoute :* pour cause que le prevost des marchans et ses alliés avoient moult grandement villené et injurié le dit duc en sa chambre au pallais et occis ses deux mareschaulx.

§ 419. P. 109, l. 25 : Li prevos. — *Ms. d'Amiens :* Assés tost après, s'esmut ungs mautalens entre les saudoiiers englèz et ciaux de Paris, que li prevos avoit retenus à ses gaiges, pour garder le cité contre le ducq, si comme vous avés oy chy dessus. Et adonc se porta si malement li debas pour les Englès, qu'il en y eut bien soissante tués sus les rues, et furent chil tout liet et tout ewireux qui peurent escapper. Et en fist adonc li prouvos des marchans, en l'aïe de chiaux de Paris, bien prendre cent et cinquante, et mettre en diviers lieux en prison; et dist as coummuns qui ochir les volloient, que il les ochiroit et feroit tous morir de male mort. Mais dedens deux jours apriès, quant la cose fu ung peu rappaisie, il leur fist voie et lez delivra de nuit, et les mist hors de Paris. Liquel Englès l'endemain se requeillièrent enssamble, et grant fuison d'autres compaignons qui se boutèrent en leur conroi, et deffiièrent chiaux de Paris et coummenchièrent à courir jusques as barrièrez de Paris, et à ocir et decopper gens, et à ardoir maisons et villiaux entours Paris. F° 110 v°.

P. 110, l. 3 : trois. — *Le ms. A* 29 *ajoute :* mareschaux.

P. 110, l. 4 : Paris. — *Le ms. A* 29 *ajoute :* ou plain conseil du duc de Normandie et tout au plus près de luy.

P. 110, l. 10 : secte. — *Mss. A* 8, 9 : aliance.

P. 110, l. 14 : Certes. — *Mss. A* 8, 9 : Chiers.

P. 110, l. 19 : se il besongne. — *Ms. A* 29 : si aucun grant besoing vous sourt.

P. 111, l. 12 : mors. — *Le ms. B* 6 *ajoute :* sur ung samedy. F° 574.

P. 111, l. 13 : soixante. — *Ms. B* 6 : quarante. F° 574.

P. 111, l. 17 : en trois portes. — *Ces mots manquent dans A* 8, 9, 15 *à* 17, 20 *à* 22. — *Ms. A* 29 : en troys des portes de Paris.

P. 111, l. 17 : cent et cinquante. — *Ms. B* 6 : deux cens.

P. 111, l. 18 : prison. — *Les mss. A* 8, 9, 15 *à* 17, 20 *à* 22 *ajoutent :* au Louvre.

P. 111, l. 21 : Paris. — *Le ms. A* 29 *ajoute :* pensant que l'endemain ils s'en feroyent justice.

[1358] VARIANTES DU PREMIER LIVRE, § 420. 331

P. 111, l. 23 : delivrer. — *Le ms. A* 29 *ajoute :* et partir à tout leurs bagues de Paris.

P. 111, l. 30 : uns sages. — *Ms. A* 29 : comme sage et subtil.

P. 111, l. 31 : adonc oster. — *Ms. A* 29 : chevir pour celle foys.

P. 112, l. 4 : trois cens. — *Ms. B* 6 : quatre cens. F° 575.

P. 112, l. 10 et 11 : en estoit demandés et par derrière encoupés. — *Mss. A* 3, 11 à 14 : en estoit en derrière encolpé. — *Mss. A* 8, 9, 15 à 17, 20 à 22 : en estoit cause et consentant.

P. 112, l. 11 : encoupés. — *Le ms. B* 6 *ajoute:* Ches nouvelles vinrent au duc de Normendie comment ly Parisiens estoient triboulés par ches Englès et Navarois. Desquelles nouvelles le duc de Normendie et son consail furent tout joieulx, car par celle voie poroient il bien venir à leur entente. Sy se faindy le duc de Normendie de non yauls guerrier sy fort que il avoit fait par avant. F° 575.

§ 420. P. 112, l. 12 : Quant cil de Paris. — *Ms. d'Amiens :* Quant chil de Paris se virent enssi herriiet de ces Englès, si furent tout foursenet et requissent au prouvost des marchans que il vosist faire armer une partie de le coummunauté de Paris et mettre hors as camps, car il volloient aller combattre ces Englès qui se tenoient à Saint Clo et là environ. Li prevos leur acorda volentiers, et dist que il ysteroit avoecq yaux pour mieux besongnier, et yssirent un jour de Paris yaux bien vingt deux cens. Quant il furent as camps, il entendirent que chil Englès qui les guerioient, estoient devers Saint Clo; si se avisèrent que il se partiroient en deux parties et prenderoient deux chemins, affin que chil Englèz ne leur pewissent escapper. Si se ordonnèrent enssi et se devoient retourner et rencontrer à un certain lieu, assés près de Saint Clo. Si se deseverèrent li ung de l'autre, et en prist li prevost des marchans le menre partie. Si tourniièrent ces deux batailles ce meysme jour entour Monmartre, et ne trouvèrent nulle aventure. Touttefois, li prouvos des marchans, qui estoit nesis d'estre sour les camps et riens faire, rentra en Paris par le porte Saint Martin très remontière.

Li autre bataille, qui cheminèrent plus avant, se tinrent tout le jour sour les camps, et au viespre il s'en revenoient tout hodet et tout lasset, li uns se bachinet en se main; li autres le portoit en unez besaches; li tiers traienoit son planchon ou portoit sen espée à eskierpe; et devoient rentrer en Paris par le porte Saint Hounouré. Si trouvèrent de rencontre ces Englèz ou fons d'un chemin, qui estoient bien quatre cens, c'uns c'aultrez, qui tantost les escriièrent et se ferirent entre yaux. Chil, qui soudainenment se virent assailli, ne tinrent point de conroy, mès coummenchièrent à fuir, chacuns qui mieux mieux, par tropiaux enssi que brebis, et chil Englès lez sieuvoient de prièz, qui les tuoient à vollenté. Là en y eut, sus mains d'une lieuwe de terre, ochis plus de sept cens, et chil furent tout euwireux qui peurent escapper et rentrer en Paris; et dura li cache jusques dedens les barrierrez de Paris. De ceste avenue fu trop durement blaméz li prevos dez marchans de le coumunauté de Paris, et dissent que il lez avoit trahis. Encorres à l'endemain, avint que li proïme et li amit de chiaux qui mort estoient, yssirent de Paris pour yaux aller requerre à kars et à karettez et les corps ensepvelir; mès li Englès avoient mis une embusche sur les camps, et en tuèrent et mehaignièrent de rechiés plus de six vingt.

En tel tourble et en tel meschief et en tel pestilence estoient escheu chil de Paris, et ne se savoient de qui garder. Et vous di qu'il vivoient et estoient nuit et jour en grans souppechons, car li roys de Navarre se refroidoit d'iaux aidier, pour le cause de le pès qu'il avoit juret à son serourge le ducq de Normendie, et pour l'outraige ossi qu'il avoient fait des saudoïiers englès qu'il avoient ochis, et si les avoit mis et envoiiés à leur priierre dedens Paris. Si n'en volloit mies avoir le haynne enviers leurs compaignons, mès consentoit bien que chil de Paris fuissent castiiet, afin qu'il amendaissent plus grandement ce fourfet. D'autre part, li dus de Normendie le souffroit assés, pour tant que li prouvos des marchans avoit encorres le gouvernement de chiaux de Paris; et leur mandoit bien et segnefioit que nulle pès ne leur tenroit jusques à tant que douze hommes de Paris, lesquelx qu'il vorroit eslire, il aroit à sa volenté, mors ou emprisonnés deviers lui.

Vous devés savoir que li prouvos des marchans et chil qui se sentoient fourfet deviers le duch et en se haynne, n'estoient mies bien aise. Si veoient il bien, tout consideret et ymaginet, que ceste cose ne pooit longement demourer en tel estat, car il estoient hay dou duc et n'en pooient issir fors par le mort. Et li coummuns coummenchoit jà fort à murmurer sus yaux. Et disoient li ung à l'autre, par rues et par quarfours où il s'asambloient, que il valloit mieux que douze hommes le comparassent, que li noble chités de Paris fust perdue ne perrie. F°ˢ 110 v° et 111.

P. 112, l. 19 : vingt deux cens. — *Mss. A* 20 *à* 22 : douze cens. — *Le ms. A* 29 *ajoute :* bien armés et embastonnés et en belle ordonnance. — *Ms. B* 6 : plus de vingt mille hommes. F° 576.

P. 112, l. 28 : batailles. — *Mss. A* 8, 9 : parties.

P. 113, l. 2 : nesis. — *Mss. A* 8, 9 : ennuiez.

P. 113, l. 3 : remontière. — *Mss. A* 8, 9 : remontée. — *Ms. A* 29 : haute nonne.

P. 113, l. 13 : hodé. — *Mss. A* 8, 9, 15 *à* 17, 20 *à* 22 : travailliez et ennuiez.

P. 113, l. 14 : en unes besaces. — *Mss. A* 8, 9 : à son col.

P. 113, l. 15 : eskerpe. — *Mss. A* 8, 9 : escharpe.

P. 113, l. 14 : tanison. — *Mss. A* 8, 9 : lascheté et ennuy.

P. 113, l. 19 : quatre cens. — *Ms. B* 6 : cinq cens. F° 576.

P. 113, l. 19 : sorte. — *Les mss. A* 8, 9 *ajoutent :* et d'un accort.

P. 113, l. 21 : trop. — *Les mss. A* 8, 9 *ajoutent :* durement et.

P. 113, l. 26 et 27 : ensi que bestes. — *Ms. A* 29 : comme pouvres bestes.

P. 113, l. 27 : que mieulz mieulz. — *Mss. A* 8, 9 : qui mieulx povoient.

P. 113, l. 28 : sept cens. — *Ms. A* 29 : huit cens. — *Ms. B* 6 : quinze cens. F° 576.

P. 113, l. 29 : poursuivi. — *Mss. A* 8, 9 : tous chaciez.

P. 113, l. 30 : blasmez. — *Ms. A* 29 : escharni.

P. 114, l. 5 et 6 : plus de six vingt. — *Ms. B* 6 : bien deux cens. Ensy aloit de pis en pis, dont le duc de Normendie n'estoit pas courouchiés. F° 577.

P. 114, l. 14 : Paris. — *Le ms. A* 29 *ajoute :* pour garder la cité à l'encontre des Normans.

P. 114, l. 18 : le gouvrenement. — *Le ms. A* 29 *ajoute :* et l'administration de la communauté et de toute la cité.

P. 114, l. 29 : secte. — *Mss. A* 8, 9 : sorte et aliance.

P. 114, l. 29 : les. — *Mss. A* 8, 9 : le.

P. 114, l. 30 : enfourmé. — *Le ms. A* 29 *ajoute :* ne nul remède il n'i savoyent mettre, si le dissimuloyent et passoyent à leur plus bel.

§ 421. P. 115, l. 1 : Li prevos. — *Ms. d'Amiens :* Si eurent li prevos des marchans et cil de sa secte pluisseurs ymaginations et conssaux enssamble coumment il en poroient yssir. Si regardèrent qu'il valloit mieux qu'il demoraissent en vie et en prosperité dou leur et de leurs amis que ce qu'il fuissent destruit. Si tretiièrent deviers ces Englès, qui estoient annemit à le coummunauté de Paris, et deviers aucuns dou consseil le roy de Navare. Et se porta certains traitiés et acors, secretement fais et pourparléz, que li prouvos des marchans et chil de sa secte devoient une nuit ouvrir les portes de Paris et laissier entrer ens ces gens d'armes englès et autres ; et devoient courir et rober toutte le chité, et ochir hommes et femmes sans pité et sans merchy, excepté chiaux et celles qui demouroient ès hostelx et ès maisons où ungs signes de croie, telz qu'il devisèrent, devoit estre fais et escrips.

Celle propre nuit que ce devoit avenir, espira et esvilla Dieux aucuns bourgois de Paris qui estoient de l'acord dou ducq, et s'armèrent tout quoiement en leurs maisons et fissent armer leurs amis, et furent bien deux cens d'une sorte, desquelz ungs bourgois de Paris, qui s'appelloit Jehans Maillars, estoit chiés. Si s'en vint li dis Jehans, bien acompaigniés et tous ahastis, à le porte Saint Anthonne, et trouva là le dit prevost des marchans : che fu environ l'eure de mienuit. Se li demanda Jehans Maillars qu'il queroit là à ceste heure, et l'amist tantost de trayson, et li dist qu'il n'y estoit pour nul bien. Li prevost l'en desmenti et dist que si estoit. Tant montèrent les parolles entre yaux deux que Jehans Maillars escria : « A le mort au traiteur ! » Et tantost qu'il eult dit ce mot, cil qui estoient dallés lui saillirent avant et ferirent à lui et à ses gens. Si fu là li dis prevos tués et huit hommes de se mesnie. Puis coururent li dis bourgois à leur compaignie par le ville, querant ciaux qui estoient de l'acord le dit prouvost, et en tuèrent pluisseurs qui ne se laissoient prendre, et emprisonnèrent bien soixante qu'il missent en prison en Castelet, à Paris.

L'endemain au matin, la chité de Paris fu moult esmeue, che fu bien raisons ; et s'asambla toutte li coumunaulté ou marchiet as halles. Là recorda et remoustra Jehans Maillars, voiant tout le peuple, en quel estat il avoit, le nuit passée, trouvet le prouvost dessus dit et se route, et pourquoy il l'avoit ochis et emprisounnés lez autres, et quel cose chil qui estoient en Castellet, avoient confesset et coumment celle propre nuit li Englès et li Navarois devoient entrer en Paris sus le comfort dou dit prouvost, et tout mettre à l'espée sans remède et sans merchy, hommes et femmes, excepté chiaux qui estoient de le secte le dit prouvost.

Ces parolles oyes, tous li peupples fu moult esmervilliés, et loèrent Dieu de le grace qu'il leur avoit fait. Là fu adviset et conssilliet de coummun acord c'on manderoit le dit duc, leur seigneur, qui estoit au pont de Charenton. Si envoiièrent chil de Paris siis bourgois des plus souffissans et des mieux advisés, liquel montèrent tantost à cheval et s'en vinrent deviers le ducq au pont à Charenton. Si le trouvèrent, le duc d'Orliiens, son oncle, dalléz lui, le seigneur de Saint Venant, monseigneur de Rainneval, monseigneur Raoul de Couchy, monseigneur Ernoul d'Audrehen et pluisseurs autres chevaliers. Se li recordèrent tout l'affaire, si comme vous avés devant oy, et li priièrent en hummelité qu'il volsist venir à Paris, et que li bourgois avoient grant desir de lui veoir et avoir dalléz yaux, et obeir dou tout à lui, enssi c'à leur seigneur.

De ces parolles fu li dus tous joieaus et encorres plus des nouvelles. Si se parti dou pont à Charenton à tout son arroy, et s'en vint à Paris où il fu moult grandement honnourés et festiiés, et touttes les rues jonchées et parées à l'encontre de sa venue. Si pardounna li dus tantost de bonne vollenté l'entreprise que fait avoient de le mort le prouvost des marchans et de chiaux de son accord.

Si remanda li dus la duçoise sa femme, qui estoit à Miaux, et touttes les autres dammes et dammoiselles qui adonc estoient avoecq lui : se vinrent à Paris et y furent bien festiées et bien conjoïes. Si furent justiciet et mis à fin en pluisseurs mannierres tout chil qui estoient emprisonnet en Castelet, qui avoient estet de le partie le prevost des marchans. Depuis se tint li dus de Normendie tout à pès dedens Paris et sans nulle souppechon.

En ce tamps, se deffist li sièges de devant Rennes, qui avoit duret près d'un an entier; et retourna li dus de Lancastre en Engleterre et touttes ses gens d'armes.

Et messires Carles de Blois envoya ses deux filx, Jehan et Ghuy, en Engleterre, hostagier pour lui, tant qu'il ewist paiiet sa raenchon. Si les rechupt li roys englès liement ou nom de leur père, et les mist en garde par deviers un très bon chevalier loyaul et preudomme, qui s'appelloit messires Rogiers de Biaucamp, et damme Sebille sa femme : cil furent garde des deux enffans dessus diz moult long tamps, si comme vous orés avant en l'istoire.

Or revenrons au roy Charlons de Navarre, qui se tenoit à che donc à Saint Denis, et messires Phelippes ses frères, et pluisseur chevalier et escuier navarois, englès, pickars et de pluisseurs pays, au jour et à l'eure que li prevos des marchans fu tués. F° 111.

P. 115, l. 1 à 24 : Li prevos…. Paris. — *Ms. B* 6 : Or avint que le prouvost des marchans, qui moult se doubtoit des Parisiens et ossy chil de sa secte, et que en la fin le dus ne les tenist à se vollenté, avisèrent que il renderoient et deliveroient la bonne chité de Paris as Navarois de nuit : par quoy chil de qui il se doubtoient seroient corrigiet et pugnit et metteroient tout le leur hors à sauveté, car cheste chose ne povoit longement durer que il ne leur mesvenist par aulcune aventure, et jà en avoient yl oït murmurer sur yauls. Sy se retrairent devers monseigneur Jehan de Pikegni et le conseil du roy de Navare tout secretement à faire leur emprise, et ordonnèrent coment de nuit ly Navarois enteroient ens Paris par le porte Saint Anthoine. F° 577.

P. 115, l. 1 et 2 : de sa secte. — *Mss. A* 8, 9 : de son aliance et accort.

P. 115, l. 5 : Normendie. — *Le ms. A* 29 *ajoute :* qui mandoit generalement à tous ceux de Paris que nulle paix ne leur tiendroit jusques à tant que douze hommes de Paris, lesquels qu'il voudroit eslire, luy fussent livrés pour en faire et ordonner du tout à son plaisir.

P. 115, l. 13 : certains. — *Les mss. A* 8, 9 *ajoutent :* trettiés et.

P. 115, l. 15 à 24 : estre…. Paris. — *Mss. A* 8, 9, 15 *à* 17, 20 *à* 22 : tous prests et ordonnez entre la porte Saint Honnouré et la porte Saint Anthoine tellement que, à heure de mienuit, Anglois et Navarrois devoient tous d'une sorte y venir si pourveus que pour courir et destruire Paris, et les devoient trouver toutes ouvertes. Et ne devoient les dis coureurs deporter homme ne femme, de quelque conversacion qu'ilz feussent, mais tous mettre à l'espée, exceptez aucuns que les ennemis devoient congnoistre par les signes qui seroient mis à leurs huis et fenestres. F° 188.

P. 115, l. 21 à 23 : de quel…. cognoistre. — *Mss. A* 2, 11 *a* 14, 18, 19 : de quelque estat qu'il feussent, mais tout mettre à

[1358] VARIANTES DU PREMIER LIVRE, § 421.   337

l'espée où un signe que les amis avoient (*Mss. A* 18, 19 : devoient congnoistre) entre eulx....

P. 115, l. 25 : que ce devoit avenir. — *Mss. A* 18, 19 : que Dieu ne voult ceste chose avenir.

P. 115, l. 25 : espira. — *Mss. A* : inspira.

P. 115, l. 26 : esvilla. — *Ms. B* 6 : resvilla. F° 577.

P. 115, l. 27 et 28 à p. 118, l. 20 : Normendie.... recorder. — *Mss. A* 8, 9, 15 *à* 17, 20 *à* 22 : desquelz messire Pepin des Essars et messire Jehan de Charny se faisoient chiefs. Et furent yceulx par inspiracion divine, ainsy le doit on supposer, enformez que Paris devoit estre courue et destruite. Tantost ilz s'armèrent et firent armer tous ceulx de leur costé, et revelèrent secretement ces nouvelles en pluseurs lieux, pour avoir plus de confortans.

Or s'en vint le dit messire Pepin et pluseurs autres, bien pourveus d'armeures et de bons compaignons. Et prist le dit messire Pepin la banière de France, en criant : « Au roy et au duc! » Et les suivoit le peuple. Et vindrent à la porte Saint Anthoine où ilz trouvèrent le prevost des marchans qui tenoit les clefs de la porte en ses mains.

Là estoit Jehan Maillart qui, pour ce jour, avoit eu debat au prevost des marchans et à Josseran de Mascon et s'estoit mis avecques ceulx de la partie du duc de Normandie. Et illecques fut le dit prevost des marchans forment arguez, assaillis et deboutez. Et y avoit si grant noise et criée du peuple qui là estoit, que l'en ne pouvoit riens entendre. Et disoient : « A mort, à mort, tuez, tuez ce prevost des marchans et ses aliez, car ilz sont traitres ! »

Là ot entr'eulx grant hutin. Et le prevost des marchans, qui estoit sur les degrez de la bastide Saint Anthoine, s'en feust voulentiers fuy, s'il eust peu; mais il fu si hastez que il ne pot. Car messire Jehan de Charny le feri d'une hache en la teste et l'abati à terre; et puis fut feru de maistre Pierre Fouace et autres qui ne le laissièrent jusques à tant que il fut occis et six de ceulx qui estoient de sa secte, entre lesquelz estoient Phelippe Gaiffart, Jehan de Lisle, Jehan Poiret, Simon le Paonnier et Gille Marcel. Et pluseurs autres traitres furent pris et envoiez en prison. Et puis commencèrent à courir et à cerchier parmi les rues de Paris, et mirent la ville en bonne ordenance, et firent grant gait toute nuit.

Vous devez savoir que, sitost que le prevost des marchans et les autres dessus nommez furent mors et pris, ainsi que vous avez oy, et fut le mardi derrenier jour de juillet l'an mil trois cens cinquante huit, après disner, messages partirent de Paris très hastivement pour porter ces nouvelles à monseigueur le duc de Normendie qui estoit à Meaulx, lequel en fut très grandement resjoui, et non sans cause. Si se ordonna pour venir à Paris. Mais avant sa venue, Josseran de Mascon, qui estoit tresorier du roy de Navarre, et Charles Toussac, eschevin de Paris, lesquelz avoient esté prins avecques les autres, furent excecutez et orent les testes copées en la place de Grève, pour ce qu'ilz estoient traitres et de la secte du prevost des marchans. Et le corps du dit prevost et de ceulx qui avecques lui avoient esté tuez, furent atrainez en la court de l'eglise de Sainte Katherine du Val des Escolliers. Et, tous nuz, ainsi qu'ilz estoient, furent estendus devant la croix de la dicte court où ilz furent longuement, afin que chascun les peust veoir qui veoir les vouldroit, et après furent gettez en la rivière de Saine.

Le duc de Normandie, qui avoit envoiez à Paris de ses gens, [et[1]] grant foison de gens d'armes pour reconforter la ville et aidier à la deffendre contre les Anglois et Navarrois qui estoient environ et y faisoient guerre, se parti de Meaulx où il estoit et s'en vint hastivement à Paris à noble et grant compaignie de gens d'armes. Et fut receus en la bonne ville de Paris de toutes gens à grant joye, et descendi pour lors au Louvre.

Là estoit Jehan Maillart delez lui, qui grandement estoit en sa grace et en son amour; et, au voir dire, il l'avoit bien acquis, si comme vous avez oy cy dessus recorder, combien que par avant il feust de l'aliance au prevost des marchans, si comme l'en disoit. F° 188.

P. 115, l. 32 : armer. — *Ms. B* 6 : tout leur linage et bien trois cens bourgois de Paris ens esquels il avoient grant fianche, et puis en allèrent à tout grans fallos et torses deviers la porte Saint Anthoine. F° 578.

P. 116, l. 20 : trahites. — *Ms. A* 29 : Estienne.

P. 116, l. 29 : six. — *Ms. B* 6 : dix huit. F° 578.

P. 116, l. 30 : prison. — *Le ms. A* 29 *ajoute* : Quant Jehan Maillart eut ainsi exploitté sur le prevost des marchans et sur aucuns de ses complices, il se saisit des clefs de la porte Sainct Anthoine que le prevost tenoit encores en ses poings, depuis qu'il

---

1. *Ms. A* 15, f° 206 v°. — *Mss. A* 8, 9 : ot. *Mauvaise leçon.*

fut occis, voire si estroittement que à peine on les luy povoit oster, et les pendit à son ceinct.

P. 117, l. 3 à 11 : si les.... mesfet. — *Ms. A* 29 : Adonc Jehan Maillart les arraisonna, leur demandant qu'ils queroyent là à celle heure et qui les y avoit envoyés. Ils respondirent qu'ils estoyent là commis à garder la porte de par le prevost des marchans, qui avoit la charge et la garde de Paris, et que tantost il devoit là venir. « Par mon serment, dict Jehan Maillart, il n'a talent d'y venir, car veez, ci l'en a bien gardé. » Adonc il leur monstra sa hache encores toute rouge et teincte de sang.

Quant les traistres virent et entendirent que ce dict est, ils furent tous esbahis, si ne sçeurent que penser, fors que leur maistre estoit mort, et eurent grant doubte de leur vie; car là entour veoyent tant de peuple assemblé contre eux que leur deffense n'auroit lieu. Lors leur dist Jehan Maillart : « Vous estes tous de la bande du prevost : si vous fay tous prisonniers, de par le roy nostre sire et la communauté de Paris. » Et ainsi furent tous encoulpés de trahison et prins, et excusance qu'ils en fissent, ne leur proufita riens. Là furent tous ceulx de la secte du prevost saisis et loyés estroittement comme traistres, et menés en fortes prisons en divers lieux; et ceux qui ne se laissoyent prendre doucement, estoyent tantost occis et assommés sans quelque merci.

Celle nuict mesme, aussi en furent prins en leurs licts et maisons plus de soixante, qui tous furent encoulpés de la trahison et du mesme faict dont le prevost des marchans estoit mort; car ceulx qui prins estoyent, confessoyent à tous costés plainement tout le faict. L'endemain au matin, Jehan Maillart fit assembler le plus grant partie de la communauté de Paris au marché des Halles. Là monta sur un echaffaut et remonstra generallement la cause pourquoy il avoyt tué le prevost des marchans. Puis furent jugés à mort, par le conseil des preudhommes de Paris, tous ceux qui estoyent attaincts d'avoir esté de la secte du prevost; si furent tous executés en divers tourments de mort.

P. 117, l. 8 : soixante. — *Ms. B*. 6 : quarante de l'amisté et de la secte du dit prouvost lesquels, à l'endemain, on leur coppa les testes comme traites. F. 578.

§ 422. P. 118, l. 30 : Quant li rois. — *Ms. d'Amiens* : Quant li roys de Navare sceut le verité de le mort le prouvost des marchans, son grant amy, et de chiaux de sa secte, si fu durement tourblés et courouchiés en deux manierres : l'une, pour tant que li prouvos li estoit mout favourablez et amis, et l'avoit aidiet à delivrer de prison et trouvet toudis plains de grant avis et de bon consseil; l'autre raison si estoit telle, qui mout li touchoit à sen onneur, que, par la mort dou dit prouvost et de chiaux de sa secte, li faummes courroit coumunement que, par son enhort et son pourcach, il volloit trahir le duc de Normendie, son serorge, et chiaux de Paris, laquel cose li estoit à son grant blasme et ne faisoit mie à souffrir ne à demourer enssi. Ce li emfourmoit ses consseils : si ques li roys Charles de Navare, comme homs moult ymaginatis, eut pluisseurs considerations et conssaux sus ces raisons, et ne pooit nullement veoir ne trouver qu'il ne deffiast et gueriast le duc de Normendie et le royaumme de France. Si le fist deffiier, de par lui et en son nom, et se parti de Saint Denis et s'en vint à Meslun sus Sainne, où la roynne Blanche, sa soer, estoit. Si se saisi de le ville et dou castel, et retint partout saudoiiers, gens d'armes et compaignons, Gascons, Englès et Espagnolx, Prouvenchiaux, Alemans, Haynuiers, Flamens, Braibenchons et touttez mannierrez de gens qui volloient yestre de son accord. Si en eult ossi pluisseurs ou royaumme de Franche, qui furent de son accord à gueriier le duc de Normendie et le pays; et venoient touttes mannierres de gens deviers lui, pour mieux pillier et gaegnier. Car li royaummes de Franche estoit adonc si gras, si riches et si plains de tous biens, que tout compaignon aventureus s'i traioient vollentiers pour pourfiter.

Si coummencha li rois de Navarre et ses gens, que on appelloit Navarrois, à gueriier le royaumme de Franche tellement que oncques il ne fu si grevés ne si essilliés de par les Englès, qu'il fu par les Navarois. Si coummenchièrent à ardoir et à essillier tout le pays d'entours Paris, et à desrober partout quanqu'il trouvoient, sans deport, à estudiier et à soutillier, à prendre castiaux, villes et fortrèces, les uns par eschiellement, les autres par tretiez et par pourchach de chiaux meysmes qui demoroient ens ès fors, dont li gentilz hommes de France avoient tués leurs amis. S'en fu tantost li noblez et li bons pays dou royaumme de Franche si raemplis de tous lés que nulx n'y osoit aller, venir, yssir, ne chevauchier, fors que pour ardoir et pour pillier. Et·se tenoit li roys de Navarre à Mellun sur Sainne, à grant fuisson de gens d'armes; et couroient en Brie, en Gastinois, en Campaingne, et faisoient dou pays et des gens auques leurs vollentés.

D'autre part, messires Phelippez de Navare se tenoit à Mantez sur Sainne, desous Paris; et couroient ses gens en Normendie bien avant, en Biauvoisis et jusques as portes de Paris. A l'autre lés, ravoient li Navarois pris le bonne ville de Cray et l'avoient durement fortefiie; et en estoit cappittainne ungs chevaliers navarrois, bons hommez d'armes durement, qui s'appelloit messires Fourdrigais, et tenoit desoubz lui bien cinq cens combatans. Et estoient chil tout mestre de le rivierre d'Oise et d'Esne, et prissent le castiel de Mauconseil à deux lieuwez de Noyon, où nulx ne demoroit adonc; et en fissent une grant et grosse garnisson qui si constraindoit chiaux de Noyon, que nulx n'osoit yssir hors. Encorrez fu pris en ce tamps li fors castiaux de le Herelle, dont li Navarois fissent une très grant garnisson. Assés tost aprièes, vint li captaus de Beus en Franche, à le priière dou roy de Navare son cousin, et à ses gages, et prist par eskiellement le fort castel de Clermont en Biauvoisis.

Ces quatre fortrèches constraindoient si le pays de Picardie, de Biauvoisis, de Franche, de Vermendois, que nulx n'osoit yssir de se maison; et n'estoit chevaliers ne escuiers, ne comtes ne dus, qui alast au devant. Et estoient chil de Paris si comme assis, car touttes les rivierres desoubz et deseure, dont li bien et les pourveanches leur devoient venir, estoient prises et saisies, et li Navarois mestres et souverains.

En ce tamps, fu pris par les Navarrois li fors castiaux de Saint Walery en Pontieu, qui trop durement greva et adamaga le pays de là environ; et en estoient cappittainne messire Guillaumme Bonnemare, un chevalier navarois, et Jehan de Segure, apert homme et hardit as armes mallement. Et avoient chil bien cinq cens compaignons desoubz yaux, et couroient tout le pays de là environ, parmy le comfort de chiaux de le garnisson d'Eu qui se tenoit navaroise; et pilloient et roboient tout le Vismeu et le comté d'Eu et jusques as portes de Dièpe, et tout le Pontieu et environ Abbeville et jusquez à Amiens, et assamblèrent si grant avoir que sans nombre. F° 111 v°.

P. 118, l. 30 : Navare. — *Le ms. A* 29 *ajoute :* qui se tenoit à Sainct Denis, et monseigneur Philippe de Navarre son frère, à tout grosse compagnie de gens d'armes, Angloys, Navarroys et autres.

P. 119, l. 1 : secte. — *Mss. A* 8, 9 : aliance.

P. 119, l. 20 : toute. — *Le ms. A* 29 *ajoute :* sauf l'abbaye qu'ils reservèrent, et chargèrent leur pillage sur chars et charrettes et tout emportèrent.

P. 119, l. 21 : Et... Sainne. — *Mss. A* 8, 9, 15 à 17, 20 à 22 : Et envoia gens d'armes le dit roy de Navarre à Melun sur Saynne. — *Le ms. B* 6 *ajoute* : une bonne ville et forte en Brie et en Gastinois, qui estoit douaire de la royne Blanche se seur. F° 579.

P. 119, l. 28 : Hasbegnons. — *Mss. A* 8, 9 : Espaignols. — *Mss. A* 23 à 29 : Behaignons. — *Le ms. B* 6 *aioute* : Flamens, Franchois.

P. 120, l. 15 : present. — *Le ms. A* 29 *ajoute* : quant il eurent sis sept jours.

P. 120, l. 16 : Cray. — *Mss. A* 8, 9 : Creel.

P. 120, l. 17 : le Herielle. — *Mss. A* 8, 9 : la Harelle.

P. 120, l. 22 : en.... restoré. — *Mss. A* 8, 9 : en avant cent ans ne furent reparez ne restorez.

P. 120, l. 29 : Segure. — *Mss. A* 1 à 6, 11 à 14, 18, 19 : Segre.

P. 121, l. 1 : Abbeville. — *Le ms. A* 29 *ajoute* : et tout le Vimeu, toute la comté d'Aumalle, tout le Cayeu.

P. 121, l. 1 : le marine. — *Mss. A* 8, 9 : la riviere de Somme.

P. 121, l. 1 et 2 : jusques ens ès portes. — *Mss. A* 8, 9, 15 à 17, 20 à 22 : jusques.

P. 121, l. 9 : trente. — *Ms. A* 29 : vingt cinq ou trente.

P. 121, l. 18 : Fourdrigais. — *Ms. B* 6 : Foudrigas. F° 580.

P. 121, l. 20 : Paris. — *Mss. A* 3, 7, 18, 19 : Noion.

P. 121, l. 29 : combatans. — *Le ms. A* 29 *ajoute* : tous routtiers.

P. 121, l. 30 : Rabigos. — *Mss. B* 6, *A* 8, 9 : Radigos. F° 580.

P. 121, l. 30 : de Duri. — *Ms. B* 6 : de Bury.

P. 121, l. 30 : de Duri, Richars Frankelins. — *Mss. A* 1 à 6, 11 à 14, 18, 19, 29 : de Durichars, Franquelin.

P. 121, l. 31 : Hanekins. — *Ms. B* 6 : Hannek.

P. 122, l. 3 : toutes les sepmainnes. — *Ms. A* 29 : tous les mois.

P. 122, l. 6 : ennemis. — *Le ms. B* 6 *ajoute* : D'autre part, à Pons sur Saine, se tenoient aultre Navarrois desquelz messire Ustasses d'Aubrechicourt estoit capitaine, lequelz tenoit tout le pays de Campaigne, durement chiaus de le chité de Troies et ranchonnoit tout le pais, ne nulz n'aloit au devant. F° 580.

P. 122, l. 6 : gens. — *Le ms. A 29 ajoute :* et par leurs cruautés et tirannies.

P. 122, l. 7 : et à tries. — *Ces mots manquent dans A 8, 9.*

P. 122, l. 7 et 8 : ne les labouroit ne ouvroit. — *Mss. A 8, 9 :* ne les osoit labourer ne ouvrer.

§ 423. P. 122, l. 10 : Quant li dus. — *Ms. d'Amiens :* Quant li dus de Normendie, qui se tenoit à Paris, entendi que ces gens d'armes essilloient le pays sus le comfort dou roy de Navarre et qu'il monteploient de jour en jour, il envoya par touttes les cités et les bonnes villes de Pikardie et de Vermendois, que chacune chité et seloncq se quantité, li envoyast une somme de gens d'armes à piet et à cheval, pour contrester contre les Navarois qui li essilloient son pays. Les citéz et les bonnes villes le fissent vollentiers et li envoüèrent gens d'armes et arbalestriers, seloncq ce qu'il estoient puissans. Si se traissent premierement par devant Mauconseil, pour ce qu'il leur sambla que c'estoit li fors plus legiers à prendre, et qui plus herioit chiaux de Noyon, et le bon pays de Vermendois. Si furent cappittainne de touttez ces gens d'armes et coumugnes li evesques de Noyon qui estoit filx à messire Robert de Loris, messires Raoulx de Couchy, messires Raoulx de Raineval, li sires de Canny et li sires de Roye. Et avoient avoecq yaux pluisseurs chevaliers et escuiers de Vermendois et de là environ, et assegièrent Mauconsseil assés estroitement, et y livrèrent pluisseurs assaux, et constraindirent moult chyaux qui le gardoient et deffendoient.

Quant li compaignon qui dedens estoient, se virent enss apressé de ces seigneurs de Franche, et que longement ne se pooient tenir qu'il ne fuissent pris et desconffi, si mandèrent leur povreté et signefiièrent à monseigneur Jehan de Pikegni, qui se tenoit adonc à le Herielle et à qui touttes ces fortrèces obeyssoient, en depriant qu'il fuissent comforté et secourut hasteement, ou autrement il les couvenoit rendre à meschief. Quant messires Jehans de Pikegny entendi ces nouvelles, si se hasta d'iaux secourir et assambla ung jour tous chiaux des fors, et firent tant qu'il furent bien mil lanches de bons combatans. Si chevauchièrent ces gens de nuit et vinrent sus une ajournée devant Mauconsseil et se ferirent soudainnement en l'ost des Franchois, qui de ce point ne se gardoient et qui dormoient à petit ghet comme tout aseuret. Si escriièrent li Navarrois leur cri et coummenchièrent à tuer et à decopper gens, et à abattre tentes et trés et à faire ung grant esparssin; car li Franchois furent pris si sour un piet qu'il n'eurent loisir d'iaux armer ne requeillier, mès se missent à le fuite, chacuns qui mieux mieux, deviers le chité de Noyon, et li Navarois apriès.

Là eult grant bataille et dur hustin, et moult de gens mors entre Noyon et Oskans et entre Noyon et le Pont l'Evesque et tout là entours; et gisoient li mors et li navret à fous et à mons par les camps. Et y perdirent chil de Tournay trop grossement, car il y estoient alet en grant estoffe et yaux bien sept cens, mès il furent priès tous mors ou tout pris. Et furent pris li evesques de Noyon, messires Raoulx de Couchy, li sires de Canni et si doy fil, et pluiseurs bons chevaliers et escuiers de là environ, et dura li cache jusquez ens ès portez de Noyon. Ceste bataille fu l'an de grace mil trois cens cinquante huit, le mardi apriès le feste en my aoust, c'on dist le Nostre Dame.

P. 122, l. 11 : essilloient. — *Mss. A* 8, 9 : exilloient.

P. 122, l. 18 et 19 : une somme. — *Mss. A* 8, 9 : un nombre.

P. 122, l. 23 : villes. — *Le ms. B 6 ajoute* : et par especial cil de Tournay y envoièrent bien cinq cens saudoiers moult bien abilliés. F° 582.

P. 122, l. 30 : herioit. — *Mss. A* 8, 9 : grevoit.

P. 122, l. 30 : constraindoit. — *Mss. A* 8, 9 : contraingnoit. — *Ms. A* 7 : constraingnoit. F° 200.

P. 123, l. 7 : environ. — *Ms. B* 6 : Et avoit devant Mauconseil plus de quinze cens hommes, que uns, que aultres. F° 582.

P. 123, l. 12 : malement. — *Mss. A* 8, 9 : durement.

P. 123, l. 24 : Cray. — *Mss. A* 8, 9 : Creel.

P. 123, l. 30 : mil lances de bons combatans. — *Ms. B* 6 : bien quinze cens combatans, tout d'eslite. F° 582.

P. 124, l. 2 : loing. — *Mss. A* 8, 9, 15 *à* 17, 20 *à* 22 : devant lui.

P. 124, l. 6 : Saint Jorge! Navare! — *Mss. A :* leur cry.

P. 124, l. 8 : et à faire un grant esparsin. — *Mss. A* 8, 9, 15 *à* 17, 20 *à* 22 : à grant exploit.

P. 124, l. 14 : Oskans. — *Mss. A* 8, 9 : Ourcans l'Abbaye.

P. 124, l. 16 : à fous et à mons. — *Mss. A* 8, 9 : à monceaulx.

VARIANTES DU PREMIER LIVRE, § 424.

P. 124, l. 27 : Raoulz de Couci. — *Ces mots manquent dans les mss. A* 1 *à* 6, 8, 9, 11 *à* 22.

P. 124, l. 28 et 29 : et si.... Rouvroy. — *Mss. A* 8, 9, 15 *à* 17, 20 *à* 22 : et les deux filz au Borgne de Rouvroy.

P. 124, l. 31 : escuiers. — *Ms. B* 6 : et y eult plus de seize cens prisonniers. F° 583.

P. 124, l. 31 et 32 : quinze cens et plus. — *Ms. B* 6 : plus de quatre mille. F° 582.

P. 125, l. 5 et 6 : paraidièrent.... desconfiture. — *Ms. A* 29 : parardirent la bonne abbaye d'Oquans et aidièrent à parfaire la desconfiture.

§ 424. P. 125, l. 10 : Ceste desconfiture. — *Ms. d'Amiens* : Ceste desconfiture enorgilli et amonta si les Navarois et leurs routtes qu'il cevauchoient par tout le pays à leur vollenté; car il conquissent là grant avoir et pluisseurs bons prisonniers qu'il ranchounnèrent bien et fort : dont il furent si rice et si puissant que touttes mannierrez de gens estraigniers s'en venoient deviers yaux et s'enboutoient de leurs routtez pour plus pillier et gaegnier. Si fissent cil de Mauconsseil, après ceste bataille, assés plus de maux que devant, car il ardirent et violèrent la belle et le bonne abbeie d'Orkans, dont ce fu dammaigez; et rançonnèrent tout le pays environ yaux, à bleds, à vins et as autres pourveanches pour leurs chevaux. Et aloient de l'un à l'autre jewer et esbattre sans peril et sans rencontre, et ne trouvoient nullui dez seigneurs ne des bonnes villez qui leur destournast ne qui chief en fesist ; ains regardoit chacune cité et chacune ville fremmée pour lui, et laissoient le plat pays rober et pillier sans deffensce, ensi que vous avés oy.

Et tousjours se doubtoient de trayson li nobles des coumunez, et li coumun dez gentilx hommez. Pour quoy li noble et li gentil homme dou royaumme ne s'osoient faire chief ne riens entreprendre pour yaux; car, se il leur mesavenist en aucune mannierre, tantost on les amesist de traison. Encorrez disoient assés lez coummunautez des villez et chitéz qui furent devant Mauconsseil, que li gentil homme les avoient tray, et c'estoient cil qui le plus y avoient perdu. Enssi estoient gentil et vilain dou royaumme de France enchantéz et enfantouméz li ung pour l'autre. Et meysmement li dus de Normendie et si frère et leurs onclez li dus d'Orliiens et pluisseur autre contez et baron gisoient tous quoys en le cité de Paris sans yaux bougier, et ne savoient de quel part traire pour delivrer le royaumme des Navarrois, car il en y avoit tant à tous lés que li royaummes en estoit tous plains. F° 112.

P. 125, l. 13 : Cray. — *Mss. A* 8, 9 : Creel.

P. 125, l. 16 : prisons. — *Mss. A :* prisonniers.

P. 125, l. 17 : friche. — *Mss. A :* riches. — *Ms. A* 7, f° 200 v°.

P. 125, l. 20 et 21 : jupons. — *Mss. A :* gipons.

P. 125, l. 21 : à tous hostieus. — *Ms. A* 7 : à toutez manières d'ostielz.

P. 126, l. 1 : enterinement. — *Mss. A* 8, 9 : entierement.

P. 126, l. 2 : bevenes. — *Mss. A* 8, 9 : bievres.

P. 126, l. 2 : d'osterice. — *Ms. A* 7 : d'ostruce.

P. 126, l. 8 : d'Oskans. — *Mss. A* 8, 9 : d'Orquans.

P. 126, l. 9 : as chapitains. — *Ms. A* 7 : au capitaine.

P. 126, l. 10 : sceurent. — *Ms. A* 7 : sot.

P. 126, l. 21 : certains saulz. — *Mss. A* 8, 9 : certaines souldées.

P. 126, l. 25 : ensonniet. — *Mss. A* 8, 9 : embesoingniez.

P. 127, l. 4 : durement. — *Les mss. A* 7 *à* 9 *ajoutent :* et vaillant homme.

P. 127, l. 8 : Roye. — *Mss. A* 8, 9 : Rue.

§ 425. P. 127, l. 9 : Or avint. — *Ms. d'Amiens.* Or avint enssi que messires Jehans de Pikegny, qui estoit de le partie le roy de Navare, acquist tant d'accord en le bonne chité d'Ammiens des grans bourgois et d'aucuns dez coumugnes, qu'il y osa bien ung soir venir, sus le fianche des amis qu'il avoit laiiens, à tout bien huit cens lanches, en cause que de prendre le cité et toutte rober; et fist son amas en le Herielle, à trois lieuwez de là, et vint tout de nuit à touttes ses gens d'armes, et trouva la premierre porte appareillie et entra ens à grant bruit.

Chil de le chité s'estourmirent, qui sentirent et entendirent le friente dez gens d'armes. Si se coururent tantost armer et criièrent : « Trahi! » et vinrent vers le porte où li Navarois estoient, et le fremmèrent au plus tost qu'il peurent. Là eut grant hustin et fort, et maint homme mort et reverssé à terre, car c'estoit de nuit : se ne congnissoient l'un l'autre. Et si avoit dedens le cité enclos et repus dez Navarois qui mettoient grant painne à ocire chiaux de le chité; et en fuissent dou tout venut à leur entente et destruit et efforchié le bonne chité d'Amiens, se n'ewist estet le jonne comte de Saint Pol, ungs hardis et entreprendans chevaliers, et li sirez de Fiennez, ses oncles, qui entrèrent à ce donc en le cité, à bien quatre cens lanchez, par une autre porte. Chil recomfortèrent et rencoragièrent grandement chiaux d'Ammiens, et reboutèrent les Navarrois ens ès fourbours de le ville et gardèrent les portes de le cité.

Quant messires Jehans de Pikeny senti que li comtes de Saint Pol et si grant gens d'armes estoient venu en le cité pour comforter et qu'il les reboutoient, si se retraist et retray ses gens tout bellement et fist bouter le feu ens ès fourbours, qui furent tout ars, où il y avoit bonne ville et grosse et pluissers belles eglises. F° 112.

P. 127, l. 14 : langage. — *Ms. A* 7 : par soubtil engin et biau langage. F° 201. — *Ms. A* 29 : par subtils moyens, par promesses et beau langage.

P. 127, l. 17 : Navarois. — *Le ms. A* 29 *ajoute* : de nuict.

P. 127, l. 19 et 20 : celiers.... ville. — *Ms. A* 29 : demeures de un grand nombre de Navarroys lesquels s'estoyent boutés en la cité, ci deux, ci troys, et devoyent ayder à destruire et piller toute la ville, sans nul deport.

P. 127, l. 22 : Gauville. — *Mss. A* 1 *à* 6, 11 *à* 14, 20 *à* 22 : Graville. — *Mss. A* 23 *à* 29 : Gaville.

P. 127, l. 22 : Frikes. — *Ms. A* 29 : Friquet.

P. 127, l. 23 : Bekisi. — *Mss. A* 1 *à* 6, 11 *à* 14, 18, 19 : Kisy. — *Mss. A* 8, 9 : Bethisi.

P. 127, l. 24 : Fourdrigais. — *Mss. A* 8, 9 : Fourdigais. — *Ms. A* 29 : Foudrigay.

P. 127, l. 24 : sept cens. — *Mss. A* 8, 9, 14 *à* 17, 20 *à* 22 : cinq cens. — *Ms. B* 6 : cinq cens lanches. F° 580.

P. 127, l. 25 : amis. — *Ms. B* 6 : Et il (Jean de Piquigny) y avoit envoiiet, par cinq jours devant, plus de deux cens hommes navarois en le chité d'Amiens et en le maison des bourgois de leur acort, en tonneaulx, sur chars, en manière de vins. F°⁸ 580 et 581.

P. 127, 28 : repus. — *Mss. A* 8, 9 : muciez.

P. 128, l. 9 et 10 : cowardement. — *Mss. A :* couardement. *A* 7, f° 201.

P. 128, l. 21 : caudement. — *Ms. A* 7 : cautement.

P. 128, l. 25 : cilz. — *Le ms. A* 29 *ajoute :* noble.

P. 128, l. 26 : rencoraga. — *Mss. A* 8, 9 : renforça.

P. 128, l. 27 : feus. — *Ms. A* 29 : torches.

P. 129, l. 1 : d'autre part. — *Ms. A* 29 : venus en Amiens.

P. 129, l. 3 : que. — *Le ms. A* 29 *ajoute :* qu'à là longuement demourer.

P. 129, l. 9 et 10 : plus de trois mil. — *Ms. A* 29 : bien trois mil. — *Ms. B* 6 : plus de quinze cens. F° 581.

P. 129, l. 11 : perrociaulz. — *Mss. A* 8, 9 : parrocheaulx.

P. 129, l. 12 : de deport. — *Mss. A* : deporté.

P. 129, l. 13 : Navarois. — *Le ms. A* 29 *ajoute :* vers la Herielle.

P. 129, le 15 : prisonniers. — *Le ms. A* 29 *ajoute :* dont les plusieurs payèrent grant rançon.

P. 129, l. 15 : et. — *Le ms. A* 29 *ajoute :* de la Herielle.

§ 426. P. 129, l. 17 : Quant li Navarois. — *Ms. d'Amiens :* Quant li Navarois furent retrait, li comtes de Saint Pol, messires Moriaux de Fiennes et aucuns bourgois d'Ammiens allèrent par aucuns hosteux et prissent de chiaux dont li ville devoit estre gaegnie. Si en furent l'endemain justiciiet quatorze des plus gros, et meysmement li abbes dou Gart, qui avoit conssenti ceste traison et herbregiés en se abbeie une quantité dez Navarois. Ossi assés tost aprièes, en furent trainet et justiciiet à Laon six des plus grans et des plus riches bourgois de le chité de Laon; et li evesquez de Laon meysmement souppeçonnés de traison, et se parti de Laon secretement, car, se il ewist estet tenus, [il euist estet] mal pour lui. Telz aventurez, telz meschiés et tellez amisses avenoient adonc ens ou royaumme de Franche. Pour ce se tenoient li seigneur, li chevalier et les bonnes villes, chacuns sus se garde, car on ne se savoit de qui garder.

En ce tamps que li dus de Normendie et si frère se tenoient à Paris, n'osoit nulx marchans ne autres yssir de Paris, ne aller aval le pays, ne n'y pooit marchandise venir ne yssir; car li rois de Navarre se tenoit à Melun sus Sainne, deseure Paris, et messires Phelippes de Navarre ses frères, à Mantes, desoubz Paris : par quoy riens ne pooit par le rivierre venir à Paris, ne par le terre ossi, sans le dangier des Navarois. Si y avint si grans chiers tamps que on vendi un tonnelet de herens trente escus. De l'aigue [de mer] et de sel n'y pooit nulx recouvrer, fors par le coummandement des ministres dou duc ; et le faissoit as gens achater pour estordre plus grant argent pour leurs saudoiiers paiier, car les rentes et les revenues dou dit duc en autre mannierre estoient touttes pardues. F° 112.

P. 129, l. 28 : dix sept. — *Ms. A* 29 : dix huit.

P. 130, l. 6 : tenus. — *Les mss. A* 8, 9 *ajoutent :* il eust esté.

P. 130, l. 11 : Meleun. — *Mss. A* 8, 9, 15 *à* 22 : Mante.

P. 130, l. 11 : Sainne. — *Le ms. A* 29 *ajoute :* où il s'estoit retraict de Saint Denis.

P. 130, l. 11 : liement. — *Le ms. A* 29 *ajoute :* et reconforta et promit à faire de grans biens.

P. 130, l. 20 : que il en fesissent assés. — *Ms. A* 29 : qu'ils firent de grands maux sans nombre.

P. 130, l. 26 : Navarois. — *Le ms. A* 29 *ajoute :* et de leurs aydans.

P. 130, l. 30 : escus. — *Le ms. A* 29 *ajoute :* d'or.

P. 130, l. 31 : moroient. — *Le ms. A* 29 *ajoute :* en moult de lieux.

P. 131, l. 3 : de sel. — *Le ms. A* 29 *ajoute :* pour argent ne autrement.

P. 131, l. 6 : saudoiiers. — *Ms. A* 29 : les gens d'armes que le duc entretenoit.

P. 131, l. 7 : toutes. — *Le ms. A* 29 *ajoute :* ou en partie.

§ 427. P. 131, l. 9 : Moult acquisent. — *Ms. d'Amiens :* Moult acquist li jonnes comtes de Saint Pol grant grace dou secours qu'il avoit fait à chiaux de le chité d'Ammiens, et se coumencièrent tout li chevalier et li escuier de Picardie à raloiier à lui. Si avint qu'il avisèrent, l'un parmy l'autre, qu'il yroient devant Saint Walleri, qui trop grant dammaige leur portoit. Si se queillièrent tout chevalier et escuier de Pikardie, d'Artois et de Vermendois, et fissent dou dit comte de Saint Pol leur souverain, et s'atrairent tout par devant le ville et le castiel de Saint Walleri et l'asegièrent fortement et estroitement, et y fissent venir tous les enghiens, grans et petis, et akariier d'Ammiens à Abbeville. Là eut un grant siège et loing, et qui cousta grans deniers au pays de Pikardie ; mais chacuns chevaliers et escuiers y estoit à ses frès ou à delivranche des plus grans barons dou pays, et les bonnes villez ossi à leur frès. Si en furent chil d'Abbeville durement cuvriiet de vivres et de pourveanches.

Si se tint li sièges devant Saint Walleri tout un ivier, l'an mil trois cens cinquante huit. Et y eut pluiseurs assaux et escarmuches et maintes belles appertisses d'armez faittez ; car c'estoient touttes bonnes gens d'armez qui devant seoient : li comtes de Saint Pol premierement, messires Moriaux de Fiennes, ses oncles, li sirez de Chastillon, li sires de Pois, li sirez de Cresèquez, li sirez de Sauci, li sires de Montsaut, li sires de Roye, li sires de Kikenpoi, li sires de Cantemerle, li sires de Merle, li sires de Creki, messire Raoul de Rainneval, li sirez de Saint Pi, li castellains de Biauvais, messires Bauduins d'Ennekins, messires Oudars de Renti, messires Jehans de Ligny, messires Loeys de Haveskerkes, li sires de Saint Venant, marescaux de Franche, li sires de Brimeu, li sirez de Baucyien, li sirez de Bourberk et maint autre bon chevalier et escuier. Et ossi en y avoit de Haynnau et de Flandrez, qui y estoient venut à le prüère d'aucuns de lors amis qui là estoient ; et avoient empris que de là ne partiroient, jusquez à tant qu'il aroient le fortrèce. Par dedens estoit messires Guillaummes Bonnemare, et Jehans de Segure, appert homme durement, qui faisoient souvent armer lors compaignons, qui bien estoient cinq cens combatans, et venoient as barrières de leur fortrèce escarmuchier as Franchois, et y faisoient tamaintez belles appertises d'armes ; une heure gaegnoient et l'autre perdoient. F° 112 v°.

P. 131, l. 17 : no. — *Ms. A* 7 : nostre. F° 201 v°.

P. 132, l. 24 : Segure. — *Mss. A* 11 *à* 14 : Sugueres.

P. 132, l. 24 : appert. — *Les mss. A* 18, 19 *ajoutent* : et vaillans.

P. 133, l. 2 : combatans. — *Ms. A* 29 : moult vaillans compagnons.

P. 133, l. 5 : les engiens. — *Ms. A* 29 : des plus grans engins.

P. 133, l. 6 : assir. — *Ms. A* 7 : asseoir. F° 202.

P. 133, l. 7 : cuvrioient. — *Ms. A* 29 : travailloyent.

P. 133, l. 13 : Beus. — *Mss. A* 8, 9 : Beuch.

P. 133, l. 29 et 30 : chaingles. — *Mss. A* 8, 9 : braies.

P. 134, l. 9 et 10 : gravés. — *Mss. A* 8, 9 : grans cros.

p. 134, l. 11 et 12 : ensi.... pluiseurs. — *Ms. A* 29 : contremont jusques aux creneaux de la tour, laquelle estoit à terrasse, un fort et subtil eschelleur ainsi comme un chat, allant en hault, dont tous avoyent trop grans merveilles, nommé Bernard de la

Salle, qui estoit natif d'Auvergne : maint chastel et mainte bonne ville eschela il en son temps, dont ce fut pitié.

P. 134, l. 13 : Clermons. — *Ms. A* 29 : la forte tour et le chastel de Clermont en Beauvoisin.

P. 134, l. 15 et 16 : et cuvriièrent. — *Ms. A* 29 : moult par courses et autrement.

P. 134, l. 16 : Vexin. — *Ms. A* 29 : Verquechin.

P. 134, l. 18 : Cray. — *Ms. A* 29 : Craeil. — *Mss. A* 8, 9 : Creel.

P. 134, l. 18 : le Herielle. — *Mss. A* 8, 9 : la Harèle.

P. 134, l. 19 : tous li plas pays. — *Ms. A* 20 : toute celle marche.... et par especial le plat pays.

P. 134, l. 20 et 21 : Et.... Saint Waleri. — *Ms. A* 29 : Et tousjours se tenoit le siège des bons chevaliers et escuyers de France et des communaultés devant Saint Valery, devant laquelle ils avoient sis longuement sans nul prouffit.

§ 428. P. 134, l. 22 : Ensi estoit. — *Ms. d'Amiens* : Entroes que li sièges fu devant Saint Wallery, avinrent pluissers aventurez d'armes par le royaumme de Franche, pluissers prises et escellemens de villes et de castiaux en Brie, en Gastinois, en Bourgoingne et en Campaingne : dont pluisseur chevalier et escuier de diviers pays estoient cappittainne. Et tout le plus rice de ces capitains, et qui plus avoit maintenu le russe dou tamps passet, on l'appelloit messire Robert Chanolle. Chilx finast bien très donc de deux cens mille florins et de quarante bons castiaux qui estoient à son coummandement. Et si avoit gaegniet le bonne cité d'Auchoire, et ranchonnet et robet touttez les villes de là entours, deux ou trois journées loing, et tout jusques à Tonnoirre et jusques à Verselay, d'une part, et d'autre part toutte le rivierre de Loire, de Nevers jusques à Orliiens, et tous les fourbours d'Orliiens ars et essilliés par force de gens jusques as portez. Et avoit gaegniet et detenue le noble maison que on claimme Castiel Noef sour Loire : si tenoit dedens ses garnisons et avoit bien, quant il volloit, deux mil ou trois mil combatans. Et disoit bien qu'il ne faisoit point guerre pour le roy d'Engleterre ne le roy de Navare ne pour nullui, fors pour lui meysmez, et portoit en ses devises, escript de lettrez de broudure :

> Qui Robert Canolle prendra,
> Cent mille moutons gagnera.

D'autre part, par deviers Pons sur Sainne, en Brie, en Campaigne et sur le rivierre de Marne et par deviers Troies et Prouvins, se tenoient autre guerieur, qui avoient pluiseurs autres cappittainnes : desquelx li uns avoit nom messires Pièrez d'Audelée, chevaliers englès, qui estoit grans et saiges gueriières. Et si y estoit uns chevaliers de Haynnau, que on clamoit monseigneur Ustasse d'Aubrecicourt, appert et hardi chevalier durement et bon guerieur ossi ; et si estoit ossi adonc en Campaingne ungs escuiers d'Alemaigne que on clammoit Albrest.

Ces trois chapittainnez tenoient, en le marche que je vous ay noummet, plus de soissante castiaux et fortes maisons, et avoient bien deux mil combatans, et avoient mis tout le pays en leur subjection et ranchonnet et robet à leur vollenté, sans merchy. Et avoient pris et destruit Danmari, Esparnay, le bonne ville de Vretus et par toutte le rivierre de Marne jusques au Castiel Thieri, et tout ensi entours le cité de Rains, de Caalons, de Troies, et par tout le pays de Campaigne jusquez à Retheis et jusques à Bar sour Aube. Et avoient gaegniet le bonne ville de Ronay et le fort castiel de Hans en Campaigne, et tout pris et robet, quanque trouvet y fu, et ranchounnet et robet le remannant dou pays et de tous ces pays deseure diz jusquez à Sainte Meneheus en Partois.

Et estoit Nogant sus Sainne li maistre fortrèche de monseigneur Ustasse d'Aubrecicourt, et estoit souverains et tenoit gens en ces garnisons à Pons sus Sainne, à Dameri, à Luchi, à Saponay, à Trochi, à Arsi et en pluiseurs autres fortrèces que je ne say noummer.

Et plus avant, sus le marche de Bourgoingne et de Partois, se tenoient messires Jehans de Noef Castiel, apers chevaliers et fors guerieurs durement, et avoecq lui Tieubaut de Chautfour et Jehans de Chautfour, et pilloient et roboient tout le pays entours Lengre, Trichastiel, Chaumont en Bassegny, et avoient leur retour en un castiel c'on claimme Montsaugon, et l'avoient si fortefiiet qu'il ne doubtoient nul homme : ossi il i estoient tout asegur, car nulz ne leur contredisoit leurs chevauchies. F° 112 v°.

— *Ms. B* 6 : Ensi se monteplièrent grant foison de maulx et de iniquités ens ou noble royalme de Franche : par quoy ung grant chier tamps en vint et nasqui depuissedy. Et les terres demorèrent vaghes et les vignes à labourer. Toutes marchandises estoient sy mortes et si perdues que nul n'osoit aller ne venir parmy le royalme de Franche, car c'estoient pilleurs, robeurs de tout pais, au title du roy de Navare. Et estoient chil pillars maistre et souverain des camps, des chemins et des rivières. Et estoient ly chevalier et les seigneurs tout ensongniés de garder leur fortresses, car on leur embloit et prendoit toutes les nuis et tous les jours. Le jouene sire de Couchy en estoit si contrains qu'il faisoit garder ses castiaus à ses despens. F° 583.

P. 134, l. 22 : ensonniiés. — *Mss. A* 8, 9 : embesoigniez.

P. 135, l. 15 : Albrest. — *Mss. A* 20 à 22 : Albert.

P. 135, l. 29 : Ronay. — *Mss. A* 3, 11 à 14 : Rouvroy — *Ms. A* 2 : Rouvoy. — *Mss. A* 18, 19 : Renveroy. — *Ms. A* 29 : Rouvroy.

P. 136, l. 4 à 7 : Cils.... Arsi sus Aube. — *Mss. A* 20 à 22 : Ce messire Eustace tenoit dessoubs lui en Champaigne pluseurs forteresses : Pons sur Saine estoit sa chambre, Nogent sur Marne, Amery, Lucy, Saponnay, Dorichy, Archy sur Aube.

P. 136, l. 6 : Troci. — *Ms. B* 4 : Crecy. F° 198 v°.

P. 136, l. 10 : Caufour. — *Ms. A* 7 : Chaufour.

P. 136, l. 13 : Montsaugon. — *Ms. A* 7 : Montsangon. F° 203.

P. 136, l. 13 : quatre cens. — *Mss. A* 23 à 29 : trois cens.

§ 429. P. 136, l. 20 : D'autre part. — *Ms. d'Amiens* : D'autre part, par deviers Soissons et entre Laon et Rains, se tenoient autre robeur et pilleur qui desroboient et ranchonnoient tout celui pays de là entour jusques à Chaalons et toutte le terre le seigneur de Couchy et le comte de Roussi, hors mis les fortrèches que chil doy seigneur faisoient bien garder par gens d'armez qu'il avoient retenu à lor gaiges et à lors frès. Chil guerier se tinrent longement en le ville de Velli et l'avoient bien fremmée et durement remforchie, et estoient bien six cens combatans et plus. Il avoient ung capitain à qui il obeissoient dou tout, qui leur dounoit certains gages et retenoit Allemans et tous compaignons qui à lui volloient demourer; et le appelloit on Rabigot de Dury et estoit Englès. Et si avoit un autre avoecq lui, appert homme durement qui se faisoit Englès, que on clammoit Robin l'Escot.

Chilx Robins ala ens ès festes dou Noel gagnier sauvagement par nuit le fort castiel de Roussi, et prist dedens le propre comte de Roussi, madamme se femme et madammoiselle leur fille et tous chiaux qui y furent trouvés, et touttes les pourveanches dou castiel qui estoient mout grandez, et fu toutte li ville robée. Si fist li dis Robins dou castiel et de le ville une grant garnison qui puisedi greva durement le pays de là entours. Et si ranchounna le dit comte, madamme se femme et leur fille, à douze mille florins au mouton, et si detint le ville et le castiel tout l'ivier et l'estet apriès qui fu l'an cinquante neuf. Et li comtes devant dis s'en alla tenir à Laon et là où il li pleut le mieux. Ensi estoit li pays fouléz et desollés de tous lés; ne on ne savoit auquel entendre. Et ne faisoit on en tous ces pays nulx ahans de terre : de quoy ung moult chier tamps de bleds et d'avainnes en nasci puisedi ou royaumme de France. Et, se ce n'ewist estet li comtés de Haynnau dont pourveanches leur revinrent, il ewissent eu plus de disette de fain, coumment que les povres gens en eurent tammaintes. Et n'osoit nulx marchans aller ne venir par le royaumme de Franche, ne menner se marchandise, se ce n'estoit par saus conduis qu'il acattoient bien et chier à ces guerieurs par qui fortrèches et passages il lez couvenoit passer, mès chela tenoient il ossi loyaument comme fesist li roys d'Engleterre. F^{os} 112 v° et 113.

P. 136, l. 23 à 26 : et parmi.... faisoient. — *Mss. A* 11 à 14 : et parmi la terre du sire de Coucy. Icelui sire de Coucy faisoit....

P. 136, l. 29 : Velli. — *Ms. B* 6 : Vailly. F^o 583. — *Ms. A* 29 : un grand chastel de celle marche nommé Voeilly.

P. 136, l. 31 : Rabigos. — *Ms. B* 6 : Radigos. F^o 586.

P. 136, l. 31 : Duri. — *Mss. A* 20 à 22 : Duroy.

P. 137, l. 19 : florins. — *Ms. A* 29 : escus. — *Ms. B* 6 : moutons. F^o 584.

P. 137, l. 21 : apriès.... neuf. — *Ms. A* 29 : jusques à la fin d'aoust, qui fut en l'an mil trois cens soixante et un.

P. 137, l. 23 : Laon. — *Ms. A* 29 *ajoute* : et là il chevauchoit souvent avecques les routtes pour recouvrer sur les ennemis ses pertes, et moult leur porta de grans dommages.

P. 137, l. 25 à 27 : Et en celi.... puissedi. — *Ms. A* 29 : En ce temps nuls labouriers n'ahannoyent ne cultivoyent les terres par tout l'evesché de Laon, ne au pays de là environ, fors les vignes joignans aux murs de la cité. Et encores estoit ce à grant redout, tant y avoit il de pillars et de routtiers à tous lés sur le pais, dont un si cher temps en nasquit depuis qu'on ne sçavoit où recouvrer de froment, pour or ne pour argent; et ne mangeoient les pouvres gens que pain d'aveine ou de fèves ou herbes que les plusieurs cuisoyent et en vivoyent. — *Ms. B* 6 : On ne vous pouroit pas recorder en ung jour d'estet les grans persecutions, les pillaiges, les rob'eries et les grans fais d'armes qui furent et avinrent en che tamps ou noble roialme de Franche. F° 584.

§ 430. P. 137, l. 28 : En ce temps. — *Ms. A* 29 : En l'an de grace Notre Seigneur mil troys cens soixante et deux, un petit après Pasques.

P. 138, l. 1 : Pinon. — *Mss. A* 18 et 19 : Pignon.
P. 138, l. 11 : Craule. — *Ms. A* 29 : Craonne.
P. 140, l. 6 : tamainte. — *Ms. A* 7 : mainte. F° 203 v°.
P. 140, l. 9 : remontière. — *Ms. A* 7 : remontée.
P. 140, l. 32 : fist. — *Les mss. A ajoutent :* car il n'eussent peu durer longuement. *A* 7, f° 204. — *Les mss. A* 1 *à* 6, 11 *à* 14 *ajoutent :* car ilz estoient les plus foibles.

§ 431. P. 141, l. 5 : deux ou trois. — *Ms. A* 29 : jusques à six hommes d'armes moult felonnessement, tant que les aultres en furent durement esbahis.

P. 141, l. 8 : tamaint. — *Ms. A* 7 : maint. F° 204.
P. 141, l. 11 : et si durs. — *Ces mots manquent dans les mss. B* 4 *et A* 7
P. 141, l. 17 et 18 : de.... quinze. — *Ms. A* 7 : mie quinze des trois cens.

§ 432. P. 141, l. 23 : Ensi que. — *Ms. d'Amiens :* Or revenons au siège de Saint Wallery. Enssi que je vous ai chy dessus dit et comptet, li signeur de Picardie, d'Artois, de Pontieu et de Boullenois sirent ung grant temps devant Saint Walleri; et y fissent tamaint assaut et jettèrent tamainte grosse pière d'enghien, et travillièrent durement chiaux de le fortrèche. Ossi il se tinren et deffendirent tout ce temps si vaillamment que nulle gens mieux, car il estoient pourveu de bonne artillerie. Et si estoient fuisson d'apers compaignons : si ques, quant on les assailloit, il se deffendoient de grant vollenté.

Or avint, entre les autres aventures, que uns bons chevaliers de Pikardie, que on appelloit le seigneur de Bauchiien, estoit une fois à l'assaut devant le fortrèche ; si fu trés d'un quariel d'une espringalle tellement que li quarriaux li percha touttez ses armures et ferri d'autre part en terre. Et chei là li chevaliers navrés, de laquelle navrure il morut : dont il fu mout plains en l'ost, mès on ne le peut adonc amender. Li trés que chil de Saint Wallery faisoient à chiaux de l'ost de kanons, d'espringhalles et d'ars à tour, les grevoit plus que nulle autre cose. Ossi li grant enghien qui estoient en l'ost, qui jettoient nuit et jour pierrez dedens le fortrèche, les constraindo[ien]t plus c'autre cose. Au siège de Saint Wallery, et par devant, avoit bien trente mil hommes, c'à piet, c'à cheval.

Si se tint ylluecques li sièges de l'issue d'aoust jusquez au quaremme, que les pourveanches de Saint Wallery furent touttes passées et aleuwées. Dont se coummenchièrent à esbahir cil qui estoient dedens, car nulles pourveanches ne leur pooient venir ; et si ne veoient point d'aparant de nul secours de nul part. Si eurent conseil qu'il [se] trairoient deviers les Franchois ; si tretüèrent par deux jours ou par trois, ainschois que il pewissent venir à acord. Et encorres, se li comtes de Saint Pol et li seigneur de Franche qui au siège se tenoient, ewissent sceut l'estat de dedens et coument il estoient au coron de leurs pourveanches, ilz ne les ewissent mies si legierement laissiés passer. Messires Guillaummes Bonnemare et Jehans de Segure et tout leur compaignon se partirent, parmy tant qu'il ne metoient riens hors de Saint Wallery, fors ce seullement qu'il en pooient porter devant yaux. Enssi fu li fortrèce rendue et remise en le main dou comte de Saint Pol. F° 113.

P. 141, l. 25 : Boulenois. — *Les mss. A* 1 *à* 6, 11 *à* 14, 18, 19 *ajoutent :* et du pays d'environ.

P. 142, l. 2 à 5 : car.... barrières. — *Ms. B* 6 : car il y avoit dedens plus de cinq cens combatans qui se venoient tous les jours esprouver as barrières. F°ˢ 584 et 585.

P. 142, l. 7 : Bauciien. — *Ms. A* 23 : Geancien.

P. 142, l. 9 et 10 : d'un quariel d'espringalle. — *Ms. B* 6 : d'un trait d'un canon. Ung jour perdoient chil de l'ost, et l'autre jour gaignoient, car il y avoit là plus de trente mille hommes, que uns, que aultres. F° 585.

P. 143, l. 25 : le conte d'Evrues. — *Ms. A* 29 : c'est assavoir le conté d'Evreux.

P. 144, l. 2 : secretement. — *Ms. A* 29 : très secretement.

P. 144, l. 3 : trois mil. — *Ms. B* 6 : environ quinze cens lanches.

P. 144, l. 4 à 10 : Là.... possession. — *Ms. A* 29 : Là estoyent le jeune conte de Harcourt, le sire de Granville, monseigneur Robert Canolle, messire Jehan de Piquegny et plusieurs autres chevaliers et escuyers, lesquels monseigneur Philippe avoit amenés à trois lieues près de Sainct Valery, le propre jour que la ville et le chastel avoyent esté rendus au connestable de France et au conte de Saint Pol.

P. 144, l. 5 : Graville. — *Mss. A* 8, 9 : Gauville.

P. 144, l. 12 : les. — *Ms. A* 29 : se.

§ 433. P. 144, l. 15 : Encores estoient. — *Ms. d'Amiens :* Le jour apriès que chil de Saint Wallery se furent parti, vinrent nouvelles au comte de Saint Pol et as seigneurs de Franche que messires Phelippez de Navarre et li Navarrois estoient sour lez camps, à trois lieuwes priès d'iaux. Ces nouvelles estoient vraies, car voirement s'estoit li dessus dis messires Phelippes avanchiés pour venir lever le siège de Saint Walleri, et avoit bien trois mil combatans.

Quant li comtes de Saint Pol et messires Moriaux de Fiennes et li chevalier de Franche entendirent que li Navarois estoient si priès d'iaux, si eurent consseil et vollenté de chevauchier contre yaux, et que d'iaux combattre, se il les trouvoient. Si prissent tantost les camps au lés par deviers Oisemont, où on leur dist que li Navarrois estoient traix.

Ces nouvelles ossi vinrent à monseigneur Phelippe de Navarre et à monseigneur Loeis, son frère, et à monseigneur Jehan de Pikegny qui les menoit, que Saint Wallery estoit rendue, et que li Franchois cevauchoient sus yaux et estoient bien trente mil. Dont eurent consseil chil seigneur dessus dit qu'il se retrairoient, car il n'estoient mies gens pour yaux attendre ne combattre. Si se retraient tout bellement deviers Loingpret et sus celle rivierre de Somme, pour revenir par deviers Vermendois.

Quant li Franchois furent venut à Oizemont, il trouvèrent que li Navarrois estoient retret. Si se partirent de là et chevauchièrent, qui mieux mieux apriès. Or avoient il en leur ost grant charroy et mout de gens à piet ; si ne pooient faire grandez journées. Et ossi li Navarrois avoient grant fuison de chevaux foulléz ; si ne pooient faire grant esploit. Tant les pourssuiwirent li

Franchois que, à heure de nonne, il les virent sour les camps, où il estoient descendu et buvoient un cop. Si tost qu'il les virent, il fissent touttes leurs gens aroutter et ordounner enssi que pour tantost aller combattre.

Quant li Navarois lez perçurent, ilz se hastèrent dou plus tost qu'il peurent, et recenglèrent leurs chevaux et montèrent et se partirent; et estoient adonc à une petite lieuwe dou castiel de Lonch en Pontieu. Si prissent le chemin pour venir celle part, et li Franchois apriès, tous rengiés et tout ordonné pour combattre; et ne faisoient mies trop grant compte d'iaux fourhaster, car il veoient bien que li Navarois tiroient à venir à Lonch, et laiens les volloient il enclore.

Or vinrent li Navarois à Lonch et se boutèrent dedens et leurs chevaux et ce qu'il avoient de pourveanches, che n'estoit point gramment, et cloïrent le porte dou castiel. Li Franchois vinrent assés tost par devant le fortrèche; si se logièrent, car il estoit jà heure de logier. Et avoient li pluisseur entr'iaux grant joie de ce qu'il sentoient layens enclos lez Navarois, car à l'endemain il quidoient bien tantost avoir le maison gaegnie par assault. Si se tinrent tout aise et tout joieaus celle nuit.

Quant ce vint à l'endemain, il s'armèrent tout coumunaument et approchièrent le castiel pour assaillir. Adonc eurent li comtes de Saint Pol, li sires de Fiennes et li aucun chevalier consseil que on n'assauroit point à le fortrèche, car on y poroit trop perdre de gens, mès envoieroient querre cinq ou six grans enghiens à Amiens, qui jetteroient au fort et qui le debriseroient tout; par enssi les aroit on sans dammaige. Li autre partie des chevaliers et des coummunautés volloient que sans delay on les allast assaillir : enssi furent il en diviersses oppinions. Touttesvoies, tout consideret, on eut consseil d'attendre les enghiens, et fu tenus li premiers pourpos.

Quant messires Phelippes de Navarre et chil qui layens estoient, virent qu'il ne seroient point assailli, si en furent tout joyant, mès bien penssèrent et de ce se doubtèrent c'on les voroit laiens afammer. Si eurent consseil que, le soir qui venroit, il se partiroient quoiement tantost apriès jour falli, et seroient moult eslongiet ainschois que li Franchois sewissent riens de leur couvenant; et ne les pooient mies ossi siewir trop hastiement, car il menoient grant charroy, et si avoient pluisseurs gens à piet.

Chilx conssaux fu tenus. Li jours passa sans riens faire, dont il anoioit moult à aucuns de l'host c'on ne les assalloit, car li fortrèche ne leur sambloit point forte que par assaut il ne le pewissent bien avoir. Quant la nuis fu venue, li Navarois ordonnèrent touttes leurs besoingnez et ensellèrent lors chevaux, et tourssèrent et s'armèrent; et enssi que dou premier somme, tout quoięment il se partirent et prissent le chemin pour venir deviers Peronne en Vermendois. Si chevauchièrent fort et royt et furent bien eslongiet trois lieuwes, ainschois que li Franchois en sewissent riens.

Quant lez nouvelles furent venues en l'ost que li Navarois estoient parti, si furent touttes mannierres de gens moult esmervilliet. Et s'armèrent tantost chacuns qui mieux mieux, et montèrent as chevaux, et requeillièrent tout leur arroy et chargièrent lors chars, et puis se missent au chemin enssuiwant lez esclos des Navarois. F° 113 v°.

P. 144, l. 16 : ne s'estoit partis. — *Ms. A* 29 : ne s'osoit partir sans le commandement du connestable de France et de monseigneur le conte de Saint Pol qui là estoient.

P. 144, l. 17 : partir et tourser tentes et trés. — *Ms. A* 29 : tout trousser et maler et partir.

P. 144, l. 19 : trois. — *Mss. A* 8, 9, 15 *à* 17 : quatre.

P. 144, l. 19 et 20 : à mains de trois liewes. — *Ms. A* 29 : à trois lieues.

P. 144, l. 23 : Renti. — *Ms. A* 23 : Roucy.

P. 146, l. 9 : deux grans liewes. — *Ms. A* 29 : de plus de troys lieues.

P. 146, l. 12 à 14 : Les.... secretement. — *Ms. A* 29 : Quant le connestable de France, le conte de Sainct Pol et les seigneurs de Picardie qui là estoyent, veirent que ces Navarroys leur eschappoyent ainsy, ils en furent moult dolens.

§ 434. P. 146, l. 20 : Quant li jours. — *Ms. d'Amiens :* Quant jours fu venus, si chevaucièrent li ung et li autre, mais li Navarrois avoient grant avantaige. Et bien leur faisoit mestier, car li Franchois s'esploitièrent tant ce jour qu'il vinrent au soir à deux lieuwes près d'iaux, et se logièrent tous en ung biau plain assés près de Peronne, car il veoient par les fummières que li Navarois estoient logiés. Si se aisièrent et li une ost et li autre de ce qu'il avoient. Environ mienuit, se deslogièrent li Navarois et boutèrent le feu ens leurs logeis. Si chevauchièrent à l'aise de lors chevaux par deviers Saint Quentin.

Li Franchois, de leurs logeis, virent bien que li Navarrois se partoient; si sonnèrent leurs trompettez et s'armèrent au plus tost qu'il peurent, et s'aprestèrent de tous poins et montèrent as chevaux, et ordonnèrent que cil de piet venissent à leur aise tout bellement avoecquez le charoy, car il chevaucheroient devant pour ataindre lors ennemis. Si comme ordonné fu, il fissent : li seigneur montèrent et se missent au chemin et sieuwirent les esclos des Navarrois, qui cevauchoient fortement. Environ eure de tierche, il regardèrent derierre yaux et perchurent que li Franchois les approchoient durement, et qu'il estoient à une lieuwe priès d'iaux.

Si se vont coummenchier li aucun à esbahir, car il avoient moult de leurs chevaux foullés. Dont s'avisèrent li seigneur que, se il trouvoient aucune place à bien petit d'avantage, il s'aresteroient et metteroient en ordounnanche de bataille, et attenderoient les Franchois à l'aventure de Dieu; car, par enssi fuir, il se poroient tout perdre. Si chevauchièrent encorres avant et tant que, environ prangière, il vinrent en ung vilage c'on claimme Toregny, à deux lieuwes de Saint Quentin et sus le costière; et siet Toregny hault sus un tierne dont on voit tout le pays environ. Il se vont là arester et mettre tout à piet et en bon couvenant, et ordounnèrent trois batailles : en chacune avoit sept cens combattans et trois cens archiers.

Et là fist messires Phelippes de Navarre le jouene comte de Halcourt chevalier, filz au comte de Halcourt que li rois Jehans fist mourir à Roem; et là leva bannierre, et li hoirs de Graville ossi. Et y fist messires Phelippes de Navarre pluisseurs chevaliers nouviaux, et moult bellement recomforta ses gens, et leur dist et pria qu'il ne s'esbahesissent de riens, se il estoient petit; car ou grant mont ne gist mies li fortunne, mès là où Dieus l'envoie : « Et mieux nous vaut atendre l'aventure à nostre hounneur que fuir et morir à deshonneur. » Il disoient que c'estoit voirs, et bien li affioient que chierement venderoient leurs vies. F° 113 v°.

P. 147, l. 4 : recreans. — *Ms. A* : recreus. *Ms. A* 7, f° 205.

P. 148, l. 2 : Graville. — *Ms. A* 7 : Gauville. F° 205 v°.

P. 148, l. 3 : combatre. — *Le ms. A* 17 *ajoute :* nonobstant que les François estoient six contre un, qui faisoit bien à ressongner, car c'est grant chose de veoir six loups sur une brebis.

§ 435. P. 148, l. 4 : Onques li François. — *Ms. d'Amiens :* Oncques si tost li Franchois ne peurent venir que li Navarois ne fuissent bien ordounné et mis en trois batailles, tous leurs archiers devant yaux, et chacuns seigneurs devant se bannière et se pennon. Quant li baron et li chevalier de Franche en virent le couvenant, si s'arestèrent enmy les camps et puis se missent tout à piet, et s'avisèrent qu'il attenderoient le remannant de leur host, ainschois qu'il alaissent combattre les Navarrois. Si le fissent, mès nonpourquant n'atendirent il mies à faire leurs batailles, et en firent jusques à trois bien estoffées et bien ordounnées, et partirent leurs bannierres et leurs pennons par droite ordounnanche d'armes. Et ordounnèrent et estaublirent chiaux qui premierement yroient assaillir à cheval, pour rompre les archiers : de quoy messires Bauduins d'Ennekins, messires Oudars de Renti, messires Loeys de Haveskierkes, messires Rogiers de Couloingne, messires Anthonnes de Kodun, li sires de Vendoeil, li sires de Saintpi et aucun autre chevalier et escuier y estoient ordonné, et toudis venoient leurs gens de piet.

Si estoit jà haulte nonne, ainschois qu'il fuissent tout venu, et n'avoient encorrez beu ne mengiet. Dont se traissent li seigneur enssamble à conssseil, et regardèrent que li jour estoit jà moult avant, et une partie de leurs gens lasset et hodet. Se ne seroit pas bon, che disoient li plus saige et mieux congnissant as armes, que on les allast assaillir, car il estoient reposé et en plache assés forte dont il avoient l'avantaige ; et si moustroient li Navarois qu'il ne se partiroient point de là sans combattre. Si fu conssilliet que on se logeroit droit devant yaux, et lairoit on reposer les lassés, et à l'endemain on les combateroit. Enssi qu'il fu ordounné et devisé, il fu fait ; on coummanda à logier et à arouter tout leur caroi au devant des ennemis.

Quant li Navarois, qui estoient à Toregny, virent ce couvenant, si furent tout liet. Si se conssillièrent entre yaux que, en l'estat où il estoient il se tenroient jusquez soleil esconssant, fors tant qu'il mousteroient ossi par samblanche qu'il se voroient logier ; mès tantost, à heure de soleil esconssant, il monteroient à cheval et se partiroient, et passeroient le Somme à Vremans. Et se li Franchois les sieuwoient de rechief, il prenderoient nouvel avantaige ; et s'il n'estoient poursui, il aroient celle nuit d'avantaige, seloncq ce qu'il sont près de leurs garnisons et des grans bos de Tierrasse, il seroient tantost mis à sauveté. F° 114.

P. 148, l. 9 : le couvenant. — *Mss. A* 8, 9 : leur couvine.

P. 148, l. 19 à 23 : Cilz.... d'yaus. — *Ms. A* 29 : Ainsi se conclurent ensemble le connestable de France et le conte de Sainct Pol avec leurs compagnons, de combatre l'endemain les Navarroys; et se logèrent illec sur un champ un petit en pendant, auprès duquel court une eaue qui celle nuit fit grand bien, par especial à leurs chevaux.

P. 148, l. 23 : anuitit. — *Ms. A* 7 : anuitié. F° 205 v°.

§ 436. P. 149, l. 4 : Tout ensi. — *Ms. d'Amiens :* Tout ensi qu'il devisèrent, il fissent; et envoiièrent leurs varlès faire pluisseurs feux et moustrer qu'il volsissent appareillier le cuisinne. Et tout ce veoient li Franchois qui ossi entendoient a yaux logier et leurs chevaux, et disoient entre yaux : « Il se logent, il nous atenderont meshui, et demain lez combaterons. » Quant ce vint à heure de soleil esconssant, il recenglèrent lors cevaux et fissent petit à petit partir lez plus foiblement montéz; et droit à jour fallant, tout furent parti, et chevauchièrent delivrement pour venir passer le rivierre de Somme à Vermans.

Environ mienuit, ces nouvelles vinrent en l'ost des Franchois, par prisonniers qui escappet estoient, que li Navarrois s'en alloient. Adonc eut en l'ost grant friente, et sounnèrent lors trompettez et s'armèrent et montèrent as chevaux. Et regardèrent li seigneur que il yroient et leurs gens passer le Somme à Saint Quentin, et par enssi il avancheroient les Navarrois; si prissent adonc tout communaument le chemin de Saint Quentin. Et vinrent devant le jour as portes de Saint Quentin li sires de Saint Venant, li comtes de Saint Pol, messires Moriaux de Fiennes tout devant, et buschièrent grans cops à le porte. Les gardes demandèrent : « Qu'es chou là ? » Chil seigneur se nommèrent et dissent que on leur ouvrist les portez pour passer yaux et leurs gens, pour adevanchier les Navarois. Les gardes respondirent qu'il n'avoient point lez clefs, mais les gardoient li jurés de le ville. Donc dissent chil seigneur de Franche que il les alaissent querre. Il respondirent que vollentiers il yroient faire le messaige à leur maistres, enssi qu'il fissent.

Quant ces nouvelles vinrent au conssel de le ville, au mayeur et as jurés, il fissent sounner le cloche. Dont s'armèrent touttes mannierres de gens, et coummandèrent li souverain que chacuns allast à son cretiel et à sa garde, si comme ordonné estoit, car trop se doubtoient de traïson. Et puis vinrent li seigneur de Saint Quentin à le porte où li comtes de Saint Pol et li sires de Fiennes et li autre seigneur de Franche estoient, et demandèrent qu'il volloient à ceste heure. Il dissent : « Nous voullons que vous ouvrés les portes, par quoy nous puissions passer oultre et nostre host et adevanchier les Navarrois que nous poursuiwons. » Dont respondirent chil de Saint Quentin et dissent : « Seigneur, allés querre voie et chemin d'autre part, car par chi vous n'aréz point d'adrèche. » Oncques depuis, pour parolle ne pour priierre que li comtes de Saint Pol ne li autre seigneur pewissent dire ne faire, chil de Saint Quentin ne veurent ouvrir leur porte.

Quant li comtes de Saint Pol et li sires de Fiennes et li autre chevalier virent que chil de Saint Quentin ne les lairoient point entrer en leur ville, si furent moult courouchiet, mès amender ne le peurent. Si regardèrent que, de là en avant à poursuiwir les Navarrois il ne leur estoit point pourfitable, ou cas qu'il avoient falli là de passaige. Si conssillièrent entr'iaux qu'il se departiroient, si comme il fissent. Et dounna li comtes de Saint Pol à touttes ses gens congiet de retraire, chacuns en son lieu, pour ceste fois. F° 114.

P. 149, l. 13 : au plat et sus le large. — *Ms. A* 29 : à gué.

P. 149, l. 14 : Betencourt. — *Le ms. A* 29 *ajoute :* nommé Douvrain.

P. 150, l. 7 : Lience. — *Ms. B* 4 : Lienche. F° 201 v°. — *Mss. A* 11 *à* 14, 23 *à* 29 : Liance. — *Mss. A* 8, 9 : Luchieu.

P. 150, l. 18 : arutellier. — *Ms. B* 4 : aruteller.

P. 150, l. 20 : asegur. — *Ms. A* 7 : asseurs. F° 206.

P. 151, l. 25 : villainnes. — *Le ms. A* 17 *ajoute :* que ces seigneurs distrent à ces villains traistres de Saint Quentin.

§ **437**. P. 152, l. 4 : Ensi se desrompi. — *Ms. d'Amiens :* Ensi se departi ceste cevauchie. Et passèrent li Navarrois le Somme desoubz l'abbeie de Vermans, et entrèrent ce meysme jour en Tieraisse, et passèrent le rivierre d'Oise et vinrent à Vellis et à Roussi. Et ralla chacuns en se fortrèche dont il estoient parti. F° 114.

.... Dont il avint que messires Pière d'Audelèe, uns chevaliers englès et de grant nom, qui se tenoit à Biaufort en garnison quant il volloit, car li fors et grant fuison de fortrèches de là entour estoient à lui, si avisa en soy meymmes que de nuit il venroit embler le bonne chité de Chaalons, et y enteroit par le rivierre de Marne ; car par dessus le rivierre, en une ille deviers l'abbeie de Saint Pierre, elle n'estoit adonc fremmée. Et si estoit la ditte rivière petitte, par quoi on le pooit bien passer. Si mist li dis messires Pières d'Audelée une grant cantitet de gens d'armes sus, et estoient bien quatre cens, tous d'eslite, et deux cens archiers. Si vinrent de nuit en un certain lieu deseure Chaalons, où il se devoient trouver. Quant il furent tout assamblé, il descendirent à piet à une lieuwe de Chaalons, et missent leurs chevaux en le garde de leurs garchons. Et puis vinrent tout le pas sans noise et sans bruit et sans parler, jusques à le rivierre de Marne et au gué qu'il avoient advisé ; et avoient certainnes ghides, vilains dou pays, qui les menoient et qui le fons de le rivierre congnissoient.

Or vot Dieux aidier chiaux de Chaalons, car autrement elle ewist estet prise, robée et puis toutte arse. A celle heure avoit gettes as cretiaux, car bien besongnoit qu'il fuissent sour leur garde et par tout le pays ossi. Ces gaites ooient par fies le son des armures de ces Navarois, car li vens venoit de celle part. Si s'en missent en grant souppechon, et plus atendoient, et plus cler les ooient. Finablement, il dissent et seurent entr'iaulx, que c'estoient Navarois et Englès qui les venoient escieller et prendre. Si descendirent tantost de leurs cretiaux et vinrent au get de le ville, et comptèrent tout ce qu'il avoient oy. Cil qui faisoient le ghai, furent tout esmervilliet de ces nouvellez, et allèrent celle part par deviers Saint Pière pour savoir se c'estoit verités. Il n'y seurent oncques si tost venir, que li cours de l'abbeie dessus dite ne fuist toutte plainne de Navarois, et avoient jà passé le rivierre une partie, ensi qu'il l'avoient avisé. Dont reculèrent chil de Chaalons et escrièrent à haulte vois : « Trahi ! trahi ! » Et s'espardirent ces nouvelles par le cité. Si se coummenchièrent à armer et à apparillier touttes manierres de gens, et à estre mout effraet et esbahy, et à alummer torsses et lanternes et grans feus par les rues, et à traire petit à petit de celle part là où li Navarois estoient, qui s'en venoient jà tout rengiet et bien ordonné parmy le grant rue Saint Pière des Camps. Si avint que, quant il se trouvèrent, li hustins coumença mout durs et mout fors. Et deffendoient chil de Chaalons le rue et le voie ce qu'il pooient, mès chil Englès et cil Navarois estoient droite gens d'armes : si ne faisoient compte de ces commugnes et passoient toudis avant et conqueroient terre, et assés de chiaux de Chaalons navroient et habatoient. Et la cause qui plus grevoit à ces Englès et Navarois, c'estoient les baux, les tables, les pièrez c'on jettoit sus yaux des fenestres, dez loges et des solliers d'amont ; car les rues y sont malement estroitez, si ne s'en savoient comment targier. Toutteffois, toudis en combatant, il conqueroient tierre.

Or fist Dieux si belle grace à chiaux de Chaalons, que messires Oedes de Grantsi y amena par derière messire Phelippez de Gaucourt, monsigneur Anssel de Biaupret, monseigneur Jehan de Germillon : dont, se chil et li gentil homme qui estoient avoecq yaux n'ewissent estet, Chaalons en Campaingne ewist estet prise. Mès quant li gentil homme furent armé et ordounné et là venu, et eurent conchut le quantitet des Englès, il se retraissent tout combatant au loncq d'une rue au plus estroit entre yaux et lors ennemis. Il fissent lanchier baux, escammes, tables et touttes mannières de bois pour ensonniier le voie ; et quant li rue fu enssi enssonniiée que je vous di, et que li Navarrois ne pooient passer pour l'empechement qui y estoit, il se retraissent ou fort de le chité et outre les pons, et les fissent tantost deffaire, et dissent ensi : « A che qui est par delà n'avons nous riens ; et à ce qui est deviers nous n'aront ossi nul avantaige, se nous le voullons deffendre. » Là estoit ossi messires Jehan de Sars, campegnois. F° 115.

P. 152, l. 16 et 17 : se tenoit.... à grant fuison. — *Mss. A* 8, 9, 15 *à* 17, 20 *à* 22 : se tenoient à Meleun sur Saine, de par le roy de Navarre, grant foison.

P. 153, l. 8 : secheur. — *Mss. B* 3, *A* 1 *à* 6, 11 *à* 14, 18, 19 : secheresse. F° 216 v°. — *Mss. A* 15 *à* 17 : chault. F° 216. — *Mss. A* 8, 9, 20 *à* 22 : chaleur. F° 197.

P. 153, l. 17 : de chiaus. — *Ms. A* 17 : aucuns des vilains tuffes.

P. 153, l. 22 : brail. — *Mss. B* 3, *A* 1 *à* 6, 11 *à* 14, 18, 19 : brayes. F° 216 v°. — *Mss. A* 8, 9, 15 *à* 17, 20 *à* 22 : nombril. F° 197.

P. 154, l. 11 : ces larrons. — *Ces mots manquent dans A* 8, 9.

P. 154, l. 13 : prendre. — *Le ms. A* 29 *ajoute :* larcineusement.

P. 154, l. 31 : Bar. — *Mss. A* 23 *à* 29 : Chalons.

P. 155, l. 2 et 3 : Cil.... communauté. — *Ms. A.* 29 : Les manants de ceste ville où il y a grant bourgeoisie et communauté.

P. 155, l. 3 : s'estourmirent. — *Ms. A* 29 : s'esmeurent.

P. 155, l. 18 : tret. — *Le ms. A* 29 *ajoute :* par lequel ils tenoyent tout le front de la rue.

P. 155, l. 19 : jusques à hault miedi. — *Ms. A* 29 : depuis deux heures devant jour jusques à haute nonne.

P. 156, l. 2 : Biaupret. — *Mss. A* 2, 11 *à* 14 : Pié. — *Ms. A* 23 : Beaupié.

P. 156, l. 3 : Germillon. — *Ms. A* 1 : Gerville.

P. 156, l. 11 : Grantsi. — *Mss. A* 11 *à* 14 : Garency.

§ 458. P. 156, l. 13 : De le venue. — *Ms. d'Amiens :* Enssi et en celle rihote durèrent il tout le nuit, et l'endemain jusques à nonne, lanchant, traiant, combatant, estrivant de l'un à l'autre ; et en y eut plusieurs blechiés des deux parties. Quant messires Pières d'Audelée et chil de se routte perchurent le couvenant de chiaux de Chaalons, et coumment li gentil homme, de leur costé, que messires Oedes de Grantsi avoit amenés, gardoient le passage souffissamment, et qu'en vain il se combatoient, si se retraissent tout bellement et se partirent de Chaalons à petit concquès, et trouvèrent leurs chevaux que on leur avoit amenés après yaux ; si montèrent sus et chevauchièrent viers Biaufort. Quant cil de Chaalons en virent le partement, si en furent moult joyant, car il avoient esté en grant aventure de tout perdre. Si conjoïrent et honnourèrent grandement les gentils hommes, et dissent bien que par yaux et par leurs deffenses avoit esté li cités de Chaalons gardée et deffendue. F° 115.

.... Assés tost après, avint que chil de le garnison de Velly et chil de le garnison de Roussi se queillièrent et missent ensamble, et vinrent prendre par force et par assaut le ville de Sissonne, et fissent ens une grande garnison de touttes mannierres de gens assamblés qui avoient une cappittainne que on clammoit Hennekin Franchois. Et estoit uns garchons nés de Couloingne, che disoit on, et estoit sans pité et sans merchy de ce dont il estoit au deseure. Ceste garnison de Sissonne fist moult de villains fais et de grans dammaiges aval le pays, et ardoient tout et tuoient hommez, femmez et petis enfans qu'il ne pooient ranchounner à leur vollenté.

Or avint un jour que li comtes de Roussi, qui avoit l'ayr et le mautalent encorres en son coer, c'estoit bien raisons, de sa ville et de son castiel de Roussi que li Alemant, noummet Navarois, tenoient, fist une priierre as chevaliers et as escuiers d'entours lui, et eut bien cent lanches parmy quarante chevaux qu'il amena des bourgois de Laon. Et eut adonc le comte de Porsiien, monseigneur Gerart de Chavenchy et le seigneur de Montegni en Ostrevant et autres chevaliers et escuiers qui y allèrent à se priierre. Si chevauchièrent un jour et vinrent deviers Sissonne; si trouvèrent ces Allemans, nommés Navarrois, qui ardoient ung village, et les coururent sus baudement et delivrement. Chilx Hannekins Franchois et se routte missent tantost piet à terre et se requeillièrent bien et faiticement, et rengièrent tous les archiers devant yaux.

Là eut fort hustin et dur, d'un lés et de l'autre. Et trop bien furent asaili chil Navarrois qui estoient de tous pays, et trop bien se deffendirent et trop vassaument. Et bien le couvenoit, car il estoient fort requis et envaï, et ewissent estet desconffi se li bourgeois de Laon fuissent demouret; mès il se partirent à peu de fet et se missent au retour deviers Laon, et li autre demourèrent et se combatirent assés et vaillamment. Toutteffois, li journée ne fu point pour yaulx. Là fu li comtes de Porsiien durement navrés et à grant meschief sauvés. Là fu li sires de Montegny en Ostrevant pris, et messires Gerars de Chavenchy et pluisseurs autres, et li comtes de Roussi mout navrés et pris le seconde fie, et livrés à Rabigot de Dury et à Robin l'Escot qui l'en menèrent en prison en son castiel de Roussi meysmes, et l'i tinrent depuis ung grant temps. Ces deux povres aventurez eut il sus mains d'unne année. F° 114 v°.

P. 156, l. 17 à 29 : Quant... Biaufort. — *Ms. A* 29 : Et quand messire Pierre d'Audelée et ses compagnons veirent venus et rangés le sire de Gransi et ces Bourguignons devant eux et la bannière deployée, il dist à aucuns de ses plus privés : « Beaux seigneurs, j'aperçoy que nos embusches et nostre entreprise sont rompues par Odes de Granci qui est ici venu contre nous : si conseille de nous retraire vers Beaufort. » Adonc iceulx Angloys et Navarroys se retirèrent à pied tout le pas par la voye qu'ils estoyent le matin venus.

P. 156, l. 31 : si bonnes. — *Les mss. A* 8, 9, 15 à 19 *ajoutent :* gens — *Les mss. A* 1 à 6, 11 à 14, 20 à 22 *ajoutent :* gens d'armes.

P. 157, l. 6 : Sars. — *Mss. A* 8, 9, 15 *à* 17 : Saux.

P. 157, l. 16 : uns. — *Le ms. A* 17 *ajoute* : villain.

P. 157, l. 18 : austers. — *Mss. A* 15 *à* 17 : estourdi F° 217.

P. 157, l. 18 : l'aïr. — *Ms. A* 7 : l'ire. F° 207 v°. — Ce *mot manque dans les mss. A* 8, 9.

P. 158, l. 1 : Cavenchi. — *Mss. A* 7, 23 *à* 29 : Cavenci.

P. 158, l. 25 : Rabigot. — *Mss. A* 8, 9 : Radigos.

§ 439. P. 158, l. 29 : Ensi estoit. — *Ms. d'Amiens :* En che tamps chevauchoit messires Ustasses d'Aubrecicourt en Campaingne, et avoit dou jour à l'endemain, quant il volloit faire une chevauchie, cinq cens ou six cens lanches. Et estoit tous sires dou plat pays et avoit estet plus d'un an devant, et couroit bien souvent devant Troie, l'autre devant Chaalons, puis devant Prouvins. Et estoit tous sires de le rivierre de Sainne, car il tenoit Nogant sus Sainne; si passoit et rapassoit à son plaisir de quel part qu'il volloit, ne nus ne li contredisoit. Et fist là en ce pays pluiseurs belles bacheleries et grans appertisses d'armes, et rua jus par pluiseurs fois pluiseurs chevauchies de jentilshommes. Et y concquist grant avoir en raenchons, en vendages de villes et de castiaux, ossi en racas de pays et de maisons et en saufconduis qu'il dounnoit, car nulx ne pooit passer, aller ne venir, marchans ne autrez, ne yssir des bonnes villez que ce ne fuist par son dangier. Et tenoit bien à ses gagez cinq cens combatans, sans les autres qui se tenoient de lui et qui le suioient pour pillier et pour gueriier.

Et il estoit hardis chevaliers et bachelereux, corageus et entreprendans, et amoit très loyaulment par amours une damme dou plus grant linage des crestiiens : pour quoy il en valloit mieux en armes et en touttes mannierres. Et la damme ossi l'ammoit si loyaument et si enterinnement que mieux ne pooit, et souvent lettrez, salus et segnefianches li envoioit : par quoi li chevaliers en estoit plus gais et plus jolis, plus larges et plus courtois et plus preux as armes; car en soy meysmes se glorifioit, quant il sentoit qu'il amoit et estoit amés de damme jone, belle, frice et jolie et dou plus grant sanch des crestiiens. On le puet bien noummer, car il l'eut depuis à femme espousée : on l'appelloit madamme Ysabiel de Jullers, soer germaine au duc de Jullers et nièche à la bonne roynne d'Engleterre, fille de sa soer, cousinne germaine à ses enfans et as enfans de Haynnau, et un seul point mains à ciaux de Franche, de Bourbon et de Blois.

Tant fist messires Ustasses d'Aubrecicourt ou pays de Campaingne de belles chevauchies et de grans fès d'armes, qu'il y estoit si renouméz, si cremus et alosés que chacuns parloit de lui; et tous les jours concqueroient il et ses gens sus le pays. F° 115.

P. 159, l. 12 : de chevaucies. — *Ces mots manquent dans les mss. A.*

P. 159, l. 14 : entreprendans. — *Ms. A 7* : entreprenant. F° 208.

P. 159, l. 17 : d'ardoir. — *Ces mots manquent dans les mss. A et dans le ms. B 4.*

P. 159, l. 21 : douze. — *Mss. A 8, 9* : vingt.

P. 159, l. 25 : et à espeuse. — *Ms. A 7* : espousée.

§ 440. P. 160, l. 11 : Apriès. — *Ms. d'Amiens :* Quant li dus de Normendie perchut que ses pays dont il estoit regens et drois hoirs, estoit enssi foullés et desolés par le fait dou roy de Navarre, si le prist en grant despit et fist ung mandement de gens d'armes de tous lés là où il les pooit avoir. Si assambla bien deux mille lanches, chevaliers et escuiers, et se parti de Paris et prist son chemin par deviers Melun sur Sainne, où li roys de Navarre se tenoit. Si asega li dis dus le ville de Melun, d'un lés de le rivierre et de l'autre. Et se tenoit li dus de Normendie au lés deviers Brie, avoecq lui si doy frère, li dus d'Ango et li dus de Berri, et leur oncles li dus d'Orliiens, et grant fuisson de grans seigneurs. Et d'autre part, deviers Gastinois, estoient li comtez de Saint Pol, messires Moriaux de Fiennes, li sires de Couchy, li sires de Montmorensi, li sires de Grantsi, messires Jehans de Lini, messires Guis de Lini ses filx, et grant fuison de chevaliers et d'escuiers. Et avoient li dit Franchois fait ung pont de nés sus Sainne, pour chevauchier de traviers le Sainne, de l'une ost à l'autre. Si se tint là chilz sièges longement, ainschois qu'il en venissent à leur entente. Et toudis entroes couroient et guerioient chil dez fortrèches; et estudioient et penssoient nuit et jour li compaignon qui Navarrois se nommoient, à prendre, à embler et à escieller villez, castiaux et fortes maisons. F° 114 v°.

. .... En ce tamps s'ensonniièrent bonnes personnes et allèrent entre le ducq de Normendie et le roy de Navarre qui estoit assegiés dedens Melun, tant que une pès y fut tretie et faitte. Et pardounnèrent li uns à l'autre chacuns sen mautalent; et se deffist li sièges de Melun. Et dounna li dus de Normendie ses gens d'armes congiet, et ramena le roy de Navarre avoecq lui dedens Paris. Dont chacuns et chacune ot grant joie, pour ce qu'il leur sambla qu'il avoient pès de ce costé; car li roys de Navarre jura qu'il feroit partir tous ses Navarrois des fors qu'il tenoient, enssi qu'il fist à son loyal pooir. Mès il y avoit pluisseurs saudoiiers et compaignons englès, allemans et autres, qui ne se veurent mies enssi partir des fors qu'il tenoient; et disoient qu'il gueriroient pour le roy englès, car lez trieuwez estoient fallies. Si prendoient là leur escuzanche et leur retour. F° 116 v°.

P. 160, l. 14 : doi mil. — *Mss. A* 8, 9, 15 à 17, 23 à 33 : trois mil.

P. 160, l. 18 à 20 : en le conté.... Kem. — *Mss. A* 8, 9, 15 à 17 : en la cité d'Evreux, ou dedens le fort chastel de Pacy, assez près de la bonne cité de Vernon. — *Mss. A* 7, 20 à 22 : en la cité d'Euvreux, ens ou fort chastel de Vernon, assés près de la bonne ville de Kem. F° 208. — *Ms. B* 6 : à Mantez, à dix lieues près de Paris, à l'entrée de Normendie. F° 588.

P. 160, l. 22 : navarois. — *Mss. A* 8, 9, 15 à 17 : dont l'un s'appelloit messire Martin de Navarre et l'autre le Bascon de Mareuil. Voirs est que la ville de Meleun est assise en trois parties. L'une est une isle où le chastel est assis. L'autre partie est du costé de Gastinois. Et entre ces deux parties court le maistre bras de la rivière. Et ces deux parties avecques le chastel occupoient les Navarrois. Et l'autre partie est du costé de Brie et estoit françoise; et illecques se vint mettre à siège le duc de Normandie et tout son ost. Avec le duc de Normandie et à son mandement estoient venus au siège de Meleun.... F° 199.

P. 160, l. 29 : royne. — *Ms. B* 6 : Ysabiel. F° 588.

P. 161, l. 9 et 10 : troi mil. — *Mss. A* 8, 15 à 17, 20 à 22 : quatre mil. — *Mss. A* 23 à 29 : trois cens. — *Ms. B* 6 : plus de douze cens chevaliers et escuiers.

P. 161, l. 11 et 12 : là envoiiés. — *Mss. A* 8, 9, 15 à 17, 20 à 22 : et avoec luy.

P. 161, l. 18 et 19 : et plus.... roynes. — *Ces mots manquent dans A* 8, 9, 15 à 17, 20 à 22.

P. 161, l. 22 : Jehans. — *Mss. A* 1 à 6, 8, 9, 15 à 22 : James.

P. 161, l. 22 : Carbiniaus. — *Mss. A* 8, 9, 15 à 17, 20 à 22 : Corbiniau.

P. 161, l. 28 : Vrenon. — *Mss. A* 8, 9, 15 à 19 : Evreux.

P. 162, l. 15 et p. 163, l. 15 : Che siège.... d'Engleterre. — *Ms. A* 29 : En ce tandis, aucuns vaillans hommes traictèrent par telle manière devers le roy de Navarre et le duc de Normandie, car adonc estoyent en France le cardinal de Perigourd et le cardinal d'Urgel, lesquels firent tant que une journée fut prinse pour appointer ces deux princes de leurs differents, en la cité de Vernon, pour là traicter une bonne paix entre eux. Et là vindrent le duc de Normandie et son conseil, et d'autre part le roy de Navarre et monseigneur Philippe, son frère, et y fut traicté et accordé et la paix faicte. Et jura le roy de Navarre que de ce jour en avant il seroit et demoureroit bon François, et meit en sa paix plus de trois cens chevaliers et escuyers ausquels le duc pardonna son maltalent. Mais il en reserva aucuns des aultres, ausquels il ne voulut mie pardonner ce qu'ils luy avoyent meffaict.

A celle paix ne voulut oncques accorder monseigneur Philippe de Navarre, ains dit à son frère qu'il estoit tout idiot et enchanté et qu'il se meprenoit grandement contre le roy d'Angleterre, à qui il s'estoit allié, et lequel roy luy avoit tousjours aidé, conforté et secouru. Si se partit monseigneur Philippe, par maltalent, du roy son frère, luy quatriesme tant seulement et chevaucha le plus tost qu'il peust vers Sainct Sauveur le Vicomte, qui lors estoit une forte garnison d'Anglois. Et en estoit capitaine, de par le roy d'Angleterre, un moult vaillant chevalier anglois nommé monseigneur Thomas d'Agorne, qui receut monseigneur Philippe de bon cœur et lui fit grand chère, et puis lui dit qu'il s'acquittoit loyaument devers le roy d'Angleterre. « Par mon serment, respondit le chevalier navarroys, toute promesse doit estre tenue; et pour ce doit chascun bien adviser de non promettre chose qu'on ne vueille tenir. »

P. 162, l. 27 : bons françois. — *Mss. A* 1 à 6, 11 à 14, 18, 19 : homme du duc et son frère à estre.

P. 162, l. 28 : trois cens. — *Mss. A* 1 à 6, 8 à 22 : quatre cens.

P. 163, l. 13 : Navare. — *Ms. B* 6 : et l'appelloit cousin. En che tamps se deffist le siège devant Rennez en Bretaigne. Et s'en party le duc de Lenclastre et retourna en Engleterre et y mena le jone conte de Monfort. F° 589.

§ 441. P. 163, l. 16 : Parmi l'ordenance. — *Ms. d'Amiens :* Or avint que li dus de Normendie et ses conssaux, qui adonc seoient devant Melun sus Sainne et avoient là assegiet le roy de Navare, si comme vous savés, par le pourkach dou vaillant evesque de Troies, un appert et hardi ghuerieur, ossi fisent tant enviers un puissant et vaillant chevalier et c'on tenoit à bon guerieur, et telx estoit ilz, hardis chevaliers durement, et l'appelloit on par son droit nom messires Brokars de Fenestrages, qu'il demora de lor ayde et proummist à aidier l'evesque de Troies et le pays de Campaingne à tout cinq cens lanchez à cheval, parmy une grande somme de florins qu'il devoit avoir. Si se traist messires Brokars en le cité de Troies et fist là son amas de gens d'armes et de brigans ; et eut, que de ses gens, que de ciaux de Campaingne, parmy les gens l'evesque de Troies et le comte de Wedemont et le comte de Joni et monseigneur Jehan de Chalons, qu'il furent bien mil lanches et quinze cens brigans.

Si se traissent premierement ces gens d'armes, dont messires Brokars estoit chiés, devant le fort castiel de Hans en Campaingne. Là eut grant assault et dur et qui longement dura ; mès en le fin, li dis castiaus fu concquis par force. Et furent pris tout chil Englès et Navarois qui dedens estoient, dont il en y avoit bien quatre vingt, et tout mis à l'espée sans merchy. Puis se retraissent ces gens d'armes dedens Troies, et eurent consseil entre yaux qu'il se trairoient deviers Pons sus Sainne et deviers Nogant ; car là se tenoient tout chil qui leur faisoient tous les destourbiers. Si se partirent ung jour en grant aroy, et estoient bien douze cens lanches et neuf cens brigans. F° 115 v°.

P. 165, l. 3 : Joni. — *Ms. A* 7 : Jouy. F° 209 v°.

P. 165, l. 4 : Brokars. — *Les mss. A* 15 *à* 17 *ajoutent :* de Fenestrages. F° 219.

P. 165, l. 5 : mil. — *Mss. A* 23 *à* 29 : deux mille.

P. 165, l. 6 : brigans. — *Ms. A* 17 : gros brigans petaulx.

P. 165, l. 7 : Hans. — *Ms. A* 7 : Haus.

P. 165, l. 22 : destourbiers. — *Les mss. A* 8, 9 *ajoutent :* qu'il povoit.

§ 442. P. 165, l. 23 : Adonc se partirent. — *Ms. d'Amiens :* Ces nouvelles estoient venues à monseigneur Ustasse d'Aubrecicourt, qui se tenoit adonc à Pons sus Sainne, que messires Brokars et li evesques de Troyes devoient cevaucier. Si estoit yssus de

Pons à tout ce qu'il avoit de gens d'armes et d'archiers, et avoit mandés tous chiaux des garnisons de là entours. Si avoit bien quatre cens lanches et deux cens archiers, et ne volloit mies, pour sen hounneur, que on le trouvast enclos en une fortrèche; et chevaucièrent le jour que li François chevauçoient. Si orrent nouvellez li ung de l'autre. Or ne quidoit mies, au voir dire, li dis messire Ustasses que li Franchois fuissent si grant fuisson qu'il estoient, car il se fust mieux pourveus de gens d'armes et d'archiers.

Si chevauchièrent tant li Franchois, et d'autre part messires Ustasses, qui estoit au matin partis de Pons sour Sainne, que li coureur de l'un et de l'autre se trouvèrent et vinrent raporter chacun à son lés ce qu'il avoient vew; dont ordounnèrent il leurs batailles. Et en fissent li Franchois trois, et en chacune quatre cens lanches. Et eurent le premierre messires Brokars et messires Jehans de Chaalons; la seconde, li comtes de Wedimont et de Genville; la tierche, li evesques de Troies; et encorres n'estoient point venu li brigant.

D'autre part, messires Ustasses avoit pris le fort d'unne vigne sus une petite montaingne, et avoit mis ses gens toutte en une bataille et les archiers par devant. Là fist il aucuns chevaliers nouviaux, dont messires Corageux de Mauni, uns siens cousins et appers bacelers, et messires Jehans Paris en furent : les autres ne sai je mies bien nommer. Et fist messires Ustasses touttes ses gens traire à piet et les chevaux derierre yaux, et chacun retailler sa glaive et faire de le longeur de cinq piés tant seullement, et mettre son penon devant lui. F° 115 v°.

P. 166, l. 4 et 5 : entre Nogant et Pont sur Sainne. — *Ces mots manquent dans les mss. A.*

P. 166, l. 7 : deux cens. — *Mss. A 11 à 14* : quatre cens.

P. 167, l. 7 : Genville. — *Mss. A 8, 9* : Vaudemont.

P. 167, l. 17 et 18 : François.... aultres. — *Ces mots manquent dans les mss. A.*

P. 168, l. 2 : chevaliers. — *Mss. A 11 à 14* : bacheliers.

P. 168, l. 3 : son. — *Ms. B 4* : sa. F° 205 v°.

P. 168, l. 5 : couvenant. — *Mss. A 8, 9* : couvine.

§ 443. P. 168, l. 13 : Quant messires. — *Ms. d'Amiens* : Si tost qu'il se furent ordounné, li Franchois, qui estoient en trois batailles, si comme vous avés oy, vinrent achevauchant sus yaux moult radement, messires Brokars et messires Jehans de Chalonz premierement, chacuns sa bannierre devant lui moult areement, et ferirent chevaux des esperons et baissièrent les lanches, et aprochent les Englès c'on dist Navarrois. Et chil archier coummencent à desclichier saiettes fort et roit et à navrer hommes et chevaux. Touttcffois ces gens d'armes aprocent, mès il furent requeilliet de monseigneur Ustasse et des siens trop fierement, car il tenoient devant yaux leurs glaives moult roidement. Et ne s'i osoit nus bouter; et qui s'i mettoit, il estoit mors ou abatus. Là fu ceste premierre bataille des Franchois bien reboutée.

Quant li comtez de Wedimont et li comtes de Joni vinrent à toutte leur routte, messires Ustasses et li sien les rechurent hardiement et les reboutèrent de premier encontre et en habatirent et sachièrent entr'iaux des plus appers, et fianchièrent prisounniers. Dont vint li evesques de Troies et se bataille mout bien montés; et coummenchièrent à tournoiier tout autour d'iaux, et li Englès ossi tournioient à leur mesure. Finablement, li Franchois s'abandonnèrent et ferirent chevaux des esperons, les glaives baissies, pour entrer ens, et yaulx rompre; et cil compaignon les rechuprent à leurs courtes glaives mout roidement.

Là eut, je vous di, estour et rencontre mout dur et moult fort et bien combatu, car li Franchois combatoient à cheval et li Englès à piet. Et estoient leur archier retret tout enssamble et mis en ung mont, et laissoient les gens d'armes couvenir, et traioient mout ouniement et mout roit ens ès Franchois, qui mout les grevoit, car il se combatoient devant et il estoient tret sus costé ou derierre : dont il en y eut pluisseurs blechiés et navrés et maint cheval ossi. Enssi se combatirent il mout longement.

Là y eut mainte belle appertise d'armes faite, mainte prise et mainte rescousse, car li Englèz n'estoient qu'un peu. Si se prendoient mout priès de bien faire, et si vassaument se combatirent, que pour ce jour il n'en doient avoir point de blamme, car j'oy recorder de chiaux qui y furent, se li bringant n'ewissent esté qui y sourvinrent au darrain fresch et nouviel, il s'en fuissent parti à leur honneur, car il donnoient les Franchois assés affaire.

Mès quant chil brigant furent venu, qui estoient plus de neuf cens à tout lanches et pavais, il rompirent lez archiers et missent en voies, et gens d'armes apriès qui en tuèrent le plus grant partie, et puis revinrent par les garchons qui gardoient les chevaux des Englès et Navarois, et se ferirent entr'yaux et en tuèrent et navrèrent, et gaegnièrent des chevaux le plus grant partie. F° 115 v°.

P. 170, l. 15 et p. 171, l. 31 : Or.... sauvèrent. — *Mss. A* 27 *à* 29 : Or avoient les Angloys fort l'advantage d'une montaigne, et se tenoyent si serrés que par nul tour les Françoys ne savoyent comment entrer en eux. Si estoyent les Françoys à cheval et les Anglois à pié. D'autre part, un petit plus en sus, estoyent leurs archers, qui faisoient leur bataille à part et tiroyent par grant effort sur les Francoys. Adonc les Françoys prindrent à tournoyer autour des Angloys, pour eulx rompre et ouvrir, et à la mesure que les François tournoyoient, les Anglois firent ainsi. Or vindrent les brigans françois, qui n'avoyent peu si tost venir que les gens d'armes à cheval; car ces brigans, qui estoyent bien neuf cens, estoyent à pié, lesquels, tantost qu'ils furent venus à lances et à pavois jusques aux archers angloys, ils les rompirent et desroyèrent, et ne tindrent comme riens et s'espardirent çà et là ; car le traict des archers ne pouvoit entrer en iceux brigans, tant estoyent fort paveschés; et aussi les archers estoyent durement foulés, car ils s'estoyent longuement combattus. Quand la seconde bataille des Françoys, tous à cheval, perceut le desarroy de ces archers angloys, tantost leur courut sus, et furent la plupart occis, petit s'en sauvèrent. Puis chevauchèrent oultre ceulx de la seconde bataille et vindrent tout accourans sur les garçons qui gardoyent les chevaulx des Angloys, leurs maistres; si en occirent le plus, et le remanant se sauvèrent au mieulx qu'ils peurent; là gangnèrent les Francoys de bons chevaulx et de beaux coursiers et mainte belle parure, joyaux, or et argent à planté.

P. 171, l. 26 : Joni. — *Mss. A* 20 *à* 22 : Jenville.

P. 171, l. 26 : et leur route tèle. — *Mss. A* 8, 9, 11 *à* 22 : la.

P. 172, l. 1 : amoit tant. — *Ms. A* 17 : pour l'amour de sa dame par amours, qui d'Angleterre les lui avoit envoyés par très grant amistié.

P. 172, l. 2 : li contes. — *Mss. A* 18, 19 : les contes. *Mauvaise leçon.*

§ 444. P. 172, l. 7 : Moult y fist. — *Ms. d'Amiens :* Moult y fist ce jour messires Ustasses d'Aubrecicourt merveilles d'armes, et y fu très bons chevaliers, et ossi furent tout chil qu'il avoit fès et li aultre escuier ossi. Chacuns en droit de lui se combati vaillamment, mès li Franchois estoient grant nombre et toutte gent d'eslite; et quant li brigant furent venu fresch et nouviel, il cargièrent durement les Englès, car de premiers il rompirent et desconfirent les archiers. Et puis s'en revinrent dessus les gens d'armes; si les assaillirent fierement et aigrement, et li signeur ossi. Là furent messires Brokars de Fenestrages, li comtes de Wedimont, li comtes de Joni, messires Jehans de Chalon et li evesques de Troies très bon chevalier, et ossi furent pluisseur de leur routte. Et bien le couvint; car il trouvèrent dure gent et forte, drois hommes d'armes. Et ne l'eurent mies d'avantaige; ainschois leur cousta grandement de leurs gens. Et en y eult pluisseurs mors et bleciés; mès finablement il obtinrent le plache, et fu li journée pour yaux.

Et y fu pris messires Ustasses d'Aubrecicourt en très bon couvenant et durement navrés, et fu fianchiés prisons d'un chevalier dou comte de Wedimont qui s'apelloit messires Henris Kevillart, qui eut moult de painne pour lui sauver; car li coumun de Troies, qui trop le haioient pour les belles bacheleries et grans appertisses d'armes le tamps passet qu'il avoit fait, le volloient tuer. Là furent Englès et Navarois tous desconfis, et pris messires Martins d'Espaingne et messires Jehans Paris et pluisseur autre chevalier et escuier. Et laissièrent messire Corageus de Mauni sus les camps comme mort, tant estoit il navrés et adis de ses plaies. Oncques piés n'en escappa, fors il, qui ne fuist ou mors ou pris. Ceste bataille fu dallés Nogant, l'an mil trois cens cinquante neuf, le vegille Saint Jehan Baptistre. F° 116.

P. 172, l. 7 et p. 173, l. 3 : Moult.... Campagne. — *Ms. A* 29 : Endementiers se combatoyent les deux autres batailles aux Anglois d'un costé, et finalement se peurent remettre ensemble; et fut le pennon de messire Eustace, qui estoit estandart, abbattu par terre, conquis et deschiré. A celle empeinte, les Angloys furent contraincts de s'ouvrir, et y eut plusieurs de morts et planté de mehaignés et de rués par terre; et en prindrent les Françoys desquels qu'ils voulurent. Si escheut messire Eustace ès mains d'un chevalier de dessous le conte de Vaudemont, qu s'appeloit monseigneur Henry Chevillart. Icelui creanta messire Eustace, et icelui Henry eut grant peine pour lui sauver, car la communauté de Troye, qui là estoit en grant nombre, le vouloit tantost occire, pour ces hautes et belles appertises d'armes qu'il avoit faites au pais de Champaigne.

P. 172, l. 29 : Kenillars. — *Ms. A* 1 : Breuilart. — *Mss. A* 2 à 6, 11 à 14, 18, 19, 23 à 29 : Kevillart, Keuillart.

§ 445. P. 173, l. 13 : Apriès le desconfiture. — *Ms. d'Amiens :* Apriès le desconfiture de Nogant dont je vous ay parlé, et que li camps fu tous delivrés, s'en revinrent li seigneur et leurs gens à Troiez et amenèrent là leur gaaing et leurs prisonniers ; mès li chevaliers de Wedimont, qui avoit fianchiet monseigneur Ustasse, ne l'i osa amenner pour le coummun, car on li ewist tuet entre ses mains. Si le menna d'autre part à sauveté, et li fist garir ses plaies, et toutte le milleur campaignie qu'il peult par gentillèche.

Quant li desconfiture fu passée et tout li Franchois retret, messires Corageus de Mauni, qui estoit tous essannés et là couchiés entre les mors, et estoit si comme demy mors, il leva un peu le cief : si ne vit que gens mors et atierés autour de lui. Adonc s'esvertua il un petit, et s'asist sour le creste d'un fosset où on l'avoit abatu ; si regarda et vit qu'il n'estoit mies lonch dou fort de Nogant dont Jehans de Segure estoit cappittaine. Si fist tant, au mieux qu'il peult, une heure en lui traienant, l'autre allant en apoyant, qu'il vint desoubs le tour, et fist signe as compaignons dou castiel qui estoit des leurs. Adonc avallèrent il erramment, et le vinrent querre hors dou fort et l'emportèrent laiens entre leurs bras, et li bendelèrent et restraindirent et recousirent ses plaies au mieux qu'il peurent : dont il fu puisedi garis, mès che fu à grant meschief.

Quant li compaignon de Pons sus Sainne, de Trochy, de Saponay, d'Arsi et des autres fors environ, qui se tenoient desoubz messire Ustasse, entendirent ces nouvelles que leurs maistres estoient tout mort ou pris, si toursa chacuns ce qu'il peut prendre au plus tost qu'il peult, et wuidièrent les fortrèches et laissièrent tout vages, et se retraissent vers Esparnay et vers Damery et vers Vertus, où messires Pières d'Audelée se tenoit ; mès chil de Nogant ne wuidièrent mies si trestost, car Jehans de Segure disoit qu'il le garderoit bien contre tous venans.

Encorres seoit li dus de Normendie devant Melun sus Sainne, où il avoit asegiet le roy de Navarre. Et avint en ce tamps que messires Jehans de Pikegny, qui se tenoit en Picardie et avoit mout grevet le pays, issi de ce siècle assés mervilleusement, s comme on dist, car je ne fui mies à son trespas. Mès on me reprist qu'il fourssenna et morut villainnement, et manga ses mains et estrangla son cambrelent; et auques enssi morut, ce dist on, un sien chevalier et de son acord, c'on clammoit messires Luis de Bekisi.

Uns si fais miracles estoit adonc avenus ou pays de Campaingne, d'un escuier qui estoit en le compaignie monseigneur Pière d'Audelée et de Albrest qui est nommés chy devant. Il avint que messires Pierres et Albrest et leur compaignon estoient entret en une ville à force c'on claimme Ronay, et le desroboient partout qui mieux mieus, à l'eure que touttes les gens estoient au moustier. Et adonc que li prestres dou lieu disoit messe, et devoit user le sacrement, li ungs de ces pilleurs entra ens ou canciel. Si s'en vint au prestre et li tolli le callisse et tout le corporal et le sacrement, et le bouta en son sain et feri le prestre de son gand de fier en l'oreille, pour ce qu'il li deffendoit à prendre. Quant li ville fu toutte robée, li compaignon se partirent; et emporta chacuns che qu'il avoit trouvet et volut prendre. Chils monta sus son cheval et traist as camps avoecq les autres; il n'eurent mies alet le quattre part d'une lieuwe, qu'il et ses chevaux, sour quoy il estoit, esragièrent ambdeus; et estrangla li ungs l'autre si hideusement que tout li compaignon qui chou veirent, en fuirent leur voie, li ungs chà, li autres là, que oncques n'y ot si hardi qui les osast aprochier, jusques adonc qu'il furent ambdeux mort. F° 116.

P. 174, l. 1 : chilz hardis chevaliers. — *Ces mots manquent dans les mss. A.*

P. 175, l. 6 : Trochi. — *Ms. A* 1 : Roucy. — *Mss. A* 2 à 6, 11 à 14 : Trouchy.

P. 175, l. 18 : si com on dist. — *Ms. A* 29 : si comme il me fut raconté, il fut estranglé par son chambellan, qui lui desroba son tresor et ses joyaux aussi. Et forment ainsi fina messire Luc de Berkusy, qui avoit esté de son conseil.

P. 175, l. 18 et 19 : cambrelent. — *Ms. A* 17 : et son chapellain, et devindrent soudainement tous deux hors du sens; et puis furent incontinent convertis en pouldre et tantost portés en enfer par Pluto, Cerberus, Lachesis et Atropos, pour les grans maulx qu'ils avoient fais tant aux eglises comme au pauvre peuple du royaume de France, comme traistres d'icellui.

P. 175, l. 22 : mesfais. — *Ms. A* 29 *ajoute :* se il le lui plaist.

P. 175, l. 28 : Cils escuiers. — *Le ms. A* 17 *ajoute :* villain tuffe tacrier.

P. 176, l. 11 : en pourre. — *Ms. A* 7 : en poudre et en cendre. F° 212.

§ 446. P. 176, l. 16 : Auques en ce temps. — *Ms. d'Amiens :* Assés tost apriès avint que chil de Mauconseil vendirent leur fort, où longement s'estoient tenu, à chiaux de Noyon et de là entours, quant il eurent tout robet et gastet le pays qu'il ne trouvoient mès riens que pillier, s'il n'aloient trop loing enssus de leur garnison; si se doubtèrent qu'il ne leur en mesavenist. Si en prissent seize mil moutons et puis s'en partirent; et se trayrent li aucun à Velli, li autre à Cray ou à le Herielle.

En ce tamps constraindi moult li captaux de Beus le pays de Biauvoisis et tout jusques à Mondidier, et jusques à Pontoise et jusques à Paris, qui se tenoit à Clermont en Biauvoisis; et ranchonnoit villez et villettes, abbeyes et maisons, les unes as vivres et as pourveanches, les autres à or et à argent, et assambla si grant avoir c'à merveillez. F° 116 v°.

P. 176, l. 17 : nesir. — *Ms. B* 4 : nasir. F° 207 v°. — *Mss. A* 8, 9 : ennuyer.

P. 176, l. 27 : logier. — *Ms. B* 6 : En che tamps, esquella le capital de Beuz le castiel de Clermont en Bieauvoisy et le tint plus d'an et demi et regna et apovry fort le pais de là environ. F° 591.

P. 177, l. 1 : sotes. — *Ms. A* 7 : sottes. F° 212. — *Mss. A* 8, 9 : sommes.

P. 177, l. 15 : paiement. — *Ms. A* 29 : De ce fu il assez bien content, et s'i accorda non se doutant qu'en son faict eust aucun danger, comme celui qui là estoit venu sur l'assurance de l'evesque, lequel gouvernoit alors toute la cité. Mais tantost que la communauté de Troyes fut avertie comment Jehan Segure estoit en l'hostel de l'evesque, attendant à recevoir une grosse somme de florins, ils commencèrent à dire l'un à l'autre : « Et comment se truffe monseigneur l'evesque de nous, qui entretient en son hostel le plus mauvais et le plus fort pillart de France, et veult encores que nous lui donnions nostre argent ? Il l'entend mal; on y pourvoira par une autre voye. » Atant toute la communauté s'esmeut. Toutesfoys ils envoyèrent grandes gardes aux portes, afin que Jehan Segure ne leur eschappast. Ce faict, ils vindrent environ six mille, tous armés à leur usage, pour occire ce Jehan Segur en la court de l'evesque. Quant l'evesque veit tout ce peuple ainsi esmeu, il dist tout haut : « Beaux seigneurs, que demandez vous à mon hostel ? S'il y a rien de forfaict, il vous sera amendé. » — « Nous demandons, respondirent iceulx, ce fort pillart Jehan Segure, qui tant nous a faict de contraires, et maintenant le voulez enrichir de nos deniers. » — « Ha, ha, beaux seigneurs, respondit le bon evesque qui ne pensoit qu'à tout bien, il est ici venu sur mon saufconduit, et si vous savez les traictés qui ont esté entre moy et luy, et tout par vostre accord ; si seroit moult grant deloyauté se, durant ceste asseurance, on luy faisoit aucun contraire. » Mais quoyque l'evesque dist ne remontrast, ils entrèrent par force en la salle, et puis allèrent en sa chambre qu'ils ouvrirent ; et tellement quirent l'escuyer qu'ils le trouvèrent en un destour où il cuidoit estre bien repons, quant il entendit que telles gens le queroyent ; et là le tuèrent et le detrenchèrent par pièces.

P. 177, l. 22 : soutoite. — *Mss. A* 8, 9 : soustient.

P. 178, l. 16 à 21 : Et si.... contraire. — *Ms. A* 17 : Et aussi regardez quelle villainie et quelle deshonneur vous me voulez faire comme de mettre à mort un seul homme et en mon hostel, lequel j'ai asseuré et fait venir en ceste ville de vostre consentement querir les deniers que, ou nom de vous, je lui ai promis, et lesquels vous lui devez aujourd'hui livrer.

P. 178, l. 23 : mès. — *Ms. A* 17 *ajoute :* les traistres villains.

P. 178, l. 26 : pièces. — *Ms. A* 17 *ajoute :* mais toutes voyes, ainçois qu'il mourust, d'un vieil espieu qu'il trouva en une garderobe, il en tua trois des premiers qui le trouvèrent et bleça quatre telement qu'ils en moururent huit jours après.

§ 447. P. 178, l. 31 : Je me sui. — *Ms. d'Amiens :* Voirement me sui je tenus longement à parler dou roy d'Engleterre ; si n'ai je mies estet trop wiseux, ch'a esté pour ce que, tant que les trieuwes durèrent entre li et les Franchois, il ne fist point de guerre, mès se tint tous qois, lesquelles trieuwes estoient fallies à le Saint Jehan Baptiste, l'an mil trois cens cinquante neuf. Et estoient li doy cardinal retournet arrière en France, qui avoient sejourné en Engleterre plus de deux ans, et n'avoient entre les deux roys peut trouver nulle pès.

Or avint, depuis leur departement et le trieuwe espirée, que doy roy devant dit se traissent un jour enssamble à si secre consseil en le cité de Londres, qu'il n'y estoit fors li prinches de Galles et li dus de Lancastre; et fissent un certain acord de pès entre yaux sans aultre moiien et sur certains poins et articlez, puis les fissent escripre en une lettre ouverte et seeller des seyaux des deux roys. Si les envoiièrent en Franche au duc de Normendie, à tous les enfans dou roy Jehan et à tous les haus barons dou royaumme de Franche qui point n'estoient prisounniers, et à touttes les coummunautés, par monseigneur le comte cambrelenck de Tankarville et monseigneur Ernoul d'Audrehen, pour priière à tout le pays de Franche qu'il se volsissent à celles pès acorder et confremmer.

Adonc que chil doy messaige furent venu en Franche, se estoient nouvellement acordé li dus de Normendie et li roys de Navare, et revenu de Melun à Paris, enssi que vous avés oy. Si fissent mander tous lez haux barons, tous les noblez et les coussaux des bonnes villes, à un certain jour à estre à Paris, à le requeste dez deux messaiges dessus dit. Quant tout furent assamblé, li doy messaige fissent ce pour quoy il estoient venu, et les lettrez lire devant tous et remoustrer les poins et les articles qui y estoient contenu et acordé des deux roys de leur bonne vollenté. Quant tout li point furent leut et entendut, et bien consideret et ymaginet, tout se trayrent à conssseil d'une part et se consillièrent longement et ne peurent y estre ad ce consseil d'acord; car la dite pès sambloit à aucuns estre trop durement griefs pour le royaumme de France en pluisseurs mannierres. Se ne s'i vorrent acorder, ains avoient plus chier à endurer le grant mescief où il estoient et le meschief dou roy Jehan, leur seigneur, et atendre le plaisir de Dieu, que consentir que si nobles royaummes de Franche fust enssi deffraudés ne amenris que li pès contenoit. Quant li doy message deseure dit entendirent ces raisons, il prissent congiet à tous et s'en rallèrent en Engleterre, et comptèrent as deux roys chou qu'il avoient fait et comment on leur avoit respondut. F° 116 v°.

P. 181, l. 3 : dist. — *Ms. B 6 ajonte :* tantost que le roy de Navare avoit tout che braset. F° 593.

§ 448. P. 181, l. 7 : Ces deux signeurs. — *Ms. d'Amiens :* Quant li roys englès eult entendu ces nouvelles, il en fu durement courouchiés. Si dist, oant tous chiaux qui le pooient oïr, que, ainchois que li yviers fust entrés, il enteroit si puissamment ou royaumme de Franche et y demourroit tant qu'il aroit fin de guerre ou bonne pès à son plaisir et à sen honneur. Si fist coummencier à faire le plus grant appareil que on ewist oncques veu faire en celui pays pour guerrier.

Ces nouvellez yssirent hors par tous pays si ques partout chevalier, escuier et gens d'armes se coummenchièrent à pourveir grossement et chierement de chevaux et de harnas, chacuns dou mieux qu'il peult, seloncq son estat. Et se traist chacuns, si tost qu'il peut, par deviers Callais pour atendre la venue dou roy englès; car chacuns penssoit à avoir si grans biensfais de lui et tant d'avoir gaegnier en France que ne seroit povres.

Environ le moiienné d'aoust, en ceste meysme saison, avint que li arcevesques de Rains, messire Jehan de Craan et chil de le ditte chité et dou pays d'environ, à l'ayde de chiaux de le comté de Reteis et des seigneurs et des chevaliers de celui pays, s'asamblèrent et vinrent mettre le siège par devant le ville et le castiel de Roussi. Et le constraindirent si, sur le tierme de trois sepmainnes qu'il y sissent, que cil qui dedens estoient se rendirent, sauve leurs vies et lors membres. Et pooient aller leur voie sauvement, chacuns à tout un cheval; mès li plus grant partie furent tué par les gens des coumunes, oultre l'acord que li seigneur et les gens d'armes avoient acordé.

Et si y fu pris à grant meschief chils qui se faisoit clammer Hannekins Franchois, qui estoit cappittainne de tous les autres et qui tenoit le dit comte de Roussi layens en prison, liquelx y fu rescous et delivrés : se li vint bien à point. Chils Hannekins Franchois fu en trop grant peril d'estre tués, quoyque li seigneur li ewissent acordé; car il estoit si hays et si renoummés des mauvais et vilains fès qu'il avoit fais, que li coummun le volloient tuer entre les mains des gentils hommes. Touttesfois il fu amennés à Rains, et puisedi delivrés de l'arcevesque et des chevaliers, pour leur sierement acquitter. F^{os} 116 v° et 117.

P. 181, l. 17 : honneur. — *Ms. B* 6 : ou il et sy enfans y demorroient en le paine. F^o 593.

P. 181, l. 19 : guerre. — *Ms. B* 6 : et envoia ses hirauz en Allemaigne pour avoir gens d'armes, en leur senefiant que il se traissent vers Calais, sur l'esté qui revenoit, que on conteroit l'an trois cens et cinquante neuf, et que tous prest il seroient là paiiet de leurs gaiges. Ces nouvelles furent plaisant as barons d'Alemaigne. Sy se partirent pluiseurs d'Allemaigne, de le duché de Guerdre et de le duché de Julers et de le duché de Brabant et s'en vinrent à Calais où il sejournèrent là à grant frès, en atendant le passaige du roy de Engleterre.

P. 181, l. 30 et 31 : le moiienné d'aoust. — *Ms. A* 7 : la mi aoust. F° 213.

P. 181, l. 31 : Craan. — *Ms. A* 7 : Craon.

P. 182, l. 12 : estoient. — *Ms. A* 29 : Quand ils eurent rendu le ville et le chastel de Roussi aux Françoys, ainsi qu'il estoit traicté et accordé, ils s'en partirent comme ceux qui cuidoyent estre sauvement. Les communautés de Paris et d'entour, qui estoyent à ce siège, leur vindrent au devant et en occirent et detrenchèrent la plus grand partie, quoyque les seigneurs y allèrent de tout leur pouvoir au devant, et à très grand peine sauvèrent le capitaine nommé Hannequin François.

P. 182, l. 19 : li villain. — *Les mss. A* 15 *et* 16 *ajoutent :* les villains tacriers et bomules. F° 223 v°. — *Le ms. A* 17 *ajoute :* tuffes, giveliers, bomules, termulons et tacriers.

§ 449. P. 182, l. 24 : Apriès le rescousse. — *Ms. d'Amiens :* Apriès le rescousse dou castiel de Roussi, morut messires Pière d'Audelée de maladie sus son lit, au castel de Biaufort qu'il tenoit : dont tout li compaignon et li saudoiier, qui à lui se tenoient et qui s'i raloioient, furent moult desbareté. Si regardèrent li Englès et li Alemant et cil qui ou pays se tenoient et qui le guerioient, qu'il ne pooient avoir milleur cappittainne que monseigneur Ustasse d'Aubrecicourt, qui estoit tous regaris de ses plaies et en bon point. Si envoiièrent deviers monseigneur Henri Kevillart en le conté de Wedimont, qui le tenoit et pourkacha longement, messire Corageux de Mauni, qui chevauchoit sus saufconduit aval le pays; et tant alla des ungs as autres que li dis messires Ustasses fu ranchonnés à vingt deux mil moutons tous appareilliés. Et rendirent encorres li compaignon le castiel d'Esconfflans parmy le marchiet, dont il ewissent bien eu otant d'argent et plus, ainschois qu'il ne s'en fuissent parti. Si revint messires Ustasses à Esparnay et remist tantost tous les compaignons enssamble, et fist ossi forte guerre que devant pour regaegnier dou nouvel. Et li envoya d'Engleterre madamme Ysabel de Jullers, qui puisedi fu sa femme, un mout biel blancq courssier sus lequel i[l] fist depuis moult de belles appertisses et de grans bacheleries d'armes. F° 117.

P. 182, l. 26 : lit. — *Les mss. B 4 et A 7 ajoutent :* ens. F° 208 v°.

P. 182, l. 28 : desbareté. — *Ms. A 7* : desbaratez. F° 213.

P. 183, l. 1 : sanés. — *Ms. A 7* : gueris.

P. 183, l. 11 : vingt deux mil francs. — *Ms. B 6* : douze mil escus. F° 594.

P. 183, l. 20 : Esconflans. — *Mss. A 15 à 17* : Conflans. F° 224.

P. 183, l. 21 : tenoient. — *Mss. A 15 à 17* : tenoit.

P. 184, l. 1 : Esne. — *Ms. B 6* : et fist une grant garnison par laquelle il adamaga et apovry moult le pais de là entour : dont le conte Lois de Flandres le prist en grant haine. Maiz messires Ustasses de son mautalent n'en fist oncques conte, car il faisoit tout en l'ombre du roy d'Engleterre son seigneur. F°ˢ 594 et 595.

P. 184, l. 3 : joie. — *Ms. A 17 ajoute :* et les essayèrent si bien à ce commencement et en burent tant qu'ils furent presque à moitié d'eulx tous ivres; et par especial, en un hostel où ils mistrent le feu, furent ars bien vingt pillars et quarante chevaulx, par trop boire.

§ 450. P. 184, l. 13 : En ceste. — *Ms. d'Amiens :* En celle meysme saison, avint que chils messires Brokars de Fenestrages, qui avoit estet de l'ayde le duc de Normendie et des Franchois encontre les Englès et les Navarrois et les avoit desconfi et bouté hors de pluiseurs fortrèches de Campaingne avoecq l'evesque de Troies et monseigneur Jehan de Chalon, ensi que vous avés oy chy devant, ne fu mies paiiéz de ses gaiges, si comme on li avoit proumis. Si en deffia le dit ducq de Normendie et tout le pays de Franche et fist puissedi ossi grant damage ou pays de Campaingne et environ Troies et Caallons que li Englès et Navarrois avoient fait. Et fu adonc, se guerre durant, que messires Ustasses fu delivréz, et y rendi grant painne, pour avoir le castiel d'Esconflans dont il fist se garnison. Et ardi et pilla une trop bonne ville et trop grosse, en l'entrée de Bourgoingne, c'on dist Bar sus Sainne et tout le pays d'environ. Et quant il eut tout gasté et pilliet le pays, on li paya ce qu'il demandoit et encorres assés deseure pour ses arrieragez. Si s'en ralla en Loerainne et ou pays dont il estoit venus; mès partie de ses gens qui encorres volloient gaegnier et desrober le pays, et qui atendoient le venue dou roy englès qui devoit apasser le mer et venir devant Rains, si comme on le supposoit, ne se vorrent mies partir, mès tinrent le garnison d'Esconfflans et guerriièrent moult le pays.

En ceste meysme saison et en cel aoust l'an mil trois cens cinquante neuf, mist sus messires Robers Canolles une grande chevauchie de gens d'armes ; et estoient bien troy mil combatans, uns c'autrez. Et se parti des marches de Bretaingne et s'en vint achevauchier tout contremont le Loire et entra en Berri ; et cevauça tout parmy, ardant et essillant le pays, et de Berri entra en Auviergne.

Adonc, qui mieux mieux, se queillièrent li jentil homme d'Auviergne, de Roherge et de Limozin, et ossi li comtes de Forriès, qui mist sus bien quatre cens lanches. Et fissent leur amas chil seigneur, comte, baron et chevalier des pays dessus nommés, à Clermont en Auvergne, à Rion et à Monferant, et furent bien six mil combatans. Si eslisirent et ordounnèrent chil baron et chevalier quatre souverains de toutte leur ost : premierement le comte de Foriès, le jone comte Beraut daufin d'Auvergne, monseigneur Jehan de Bouloingne et le grant seigneur de Montagut, d'Auvergne. Et cevauchièrent contre ces pilleurs, gens de tous pays rassamblés, dont messires Robiers Canolles et Alle de Buef estoient chief, pour deffendre et garder leur pays ; car autrement avoient li dessus dit pilleur empris de passer parmy Auvergne et de venir veoir le pappe et les cardinaux en Auvignon et avoir de leurs florins ossi bien que li Arceprestrez en avoit ew. F° 117.

P. 184, l. 13 : saison. — *Le ms. A 29 ajoute :* qui fut l'an mil trois cens cinquante neuf.

P. 184, l. 22 et p. 185, l. 26 : pour.... assés. — *Ms. A* 29 : remonstrer l'affaire de monseigneur Brocquart et de ses compagnons ; si ne respondit pas bien à leur plaisance, mais les servit de rude langage, et retournèrent par devers le chevalier, sans rien besongner. Quant monseigneur Brocquart veit ce et que par douce voye il n'en auroit autre chose, il envoya defier le duc de Normandie et tout le royaume de France, et entra en une bonne ville et grosse, qu'on dit Bar sur Seine, où à ce jour il y avoit plus de neuf cens hostels. Ses gens la robèrent et coururent toute, mais ils ne peurent avoir le chastel, tant estoit fort et bien gardé. Sitost qu'ils veirent que point n'auroyent le chastel, bien dict monseigneur Brocquart que, de là longuement sejourner il leur en pourroit mescheoir ; si conclud de soy retraire et ses compagnons en sa garnison. Si chargèrent leur pillage avec lequel ils emmenèrent plus de cinq cens, que prisonniers que prisonnières, et ardirent tellement la ville, qu'oncques n'y demoura estoc sur autre. Puis se retrahirent à Conflans dont ils avoyent fait leur garnison et firent depuis au pais de Champaigne plus de desroy et de domage, vilains faits et oultrageux qu'onques Anglois ne Navarroys n'avoyent fait. Quant messire Brocquart et ses gens eurent ainsi couru et robé le pais de Champagne, de Brie, de Retheloys et ailleurs, on s'accorda devers eux, et eurent tout ce qu'ils demandoyent, et plus assez; car le duc de Normandie et le conseil, voyant que son pouvoir lui croissoit de jour en jour et qu'il seroit bien en lui de tenir le pais en grant douleur, conclut de contenter luy et ses compagnons. Quant monseigneur Brocquart eut ce qu'il demandoit, il se retrait en Lorraine dont il estoit parti, et y ramena sa routte et ses compaignons tous riches des pillages qu'ils avoyent faicts en France, et ainsi il laissa en paix le pais de Champagne et le royaume, quant il eut faict des maulx et des outrages sans nombre; ne autre amandise ne s'en ensuivit, car les princes estoyent lors divisés et tous devoyés l'un contre l'autre.

P. 185, l. 3 : France. — *Ms. A* 17 : et dist par l'ame son père qu'il seroit payé maugré lui et toute sa puissance, avant qu'il partist du royaume, et qu'il s'en paieroit au double par sa main. Mais, nonobstant ce, le dit duc et son conseil n'en firent point adoncques grant compte : dont le dit heraut fut moult esbahi et s'en retourna sans aucune response convenable; et fit tant qu'il retourna par devers monseigneur Broquart, lequel, tantost oïes les responsces du dit duc de Normandie par le dit herault, entra avec sa route.

P. 185, l. 11 et 12 : cinq cens. — *Mss. A* 20 à 22 : quinze cens.

P. 185, l. 16 : estos. — *Mss. A* 15 à 17 : chevron. F° 224 v°.

P. 186, l. 12 : deus. — *Ms. A* 29 : quatre.

P. 186, l. 14 : d'Auvergne. — *Le ms. A* 29 *ajoute :* monseigneur Jehan de Boulogne et le seigneur de Montagu, d'Auvergne.

P. 186, l. 16 : Alle. — *Mss. A* 8, 9 : Albrest. — *Mss. A* 20 à 22 : Alain.

P. 186, l. 17 : Buef. — *Mss. A* 8, 9, 20 à 22 : Beuch.

§ 451. P. 186, l. 22 : Tant chevaucièrent. — *Ms. d'Amiens :*

Tant chevaucièrent chil seigneur d'Auviergne avoecq leur routtes et leur arrois qu'il vinrent à une petite journée priès de ces guerieurs qui se noummoient Englès, et veirent d'une montaingne où toutte leur ost estoit arestée, les fummièrez que li ennemy faisoient. A l'endemain, il s'adrechièrent celle part; et estoit bien leur entente que d'iaux combattre, se il les pooient ataindre. Che soir, il vinrent à deux petites lieuwes dou pays priès d'iaux : dont prissent il terre et se logièrent tout sus une montaingne. Et li Englèz estoient sus une autre, et veoient tout clerement les feus qu'il faisoient en une host et en l'autre. Si passèrent celle nuit.

L'endemain, se deslogièrent les Franchois et se traissent plus avant tout à le couverte, car il congnissoient le pays, et s'en vinrent à heure de nonne logier sus une montaingne droit devant les Englèz; et n'y avoit d'entre deus que une prairie, espoir large de six bonniers de terre, et pooient clerement connoistre et veoir l'un l'autre. Quant li Englès virent venu les Franchois devant yaux, par samblant il en fissent grant chierre, et s'ordonnèrent tantost, si comme pour combattre, et missent tous lors archiers ou pendant de le montaingne devant yaulx.

Li seigneur de Franche, qui perchurent ce couvenant, s'ordonnèrent ossi et fissent deux bonnes bataillez bien et faiticement : en chacune avoit six mil hommes. Si avoit le premierre li daufins d'Auviergne et comtes de Cleremont ; si l'apelloit on Beraut, et devint là chevaliers, et leva bannierre escartelée d'Auviergne et de Merquel. Si estoient dallèz lui messires Robers daufins, ses oncles, et li sirez de Montagut, messires Henris de Montagut, qui là devint chevaliers, et li sires de Calençon et li sirez de Rochefort et li sires de Serignach. En l'autre bataille estoient li comtes de Forès et messires Jehans de Bouloingne et messires Godeffroix de Bouloingne, ses frères, qui là devint chevaliers et leva bannière, et li sires d'Achier et ses filz, qui y devint cevalierz, et li sires d'Achon et li comtes d'Uzès et messires Renaus de Forès, frères au dit comte, et pluisseur autre chevallier et escuier, en grant vollenté de combattre ces compaingnes, si comme il le moustroient.

D'autre part, messires Robers Canolles et Alle de Buef et leur routtez par samblant moustroient que il ewissent grant vollenté. Ensi se tinrent jusquez au soir l'un devant l'autre, chacun en son fort sans lui mouvoir, fors tant qu'il y eut aucuns jones chevaliers et escuiers qui, pour acquerre pris d'armes, descendirent, par le congiet de leurs marescaux, des mantaignes et vinrent ens ou pré jouster li ungs à l'autre. Et qui pooit conquerre se compaignon, il l'en menoit; mès pour ce ne se desroutèrent onquez les batailles, pour jouste ne escarmuche qui faite y fust. F° 117 v°. — *Le ms. A 1 abrége tellement ce paragraphe et les suivants jusqu'au § 462 qu'ils remplissent à peine un feuillet.*

P. 186, l. 22 à 27 : Tant.... faisoient. — *Ms. A* 29 : Tant chevauchièrent ces barons et chevaliers d'Auvergne avec leurs routtes et leur arroy qu'ils approchèrent à une petite journée près de l'ost monseigneur Robert Canolle, lequel avoit, à troys mille combattans, routté et chevauchié, comme dit est, en la duché de Berry, ardant et exillant celle bonne contrée qui tant est fertile, et de là estoit il entré en Auvergne.

P. 186, l. 24 : guerrieurs. — *Ms. A* 17 : Jacques pillars.

P. 187, l. 9 et 10 : six bonniers. — *Mss. A* 23 *à* 29 : douze arpens.

P. 187, l. 18 et 19 : cinq mil. — *Mss. A* 8, 9, 15 *à* 19 : six mil. F° 225.

P. 187, l. 31 : li contes. — *Mss. A* 15 *à* 17 : le viconte.

P. 187, l. 31 : contes. — *Mss. A* 8, 9 : viconte.

§ 452. P. 188, l. 16 : Quant ce vint. — *Ms. d'Amiens :* Quant ce vint au soir et que li journée se fu partie sans bataille, chacuns se retraist à son logeis, et fissent bon get et grant. Or se traissent en consseil le seigneur de France et conssillièrent entre yaux que, à heure de mienuit, il partiroient de là et descenderoient leur montaingne, non deviers les ennemis, mès au plain par où il estoient monté. Et pour tant seullement tourniier les montaingnes deux lieuwes, il veroient tout au plain là où li Englès estoient, et encorres si matin que espoir ne seroient il mies tout armé. Celle ordounnanche fu affremée entre yaux, et le devoit chacuns sires dire à ses gens; et se devoient armer et partir qoiement sans point de friente, et le dissent si comme ordonné fu; mès oncques ne se seurent che demener que li Englès ne le sewissent tantost, et par un prisonnier des leurs, si comme on supposa depuis, qui s'embla et vint en l'ost monseigneur Robert Canolle, et li comta tout le couvenant des barons d'Auviergne, quel cose il avoient empris.

Quant messires Robers entendi ces nouvelles, il se traist à

consseil avoecq aucuns de chiaux de son host où il avoit le plus de fianche. Et regardèrent l'un parmy l'autre, tout comsideré et ymaginet le puissanche des Franchois, que che n'estoit mies bon d'iaux atendre. Si fist et en l'eure armer ses gens, tout toursser, monter et partir et chevauchier en voies, et yaux faire conduire par ghides des gens dou pays qu'il tenoient pour prisounniers et qui savoient les adrèches et tous les chemins. Nonpourquant à l'eure ordounnée, li Franchois s'armèrent et partirent en leurs batailles bien ordonnement, et fissent tout ensi que devisé avoient, et vinrent droit au point dou jour sus le montaigne où il quidoient trouver les Englès; mès nulz n'en trouvèrent, dont il furent moult esmervilliet qu'il pooient y estre devenu. Si fissent monter quatre de leurs hommes sus ronchins bien appers, et chevauchièrent par ces montaingnez à savoir s'il en oroient nulles nouvelles. Chil raportèrent en leur host, environ heure de grande tierche, que on les avoit veu passer, et noummèrent le chemin, et qu'il s'en aloient deviers Limoges et en Limozin.

Quant li seigneur et li baron d'Auviergne entendirent chou, si n'eurent mies consseil dou plus poursuir, car il leur sambla qu'il perderoient leur painne et que assés honnerablement il avoient chevauchiet, quant il avoient boutés leurs ennemis hors de leurs pays. Si donnèrent li seigneur à touttes mannierres de gens congiet, pour raller en leurs lieus. Enssi se deffist celle grosse chevauchie d'Auviergne, et revinrent li seigneur en leurs maisons. Assés tost après, fu fais li mariaiges de ce gentil chevallier monseigneur Beraut, conte de Clermont, daufin d'Auviergne et sire de Merquel, à le fille au gentil comte de Foriès, nièche et cousinne germainne à ciaux de Bourbon de par medamme se mère. Or revenrons au roy Edouwart d'Engleterre et au grant aroy qu'il fist en celle année pour passer le mer. F° 117 v°.

P. 188, l. 29 : fu. — *Ms. A* 29 : Mais les seigneurs françoys ne sceurent leur entreprise si bien ne si secretement conduire que les Anglois n'en fussent incontinent avertis par un homme d'armes angloys qui estoit prisonnier en l'ost des François, lequel s'embla de son maistre si à point qu'il vint advertir monseigneur Robert Canolle de toute l'intention des Françoys. Et quant il entendit ce que dict est, il se retraict à conseil avec aucuns de son ost où il avoit plus de fiance, et là leur fit par le prisonnier relatter tout ce qu'il sçavoit de l'ordonnance et entreprise des Françoys. Et ainsi, tout consideré et la puissance de leurs ennemis que ils veoyent moult grande au regard de la leur, il n'estoit mie bon d'eulx attendre. Lors troussèrent toutes leurs bagues et partirent de ce lieu; si se firent conduire par aucuns hommes du pais qu'ils tenoyent pour prisonniers. A l'heure de minuict, les François, comme ordonné estoit, se meirent en arroy de bataille, et s'en allèrent tout le train qu'ils vouloyent tenir en telle manière qu'ils vindrent à l'adjournement sur la montagne où bien cuidoyent trouver les Anglois. Et quant ils congnurent qu'il n'y avoit ame et qu'ils estoyent delogés, les seigneurs ordonnèrent de chevaucher des leurs des plus apperts et fort montés, par les montaignes, pour savoir s'ils en orroyent nulles nouvelles. Iceux chevaucheurs rapportèrent en leur ost à heure tierce, qu'on les avoit veus passer; et nommèrent le chemin où, et qu'ils s'en alloyent devers Limoges en Limosin. Quand ces seigneurs d'Auvergne virent que monseigneur Robert Canolle et ses routtes leurs estoyent ainsi eschappés, sans bataille avoir, ils rompirent leur chevauchée, et ralla chascun en sa maison.

§ 453. P. 190, l. 11 : Li rois d'Engleterre. — *Ms. d'Amiens :* Vous avés bien chy dessus oy compter quel appareil li roys englès faisoit pour venir en France, et estoit si grans et si gros que oncques devant ne apriès, on ne vit le pareil en Engleterre : de quoy tout signeur de l'Empire, qui autrefois l'avoient servi, s'avanchoient de venir vers lui, ou il y envoioient leurs enfans. Et partout chevalier et escuier et gens d'armes se commencièrent à pourveir grossement et chierement de chevaus et de harnas, chacuns dou mieux qu'il peult, seloncq son estat; èt se traist chacuns, dou plus tost qu'il peult, par deviers Callais. Mais li roys et ses gens ne vinrent mies sitost à Callais c'on penssoit. Si y vinrent tant de gens d'armes à Calais estragniiers, le tamps pendant, atendant la venue dou roy, que li ville fu si plainne de gens et li hammiel d'entours, que on ne se savoit où hebregier ne chevaus estaubler. Et avoecq chou, pains, vins, fuerres, avainnes et touttes coses y estoient si chières que on n'en pooit recouvrer, pour or ne pour argent. Et toudis leur disoit on : « Li roys venra à l'autre sepmainne. »

Enssi atendirent tout chil seigneur alemant, missenaire, hasbegnon, braibenchon, haynuyer et flamencq, povres et riches, la venue dou roy englès, de le fin d'aoust jusques à le Saint Remy, a grant meschief et à grant coust, et à si grant povreté qu'il

couvint les pluisseurs des plus riches vendre les milleurs de lors
jeuiaux ; et, se li roys fuist adonc venus à Calais, il ne sewist où
hebregier ses gens. Et si estoit bien doubtance que chil signeur,
qui tout avoient despendut, ne se volsissent point partir de Calais.
pour roy ne pour autre, se on ne leur ewist rendus tous leurs
despens de deniers appareilliés. F°⁸ 117 v° et 118.

P. 191, l. 5 : jeuiaus. — *Mss. A* 8 *à* 10, 15 *à* 17 *et B* 6 :
chevaux.

P. 191, l. 12 : despens. — *Mss. A* 15 *à* 17 : qu'ilz avoient illec
fais et acreuz, en attendant tousjours la venue du dit roy d'Angleterre, comme dit est.

§ 454. P. 191, l. 13 : li rois d'Engleterre. — *Ms. d'Amiens* :
Li rois englès, qui ne pot avoir sitost ses gens ne ses grandes
pourveanches appareillies que il volsist, [bien avoit] entendu le
grant nombre de gens qui l'atendoient à Calais pour avoir grasce
et biensfais de lui, coumment qu'il n'ewist mie mandet le quarte
partie, non le chincquime de chiaus qui là estoient venut ; mès
estoient li aucun venu de leur vollenté, pour leur honneur avanchier, et li autre par convoitise de gaegnier et pillier sus le noble
royaumme de Franche. Si eut li roys doubtance de chou que
dessus est dit. Si s'avisa par grant sens, ensi que on poelt pensser, que il envoieroit son cousin le duc de Lancastre à Calais, à
tout grant fuisson de gens d'armes, pour lui excuser enviers ces
seigneurs qui là estoient venu, et pour faire compaignie à yaux,
et ensi fu fait.

Adonc s'apareilla li dus dou mieux qu'il peult, et fist tant qu'il
vint à Callais environ le feste Saint Remy, à tout trois cens armures de fier et deux mil archiers et Ghallois. Si fu durement
bien venus et conjoïs de ces seigneurs estragniers qui li demandèrent nouvelles dou roy. Et il l'escuza bellement et sagement
enviers yaux, ensi que bien le seult faire, et fist descargier tout
bellement se harnas, ses chevaux et sez pourveanches, et puis dist
à ces seigneurs estranges que li sejourners là endroit ne leur
pooit riens valloir, mès il volloit chevauchier en Franche pour
veoir qu'il y trouveroit. Si leur pria que il volsissent chevauchier
avoecq lui, et il presteroit aucune somme d'argent à chacun pour
paiier leurs hostelx de leurs menus frès, et leur liveroit pourveanches si avant qu'il en voroient chargier sus leurs soum-
miers.

Il sambla à ces seigneurs que ce seroit honte del sejourner et de refuser le requeste de si vaillant homme; si li ottriièrent, et fist chacuns refierer ses chevaux et toursser, puis se partirent de Calais à grant noblèce, et s'en allèrent par deviers Saint Ommer en deux jours, et pooient bien estre mil armures de fier, sans les archiers et les gens de piet. L'endemain, il s'en allèrent par deviers Bietune et puis deviers le bonne cité d'Arras, puis se traissent deviers le bonne abbeie que on claimme le Mont Saint Eloy. Là sejournèrent par l'espasse de quatre jours pour yaux aaisier, car il le trouvèrent bien garnie, et il en avoient grant besoing, comme cil dont li plus grant partie n'avoient mengiet de pain ne beu de vin dedens six jours en devant; ains avoient souffert maintes grandez mesaises, combien qu'il ewissent desrobet et gastet villes et villettes sans fremetés, mès petit y avoient trouvet à gaegnier, et petit avoient ars, car deffendu leur estoit de leurs souverains. F° 118.

P. 191, l. 21 : bon. — *Le ms. A 7 ajoute :* pais. F° 215.

P. 191, l. 22 : plentiveus. — *Ms. B 4* : plentureux. F° 211.

P. 192, l. 2 et 3 : quatre.... arciers. — *Ms. B 6* : deux mille hommes d'armes et quatre mille archiés. F° 596.

P. 192, l. 2 et 3 : armeures de fier. — *Ms. B 4* : hommes d'armes.

P. 192, l. 8 : harnas. — *Ms. A 7* : harnois.

P. 192, l. 9 : estragnes. — *Ms. A 7* : estragniers.

P. 192, l. 20 : refierer. — *Ms. A 7* : refier.

P. 192, l. 20 et 21 : tourser. — *Ms. A 7* : trouser.

§ **455**. P. 193, l. 1 : Quant ces gens. — *Ms. d'Amiens :* Quant ces gens d'armes eurent sejourné quatre jours au Mont Saint Eloy, et gastet et robet tout le pays environ, il se partirent de là et se traissent par deviers le rivierre de Somme et par deviers Bapaummes, pour venir vers Peronne en Vermendois; et ne cheminoient non plus de deus ou de trois lieuwes le jour. Si gastèrent tout le pays sieuwant le rivierre de Somme, tant que il vinrent à une ville fremmée que on claimme Bray sur Somme; si l'assaillirent fortement et durement. Et dura li assaus ung jour tout enthier, et y pardirent grant fuisson de leurs gens; car cil de le ville se deffendirent vassaument parmy le confort dou comte de Saint Pol et dou seigneur de Rainneval et d'aucuns chevaliers et escuiers dou pays qui se vinrent bouter à bien deus cens lanches : autrement elle ewist estet prise. Quant il virent que il ne le poroient avoir, et que trop leur coustoit de leurs gens, il se partirent et sieuwirent le dite rivierre à grant mesaise de pain et de vin, et vinrent à une ville que on claimme Cherisi, là où il trouvèrent souffissamment pain et vin. Si passèrent là endroit le rivierre au pont qui n'estoit mies deffais, et sejournèrent là le jour de le Toussains.

En ce sejour, vinrent nouvelles au duc de Lancastre que li roys Edouars ses sires estoit venus à Callais, et li mandoit que tantost il se traisist par deviers lui à toutte se compaignie. De ces nouvelles furent liet tout li compaignon d'estraingnes pays pour l'esperance d'avoir mounnoie, qui avoient eubt grant faulte d'argent et enduret tamainte grande mesaise de famine. Si se partirent liement de là et rapassèrent le rivierre là meysmes, et se retrairent par deviers Calais là où ilz cuidoient trouver le roy Edouwart. En celle chevauchie furent messires Henris de Flandres à tout deus cens armures de fier dou pays de Flandres. Si y furent, de Braibant, messires Henris de Bautresen, sirez de Berghez, messires Gerars de le Heyde, sires de Bautresen, et messires Francques de Halle. De Haynnau y furent messires Gautiers de Mauni et li jones sires de Goumignies, à belle routte de compaignons. De Hesbegnons y furent messires Ghodeffrois, sires de Harduemont, et messires Jehans ses filz, messires Ghautiers de Haultepenne ses cousins, messire Jehans de Duras, messires Thieris de Sieraing, messire Ghautiers de Sieraing ses frères, messires Rasses de Jumeppe, messires Gilles Sorles, messires Jehans de Bernamont, messires Renars de Berghez et pluisseurs autres. Les Allemans, les messenairez d'estrainges pays ne poroie savoir tous nommer : si m'en tairay atant. F° 118.

P. 193, l. 2 : Mont Saint Eloy. — *Ms. A* 29 : Quant ils eurent robé et couru et fort gasté tout le pais d'environ, ils partirent de celle noble abbaye et chevauchèrent sans sejourner fors de nuit tant qu'ils vindrent devant la ville de Bray sur la rivière de Somme, laquelle ils assaillirent toute la journée. Et y mourut un vaillant banneret d'Angleterre et plusieurs autres escuyers et archers, car ceulx de la ville se deffendirent vaillamment. Et bien leur fut mestier par le grant et aspre assault qu'ils receurent. Aussi le conte de Saint Pol et le seigneur de Rainneval et d'autres chevaliers, qui de cel assault se doutoyent, vindrent, à deux cens lances, se bouter par derriere en la ville de Bray, à l'heure que cel assault se commençoit, qui leur fut un grant reconfort.

Et quant les Anglois veirent qu'ils n'y pourroient riens conquester, fors perdre assez, ils s'en partirent ce soir mesme et suivirent le rivière de Somme, à grant defaute de pain et de vin par especial; et vindrent à un gros village appellé Cherisi l'endemain matin, là où ils trouvèrent suffisamment pain et vin, chairs et fromages, dont ils furent moult resjouis. Et quant ils se feurent repeus, ils chargèrent et emportèrent tout ce qu'ils trouvèrent de vivres. Si passèrent là endroit la rivière de Somme, au pont de bois qui n'estoit encores rompu ne defait; et sejournèrent illec la nuict et l'endemain qui fut le jour de Tous Saints, car à si bon jour le duc n'avoit mie intention de faire nul exploict d'armes.

P. 193, l. 20 et 21 : qui.... Carlestonne. — *Ces mots manquent dans les mss. A.*

P. 193, l. 21 et 22 : de quoi.... peurent. — *Mss. A 11 à 14* : dont le roy anglois, qui en oit nouvelles, fut moult courroucié, mais amender ne le pot.

P. 194, l. 4 : compagnie. — *Les mss. A 11 à 14 ajoutent :* aussi, à voir dire, n'osoit il passer plus avant, tant pour ce qu'il avoit perdu de ses gens grant foison devant Bar sur Somme (*sic*), comme pour la doubte du gentil conte de Saint Pol et sa route.

P. 194, l. 14 : le Heide. — *Mss. A 20 à 22* : la Hede. — *Ms. B 4* : le Horde. F° 211 v°. — *Mss. A 23 à 29* : la Herde. — *Ms. A 3* : la Harde. — *Mss. A 15 à 17* : la Heude.

P. 194, l. 17 : Hesbegnons. — *Mss. A 1 à 7, 18 à 29* : Behaignons, Bahaignons. *A 7, f° 215 v°.*

P. 194, l. 23 : Renars. — *Mss. A 23 à 29* : Regnault.

§ 456. P. 194, l. 27 : Ensi que li dus. — *Ms. d'Amiens :* Enssi que li dus de Lancastre et chil seigneur et chil chevalier estrainge chevauchoient deviers Calais pour trouver le roy Edouwart que tant avoient desiret, il l'encontrèrent sur leur chemin à quatre lieuwes priès de Callais, à si grant multitude de gens d'armes que tous li pays en estoit couvers, et si richement armés et parés que c'estoit merveillez et grans deduis à regarder lors armes luisans, lors bannierres ventellans, lors conrois, par ordene, le petit pas chevauchans, ne on n'y seuwist riens amender. Quant li dus de Lancastre et chil estrange seigneur deseure dit furent parvenut jusques au roy, il les fist moult grant chière et liement lez salua, et les regracia moult humblement de leur serviche et de ce qu'il estoient là venu de leur bonne vollenté.

Tantost chil signeur estrange, allemant miessenaires, flamens, bourghignons, hasbegnons, braibenchons et tout enssamble demoustrèrent au roy moult humblement leur povreté et necessité, comment il avoient leur avoir despendu, lors cevaux et lors harnas vendus, si ques peu ou nient lor estoit demouret pour lui servir, pour cui il estoient là venus, ne pour raller en leur pays, se besoings estoit, en lui priant que par sa noblèche il y volsist entendre et regarder. Li roys Edouwars se cossseilla assés briefment tout à cheval enmy les camps là où il estoit. Si lor respondi courtoisement qu'il n'estoit mies bien pourveus de là endroit respondre plainnement : « mès estes durement travilliéz, si comme je pense, che dist li roys; si vous allés reposer et rafreschir deux jours ou trois dedens Callais, et je me aviseray et conseilleray encore anuit ou demain plus plainnement, et vous envoieray responsce telle qu'elle vous devra souffire par raison et seloncq mon pooir. »

Ces estrangez gens n'en peurent adonc avoir autre cose. Si se partirent dou roy et s'en allèrent par deviers Callais pour là atendre le bonne responsce dont il avoient grant esperance d'avoir plenté de mounnoie, pour aligance de leurs frès et de lors dammaiges. Il n'eurent mies plus de demy lieuwe allet qu'il encontrèrent le plus grant charoy et le plus bel de touttes pourveanchez et le mieux appareilliet qui oncques fust veus en nul pays. Apriès il encontrèrent le prinche de Galles si noblement et si ricement parés d'armes, il et touttes ses gens, que c'estoit merveilles et deduis à regarder; et avoit si grans gens en son conroy que tous li pays en estoit couvers. Et chevauchoient tout le coumun pas rengiés et sierés, ensi que pour tantost combattre, se mestiers en fust, tousjours une lieuwe ou deux enssus de l'host le roy sen père; si ques lors charois et lors pourveanchez charioient tousjours entre les deux hos : laquelle ordonnance chil seigneur estrange virent vollentiers, et moult le prisièrent. F° 118 v°.

P. 194, l. 28 : retournoient. — *Ms. B* 4 : retournèrent. F° 211 v°.

P. 195, l. 4 : ordene. — *Ms. B* 4 : ordre. — *Ms. A* 7 : ordenance. F° 216.

P. 195, . 11 : estragne. — *Mss. B* 4 et *A* 7 : estrangiers.

P. 195, l. 12 : Hesbegnon. — *Mss. A 23 à 29* : Behaignons.
P. 195, l. 26 : anuit. — *Ms. B 4* : an nuyt.
P. 195, l. 29 : estragnes. — *Ms. B 4* : estrangiers. — *Ms. A 7* : estranges.
P. 196, l. 13 : moult. — *Ce mot manque dans B 4 et A 7.*

§ 457. P. 196, l. 15 : Apriès ce que cil signeur. — *Ms. d'Amiens :* Apriès chou que chil estrange seigneur et chevalier orent tout ce dilliganment regardé et comsideret, et il eurent saluet reveranment le prinche, les seigneurs et les barons qui estoient avoecq lui, et il les ot bellement et courtoisement rechups et conjoïs, enssi que chilx qui bien le savoit faire, il prissent congiet de lui et li desmoustrèrent leur besoingne et leur povreté, en priant humblement qu'il volsist descendre à lor necessité; et s'en allèrent par deviers Callais logier le nuit et pour attendre le responsce et le bonne vollenté dou dit roy.

Le second jour apriès chou qu'il furent venu à Calais, li roys envoya à yaux sa responsce par trois souffissans chevaliers et troix escuiers qui lor dissent plainnement qu'il n'avoient mies aportet si grant tresor d'Engleterre que pour yaux paiier tous leurs frès et tout chou qu'il vorroient demander, et li besongnoit bien ce qu'il en avoit fait venir, pour parfurnir ce qu'il en avoit entrepris; mais, se il estoient si conssilliet qu'il volsissent venir avoecq lui et prendre l'aventure de bien et de mal, et fortune li cheist bien, il volloit bien qu'il y partesissent largement à lor avenant, sauf tant que il ne li pewissent riens demander pour lor gaiges, ne pour chevaux perdus, ne pour despens ne dammaigez qu'il pewissent faire ne avoir; car il avoit assés amenés de gens de son pays pour achiever sa besoingne.

Celle responsce ne plaisi mie moult bien à cez estrainges seigneurs ne à lors compaignons, qui avoient durement travilliet à grant mesaise de famine, lors chevaux et harnas vendus et engagiés par povreté, enssi comme vous avés oy; et touttesfois il n'en peurent autre cose avoir, fors tant que on presta à çascun aucunne cose par grasce, pour raller en son pays, mès ce fu moult petit. Si se parti chacuns de Calais enssi qu'il peult, et en ralla chacuns par deviers son pays, li ungs à piet, par deffaute de ceval et d'argent, comme des gens desconffis. Li uns vendoit chou qu'il avoit de harnas et le metoit en gagez à son hoste; li autre vendoit se cotte, li autres sez estivaux, chacuns enssi que mieux pooit, car il n'y avoit si rice qui riens ewist de remannant pour deffendre ne pour aidier son compaignon.

Bien ay oy dire que li marchis de Misse et d'Eurient y avoit longement sejourné à grant compaignie, et avoit tant despendut qu'il n'en pewist raller en son pays pour nul fin qu'il pewist faire. Si eult consseil qu'il s'en yroit apriès le roi Edouwart, si se meteroit en aventure de tout perdre et d'aucunne cose recouvrer, si qu'il fist. Si s'en alla par deviers le roy et se mist en le compaignie dou prinche de Galles.

Je me tairay atant de celle chevauchie que li dus de Lancastre fist avoecq ces estraingnes seigneurs et chevaliers, par grant sens et subtilité, pour yaux menner hors de Callais, affin que li roys et ses gens y pewissent estre hebregiés en pais et à leur aise, quant il seroient armet, et que ces gens estragnes ne leur fesissent destourbier, ou par aventure qu'il ne s'en vosissent point partir jusques adonc que on leur ewist paiiés lors frès et rendu lors dammaiges. Et retourneray au roy d'Engleterre et compteray l'ordounnance de son arroy et de se chevauchie, affin que tout seigneur, baron et chevalier y pewissent prendre exemple. F° 118 v° et 119.

P. 197, l. 21 : deviserons. — *Ms. A* 7 : deviserai. F° 216 v°.

§ 458. P. 197, l. 27 : Ançois que li rois. — *Ms. d'Amiens* : Vous devés savoir que li roys englès fist en celle saison le plus grant appareil et le plus souffissant que nuls ewist oncques veus ne oy à parler en Engleterre, pour acomplir sen entension et pour venir en Franche si puissamment, seloncq ce qu'il avoit dit, enssi que vous avés oy chy devant. Et ainschois qu'il se partesist d'Engleterre, il fist tous les comtez et les barons de France qu'il tenoit pour prisounniers partir et mettre en pluisseurs lieux, en fors castiaux, pour estre mieux au deseure d'iaux. Et fist mettre le roy de France ens ou castiel de Londres, qui est grans et fors, seans sus le Tamise, et son jone fil monseigneur Phelippe, avoecq lui, et le retraindi et tolli mout de leurs deduis, et le fist garder plus estroitement que devant. Apriès, quant il fu appareilliés, il fist assavoir partout que tout cil qui estoient appareilliet et pourveus pour venir en France avoecq lui, se traisissent par deviers le ville de Douvres; car il lor liveroit nés et vaissiaux pour passer. Chacuns s'apareilla au mieux qu'il peut. Et n'y demoura nulx escuiers ne chevalliers ne homs d'ounneur qui fuist haitiés, de l'eage de entre vingt ans et soissante ans, en Engleterre, qui ne fuist honteux de demorer ou pays, quant il virent que li roys leurs sires qu'il aimoient tant, en aloit si puissamment, et que chacuns le sieuwoit de tel pooir qu'il avoit : si ques priès tout li comte, li baron, li chevalier et li escuier dou royaumme d'Englererre vinrent à Douvres à grant vollenté apriès leur seigneur, si richement montéz et appareilliés qu'il peurent, excepté chiaux que li roys et ses conssaux avoient ordounné et estaubli, pour garder ses castiaux, ses baliages, ses mairies, ses offisses et ses pors de mer.

Quant tout furent assamblet à Douvres et ses naves appareillies, li roys fist touttes ses gens, petis et grans, assambler en une plache; si lor dist plainnement que sen intention estoit telle qu'il volloit passer oultre et entrer ou royaumme de Franche, sans jamais rapasser jusques adonc qu'il aroit fin de gerre ou pais à se souffissanche et à se grant honneur, ou il moroit en le painne; et, se il y avoit entre yaulx aucuns qui ne fuissent de chou atendre conforté, il looit et prioit que chil s'en volsissent raller en lors maisons par bon gret. Mès sachiés que tout y estoient venu de si grant vollenté que nuls ne fu telx qu'il en volsist raller. Si entrèrent tout en naves et en vaissiaux qu'il trouvèrent appareilliés, ou nom de Dieu, de saint Gorge et de saint Nicolas, et arivèrent à Calais deux jours devant le feste de le Toussains, qui fu l'an de grace mil trois cens cinquante neuf. F° 119.

P. 198, l. 3 : Et fist mettre. — *Ms. A* 29 : Et ordonna que le roy de France iroit faire sa residense et demeure au chastel de Londres, qui estoit moult grant et fort, seant sur la rivière de la Tamise, et monseigneur Philippe, son jeune fils avecques luy; et les restraignit et leur tollit moult de leurs deduits. Et avec tout ce les fist garder plus estroittement que devant; et ce faisoit il, pour tant qu'il s'absentoit de son royaume et les eslongnoit pour aller achever son entreprise sur ses ennemis.

Après, quant il eut faict ses besognes pour partir, il fist assavoir par tout son royaume où il estoit mestier, que tous ceux qui estoyent appareillés et pourveus pour venir en France en sa compagnie, se tirassent devers la cité de Douvres, car il leur feroit livrer nefs et vaisseaux pour passer la mer. Chascun s'appareilla au mieux qu'il peut, et ne demoura ou royaume d'Engleterre nul chevalier n'escuyer n'homme d'honneur qui fut de l'aage d'entre vingt ans et soixante, que tous n'y allassent, excepté ceux que le roy et son conseil avoyent establi pour garder les places et forteresses.

Quant tous furent assemblés à Douvres et à l'entour et que ces nefs furent appareilliées, le roy fit toutes ses gens, grans et petis, assembler en une place, au dehors de Douvres. Si leur dit pleinement que son intention estoit telle qu'il vouloit passer outre au royaume de France sans jamais rappasser en Angleterre jusques à tant qu'il auroit fin de guerre ou paix à suffisance et à son grand honneur, ou il mourroit en la peine. Et s'il y avoit aucuns entre eux qui ne fussent de ce faire tous confortés pour entierement attendre l'aventure, il leur prioit affectueusement qu'ils s'en retournassent en leur pais tout à bon gré. Mais tous dirent qu'ils suivroyent leur roy, et ne s'en voulut un seul retourner; ainçois entrèrent tous en nefs et en vaisseaux qu'ils trouvèrent appareillés au nom de Dieu et de sainct Georges, et y bouttèrent leurs chevaux et leurs habillemens.

§ 459. P. 199, l. 7 : Quant li rois. — *Ms. d'Amiens :* Quant li roys Edouwars fu arivés à Calais, il et li prinches de Galles, ses ainnés filz, et encorres troy de ses filx, monseigneur Lionnel, monseigneur Jehan et monseigneur Aimmon, et tout li autre seigneur enssieuwant et touttes lors gens, il fissent descargier lors chevaux et touttes leurs pourveanches, et sejournèrent à Calais par quatre jours ou cinq. Puis fist li roys coummander que chacuns fust appareilliés de mouvoir, car il ne volloit plus sejourner; ains en volloit aller apriès son cousin le duc de Lancastre, car il ne savoit coumment il li estoit. Si se parti l'endemain au matin de le ville de Calais et vint sus les camps à tout son grant ost et à tout le plus grant charoy et le mieux atelet que nuls veist oncques yssir d'Engleterre : on disoit qu'il y avoit plus de six mil chars bien attelés, qui tout estoient apasset d'Engleterre. Puis ordounna ses batailles, si noblement et si richement parés, petis et grans, que c'estoit solas et grans deduis à regarder. Et fist premier son connestable, que on clammoit le comte de le Marche, chevauchier au devant d'une lieue par devant se bataille, à tout six cens armures de fier des plus appers de son host et mil archiers. Apriès, il fist et ordounna se bataille et prist bien trois mil armures de fier avoecq lui et cinq mil archiers, et chevauchoit toūdis, tous rengiés et sierrés, apriès sen connestable, enssi que pour tantost combattre, se besoings en fuist.

Apriès celle grant bataille, chevauçoit et charioit li grans charois qui duroit bien deux lieuwes franchoises et plus, qui menoit touttes coses que on pooit adviser, dont on a besoing en ost et en terre de gerre, et que on n'avoit oncques plus en avant veu, si comme moulins à le main, fours pour quire pain, pour doubtanche que tous fours et moullins ne fuissent brisiet là où il venroient. Apriès, venoit li forte bataille dou prinche de Gallez et de ses frères. Et avoient chil seigneur enffant dou roy vingt cinq cens armures de fer, noblement montés et richement parés; et cevauçoient toudis par derrierre et d'encoste le charoy, rengiés et serrés, si comme pour tantost combattre, se besoings en fust. Et avoient quatre mil archiers avoecq yaux et otant de brigans qui toudis faisoient l'ariere garde. Et ne laissoient mies ung garchon derriere yaux, con petis qu'il fust, qu'il ne le attendesissent, et ne pooient aller bonnement plus loing que trois lieuwes le jour.

Et si doit on savoir que toudis plouvoit ouniement nuit et jour, qui faisoit à tous trop grant contraire, ossi bien as hommes comme as chevaux, et as grans comme as petis. Si trouvèrent tout le pays gastet jusques à Arras, et wuidiet de tous biens dont on devoit vivre. Si poet on savoir que touttes mannierrez de gens furent et estoient à trop grant mescief et mesaise, tant pour defaulte de pain, de vin et de char, comme pour le lait tamps et le grant plouvaige qu'il faisoit et avoit fait tout le temps d'estet et le wain enssuiwant, par quoy li vin de celle vendenge ne vallirent riens en Franche; et aussi fist grant plouvage et ounit tout le tamps d'ivier après....

.... C'est bien raisons que je vous nomme lez comtes et les seigneurs qui furent avoecq le roy englès en ce voiage : premierement monseigneur Edouwart, son aisné fil, prinche de Galles, et puis monseigneur Lion, son autre fil, qui fu puis dus de Clarense, et son autre fil monseigneur Jehan, qui s'apelloit adonc comtez de Richemont, et puis messires Aimmons, li mainnéz des quatre. Si y estoient messires Henris, dus de Lancastre, li comtes de le Marce, connestables d'Engleterre, li comtez de Herfort et de Norhantone, li comtez d'Arondel, li comtes de Sallebrin, li comtez de Warvich, li comtez de Sufforch, li comtes d'Askesufforch, li evesque de Lincolle, li evesques de Durem, li sirez de Gobehen, messires Richars de Stantfort, li sires de Persi, li sirez de Ros, li sires de Neuefville, li sires de Moutbray, messires Gautiers de

Mauny, li sires de le Warre, messires Jehans Camdos, li sires de Felleton, messire James d'Audelée, li sires de Braseton, li viscontes de Biaumont, li sires de Fil Wautier, li sires de Basset, li sirez de Manne, li sires de Willebi, messires Bietremieu de Bruech, messires Richars de Pont Chardon, messires Richars de Pennebruges et grant fuisson de barons et de bons chevaliers que je ne puis mies tout nomer. Et si y estoient li grans sires Despenssiers en grant arroy et li troisimmes de chevaliers frerres messires Hues et messires Thummas, et sept autres chevaliers de son hostel. Si y estoient messires Thummas de Grantson, li sires de Ferrièrez, messires Estievènes de Gousenton ; et de le comté de Bourgoingne, li comtes de Montbliar, messires Guillaummes de Grantson et messires Jehans dou Noef Castiel. De tous autres seigneurs estragniers y avoit petit, car il s'estoient parti dou roy très Callais, si comme vous avés oy, excepté li marquis de Mise et d'Eurient. F° 119 v°.

P. 199, l. 28 et 29 : sa bataille. — *Mss. A* 8, 9, 15 à 17, 20 à 22 : la bataille des mareschaulx.

P. 199, l. 29 : trois mil. — *Mss. A* 20 à 22 *et B* 6 : deux mil.

P. 199, l. 30 : cinq mil. — *Mss. A* 20 à 22 : six mil. — *Ms. B* 6 : quatre mil. F° 598.

P. 200, l. 9 : vingt cinq cens. — *Mss. A* 3, 11 à 14 : vingt cens.

P. 200, l. 15 : trois. — *Mss. A* 3, 11 à 14 : quatre.

P. 200, l. 23 : aise. — *Ms. A* 29 : En ce grand charroy dessusdict avoient les seigneurs et les riches hommes d'Angleterre tentes et pavillons, moulins, fours pour cuire et forges pour forger fers de chevaux et toutes autres choses à leur faict necessaires. Et si avoyent plusieurs nacelles et batelets moult subtilement faicts de cuir boulu, et se povoyent dedans bien ayder troys hommes pour nager dedans ung estang ou parmi un vivier, combien grant qu'il fust et pescher dedans à leur volonté, de quoy ils eurent grant aise tout le temps et tout le caresme, voire les seigneurs et gens d'estat ; mais les communes gens se passoyent de ce qu'ils povoyent avoir. Et avec tout ce, le roy avoit bien pour lui soixante fauconniers à cheval, chargés d'oiseaux et bien soixante couples de forts chiens et autant de levriers, dont il alloit tous les jours ou en chasse ou en gibier d'oyseaux ; et aussi plusieurs grands seigneurs et riches hommes avoyent leurs chiens et oyseaux comme le roy.

v — 26

P. 201, l. 11 : Carleton. — *Mss. A* 1 *à* 6, 11 à 14 : Carbeton. — *Mss. A* 8, 9 : Carlenton.

P. 202, l. 13 : wain. — *Mss. A* 8, 9 : empainte.

§ 460. P. 202, l. 27 : d'Uedins. — *Mss. A* 1 *à* 6, 11 *à* 14, 23 *à* 29 : de Hesdin.

P. 204, l. 23 : variier. — *Ms. A* 7 : varier. F° 218. — *Mss. A* 15 *à* 17 : cerchier.

P. 204, l. 25 : bos. — *Ms. A* 7 : boys.

P. 205, l. 23 : de dire. — *Les mss. A* 1 *à* 6, 11 *à* 14 *omettent ces mots.*

P. 205, l. 24 : François. — *Mss. A* 1 *à* 7, 11 *à* 14 *ajoutent :* auxi.

§ 461. P. 208, l. 22 : espoit. — *Ms. A* 7 : espée. F° 219.

P. 208, l. 26 : roit espoit. — *Ms. A* 7 : roide espée.

P. 209, l. 13 : arestés — *Ms. A* 7 : arrestant.

P. 210, l. 7 : compterons. — *Mss. A* 11 *à* 14 *ajoutent :* comment il vint assiegier la bonne, noble et belle ville et cité de Reins en Champaigne où il ne gaigna riens, mais lui cousta.

§ 462. P. 210, l. 9 : Tant esploitièrent. — *Ms. d'Amiens :* Tant chevaucha li roys Edouwars à tout son grant host, si comme dit vous ay, qu'il vint à Biaumès en Cambresis et trouva le pays ung petit plus plentiveux. Si sejourna là endroit par quatre jours ou par cinq, pour laiier ses gens et ses charrois reposer, puis se mist au chemin par deviers Saint Quentin. Si passa tout le pays de Vermendois, enssi chevauçant ordonneement que deviset vous ay, et passa le rivierre de Somme, le rivierre d'Oise et le rivière d'Esne sans contredit, les unes à gués, et l'autre (Esne) passa il au Pont à Vaire. Et fist tant qu'il se vint logier en le marche de le cité de Rains, c'est assavoir à Saint Bale par delà Rains, et li prinches et si frère à Saint Thiery, et li dus de Lancastre d'autre part, et li comte et li signeur de village en village, si comme ordounné furent de par les marescaux, le comte de Warvich et le comte de Sufforch....

Si se logièrent tout chil seigneur par connestablies et par ordounnanche ens es villiaux d'entours Rains. Si y eurent mainte disette et leurs chevaux, car il ne trouvoient où fourer. Tous li pays d'entours Rains, de Laon, de Soissons, de Chaalons, de le comté de Retheis estoit ars, perdus et gastéz. Auques assés nouvellement que li rois englès vint devant Rains, avoit pris par esciellement messires Ustasses d'Aubrechicourt le ville d'Ategni sus Ainne. Si avoit trouvet dedens grant fuison de pourveanches, et especialement plus de sept cens pièches de vin, dont il en departi les deux pars et plus au roy et à tous les seigneurs, chacun seloncq se quantité.

Par dedens le chité de Rains, pour le garder et deffendre, estoient premierement li archevesque dou lieu, qui s'appelloit messires Jehans de Craan, li comtez de Porsiien et messires Huges de Porsiien, ses frèrez, li sires de la Bove, li sires de Lore et aucun chevalier et escuier dou pays de là entours. Et de touttes les gens d'armes estoit cappittainne et souverains li comtes de Porsiien, qui bellement et sagement ensongna. Ossi, le siège durant, oncques li Englès n'aprochièrent pour assaillir, car li roys l'avoit enssi deffendu et ordounné, parce qu'il ne volloit mies ses gens travillier, navrer ne blechier; et demoura en celui pays, de le feste Saint Andrieu jusques environ le Chandeler.

Si y avinrent, ce tierme pendant, peu de fès d'armes. Si chevauchoient ses gens tous les jours pour trouver aventurez, li aucun par toutte le comté de Reteis jusques à Wark et jusques à Maisières, à Doncheri et à Moson, et logioient ou pays deux jours ou trois, et desroboient tout sans deffensce ne contredit de nullui, et puis s'en repairoient en leur host. Et toudis plouvoit continueement, par quoy li cheval par especial avoient trop fort temps, car il n'avoient point de litierre ne de touttes autres pourveanches, fors bien petit. F° 119 v°.

P. 210, l. 16 : rois. — *Les mss. A 11 à 14 ajoutent :* d'Engleterre, voulant pillier et rober, et aussi vivre sans rien paier.

P. 210, l. 18 : Biaumès. — *Ms. A 1 :* Beauvais. *Mauvaise leçon.*

P. 211, l. 4 : peurent. — *Ms. A 29 :* L'evesque Pierre de Cambray et le Conseil du pais de Cambresis, qui est terre de l'Empire, ne l'eussent jamais pensé; et pour celle cause, ils n'avoyent rien retraict dedans les forteresses. Ils conclurent que, sur bon saufconduit, ils envoyeroyent par devers lui remonstrer le grant domage qui leur estoit faict tous les jours. Incontinent que le saufconduit fut venu, car le roy l'accorda voulentiers, ils envoyèrent certains messages bons clercs et toutes gens d'authorité, pour sçavoir à quel tittre on leur menoit telle guerre.

Quant le roy d'Angleterre et son conseil eurent entendu la doleance de tout le Cambresis, on respondit aux messagers que le roy estoit bien averti que au temps passé et par maintes foys ils avoyent fait alliances et baillé de grans confors aux François et soustenus en leurs villes et forteresses, et fait aussi avant partie de guerre aux vassaux et feodaux, comme leurs ennemis propres : dont le roy estoit fort indigné sur le pais, et pour tant estoit il venu passer par icelle terre, pour monstrer à tous leur grand faulte. Lorsque ces messagers virent que autre chose ne povoient exploicter, ils retournèrent par devers l'evesque et les seigneurs du pais; et racontèrent comment il leur avoit esté respondu et que autre chose n'i sauroyent proufiter. L'evesque dict : « Beaux seigneurs, il fault cest orage laisser passer à son plus bel. Il est vicaire de l'Empire, sur quoy je et vous estions appuyés qu'ils deporteroyent le Cambresis de pillage, comme ils ont la comté de Haynaut. Mais le roy et son conseil se savent que avons favorisé les François, ce qui peut estre comme chascun sçait; et pour conclure, il fault garder la cité tout premierement et puis les chasteaux, villes et forteresses à son loyal povoir, et du demourant faut tout mettre en la main de Dieu. » Atant fina le parlement.

P. 212, l. 6 : estrains — *Les mss. A 11 à 14 ajoutent :* car ceulx de Reins, de Troies, de Chaalons, de Sainte Maneholt et de Hans n'avoient riens laissié ès villages, mais fait amener toutes garnisons ens ès bonnes villes et chasteaulx.

P. 212, l. 15 : Cavenci. — *Ms. A 7* : Canenci. F° 219 v°. — *Ms. B 4* : Chavensi. F° 215 v°.

P. 212, l. 29 : Wark. — *Mss. A 1 à 8, 11 à 14, 18, 19* : Warch.

P. 213, l. 1 : Auques. — *Ms. B 6* : Assés tos après que le roy d'Engleterre fut là venus, messires Ustasses d'Auberchicourt, qui estoit en la ville de Athegni sur Asne, avoit grant garnison et grosse de vins, car ses gens avoient tout pilliet le pais de là environ; ne riens n'y avoit demoret bien une journée entour yauls. Et envoia messires Ustasses au roy d'Engleterre deux cens pièches de vins : dont le roy ly en sceut moult grant gré, et en departy as barons et as chevaliers de l'ost qui furent de che vin bien et grandement rafreschy. F° 600.

§ 463. P. 213, l. 8 : Entrues que. — *Ms. d'Amiens* · Entroes que li sièges estoit devant Rains, queroient li aucun chevalier de l'host les aventurez. Dont il avint que messires Jehanz Cambdos, messires James d'Audelée, li sirez de Muchident et messires Richars de Pontcardon et leur routtes, chevauchièrent si avant deviers Chaalons et en Campaingne qu'il vinrent à Carni en Dormois, ung biau fort. Si le regardèrent et avisèrent; si dissent par acord qu'il yroient veoir che castel de plus près et l'asauroient. Si ordonnèrent leurs gens et se missent tout à piet, et coumenchièrent à assallir fortement et radement. Par dedens avoit en garnison deux bons chevaliers qui le gardoient, dont li ungs avoit nom messires Edouwars dou Bos, et li autres messires Ghuis de Caples, et s'arme d'or à une croix ancrée de sables. Là eult fort assault et dur, car li chevalier et leurs gens se deffendoient très bien, et ossi il estoient assailli asprement. En cel assaut et par grant mesaventure dou jet d'une pière fu conssievis li sires de Muchident sus sen bachinet, qui fu dou cop tous effondrés et la teste ossi, et fu là abatus et morut de ce cop : dont tout si compagnon furent durement courouchiet, et assallirent plus fort que devant. Là eut fait maintez appertisses d'armes, mès finablement li castiaux fu pris par force, et li chevalier qui dedens estoient et tout li homme d'ounneur, et amenet en l'ost devant Rains.

En ce tamps, entroes que on seoit par devant Rains, se resmut une haynne et uns grans mautalens entre le roy de Navarre d'une part, et le duc de Normendie, d'autre : le raison ne le cause pourquoi, ne sai je mies moult bien. Mès il avint que li roys de Navarre se parti de Paris et s'en vint à Mantes sus Sainne, et deffia le duc de Normendie et le coummença à gueriier durement et asprement.

Et adonc prist, en l'ombre de se guerre, ungs escuiers de Brouxelles, appert homme d'arme durement, qui s'appelloit Wautre Obstrate, le castiel et le tour de Roleboize, seant sus Sainne, qui moult greva chiaux de Paris et dou pays environ, et le tint ung grant temps; et quant il s'en parti, il eut douze mil frans. F^{os} 119 v° et 120.

P. 213, l. 14 : Carni. — *Mss. A* 1 à 7, 11 à 22, 30 à 33 : Chargny. F^o 240 v°. — *Mss. A* 8, 9, 23 à 29 : Charny. F^o 212.

P. 213, l. 16 à 20 : à assaillir.... assaillir. — *Mss. A* 1 à 22 : et l'assaillirent. F^o 240 v°.

P. 213, l. 23 : Guis. — *Mss. A* 1 à 6, 11 à 14 : Jehan F^o 204 v°.

P. 213, l. 24 : portoit. — *Le ms. B 3 ajoute :* armes. F° 229 v°. — *Les mss. A* 1 *à* 6, 8, 9, 11 *à* 14, 15 *à* 33 *ajoutent :* un escu.

P. 213, l. 24 : ancrée. — *Mss. A* 23 *à* 33 : dentée. F° 254.

P. 213, l. 24 : de. — *Mss. A* 18, 19 : en. F° 249.

P. 214, l. 16 : cousta. — *Mss. A* 11 *à* 14 *ajoutent :* car dedens y avoit bons compaignons qui se vendirent au double. — *Ms. A* 29 : Finablement, les Anglois continuèrent si bien leur assault qu'ilz conquirent le chastel par belle force; mais ce ne fut mie sans coust, car ilz y perdirent jusques à treize gentilshommes et plus de vingt, que archers, que paveschiers. Et quant ilz furent amont en la salle du chastel, ilz y prindrent les deux chevaliers et aucuns escuyers françoys qu'ils respitèrent, et tout le remanant fut mis sans deport à l'espée; et malmenèrent moult durement le chastel, pour ce qu'ilz n'avoyent mie intention de le tenir. Et à leur departement de Charni, ilz emmenèrent leurs prisonniers et leur butin, et retournèrent devant Reims au siège. Quant le roy d'Angleterre sceut la mort du sire de Mucident, il en fut dolent et tous ceux de l'ost : si le fit le prince de Galles rapporter et honorablement enterrer à Saint Thierri emprès Reins où il estoit logé.

P. 214, l. 23 : Rains. — *Ms. A* 11 *à* 14 : tous courrouciez, car ils avoient perdu la fleur de leurs gens; et là amenèrent leurs prisonniers. Si recordèrent au roy leur seigneur et aux barons comment ils avoient perdu les plus grands et les plus nobles de leur compaignie. Dont le roy fut amerement courroucié, mais mettre n'y povoit remède. Et tous les jours lui venoient nouvelles de ses gens que les François destroussoient, un jour en un village et l'autre en rencontre.

P. 215, l. 6 : Wautre. — *Ms. B* 3 : Watre. F° 230. — *Mss. A* 8, 9 : Wautée. F° 212 v°.

P. 215, l. 6 : Obstrate. — *Mss. A* 1 *à* 6 : Ostratte. F° 241. — *Mss. A* 11 *à* 14 : Ostrasce. F° 213. — *Mss. A* 18 *à* 22 : Ostratte. F° 249. — *Mss. A* 23 *à* 33 : de Obstrate. F° 254 v°.

§ 464. P. 215, l. 11 : En ce temps. — *Ms. d'Amiens :* En ce temps que li roys englès seoit devant Rains, avint que li sires de Goumegnies fist en Haynnau et ailleurs une queilloite de gens d'armes et de compaignons, et fist sen assamblée au Kesnoy, en instanche de çou que pour venir devant le chité de Rains veoir le roy son seigneur; et quant il furent tout assamblet, il peurent estre entours yaux trois cens, ungs c'autres. Si se partirent et vinrent à Avesnez, en Haynnau, et puis à Trelon.

Or estoit adonc li sires de Roie en garnison au Rosoy en Tieraisse, et grant fuison de bons compaignons avoecq lui, chevaliers et escuiers. Si entendi que li sires de Goumignies mettoit sus une chevauchie de gens d'armes pour grever le royaumme de Franche, et devoit passer par le Tieraisse et venir devant Rains. Si trestost qu'il le sceut, il fist une priière as compaignons dou pays et leur segnefia tout le fait et par especial à monseigneur Loeys de Roberssart et au Chanonne de Roberssart, son frère, appert homme d'arme durement, qui gouvrenoient le terre le jone seigneur de Couci, et se tenoient ou castiel de Marle et à le Fère, sus le marce de ce pays, par où li sirez de Goumignies devoit passer et toutte se routte. Et furent li Franchois yaux bien trois cens, toutte gens d'eslite, dont li sires de Roie estoit ciés. Si se missent en embusche couvertement sus le pays, et eurent leurs espies tous pourveus pour mieux avenir à leur fait.

Avint que li sires de Goumignies et se routte, qui nulle cose ne savoient de chou, et qui cuidoient passer sans rencontre, entrèrent en Tieraisse le chemin de Rains, et vinrent un jour à heure de tierce ou plus matin en ung village que on appielle Harbegny. Si eurent conseil qu'il s'aresteroient là pour yaulx un peu rafrescir et leurs chevaux, et puis monteroient sans plus d'arrest, et de bonne heure il venroient à Rains en l'ost le roy. Adonc descendirent il en celle dite ville, et se coummenchièrent à ordonner pour estaubler lors chevaux. Entroes qu'il s'appareilloient, li sires de Goumegnies, qui estoit adonc jones et volentrieux, dist qu'il volloit chevauchier hors de ce village et savoir s'il trouveroit nient mieux à fourer. Si appella cinq ou six compaignons des siens et leur pages et Christoffle dou Mur, un sien escuier qui portoit son pennon, et se partirent tout rademant sans point de get.

Or estoient chil seigneur de Franche en l'enbusche dehors che village, qui lez avoient poursieuiwis le jour devant et le nuit apriès, et tiroient qu'il les pewissent trouver à leur avantaige. Et avoient en pourpos que de venir assés tost ens ou vilaige où il estoient aresté et yaux courre sus; car, s'il fuissent passet oultre, il ne les ewissent point eubs, fors à droite parchon, as camps. Quant li Franchois perchurent chevauchier le seigneur de Goumegnies si seullement, si furent de premiers tout esmervilliet que ce pooit y estre. Si le laissièrent ung petit plus aprochier ; tantost il congneurent que c'estoit il, par son pennon qu'il faisoit porter et chevaucier devant lui. Si se partirent de leur embusce chacuns qui mieux mieux, li sires de Roie, messires Flamens de Roye, messires Loeys de Roberssart, li Chanonne de Roberssart, ses frères, qui estoit adonc escuiers, messires Crestiiens de Bonneroie et li autre, les glaives baissies, et en escriant : « Roie ! Chi Roie ! au seigneur ! »

Quant li sirez de Goumignies les entendi et les vit, si en fu durement esmervilliet, et ossi furent chil qui estoient venu avoecq lui. Nonpourquant il ne daignièrent fuir ; et ossi, se il le volsissent faire, il n'en ewissent mies ew le loisir. Si baissièrent lors glaivez et atendirent chyaux qui venoient sour yaulx. Là fu li sires de Goummignies des premiers rués jus de fier de glaive et tantost assaillis fierement, et il se deffendi à son pooir ; mès sa deffensce dura petit, car il ne pooit contre tant. Là fu il pris et fianchiés prisons, et doy escuier de Gascoingne avoecq lui, qui trop bien se combatirent et trop vaillamment, et qui mout à envis se rendirent ; mès rendre les couvint, autrement il ewissent estet mors, enssi que fu Christofflez dou Mur, ungs très bons hommes d'armes qui portoit le penon le seigneur de Goumignies. Briefment, tout chil qui là estoient furent pris et fianchiés prisons, excepté li page qui se sauvèrent au bien fuir, car il estoient bien monté, et ossi on ne fist point de cache apriès yaux. F° 120.

P. 215, l. 28 et 29 : au Rosoy. — *Mss. A* 1 à 9, 11 à 14, 18, 19 : au roy. F° 241. — *Mss. A* 15 à 17 : d'Aurroy. F° 232 v°. — *Mss. A* 20 à 22 : pour le roy. F° 327 v°. — *Mss. A* 23 à 33 : de par le roy de France. F° 255.

P. 216, l. 7 : monsigneur. — *Les mss. A* 1 à 6, 11 à 14, 18, 19 *ajoutent :* Robert. F° 241.

P. 216, l. 27 : Harbegni. — *Ms. B* 3 : Barbegny. F° 230 v°. — *Mss. A* 8, 9 : Herbegni. — *Mss. A* 11 à 14 : Herbergny. F° 213 v°. — *Mss. A* 20 à 22 : Harbigni.

P. 217, l. 28 : Loeis. — *Ms. B* 3 : Robert. F° 230 v°.

P. 217, l. 30 : Crestiiens. — *Mss. A* 11 à 14 : Tristan. F° 213 v°.

P. 217, l. 30 : Bommeroie. — *Ms. B* 3 : Bonneroye. — *Mss. A* 1 à 6, 11 à 14 : Bonneroie. F° 241 v°. — *Mss. A* 15 à 17 : Pommeroie. F° 233. — *Mss. A* 23 à 33 : Beromeroye.

§ 465. P. 218, l. 25 : Quant li chevalier. — *Ms. d'Amiens* : Quant li sires de Goummegnies et chil qui avoecq lui estoient issu, furent pris et fianchiés prisons par les chevaliers et escuiers dessus noummés, il ne vorent mies là arester, mès brocièrent chevaux des esperons et se boutèrent ou village dessus dit en escriant : « Roie ! au signeur ! Roye ! » Dont furent tout chil qui là estoient, moult esbahy, quant il sentirent leurs ennemis si priès d'iaux, et estoient li plus tous desarmés et tout espars. Là les prinssent li Franchois à vollenté. Et eult li Canonne de Roberssart pluisseurs prisounniers, pour ce que li Haynuyer le congnissoient mieux que nulx des autres. Finablement, il furent ou tout mort ou tout pris ; moult peu en escapèrent.

Bien est voirs, il y en eult aucuns qui se retraissent en une petitte forte maison environnée d'aige. Et en y eut de ciaux qui conssilloient c'on le tenist et deffendesist, pour tant que li roys englès n'estoit mies loing, et qu'il seroient secourut ; mais li chevalier franchois leur dissent bien que, se il se faissoient assaillir et prendre par forche, il seroient tout mort sans merchy. Si se doubtèrent li compaignon de ce peril, et se rendirent simplement sauve lor vies. Ceste aventure avint à monseigneur Jehan de Goumegnies et à se routte, environ le Noel l'an mil trois cens cinquante neuf : dont li roys englès fu moult courouchiés quant il le seult, mès amender ne le peut, tant qu'à ceste fois. Si en menèrent li Franchois leurs prisonniers en le terre de Couchy et ailleurs là où il veurent, et ranchonnèrent les aucuns et recrurent sus leurs foix, et les aucuns retinrent tant qu'il eurent bien pris et fet tout à point par deviers l'ost.

Or revenrons au siège de Rains et parlerons de messire Bietremieu de Bruech, qui avoit assis dedens le castiel de Curmissi, à deux lieuwes de Rains, un chevalier campegnois qui s'appeloit messires Henris des Vaux, et portoit de sables à cinq aniaux d'argent, et crioit : « Viane ! » F° 120.

P. 219, l. 24 : ennemis. — *Mss. A* 11 *à* 14 : Et si n'avons homme qui sceust aler querir aide devers le roy d'Angleterre nostre seigneur, qui ne feust en peril de mort. F° 214.

P. 219, l. 24 : compaignon. — *Les mss. A* 11 *à* 14 *ajoutent* : d'Angleterre.

P. 219, l. 25 : estrit — *Mss. B* 3, *A* 1 *à* 33 : estrif. F° 231.

P. 219, l. 28 : tant ou petit. — *Mss. A* 1 *à* 6, 11 *à* 14, 18 *à*

22, 30 à 33 : tant ne petit. F° 242. — *Mss. A* 23 à 29 : grant ne petit. F° 255 v°. — *Mss. B* 3, *A* 15 à 17 : tant petit soit. F° 231.

P. 219, l. 32 : menet en voies. — *Mss. A* 1 à 7, 11 à 14 : menez et envoiez. F° 242. — *Mss. A* 8, 9, 15 à 17 : envoiez. F° 213 v°. — *Mss. A* 20 à 22 : emmenez. F° 328 v°.

P. 220, l. 11 : Curmici. — *Ms. B* 3 : Curmichi. — *Mss. A* 1 à 6, 11 à 14 : Courmecy. F° 242 v°. — *Mss. A* 8, 9 : Courmicy. — *Mss. A* 15 à 17 : Currointy. F° 233 v°. — *Mss. A* 20 à 22 Turmiey. F° 329. — *Mss. A* 30 à 33 : Curmcy. F° 240 v°.

P. 220, l. 13 : de noir. — *Mss. A* 15 à 17 : de gueules F° 233 v°.

P. 220, l. 13 : à cinq aniaus d'argent. — *Ces mots manquent dans A* 1 *à* 6, 11 *à* 14.

§ **466.** P. 220, l. 15 : Ce siège tenant. — *Ms. d'Amiens :* Le siège tenant devant la chité de Rains, estoient li seigneur, li comte et li baron espars en le marche de Rains, si comme vous avés oy compter chy dessus, pour mieux estre à leur aise, et pour garder les chemins que nulles pourveances n'entraissent en Rains. De quoy chils bons chevaliers messires Bietremieux de Bruech, grant baron d'Engleterre, estoit, o toutte se routte et se charge de gens d'armes et d'archiers, logiés à Curmissi, ung moult biel casteil de l'arcevesque de Rains, liquelx y avoit mis dedens en garnison le chevalier dessus noummet et pluisseurs bons compaignons ossi, pour le garder et deffendre contre les Englès. Chilx castiaux ne doubtoit nul assault, car il y avoit une tour quarée, mallement grosse et espesse de mur et bien batillie.

Quant messires Bietremieux, qui le castiel avoit assegiet, l'eut bien conssideret et ymaginet le forche et le mannierre, et que par assault il ne le poroit avoir, il fist appareillier une quantité de minneurs, qu'il avoit avoecq lui et à ses gages, de l'evesquet de Liège, et leur requist et pria qu'il volsissent faire leur pooir de le fortrèce miner, et trop bien il les paieroit. Il respondirent : « Vollentiers. » Adonc chil mineur entrèrent dans leur mine et minèrent continuelment nuit et jour, à petit de sejour, et vinrent si avant minant que par desoubs l'aighe desoubz le grosse tour; et, à fet qu'il minoient, il estanchonnoient, et chil dou fort riens n'en savoient. Quant il furent audesus de leur mine, que pour faire reversser le tour quant ilz vorroient, il vinrent à leur mes-

tre et li dissent : « Sire, nous avons tellement appareillié nostre
ouvraige, que li castiaux sera abatus quant vous vorrés. » —
« Bien est ce, respondi messires Bietremieus : N'en faites plus
riens sans mon coummandement. » Et chil dissent : « Volentiers. »

Adonc monta à cheval messires Bietremieux de Bruech et messires Jehans de Gistelles qui estoit logiés avoecq lui, et s'en vinrent jusques au castiel, et fissent signe à chiaux dou fort qu'il volloient parler à le cappittainne. Tantost messires Henris des Vaux vint avant as cretiaus, et demanda qu'il volloient. « Je voeil, dist messires Bietremieux, que vous vos rendéz, ou autrement vous estes tout mort sans remède. » — « Et comment, respont li chevaliers franchois qui prist à rire, jà sommes nous ceens encorres tous hetiés et bien pourveu de touttes coses, et voullés que nous nos rendons si simplement, ou aultrement nous sommes tout mort ? Sachiés qu'il n'ira mie enssi. » — « Messire Henri, messire Henri, ce dist messires Bietremieu, se vous saviés ce que je sai, vous vous renderiés vollentiers ; car vous estez en un dur parti et de vie et de mort à ma vollenté. » Adonc s'avisa li chevaliers et dist : « Sire, l'estat où nous sommes, qui est si perilleux, voeilliés le nous dire par vostre courtoisie, et puis nous arons advis. » — « Vollentiers, che dist messires Bietremieux, vostre fortrèce et li tours par especial où vous avés vostre mantion et si grant fianche, n'est maintenant portée ne soustenue que d'estanchons ; et si tost que je voray, je le feray tresbuchier. »

Dont s'avisa li chevaliers et cuida que il li desist telx parollez pour lui effraer, et n'en fist que rire et dist : « Messire Bietremieu, se vous nous poyés prendre par parolles et à nient de fet, il me touroit à grant blamme, et diroit on que je seroie traytres. Si ne me devés requerre, qui estes si gentil chevalier, de nulle cose où j'aye reproce. Si vous pri que vous vous souffréz et prendés vostre avantaige là où prendre le poés ; car je say bien voirement que nostre tour est estanchounnée de pière et de bois tellement que elle n'a garde de telx assaus que vous y avés fès jusqu'à ores. » Dont respondi messires Bietremieux et dist : « Messire Henry, or entendés encorres un petit, et, se vous vollés faire ce que je vous diray, vous le feréz, autrement je ne vous en parleray jammès : vous ysterés hors de vostre fort et tout li vostre, et meterés hors tout ce que sauver vorrés, et vous tenréz chy dallés nous ; et je vous donne respit, vous et les vostrez, de nous et des nostres, par condition que, se li tour de vostre fort et les cengles d'environ ne tresbuschent assés tost apriès que vous en serés parti, je vous remetteray à tout le vostre dedens vostre castiel, sans peril et sans damaige; et s'il est si comme je vous di, vous demourés mes prisounniers et vostre gens ossi. »

Dont s'avisa li chevaliers et dist : « Sire, je vous responderay tantost. » Il mist à conssseil aucuns de ses compaignons qui estoient dallés li. Si regardèrent que ens ès parolles monseigneur Bietremieu n'avoit que toutte courtoisie, et que espoir estoient il en pieur parti qu'il ne quidoient. Si s'acordèrent as offres dessus dites, et yssirent hors tout bellement, et missent hors tous leurs chevaux, leur harnas et le leur, en une plache, devant le fortrèche. Entroes qu'il vuidoient leurs coses, messires Bietremieus coummanda à ses mineurs qu'il esploitaissent hardiement, car il leur en dounnoit congiet. Cil entrèrent en leur mine et y portèrent le feu, enssi qu'il ont d'usaige; et quant il fu alumés, il yssirent hors et laissièrent le feu couvenir, liquels feux ardi et coppa tantost les estanchons sur quoi il avoient estanchonnet.

Assés tost apriès, voyant tous les chevaliers et chiaux qui là estoient, Franchois et Englès, li grosse tour s'ouvri et fendi en deux parties, et reverssa li plus grande partie ens ès fossés. « Or regardés, ce dist messires Bietremieux à monseigneur Henry des Vaulx et à chiaux de le fortrèche, se je vous disoie verité. » Il respondirent : « Sire oil. Nous demorons vostre prisonnier à vostre vollenté et vous remerchions de vostre courtoisie, car li Jaque Bonhomme, qui jà resgnèrent en ce pays, s'il ewissent enssi esté de nous au deseure que vous estiés orains, il ne nous ewissent mies fait la cause pareille. » Enssi furent pris li compaignon de la garnisson de Curmissi et li castiaux effondrés. F° 120 v° et 121.

P. 220, l. 23 : Curmici. — *Ms. B* 4 : Curmichi. F° 217 v°.

P. 220, l. 29 : batillie. — *Mss. B* 3, *A* 20 à 33 : bastillée. F° 231: — *Ms. B* 4 : abatillie. F° 217 v°. — *Mss. A* 1 à 6, 11 à 19 : bataillée. F° 242 v°. — *Ms. A* 7 : batilliée. F° 221 v°. — *Mss. A* 8, 9 : bateilliée. F° 214.

P. 222, l. 1 et 2 : se vous saviés. — *Mss. A* 1 à 6, 11 à 14, 18, 19 : se pour certain estiez infourmez. F° 243.

P. 222, l. 2 : parti. — *Ms. B* 3 : dangier. F° 231 v°. — *Mss. A* 20 à 22 : peril. F° 329 v°.

P. 222, l. 25 et p. 223, l. 2 : part.. . avés. — *Ces huit lignes manquent dans A 23 à 33.* F° 256 v°.

P. 222, l. 30 et 31 : Bonhomme. — *Mss. A 11 à 14* : mauvais hommes. F° 215. — *Mss. A 15 à 17* : mauvais villains. F° 234 v°. — *Ce mot manque dans A 20 à 22.*

P. 223, l. 1 : la cause parelle. — *Mss. A 20 à 22* : le cas pareil. F° 329 v°.

P. 223, l. 3 : effondrés. — *Ms. B 3* : dirrué. F° 231 v°.

§ 467. P. 223, l. 4 : Li rois d'Engleterre. — *Ms. d'Amiens :* Ensi se tint li roys englès devant Rains bien le tierme de sept sepmainnes, mès oncques n'y fist assaillir ne point ne petit, car il ewist perdu se painne. Quant il eut là tant estet qu'il li coummenchoit à anuiier, et que ses gens ne trouvoient mès riens que fourer et perdoient leurs chevaux, et estoient en grant mesaise de tous vivrez, s'il ne l'avoient aporté avoecq yaus, il se deslogièrent et s'aroutèrent comme devant, et se missent au chemin par deviers Chaalons en Campaingne. Et passa li dis roys et toutte sen host assés près de Chaalons, et se mist par deviers Bar le Duch et apriès par deviers le chité de Troies, et passa oultre Troies et vint li rois logier à Meri sus Sainne. Et estoit toutte son host entre Meri et Troies, où on compte huit lieuwes de pays.

Entroes qu'il estoit à Meri, ses connestables chevaucha, qui toudis avoit le premierre bataille, li comtes de le Marce, et vint devant le ville de Saint Florentin, dont messires Oudars de Renti estoit cappittainnes, et y fist ung moult grant assault et fist devant le porte de le forterèce desvoleper sa bannierre, qui estoit fassie d'or et d'asur à un chief palet, les deux corons gironnéz à un escuchon d'argent enmy le moiienné ; et là eut grant assault et fort, mès riens n'y conquissent li Englès. Si y vint li roys et tous li hos, et se logièrent entour Saint Florentin, sus le rivière d'Armençon ; et quant il se deslogièrent, il vinrent devant Tonnoire, et là eut mout grant assaut et dur. Et fu li ville de Tonnoire prise par force, et non li castiaux ; mès li Englès gaegnièrent ou corps de le ville de Tonnoire bien trois mil pièçez de vin qui leur fissent grant bien. Adonc estoit dedens le chité d'Auchoire li sires de Fiennez, connestables de Franche, à grant fuisson de gens d'armes, chevaliers et escuiers. F° 121.

P. 223, l. 7 : painne. — *Ms. B 6* : Ensi que je vous dy, tint le roy d'Engleterre tout l'ivier le siège devant Rains, et riens n'y conquist à le cité ; mais ses gens destruisirent tout le plat païs d'environ. Et n'y eurent pas, le siège pendant, toutes leurs aises, car il fist froit et lait et fort yvier. Si leur morurent grant foison de chevaus. Et convenoit les varlés aller en fouraige bien dix ou douze lieues loing, et telle fois estoit qu'il ne raportoient riens, et ossy à le fois estoient il rencontrés. Et y eurent la plus grant partie de l'ost moult de mesaises. Dont le roy d'Engleterre estoit bien merancolieux, car on lui avoit donné à entendre au partir d'Engleterre que, osy tost que il seroyt devant Rains, que il n'y aroit point esté quinze jours que la chité se renderoit à luy ; mais il n'en vit nulle apparanche.

Quant le mois de frevier fut entrés et ly sapins se commencha à raire et le tamps à apaisier, sur l'entrée du mois de march, le dit roy eult consail qu'il se deslogeroit et yroit plus avant en Franche et veoir le bon païs de Bourgoigne, car en leur ost il avoient grand defaute de vivres.

Sy se desloga le dit roy et toute son ost et se mist au chemin devers Chalon en Campaigne. Sy chevauchoient les Englès en belle ordonnanche et tout rengiet, sy comme il se partirent de Calais ; et costièrent Chalon. Et ne se peult abstenir le marescal de l'ost que il n'alast veoir as barières de Chalon quel gens d'armes il y avoit. Sy y trouvèrent monsigneur Hughe de Vianne et des aultres chevaliers campenois qui les rechurent. Et là eult trait et escarmuchiet et navrés des uns et des aultres. Et toutefois les Englès n'y conquirent riens. Sy s'en partirent et cheminèrent tant en celle campaigne que il vinrent devant la chité de Troies.

En che tamps, trespasa en l'ost du roy d'Engleterre le conte de la Marche, congnestable de l'ost : de laquelle mort le roy fu durement courouchiés. F°⁸ 601 à 603.

P. 223, l. 25 : corons. — *Mss. A* 8, 9, 11 *à* 22 : bouz. F° 214 v°.

P. 223, l. 25 : geronnés. — *Mss. A* 18, 19 : couronnez. F° 251 v°. — *Mss. A* 1 *à* 6 : couronnez geronnez. F° 243.

P. 223, l. 25 et 26 : escuçon. — *Ms. B* 3 : escu. F° 232.

P. 223, l. 26 : enmi le moienné. — *Mss. A* 20 *à* 22 : ou milieu. F° 330.

P. 223, l. 29 : Saint Florentin. — *Les mss. A* 15 *à* 17 *ajoutent :* A deux lieues près d'illec, a une riche abbaie de moines noirs, en un grant bois; et court parmi la ditte abbaie celle aspre rivière d'Armençon, et est appellée Pontigny.

Là vindrent pluseurs Anglois logier en la ditte abbaie et prindrent et pillièrent tout ce qu'ilz y trouvèrent. Si trouvèrent leans un corps saint, que on dit monsigneur saint Eanmond, tout entier en char et en os, qui jadis fut d'Angleterre, si comme on disoit. Si s'avisèrent les diz Anglois qu'i[l] l'osteroient de leans et l'emporteroient avecques eulx en Angleterre dont il estoit parti jadis. Si le prindrent ou moustier là où il reposoit moult reverenment, malgré l'abbé et tous ses moines; et firent tant qu'ilz l'apportèrent jusques à la porte de la ditte abbaie. Mais là convint que le saint corps demourast, ne oncques ne fut en toute leur puissance qu'ilz le peussent porter plus avant : laquèle chose je tiens et repute à très bel miracle.

Quant les Anglois virent ce, si furent moult courrociez. Et dist tantost un pillart qui là fut qu'il en auroit un braz, puisqu'ilz ne povoient avoir le corps saint. Si lui couppa tantost le destre braz, dont il fut ainsi que du corps. Car tantost le ribault, qui l'avoit coupé, quant il cuida issir de la porte tantost, le dit braz lui cheit à terre delez le corps. Et tantost se prinst le feu ou braz et en la main du pillart qui avoit coupé le bras de saint Eanmond telement que ses compaingnons, qui ce virent, furent tous espoventez et en orent si grant freour qu'ilz laissièrent tout ce qu'ilz avoient prins et robé en la ditte abbaie.

Et ainsi monseigneur saint Eanmond sauva son abbaie et demoura dedanz où il est encores aujourd'ui en moult grant reverance, eslevé sur quinze hauls pilliers de fin cuivre moult richement ouvrez et entailliez. Et son braz est enchassé en or et en argent moult richement et mis sur le maistre autel de la dicte abbaie. F°⁵ 234 v° et 235.

P. 224, l. 1 : d'Armençon. — *Mss. A* 1 à 6, 18, 19 : de Mouson. F° 243 v°.

P. 224, l. 2 : Tonnoire. — *Mss. B* 3, *A* 1 à 6, 8, 9 : Tonnerre. F° 232. — *Mss. A* 18, 19 : Tonneurre. F° 251 v°.

P. 224, l. 5 : plus de. — *Mss. A* 23 à 29 : bien. F° 256 v°.

P. 224, l. 5 : trois mil. — *Mss. A* 20 à 22 : trois cens. F° 232. — *Mss. A* 30 à 33 : bien trois cens. F° 241.

§ 468. P. 224, l. 9 : Li rois d'Engleterre. — *Ms. d'Amiens* : Li roys englès et sen host reposèrent à Tonnoire cinq jours pour le cause des bons vins qu'il avoient trouvés, et assalloient souvent au castiel, mès il estoit bien garnis de bonne gent d'armes, desquelx messires Bauduins d'Ennekins, maistres des arbalestriers, estoit cappittainne. Quant il se furent bien rafresci et reposé en le ville de Tounnoire, il s'en partirent et passèrent là le rivierre d'Armençon. Et laissa li roys le chemin d'Auçoire à le droite main et prist le chemin de Noiiers; et avoient intention que d'entrer en Bourgoingne et d'estre là tout le quaremme. Et passa et tout sen host desous Noiiers, et ne vot onques conssentir que on y asaussist, car il tenoit le seigneur prisonnier de le bataille de Poitiers.

Et vint li roys et toutte sen host à giste à une ville que on appielle Lille desoubs Montroial, sus une rivierre que on dist Selletes. Et quant il s'en parti, il monta celle rivierre et s'en vint logier à Agillon sus Selletes; car uns siens escuiers, que on appelle Jehan de Herleston, et porte d'asur à un escuchon d'agent, avoit pris le ville de Flammegny, qui est assés priès de là, et avoit dedens trouvé de touttes pourveanches, pour vivre le roy et toutte l'ost un mois. Se leur vint trop bien à point, car li roys fu à Aguillon sus Sellez, de le nuit des Cendres jusques au my quaremme. Et toudis couroient si marescal et si coureur le pays, ardant et gastant et essillant tout, et portoient souvent des nouvelles pourveanches. F° 121.

P. 224, l. 10 : cinq. — *Mss. A* 15 à 17 : six. F° 235.

P. 224. l. 10 : cause. — *Mss. A* 15 à 17 : l'amour.

P. 224, l. 25 : Montroyal. — *Mss. B* 3, *A* 18, 19 : Montreal. F° 232. — *Mss. A* 8, 9, 11 à 14 : Montirail. F° 215. — *Mss. A* 15 à 17 : Montrouail. F° 235.

P. 224, l. 26 : Seletes. — *Mss. A* 18, 19 : Sebletes. F° 252.

§ 469. P. 225, l. 10 : Vous devés. — *Ms. d'Amiens :* Vous devés savoir que li seigneur d'Engleterre et li riche homme menoient sus leurs chars tentes, pavillons, forges, moullins et fours pour forgier fiers de chevaux et autre cose, pour mieure bled et pain quire, s'il trouvaissent les forges, les moullins et les fours brisiés; et pour chou estoffer, il menoient bien huit mil chars, tous atellés de quatre fors cevaux qu'il avoient mis hors d'Engleterre. Et avoient sus ces kars pluisseurs nacelles et batelès fais si soutilment de quir boulit, que troy homme se pooient bien dedens aidier et nagier parmy un estanlt ou un vivier, con grant qu'il fuist, et celi peschier et laissier hors, si lor plaisoit. De quoy il eurent grant aise et plenté de poissons en quaremme, voirs tout li seigneur et gens d'estat: mès les communes gens se passoient de ce qu'il trouvoient. Et avoecq chou, li roys avoit bien pour lui trente fauconniers à cheval, chargiés d'oisiaux et bien soixante couples de fors kiens et otant de levriers, dont il alloit chacun jour ou en cache ou en rivierre, enssi qu'il li plaisoit. Et si y avoit pluisseurs des seigneurs et des rices hommes qui avoient lors chiens et lors oisiaux ossi bien comme li rois. Et estoit li grans host toudis partis en trois parties, et chevauchoit chacuns hos par lui. Et avoit chacune host avantgarde et arrieregarde. Et se logoit chacune host par lui une lieuwe enssus de l'autre, dont li prinches de Galles en avoit l'un, li dus de Lancastre l'autre, et li roys le tierche et toutte li plus grant; et enssi se maintint il, mouvans de Calais jusques adonc qu'il vint devant Chartres. Or revenrons à ce où nous le laissammes maintenant. F° 121 v°.

P. 225, l. 10 à 31 : Vous.... sire. — *Ces 21 lignes manquent dans A 23 à 33.* F° 257.

P. 225, l. 15 : huit mil. — *Mss. A 1 à 7, 18 à 22* : six mil. F° 243 v°.

P. 225, l. 15 : quatre. — *Le ms. A 7 ajoute :* bons et. F° 222 v°.

P. 225, l. 15 à 16 : fors roncins. — *Mss. A 20 à 22* : bons chevaulx. F° 330 v°.

P. 225, l. 18 : boulit. — *Mss. B 3, A 1 à 8, 18, 19* : boullu. F° 232 v°.

P. 225, l. 19 : si. — *Mss. A 20 à 22* : se. F° 330 v°.

P. 225, l. 20 : aidier. — *Mss. A 18, 19* : estre. F° 252. — *Le ms. B 3 ajoute :* l'un à l'autre. F° 232 v°.

P. 225, l. 20 : aidier pour nagier. — *Mss. A 1 à 6, 8, 9, 11 à 17* : pour aidier à nagier.

P. 225, l. 27 : soixante. — *Mss. A 20 à 22* : quarante ou soixante.

P. 226, l. 7 : mouvant de. — *Ms. B 3* : depuis qu'ilz se partirent. — *Mss. A 8, 9, 11 à 17* : dès. F° 215.

P. 226, l. 8 : le. — *Les mss. A 1 à 6, 15 à 29 ajoutent :* bonne.

P. 226, l. 9 : Chartres. — *Mss. A 20 à 22* : Rains. F° 330 v°.

§ 470. P. 226, l. 10 : Nous parlerons. — *Ms. d'Amiens :*

Entroes que li roys englès et toutte sen host se tenoient à Aguillon sus Sellettes et vivoient des grosses pourveanches que Jehans de Herleston avoit trouvées à Flavegny, li jones dus de Bourgoingne et ses consseils, par le requeste de tout le païs entierement, regardèrent que li roys englès pooit honnir et destruire tout le pays de Bourgoingne, s'il volloit; car il y avoit en la duché grant fuisson de bonnes villes foiblement fremmées et qui riens ne duroient contre les Englès, par quoy li pays estoit en aventure d'estre tous perdus. Si fu ordonné et advisé que d'envoyer devers le roy d'Engleterre souffissans hommes pour tretier un racat de tout le pays. Si y furent esleut et envoiiet chil seigneur que je vous nommeray : messire Anssiaux de Sallins, canceler de Bourgoingne, messire Jaquemes de Vianne, messire Jehans de Rie, messire Hughes de Vianne, messires Guillaummes de Coraisse et messire Jehans de Montmartin.

Chil seigneur vinrent deviers le roy englès et son consseil qui se tenoit à Aguillon sus Sellettes, enssi que vous avés oy, et commenchièrent à tretier sus le pourpos dessus dit, liquels tretiés se porta si bien, mès ce ne fu mies si trestos, que li roys d'Engleterre donnoit respit de lui et des siens à toutte la duché de Bourgoingne entierement, de ce jour en trois ans, parmy deux cens mil frans de Franche qu'il devoit avoir tous appareillés, ou si bons plèges que nulle faulte de paiement n'y euist. Chils tretiés passa, li roys saiella, le pays l'acorda et paiia.

Adonc se desloga li roys d'Engleterre et toutte sen host, et prist son retour et le droit chemin de Paris. Et s'en vint logier sus le rivièrre d'Ione, à Kou[langes] desoubs Vesselay. Et tout contremont le rivièrre se loga sen host, qui comprendoit le pays jusques à Clamissi, à l'entrée de le comté de Nevers. Et rentra en Gastinois et s'en vint par ses journées tant qu'il vint devant Paris, et se loga au Bourcq le Roine. F° 121 v°.

P. 226, l. 11 : Aguillon. — *Ms. A* 7 : Guillon. F° 222 v°.

P. 226, l. 23 : Ansiaus. — *Ms. B* 4 : Anseauls. F° 219. — — *Mss. A* 1 à 6, 18, 19 : Anceaume. F° 244. — *Ms. A* 7 : Ansiau. — *Mss. A* 11 à 17 : Anceau. F° 215 v°. — *Mss. A* 23 à 33 : Ancelin. F° 257.

P. 226, l. 26 : Toraise. — *Ms. B* 3 : Thoraisse. F° 232 v°. — — *Mss. A* 1 à 6, 18, 19 : Thoroise. F° 244. — *Mss. A* 8, 9, 11 à 17 : Coraise. F° 215. — — *Mss. A* 23 à 33 : Thorarse.

P. 226, l. 29 et p. 227, l. 2 : Bourgongne..... ans. — *Mss. A*

1 à 6, 18, 19 : à non courir ; et l'asseura le dit roy de lui et des siens le terme de trois ans, parmi deux cens mille francs. F° 244.

P. 226, l. 31 : apparilliés. — *Ms. B* 6 : à paier dedens le Saint Jehan Babtiste qui devoit estre l'an mil trois cens soixante, et de che livrèrent il bons ostaiges. F° 604.

P. 227, l. 6 : Kon. — *Mss. A* 1 à 6, 18, 19 : Leon. F° 244. — *Mss. A* 15 à 17 : Conk. F° 235 v°.

P. 226, l. 6 : Vosselay. — *Mss. A* 8, 9 : Vezelay. F° 215 v°. — *Mss. A* 11 à 17 : Vedelay. F° 216.

P. 227, l. 9 : rentrèrent. — *Mss. A* 1 à 6, 18, 19 : entrèrent.

§ 471. P. 227, l. 13 : Ensi tourniant. — *Ms. d'Amiens :* Enssi tourniant tout le pays, cheminoient li roys englès et ses garnissons d'autre part en Biauvoisis, em Pikardie, en France, en Brie, en Campaingne, en le comté de Soissons, en l'evesquet de Noyon et de Laon, guerioient et gastoient tout le pays. D'autre part, li roys de Navarre se tenoit sus le marce de Normendie et faisoit moult forte guerre ossi. Enssi estoit gueriiés li royaummes de tous costés, ne on ne savoit auquel entendre.

Et par especial messires Ustasses d'Aubrechicourt, qui se tenoit à Athegni sus Aisne [1], avoit là une grosse garnison de saudoiiers et de compaignons qui gastoient, ranchonnoient et honnissoient tout le pays ; et couroient toute le comté de Retheis jusques à Doucheri, jusques à Maisières, jusques au Kesne Pouilleux, jusques à Sethenay en le comté de Bar. Et gissoient et logoient ou pays, quel part qu'il volloient, deux nuis ou trois, sans destourbier de nullui ; et puis s'en revenoient logier et reposer à leur forterèche à Athegny. Bien est voirs que tous li pays d'environ, seigneurs et autres, nobles et non nobles, les manechoient durement et souvent, et mettoient assés de journées pour hors yssir et pour yaux assegier ; mès oncques n'en fu riens fait.

Et advint que chil d'Athegny, qui ne faissoient fors nuit et jour soubtillier et aviser quel part il porroient traire pou plus gaegnier, vinrent de nuit à une forte ville et bon castiel qui siet en Laonnois, assés priès de Montaigut, entre fors marès ; et l'apelle

---

1. *Après :* Aisne, *on lit dans le ms. :* et qui. *Mauvaise leçon.*

on Pierepont. Et avoient grant fuisson des gens dou pays, nobles et autres, mis dedens la ditte ville leurs corps et leurs biens à sauveté sus le fiance dou fort lieu. A l'eure que chil compagnon d'Athegny vinrent là, les gaittes estoient endormies. Si se missent li compaignon, par le convoitise de gaegnier, parmy ces fors marès, à grant meschief; et vinrent jusques as murs, et puis entrèrent en le ville et le gaegnièrent sans deffensce, et le desrobèrent toutte à leur vollenté. Si trouvèrent dedens plus d'avoir qu'en nul lieu où il euissent estet. Et quant il fu grans jours, il ardirent le ville; et s'empartirent et s'en revinrent arrière à Athegny, bien fourni de grant pillage. F° 121 v°.

P. 227, l. 24 : Ategni. — *Mss. A* 8, 9, 11 *à* 17 : Athigny. F° 215 v°.

P. 227, l. 27 : conté. — *Mss. A* 20 *à* 22 : cité. F° 331.

P. 227, l. 28 : Reters. — *Mss. B* 3, *A* 8, 9 : Retel. F° 233. — *Mss. B* 4 et *A* 7 : Rethers. F° 219. — *Mss. A* 1 *à* 6, 11 *à* 19 : Rethel. F° 244 v°. — *Mss. A* 20 *à* 22 : Rether. F° 331.

P. 227, l. 28 : Donceri. — *Ms. A* 7 : Doncheri. F° 223. — *Mss. A* 11 *à* 14 : Jonchery. F° 216.

P. 227, l. 29 : Kesne Poulleus. — *Ms. B* 3 : Chesne Poulleux. — *Mss. A* 1 *à* 6, 8, 9, 11 *à* 14, 18, 19 : Chesne Pouilleux. — *Mss. A* 15 *à* 17 : Chesne Poilleux. F° 236. — *Mss. A* 20 *à* 22 : Quesne Poulleux.

P. 227, l. 29 : Sathenay. — *Mss. B* 4, *A* 1 *à* 7, 18 *à* 22 : Sethenay.

P. 228, l. 2 : Athegni. — *Mss. A* 1 *à* 6, 18, 19 : Cheny.

P. 228, l. 14 : ville. — *Mss. B* 3, 4, *A* 1 *à* 7, 8, 9, 11 *à* 17, 18 *à* 22 : forteresce.

P. 228, l. 20 : fors. — *Mss. A* 11 *à* 17, 23 *à* 29 : grans. F° 216.

P. 228, l. 26 : Athegni. — *Mss. A* 1 *à* 6, 18, 19 : Cheny.

P. 228, l. 27 : fouci. — *Mss. A* 1 *à* 6, 8, 9, 11 *à* 33 et *B* 3 : fourniz. F° 233. — *Ms. A* 7 : fouchi. F° 223. — *Ms. B* 4 : sorti. F° 219 v°.

P. 228, l. 27 : grant. — *Mss. A* 8, 9, 11 *à* 17 : bon. F° 216.

§ 472. P. 228, l. 28 : En ce temps. — *Ms. d'Amiens :* En ce tamps avoit un Frère Menour plain de grant clergie et de grant entendement, en Auvignon, qui s'appelloit frère Jehans de Rechetaillade : lequel Frère Meneur pappes Ynnocens VI° faissoit tenir em prisson ou castiel de Baignolles, pour les grandes merveilles qu'il disoit qui devoient avenir, meysmement et princhipaument sus les prelas et presidens de Sainte Eglise, pour les superfluiettés et grant orgoeil qu'il demainnent, et ossi sus le royaumme de Franche et sus les grans seigneurs de Crestienneté, pour les impresions qu'il font sus le commun peuple. Et volloit ses parolles prouver par le Apocalisce et par les anchiens livres des sains prophètes, qui lui estoient ouvertes dou Saint Esperit, si qu'il disoit, dont moult en disoit qui fortes estoient à croire. Et en veoit on avenir aucunnes dedens le temps qu'il avoit annońchiet, et nel disoit mies si comme prophètes; mais il le savoit par les anchiennes Escriptures et par don Saint Esperit, enssi que dit est, qui li avoit donnet entendement de declarer touttes ces ancïennes tourbles, prophesies et escriptures, pour annuncier à tous crestiiens l'année et le tamps que elles devoient avenir. Et en fist pluisseurs livres bien dités et bien fondés de grant sienche de clergie : desquelz li ungs fu commenchiés l'an de grasce mil trois cens quarante cinq, et li autres l'an mil trois cens cinquante six; et avoit escript dedens tant de merveilles à avenir entre l'an cinquante six et l'an soixante dix, qui trop seroient longhes à escripre et trop fortes à croire, combien que on en ait pluisseurs veut avenir dou tamps passet.

Et quant on li demandoit qu'il avenroit de le guerre des Franchois et des Englès, il disoit que ce n'estoit riens chou que on en avoit veut, enviers chou qui en avenroit; car il n'en seroit pais ne fins, jusques à tant que li royaummes de France seroit essilliés et gastés par touttes ses parties et ses regions. Et tout chou a on bien veut avenir depuis; car li nobles royaummes de Franche a estet foullés, gastés et essilliés l'an cinquante sept, l'an cinquante huit et l'an cinquante neuf, par touttes ses regions, que nuls des prinches ne des gentils hommes ne s'osoit moustrer contre ces gens de bas estat assamblés de tous pays, venus li ungs après l'autre sans nul chief de haut homme; et avoient le dit royaumme de Franche sans deffensce à leur vollenté, enssi que vous avés oy. Et eslisoient souverains et cappittainne entr'iaux, par diverses marches, asquels il obeyssoient chil qui se mettoient en leur compaignie, et faisoient certains convens li ungs as autres de lor roberie, de lor pillerie et des raenchons des prisons; et en trouvèrent tant que les cappittainnes en devenoient si riche qu'il ne savoient nombre ne mesure dou fier avoir qu'il avoient. F° 122.

P. 228, l. 29 : clergie. — *Ms. B* 3 : science. F° 233.

P. 229, l. 1 : Roce. — *Ms. B* 3 : Roque. — *Mss. A* 11 *à* 14 : de la Roche Taillade. F° 216.

P. 229, l. 3 : Bagnolles. — *Mss. A* 15 *à* 17 : Baingneulx. F° 236.

P. 229, l. 6 : superfluités et. — *Les mss. A* 15 *à* 17 *ajoutent :* grans dommaiges. F° 236 v°.

P. 229, l. 9 : oppressions. — *Ms. B* 4 : impressions. F° 219 v°.

P. 229, l. 9 : font. — *Mss. B* 3, *A* 20 *à* 22 : faisoient.

P. 229, l. 9 : le. — *Les mss. A* 15 *à* 17 *ajoutent :* menu et.

P. 229, l. 12 : aouvertes. — *Mss. A* 11 *à* 14 : ouvers. F° 216 v°. — *Mss. A* 15 *à* 17 : ouvers et esclarciz.

P. 229, l. 15 et 16 : dedens le temps. — *Mss. A* 15 *à* 17 : sur les champs.

P. 229, l. 24 : commenciés. — *Mss. A* 1 *à* 33 : fait. F° 245.

P. 229, l. 25 : li aultres. — *Ms. B* 4 : les aultres. F° 219 v°.

P. 229, l. 29 : combien que on en ait. — *Mss. A* 1 *à* 7, 18, 19 : jà en eust on.

P. 229, l. 30 : dou temps passé. — *Les mss. A* 1 *à* 17, 20 *à* 22 *omettent ces mots.* — *Mss. A* 18, 19 : depuis. F° 253 v°.

P. 230, l. 1 : demandoit. — *Les mss. A* 20 *à* 22 *ajoutent :* à ce dessus dit cordelier. F° 332.

P. 230, l. 1 : qu'il avenroit. — *Ces mots manquent dans A* 1 *à* 33.

P. 230, l. 3 et 4 : qui en avenroit. — *Mss. A* 8 *à* 14, 20 *à* 22 : que on verroit. F° 216.

P. 230, l. 7 : li. — *Les mss. A* 8 *à* 14 *omettent :* nobles. — *Mss. A* 20 *à* 22 : très noble.

P. 230, l. 10 et 11 : l'an.... neuf. — *Mss. A* 15 *à* 17 : l'an quatre cens et dix, onze et douze. F° 236 v°.

P. 230, l. 13 : ces gens. — *Mss. A* 15 *à* 17 : contre les tuffes guieliers.

P. 230, l. 15 : hault. — *Mss. A* 8, 9, 11 *à* 14 : grant.

P. 230, l. 18 : souverains et chapitains. — *Mss. A* 8, 9, 11 *à* 19 : souverains capitaines.

P. 230, l. 19 : cil qui. — *Mss. A* 15 *à* 17 : et tous ceulx qui.

P. 230, l. 21 : couvens. — *Mss. A* 1 *à* 6, 8, 9, 11 *à* 19 : convenans.

P. 230, l. 22 : prisons. — *Mss. B* 4, *A* 1 *à* 7, 11 *à* 19 : prisonniers.

P. 230, l. 22 : des raençons et des prisons. — *Mss. A* 20 *à* 22 : des raenchons des prisonniers. F° 332.

P. 230, l. 23 : tout riche. — *Ms. B* 3 : que c'estoit merveille et esto[ien]t si fiers de l'avoir qu'ilz assembloient qu'ilz vouloient subjuguer tous les païs. F° 234.

P. 230, l. 24 : fier. — *Mss. A* 11 *à* 17 : grant.

P. 230, l. 7 à 25 : depuis.... assambloient. — *Ces dix-huit lignes manquent dans A* 23 *à* 33. F° 258.

§ 473. P. 230, l. 27 : Li dessus. — *Ms. d'Amiens :* Nous revenrons au roy englès qui estoit logiés au Bourcq le Roine, à deux lieuwes de Paris, et toutte sen host contremont en allant deviers Montleheri. Si envoya li roys ses hiraux dedens Paris au ducq de Normendie, qui s'i tenoit à tout grant gens d'armes, pour demander bataille ; mais li dus ne li acorda point, ainschois retournèrent li messaige sans riens faire.

Quant li roys d'Engleterre vit que nuls n'ysteroit de Paris pour li combattre, s'en fu tous courouchiés. Adonc s'avancha cils bons chevaliers messires Gautiers de Manni, et pria au roy qu'il lui volsist laissier faire une chevauchie et envaïe jusques as bailles de Paris ; et li roys li acorda, et nomma meysmement chiaux qu'i[l] volloit qui y alaissent avoecq lui. Et fist là li roys pluiseurs chevaliers nouviaux, dont Colars d'Aubrechicourt, fils à monseigneur Nicolle, l'ewist là esté, s'il volsist ; mès il s'escusa par conssel, pour ce qu'il se sentoit trop jonnes, et dist qu'il ne pooit trouver son bachinet.

Li sires de Manni fist sen enprise et amena ses nouviaux chevaliers hurter as bailles de Paris. Là eut bonne escarmuche et dure, car il y avoit dedens Paris des bons chevaliers et escuiers qui vollentiers fuissent issut, se li dus de Normendie ne l'ewist deffendu ; toutteffois, il gardoient le porte et le barrière là où chil Englès estoient, et escarmucièrent de soleil levant jusques à miedi, et en y eult des navrés des ungs et des autres. Adonc se retraist li sires de Manni, et en ramena ses gens à leurs logeis, et se tinrent là encore che jour et le nuit enssuiwant. Et l'endemain se deloga li roys englès et veut aller plus avant par deviers le Montleheri.

Or vous diray quel pourpos aucuns seigneurs d'Engleterre et de Gascoingne eurent au deslogement dou roy. Pour ce qu'il sentoient dedens Paris tant de gentils hommes, il penssèrent assés qu'il en wuideroient pour yaux aventurer, si comme il fissent, car messires Raoulx de Rainneval, messires Raoulx de Couchi, li sires de Montsaut, li castelains de Biauvès, li Bèghes de Velainne, li sires de Wasiers, li sires de Wauvrain, messires Gauwains de Bailloel, li sires de Vendoeil, messires Flammens de Roie, li Haselés de Cambeli, messires Pière de Saremaise, messires Phelippes de Savoisi et bien soixante lanches yssirent hors d'un accord pour yaux aventurer sus les Englès.

Et tout ce penssèrent bien aucun chevalier et escuier englès et gascons, et fissent ossi une embusche à l'aventure; et se missent environ doi cens armures de fer, toutte gent d'eslite, en une maison toute wuide à trois lieuwes de Paris. Là estoit li captaus de Beus souverains de l'enbusce, que li roys englès avoit nouvellement remandé à Clermont, et messires Aimienions de Pumiers, li sires de Courtons; et des Englès y estoient li sires de Noefvilles, li sires de Montbray et messires Richars de Pont Cardon, et des autres qui se volloient aventurer.

Si yssirent cil Franchois, si comme je vous di, bien monté et bien armet, et chevaucièrent de premiers tout le pas sans fourhaster. Quant il vinrent au Bourcq le Roine, il trouvèrent que li rois englès et toutte sen host estoient deslogiet et que riens n'estoit demouret derrière : dont chevauchièrent plus avant enssuivant les esclos des Englès, et passèrent oultre celle maison où li embusce dou captaul estoit. Assés tost après ce qu'il furent oultre, li embusce sailli hors, les glaives abaissies, en criant leur cri. Quant li Franchois se retournèrent pour l'effroi et le friente des chevaux qu'il oirent, il perçurent lors ennemis derierre yaux, qui moult se hastoient. Adonc s'arestèrent il tout à un fès et baissièrent les glaives, et ferirent cevaux des esperons et s'en vinrent sus ces Englès.

Là ot de première encontre forte jouste et ruet ent jus pluisseurs, d'un lès et de l'autre; et tantost s'entremelèrent et se commencièrent à combattre d'espées et d'espois et de ce qu'il avoient. Mès finablement li journée ne fu point pour les Franchois; ains fu porté à terre li sires de Cantremi. Là eut fort estor desoubs se bannierre, qui estoit d'argent à une bende de gheulles à six merlètes noires, trois desoubs et trois deseure; et fu là pris par forche, et chils qui portoit se bannière, ochilx.

Quant li pluisseur et ensi que tout virent le mesaventure et que trop durement il estoient rencontré, il se missent au retour, et

Englès et Gascons apriès; et furent cachiés bien priès de Paris. Là furent pris li sires de Montsaut, ungs banerès de Picardie, et li Hazelé de Cambeli et messires Pières de Saremaise et messires Rogiers de Couloingne, qui y fu moult bon chevalier, et bien neuf des autres; et li remains se sauvèrent et rentrèrent em Paris.

Si retournèrent li Gascon et li Englès apriès le routte de leur ost. Si enmenèrent leurs prisounniers et trouvèrent le roy logiet au Montleheri; car adonc le poursieuwoient doy prelat et grant traiteur de pès, li evesques de Tierewainne, qui s'apelloit messires Gilles de Montagut, qui estoit pour le temps canchillier de Franche, et li abbes de Clugny. F° 122.

P. 231, l. 3 : li message. — *Mss. B* 3, *A* 1 à 6, 8 à 14, 18 à 22 : les messagiers. F° 233 v°. — *Ms. A* 7 : les messages. F° 223 v°. — *Mss. A* 15 à 17 : les messaiges. F° 236 v°.

P. 231, l. 9 : bailles. — *Ms. B* 3, *A* 8, 9, 11 à 17 : barrières.

P. 231, l. 9 : de. — *Mss. A* 30 à 33 : devant. F° 242.

P. 231, l. 13 : Fil Watier. — *Mss. A* 15 à 17 : Silvaustier. F° 237.

P. 231, l. 14 : Toursiaus. — *Ms. B* 3 : Trouceaux. — *Mss. A* 1 à 6, 18, 19 : Torceaux. F° 245 v°. — *Mss. A* 8, 9 : de Toursiaux. F° 216 v°. — *Mss. A* 11 à 14 : de Trousiaulx. F° 217. — *Mss. A* 15 à 17 : Trousseaux. — *Mss. A* 20 à 22 : de Trousseaulx. F° 332 v°. — *Mss. A* 23 à 33 : Trousseau. F° 258.

P. 231, l. 16 : Richars. — *Ms. B* 3 : Thomas.

P. 231, l. 16 : Sturi. — *Mss. A* 1, 2, 4 à 6, 18, 19 : Destinoy. — *Ms. A* 3 : de Stury. — *Mss. A* 8, 9, 11 à 14 : Secury. — *Mss. A* 15 à 17 : Senry. — *Mss. A* 20 à 22 : Scuri. — *Mss. A* 23 à 33 : de Scury. F° 258.

P. 232, l. 12 et 13 : Courton. — *Les mss. A* 1 à 7, 15 à 17, 18 à 33 *ajoutent* : Gascons. — *Mss. A* 8, 9, 11 à 14 : Gascon.

P. 232, l. 23 : Couci. — *Ms. B* 3 : Roucy. F° 234.

P. 232, l. 24 : li sires de Helli. — *Mss. A* 15 à 17 : Jehan de Helli. F° 237.

P. 332, l. 26 : Bailluel. — *Mss. A* 15 à 17 : Gaillouel.

P. 232, l. 28 : li Hazelés de Cambli. — *Mss. A* 1 à 6, 18, 19 : Azelés de Cavilly. — *Mss. A* 8, 9, 11 à 14 : le Haze de Chambli. — *Mss. A* 15 à 17 : la Haze de Chambelly. — *Mss. A* 20 à 22 : Gazelés de Cambly. F° 333. — *Mss. A* 23 à 33 : Azele de Cambely. F° 258 v°.

P. 232, l. 29 et 30 : Saremaise. — *Ms. B* 3 : Saremoise. — *Mss. A* 8, 9 : Sarmaise. — *Mss. A* 23 à 29 : Fermoises.

P. 232, l. 29 : Savoizis. — *Mss. A* 7, 20 à 22 : Samoisis. — *Mss. A* 23 à 29 : Fermoises.

P. 233, l. 2 : tout le froais. — *Mss. A* 1 à 6 : tout le frais. F° 246. — *Mss. A* 8, 9, 15 à 17 : tout le froyé. F° 217. — *Mss. A* 11 à 14 : tout le fraié. F° 217. — *Mss. A* 18, 19 : tout le frait. F° 254. — *Mss. A* 20 à 22 : tout le frois. F° 333. — *Ms. B* 4 : tout les froais. F° 220.

P. 233, l. 28 : Campremi. — *Mss. B* 3, 4 : Cantremy. — *Mss. A* 18, 19 : Champremi. F° 254 v°. — *Mss. A* 20 à 22 : Capremy.

P. 234, l. 11 et 12 : empainte. — *Ms. B* 3 : empreinte. F° 234 v°. — *Mss. A* 8, 9 : emprise. F° 217. — *Mss. A* 11 à 17, 20 à 22 : emprinse. F° 217 v°.

P. 234, l. 12 : retournèrent. — *Ms. B* 6 : Sy s'en retournèrent les Gascons et Englès à tout leur prisonniers en le compaignie du roy d'Angleterre qui s'en aloit devers Chartres. F° 608.

P. 234, l. 17 : recrurent. — *Ms. B* 3 : creurent. — *Mss. A* 8, 9, 20 à 29 : receurent.

P. 234, l. 17 : legierement. — *Mss. A* 8, 11 à 14 : courtoisement. — *Cet adverbe manque dans A* 23 à 33. F° 259.

FIN DES VARIANTES DU TOME CINQUIEME.

TABLE.

CHAPITRE LXXVIII.

1356. Chevauchée du prince de Galles à travers le Périgord, le Limousin, le Berry, la Touraine et le Poitou. — Bataille de Poitiers. — Retour du prince de Galles à Bordeaux. — *Sommaire*, p. 1 à xx. *Texte*, p. 1 à 71. — *Variantes*, p. 237 à 293.

CHAPITRE LXXIX.

Lieutenance du duc de Normandie et gouvernement des États généraux (1356, octobre-1357, novembre). — Défaite et mort de Godefroi de Harcourt. — Trêve entre la France et l'Angleterre; arrivée du roi Jean à Londres. — Paix entre l'Angleterre et l'Écosse. — Siége de Rennes. — Occupation d'Évreux par les Navarrais. — Ravages des Compagnies en Provence, dans l'Ile de France et en Normandie. — *Sommaire*, p. xx à xxvii. — *Texte*, p. 71 à 95. — *Variantes*, p. 293 à 313.

CHAPITRE LXXX.

1357, 8 novembre-1358, 31 juillet. Domination de la commune de Paris et d'Étienne Marcel, prévôt des marchands. — Délivrance du roi de Navarre et popularité de ce roi à Paris. — Assassinat des maréchaux de Champagne et de Normandie par les Parisiens. — Le dauphin, lieutenant du roi, prend le titre de régent et s'échappe de Paris. — Jacquerie. — Attaque du marché de Meaux par les Jacques aidés des Parisiens. — Le régent vient camper au pont de Charenton et assiége Paris; il traite avec le roi de Navarre établi à Saint-Denis. — Rixes entre les Parisiens et les Anglo-Navarrais; défaite des bourgeois par la garnison anglaise de Saint-Cloud. — Mort d'Étienne Marcel et rentrée du régent à Paris. — *Sommaire*, p. xxviii à xxxvii. — *Texte*, p. 95 à 118. — *Variantes*, p. 313 à 339.

CHAPITRE LXXXI.

Guerre ouverte entre le régent et le roi de Navarre (1358, 31 juillet-1359, 21 août). Occupation par les Navarrais d'un grand nombre de forteresses en Normandie, dans l'Ile de France et en Picardie. — Tentative de Jean de Picquigny contre Amiens. — Prise du château de Clermont par le captal de Buch; siége de Saint-Valery par les Français. — Ravages des compagnies anglo-navarraises dans l'Orléanais, l'Auxerrois, la Champagne, la Bourgogne, le Perthois, le comté de Roucy et la seigneurie de Coucy. — Reddition de Saint-Valery aux Français; chevauchée de Robert, sire de Fiennes et du comte de Saint-Pol à la poursuite de Philippe de Navarre.—Attaque de Châlons-sur-Marne par Pierre Audley. — Défaite du comte de Roucy par la garnison de Sissonne. — Exploits d'Eustache d'Auberchicourt en Champagne. — Siége de Melun par les Français. — Traité de paix conclu à Pontoise entre le régent et le roi de Navarre. — *Sommaire*, p. xxxvii à li. — *Texte*, p. 118 à 163. — *Variantes*, p. 339 à 371.

CHAPITRE LXXXII.

Expiration de la trêve de Bordeaux; reprise des hostilités et de la guerre ouverte entre la France et l'Angleterre (1359, avril-octobre). Prise du château de Hans et défaite d'Eustache d'Auberchicourt près de Nogent-sur-Seine. — Achat et rasement du fort de Mauconseil par les bourgeois de Noyon. — Émeute à Troyes et massacre de Jean de Segur. — Rupture des négociations entre la France et l'Angleterre. — Reddition de Roucy à l'archevêque de Reims. — Occupation d'Attigny par Eustache d'Auberchicourt. — Prise et pillage de Bar-sur-Seine par Brocard de Fénétrange. — Chevauchée de Robert Knolles en Auvergne. — *Sommaire*, p. lii à lvii. — *Texte*, p. 163 à 190. — *Variantes*, p. 372 à 390.

CHAPITRE LXXXIII.

1359, octobre. Chevauchée du duc de Lancastre en Artois et en Picardie. — 1359, novembre-1360, avril. Expédition d'Édouard III en Champagne, en Bourgogne et dans l'Ile-de-France. — *Sommaire*, p. lxii à lxxiii. — *Texte*, p. 190 à 234. — *Variantes*, p. 390 à 426.

FIN DE LA TABLE DU TOME CINQUIÈME.

9924. — Typographie Lahure, rue de Fleurus, 9, à Paris.

Ouvrages publiés par la Société de l'Histoire de France
depuis sa fondation en 1834.

Ouvrages in-octavo à 9 francs le volume.

L'Ystoire de li Normant. 1 vol. *Épuisé.*
Grégoire de Tours, Histoire ecclésiastique des Francs. Texte et traduction. 4 vol. *Épuisés.*
— Même ouvrage. *Texte latin.* 2 vol.
— Même ouvrage. *Traduction.* 2 vol. *Épuisés.*
Lettres de Mazarin a la reine, etc. 1 vol. *Épuisé.*
Mémoires de Pierre de Fénin. 1 vol.
Villehardouin. 1 vol.
Orderic Vital. 5 vol.
Correspondance de l'empereur Maximilien et de Marguerite, sa fille. 2 vol.
Histoire des Ducs de Normandie. 1 vol. *Épuisé.*
Œuvres d'Eginhard. Texte et traduction. 2 vol.
Mémoires de Philippe de Commynes. 3 vol. Tome I *épuisé.*
Lettres de Marguerite d'Angoulême, sœur de François Ier. 2 vol.
Procès de Jeanne d'Arc. 5 vol.
Beaumanoir, Coutumes de Beauvoisis. 2 vol.
Mémoires et Lettres de Marguerite de Valois. 1 vol.
Guillaume de Nangis. 2 vol.
Mémoires de Coligny-Saligny. 1 vol.
Richer, Histoire des Francs. Texte et traduction. 2 vol.
Registres de l'Hôtel de Ville de Paris pendant la Fronde. 3 vol.
Le Nain de Tillemont, Vie de saint Louis. 6 vol.
Barbier, Journal du Règne de Louis XV. 4 vol. T. I et II *épuisés.*
Bibliographie des Mazarinades. 3 v.
Comptes de l'Argenterie des rois de France au XIVe siècle. 1 vol. *Épuisé.*
Mémoires de Daniel de Cosnac. 2 vol. *Épuisés.*
Choix de Mazarinades. 2 vol.
Journal d'un Bourgeois de Paris sous François Ier. 1 vol. *Épuisé.*
Mémoires de Mathieu Molé. 4 vol.

Histoire de Charles VII et de Louis XI, par Thomas Basin. 4 vol.
Chroniques des comtes d'Anjou. 1 vol.
Grégoire de Tours. Œuvres diverses. Texte et traduction. 4 vol.
Chroniques de Monstrelet. 6 vol. Tome I *épuisé.*
Chroniques de J. de Wavrin. 3 vol.
Miracles de S Benoît. 1 vol.
Journal et Mémoires du marquis d'Argenson. 9 vol. Tome I *épuisé.*
Chronique des Valois. 1 vol.
Mémoires de Beauvais-Nangis. 1 vol.
Chronique de Mathieu d'Escouchy. 3 vol.
Choix de pièces inédites relatives au règne de Charles VI. 2 vol.
Commentaires et Lettres de Blaise de Monluc. 5 vol.
Œuvres de Brantôme. Tomes I-VII.
Comptes de l'Hôtel des rois de France aux XIVe et XVe siècles. 1 vol
Rouleaux des morts. 1 vol.
Œuvres de Suger. 1 vol.
Mémoires et correspondance de Mme Du Plessis Mornay. 2 vol.
Joinville, Histoire de S. Louis. 1 vol.
Chroniques des églises d'Anjou. 1 vol.
Chroniques de J. Froissart. Tomes I en 2 parties, II, III, IV et V.
Mémoires de Bassompierre. Tomes I et II.
Introduction aux Chroniques des comtes d'Anjou. 1 vol.
Chroniques d'Ernoul et de Bernard le Trésorier. 1 vol.
Annales de S. Bertin et de S. Vaast. 1 vol.
Histoire de Béarn et Navarre. 1 v.
Chroniques de S. Martial de Limoges. 1 vol.

SOUS PRESSE :

Œuvres de Brantôme. Tome VIII.
Croisade contre les Albigeois. I. I.
Chroniques de J. Froissart. Tome VI.
Nouveau recueil de comptes de l'Argenterie.

BULLETINS ET ANNUAIRES.

Bulletin de la Société, années 1834 et 1835. 4 vol. in-8. — 18 fr.
Bulletin de la Société, années 18 -18 6 *Épuisé.*
Table du Bulletin, 1834-1 6. 1) — 3 r.
Bulletin de la Société, années 1857-18 2. In-8. — Chaque année, 3 fr.
Annuaires de la Société, 1837 1863. In-18. — Chaque volume, de 1837 à 1844, 2 fr.; de 1848 a 18 3, 3 fr. *Les années 1845, 1846, 1847, 1848, 1853, 1861 et 1862 épuisées.*
Annuaire Bulletin, années 1863 à 1873. — Chaque année, 9 fr.

Typographie Lahure, rue de Fleurus, 9, à Paris

www.ingramcontent.com/pod-product-compliance
Lightning Source LLC
Chambersburg PA
CBHW050555230426
43670CB00009B/1130